물류관리사
단기완성 핵심요약집

시대에듀

자격시험 안내 INTRODUCTION

자격제도의 개요

물류에 대한 사회적 인식의 제고와 함께 물류체계 개선을 위한 다각적인 대책이 강구되고 있는 시점에서 국가물류비 절감을 위해 H/W 측면의 물류시설 확충과 함께 이를 합리적으로 운영·관리할 물류 전문인력의 체계적 양성이 요구됨에 따라 물류 전문인력의 양성을 위하여 95년 말 화물유통촉진법을 개정하여 물류관리사 자격제도를 도입 시행함

수행직무

○ 물류관리사는 물류에 관한 전문 지식을 가지고 화물의 수송·보관·하역·포장 등의 물류체계를 합리적으로 구축하거나 이에 대한 상담과 자문 업무를 담당한다.
○ 물류의 이동, 보관, 선적 등에 드는 시간, 노동력, 비용을 분석하고 분석결과를 바탕으로 기업의 물류관리 및 물류지원시스템이 가장 합리적이고 경제적으로 실행될 수 있는 방법을 설계하고 실행한다.
○ 하역, 포장, 보관, 수송, 유통가공 등 물류와 관련한 모든 시스템을 관리한다.
○ 지역별, 국가별 경제 및 물류산업의 동향을 조사·분석하고, 기업의 물류관리 합리화 방안 등 물류 산업과 기업 물류에 대한 연구를 한다.
○ 기업의 합리적 물류체계의 구축 및 물류비 절감 방안 등에 대한 자문 업무를 수행한다.

관련학과 및 관련자격

관련학과	무역학과, 물류시스템공학과, 유통경영과, 유통학과
관련자격	물류관리사, 유통관리사

자격종목

자격명	영문명	관련부처	시행기관
물류관리사	Certified Professional Logistician	국토교통부	한국산업인력공단

응시자격 및 결격사유

응시자격	응시자격 제한 없음
결격사유	부정행위로 인해 시험 무효처분을 받은 자는 3년간 물류관리사 시험에 응시할 수 없음

※ 결격사유에 해당하는 자는 시험 합격 여부와 관계없이 시험을 무효처리한다.

2025년 시험 일정

회 차	접수기간	시험일정	합격자 발표
제29회	2025.6.16(월) ~ 6.20(금)	2025.7.26(토)	2025.8.27(수)

합격기준

합격자 결정기준
매 과목(총 5과목) 100점을 만점으로 하여 매 과목 40점 이상, 전 과목 평균 60점 이상 득점한자

시험과목 및 방법

교 시	시험과목	세부사항	문항수	시험시간	시험방법
1	물류관리론	물류관리론내의 「화물운송론」, 「보관하역론」 및 「국제물류론」은 제외	과목당 40문항 (총 120문항)	120분 (09:30~11:30)	객관식 5지선택형
1	화물운송론	-	과목당 40문항 (총 120문항)	120분 (09:30~11:30)	객관식 5지선택형
1	국제물류론	-	과목당 40문항 (총 120문항)	120분 (09:30~11:30)	객관식 5지선택형
2	보관하역론	-	과목당 40문항 (총 80문항)	80분 (12:00~13:20)	객관식 5지선택형
2	물류관련법규	「물류정책기본법」, 「물류시설의 개발 및 운영에 관한 법률」, 「화물자동차운수사업법」, 「항만운송사업법」, 「유통산업발전법」, 「철도사업법」, 「농수산물유통 및 가격안정에 관한 법률」 중 물류 관련 규정	과목당 40문항 (총 80문항)	80분 (12:00~13:20)	객관식 5지선택형

※ 물류관련법규는 시험 시행일 현재 시행 중인 법령을 기준으로 출제함(단, 공포만 되고 시행되지 않은 법령은 제외)

물류관리사 자격검정 5개년 현황

구 분	대 상	응 시(%)	합 격(%)
2020년 제24회	8,028	5,879(73.23%)	2,382(40.52%)
2021년 제25회	9,122	6,401(70.17%)	3,284(51.30%)
2022년 제26회	9,792	6,053(61.81%)	2,474(40.87%)
2023년 제27회	11,164	6,816(61.05%)	3,304(48.47%)
2024년 제28회	12,435	7,186(57.78%)	3,448(47.98%)

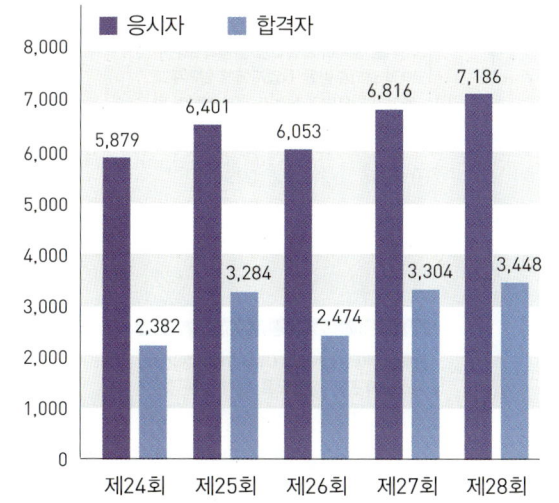
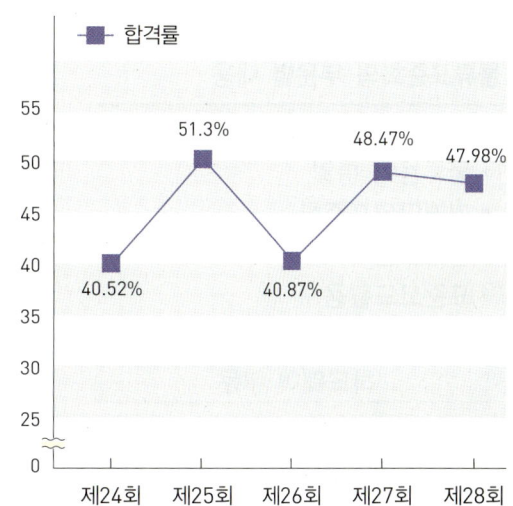

자격검정 현황 그래프

도서 활용법 COMPOSITION

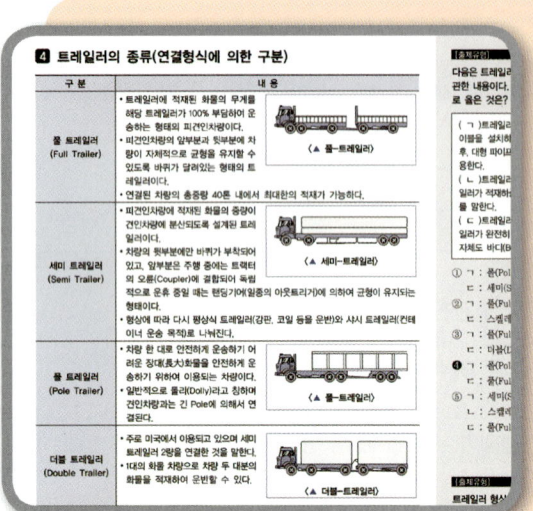

핵심이론을 표로 압축하여 체계적으로 정리

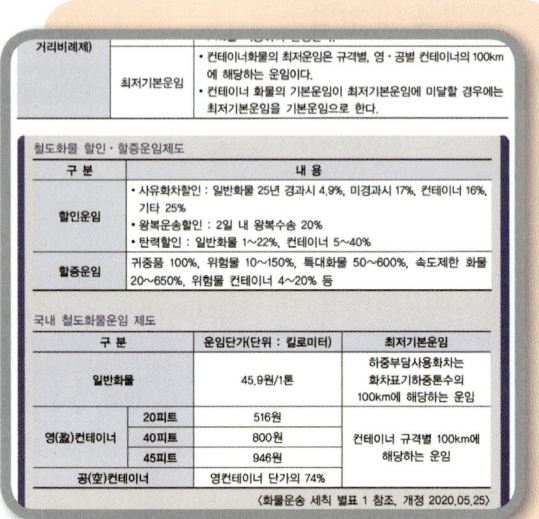

핵심이론과 관련된 내용을
상세하게 부연 설명

PLUS 박스를 통해 추가 중요이론 정리

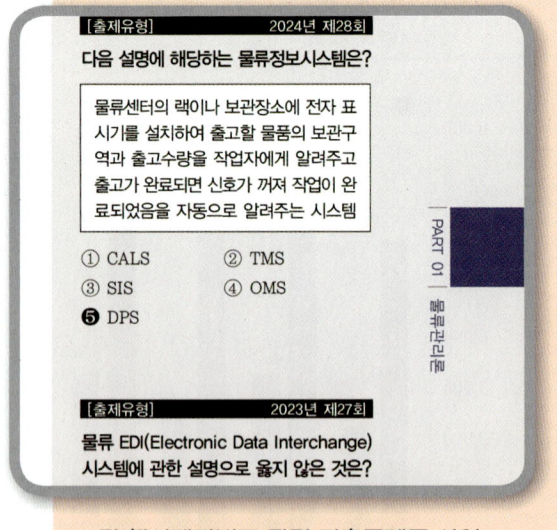

각 핵심테마별로 관련 기출문제를 삽입
하여 실제 출제유형 파악

이 책의 차례 CONTENTS

PART 01 물류관리론

- 핵심테마 01 물류의 개요 · 4
- 핵심테마 02 물류산업의 동향 · 9
- 핵심테마 03 녹색물류(환경물류) · 12
- 핵심테마 04 물류관리 및 물류서비스 · 14
- 핵심테마 05 주문주기시간 · 17
- 핵심테마 06 물류관리전략 · 18
- 핵심테마 07 수요예측기법 · 23
- 핵심테마 08 유통경로 · 25
- 핵심테마 09 소매상과 도매상의 유통형태 · 27
- 핵심테마 10 물류조직의 이해 · 29
- 핵심테마 11 물류시스템의 이해 · 31
- 핵심테마 12 물류비의 이해 · 33
- 핵심테마 13 물류합리화의 개요 · 39
- 핵심테마 14 물류정보시스템의 이해 · 45
- 핵심테마 15 공급사슬관리 · 53

PART 02 화물운송론

- 핵심테마 01 운송의 개요 · 62
- 핵심테마 02 운송의 원칙 · 65
- 핵심테마 03 운송의 구분 · 66
- 핵심테마 04 운송수단의 이해 · 67
- 핵심테마 05 운송수단의 선택 · 70
- 핵심테마 06 최근 운송시장의 환경변화 등 · 72
- 핵심테마 07 물류단지의 이해 · 74
- 핵심테마 08 화물자동차(공로)운송의 이해 · 76
- 핵심테마 09 화물자동차의 분류 · 78
- 핵심테마 10 화물자동차 운송의 분류 · 82
- 핵심테마 11 화물자동차 효율성지표 · 83
- 핵심테마 12 화물자동차 운송원가 및 운임 · 84
- 핵심테마 13 운송관리시스템 · 87
- 핵심테마 14 택배서비스와 택배운영시스템 · 89
- 핵심테마 15 택배표준약관 주요내용 · 94
- 핵심테마 16 철도운송의 이해 · 99
- 핵심테마 17 철도화물운송의 종류 · 101
- 핵심테마 18 철도컨테이너 운송방법 · 103
- 핵심테마 19 철도운송의 운임 · 105
- 핵심테마 20 우리나라의 철도운송 현황 · 107
- 핵심테마 21 해상운송의 이해 · 108
- 핵심테마 22 해상운송의 형태 · 109
- 핵심테마 23 해상운송계약 · 112

이 책의 차례 CONTENTS

핵심테마 24	해상운임	114
핵심테마 25	선박의 이해	117
핵심테마 26	선박의 주요제원	120
핵심테마 27	해상위험	123
핵심테마 28	항공운송의 이해	124
핵심테마 29	항공운송 관련 사업	127
핵심테마 30	항공운임	128
핵심테마 31	항공화물운송장	130
핵심테마 32	항공운송화물 사고처리	132
핵심테마 33	복합운송의 이해	133
핵심테마 34	국제복합운송	137
핵심테마 35	단위적재운송시스템의 이해	139
핵심테마 36	컨테이너 터미널	144
핵심테마 37	수·배송시스템의 설계	146
핵심테마 38	수·배송시스템의 합리화	150
핵심테마 39	수·배송 네트워크 모형 등	152
핵심테마 40	수·배송 최적화 해법	157

PART 03 국제물류론

핵심테마 01	국제물류의 개요	162
핵심테마 02	무역계약의 조건	167
핵심테마 03	인코텀즈 2020의 개요	171
핵심테마 04	인코텀즈 2020의 조건별 해설	173
핵심테마 05	신용장의 종류	180
핵심테마 06	수입대금의 결제와 운송서류의 인도	184
핵심테마 07	신용장통일규칙(UCP 600)	185
핵심테마 08	통 관	188
핵심테마 09	무역클레임의 해결방법	190
핵심테마 10	항만(Harbor)	192
핵심테마 11	선박의 제원(성능과 특성을 나타낸 지표)	194
핵심테마 12	해상운송 방식	196
핵심테마 13	해상운송 운임	198
핵심테마 14	항해용선계약서의 주요조항	200
핵심테마 15	선하증권(B/L)	202
핵심테마 16	국제해상운송 관련기구와 국제조약	208
핵심테마 17	해상보험의 용어	211
핵심테마 18	해상손해	212
핵심테마 19	해상보험약관	215
핵심테마 20	항공화물운송장의 법적 성질	219
핵심테마 21	국제항공기구와 국제조약	222
핵심테마 22	컨테이너화물운송과 국제협약	224
핵심테마 23	복합운송인의 유형과 책임체계	228

PART 04 보관하역론

- 핵심테마 01 보관의 기능과 원칙 · 236
- 핵심테마 02 운영형태에 따른 창고의 분류 · 237
- 핵심테마 03 창고의 기본설계 · 239
- 핵심테마 04 물류센터 · 241
- 핵심테마 05 물류단지시설 · 242
- 핵심테마 06 배송센터의 설계 · 246
- 핵심테마 07 입지결정을 위한 기법 · 247
- 핵심테마 08 보관시스템 · 249
- 핵심테마 09 보관기기(랙) · 251
- 핵심테마 10 자동화 창고 · 253
- 핵심테마 11 창고관리시스템 · 255
- 핵심테마 12 집중구매와 분산구매 · 257
- 핵심테마 13 재고관리의 개요 · 259
- 핵심테마 14 재고모형 · 261
- 핵심테마 15 재고관리기법 · 263
- 핵심테마 16 수요예측기법 · 266
- 핵심테마 17 자재관리기법 · 267
- 핵심테마 18 하역의 개요 · 270
- 핵심테마 19 하역합리화 · 272
- 핵심테마 20 파렛트 · 274
- 핵심테마 21 컨테이너의 분류 · 276
- 핵심테마 22 지게차 · 277
- 핵심테마 23 크레인 · 279
- 핵심테마 24 컨베이어 · 281
- 핵심테마 25 오더피킹시스템과 분류시스템 · 283
- 핵심테마 26 철도역과 항만의 하역방식 · 285
- 핵심테마 27 항공의 컨테이너 하역방식 · 288
- 핵심테마 28 일관파렛트화와 파렛트 풀 시스템 · · · · · · · · · · · · · · · · 289
- 핵심테마 29 포장물류의 개요 · 290
- 핵심테마 30 포장기법 · 292
- 핵심테마 31 화인표시방법 · 294

PART 05 물류관련법규

❶ 물류정책기본법

- 핵심테마 01 총 칙 · 298
- 핵심테마 02 물류정책의 종합 · 조정 · 300
- 핵심테마 03 물류정책위원회 · 302
- 핵심테마 04 물류체계의 효율화 · 303
- 핵심테마 05 물류산업의 경쟁력 강화 · 308
- 핵심테마 06 국제물류주선업 · 310
- 핵심테마 07 물류인력의 양성 · 312
- 핵심테마 08 물류의 선진화 및 국제화 · 313

핵심테마 09	보칙 및 벌칙	316

❷ 물류시설의 개발 및 운영에 관한 법률

핵심테마 10	총 칙	318
핵심테마 11	물류시설개발종합계획의 수립	320
핵심테마 12	물류터미널사업	322
핵심테마 13	물류창고업	326
핵심테마 14	물류단지의 개발 및 운영	329
핵심테마 15	보칙 및 벌칙	335

❸ 화물자동차 운수사업법

핵심테마 16	총 칙	337
핵심테마 17	화물자동차 운송사업	339
핵심테마 18	화물자동차 운송주선사업	347
핵심테마 19	화물자동차 운송가맹사업·화물정보망	349
핵심테마 20	적재물배상보험등의 가입 등	351
핵심테마 21	경영의 합리화	353
핵심테마 22	자가용 화물자동차의 사용	358
핵심테마 23	보칙 및 벌칙	360

❹ 유통산업발전법

핵심테마 24	총 칙	362
핵심테마 25	유통산업발전계획 등	364
핵심테마 26	대규모점포등	367
핵심테마 27	유통산업의 경쟁력 강화	371
핵심테마 28	유통기능의 효율화	374
핵심테마 29	상거래질서의 확립	377
핵심테마 30	보칙 및 벌칙	379

❺ 항만운송사업법

핵심테마 31	총 칙	381
핵심테마 32	항만운송(관련)사업	383
핵심테마 33	보 칙	386

❻ 철도사업법

핵심테마 34	철도사업의 관리	388
핵심테마 35	철도서비스 향상 및 전용철도	395
핵심테마 36	국유철도시설의 활용·지원 등	397

❼ 농수산물 유통 및 가격안정에 관한 법률

핵심테마 37	농수산물의 생산조정 및 출하조절	398
핵심테마 38	농수산물도매시장	400
핵심테마 39	민영농수산물도매시장 등	404
핵심테마 40	농수산물 유통기구의 정비 등	405

물/류/단/기/완/성

핵심이론
이론+필수기출문제

PART 01 물류관리론
PART 02 화물운송론
PART 03 국제물류론
PART 04 보관하역론
PART 05 물류관련법규

PART 01
물류관리론

1 물류의 이해
핵심테마 01 물류의 개요
핵심테마 02 물류산업의 동향
핵심테마 03 녹색물류(환경물류)

2 물류관리와 마케팅물류
핵심테마 04 물류관리 및 물류서비스
핵심테마 05 주문주기시간(Order Cycle Time)
핵심테마 06 물류관리전략
핵심테마 07 수요예측기법
핵심테마 08 유통경로(distribution channel)
핵심테마 09 소매상과 도매상의 유통형태

3 물류조직과 물류시스템
핵심테마 10 물류조직의 이해
핵심테마 11 물류시스템의 이해

4 물류회계
핵심테마 12 물류비의 이해

5 물류합리화
핵심테마 13 물류합리화의 개요

6 물류정보시스템
핵심테마 14 물류정보시스템의 이해

7 정보화시대의 물류혁신기법
핵심테마 15 공급사슬관리(SCM)

과목별 출제빈도 그래프

	출제영역	2020	2021	2022	2023	2024	합계
제1장 19%	물류의 이해	8	9	7	7	7	38
제2장 20.5%	물류관리와 마케팅물류	8	7	9	9	8	41
제3장 6%	물류조직과 물류시스템	3	3	3	1	2	12
제4장 9.5%	물류회계	4	4	4	3	4	19
제5장 20.5%	물류합리화	6	8	8	9	10	41
제6장 14%	물류정보시스템	6	5	5	7	5	28
제7장 10.5%	정보화시대의 물류혁신기법	5	4	4	4	4	21
	합계(문항 수)	40	40	40	40	40	200

PART 01

물류관리론

최신 출제경향 및 합격전략

- 2024년에는 2023년에 비해 영역별로 1~2문제 정도의 출제비중 차이를 보였다.
- 계산문제는 추가 매출액, 판매물류비, 손익분기점 판매량, 이산화탄소 배출량 산출식 및 관련 자료에 관한 문제 등 총 4문제가 출제되었는데 특히 손익분기점, 이산화탄소 배출량 관련 계산문제는 비슷한 유형으로 4년 연속 출제되었기에 관련 계산공식을 필히 숙지해야 한다.

핵심테마 01 물류의 개요

PART 1 물류관리론 / Chapter 01 물류의 이해

1 물류의 정의

① 물적유통의 줄임말로 생산에서 소비에 이르는 물적인 흐름을 의미한다.
② 군사용어인 '병참', 즉 로지스틱스(logistics)라는 개념이 도입되어 판매물류뿐만 아니라 조달물류, 생산물류, 회수물류를 포함한 총체적인 물자의 흐름으로 확대된다.
③ 기업이 상품을 생산하여 고객에게 배달하기까지 전 과정에서 장소와 시간의 효용을 창출하는 제반 활동으로, 기업이윤의 극대화를 위해 물자의 흐름을 시·공간적으로 효율화하여 계획·집행·통제하는 일련의 프로세스이다.
④ 재화가 공급자로부터 조달·생산되어 수요자에게 전달되거나 소비자로부터 회수되어 폐기될 때까지 이루어지는 운송, 보관, 하역 등과 이에 부가되어 가치를 창출하는 가공, 조립, 분류, 수리, 포장, 상표부착, 판매, 정보통신 등을 말한다.
⑤ 포장, 운송, 보관, 하역 등의 활동을 종합적으로 계획·통제하는 것이다.
⑥ 원료, 반제품, 완제품을 출발지로부터 최종소비지까지 효율적으로 이동시키는 유통채널의 전체흐름을 통합적으로 관리하는 것이다.

로지스틱스(Logistics)
- 로지스틱스는 원료준비, 생산, 보관, 판매에 이르는 전 과정에서 물적유통을 가장 효율적으로 수행하는 시스템이다.
- 로지스틱스는 종합적 시스템으로, 물적유통보다 관리범위가 넓다.
- 로지스틱스는 기업 내 물류효율화와 정보시스템 통합을 추구하고, 물적유통은 물류부문별 효율화를 추구한다.

2 상류와 물류

① 상류와 물류의 구분

구 분	상류(상적유통)	물류(물적유통)
개 념	상품의 소유권 이전 활동	물류 경로상에서 이동 또는 보관 중인 물품에 대한 관리 활동
기 능	유통경로 내에서 판매자와 구매자의 관계에 초점	시간적·공간적 효용가치를 창출
역 할	상품의 거래활동, 금융·보험 등의 보조활동	화물정보의 전달 및 활용, 보관·판매를 위한 상품의 포장

② 상물분리의 효과
　㉠ 상물분리는 물류합리화의 관점에서 상류경로와 물류경로를 분리하여 운영하는 것을 말하는 것으로 상권이 확대될수록, 무게나 부피가 큰 제품일수록 상류와 물류의 분리 필요성이 높아진다.

[출제유형] 2024년 제28회
물류에 관한 설명으로 옳지 않은 것은?
① 물적유통(Physical Distribution)은 판매영역 중심의 물자 흐름을 의미한다.
② 로지스틱스(Logistics)는 병참이라는 군사용어에서 유래되었으며, 조달·생산·판매·회수물류 등을 포함하는 총체적인 개념이다.
③ 3S 1L 원칙은 신속성(Speedy), 안정성(Safely), 확실성(Surely), 경제성(Low)을 고려한 물류의 기본 원칙이다.
❹ 7R 원칙은 적절한 상품(Commodity), 품질(Quality), 수량(Quantity), 시간(Time), 장소(Place), 보안(Security), 가격(Price)이다.
⑤ 공급사슬관리(SCM)는 고객, 공급업체, 제조업체 및 유통업체로 이루어진 네트워크에서의 재화, 정보 및 자금흐름을 다룬다.

[출제유형] 2021년 제25회
유통활동을 상적유통과 물적유통으로 구분할 때 물적유통에 해당하는 것을 모두 고른 것은?

ㄱ. 거래활동
ㄴ. 보관활동
ㄷ. 표준화 활동
ㄹ. 정보관리 활동

① ㄱ, ㄴ　② ㄱ, ㄹ
③ ㄴ, ㄷ　❹ ㄴ, ㄹ
⑤ ㄷ, ㄹ

ⓒ 여러 지점 및 영업소의 수주통합으로 배송차량의 적재율이 향상된다.
ⓒ 재고의 집중적 관리를 통해 재고의 편재 및 과부족 해소가 가능하다.
ⓔ 물류거점을 통한 운송으로 수송단계가 통합되고, 대형차량의 이용이 가능해지므로 운임이 절약된다.
ⓜ 물류활동을 편리하게 수행할 수 있는 물류거점을 갖추게 되어 하역의 기계화 및 창고 자동화 추진이 가능해진다.

3 물류의 목적과 원칙

① **물류의 목적** : 물류는 서비스향상과 물류 비용의 절감을 추구하되 인간을 노동으로부터 해방시키고 인간의 생활수준을 향상시킨다는 인간중심에 목적을 두고 있다.
② **물류의 목표(원칙)** : 물류는 필요한 물품을 필요한 장소에 필요한 때에 적정한 가격으로 전달하는 3S1L 즉, 신속성(Speedy), 안전성(Safety), 확실성(Surely), 경제성(Low)의 원칙과, 7R 즉, 적절한 상품(Right Commodity), 적절한 품질(Right Quality), 적절한 수량(Right Quantity), 적절한 시간(Right Time), 적절한 장소(Right Place), 적절한 인상(Right Impression), 적절한 가격(Right Price)이라고 하는 원칙이 고려된다.

7R의 원칙
미시건 대학의 스마이키(E. W. Smykey) 교수가 제창한 원칙으로, 「고객에게 적절한 상품을 적절한 품질로써, 적절한 양만큼 적절한 시기에 적절한 장소에 적절한 인상을 주면서, 적절한 가격으로 거래선에게 전달하는 것」으로, 여기서 적절하다는 말은 바로 고객이 요구하는 서비스의 수준을 뜻하는 것이다.
- 적절한 상품(Right Commodity) : 거래처의 필요에 합치하는 상품
- 적절한 품질(Right Quality) : 상품 자체의 품질은 물론이고 수송 중의 품질관리까지도 포함시키는 것
- 적절한 물량(Right Quantity) : 주문량을 정확하게 전달하는 것
- 적절한 시기(Right Time) : 거래처가 필요로 하는 때에 거래처의 손안에 들어가도록 하는 것
- 적절한 장소(Right Place) : 고객이 지정한 장소
- 적절한 인상(Right Impression) : 상품뿐만 아니라 개장과 외장까지도 포함시켜 좋은 인상을 주는 것
- 적정한 가격(Right Price) : 수요와 공급에 의해 움직이는 가격 구조에 의해 결정되는 가격

4 물류의 기능

구 분		내 용
물류의 5대 기능	운송기능	제품의 공간적 효용을 창출, 즉 생산지역과 소비지역의 공간적 상이함을 해결해주는 기능
	보관기능	생산시점과 소비시점의 상이함을 해결해주는 시간적 효용을 창출해주는 기능
	하역기능	물류센터 내에서 일어나는 활동 중에서 보관, 포장, 유통가공을 제외한 나머지 인력에 의해서 피킹(출고할 상품을 물류 창고의 보관 장소에서 꺼내는 일), 분배, 분류, 상하차 등의 제품을 취급하는 모든 활동
	포장기능	주문오더에 의해 피킹이 발생한 뒤 배송하기 위해 포장하는 작업
	정보기능	물류센터와 거래처 간에 발생하는 수·발주활동이 주된 업무이며, 그 외에도 운송, 보관, 하역, 포장 등의 모든 활동을 진행하면서 발생되는 각종 데이터의 정보처리활동을 포함

[출제유형] 2023년 제27회

상물분리의 효과에 관한 내용으로 옳지 않은 것은?

① 물류와 영업업무를 각각 전담부서가 수행하므로 전문화에 의한 핵심역량 강화가 가능하다.
② 공동화, 통합화, 대량화에 의한 규모의 경제 효과로 물류비 절감이 가능하다.
❸ 영업소와 고객 간 직배송이 확대되므로 고객서비스가 향상된다.
④ 운송 차량의 적재효율이 향상되어 수송비용 절감이 가능하다.
⑤ 대규모 물류시설의 기계화 및 자동화에 의해 효율 향상이 가능하다.

[출제유형] 2023년 제27회

스마이키(E. W. Smikey) 교수가 제시한 물류의 7R 원칙에 해당되지 않는 것은?

① Right Impression
② Right Place
③ Right Quality
❹ Right Safety
⑤ Right Time

[출제유형] 2016년 제20회

물류의 기능을 설명한 것으로 옳지 않은 것은?

① 고객에게 제품을 공급하여 수요를 충족시킨다.
② 물류서비스의 차별화를 통하여 수요를 증대시킨다.
❸ 운송활동으로 제품의 품질을 향상시킨다.
④ 생산과 소비의 수량 불일치를 완화시킨다.
⑤ 보관 및 수송비용의 절감 등으로 원가를 낮춘다.

[출제유형] 2022년 제26회

물류의 기능에 관한 설명으로 옳지 않은 것은?

❶ 운송활동은 생산시기와 소비시기의 불일치를 해결하는 기능을 수행한다.
② 고객의 요구에 부합하기 위한 물류의 기능에는 유통가공활동도 포함된다.
③ 포장활동은 제품을 보호하고 취급을 용이하게 하며, 상품가치를 제고시키는 역할을 수행한다.
④ 운송과 보관을 위해서 화물을 싣거나 내리는 행위는 하역활동에 속한다.
⑤ 물류정보는 전자적 수단을 활용하여 운송, 보관, 하역, 포장, 유통가공 등의 활동을 효율화한다.

[출제유형] 2024년 제28회

물류의 기능에 관한 설명으로 옳지 않은 것은?

① 포장활동은 제품의 취급을 용이하게 하고 상품가치를 제고시키는 역할을 한다.
② 하역활동은 운송과 보관을 위해 제품을 싣거나 내리는 행위를 말한다.
③ 물류정보는 전자적 수단을 활용하여 물류활동을 효율시킨다.
④ 유통가공활동은 유통과정에 있어서 고객의 요구에 부합하기 위해 행해지는 단순가공, 재포장, 조립, 절단 등의 물류활동이다.
❺ 보관활동은 물자를 수요가 낮은 국가에서 높은 국가로 이동시켜 물자의 효용가치를 증대시키기 위한 물류활동이다.

물류의 기본적 기능		
	장소적 기능	재화의 유통을 원활하게 하여 생산과 소비의 장소적 거리를 조정
	시간적 기능	재화를 적기에 제공하여 생산과 소비의 시간적 거리를 조정
	수량적 기능	재화의 수량을 집하·중계·배송 등을 통해 생산과 소비의 수량적 거리를 조정
	품질적 기능	재화의 가공·조립·포장 등으로 생산자와 소비자 재화의 품질적 거리를 조정
	가격적 기능	물류활동의 원활화를 통해 제품원가 절감 및 가격협상을 용이하게 수행하여 생산과 소비의 가격적 거리를 조정
	인격적 기능	대고객서비스 향상을 통해 생산자와 소비자 사이의 인간적인 유대를 강화시켜 인격적 거리를 조정

5 물류활동의 구분 및 특징

구 분	내 용
수송활동	• 물자를 효용가치가 낮은 장소에서 높은 장소로 이동시켜 물자의 효용가치를 증대시키기 위한 물류활동이다. • 생산과 소비의 장소적 차이에 의한 거리를 조정한다. • 수송은 국가물류비용 중에서 가장 큰 비중을 차지하는 활동이다.
보관활동	• 물품의 저장을 통하여 생산과 소비의 시간적인 간격을 해소시켜 시간적 효용을 창출하는 활동이다. • 생산과 소비, 공급과 수요의 시점 및 수량적 차이를 조정한다. • 생산한 제품을 보관함으로써 안정적인 생산과 판매의 조정 및 완충역할을 수행한다.
하역활동	• 운송과 보관에 수반하여 발생하는 부수작업으로 물품을 취급하거나 상하차하는 행위 등을 총칭한다. • 운송, 보관 및 포장의 물자 취급과 관련된 보조적 활동으로서 기계화·자동화의 대상이다. • 수송과 보관의 양단에서 물품을 처리하는 행위로 수송과 보관의 보조역할을 한다.
포장활동	• 물자의 수·배송, 보관, 거래, 사용 등에 있어서 그 가치 및 상태를 유지하기 위해 적절한 재료, 용기 등을 사용하여 보호하는 물류활동이다. • 생산의 종착점으로서 표준화, 모듈화의 대상이다.
정보활동	물류활동에 관련된 정보를 제공하여 운송, 보관, 포장, 하역 등의 모든 기능을 전자적인 수단으로 연결시켜줌으로써 종합적인 물류관리의 효율을 향상시키는 활동이다.
유통가공활동	• 물자의 유통과정에서 이루어지는 제품의 단순한 가공, 재포장, 조립, 절단 등의 물류활동이다. • 유통가공활동의 목적은 판매촉진, 생산효율지원 및 물류합리화에 있다.

6 물류의 역할

국민경제적 관점	• 상류의 합리화를 통해 상거래의 대형화를 유발한다. • 물류비를 절감하여 기업의 체질을 개선하고, 소비자 및 도매물가의 상승을 억제한다. • 정시배송 실현을 통해 서비스 향상에 이바지하여 소비자들에게 양질의 서비스를 제공한다. • 효율적인 물류체계가 구축되면 지역의 경제가 발전하여 지역 간의 균형 있는 발전을 촉진시키고 인구의 지역적 편중을 방지한다. • 사회간접자본 및 물류시설에 대한 투자 증대로 인해 도시생활 환경을 개선시키고, 경제성장을 촉진시킨다.
사회경제적 관점	• 물류는 유·무형을 불문하고 모든 경제재의 흐름을 말하는 것으로 산업구조상 큰 비중을 차지하고 있다. • 사회경제적 관점에서 본 물류활동은 물리적 흐름에 관한 경제활동으로 운송통신활동과 상업활동을 주체로 하여 이들을 지원하는 모든 활동을 포함한다.

구분	내용
개별기업적 관점	• 생산자와 소비자 사이의 인격적 유대를 강화하고 고객서비스를 높인다. • 생산과 소비 사이에 존재하는 시간적·공간적 간격을 극복하는 물류 기능으로 인해 판매를 촉진시킨다. • 신속한 주문처리, 정확하고 규칙적인 배송 등의 물류관리를 통해 재고량을 감소시킨다. • 물류비용의 절감으로 기업의 실질적인 이윤을 증대시킨다. • 고객의 요구에 부응하는 물류서비스 제공으로 판매에 있어서 경쟁우위를 확보할 수 있다.

7 물류활동의 범위와 영역

구분	내용
조달물류	• 조달물류란 물자가 조달처로부터 운송되어 매입자의 보관창고에 입고·보관되었다가 생산공정에 투입될 때까지의 물류활동을 말한다. • 물류의 시발점으로서 원자재, 부품 등을 외부조달처에서 구매처인 생산업체 자재창고에 보관, 관리 후 생산에 투입되기 전까지의 모든 물류활동이다. • 조달물류활동은 공급자 선정, 구매주문 발주, 입하, 검수, 원자재 재고관리 및 품질관리, 구매협상, 원자재 원가산정 등을 포함한다. • 조달물류는 제조업자가 원재료와 기계, 자재를 조달하기 위한 물류활동이고, 여기에는 도소매업자가 재판매를 위하여 상품을 구입하는 것도 포함된다. • 조달물류는 구매(purchasing) → 조달(procurement) → 공급망(supply chain)의 개념으로 진화되어 왔다. • 과거에는 조달물류 기능이 주로 기업의 생산 보조수단으로 활용되었다. • 공급자와의 밀접한 관계유지, 글로벌 조달, 공급자의 신제품 개발 참여 등과 같이 구매관리의 방법이나 환경이 과거와는 달라져 조달물류의 전략적 중요성이 높아졌다.
생산물류	• 생산물류란 물자가 생산공정에 투입되어 제품으로 만들어지기까지의 물류활동을 말한다. • 창고에 보관 중인 자재의 출고작업을 시작으로 자재를 생산공정에 투입하고 생산된 완제품을 보관창고에 입고하기까지 수반되는 운반, 보관, 하역, 재고관리 등 사내에서 이루어지는 물류활동이다. • 중요한 생산물류활동에는 재공품의 보관 및 운송, 유통가공 통제, 생산계획 및 자재소요계획의 수립지원 등이 있다. • 원자재나 중간재를 사용하여 제품을 생산하는 과정에서 수행되는 물류활동으로, 제품의 생산과정에서는 생산리드타임 단축 및 재고량 감축이 핵심과제이기 때문에 공장 내 운반, 하역 및 창고의 자동화 등이 중요하다. • 일반적으로 제품생산 단계에서도 다양한 물류활동이 수반되므로 철저한 사전계획 하에 물류활동이 수행되어야 한다.
판매물류	• 판매물류란 제품이 소비자에게 전달되는 과정과 관련된 활동으로, 완제품의 판매를 위하여 출고할 때부터 고객에게 인도될 때까지의 물류를 말한다. • 판매물류활동에는 제품창고에서 출고하는 과정과 배송센터까지의 수송, 그리고 고객에게까지 배송하는 작업 등이 있다. • 판매물류는 반품, 회수, 폐기를 포함하는 리버스(Reverse)물류와 가장 밀접하다.
반품물류	• 반품물류란 고객에게 판매된 제품이 제품상의 하자 등의 이유로 교환되거나 공장으로 되돌아올 때까지의 물류활동을 말한다. • 반품물류활동은 소비자에게 판매된 제품의 하자로 인해 발생하는 상품의 교환이나, 소비자의 클레임 제기 등으로 인해 이미 판매된 제품의 반품과 관련된 활동이다. • 최근 전자상거래의 확산과 더불어 판매된 제품이 주문과 상이하거나, 제품 하자에 따른 교환 등이 증가하고 있는 추세이기 때문에 기업의 관련 서비스 및 비용절감 측면에서 그 중요성이 날로 증대되고 있는 물류영역이다.
폐기물류	• 폐기물류란 원자재와 제품의 포장재 및 수·배송 용기 등의 폐기물을 처분하기 위한 물류활동이다. • 제품의 파손 또는 기능 소멸 등과 관련된 것은 폐기물류이다.

[출제유형] 2023년 제27회

물류의 영역별 분류에 해당하지 않는 것은?

① 조달물류
❷ 정보물류
③ 사내물류
④ 판매물류
⑤ 회수물류

[출제유형] 2024년 제28회

기업물류의 영역별 분류에 관한 설명으로 옳지 않은 것은?

① 조달물류는 기업이 제품생산을 위해 필요한 원자재를 확보하기 위한 물류이다.
❷ 사내물류는 완제품의 판매로 출하되어 고객에게 인도될 때까지의 물류활동이다.
③ 생산물류는 자재 또는 부품이 생산공정에 투입된 이후 생산이 완료될 때까지의 물류이다.
④ 역물류는 반품물류, 폐기물류, 회수물류를 포함하는 물류이다.
⑤ 회수물류는 판매물류를 지원하는 파렛트, 컨테이너 등의 회수에 따른 물류이다.

[출제유형] 2021년 제25회

다음 설명에 해당하는 물류 영역은?

○ 역물류(Reverse Logistics)의 한 형태이다.
○ 고객요구 다양화 및 클레임 증가, 유통채널 간 경쟁 심화, 전자상거래 확대 등에 따라서 중요성이 커지고 있다.

① 조달물류   ② 생산물류
③ 판매물류   ④ 폐기물류
❺ 반품물류

[출제유형] 2022년 제26회

물류의 영역에 관한 설명으로 옳지 않은 것은?

❶ 사내물류 – 완제품의 판매로 출하되어 고객에게 인도될 때까지의 물류활동이다.
② 회수물류 – 판매물류를 지원하는 파렛트, 컨테이너 등의 회수에 따른 물류활동이다.
③ 조달물류 – 생산에 필요한 원료나 부품이 제조업자의 자재창고로 운송되어 생산공정에 투입 전까지의 물류활동이다.
④ 역물류 – 반품물류, 폐기물류, 회수물류를 포함하는 물류활동이다.
⑤ 생산물류 – 자재가 생산공정에 투입될 때부터 제품이 완성되기까지의 물류활동이다.

[출제유형] 2023년 제27회

다음에서 설명하는 물류 활동에 해당하는 것은?

○ 녹색물류의 일환으로 출하된 상품 또는 원부자재를 반품, 폐기, 회수하는 물류를 의미한다.
○ 강화되는 환경규제로 인해 이에 관한 관심이 높아지고 있다.
○ 폐기비용 감소, 부품의 재활용, 고객들의 환경 친화적 제품 요구 등으로 인해 제조기업들의 기술 도입 및 관련 네트워크 구축이 활발해지고 있다.

① Forward Logistics
② Cross Docking
❸ Reverse Logistics
④ Gatekeeping
⑤ Life Cycle Assessment

사내물류	• 생산공장 내에서 이루어지며, 생산업자의 완제품 출하 시부터 판매를 위해 출고되기 전까지 물류활동을 말한다. • 창고에서 물류센터로의 이동 및 물류센터에서의 재고유지 등 사내시설 간의 이동·보관에 관한 물류활동이다.
회수물류	• 회수물류란 제품의 가치를 살리거나 창출하기 위한 목적으로 소비지를 시작점으로 하여 최종 목적지에 이르기까지의 물류활동으로, 상품의 생산에서 소비로 향하는 통상의 흐름과 반대의 흐름으로 이루어진다. • 상품의 판매물류 이후에 부수적으로 발생하는 물류용기의 재사용, 재활용과 더불어 차량과 전자제품 등의 리콜과 관련된 물류활동이다. • 환경물류, 녹색물류 등으로 불리기도 하며 폐기물을 줄여서 환경을 보호하는 데 대한 관심이 커지면서 새로운 물류의 분야로서 중요한 역할을 하고 있다. ※ 회수물류의 대상 품목 : 음료용 알루미늄 캔, 포장용기, 화물용 T-11 파렛트, 주류용 빈병, 운송용 컨테이너

8 순물류와 역물류

구 분		내 용
순물류	개 념	원산지부터 소비지까지 원자재, 재공품, 완성품 및 관련 정보의 흐름이 효율적이고, 비용면에서 효과적으로 계획·실행·관리하는 과정이다.
	특 징	• 동종제품의 포장형태가 균일하고 가격이 동일하다. • 물류계획의 수립 및 실행이 용이하고, 재고관리가 편리하며 정확하다. • 제품수명주기관리가 가능하다. • 속도의 중요성을 인지한다.
역물류	개 념	물류활동을 통해 소비자에게 전달된 제품이 고객이 더 이상 필요로 하지 않는 상황이 발생했을 때 그 제품을 회수하여 상태에 따라 최적의 처리를 수행하는 과정이다.
	특 징	• 동종제품의 포장형태와 가격이 상이하다. • 물류계획의 수립 및 실행뿐만 아니라 재고관리가 어렵고 부정확하다. • 제품수명주기관리에 어려움이 있다. • 상품처리의 중요성을 인지한다.
	종 류	반품물류, 폐기물류, 회수물류
	대 상	수명종료로 폐기되는 상품, 계약기간 종료 후 반품되는 상품, 제품의 이상으로 리콜대상인 상품, 상품에 문제는 없으나 고객이 교환한 상품
	한계점	• 순물류에 비해 수작업 비중이 높고 자동화가 어렵다. • 반환되는 화물 수량을 정확하게 예측할 수 없다. • 반환되는 화물의 추적 및 가시성 확보가 어렵다. • 회수되는 시기 및 상태에 관한 정확한 예측이 어렵다. • 역물류 활동이 환경오염을 유발하기도 한다.

순물류와 역물류의 차이점 비교

구 분	순물류	역물류
품질측면	제품 품질이 일정함	제품 품질이 상이함
가격측면	제품 가격이 일정함	제품 가격이 상이함
제품수명주기	제품수명주기의 관리가 용이함	제품수명주기의 관리가 어려움
회계측면	물류비용 파악이 용이함	물류비용 파악이 어려움
공급망 구성원 측면	거래조건 단순함	거래조건 복잡함

PART 1 물류관리론 / Chapter 01 물류의 이해

핵심테마 02 물류산업의 동향

1 최근 물류환경의 변화

구 분	내 용
기업 물류환경의 변화	• 고객 요구가 고도화・다양화됨에 따라 일반 소화물의 다빈도 정시운송은 물론 서비스 영역도 'door to door' 단계를 지나 'desk to desk' 단계에 이르기까지 점점 확대되어 가고 있어, 이러한 소비자니즈에 신속하게 대응하기 위하여 물류시스템을 재구축하고 있다. • 기업 간의 전략적 제휴 및 파트너십을 통한 전국적인 네트워크를 구축할 뿐만 아니라 최근 기업들의 글로벌 네트워크 구축으로 인하여 전자상거래 확대, 특히 B2C의 확대는 물류의 중요성을 더욱 부각시키고 있다. • 기업의 경쟁력을 강화하기 위하여 기업 내에서 전담하던 물류기능의 일부 또는 전부를 물류전문업체에게 아웃소싱하는 형태와 3PL이 확산되고 있다. • 전자상거래의 확산으로 인해 라스트마일(Last Mile) 물류비가 증가하고 있다. • 최종 사용자 중심의 부가가치개념을 중시하여 e-Logistics, e-SCM, 물류 e-Marketplace 등이 등장하고 있다. • CRM(Customer Relationship Management), SCM(Supply Chain Management) 등의 정보기술(IT)을 활용한 다양한 물류관리체계 합리화 기법들이 도입되고 있다. • 유통채널 파워가 제조기업에서 유통기업으로 이동하게 되어 공급사슬의 복잡화가 가중되고 있다. • 유통기업들은 싱글채널(Single-channel) → 다채널(Multi-channel) → 옴니채널(Omni-channel) 마케팅전략으로 전환하는 추세이다. ※ 최근 기업경영상 물류에 대한 관심이 높아지는 요인 : 생산과 판매의 국제화로 물류관리의 복잡성 증대, 수발주 단위의 소량・다빈도화에 대한 대응의 필요성 증가, 운송보안에 대한 서류 및 절차 강화로 추가비용 발생, 시장환경 변화에 유연하게 대응할 수 있는 재고관리의 필요성 증대
글로벌 물류환경의 변화	• 세계 경제는 빠른 국제화 추세를 보이고 있고, 이에 따라 국내물류와 국제물류의 구분이 더욱 모호해지고 있다. • 세계화 및 시장개방의 가속화로 국제시장에서 다국적기업의 대두와 경제블록화 등을 함께 고려하는 새로운 물류시스템이 요구되고 있다. • 국제물류수요가 증가하고, 물류기업의 M&A 및 전략적 제휴가 확산되고 있다. • 인터넷, 모바일, RFID 등 IT기술이 급격하게 발전하고 있다. • 유엔 기후변화협약 '발리로드맵' 채택에 따라 친환경 물류활동이 증가하고 있다. • 2005년 교토의정서의 발효 이후 미국, EU, 일본 등 주요 국가들은 CO_2 배출량의 삭감과 Modal Shift 등 녹색물류를 자국의 물류정책에 적극 반영하고 있다.

그 밖의 각종 물류환경의 변화
• 정보통신기술의 발달 : 물류정보시스템이 고도화되고 있으며, 물류정보기능의 중요성이 더욱 부각되고 있다.
• 환경규제 강화 : 회수물류에 대한 관심이 증대되고 있다.
• 다품종 소량화의 소비행태 변화 확산 : 가공도가 높은 제품으로 물류품목이 변화하고, 배송단위의 소량화, 재고보관량의 증대, 폐기물의 증가가 물류비 상승의 원인이 되고 있다.
• 물류센터 기능의 전환 : 물류센터의 기능이 단순 보관시설(Storage)에서 유통창고(Warehouse)로 전환되고 있다.
• 제품기술 발달과 소비자 구매욕구의 다양화 : 제품수명주기가 점차 단축되고 있다.

[출제유형] 2023년 제27회

물류 환경변화에 관한 설명으로 옳지 않은 것은?

① 경제규모 확대에 따른 화물량 증가로 사회간접자본 수요는 급증하는 반면 물류기반시설은 부족하여 기업의 원가부담이 가중되고 있다.
② 정보기술 및 자동화기술의 확산으로 물류작업의 고속화 및 효율화, 적정 재고관리 등이 추진되고 있다.
❸ 소비자 니즈(Needs)의 다양화에 따라 상품의 수요패턴이 소품종, 대량화되고 있다.
④ 기후변화 및 친환경 물류정책에 따라 운송활동 등 물류부문에서 탄소배출을 줄이는 방향으로 변화되고 있다.
⑤ 소비자 니즈(Needs)의 다양화와 제품 수명주기의 단축에 따라 과잉재고를 지양하려는 경향이 심화되고 있다.

[출제유형] 2024년 제28회

물류환경의 변화에 관한 설명으로 옳지 않은 것은?

① 전자상거래와 홈쇼핑의 성장으로 택배시장이 확대되고 있다.
② 글로벌 물류시장 선도를 위해 국가 차원의 종합물류기업 육성정책이 시행되고 있다.
❸ 소비자 중심 물류로의 전환으로 인하여 소품종 대량생산의 중요성이 증가하고 있다.
④ 고객 수요 충족을 위해 수요예측 등 종합적 물류계획의 수립과 관리의 중요성이 높아지고 있다.
⑤ 물류서비스의 수준향상과 원가절감을 위해 아웃소싱과 3PL이 활용되고 있다.

[출제유형] 2021년 제25회

물류환경의 변화와 발전에 관한 설명으로 옳지 않은 것은?

① 글로벌 물류시장을 선도하기 위한 국가적 차원의 종합물류기업 육성정책이 시행되고 있다.
② e-비즈니스 확산 등으로 Door-to-Door 일관배송, 당일배송 등의 서비스가 증가하고 있다.
③ 유통가공 및 맞춤형 물류기능 확대 등 고부가가치 물류서비스가 발전하고 있다.
④ 소비자 요구 충족을 위해서 수요예측 등 종합적 물류계획의 수립 및 관리가 중요해지고 있다.
❺ 기업의 핵심역량 강화를 위해서 물류기능을 직접 수행하는 화주기업이 증가하는 추세이다.

🔍 **PLUS**

스마트팩토리
제품의 기획, 설계, 생산, 유통, 판매 등 전 과정을 자동화·지능화하여 최소 비용과 최소 시간으로 다품종 대량생산이 가능한 미래형 공장이다.

[출제유형] 2015년 제19회

전자상거래 시대의 물류에 관한 설명으로 옳지 않은 것은?

① 전자상거래 확산으로 인해 온라인 구매 비중이 높아져 배송물류비가 증가하고 있다.
❷ 인터넷 마켓플레이스(market place)의 발달로 물류의 역할과 중요성이 줄어들고 있다.
③ 전자상거래를 지원하는 물류는 온라인 추적시스템 구축, 글로벌 배송시스템 구축, 주문시스템과의 연동 등이 중요하다.
④ 소비자의 다양한 니즈를 충족시킬 수 있는 신속하고 효율적인 물류시스템 구축이 필요하다.
⑤ 소비자의 개인정보 유출 가능성이 커지고 있으므로 물류시스템 구축 시 보안기능 강화가 필요하다.

- 전자상거래의 확산 : 유통배송단계가 점점 줄어들고 있다.
- O2O(Online to Offline) 상거래 증가 : 온라인과 오프라인이 연결되어 거래가 이루어지는 O2O 상거래는 ICBM(IoT, Cloud, Big data, Mobile) 기반의 정보통신기술이 융합되어 발전하고 있다.
- 쇼루밍(showrooming)과 역쇼루밍(reverse-showrooming) 현상 : 오프라인 매장에서 제품을 살핀 후 실제 구매는 온라인에서 하는 쇼루밍(showrooming)이 증가하고, 온라인에서 제품을 먼저 살펴보고 실제 구매는 오프라인 매장에서 하는 역쇼루밍(reverse-showrooming)도 발생하고 있다.

대량고객화(Mass Customization)
- 대규모 고객집단의 개별적 요구에 맞춰 대응하는 개념으로 대부분의 고객들이 공통적으로 요구하는 특징을 정확히 파악하고 범주화시켜서 가능한 한 다양한 수요를 충족시키는 대량생산 방식이다.
- 소비자의 요구가 개별화됨에 따라 종래의 표준화된 제품을 대량생산해서 판매하던 방식에서 개별 고객의 요구에 맞춰 제조, 납품하는 방식으로 변화하여 유통대상 품목이 많아지고 재고 및 물류관리가 복잡해지고 있다.

2 물류산업의 발전 동향과 전자상거래 시대의 물류

구 분	내 용
물류산업의 발전 동향	• 소비자 욕구와 상품구입 방법이 다양화되어 고객맞춤형 기능 제공 등 고부가가치 물류서비스가 확산되고 있다. • 제조업체에서 유통업체로의 채널파워가 이동하였다. • 글로벌 경제활동에 따른 공급사슬이 복잡해졌다. • 물류비 절감과 매출증대의 중요성이 증대되면서 중소기업들은 물류비 절감과 경쟁력 향상을 위해 공동 물류체계를 구축하고 있는 추세이다. • 전자상거래의 비중이 늘어남에 따라 신속하고 신뢰성 높은 저비용 물류체계의 구축이 더욱 중요해지고 있다. • 물류정책은 물류인프라 확충, 정보화 및 표준화를 통한 물류선진화를 추구하면서 환경과 안전을 중시하는 경향이 커지고 있다. • 물류산업의 국제화가 진전됨에 따라 국내시장에서 세계 유수기업들과 경쟁이 심화되고 있고, 국제 표준화에 대한 적응과 국가 간 규제에 대한 대응력 강화가 필요해졌다. • 당일배송 서비스 확대 등 물류의 스피드 경쟁이 가속화되고 있다. • 에너지 절감, 친환경 물류, 안전·보안을 강화한 물류의 필요성이 증가하고 있다. • 종합물류기업 인증제 도입 등 물류산업 육성을 위한 정책적 지원이 강화되고 있다.
전자상거래 시대의 물류	• IT의 발전으로 전자상거래 시장이 확대되면서 홈쇼핑, 온라인 시장이 매년 큰 폭으로 성장하고 있다. • 전자상거래 확산과 홈쇼핑의 성장으로 인해 온라인 구매 비중이 높아져 택배시장이 확대되어 배송물류비가 증가하고 있다. • 전자상거래를 지원하는 물류는 온라인 추적시스템 구축, 글로벌 배송시스템 구축, 주문시스템과의 연동 등이 중요하다. • 소비자의 다양한 니즈를 충족시킬 수 있는 신속하고 효율적인 물류시스템 구축이 필요하다. • 소비자의 개인정보 유출 가능성이 커지고 있으므로 물류시스템 구축 시 보안기능 강화가 필요하다.

IoT(사물인터넷)
인간과 사물, 서비스의 세 가지로 분산된 환경요소에 대해 인간의 명시적 개입 없이 상호 협력적으로 센싱(Sensing), 네트워킹, 정보처리 등 지능적 단계를 형성하는 사물 공간 연결망이다.

3 물류보안제도

구 분	내 용
수출입안전관리 우수공인업체 (AEO)	• 세관에서 물류기업이 일정 수준 이상의 기준을 충족하면 통관절차 등을 간소화시켜주는 제도이다. • 세계관세기구(WCO)가 무역의 안전 및 원활화를 조화시키는 표준협력 제도로서 도입한 것으로 AEO의 화물에 대해서는 입항에서 통관까지 세관절차가 하나로 통합된다. • 상호인정협약(Mutual Recognition Arrangement)을 통해 자국뿐만 아니라 상대방 국가에서도 통관상의 혜택을 받을 수 있다.
컨테이너 안전 협정(CSI)	• 9·11테러 이후 반테러프로그램의 일환으로 미국 관세국경보호청(CBP : Customs and Border Protection)이 도입한 제도이다. • 외국항만에 미국 세관원을 파견하여 미국으로 수출할 컨테이너화물에 대한 위험도를 사전에 평가하는 컨테이너보안협정이다.
대테러 세관 무역업자 간 파트너십 (C-TPAT)	• 미국 세관·국경보호국(CBP : Customs and Border Protection)이 도입한 반테러 민·관 파트너십제도로서, 이 나라의 수입업자, 선사, 항공사, 터미널 운영자, 포워더, 통관중개인 등을 적용대상으로 하는 제도이다. • 9·11테러 이후 테러수단의 국내유입을 차단하기 위한 민관협력 제도로, 미국에 드나드는 수입화물에 대한 통관시스템을 개선하여 보안을 강화하고자 하였다. • 물류의 보안관리 시스템의 일정부분을 정부에서 통제하는 것이 아니라 민간업체의 자율시스템에 맡기는 개념으로 기획되었다.
수입자 화물 내역서 (ISF)	• 화물의 밀수 방지 및 보안 유지를 위해서 자국으로 반입되는 컨테이너 화물에 대해 선적지에서 출항 24시간 전, 미국 세관에 온라인으로 신고를 하도록 한 제도이다. • '수출자로부터 10가지 정보 + 운송사(선사)가 신고할 2가지 정보' 총 12가지 정보를 작성해야 하기 때문에 10 + 2 Rule이라고도 한다.
국제선박 및 항만시설 보안규칙 (ISPS Code)	• 국제해사기구(IMO)가 채택한 규칙으로 해상에서의 테러를 예방하기 위해 각국 정부와 항만관리당국 및 선사들이 갖춰야 할 보안 관련 조건들을 명시하고, 보안사고 예방에 대한 가이드라인을 제시하였다. • 선박의 안전 확보, 항만시설의 보안 유지, 선사 및 정부에서 해야 할 사항 등의 내용으로 구분되어 발표되었다.
수입 위험물컨테이너 점검(CIP)	• 컨테이너에 적재된 해상운송 위험물에 대하여 국제해상위험물규칙(IMDG Code)의 준수여부를 점검하고 위반사항에 대하여는 시정조치토록 계도하여 선박 및 항만의 안전 확보 및 해양환경을 보호하기 위한 제도이다. • 1990년대 말 위험물 컨테이너에 의한 해상사고가 빈발하자 국제해사기구(IMO)에서는 각 국에 CIP 제도 시행을 강력히 촉구하였고, 이를 계기로 유럽과 북미 등의 선진국을 시작으로 시행되었다.
SPA (SAFE Port Act)	• CSI, SFI, C-TPAT 등의 법적인 근거를 부여하고 미국 관세국경보호청(CBP)이 미국 외부의 주요 항만에 세관원을 파견하여 위험도가 높은 컨테이너를 사전 검사하는 제도이다. • 컨테이너를 통해 이동하는 위험화물을 사전에 통제하는 데 필요한 거의 모든 조치를 포함한다.
물류보안경영 시스템 (ISO 28000)	• 보안관리 시스템을 구축하고 인증을 받으면 일정한 보안자격을 갖춘 것으로 인정하는 국제인증제도이다. • 생산자, 운송·보관업자 등을 포함하는 공급사슬 내의 모든 기업을 적용 대상으로 한다. • 수출입 안전관리 역량을 강화시키기 위해서 기업이 비용을 부담하고 도입하는 민간프로그램이다. • 보안관리 시스템을 구축하고 인증을 받으면 일정한 보안자격을 갖춘 것으로 인정한다.

[출제유형] 2023년 제27회

다음 설명에 해당하는 물류보안제도는?

○ 기존 24시간 규칙을 강화하기 위한 조치로 항만보안법에 의해 법제화되었다.
○ 보안 및 수입자의 책임을 강화하기 위해 적재 24시간 전, 미국 세관에 온라인으로 신고하도록 의무화한 제도이다.
○ 수입자가 신고해야 할 사항이 10가지, 운송사가 신고할 사항이 2가지로 되어 있어 10+2 rule이라고도 불린다.

① C-TPAT(Customs-Trade Partnership Against Terrorism)
❷ ISF(Importer Security Filing)
③ Safe Port Act 2006
④ CSI(Container Security Initiative)
⑤ ISPS(International Ship and Port Facility Security) code

[출제유형] 2024년 제28회

다음 물류관련 보안제도에 관한 설명으로 옳은 것을 모두 고른 것은?

ㄱ. ISPS는 해상화물 운송선박 및 항만시설에 대한 해상테러 가능성을 대비하기 위해 국제해사기구(IMO)가 제정한 제도이다.
ㄴ. SPA(SAFE Port Act)는 CSI, SFI, C-TPAT 등의 법적인 근거를 부여하고 미국 관세국경보호청(CBP)이 미국 외부의 주요 항만에 세관원을 파견하여 위험도가 높은 컨테이너를 사전 검사하는 제도이다.
ㄷ. ISO 28000은 보안관리 시스템을 구축하고 인증을 받으면 일정한 보안자격을 갖춘 것으로 인정하는 국제인증제도이다.

① ㄱ
② ㄷ
③ ㄱ, ㄴ
④ ㄴ, ㄷ
❺ ㄱ, ㄴ, ㄷ

핵심테마

03 녹색물류(환경물류)

PART 1 물류관리론 / Chapter 01 물류의 이해

[출제유형]   2024년 제28회

친환경 물류에 관한 설명으로 옳지 않은 것은?

❶ ISO 9000 시리즈는 환경경영을 기본방침으로 한다.
② 생산자책임재활용(EPR)은 효율적인 자원이용과 폐기물발생을 줄이고 재활용을 촉진하는 환경보전에 기여하는 방안이다.
③ 1997년 교토의정서에서 6대 온실가스를 이산화탄소(CO_2), 메테인(메탄 : CH_4), 아산화질소(N_2O), 수소불화탄소(HFCs), 과불화탄소(PFCs), 육불화황(SF_6)으로 정의하였다.
④ 우리나라는 2050년 탄소중립을 선언하였고 2030년까지 국가온실가스 감축목표를 2018년 대비 40%로 감축하도록 노력하고 있다.
⑤ 국내 육상운송부문에서 이산화탄소의 절감 대책으로 친환경 운송수단으로 전환되고 있다.

1 녹색물류 개요 및 관련 활동

구 분	내 용
녹색물류 개요	• 지구온난화 등 환경문제 대두로 물류분야도 대처방안 수립의 중요성 증대 → 조달·생산, 판매, 반품·회수·폐기 등 물류 전 과정에서 발생하는 환경오염 감소를 위한 모든 물류활동이다. • 물류활동을 통하여 발생되는 제품 및 포장재의 감량과 폐기물의 발생을 최소화하는 방법이다. • 녹색물류 활동을 통해 비용절감 및 기업의 사회적 이미지를 제고할 수 있다. • 환경보전을 위한 포장으로 감량화(Reduce), 재사용(Reuse), 재활용(Recycle)을 중요시한다. • 자원의 재사용 및 재활용률 향상을 위해 자원순환형 물류체계를 구축할 수 있도록 생산기업과 소비자 간에 협력체제가 형성되는 유기체적인 사회시스템이 중요하다. • 이산화탄소의 배출을 고려한 수송수단 선택도 녹색물류의 일종이다.
녹색물류와 온실가스	• 6대 온실가스 : 교토의정서에서 이산화탄소(CO_2), 메탄(CH_4), 아산화질소(N_2O), 수소불화탄소(HFCs), 과불화탄소(PFCs), 육불화황(SF_6) 6가지 가스로 정의 • 2020 물류분야 온실가스 감축 이행계획 : 국토교통부에서 2020년까지 물류분야 온실가스 1,192만 톤을 감축하기 위해 발표, 온실가스배출전망치(BAU : Business As Usual) 대비 30% 감축 목표 • 2020 물류분야 온실가스 감축목표치가 가장 높은 사업 : 철도·연안해운 전환수송(515만 톤), 3PL 및 공동물류 활성화(358만 톤) 순, 그 외 녹색물류전환사업, Green Port, 경제운전활성화, ITS 구축, LNG 화물차량 개조 등 • 제1차 기후변화대응 기본계획 및 2030 국가온실가스감축 기본로드맵 : 2030년 목표로 BAU 대비 37% 감축 • '국가 탄소중립·녹색성장 기본계획' : 국가온실가스 2018년 대비 40% 감축 목표, 2050년 탄소중립 선언 • 연비법에 의한 이산화탄소 배출량(kg) 산술식 : 이산화탄소 배출량(kg) = 주행거리(km) ÷ 연비(km/L) × 이산화탄소 배출계수(kg/L)

2 녹색물류 관련제도

구 분	내 용
기후위기 대응을 위한 탄소중립·녹색성장 기본법	기후위기의 심각한 영향을 예방하기 위해 온실가스 감축 및 기후위기 적응대책을 강화하고 탄소중립 사회로의 이행 과정에서 발생할 수 있는 경제적·환경적·사회적 불평등을 해소하며 녹색기술과 녹색산업의 육성·촉진·활성화를 통해 경제와 환경의 조화로운 발전을 도모함으로써, 현재 세대와 미래 세대의 삶의 질을 높이고 생태계와 기후체계를 보호하며 국제사회의 지속가능발전에 이바지하는 것을 목적으로 한다.
온실가스·에너지 목표관리제	저탄소녹색성장기본법에 따른 국가 온실가스 감축 목표(2030년의 국가 온실가스 총배출량을 2017년의 온실가스 총배출량의 1,000분의 244만큼 감축)를 달성할 수 있도록 일정 수준 이상의 온실가스를 배출하고 에너지를 소비하는 업체 및 사업장을 관리업체로 지정하여 온실가스 감축목표, 에너지 절약목표를 설정하고 관리하기 위한 제도이다.
탄소배출권 거래제도	• 이산화탄소 등 온실가스를 배출할 권리를 사고팔 수 있도록 한 제도이다. • 국가가 기업별로 탄소배출량을 미리 나눠준 뒤 할당량보다 배출량이 많으면 탄소배출권 거래소에서 배출권을 사야 하고, 남은 배출권을 거래소에서 팔 수도 있다.
생산자책임 재활용제도 (EPR)	• 자원 절약과 재활용을 촉진하도록 재활용이 가능한 폐기물의 일정량 이상을 재활용하도록 생산자에게 의무를 부여하는 제도이다. • 해당 연도 출고·수입량에 비례해 재활용 의무가 부여된다.

[출제유형] 2021년 제25회

기후변화와 환경오염에 대응하는 녹색물류체계와 관련 있는 제도에 해당하지 않는 것은?

① 저탄소녹색성장기본법
② 온실가스·에너지목표관리제
③ 탄소배출권거래제도
④ 생산자책임재활용제도
❺ 제조물책임법(PL)

※ 저탄소녹색성장기본법은 「기후위기 대응을 위한 탄소중립·녹색성장 기본법」으로 개정됨(2021년 9월)

핵심테마 **04 물류관리 및 물류서비스**

PART 1 물류관리론 / Chapter 02 물류관리와 마케팅물류

[출제유형] 2023년 제27회

물류관리의 대상이 아닌 것은?
① 고객서비스관리
② 재고관리
❸ 인사관리
④ 주문정보관리
⑤ 운송관리

[출제유형] 2023년 제27회

물류관리에 관한 설명으로 옳지 않은 것은?
❶ 최근 전자상거래 활성화에 따라 물동량은 증가하는 반면 물류관리의 역할은 줄어들고 있다.
② 물류관리의 목표는 비용절감을 통한 제품의 판매촉진과 수익증대라고 할 수 있다.
③ 기업의 물류관리는 구매, 생산, 마케팅 등의 활동과 상호 밀접한 관련이 있다.
④ 물류비용 절감을 통한 이익창출은 제3의 이익원으로 인식되고 있다.
⑤ 원자재 및 부품의 조달, 구매상품의 보관, 완제품 유통도 물류관리의 대상이다.

1 물류관리의 의의

구 분	내 용
물류관리의 개념	• 상적유통과 구분되는 물류는 마케팅의 물적유통(physical distribution)을 의미한다. • 물류관리는 물류효율화를 위한 제품설계, 공장입지선정, 생산계획 등에 관한 관리를 포함하는 활동이다. • 원자재 및 부품의 조달, 구매상품의 보관, 완제품 유통 등과 관련된 고객서비스관리, 재고관리, 주문정보관리, 운송관리 등의 활동이 물류관리의 대상이다. • 물류관리활동은 고객서비스 향상과 물류비용의 절감이라는 상반된 목표를 추구하기 때문에 수송, 보관, 포장, 하역 등의 여러 기능을 종합적으로 고려하여야 한다. • 국제적인 경제환경이 변화하면서 물류관리에 대한 중요성이 증대되었다. • 물류관리의 진화된 기법으로서 참여기업 간 조정과 협업을 강조하는 공급사슬관리의 중요성이 증가하고 있다.
물류관리의 목표	• 물류관리 활동은 고객서비스를 향상시키고, 더불어 물류비용을 감소시키는 목표를 추구한다. • 일반적으로 물류비의 감소와 고객서비스 수준의 향상 간에는 상충관계(Trade-off)가 있기 때문에 물류관리의 목표는 비용절감과 서비스 향상 중에서 어느 쪽에 더 중점을 두느냐에 달려 있다. • 최근 물류관리의 목표는 단순 물류비용의 절감뿐만 아니라 물류활동을 통하여 부가가치를 창출하는 데 있다.
물류관리의 필요성	• 제품의 수명이 단축되고 차별화된 제품생산의 요구 증대로 인하여 물류비용 감소의 필요성이 부각되고 있다. • 국제적인 경제환경이 변화하면서 물류관리의 중요성이 크게 부각되고 있다. • 다품종 소량시대의 도래로 물류비용이 증가하면서 효율적인 물류관리의 수단이 필요하다. • 물류관리를 통해 비용절감, 서비스 수준의 향상, 판매촉진 등을 꾀할 수 있다. • 기업활동의 특성상 판매비나 일반관리비에 비하여 물류비 절감이 요구되고 있다. • 물류분야의 전체적 효율화 및 부문 간 유기적인 결합을 위한 물류정보시스템 구축이 필요하다. • 물류의 통합이 기업의 경계를 넘어 공급사슬관리 전체로 확대됨에 따라 데이터와 프로세스 표준화가 필요하다. • 신속, 저렴, 안전, 확실하게 물품을 거래 상대방에게 전달해야 한다. • TV 홈쇼핑과 온라인상에서 다양한 형태의 재고정보를 제공함으로써 매출액 증가를 가져올 수 있다.

전자상거래의 발전과 물류관리
오늘날 전자상거래의 발달로 물류관리는 더욱 중요해지고 있으며, 인터넷 사용인구의 증대와 함께 전자상거래가 확산되면서 발생되는 물류관리, 물류추적 등은 소비자를 만족시킬 수 있는 핵심기술로 인식되고 있다.

물류합리화의 역할
• 물류합리화는 상류합리화에 기여하며, 상거래 규모의 증가를 유도한다.
• 물류합리화를 통한 물류비 절감은 도·소매물가의 상승을 억제하는 데 기여한다.

2 물류관리의 원칙

구 분	내 용
신뢰성의 원칙	생산, 유통, 소비에 필요한 물량을 원하는 시기와 장소에 공급하여 사용할 수 있도록 보장하는 원칙이다.
적시성의 원칙	필요한 수량만큼 필요한 시기에 공급하여 고객의 만족도를 향상시키고 재고비용을 최소화하는 원칙이다.
경제성의 원칙	최소한의 자원으로 최대한의 물자공급 효과를 추구하여 물류관리비용을 최소화하는 원칙이다.
균형성의 원칙	생산, 유통, 소비에 필요한 물자의 수요와 공급 및 조달과 분배의 균형을 유지하는 원칙이다.
집중지원의 원칙	생산, 유통, 소비분야에서 물자가 요구되는 상황에 따라 물량, 장소, 시기 등의 우선순위별로 집중하여 제공하는 원칙이다.
보호의 원칙	생산, 유통, 소비분야의 물자 저장시설을 보호하고, 물자수송 또는 운반과정에서도 도난, 망실, 화재, 파손으로부터 보호되어야 하는 원칙이다.
간편성의 원칙	물류조직, 물류계획, 물류수급 체제 및 절차 등은 가장 간단명료하고 단순화해야만 능률적이고 체계적이므로 불필요한 중간 유통과정을 제거하여 물자지원체제를 단순화하는 원칙이다.
추진지원의 원칙	생산, 유통, 소비분야 현장에서는 본연의 임무에만 전념하도록 중앙에서 지방으로, 후방현장에서는 일선현장으로 지원해야 하는 원칙이다.

[출제유형] 2024년 제28회

물류관리 원칙에 관한 설명으로 옳은 것은?

❶ 신뢰성의 원칙 : 필요한 물량을 원하는 시기와 장소에 공급하여 사용할 수 있도록 보장하는 원칙
② 균형성의 원칙 : 불필요한 유통과정을 제거하여 물자지원체계를 단순화하고 간소화하는 원칙
③ 단순성의 원칙 : 생산, 유통, 소비에 필요한 물자의 수요와 공급 및 조달과 분배의 균형성을 유지하는 원칙
④ 적시성의 원칙 : 최소한의 자원으로 최대한의 물자공급 효과를 추구하여 물류관리 비용을 최소화하는 원칙
⑤ 경제성의 원칙 : 저장시설 보호 및 도난, 망실, 화재, 파손 등으로부터 화물을 보호하는 원칙

3 물류고객서비스

구 분		내 용
물류고객 서비스의 개념		물류고객 주문의 접수, 처리, 배송, 대금 청구, 후처리 업무에 필요한 모든 활동으로 고객의 요구를 만족시키는 제반활동을 의미한다.
물류고객 서비스 요소의 분류	거래 전 요소	고객서비스에 관한 기업의 정책과 연관되어 있으며, 기업에 대한 고객인식과 고객의 총체적인 만족에 상당한 영향을 미칠 수 있다.
	거래 중 요소	고객에게 제품을 인도하는 데 직접 관련된 서비스 요소로 제품 및 배달의 신뢰도 등을 말한다.
	거래 후 요소	일반적으로 제품보증, 부품 및 수리 서비스, 고객의 불만에 대한 처리절차 및 제품의 교환 등을 말한다.

물류고객서비스의 측정요소

고객서비스 요소

거래 전 요소
1. 명시된 회사 정책
2. 회사에 대한 고객의 평가
3. 회사조직
4. 시스템의 유연성
5. 기술적인 서비스
6. 목표배송일

거래 중 요소
1. 재고품절 수준
2. 백오더(back order) 이용가능성
3. 주문정보
4. 주문주기의 일관성
5. 주문의 편리성
6. 배달의 신뢰성
7. 시스템의 정확성
8. 시 간
9. 환적(transshipment)
10. 제품 대체성

거래 후 요소
1. 설치, 보증, 변경, 수리, 부품
2. 제품추적
3. 고객 클레임, 불만
4. 제품포장
5. 수리 도중 일시적인 제품 대체

[출제유형] 2023년 제27회

물류서비스 품질을 결정하는 요인을 고객 서비스 시행 전, 시행 중, 시행 후로 나눌 때, 시행 중의 요인에 해당하는 것을 모두 고른 것은?

ㄱ. 재고수준
ㄴ. 주문의 편리성
ㄷ. 시스템의 유연성
ㄹ. 시스템의 정확성
ㅁ. 고객서비스 명문화
ㅂ. 고객클레임·불만

① ㄱ, ㄴ
❷ ㄱ, ㄴ, ㄹ
③ ㄱ, ㄷ, ㅁ
④ ㄴ, ㄹ, ㅂ
⑤ ㄷ, ㅁ, ㅂ

[출제유형] 2021년 제25회

고객서비스와 물류서비스에 관한 설명으로 옳지 않은 것은?

① 고객서비스의 목표는 고객만족을 통한 고객감동을 실현하는 것이다.
② 물류서비스의 목표는 서비스 향상과 물류비 절감을 통한 경영혁신이다.
③ 경제적 관점에서의 최적 물류서비스 수준은 물류활동에 의한 이익을 최대화하는 것이다.
④ 고객서비스 수준은 기업의 시장점유율과 수익성에 영향을 미친다.
❺ 일반적으로 고객서비스 수준이 높아지면 물류비가 절감되고 매출액은 증가한다.

[출제유형] 2024년 제28회

서비스품질모형(SERVQUAL)의 5가지 차원에 해당하지 않는 것은?

① 신뢰성(Reliability)
② 대응성(Responsiveness)
❸ 무형성(Intangibility)
④ 확신성(Assurance)
⑤ 공감성(Empathy)

[출제유형] 2024년 제28회

물류 측면의 고객서비스에 관한 설명으로 옳지 않은 것은?

① 물류서비스에 대한 고객의 만족도는 기대(Expectation) 수준과 성과(Performance) 수준의 차이로 설명된다.
❷ 제품 가용성(Availability) 정보제공은 물류서비스 신뢰성에 영향을 주지 않는다.
③ 물류서비스와 물류비용 사이에는 상충(Trade-off) 관계가 존재한다.
④ 서비스 품질은 고객과 서비스 제공자 간의 상호 작용에 의해서 결정된다.
⑤ 고객서비스의 수준이 결정되지 않았다면 수익과 비용을 동시에 고려하여 최적의 서비스수준을 결정해야 한다.

4 물류고객서비스의 특성

① 물류서비스는 물품을 이동시키는 마지막 단계로서 부가상품의 역할을 한다.
② 물류비의 감소와 고객서비스 수준의 향상 간에는 상충관계(Trade-off)가 있기 때문에 고객서비스 수준이 높아지면 물류비가 증가한다.
③ 전자상거래의 확산으로 유통배송단계가 점점 줄어들고, 고객맞춤형 물류서비스가 강조되고 있다.
④ 물류관리자는 이익 창출을 위해 비용 절감과 물류서비스의 향상에 주력한다.
⑤ 고객서비스 수준이 결정되어 있지 않다면 수익과 비용을 동시에 고려하여 최적의 서비스 수준을 결정하는 과정이 선행되어야 한다.
⑥ 기업들이 최대의 부가가치를 창출하려면 비용을 줄이면서 고객이 만족하는 서비스 수준에 도달할 수 있는 물류시스템 구축이 필요하다.
⑦ 운송서비스는 서비스 프로세스 매트릭스에서 서비스 공장으로 분류된다.
⑧ 물류서비스 향상의 효율적 실행을 위해서는 3S1L원칙과 7R원칙을 고려해야 한다.

슈메네(Schmenner)의 서비스 매트릭스
슈메네는 노동집약도, 고객과의 상호작용과 주문화 정도에 의해 서비스를 4가지로 분류한 서비스 매트릭스를 개발하였다.

		상호작용과 주문화 정도	
		낮음	높음
노동집약도의 정도	낮음	서비스 공장(화물운송업, 항공, 호텔, 리조트) • 토지, 설비, 기기와 같은 자본재 의사결정 • 새로운 테크놀로지에 대한 의사결정 • 비수기와 성수기 수요에 대한 의사결정	서비스 숍(병원, 수리센터) • 일관된 서비스 품질 유지 • 종업원의 충성심 • 소비자와 접촉할 때 종업원의 임무
	높음	대중서비스(금융업, 학교, 도·소매) • 마케팅 • 서비스의 표준화 • 서비스 시설	전문서비스(전문의, 변호사, 건축, 회계) • 고용에 의한 의사결정 • 교육·훈련에 의한 의사결정 • 직무수행 방법과 통제에 관한 의사결정 • 인력자원의 스케줄링에 관한 의사결정 • 복지후생에 관한 의사결정

5 물류고객서비스 품질측정 구성요소 등

구 분	내 용
물류서비스 품질	물류서비스 품질은 고객의 기대수준과 인지수준의 차이로 정의되며, 고객과 서비스 제공자 간의 상호작용에 의해서 결정된다.
서비스 품질모형 (SERVQUAL)의 5가지 차원(RATER)	• 유형성 : 화주기업에게 차량, 장비 등 물류서비스를 원활히 제공해 줄 수 있는 능력 • 확신성 : 화주기업에게 전반적인 업무수행에 대해 확신을 주는 능력 • 반응성(신속성) : 화주기업에게 신속하게 물류서비스를 제공할 수 있는 능력 • 커뮤니케이션 : 화주기업과의 원활한 의사소통 능력 • 신뢰성 : 화주기업과의 약속된 서비스를 정확하게 수행하는 능력
물류서비스 수준의 결정요인	• 일반적으로 물류비용의 책정은 공헌이익이 최대가 되는 시점에서 결정되어야 한다. • 물류서비스 수준과 물류비용 사이에는 상충관계가 있다. • 물류서비스 수준의 향상은 고객과의 장기적인 관계 형성에 도움이 된다. • 물류서비스 수준을 결정하기 위해서는 시장 또는 경쟁 환경 등을 고려해야 한다. • 물류서비스에 대한 고객의 만족도는 기대 수준과 성과 수준의 차이로 설명된다. • 서비스 품질은 고객과 서비스 제공자 간의 상호 작용에 의해서 결정된다. • 고객서비스의 수준이 결정되지 않았다면 수익과 비용을 동시에 고려하여 최적의 서비스수준을 결정해야 한다.

PART 1 물류관리론 / Chapter 02 물류관리와 마케팅물류

05 주문주기시간(Order Cycle Time)

1 고객서비스 주문주기시간

구 분	내 용
개 념	주문주기시간은 고객의 주문, 구매주문 혹은 서비스를 요청한 시점과 고객에게 인도되는 시점 사이에 경과된 총 시간을 의미한다.
구성요소	주문주기(Order Cycle)를 구성하는 요소에는 주문전달시간, 주문처리시간, 오더 어셈블리 시간, 재고 가용성, 인도시간 등이 있다.
	주문전달시간 (order transmittal time): 주문을 주고받는 판매 사원, 우편, 전화, 전자송달(컴퓨터 등)에 사용되는 시간이다.
	주문처리시간 (order processing time): 적재서류의 준비, 재고기록의 갱신, 신용장의 처리작업, 주문확인, 주문정보를 생산·판매·회계부서 등에 전달하는 활동에 소요되는 시간이다.
	오더 어셈블리 시간 (order assembly time): 주문을 받아서 발송부서나 창고에 전달 후 발송 받은 제품을 준비하는 데 걸리는 시간이다. cf. 오더피킹(Order Picking): 재고로부터 주문품 인출, 필요한 포장작업과 혼재작업에 관련된 활동이다.
	재고 가용성 (stock availability): 창고에 보유하고 있는 재고가 없을 때 생산지의 재고로부터 보충하는 데 소요되는 시간이다.
	주문인도 (order delivery): 주문품을 재고지점에서 고객에게 전달하는 활동으로, 창고에 재고가 있는 경우에는 공장을 거치지 않고 곧바로 고객에게 전달하는 데 걸리는 시간을 말한다.

주문처리시간에 영향을 미치는 요소
- 주문처리에서 오류가 발생하면 확인 및 재처리로 인해 주문처리시간이 증가하므로 오더필링(order filling)의 오류 발생을 줄이기 위해 노력해야 한다.
- 주문처리 우선순위는 주문처리시간에 영향을 미친다.
- 병렬처리(parallel processing)방식은 순차처리(sequential processing)방식에 비해 총 주문처리시간이 단축될 수 있다.
- 주문을 모아서 일괄처리하면 주문처리비용은 줄일 수 있으나, 주문처리시간이 늘어날 수 있다.
- 물류정보시스템을 활용한다면 초기 투자비용이 증가하지만 주문처리시간을 줄일 수 있다.

주문주기시간을 줄이는 방법
- 가능한 한 재고부족이 발생하지 않도록 적정재고를 유지하여야 한다.
- 창고에서 제품의 주문인출시간을 줄일 수 있도록 주문크기와 인출순서를 정한다.
- 포장설계를 표준화하고, 반품과 교환절차 등을 마련한다.
- 정해진 일정과 양식에 따라 고객의 주문을 받고 처리한다.

[출제유형] 2020년 제24회

다음 설명에 해당하는 주문주기시간 구성요소는?

- 주문품을 재고지점에서 고객에게 전달하는 데 걸리는 시간을 말한다.
- 창고에 재고가 있는 경우에는 공장을 거치지 않고 곧바로 고객에게 전달하는 데 걸리는 시간을 말한다.

① 주문전달시간 (Order Transmittal Time)
② 주문처리시간 (Order Processing Time)
③ 오더어셈블리시간 (Order Assembly Time)
④ 재고 가용성(Stock Availability)
❺ 인도시간(Delivery Time)

[출제유형] 2012년 제16회

주문처리시간에 영향을 미치는 요소가 아닌 것은?

① 혼 적
❷ 경제적 주문량
③ 주문 일괄처리
④ 주문처리 우선순위
⑤ 오더필링(Order Filling)의 정확성

[출제유형] 2010년 제14회

주문주기시간(Order Cycle Time)을 줄일 수 있는 방법으로 옳지 않은 것은?

① 가능한 한 재고부족이 발생하지 않도록 적정재고를 유지하여야 한다.
② 창고에서 제품의 주문인출시간을 줄일 수 있도록 주문크기와 인출순서를 정한다.
③ 포장설계를 표준화하고, 반품과 교환절차 등을 마련한다.
④ 정해진 일정과 양식에 따라 고객의 주문을 받고 처리한다.
❺ 고객의 주문크기를 가능한 한 작게 허용한다.

핵심테마 06 물류관리전략

PART 1 물류관리론 / Chapter 02 물류관리와 마케팅물류

[출제유형] 2024년 제28회

J. F. Robeson과 W. C. Copacino는 물류계획을 전략적, 구조적, 기능적, 실행적 수준으로 구분하였다. 다음 중 구조적 수준에 해당하는 것을 모두 고른 것은?

ㄱ. 창고설계 및 운영
ㄴ. 설비 및 장치
ㄷ. 유통경로설계
ㄹ. 수송관리
ㅁ. 네트워크 전략
ㅂ. 고객 서비스

① ㄱ, ㅂ
② ㄴ, ㄹ
❸ ㄷ, ㅁ
④ ㄱ, ㄴ, ㄷ
⑤ ㄷ, ㄹ, ㅁ, ㅂ

[출제유형] 2022년 제26회

물류관리전략 수립에 관한 설명으로 옳지 않은 것은?

① 고객서비스 달성 목표를 높이기 위해서는 물류비용이 증가할 수 있다.
② 물류관리전략의 목표는 비용절감, 서비스 개선 등이 있다.
❸ 물류관리의 중요성이 높아짐에 따라 물류전략은 기업전략과 독립적으로 수립되어야 한다.
④ 물류관리계획은 전략계획, 전술계획, 운영계획으로 나누어 단계적으로 수립한다.
⑤ 제품수명주기에 따라 물류관리전략을 차별화할 수 있다.

1 물류관리전략의 의의

구 분		내 용
개 념		• 고객의 요구를 충족시키기 위해 제품, 서비스, 정보를 효과적으로 계획·통제하는 활동을 수행하는 것을 의미한다. • 물류관리전략을 설정할 때 우선적으로 고려해야 할 사항은 고객의 니즈(Needs)를 파악하는 것이다. • 물류관리의 효율화를 추구하기 위해 물류전략은 기업전략과 통합적으로 수립되어야 한다. • 효과적인 물류관리전략은 유연성을 보유하면서 고객의 다양한 요구를 저렴한 비용으로 충족시킬 수 있도록 하는 것이다.
수립단계	1단계 (물류환경의 분석)	관련 산업·업계·경쟁사·자사 물류환경, 하드웨어, 소프트웨어, 기술 및 법규 등을 분석한다.
	2단계 (물류목표의 설정)	소비자의 니즈(Needs), 필요 수량·시기, 요구하는 제품 디자인·품질·가격 등을 분석하고 예측한다.
	3단계 (물류전략의 수립)	제품설계 및 개발, 원자재 및 부품조달, 생산 및 조립, 일정계획, 재고관리, 운송 등 소비자에게 제품이 인도될 때까지의 활동을 계획하고 필요한 여러 자원을 검토한다.
	4단계 (운영 및 성과반영)	물류관리전략에 따른 물류시스템의 운영과 성과측정을 통하여 이를 기업의 경영전략에 다시 반영하도록 한다.
추진단계	구조적 단계	원·부자재의 공급에서 생산과정을 거쳐 완제품의 유통과정까지의 흐름을 최적화하기 위해 유통경로 및 물류네트워크를 설계하는 단계이다.
	전략적 단계	고객이 원하는 것이 무엇인지를 파악하는 동시에 회사이익 목표를 달성할 수 있는 최적의 서비스 수준을 정하는 단계이다.
	기능적 단계	물류거점 설계 및 운영, 운송관리, 자재 및 재고관리를 하는 단계이다.
	실행 단계	정보화 구축에 관련된 정책 및 절차 수립, 정보화 설비와 장비를 도입·조작·변화관리를 하는 단계이다.

물류관리전략의 효과
• 고객주문에 대한 제품가용성, 주문처리의 정확성 등의 물류서비스를 제공함으로써 경쟁우위를 확보할 수 있다.
• 고객의 다양한 요구를 저렴한 비용으로 충족시킬 수 있는 물류시스템을 보유한 경우, 보다 넓은 고객층을 확보할 수 있다.
• 효율적인 물류활동을 통하여 기업은 원가를 절감할 수 있고, 이를 바탕으로 저가격전략에 의한 시장 점유율 제고 및 수익률 증대를 추구할 수 있다.
• 상물을 분리함으로써 배송차량의 효율적 운행이 가능하고, 트럭의 적재율도 향상시킬 수 있다.

2 물류계획(Physical Distribution Plan)

구 분	내 용
물류계획의 개념	• 물류의사결정은 전략·전술·운영의 3단계 계획으로 구성되며, 물류계획 수립 시에는 전략, 전술, 운영의 3가지 차원을 모두 고려하여야 한다. • 크기로 본다면 전략 > 전술 > 운영으로 볼 수 있으며, 여기서 전략적 계획을 미리 수렴한 후 전술과 운영적 계획에 반영하는 것을 탑다운(Top-Down) 방식이라 한다. • 통상 물류계획 수립 시에는 구체적인 계획실행순서의 결정, 물류관련 투자의 자금 계획, 물류담당자의 채용·훈련계획이 포함되며, 단기·중기·장기수준에서 이루어진다.
물류계획의 단계별 특징	**운영적 계획**: 주 단위, 일 단위의 단기계획을 말한다. 일상 운영에서 실행하는 구체적인 계획으로 주문처리, 주문상품의 발송 등이 포함된다(예 운송을 관리하는 부분에서 운송서비스 증대, 운송 물건 파손 감소, 운송 단가 조정 등). **전술적 계획**: 1년 이내의 중기계획을 말한다. 전략을 조직의 각 부문에서 실행할 수 있도록 구체화하는 단계로 마케팅 전략, 고객서비스 요구 사항 등이 포함된다(예 물류 분야에서의 운송비 30억을 20억으로 줄이는 데 사용되는 방법). **전략적 계획**: 1년 이상의 장기계획을 말한다. CEO와 같은 가장 높은 차원에서 실시하는 계획으로 창고입지의 결정, 운송수단의 선택 등이 포함된다(예 올해 회사 영업이익률 100억).

전략·전술·운영적 계획의 비교
전술적 계획은 목적달성을 위하여 사용되는 자원에 관한 구체적 계획으로 의사결정이 확실하고 일상적이다. 반면에 전략적 계획은 기업전체의 목적과 자원에 관한 포괄적인 계획으로 의사결정이 불확실하고 혁신적이다.

Decision Area	Strategy	Tactics	Operations
Transportation	Mode Selection	Seasonal Leasing	Dispatching
Inventory	Location	Safety Stock Level	Order Filling
Warehousing	Layout Design	Space Utilization	Order Picking

[출제유형] 2021년 제25회

물류의 전략적 의사결정 활동으로 옳은 것은?
❶ 시설 입지계획
② 제품포장
③ 재고통제
④ 창고관리
⑤ 주문품 발송

[출제유형] 2024년 제28회

물류와 마케팅에 관한 설명으로 옳지 않은 것은?
① 마케팅 믹스(4P)는 제품, 가격, 유통, 촉진으로 구성된다.
② 마케팅 믹스(4P) 중 유통은 물류와 관련성이 높은 요인이다.
③ 탁월한 고객서비스를 제공하는 마케팅은 고객만족을 증대시킨다.
❹ 고객만족을 위해 물류서비스 수준을 높이면 물류비는 절감된다.
⑤ 효과적인 물류관리를 위해서는 기능별 개별 물류비 절감보다 총물류비를 줄이는 것이 중요하다.

3 마케팅 개요

구 분	내 용
마케팅 개념	• 생산자가 상품 또는 서비스를 소비자에게 유통시키는 데 관련된 모든 체계적 경영활동이다. • 마케팅믹스를 이용해 소비자 욕구를 파악·충족시켜 소비자를 만족할 수 있게 하는 것이다.
마케팅 믹스	• 제품을 시장에 내놓으면서 마케팅 목표를 최대한 효과적으로 달성하기 위해 분야별 방법들을 균형있게 디자인하는 것이다. • 보통 4P를 기본으로 기획한다.
4p	• 제품(Product) : 제품의 구색, 이미지, 상표, 포장 등에 관한 의사결정 • 가격(Price) : 상품가격의 수준 및 범위, 가격결정기법, 판매조건 등에 관한 의사결정 • 촉진(Promotion) : 광고, 인적판매, PR, 판매촉진 등을 고객에게 전달하는 의사결정 • 유통(Place) : 유통경로의 설계, 물류 및 재고관리, 도·소매상관리를 위한 계획의 수립 등에 관한 의사결정

4 제품수명주기와 물류관리전략

① 제품수명주기의 의의
- 제품수명주기(Product Life Cycle)란 하나의 제품이 시장에 출시된 후 성장과 성숙의 과정을 거쳐 종국에는 쇠퇴하여 시장에서 완전히 소멸하는 일련의 흐름으로 도입기, 성장기, 성숙기, 쇠퇴기 등 4단계로 구분된다.
- 도입기와 성장기는 기업이 특히 노력을 전개해야 할 부분으로 성장을 위해서 기업은 언제나 성장기에 있을 만한 제품을 염두에 두고 신제품 개발이나 경영의 다각화를 시도하여야 한다.

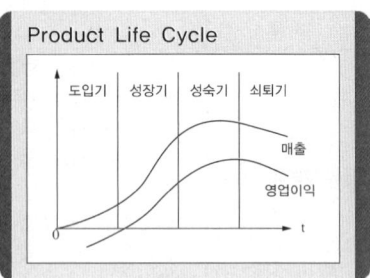

② 제품수명주기의 단계별 특성 및 물류전략

구 분	특 성	물류전략
도입기	• 도입기는 일반적으로 수요와 공급이 불확실하며, 이익은 낮거나 손실이 발생하는 단계이다. • 고객들이 제품에 관하여 아는 바가 없으며 제품을 판매할 점포망 확보에 많은 시간이 소요된다.	• 판매망이 소수의 지점에 집중되고 제품의 가용성은 제한되므로 물류서비스는 높은 수준의 재고 가용성과 유연성을 확보하는 전략이 필요하다. • 시장에서의 위치확보를 위해 마케팅 분야에 과감히 투자할 필요가 있다.
성장기	• 제품에 대한 고객들의 관심이 높아지면서 제품가용성을 넓은 지역에 걸쳐 증가시키게 되는 단계이다. • 대량생산을 통한 가격인하로 시장의 규모가 확대된다. • 제품을 취급하는 점포가 늘어나 자연스럽게 경쟁이 치열해진다. • 가격인하 경쟁에 대응하고 수요를 자극하기 위한 촉진비용이 많이 소요된다.	• 장기적인 수요에 대비하여 유통망의 확대가 필요하나, 제품의 판매량이 현저히 증가하게 되고, 물류센터의 수와 재고수준을 정하는 데 필요한 정보가 부족하여 물류계획을 수립하는 데 어려움이 있다. • 성장기에는 규모의 경제를 고려하여 비용과 서비스 간의 상충관계를 적극 고려하는 전략이 필요하다.
성숙기	• 제품이 일반화되고 수요증대에 맞추어 가격은 하향 조정되기 시작하며, 수익은 평준화되다가 감소하기 시작하는 단계이다. • 성숙기는 제품의 유통지역이 가장 광범위해지며, 시장에서 제품가용성을 높이기 위해 많은 수의 재고거점이 필요한 시기이다.	성숙기는 매출액이 체감적으로 증가하거나 안정된 상태를 유지하고, 많은 기업들의 진출과 과잉 생산능력에 의해 경쟁이 심화되는 시기이기 때문에 고객별로 차별화되고 집중적인 물류서비스 전략이 필요하다.
쇠퇴기	쇠퇴기는 가격이 평준화되고 판매량은 감소하며, 이에 따라 이익도 감소하기 시작하는 단계이다.	• 재고보유 거점 수가 줄어들어 제품의 재고가 소수의 지점에 집중하게 되므로 제품의 이동 형태와 재고 배치의 수정이 필요하다. • 쇠퇴기에는 비용 최소화보다는 위험 최소화 전략이 필요하다.

물류와 마케팅의 관계
- 물류역량이 강한 기업일수록 본래 마케팅의 기능이었던 수요의 창출 및 조절에 유리하다.
- 물류와 마케팅 기능이 상호작용하는 분야로는 공장입지, 구매계획, 제품생산계획 등이 있다.
- 물류는 마케팅뿐만 아니라 생산관리 측면 등까지 광범위하게 확대되고 있다.
- 물류는 마케팅의 4P 중 Place, 즉 유통채널과 관련이 깊다.
- 물류는 포괄적인 마케팅에 포함되며 물류 자체의 마케팅 활동을 할 수도 있다.
- 탁월한 고객서비스를 제공하는 마케팅은 고객만족을 증대시킨다.

[출제유형] 2023년 제27회

제품수명주기에 따른 단계별 물류관리 전략에 해당되지 않는 것은?

① 성숙기 전략
② 쇠퇴기 전략
❸ 수요기 전략
④ 성장기 전략
⑤ 도입기 전략

[출제유형] 2014년 제18회

제품수명주기와 고객서비스 전략에 관한 설명으로 옳지 않은 것은?

① 도입기 단계에서는 판매망이 소수의 지점에 집중되고 제품의 가용성은 제한된다.
❷ 성장기 단계에서는 비용절감을 위해 재고를 집중하여 통합 관리할 가능성이 크다.
③ 성장기 단계에서는 비용과 서비스 간의 상충관계를 고려한 물류서비스 전략이 필요하다.
④ 성숙기 단계에서는 물류서비스의 차별화 전략이 필요하다.
⑤ 쇠퇴기 단계에서는 비용 최소화보다는 위험 최소화 전략이 필요하다.

[출제유형] 2023년 제27회

물류와 마케팅의 관계에 관한 설명으로 옳지 않은 것은?

① 물류역량이 강한 기업일수록 본래 마케팅의 기능이었던 수요의 창출 및 조절에 유리하다.
❷ 물류와 마케팅 기능이 상호작용하는 분야는 하역관리와 설비관리 등이 있다.
③ 물류는 마케팅뿐만 아니라 생산관리 측면 등까지 광범위하게 확대되고 있다.
④ 물류는 마케팅의 4P 중 Place, 즉 유통채널과 관련이 깊다.
⑤ 물류는 포괄적인 마케팅에 포함되며 물류 자체의 마케팅 활동을 할 수도 있다.

5 제3자물류(3PL)와 물류관리전략

구 분	내 용
제3자물류의 개념	• 제3자물류(3PL : Third Party Logistics)는 포장, 운송, 보관, 하역, 물류가공, 물류정보처리 등 일련의 공급사슬에서 요구되는 활동을 외부의 전문업체에 위탁함으로써 자사의 물류를 효율화하는 방식이다. • 기업들은 제3자물류를 통해 핵심부분에 집중하고 물류를 전문업체에 아웃소싱하여 규모의 경제, 전문화 및 분업화 등의 효과를 거둘 수 있다. • 세계적인 제3자물류업체 및 컨설팅회사들은 다른 물류기업들과의 인수합병을 통해 글로벌 차원으로 확대하면서 제4자물류 서비스를 제공하고 있다.
제3자물류의 도입목적	• 기업 핵심역량 강화 : 저효율, 고비용 부문과 이의 주변업무를 외부전문 물류업체에 아웃소싱하고 핵심역량 부문에 경영자원을 집중하여 경쟁사와의 차별성 부각, 주력업무의 전문성, 품질향상, 경영체질을 개선 및 강화한다. • Risk 분산 전략 : 아웃소싱을 통해 유연한 조직을 구축하여 시장, 경쟁환경, 기술 등의 변화에 기업이 받는 영향을 최소화한다. • 기업 Restructuring의 수단 : 기업 조직의 기능 일부를 아웃소싱함으로써 조직을 슬림화한다. • 시너지 효과 창출 전략 : 전문적 역량을 갖춘 외부기업에 아웃소싱하고, 모기업은 핵심역량에 집중하여 시너지 효과의 창출이 가능하다. • 비용절감 전략 : 해당 업무(혹은 기능)를 3PL에 아웃소싱함으로써 비용을 절감한다. • 기업 경영혁신의 도구 : 3PL으로의 아웃소싱은 비효율적 부문의 재구축 등과 같은 구조조정과 기존 업무 프로세스의 수정 수단이기 때문에 이를 통해 경영혁신을 이룩할 수 있다. • 서비스 전문성을 확대시키는 전략 : 물류지원, 정보시스템, 법률, 디자인 등의 업무는 인적자원의 육성, 관련 장비의 보유 등의 대규모 투자와 시간을 필요로 하기 때문에 3PL로의 아웃소싱은 이를 해결하는 가장 효율적인 방법 중의 하나이다. • Global Network 효율화 전략 : 문화적ㆍ경제적 시스템의 차이가 발생하는 지역에서는 지역 전문물류업체를 이용함으로써 효율적인 시장 접근이 가능하다.
제3자물류의 도입효과	화주업체 측면: • 기업의 핵심역량에 집중 • 선진 물류기법 활용 • 물류관리비용 절감 • 고객서비스 향상 • 유연성의 향상 • 물류자본에 대한 투자 감소 • 각종 세제 혜택 • 인력 절감 물류업체 측면: • 규모의 경제 실현 • 다양한 물류고객 확보 가능 • 물류를 핵심사업군으로 양성 가능 • 물류서비스 수요변동에 대처 가능 • 물류전문인력 양성 가능 • 물류전문업체 양성에 따른 지원 혜택 • 경험을 통한 글로벌 물류시장 진출

제3자물류의 활용을 위한 물류아웃소싱
• 화주기업은 물류아웃소싱을 통하여 핵심역량에 집중할 수 있어서 기업경쟁력 제고에 유리하다.
• 화주기업은 고객 불만에 대한 신속한 대처가 곤란하고 사내에 물류전문지식 축적의 어려움을 겪을 수 있다.
• 화주기업은 물류아웃소싱 이전에 자사의 물류비현황을 정확히 파악하는 것이 중요하다.
• 물류아웃소싱의 주된 목적과 전략은 조직 전체의 전략과 일관성을 유지해야 한다.
• 성공적인 물류아웃소싱 전략을 위해서는 아웃소싱업체에 대하여 적극적이고 직접적인 지휘통제 체계를 탈피하고 Win-Win 전략에 따른 횡적 유대관계를 유지해야 한다.

[출제유형] 2015년 제19회

제3자물류 도입으로 인해 화주기업이 얻는 직접적인 기대효과로 옳은 것은?
① 물가상승 억제
② 배송구역의 밀도 증가
❸ 핵심역량에 집중 가능
④ 교통체증 감소
⑤ 배송구역 축소

[출제유형] 2023년 제27회

외주물류(아웃소싱)와 3자물류에 관한 설명 중 옳지 않은 것을 모두 고른 것은?

ㄱ. 외주물류는 주로 운영 측면에서 원가절감을 목표로 하는 반면, 3자물류는 원가절감과 경쟁우위 확보 등을 목표로 한다.
ㄴ. 외주물류는 중장기적 협력 관계를 기반으로 이루어지는 반면, 3자물류는 단기적 관계를 기반으로 운영된다.
ㄷ. 외주물류는 주로 최고경영층의 의사결정에 따라 경쟁계약의 형태로 진행되는 반면, 3자물류는 중간 관리층의 의사결정에 따라 수의계약 형태로 주로 진행된다.
ㄹ. 서비스 범위 측면에서 외주물류는 기능별 서비스(수송, 보관) 수행을 지향하는 반면, 3자물류는 종합물류를 지향한다.

① ㄱ, ㄴ ❷ ㄴ, ㄷ
③ ㄷ, ㄹ ④ ㄱ, ㄴ, ㄹ
⑤ ㄱ, ㄷ, ㄹ

⊕ PLUS

물류아웃소싱의 단점
• 물류 전 과정에 대한 통제력 상실 우려
• 고객서비스 수준 저하 우려
• 전략적 정보의 노출 우려
• 교체비용의 발생
• 환경변화에 대한 대응력 저하 우려
• 의존성 증가 우려
• 정확한 절감효과의 예측 미흡과 물류비용 산정의 어려움

[출제유형] 2024년 제28회

4PL(Fourth Party Logistics)에 관한 설명으로 옳지 않은 것은?

① 3PL(Third Party Logistics), 물류 컨설팅업체, IT업체 등이 결합한 형태이다.
② 이익분배를 통하여 공급사슬 구성원 공통의 목표를 관리한다.
③ 공급사슬 전체의 관리와 운영을 대상으로 한다.
❹ 수입증대, 운영비용 감소, 운전자본 확대, 고정자본 확대를 목적으로 한다.
⑤ 기존 물류업체의 한계를 극복하고 지속적인 개선효과 창출을 목적으로 한다.

[출제유형] 2022년 제26회

4자물류에 관한 설명으로 옳은 것을 모두 고른 것은?

ㄱ. 3자물류업체, 물류컨설팅 업체, IT 업체 등이 결합한 형태
ㄴ. 공급사슬 전체의 효율적인 관리와 운영
ㄷ. 참여 업체 공통의 목표설정 및 이익분배
ㄹ. 사이클 타임과 운전자본의 증대

① ㄱ, ㄴ
② ㄴ, ㄷ
③ ㄷ, ㄹ
❹ ㄱ, ㄴ, ㄷ
⑤ ㄴ, ㄷ, ㄹ

[출제유형] 2023년 제27회

4자물류에 관한 설명으로 옳지 않은 것은?

① 기존의 3자물류 서비스에 IT, 기술, 전략적 컨설팅 등을 추가한 서비스이다.
② 포괄적인 공급사슬관리(SCM) 서비스를 제공하기 위한 통합서비스로, 공급사슬 전반의 최적화를 도모한다.
③ 합작투자 또는 장기간 제휴형태로 운영되며, 이익의 분배를 통하여 공통의 목표를 설정한다.
❹ 기업과 고객 간의 거래(B2C) 보다는 기업과 기업 간의 거래(B2B)에 집중한다.
⑤ 다양한 기업이 파트너로서 참여하는 혼합조직이다.

외주물류(아웃소싱)와 3자물류 비교

유 형	외주물류	3자물류
목 표	원가절감	원가절감과 경쟁우위 확보
기 반	단기적 관계	중장기적 협력 관계
의사결정과 계약 형태	중간관리층의 의사결정에 따라 수의계약 형태로 주로 진행	최고경영층의 의사결정에 따라 경쟁계약의 형태로 진행
범 위	기능별 서비스(수송, 보관) 수행을 지향	종합물류를 지향

6 제4자물류(4PL)와 물류관리전략

구 분	내 용
제4자물류의 개념	• 제4자물류(4PL : Fourth Party Logistics)는 다양한 조직들의 효과적인 연결을 목적으로 하는 통합체(Single Contact Point)로서 공급사슬의 모든 활동과 계획 관리를 전담한다. • 제4자물류 공급자는 광범위한 서플라이 체인의 조직을 관리하고 기술, 능력, 정보 기술, 자료 등을 관리하는 공급망 통합자이다. • 제4자물류란 제3자물류의 기능에 컨설팅 업무를 더해 수행하는 것이다. • 핵심은 고객에게 제공되는 서비스를 극대화하는 것(Best of Breed)이다.
제4자물류의 목적	모든 영역의 물류서비스를 제공할 수 없었던 기존 전문물류업체(3PL)의 한계를 극복하고 공급연쇄에 대하여 탁월하고 지속적인 개선효과를 발휘하는 것이다.
제4자물류의 특징	• 수배송·창고관리, 컨설팅, 전체적인 물류 네트워크 개선 등 한 차원 높은 종합물류 서비스를 제공한다. • 3PL, 컨설팅업체, IT업체들이 합작투자나 전략적 제휴를 형성하여 한 번의 계약으로 공급체인 전반에 걸친 통합서비스를 제공한다. • 이익분배를 통한 공통의 목표를 설정하고, 원재료의 조달부터 최종고객에 이르기까지 공급체인 상태에서 발생하는 모든 물류활동을 하나의 조직이 수행한다. • 4PL은 물류서비스의 아웃소싱과 고객기업 내부에서 수행하는 인소싱의 장점을 살리는 조직이다. • 아웃소싱으로 고객서비스 개선, 재무적 효과, 노동문제의 간소화 등의 기대효과가 있다. • 물류기술의 축적, 고객서비스 수준 및 물류비에 대한 고객기업의 직접 관리가 가능하다. • 고객과의 직접적인 접촉을 통한 고객서비스 수준의 개선이 가능하다.
제4자물류의 기업유형	• 거래파트너(trading partner) : 화주와 서비스제공자 간의 조정·통제의 역할을 수행한다. • 시너지플러스(synergy plus) : 복수의 화주에게 물류서비스를 제공하는 서비스제공업체의 브레인 역할을 수행한다. • 솔루션통합자(solution integrator) : 복수의 서비스제공업체를 통합하여 화주에게 물류서비스를 제공한다. • 산업혁신자(industry innovator) : 복수의 서비스제공업체를 통합하고 산업군에 대한 통합서비스를 제공하여 시너지효과를 유발한다.
제4자물류의 도입효과		

	수입증대	4PL은 전체적인 SCM을 통해 재고부족 및 품절현상을 방지하고 고객서비스 향상 등을 통해 수입을 증대시킨다.
제4자물류의 도입효과	운영비용 감소	모든 공급체인상의 과정에 대한 계획 및 집행을 통한 운영비 절감 및 판매비의 절감을 꾀할 수 있다.
	운전자본 감소	재고감소 및 사이클 타임 단축을 통한 운전자본이 감소된다.
	고정자본 감소	고객기업은 물류관련 자산을 4PL로 소유권 이전하고 연구개발, 디자인, 상품개발, 판매, 마케팅 등 핵심역량에 집중할 수 있게 되어 자산이전과 자산이용률의 극대화가 가능하다.

07 수요예측기법

1 정성적 수요예측기법

정성적 수요예측기법은 주관적인 의견이나 판단을 중시하므로 주로 중·장기적인 예측에 활용된다.

구 분	내 용
델파이법	• 전문가들을 한자리에 모으지 않고 일련의 질의서를 통해 각자의 의견을 취합하여 중기 또는 장기 수요의 종합적인 예측결과를 도출해 내는 기법이다. • 전문가들을 한자리에 모으지 않는 것은 다수의견이나 유력자의 발언 등에 의한 영향력을 배제하기 위함이다. • 예측에 불확실성이 크거나 과거의 자료가 없는 경우에 유용한 기법이지만, 시간과 비용이 많이 드는 단점이 있다.
시장조사법	제품과 서비스에 대하여 고객의 심리, 선호도, 구매동기 등을 조사하는 기법으로 정성적 수요예측기법 중에서는 가장 계량적이고 객관적인 방법이다.
판매원이용법	자사의 소속된 판매원들로 하여금 각 담당지역의 판매예측을 산출하게 한 다음 이를 모두 합산하여 회사 전체의 판매 예측액을 산출하는 방법이다.
패널동의법	경영자, 판매원, 소비자 등으로 패널을 구성하여 자유롭게 의견을 제시하게 함으로써 예측치를 구하는 방법이다.
역사적유추법	신제품과 같이 과거자료가 없는 경우에 이와 비슷한 기존 제품이 과거에 시장에서 어떻게 도입기, 성장기, 성숙기를 거치면서 수요가 변화해 왔는지에 입각하여 예측하는 방법이다.

2 정량적 수요예측기법

정량적 수요예측기법은 객관적인 데이터를 중시하므로 주로 단기적인 예측에 활용된다.

구 분		내 용
시계열분석		일정한 시간, 간격에 나타나는 관측치를 가지고 분석하는 방법이다.
	이동평균법	• 단순이동평균법 : 예측하고자 하는 기간(F_t)의 직전 일정기간(N)의 실제 판매량(A_t)들의 단순평균치를 구하는 방법이다. $$F_t = (A_{t-1} + A_{t-2} + \cdots + A_{t-n})/N$$ F_t : 기간 t의 수요 예측치, A_t : 기간 t의 실제수요 • 가중이동평균법 : 직전 N기간의 자료치에 합이 1이 되는 가중치를 부여한 다음, 가중 합계를 예측치로 사용하는 방법이다. $$F_t = W_{t-1}A_{t-1} + W_{t-2}A_{t-2} + \cdots + W_{t-n}A_{t-n}$$ F_t : 기간 t의 수요 예측치, A_t : 기간 t의 실제수요, W_t : 기간 t에 부여된 가중치

[출제유형] 2016년 제20회

수요예측기법 가운데 정성적인 분석방법은?
① 지수평활법
② 이동평균법
③ 회귀분석법
❹ 시장조사법
⑤ 시계열분석법

[출제유형] 2013년 제17회

수요의 정성적 예측기법으로 전문가들을 한자리에 모으지 않고 일련의 질의서를 통해 각자의 의견을 취합하여 중기 또는 장기 수요의 종합적인 예측결과를 도출해 내는 기법은?
① 시장조사법
② 전문가 의견법
③ 판매원이용법
④ 자료유추법
❺ 델파이법

[출제유형] 2022년 제26회

다음 설명에 해당하는 수요예측기법은?

○ 단기 수요예측에 유용한 기법으로 최근수요에 많은 가중치를 부여한다.
○ 오랜 기간의 실적을 필요로 하지 않으며 데이터 처리에 소요되는 시간이 적게 드는 장점이 있다.

① 시장조사법
② 회귀분석법
③ 역사적 유추법
④ 델파이법
❺ 지수평활법

[출제유형] 2023년 제27회

인과형 예측기법의 하나로 종속변수인 수요에 영향을 미치는 독립변수를 파악하고, 독립변수와 종속변수 간의 함수관계를 통계적으로 추정하여 미래의 수요를 예측하는 방법은?

❶ 회귀분석법
② 델파이법
③ 지수평활법
④ 수명주기예측법
⑤ 가중이동평균법

[출제유형] 2016년 제20회

수요예측방법 중 시계열분석방법에서의 시계열(Time series) 구성요소에 포함되지 않는 것은?

① 추세변동   ② 순환변동
③ 계절변동   ④ 불규칙변동
❺ 시장변동

[출제유형] 2019년 제23회

완성품 배송센터의 규모를 결정하기 위한 목적으로 보관 품목의 2020년 수요를 예측하고자 한다. 2018년 수요 예측치와 실적치, 2019년 실적치가 아래의 표와 같다고 가정할 때, 평활상수(α) 0.4인 지수평활법을 활용한 2020년의 수요 예측치는?

구 분	2018년	2019년
실적치(개)	200	300
수요 예측치(개)	250	-

① 256개   ❷ 258개
③ 260개   ④ 262개
⑤ 264개

시계열분석	지수평활법	• 과거 수요에 입각하여 미래 수요를 예측하는 방법으로 시간에 따라 변화하는 현상을 일정한 간격으로 관찰할 때 얻어지는 관측치를 사용한다. • 수많은 복잡한 예측 모형에 비해 수식이 단순하여 계산량이 적으며, 예측 능력이 크게 떨어지지 않기 때문에 많은 종류의 수요를 일별, 주별 등 매우 빈번하게 예측해야만 하는 모델을 관리하기에 적합한 예측 방법이다. • 지수적으로 감소하는 가중치를 이용하여 최근 자료일수록 더 큰 비중, 오래된 자료일수록 더 작은 비중을 두어 미래수요를 예측한다. $$F_{t+1} = \alpha A_t + (1-\alpha)F_t$$ F_{t+1} : 기간 $t+1$에서의 예측값, α : 평활상수($0 \leq \alpha \leq 1$) A_t : 기간 t에서의 실측치, F_t : 기간 t에서의 예측치
	추세분석법	시계열을 잘 관통하는 추세선을 구한 다음 그 추세선상에서 미래수요를 예측하는 방법이다.
인과형 분석		수요를 종속변수(결과변수)로, 수요에 영향을 미치는 요인들을 독립변수(원인변수)로 하여 양자의 관계를 파악하는 수요예측기법이다.
	회귀분석모형	한 변수 혹은 여러 변수가 다른 변수에 미치는 영향력의 크기를 회귀방정식으로 추정하고 분석하는 통계적 분석방법이다.
	계량경제모형	각 경제변수에 수치를 주어 정량화하고 변수 간에 관계를 설정한 후 경기예측모형을 만들어 경기를 예측하는 방법이다.
	투입/산출모형	산업부문 간의 상호의존관계를 파악하여 투입변수와 산출변수 간의 관계를 분석하는 방법이다.

시계열의 구성요소
• 추세변동(T : Trend Movement) : 장기변동의 전반적인 추세를 나타낸다.
• 순환변동(C : Cyclical Fluctuation) : 일정한 주기가 없이 사이클 현상으로 반복되는 변동이다.
• 계절변동(S : Seasonal Variation) : 1년 주기로 계절에 따라 되풀이되는 변동이다.
• 불규칙변동(I : Irregular Movement) : 돌발적인 원인이나 불명의 원인에 의해서 일어나는 우연변동으로서 자료의 행태(Pattern)를 인식할 수 없는 것을 말한다.

단순이동평균법, 가중이동평균법, 단순지수평활법 문제풀이

문제 다음은 어느 제조업체의 최근 5개월 동안 TV 판매량을 나타낸 것이다.
(단위 : 천대)

구 분	1월	2월	3월	4월	5월
판매량	10	14	9	13	15
가중치	0.0	0.1	0.2	0.3	0.4

6월의 TV 판매량을 단순이동평균법, 가중이동평균법, 단순지수평활법을 이용하여 예측한 값을 각각 구하시오(단, 주기는 4개월, 5월의 예측판매량은 12, 단순지수평활법에서 평활상수는 0.4를 각각 적용한다).

풀이
• 단순이동평균법 : $F_6 = (14 + 9 + 13 + 15) / 4 = 12.75$
• 가중이동평균법 : $F_6 = (14 \times 0.1) + (9 \times 0.2) + (13 \times 0.3) + (15 \times 0.4) = 13.1$
• 단순지수평활법 : $F_6 = 15 \times 0.4 + 12 \times 0.6 = 13.2$

… 핵심테마

08 유통경로(distribution channel)

1 유통경로의 의의

구 분	내 용
개 념	• 생산에서 최종 소비에 이르기까지의 전 과정을 유통경로라고 한다. • 유통경로의 기능에는 제품 및 서비스의 전달, 커뮤니케이션, 금융 등이 있다. • 유통담당자들이 수행하는 유통경로 효율화는 기업물류비 절감과 직결된다. • 유통경로는 시간적, 장소적 효용뿐만 아니라 소유적, 형태적 효용도 창출한다. • 제품에 대한 소유권을 보유하고 실질적인 위험을 감수하는 유통경로 구성원을 중심기능 구성원이라 하며, 도매 및 소매기관이 이에 해당한다. • 유통경로는 다른 3가지 마케팅믹스 요소와 달리 한 번 결정되면 다른 유통경로로 전환이 가장 어려운 항목이다. • 유통경로는 생산자의 직영점과 같이 소유권의 이전 없이 판매활동만을 수행하는 형태도 있다.
설계과정	유통경로를 효율적으로 관리하기 위한 유통경로 설계과정은 '기업전략 결정 → 유통전략 결정 → 유통경로 결정 → 경로 구성원 선정'으로 나타난다.
기 능	• 물적 흐름(physical flow) • 소유권의 흐름(title flow) • 지급의 흐름(payment flow) • 정보의 흐름(information flow)
역 할	• 교환과정 촉진 : 중간상의 존재로 인해 시장에서 개별적으로 이루어지던 복잡한 거래를 단순화시켜 거래를 촉진시킨다. • 제품구색 불일치 완화 : 중간상은 생산자와 소비자 간의 욕구 차이에서 발생하는 제품구색 및 구매량의 불일치를 조절한다. • 정보제공 : 중간상은 생산자에 비해 더 많은 소비자들의 욕구를 파악할 수 있으며 소비자에게 한 장소에서 다양한 제품에 대한 정보를 제공해 준다. • 고객서비스 제공 : 중간상은 생산자를 대신하여 소비자에게 제품의 배달, 설치 및 사용방법 교육 등의 판매 후 서비스를 제공하기도 한다. • 거래의 표준화 : 거래 과정에서 제품, 가격, 구입단위, 지불조건 등을 표준화시켜 시장에서 거래를 용이하게 해준다. • 생산과 소비 연결 : 생산자와 소비자 사이에 존재하는 지리적·시간적·정보적 불일치를 해소해 준다. • 쇼핑의 즐거움 제공 : 소비자의 쇼핑동기와 욕구를 충족시켜 줄 수 있도록 물적 요인(점포의 위치, 인테리어, 휴식 및 문화공간 등)뿐만 아니라 인적 요인(판매원의 표정, 용모, 복장, 언행 등)도 제공한다.
필요성	• 총거래수 최소화의 원칙 : 중간상의 개입으로 거래의 총량이 감소하게 되어 제조업자와 소비자 양자에게 실질적인 비용감소를 제공하게 된다는 원칙 • 집중준비의 원칙 : 유통경로 과정에 도매상이 개입하여 소매상의 대량 보관기능을 분담함으로써 사회 전체적으로 상품의 보관 총량을 감소시킬 수 있으며, 소매상은 최소량만을 보관하게 된다는 원칙 • 분업의 원칙 : 다수의 중간상이 분업의 원리로써 유통경로에 참여하게 되면 유통경로과정에서 다양하게 수행하는 기능들, 즉 수급조절기능, 보관기능, 위험부담기능, 정보수집기능 등이 경제적·능률적으로 수행될 수 있다는 원칙 • 변동비 우위의 원칙 : 무조건적으로 제조와 유통기관을 통합하여 대규모화하기보다는 각각의 유통기관이 적절한 규모로 역할분담을 하는 것이 비용 면에서 훨씬 유리하다는 논리에 의해 중간상의 필요성이 강조되는 원칙

[출제유형] 2011년 제15회

유통경로(Distribution Channel)에 관한 설명으로 옳지 않은 것은?

① 유통경로는 제품이나 서비스가 생산자에서 소비자에 이르기까지 거치게 되는 통로 또는 단계를 말한다.
② 유통경로는 생산자의 직영점과 같이 소유권의 이전 없이 판매활동만을 수행하는 형태도 있다.
❸ 유통경로는 탄력성이 있어서 다른 마케팅 믹스 요소와 마찬가지로 한번 결정되어도 다른 유통경로로의 전환이 용이하다.
④ 유통경로는 시간적, 장소적 효용뿐만 아니라 소유적, 형태적 효용도 창출한다.
⑤ 유통경로에서 중간상은 교환과정의 촉진, 제품구색의 불일치 완화 등의 기능을 수행한다.

[출제유형] 2012년 제16회

유통경로상에 존재하는 중간상의 역할에 관한 설명으로 옳지 않은 것은?

① 중간상의 존재로 인해 생산자는 다수의 소비자와의 거래를 단순화시킬 수 있다.
② 중간상은 생산자와 소비자 간의 욕구 차이에서 발생하는 제품구색 및 구매량의 불일치를 조절한다.
③ 중간상은 생산자에 비해 더 많은 소비자들의 욕구를 파악할 수 있으며 소비자에게 한 장소에서 다양한 제품에 대한 정보를 제공해 준다.
④ 중간상은 생산자를 대신하여 소비자에게 판매 후 서비스를 제공하기도 한다.
❺ 중간상이 생산자와 소비자 사이에 개입함에 따라 생산자의 재고부담이 증가한다.

[출제유형] 2023년 제27회

유통경로의 구조에 관한 설명으로 옳지 않은 것은?

① 전통적 유통경로 시스템은 자체적으로 마케팅 기능을 수행하는 독립적인 단위들로 구성된다.
② 전통적 유통경로 시스템은 수직적 시스템에 비해 구성원 간 결속력은 약하지만 유연성이 높다.
❸ 수직적 유통경로 시스템은 신규 구성원의 진입이 상대적으로 용이한 개방형 네트워크이다.
④ 도소매기관 지원형 연쇄점, 소매기관 협동조합, 프랜차이즈 등은 계약형 유통경로 구조에 해당한다.
⑤ 기업형 유통경로 구조는 특정 유통경로가 다른 유통경로를 소유하고 통제하는 형태이다.

[출제유형] 2024년 제28회

수직적 유통경로(VMS : Vertical Marketing System)에 관한 설명으로 옳지 않은 것은?

① 기업형 VMS의 수직적 통합의 정도는 관리형 VMS보다 높다.
② 계약형 VMS의 수직적 통합의 정도는 관리형 VMS보다 높다.
❸ 기업형 VMS의 대표적 유형은 프랜차이즈 시스템이다.
④ 전통적 유통경로에 비하여 전후방적 통합의 정도가 높다.
⑤ 전통적 유통경로에서 발생하던 경로 구성원들 각각의 이익극대화 추구 현상이 줄어들 수 있다.

2 유통경로시스템

구 분		내 용
전통적 유통경로시스템		• 제조업자가 독립적인 유통업자인 도매상과 소매상을 통해 상품을 유통시키는 일반적인 유통방법으로 자기들에게 주어진 마케팅 기능만 수행한다. • 경로구성원들 간의 연결이 느슨해 구성원들의 유통경로의 진입과 철수가 용이하다는 장점이 있는 반면, 경로구성원들 간의 결속력이 매우 약하고, 공통의 목표를 거의 가지고 있지 않다는 단점이 있다.
수직적 유통경로시스템 (VMS)		• 상이한 단계에서 활동하는 경로구성원들을 중앙(본부)에서 전문적으로 관리·통제하는 네트워크 형태의 경로조직이다. • 생산에서 소비에 이르기까지의 유통과정을 통합·조정하여 하나의 통합된 체계를 유지한다. • 수직적 유통경로시스템을 도입하는 이유는 유통비용의 절감과 날로 심화되는 업태 간의 경쟁에 효과적으로 대응하기 위해서다. • 대량생산으로 인한 대량판매를 위해 도·소매상을 자사의 판매망으로 구축하는 것이 목적이다. • 수직적 유통경로시스템의 유형 중 통합 또는 통제 정도가 가장 강한 시스템은 회사형(기업형)이며, 가장 약한 시스템은 관리형이다.
	회사형	유통경로상의 한 구성원이 다음 단계의 구성원을 소유에 의해 지배하는 형태이다. • 전방통합 : 제조업체가 도·소매업체를 소유하거나 도매업체가 소매업체를 소유한다. • 후방통합 : 도·소매업체가 제조업체를 소유하거나 제조업체가 부품공급업체를 소유한다.
	계약형	생산이나 유통활동에 있어서 상이한 수준에 있는 독립적인 유통기관들이 상호 경제적인 이익을 달성하기 위해 계약을 체결하고 그 계약에 따라 수직적 계열화를 꾀하는 형태이다. • 도매상 후원 자유 연쇄점 : 도매상이 후원하고 다수의 소매상들이 계약으로 연합하여 수직 통합하는 형태이다. • 소매상 협동조합 : 독립된 소매상이 연합하여 임의 조직을 결성한 후 공동으로 구매·광고·판촉활동 등을 수행하다가 최종적으로 도매활동이나 소매활동을 하는 기구로 수직 통합하는 형태이다. • 프랜차이즈 시스템 : 모회사나 본부가 가맹점에 특정 지역에서 일정 기간 동안 영업할 수 있는 권리나 특권을 부여하고 그 대가로 로열티를 받는 형태이다.
	관리형	경로 리더에 의해 생산 및 유통단계가 통합되는 형태이지만, 일반적으로 경로 구성원들이 상이한 목표를 가지고 있어 이를 조정·통제하기에 어려움이 존재한다.
	동맹형	둘 이상의 경로구성원들이 대등한 관계에서 상호 의존성을 인식하고 긴밀한 관계를 자발적으로 형성하여 통합된 시스템이다.
수평적 유통경로시스템		• 동일한 경로단계에 있는 두 개 이상의 기업이 대등한 입장에서 자원과 프로그램을 결합하여 일종의 연맹체를 구성하고 공생·공영하는 시스템이다. • 한 회사만으로는 자본, 노하우, 생산 및 마케팅 설비를 모두 감당하기 곤란하거나 이러한 위험을 회피하고자 할 때 도입한다. • 연맹관계를 통해 상당한 시너지 효과를 기대할 수 있을 경우 도입한다.

유통채널의 수직적 통합
• 합병 또는 자본적 결합을 수반하는 경우를 자본통합이라고 한다.
• 유통단계 간의 여러 활동에 대한 사전 및 사후조절이 용이하다.
• 자본과 인적수단에 의해 하나의 기업이 두 개 이상의 생산·유통단계를 통합하는 것이다.
• 거래처를 탐색, 교섭, 감시하는 비용이 줄고, 독자 제품 조달처 및 판매처의 확보가 가능하다.

핵심테마 09 소매상과 도매상의 유통형태

PART 1 물류관리론 / Chapter 02 물류관리와 마케팅물류

1 소매상의 형태

구 분	내 용
카테고리 킬러	한정된 제품계열에서 깊이 있는 상품 구색으로 전문점과 유사하나 저렴한 가격으로 판매하는 소매점으로 대량판매, 다점포화, 셀프서비스 방식을 채택하고 있다.
할인점(DS)	대량매입과 대량진열, 대량판매 등을 통해 구매에서부터 물류, 인원배치 등에 이르기까지 여러 요소의 경비를 절감함으로써 내구성 소비재들을 저가로 판매하는 소매형태이다.
하이퍼마켓(HM)	초대형가격할인 슈퍼마켓으로, 주로 교외에 위치한다.
기업형 슈퍼마켓(SSM)	기존의 동네슈퍼보다는 크고 대형마트보다는 작은 300~3,000m² 규모 정도의 유통매장으로 개인이 아닌 기업이 체인 형태로 운영하는 슈퍼마켓이다.
아웃렛(Outlet)	직매입한 상품을 정상 판매한 이후 남은 이월상품, 비인기상품, 잔품(재고품) 등을 할인가격으로 저렴하게 판매하는 가격파괴형 소매형태로 최근에는 이러한 점포들을 한 곳에 모아놓은 쇼핑센터가 증가하고 있으며, 관광단지 등에 위치하는 경우가 많다.
편의점(CS)	24시간 운영으로 시간 편의성, 접근이 쉬운 공간 편의성, 다품종 소량 상품 취급의 상품 편의성의 소규모 소매형태로 프랜차이즈시스템 형태로 운영한다.
회원제 창고형 할인점	매장을 단순화해 창고형으로 꾸미고 일정회원을 대상으로 회전율이 높은 상품만을 집중 판매하는 신종 유통업태이다.
무점포 소매상 (Nonstore retailer)	시간과 장소의 제한을 받지 않고 이용할 수 있는 소매상 형태로 판매자와 소비자 간에 쌍방향 커뮤니케이션에 의한 1대1 마케팅과 전 세계를 대상으로 한 다양한 상품의 매매가 가능하다. 최근에는 인터넷 사용의 증가와 정보기술의 발달로 무점포 소매상 간의 경쟁이 심화되고 있다.

소매상 수명주기이론(Retail Life Cycle Theory)

구 분	도입기	성장기	성숙기	쇠퇴기
판매량	낮 음	고성장	저성장	쇠 퇴
이 익	매우 낮음	급성장	정 점	낮거나 없음
고 객	혁신층	대중층	대중층	보수층
경쟁사	소 수	증 가	다 수	감 소
전략의 초점	시장확대	시장침투	점유율 유지	생산성
마케팅 비용	높 음	높 음	하 락	낮 음
유통경로	확보단계	집약적	집약적	선택적
가 격	높 음	낮 음	매우 낮음	유지, 인상

카탈로그 쇼룸(Catalog Showroom)
무점포 소매상과 유사한 형태지만 대형 쇼핑센터와 인접한 곳에 단독 출점하여 상품 쇼룸과 카탈로그를 비치해 두고 소비자가 구입신청에 필요한 사항을 기입하여 제출하면 계산 후 상품을 수령하는 셀프서비스 방식의 소매업이다. 전국적인 상표를 카탈로그와 할인판매의 장점을 접목하여 판매한다. 주요 취급품목으로는 보석, 가방, 카메라 등이 있다.

[출제유형] 2017년 제21회

가격파괴형 소매형태 중 직매입한 상품을 정상 판매한 이후 남은 비인기상품과 이월상품 등을 정상가보다 저렴하게 판매하는 곳은?

① 카테고리 킬러(Category Killer)
❷ 아웃렛(Outlet Store)
③ 기업형 슈퍼마켓 (Super SuperMarket)
④ 편의점(Convenience Store)
⑤ 하이퍼마켓(Hyper Market)

[출제유형] 2024년 제28회

도매상과 소매상에 관한 설명으로 옳지 않은 것은?

① Broker는 구매자와 판매자 간 거래의 중개가 주된 기능이므로 제품에 대한 소유권은 가지지 않는다.
❷ Rack Jobber는 완전서비스 도매상(Full-service wholesaler)에 속한다.
③ Factory Outlet은 상설할인매장으로서 제조업체의 잉여상품, 단절상품 또는 재고상품을 주로 취급한다.
④ Category Killer는 특정 상품군을 전문적으로 취급하고 저렴한 가격으로 판매하는 소매업이다.
⑤ Supermarket은 식료품, 일용품 등을 주로 취급하며 셀프서비스를 특징으로 하는 소매업이다.

[출제유형] 2022년 제26회

도매상의 유형 중에서 한정서비스 도매상(Limited Service Wholesaler)에 해당하지 않는 것은?

① 현금거래 도매상(Cash and Carry Wholesaler)
❷ 전문품 도매상(Specialty Wholesaler)
③ 트럭 도매상(Truck Jobber)
④ 직송 도매상(Drop Shipper)
⑤ 진열 도매상(Rack Jobber)

[출제유형] 2019년 제23회

도매기관에 관한 설명으로 옳지 않은 것은?

① 제조업자 도매기관은 제조업자가 직접 도매기능을 수행한다.
② 제조업자 도매기관은 제조업자가 입지 선정부터 점포 내의 판매원 관리까지 모든 업무를 직접 관리한다.
③ 상인 도매기관은 상품을 직접 구매하여 판매한다.
④ 대리 도매기관은 제조업자의 상품을 대신 판매·유통시켜준다.
❺ 대리 도매기관은 상품의 소유권을 가진다.

2 도매상의 형태

구 분		내 용
상인도매상		취급하는 제품에 대해 소유권을 가지는 독립된 사업체의 도매상으로 상품을 직접 구매하여 판매한다.
	완전기능 도매상	고객들을 위하여 수행하는 서비스 중 필요한 광범위한 서비스를 제공한다. • 종합상인도매상 : 고객들이 요구하는 거의 모든 상품을 판매하는 도매상 • 전문상인도매상 : 한정된 전문계열의 상품을 판매하는 도매상
	한정기능 도매상	도매상의 기능 중 일부만을 수행하는 도매상이다. • 현금판매-무배달도매상 : 주로 소규모의 소매상에 싼 가격으로 상품을 공급하며, 소매상들은 직접 이들을 찾아와서 제품을 주문·인수함 • 트럭도매상 : 고정적인 판매루트를 통해 트럭이나 기타 수송수단을 이용하여 판매와 동시에 배달을 하고, 머천다이징, 촉진지원은 하지만 사용판매를 하지 않음, 운영비는 높은 편, 평균 판매액은 낮은 편 • 직송도매상 : 이동·보관이 어려운 원자재(목재, 석탄 등)에 해당하는 제품들을 제조업자나 공급업자가 직접 고객들에게 직송하는 도매상 • 선반도매상 : 소매점의 진열선반 위에 상품을 공급하는 도매상으로, 선반에 전시되는 상품에 대한 소유권은 도매상들이 가지고 있음 • 우편주문도매상 : 소규모의 소매상에게 제품 목록을 통해 판매하는 도매상
대리도매상		제품에 대한 소유권 없이 제조업자나 공급업자를 대신해서 제품을 판매하는 도매상이다.
	제조업자대리인	여러 제조업자의 위탁으로 제품을 대신 판매하는 도매상
	판매대리인	계약상 모든 마케팅 활동의 결과에 대한 책임을 지며, 판매조건에 관한 결정권한은 가지고 있지만 제품에 대한 소유권을 제외한 모든 도매기능을 수행
	수수료상인	공급자가 제시한 가격의 범위 내에서 구매자와 가격에 대한 협상을 진행하며 판매 후에는 판매가에서 수수료 및 기타 경비를 제외함
	거간(Broker)	구매자와 판매자를 만나게 해주고, 단지 판매에 대한 협상을 진행해주기 때문에 가격설정권이 없음
제조업자도매상		제조업자가 직접 도매기능을 수행할 뿐만 아니라 입지 선정부터 점포 내의 판매원 관리까지 모든 업무를 직접 관리한다.
벤더(Vendor)		첨단전산시스템과 각종 설비를 갖추고 체인화된 현대식 소매업체들에 분야별로 특화된 상품을 하루 또는 이틀 간격으로 공급하는 다품종 소량 도매업자이다.

각 도매상 형태 간 비교

구 분	상인도매상	대리도매상	제조업자도매상
통제권	도매기관이 통제	제조업자와 도매기관	제조업자가 통제
소유권	도매기관	제조업자	제조업자
현금흐름	제조업자에게 구입하여 고객에게 판매	제조업자에게 수수료를 받음	제조업자가 직접 판매하고 회수를 함
최적이용	제조업자가 많은 제품을 보유한 경우	제조업자가 소규모 마케팅 능력이 부족한 경우	고객의 수가 적은 경우

PART 1 물류관리론 / Chapter 03 물류조직과 물류시스템

10 물류조직의 이해

1 물류조직의 의의

구 분	내 용
개 념	물류조직은 기업 내 물류활동을 전문적으로 관리하고 그 물류활동에 관한 책임과 권한을 가지는 체계화된 조직으로, 이 조직을 통해 기업은 물류활동의 효율화·체계화·통합화를 실현시키고 고객서비스 개선 및 경영활동의 고도화를 달성한다.
필요성	• 물류조직은 회사의 업무효율성 증진을 위해 부서 간 기능적 타협이 필요하다. • 물류조직은 관리상 발생된 문제점을 조정·통제·종합하기 위한 운영과정의 조정이 필요하다.
특 징	• 물류조직은 계획의 창조, 수행, 평가를 촉진하는 구조이다. • 회사 목표 달성을 위해 회사의 인적 자원을 할당하는 공식적·비공식적 조직이다. • 물류부서의 통합이 분산보다 물류개선에 효율적이다. • 제품이나 시장이 동질적인 경우 집중적 조직형태가 효율적이나 질 높은 서비스는 상대적으로 분권화된 조직에서 나타난다. • 물류조직의 효과성에 영향을 주는 요인은 조직특성, 종업원특성, 환경특성, 관리방침 및 관행 등이다.

물류조직의 변천과정

분산형 ⇨ 집중형 ⇨ 독립부문형 ⇨ 독립채산형 ⇨ 자회사형

구 분	내 용
분산형	물류활동이 각 공장 및 영업분야, 운송분야, 총무분야 등에 분산되어 있는 형태이다.
집중형	기업의 생산분야와 판매분야가 지역적으로 떨어져 있을 경우에 이를 구분하여 집중적으로 관리하는 형태이다.
독립부문형	전사적으로 통합되어 있는 형태이다.
독립채산형	물류비용의 비중이 커짐으로 인해 발전하게 된 형태이다.
자회사형	전문화로 인해 이윤을 추구하는 기업으로 발전하게 된 형태이다.

2 물류조직의 주요 형태

물류조직의 주요 형태에는 시대적 환경의 변화 속 발전과정의 순서에 따라 다음과 같이 직능형 조직, 라인 & 스태프형 조직, 사업부형 조직, 그리드형 조직 등이 있다.

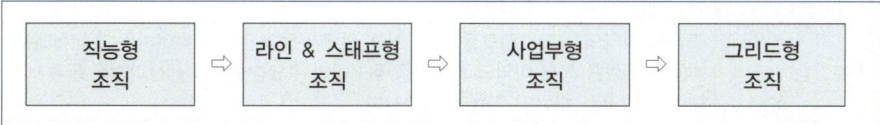

[출제유형] 2024년 제28회
다음 ( )에 들어갈 용어를 옳게 나열한 것은?

(ㄱ)은 물류관리 업무를 각 공장 및 영업부서, 운송부서, 총무부서 등에서 개별적으로 운영하는 조직이다. (ㄴ)은 물류관리 업무를 전문화하여 독립된 회사로 분사(分社)시킨 조직이다.

① ㄱ : 집중형 ㄴ : 분산형
❷ ㄱ : 분산형 ㄴ : 자회사형
③ ㄱ : 분산형 ㄴ : 집중형
④ ㄱ : 집중형 ㄴ : 자회사형
⑤ ㄱ : 자회사형 ㄴ : 분산형

[출제유형] 2016년 제20회
사업부제 물류조직에 관한 설명으로 옳지 않은 것은?
① 기업의 규모가 커지면서 각 사업단위의 성과를 극대화하기 위하여 생긴 조직이다.
② 상품별 사업부형과 지역별 사업부형 등이 있다.
③ 각 사업부 내에 라인과 스태프 조직이 있다.
❹ 각 사업부 간 수평적 교류가 용이하여 인력의 교차 활용이 가능하다.
⑤ 사업부별로 모든 물류활동을 책임지고 직접 관할하므로 물류관리의 효율화 및 물류전문인력 육성이 가능하다.

[출제유형] 2019년 제23회

물류조직의 형태에 관한 설명으로 옳지 않은 것은?

① 물류조직은 발전형태에 따라 직능형 조직, 라인과 스태프형 조직, 사업부형 조직, 그리드(Grid)형 조직 등으로 구분할 수 있다.
❷ 직능형 조직은 기업규모가 커지고 최고경영자가 기업의 모든 업무를 관리하기 어려울 때 적합하다.
③ 라인과 스태프형 조직은 작업부문과 지원부문을 분리한 조직이다.
④ 사업부형 조직은 제품별 사업부와 지역별 사업부, 그리고 이 두 가지를 절충한 형태 등이 있다.
⑤ 그리드(Grid)형 조직은 다국적 기업에서 많이 볼 수 있으며 모회사의 스태프가 자회사의 물류부문을 관리하는 형태이다.

[출제유형] 2021년 제25회

다음 설명에 해당하는 물류조직은?

○ 다국적 기업에서 많이 찾아 볼 수 있는 물류조직의 형태이다.
○ 모회사 물류본부의 스태프부문이 여러 자회사의 해당부문을 횡적으로 관리하고 지원하는 조직형태이다.

① 라인과 스태프형 물류조직
② 직능형 물류조직
③ 사업부형 물류조직
④ 기능특성형 물류조직
❺ 그리드형 물류조직

PLUS

기능형 조직
물류활동을 하나의 기능으로 취급하는 형태의 조직으로, 타 기능과 원활한 연계가 곤란하여 물류의 최적화 달성이 어렵다는 단점이 있으며, 물류에는 교차적인 성격이 존재하기 때문에 단일 기능의 조직형태는 비효율적이다.

3 물류조직의 형태별 특징

구 분	내 용
직능형 조직	• 스태프부문과 라인부문이 분리되지 않은(미분화된) 1960년대 초까지의 조직형태로 물류부를 총무부와 경리부에, 영업과 및 창고과를 판매부에, 발송과를 제조공장에 두는 조직형태이다. • 물류활동이 다른 부문 활동 속에 포함되어 물류계획, 물류전문화, 물류전문가 양성에 어려움이 있다.
라인 & 스태프형 조직	• 직능형 조직의 결점을 보완하여 라인과 스태프의 기능을 나누어 세분화한 물류관리조직의 핵(核)이 되는 조직형태로, 행위기능과 계획 및 지원기능으로 구분되어 있어 스태프가 라인을 지원한다. • 라인은 스태프로부터 조언을 받고, 스태프는 라인을 지원한다. • 스태프는 물류전략 수립, 물류예산관리 및 채산성 분석 등을 수행한다. • 라인 활동은 제품 또는 서비스의 생산과 판매 활동에 상당한 영향을 미친다. • 기업규모 확대에 따라 사업부형이나 그리드형 조직 형태로 발전할 수 있다. • 규모가 큰 물류기업에서는 적합하지 않은 형태이다. • 스태프가 물류현장에 대한 충분한 이해 없이 계획을 수립하는 경우, 탁상계획이 되기 쉬워 문제점이 야기될 수 있다. • 책임에 권한이 없고, 물류조직의 관련사항이 영업부문에 속해 있어 물류부문의 직접적인 관리가 어렵다. • 현장을 지나치게 의식하면 혁신적·창조적 아이디어나 계획에 어려움이 있다.
사업부형 조직	• 가장 일반적인 물류조직 형태로, 기본적으로 제품별 사업부와 지역별 사업부, 그리고 이 두 가지를 절충한 형태 등이 있다. • 기업규모가 커지고 최고경영자가 기업의 모든 업무를 관리하기 어려움에 따라 각 사업단위의 성과를 극대화하기 위하여 등장한 조직형태이다. • 물류조직이 하나의 독립된 회사와 같이 운영되며, 라인과 스태프형 조직과 같은 집권조직에 비해 분권적인 조직이라는 특징이 있다. • 각 사업부 내에 라인과 스태프 부문이 동시에 존재한다. • 사업부제가 원활히 유지될 경우 신속한 의사결정과 사업부별 경쟁체제를 통해 기업목적을 효과적으로 달성할 수 있다. • 사업부별로 모든 물류활동을 책임지고 직접 관할하므로 물류관리의 효율화 및 물류전문인력 육성이 가능하다. • 전체적으로 수직적 조직이기 때문에 수평적인 제휴와 교류가 쉽지 않다. • 사업부 간의 인력 및 정보교류가 경직되어 효율적 이용이 어렵다. • 전사적인 설비투자나 연구개발 등의 합리성 결여로 경영효율을 저해할 수 있다.
그리드형 조직	• 모회사와 자회사 간에 권한위임이라는 유형으로 모회사(母會社)의 스태프부문이 자회사(子會社)의 해당 부문을 횡적으로 관리·지원하는 조직형태이다. • 국제적으로 전개되는 물류권을 일원화(一元化)하고 관리수준을 일정 수준으로 끌어올리는 것을 목적으로 하며, 다국적 기업에서 많이 볼 수 있는 조직형태이다.
매트릭스형 조직	• 물류담당자들이 평상시에는 자기부서에서 근무하다가 필요시 해당부서의 인원들과 함께 문제를 해결하기 위해 구성된 조직이다. • 항공우주산업, 물류정보시스템 개발과 같은 첨단기술 분야에서 효과적인 물류조직의 형태이다. • 기능형과 프로그램형의 중간 형태로 기능별 권한과 프로젝트별 권한을 가지므로 권한과 책임의 한계가 불분명하여 갈등이 발생할 수 있다. • 명령, 지시계통인 라인의 흐름이 정체될 수 있다.
네트워크형 조직	기업의 내부영역과 외부영역이 네트워크로 연결되어 외부자원의 효과적 활용을 통해 환경변화에 신속하게 대응하려는 대규모 아웃소싱에 의한 조직으로, 상황 혹은 목적에 따라 조직의 해체가 유연하며, 자유로운 의사소통과 신속한 업무처리가 가능한 수평관계의 조직형태이다.
프로그램형 조직	물류를 하나의 프로그램으로 보고 기업 전체가 물류관리에 참여하는 조직형태로, 비용 최소화를 통해 이익의 최대화를 추구하며 수요창출이나 생산과정은 물류시스템에 기여하는 하나의 기능에 불과하다.

핵심테마 11

물류시스템의 이해

PART 1 물류관리론 / Chapter 03 물류조직과 물류시스템

1 물류시스템의 의의

구 분	내 용
개 념	생산지점에서 소비지점으로 재화를 이동시키기 위해 필요한 수송, 보관, 하역, 정보활동 등을 체계적으로 관리하고 수행하는 요소들의 체계적인 집합체이다.
목 적	물류시스템의 목적은 보다 적은 물류비로 효용 창출을 극대화하는 최적 물류시스템을 구성하는 것이다. • 고객 주문 시 신속하게 물류서비스를 제공한다. • 화물 분실, 오배송 등을 감소시켜 신뢰성 높은 운송기능을 수행할 수 있게 한다. • 화물 변질, 도난, 파손 등을 감소시켜 신뢰성 높은 보관기능을 수행할 수 있게 한다. • 하역의 합리화로 운송과 보관 등의 기능이 향상되도록 한다.

⊕ PLUS
물류시스템의 구성

하부 시스템	운송시스템, 보관시스템, 하역시스템, 포장시스템, 정보시스템, 유통가공시스템 등
자 원	인적자원, 물적자원, 재무적 자원, 정보적 자원 등

2 물류시스템의 구축

구 분	내 용
구축 시 고려사항	• 대고객 서비스 수준 : 물류시스템 설계에 있어서 고려되어야 할 가장 중요한 요소로, 고객의 서비스 욕구를 파악하고 적절한 대고객 서비스 수준을 설정하여 효과적·전략적인 물류시스템 설계를 수행해야 한다. • 기존의 물류활동패턴 : 기존 물류활동의 심층적 이해를 통해 더욱 발전된 시스템 설계가 가능하다. • 물류관련 조직체계 : 기업 전반에 대한 기능을 인지하고, 조직 간 상호작용을 통해 업무일관성을 유지할 수 있다. • 경쟁사의 물류시스템 및 전략 : 경쟁적 우위를 확보한 시스템 구축이 필요하다. • 설비입지 : 생산입지와 재고입지 등과 같은 지역적 문제는 물류시스템 설계에 중요한 골격을 형성하므로 설비의 수, 지역, 크기 등을 결정하여 시장수요를 할당함으로써 제품이 소비자 시장에 도달하기까지의 과정을 명시할 수 있다. • 재고정책 : 재고수준은 설비의 수, 지역 및 크기에 따라 변동되기 때문에 재고정책은 설비의 입지문제와 통합적인 관점에서 계획·수정되어야 한다. • 운송수단과 경로 : 설비입지 결정 후 고객의 수요에 따라 재고수준 등이 결정되고, 이들은 다시 운송수단 및 경로에 영향을 미친다. • 대상제품의 특성 : 대상제품의 특성에 따라 각기 다른 물류시스템의 구조와 체계로 운영된다.
구축방향	• 수배송, 포장, 보관, 하역 등 주요 부문을 유기적으로 연계하여 구축하여야 한다. • 기업 이익을 최대화 할 수 있는 방향으로 설계되어야 한다. • 장기적이고 전략적인 사고를 물류시스템에 도입하여야 한다. • 물류 전체를 통합적인 시스템으로 구축하여 상충관계에서 발생하는 문제점을 해결하는 방안을 모색하여야 한다. • 현행 시스템 분석, 사례연구 등을 통해 갭분석, 벤치마킹 등을 할 수 있다. • 물류정보시스템 구축의 성공요인은 고객의 요구 및 만족도를 정확히 파악하는 것이다.
구축순서	시스템의 목표 설정 → 시스템 구축 전담조직 구성 → 데이터 수집 → 데이터 분석 → 시스템 구축 → 시스템 평가·유지·관리

[출제유형] 2022년 제26회
물류시스템에 관한 설명으로 옳지 않은 것은?

① 생산과 소비를 연결하며 공간과 시간의 효용을 창출하는 시스템이다.
② 물류하부시스템은 수송, 보관, 포장, 하역, 물류정보, 유통가공 등으로 구성된다.
③ 물류서비스의 증대와 물류비용의 최소화가 목적이다.
❹ 물류 합리화를 위해서 물류하부시스템의 개별적 비용절감이 전체시스템의 통합적 비용절감보다 중요하다.
⑤ 물류시스템의 자원은 인적, 물적, 재무적, 정보적 자원 등이 있다.

[출제유형] 2023년 제27회

다음 설명에 해당하는 물류 시설은?

> 국내용 2차 창고 또는 수출 화물의 집화, 분류, 운송을 위한 내륙CFS(Container Freight Station)와 같이 공급처에서 수요처로 대량으로 통합 운송된 화물을 일시적으로 보관하는 창고

① 물류터미널
② 집배송센터
③ 공동집배송단지
④ 물류센터
❺ 데포(Depot)

물류 시설

- **물류터미널** : 화물의 집화(集貨), 하역(荷役) 및 이와 관련된 분류, 포장, 보관 등에 필요한 기능을 갖춘 시설물로, 화물과 운송수단이 효율적으로 연계되도록 지원하는 물류인프라 역할을 수행한다.
- **집배송센터** : 물자를 한곳에 모아 여러 곳에 나누어 보내 주는 하역과 보관, 배송 정보 등과 관련한 시설을 갖춘 곳이다.
- **공동집배송단지** : 유사한 업종의 제품유통을 위해서 대규모 단지를 조성하고, 도매·검수·포장 등과 같은 가공기능과 정보처리시설 등을 갖추어 체계적으로 공동관리하는 물류단지이다.
- **물류센터** : 물자의 유통 경로상 최적의 장소에 설치한 유통창고로 다품종 대량의 물품을 공급받아 분류, 보관, 유통가공, 정보처리 등을 통하여 다수의 수요자에게 만족하는 서비스 수준을 유지하며 적기에 배송하기 위한 시설이다.
- **데포(Depot)** : 국내용 2차 창고 또는 수출 화물의 집화, 분류, 운송을 위한 내륙CFS(Container Freight Station)와 같이 공급처에서 수요처로 대량으로 통합 운송된 화물을 일시적으로 보관하는 창고이다.

PART 1 물류관리론 / Chapter 04 물류회계

핵심테마 12 물류비의 이해

1 물류비의 의의

구 분	내 용
물류비의 정의	• 원재료 조달, 완제품 생산, 거래처 납품 그리고 반품, 회수, 폐기 등의 제반 물류활동에 소요되는 모든 경비이다. • 물류비를 상세하게 파악하기 위해 개별기업의 특성에 적합하도록 제품, 지역, 고객, 운송수단 등과 같은 관리항목을 정의하여 구분한다.
물류비 관리의 목적	• 물류관리의 기본 척도로 활용된다. • 물류비 산정을 통해 물류의 중요성을 인식한다. • 물류활동의 계획, 관리 및 실적 평가에 활용된다. • 경영 관리자에게 필요한 원가자료를 제공한다. • 물류활동에 대한 비용정보를 파악하여 기업 내부의 합리적인 의사결정을 위한 정보를 제공한다. • 물류활동의 문제점을 도출하고 개선하여 기업의 물류비 절감 및 생산성 향상을 도모한다.
물류비 산정기준	**일반기준 (관리회계방식)** • 물류원가계산의 관점에서 보면 관리회계방식에 의한 물류비 계산기준으로, 물류비를 상세하게 원천적으로 계산하는 방식이다. • 일반기준은 기업에서 상세한 물류비 정보를 입수하기 위해 사용되는 기준이므로 일정 이상의 물류비 관리수준을 가지고 있는 기업에서 활용한다. • 물류활동에 투입되는 인력, 자금, 시설 등의 계획 및 통제에 유용한 회계정보를 작성한다. • 물류비의 인식기준은 원가계산준칙에서 일반적으로 채택하고 있는 발생기준을 준거로 한다. • 시설부담이자와 재고부담이자에 대해서는 기회원가의 개념을 적용한다. **간이기준 (재무회계방식)** • 물류원가계산의 관점에서 보면 재무회계방식에 의한 물류비 계산기준으로, 회계장부와 재무제표로부터 간단하게 추산하는 방식이다. • 상세한 물류비 정보보다는 개략적인 물류비 정보나 자료 정도로도 만족하는 중소기업 등 비교적 물류비 관리수준이 낮거나 물류비 산정의 초기단계의 기업에서 사용한다. • 제조원가명세서 및 손익계산서의 계정항목별로 물류비를 추계하여 계산한다.

일반기준과 간이기준의 장·단점

구 분	일반기준(관리회계방식)	간이기준(재무회계방식)
장 점	• 영역별, 기능별, 관리목적별 물류비 계산을 필요한 시기, 장소에 따라 실시 가능 • 물류활동의 개선안과 개선항목을 보다 명확하게 파악 가능	• 개략적인 물류비총액 계산에 있어서 별도의 물류비 분류, 계산절차 등이 불필요 • 전담조직이나 전문지식이 부족해도 계산이 가능
단 점	상세한 물류비의 분류 및 계산을 위한 사무절차와 작업량이 많기 때문에 정보시스템 구축이 전제되어야 함	• 상세한 물류비 파악이 곤란하기 때문에 구체적인 업무평가나 개선목표의 달성에 한계가 있음 • 물류비절감 효과 측정에 한계가 있음

[출제유형] 2015년 제19회

물류비를 계산하고 관리하는 목적으로 옳지 않은 것은?

① 물류예산을 편성하고 통제한다.
② 물류활동의 문제점을 파악한다.
③ 물류활동의 규모를 파악하고 중요성을 인식시킨다.
❹ 주주들에게 공정한 회계자료 제공을 위한 재무제표를 작성한다.
⑤ 관리자 또는 의사결정자에게 유용한 물류비 정보를 제공한다.

[출제유형] 2022년 제26회

국토교통부 기업물류비 산정지침에 관한 설명으로 옳지 않은 것은?

① 영역별 물류비는 조달물류비·사내물류비·판매물류비·역물류비로 구분된다.
② 일반기준에 의한 물류비 산정방법은 관리회계 방식에 의해 물류비를 계산한다.
③ 간이기준에 의한 물류비 산정방법은 기업의 재무제표를 중심으로 한 재무회계방식에 의해 물류비를 계산한다.
④ 간이기준에 의한 물류비 산정방법은 정확한 물류비의 파악을 어렵게 한다.
❺ 물류기업의 물류비 산정 정확성을 높이기 위해 개발되었으므로 화주기업은 적용대상이 될 수 없다.

[출제유형] 2020년 제24회

물류비에 관한 설명으로 옳지 않은 것은?

① 물류활동을 실행하기 위해 발생하는 직접 및 간접 비용을 모두 포함한다.
❷ 영역별로 조달, 생산, 포장, 판매, 회수, 폐기 활동으로 구분된 비용이 포함된다.
③ 현금의 유출입보다 기업회계기준 및 원가계산준칙을 적용해야 한다.
④ 물류활동이 발생된 기간에 물류비를 배정하도록 한다.
⑤ 물류비의 정확한 파악을 위해서는 재무회계방식보다 관리회계방식을 사용하는 것이 좋다.

[출제유형] 2023년 제27회

일반기준에 의한 물류비 분류에서 기능별 물류비에 해당하지 않는 것은?

❶ 위탁비
② 운송비
③ 보관비
④ 포장비
⑤ 하역비

2 물류비의 분류

물류비는 과목별로 영역별, 기능별, 지급형태별, 세목별, 관리항목별 및 조업도별 분류 등으로 구분하고 있다.

구 분		내 용
영역별 분류	조달물류비	원재료(공용기, 포장재료 포함)의 조달에서 구매자에게 납입할 때까지의 물류에 소요된 비용이다.
	생산물류비	원재료 입하 후 생산공정에서 가공을 실시하여 제품으로 완성될 때까지의 물류에 소요된 비용이다.
	사내물류비	완성된 제품에 포장수송을 하는 시점에서부터 고객에게 판매가 최종적으로 확정될 때까지의 물류에 소요된 비용이다.
	판매물류비	생산된 완제품 또는 매입상품을 판매창고에 보관하는 활동부터 고객에게 인도할 때까지의 비용이다.
	반품물류비	고객에게 판매된 제품을 반품하는 가운데 물류에 소요된 비용으로 반품과정에서 발생하는 운송, 검수, 분류, 보관, 하역 등의 제반 비용은 포함되지만, 반품 자체에 따른 환불과 위약금은 반품물류비에 해당하지 않는다.
	회수물류비	제품이나 상품의 판매물류에 부수적으로 발생하는 파렛트, 컨테이너 등과 같은 빈 물류용기와 판매와 관련하여 발생되는 빈 판매용기의 회수 및 재사용비용이다.
	폐기물류비	제품 및 포장비 또는 운송용 용기, 자재 등을 폐기하기 위해서 물류에 소요된 비용으로 폐기 자체의 비용이나 공해방지 처리비용은 포함되지 않는다.
기능별 분류	운송비	물자를 물류거점 간 또는 소비자까지 이동시키는 활동에서 소비된 비용이다.
	보관비	물자를 창고 등의 물류시설에 보관하는 활동에 따른 물류비로, 상품을 단순히 보관하는 데 소비되는 비용뿐만 아니라 재고물품에 대해 발생하는 비용도 포함된다.
	포장비	물자 이동과 보관을 용이하게 하기 위해 상자, 골판지, 파렛트 등의 물류포장 활동에 따른 물류비이다.
	하역비	물자의 운송과 보관활동에 수반되어 동일시설 내에서 물자를 상하좌우로 이동시키는 활동에 소비된 비용이다.
	유통가공비	물자의 유통과정에서 물류효율을 향상시키기 위해 이를 가공하는 데 소비된 비용으로 스티커 부착이나 제품 품질검사 및 분류, 기획포장이나 묶음포장 등의 활동을 포함한다.
	물류정보비·관리비	물류정보비는 물류 프로세스를 전략적으로 관리하고 효율화하기 위해 컴퓨터 등 전자적 수단을 사용하여 지원하는 활동에 따른 물류비이고, 물류관리비는 물류활동 및 물류기능의 합리화·공동화를 위해 계획·조정·통제하는 등의 물류관리 활동에 따른 물류비이다.
지급형태별 분류	자가물류비	자사 설비나 인력을 사용하여 물류활동을 수행함으로써 소비되는 비용으로 재료비, 노무비, 경비, 이자 등이 포함된다.
	위탁물류비	물류활동의 일부 또는 전부를 타사에 위탁하여 수행함으로써 소비된 비용으로 물류자회사 지급분과 물류전문업체 지급분으로 구분하며, 포장료, 운송료, 입출고료, 수수료 및 기타 관련된 비용이 포함된다.
세목별 분류	재료비	물류와 관련된 재료의 소비에서 발생한다(예 포장이나 운송기능).
	노무비	물류활동 수행을 위한 노동력 비용이다(예 운송, 보관, 포장, 하역 관리 등의 전반적인 기능과 조달, 사내, 판매 등의 전 영역).
	경 비	재료비, 노무비 이외에 물류활동과 관련된 제비용이다(예 물류관리, 회계 및 관리 등의 계정과목 전부).
	이 자	물류시설이나 재고자산에 대한 이자발생분이다(예 금리 또는 투자 보수비).

관리항목별 분류		물류비를 보다 세분하여 파악하기 위한 목적으로 분류하는 항목으로 제품별, 지역별, 고객별, 조직별, 운송수단별 등으로 구분된다.
조업도별 분류	고정물류비	물류조업도의 증감과 관계없이 일정한 비용이 발생하는 물류비이다.
	변동물류비	물류조업도의 증감에 따라 변화되는 물류비이다.

물류비의 과목별 분류 정리

과 목		영역별	기능별	지급형태별	세목별	관리항목별	조업도별

계 정	비 목	• 조달물류비
		• 생산물류비
		• 사내물류비
		• 판매물류비
		• 리버스물류비
		  (반품, 회수, 폐기)
			• 운송비
			• 보관비
			• 포장비
			• 하역비(유통
			  가공비 포함)
			• 물류정보·
			  관리비
				• 자가물류비
				• 위탁물류비
				  (2PL, 3PL)
					• 재료비
					• 노무비
					• 경 비
					• 이 자
						• 제품별
						• 지역별
						• 고객별
						• 조직별
						• 운송수단별
							• 고정비
							• 변동비

과목별 물류비 계산 문제풀이

문제 다음은 2020년도 K기업이 지출한 물류비 내역이다. 이 중에서 자가물류비와 위탁물류비는 각각 얼마인가?

• 노무비	13,000만원	• 세 금	90만원	• 가스수도료	300만원
• 지급운임	400만원	• 전기료	300만원	• 상/하차 용역비	550만원
• 재료비	3,700만원	• 이 자	250만원		
• 수수료	90만원	• 지불포장비	80만원		

풀이
- 자가물류비 : 노무비 + 전기료 + 이자 + 재료비 + 가스수도료 + 세금
  = 13,000만원 + 300만원 + 250만원 + 3,700만원 + 300만원 + 90만원 = 17,640만원
- 위탁물류비 : 지급운임 + 지불포장비 + 수수료 + 상/하차 용역비
  = 400만원 + 80만원 + 90만원 + 550만원 = 1,120만원

3 물류비의 계산방법

구 분	내 용
실태 파악을 위한 물류비 계산	영역별, 기능별, 지급형태별로 계산한다. • 물류비 계산은 물류활동과 관련하여 발생된 것이며, 비정상적인 물류비는 계산에서 제외된다. • 물류비 계상에 있어서 발생기준에 따라 측정한다. • 원가회계방식에 의해 별도로 파악된 원가자료로부터 영역별, 기능별, 지급형태별로 집계한다. • 물류활동에 부수적·간접적으로 발생되는 물류비는 주된 물류활동과 관련하여 합리적인 배부기준에 따른다. • 물류비 배분기준 : 물류관련 금액, 인원, 면적, 시간, 물량 등을 고려하여 원천별, 항목별, 대상별 등으로 구분 후 설정한다.
관리 목적을 위한 물류비 계산	물류관리의 의사결정을 지원하기 위해 조업도별, 관리항목별로 계산한다. • 물류활동 및 물류기능과 관련하여 물류조업도의 변화에 따른 물류비의 변화 분석을 위하여 기능별 물류비를 물류변동비와 물류고정비로 구분하여 집계한다. • 관리항목별 계산은 조직별, 지역별, 고객별, 활동별 등과 같은 관리항목별로 물류비를 집계하는 것으로, 관리항목별로 직접귀속이 가능한 직접비는 직접 부과하고 직접귀속이 불가능한 간접비는 적절한 물류비 배부기준을 이용하여 배부한다. • 시설부담이자와 재고부담이자는 별도의 자산명세서와 재고명세서 등의 객관화된 자료와 권위 있는 기관에서 발표되는 이자율 등을 고려하여 계산한다.

[출제유형] 2018년 제22회

기업물류비의 분류체계 중 기능별 물류비가 아닌 것은?

① 운송비
② 보관비
③ 포장비
❹ 노무비
⑤ 물류정보·관리비

[출제유형] 2021년 제25회

물류비의 분류체계에서 기능별 비목에 해당하지 않는 것은?

① 운송비
❷ 재료비
③ 유통가공비
④ 물류정보/관리비
⑤ 보관 및 재고관리비

[출제유형] 2009년 제13회

기업물류비 산정항목 중 영역별 분류에 의한 구분이 아닌 것은?

① 조달물류비
② 사내물류비
❸ 위탁물류비
④ 판매물류비
⑤ 리버스(Reverse)물류비

[출제유형] 2011년 제15회

물류비의 분류에 관한 설명으로 옳지 않은 것은?

① 기능별 물류비는 운송비, 보관비, 포장비, 하역비 등으로 구분한다.
② 지급형태별 물류비는 자가 물류비와 위탁 물류비 등으로 구분한다.
③ 세목별 물류비는 재료비, 노무비, 경비, 이자 등으로 구분한다.
④ 관리항목별 물류비는 제품별, 지역별, 고객별 등으로 구분한다.
❺ 조업도별 물류비는 조달, 생산, 판매 물류비 등으로 구분한다.

[출제유형] 2024년 제28회

A기업은 공급업체로부터 부품을 운송해서 하역하는 데 40만원, 창고입고를 위한 검수에 10만원, 생산공정에 투입하여 제조하는 데 30만원, 완제품출고검사에 20만원, 완제품포장에 50만원, 트럭에 상차하여 고객에게 배송하는 데 30만원을 지불하였다. A기업의 판매물류비는?

① 50만원 ② 70만원
③ 80만원 ❹ 100만원
⑤ 180만원

[출제유형] 2018년 제22회

C물류기업의 물류비 계산을 위한 자료이다. 제품 A와 제품 B의 운송비 비율은? (단, 운송비 배부기준은 거리 × 중량을 사용함)

지역	제품	거리	중량
가	A	100km	200톤
	B		300톤
나	A	300km	200톤
	B		100톤

① 3 : 2 ② 2 : 3
❸ 4 : 3 ④ 3 : 4
⑤ 1 : 1

4 물류비의 계산절차

구 분	내 용
[1단계] 물류비 계산욕구의 명확화	• 물류비 계산의 목표를 해당 기업의 물류비 관리 필요성이나 목표에 의거하여 명확하게 작성한다. • 물류비 계산욕구를 토대로 물류관리자는 물류비 절감목표와 관련하여 물류비 계산대상을 결정한다. • 물류비 계산범위의 설정은 기업에서 물류비 규모를 결정하는 매우 중요한 사항이므로 어느 범위까지 물류비를 계산하면 되는가를 결정한다.
[2단계] 물류비 자료의 식별과 입수	• 물류비 계산을 위해 물류활동에 의해 발생한 기본적인 회계자료 및 관련 자료를 계산대상별로 식별하고 입수한다. • 물류활동에 관련된 기초적인 회계자료는 회계부문으로부터 입수하게 되는데, 이 물류비 관련 자료는 해당 기업의 계정과목을 중심으로 제공되며 세목별 물류비의 기초자료에 해당한다. • 물류비 계산에 있어서 중요한 시설이나 재고의 부담이자를 계산하기 위한 기회원가 관련 자료도 별도로 입수한다.
[3단계] 물류비 배부기준의 선정	• 회계부문으로부터 물류비 관련 회계자료가 입수되면, 계산대상별로 물류비를 계산하기 위해 물류비의 배부기준과 배부방법을 선정한다. • 영역별, 기능별, 관리항목별(제품별, 지역별, 고객별 등)로 물류비 계산을 실시하기 위해서는 우선 물류비를 직접물류비와 간접물류비로 구분해야 한다. • 직접물류비는 계산대상별로 직접 부과하며, 간접물류비는 적절한 배부기준과 배부방법에 의하여 물류비를 계산대상별로 일정액 또는 일정률을 배부한다. • 배부기준에 의한 물류비를 산정한다. 총물류비는 운송비, 보관비, 하역비, 포장비, 기타 물류비 등 각 물류비 항목들의 총합에 각 비목별 비용을 나눠서 계산하고, 비목별 물류비는 운송비, 보관비, 하역비, 포장비, 기타 물류비 등을 개별 산정한다.
[4단계] 물류비의 배부와 집계	• 제2단계에서 입수된 물류비 관련 자료를 사용하고, 제3단계의 배부기준 및 배부방법으로 물류비를 배부하여 집계하는 단계이다. • 직접물류비는 전액을 해당 계산대상에 직접 부과하고, 간접물류비는 선정된 배부기준과 배부방법에 의해 물류비의 일정액 또는 일정률을 계산대상별로 배부·집계하여 합산한다.
[5단계] 물류비 계산의 보고	• 물류비 계산의 실시에 따른 보고서를 계산대상별로 작성하고 이를 종합하여 물류활동에 관한 물류비 보고서를 제출한다. • 물류비 보고서는 물류비 계산서를 합산하여 전사 물류비 보고서로 작성한다. • 필요에 따라서는 영역별·기능별·지급형태별 물류비 보고서, 물류센터별·제품별·지역별 등의 관리항목별 물류비 보고서, 조업도별 물류비 보고서를 작성하게 되면 산출된 물류비 정보 이용으로 물류의사결정이나 물류업적평가에도 매우 유용하게 활용할 수 있다.

물류비 계산 문제풀이

문제 한국기업은 가전제품 유통을 위하여 전국적인 운송망을 갖추고 있으나, 본사의 운송영업팀에서 전국의 배송 차량을 통합배차하고 있으며 운송차량은 지역 구분 없이 운행하고 있다. 아래의 표를 이용하여 운송비 100,000천원 중에서 제품 A와 B의 운송비는 각각 얼마인가? (단, 운송비 배부는 총운송거리를 기준으로 한다)

지 역	제 품	운송거리(km)	운송횟수
가	A	100	50
나	B	200	20
다	A	400	20
라	B	300	10

풀이
• A 제품 배부율 : (100 × 50) + (400 × 20) = 13,000 → 13,000/20,000 = 0.65
• B 제품 배부율 : (200 × 20) + (300 × 10) = 7,000 → 7,000/20,000 = 0.35
• A 제품 운송비 : 0.65 × 100,000천원 = 65,000천원
• B 제품 운송비 : 0.35 × 100,000천원 = 35,000천원

품목별 간접물류비 배부액 계산 문제풀이

문제 K 물류센터의 6월 비목별 간접물류비와 품목별 배부를 위한 자료가 다음과 같다. 간접물류비 배부기준이 운송비는 (운송물량 × 운송거리), 보관비는 (보관공간 × 보관일수), 하역비는 (상차수량 + 하차수량)일 때, 품목별 간접물류비 배부액(단위 : 천원)은?

비 목	운송비	보관비	하역비
금액(천원)	10,000	2,000	1,000

품 목	운송물량 (ton)	운송거리 (km)	보관공간 (m^3)	보관일수 (일)	상차수량 (개)	하차수량 (개)
P1	15	250	500	3	4,000	5,000
P2	10	125	300	15	600	400
합 계	25	375	800	–	4,600	5,400

① P1 : 8,000, P2 : 5,000
② P1 : 8,300, P2 : 4,700
③ P1 : 8,600, P2 : 4,400
❹ P1 : 8,900, P2 : 4,100
⑤ P1 : 9,200, P2 : 3,800

풀이

• P1의 배부액

$$= \frac{15 \times 250}{(15 \times 250) + (10 \times 125)} \times 10,000 + \frac{500 \times 3}{(500 \times 3) + (300 \times 15)} \times 2,000 + \frac{4,000 + 5,000}{4,600 + 5,400} \times 1,000$$

= 7,500 + 500 + 900 = 8,900

• P2의 배부액

$$= \frac{10 \times 125}{(15 \times 250) + (10 \times 125)} \times 10,000 + \frac{300 \times 15}{(500 \times 3) + (300 \times 15)} \times 2,000 + \frac{600 + 400}{4,600 + 5,400} \times 1,000$$

= 2,500 + 1,500 + 100 = 4,100

평균연비 계산 문제풀이

문제 A기업은 수송부문 연비 개선을 통해 이산화탄소 배출량을 10kg 줄이고자 한다. 연비법에 의한 이산화탄소 배출량 산출식 및 관련 자료는 다음과 같을 때, 이산화탄소 배출량 10kg 감축을 위한 A기업의 목표 평균연비는?

> ○ 이산화탄소 배출량(kg) = 주행거리(km) ÷ 연비(km/L) × 이산화탄소 배출계수(kg/L)
> ○ 주행 거리 : 150,000km
> ○ 연비개선 전 평균연비 : 5km/L
> ○ 이산화탄소 배출계수 : 0.002kg/L

❶ 6.0km/L
② 7.5km/L
③ 9.0km/L
④ 10.5km/L
⑤ 12.0km/L

풀이

• 감축 전 이산화탄소 배출량 = 150,000km ÷ 5km/L × 0.002kg/L = 60kg
• 10kg 감축한 이산화탄소 배출량 = 150,000km ÷ 목표 평균연비 × 0.002kg/L = 50kg
  따라서 목표 평균연비 = 150,000km × 0.002kg/L ÷ 50kg = 6km/L

성과지표 간의 관계 문제풀이

문제 물류 네트워크의 창고 수와 물류비용 혹은 성과지표 간의 관계로 옳지 않은 것은?

①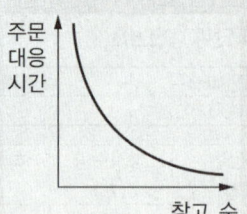
②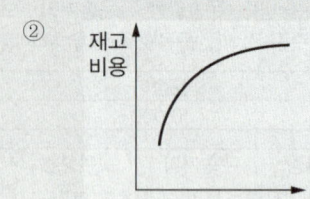
❸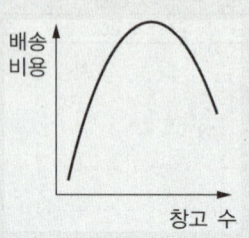
④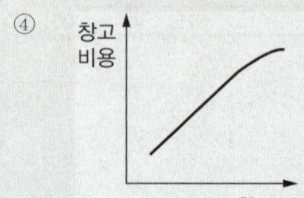
⑤
<!-- 서비스 수준 그래프 -->

풀이

③ 창고 수가 많아지면 수송비용은 증가하지만 배송권역의 크기가 줄어들기 때문에 배송비용은 감소한다.

손익분기 매출액 계산 문제풀이

문제 물류기업 K는 제품의 포장 및 검사를 대행하는 유통가공 서비스의 경제적 타당성을 검토하고 있으며, 관련 자료는 다음과 같다. K사 유통가공 서비스의 연간 손익분기 매출액(단위 : 만원)은?

> ○ 서비스 가격 : 10만원/개
> ○ 고정비 : 10,000만원/년
> ○ 변동비 : 7.5만원/개

① 1,000
② 4,000
③ 10,000
④ 20,000
❺ 40,000

풀이

손익분기 판매량 = $\dfrac{\text{고정비}}{\text{단위당 판매가격} - \text{단위당 변동비}} = \dfrac{10,000}{10 - 7.5} = 4,000$

따라서 손익분기 매출액 = 4,000 × 10 = 40,000

PART 1 물류관리론 / Chapter 05 물류합리화

핵심테마 13 **물류합리화의 개요**

1 물류합리화의 의의

구 분	내 용
개 념	• 물류합리화는 운송, 보관, 하역, 포장 등 물류 하부기능을 통합하여 전체 흐름을 합리화하는 것이다. • 물류합리화를 위해서는 시스템적 접근에 의한 물류활동 전체의 합리화를 추진하여야 한다. • 물류합리화를 수행하기 위해서는 총비용적인 관점에서 접근하는 사고가 중요하다. • 물류합리화는 일반적으로 비용절감과 적정 서비스 수준 유지를 동시에 달성할 수 있어야 한다. • 운송리드타임을 단축하면 물류서비스는 향상되지만 운송비용은 상승한다. • 재고량을 적게 하면 보관비는 감소하지만 서비스 수준은 일반적으로 저하된다. • 물류합리화는 운송, 보관, 포장, 하역뿐만 아니라 물류조직도 그 대상이 된다.
필요성	• 경제규모의 증대, 물류비의 증대 및 노동력 수급상의 문제점 등은 물류합리화의 필요성을 증대시킨다. • 다품종 소량생산 체제가 가속화되고 있으며, 고객요구의 다양화, 물류 서비스의 차별화가 요구되고 있다. • 물류비는 기업별 사업 환경 여건 및 개선 노력에 따라 상당부분 감소하고 있지만 여전히 높은 비중을 차지하고 있다. • 마케팅 비용 및 생산비 절감만으로는 기업 전반의 비용절감을 통한 이윤추구에 한계가 있다. • 기술혁신에 의해 기본적인 물류영역의 발전이 가속화되고 있으며, 정보측면에서도 발전 속도가 매우 빠르다.

> **물류합리화 방안**
> • 포장규격화를 고려한 제품설계
> • 재고관리방법의 개선
> • 하역의 기계화 및 자동화
> • 인터넷을 통한 물류정보의 수집 및 활용
> • 차량이나 창고공간의 활용을 극대화해서 유휴부문을 최소화
> • 물류조직 효율화와 물류시설 가동률 제고

2 물류합리화 기법

구 분		내 용
제약이론(TOC)	개 념	• 골드렛(Eliyahu M. Goldratt)이 제안한 개념으로, 기업의 여러 가지 활동 중 취약한 활동요인의 효율성을 제고함으로써 기업의 성과를 극대화한다는 것이다. • 제약요소는 조직의 전체적인 성과를 지배하므로 보다 많은 이익을 얻기 위해서는 제약요소를 중심으로 모든 관리가 집중되어야 한다는 경영과학이론이다. • 제약이론은 경쟁력 제고 수단으로 생산 최적화를 위해서는 외부 공급자의 역할이 중요하게 되므로 SCM(공급체인경영)에 응용 가능하다.

⊕ PLUS
물류합리화의 유형
• 생지능(省知能)형 : 물류합리화가 단순히 인력에서 기계로 대체되는 단계에서 인간의 지적 판단에 따라 결정되는 단계로 이행하는 것을 말하며, 인공지능형이라고 할 수 있다.
• 생력(省力)형 : 인력의 절감을 목적으로 하는 유형으로서 인력을 기계로 대체하는 것을 목적으로 한다.
• 비용(費用)절감형 : 물류 전반뿐만 아니라 전사적 수준에서의 합리화에 기반을 두고 있다.

[출제유형] 2024년 제28회
제약이론(TOC)에서 다음 설명에 해당하는 개념은?

> • 가장 속도가 늦은 사람을 선두에 세우는 행군대열에서 유추
> • 대열의 선두와 가장 속도가 늦은 사람을 연결
> • 원자재와 부품에 대한 재고보충이 공급업체로 전달되도록 정보교환

① Analysis　② Drum
③ Improve　❹ Rope
⑤ Throughput

[출제유형] 2023년 제27회

제약이론(TOC : Theory of Constraints)의 지속적 개선 프로세스를 순서대로 옳게 나열한 것은?

ㄱ. 제약자원 개선
ㄴ. 제약자원 식별
ㄷ. 제약자원 최대 활용
ㄹ. 개선 프로세스 반복
ㅁ. 비제약자원을 제약자원에 종속화

① ㄱ-ㄴ-ㄷ-ㄹ-ㅁ
② ㄱ-ㄷ-ㄴ-ㅁ-ㄹ
③ ㄴ-ㄱ-ㄷ-ㄹ-ㅁ
❹ ㄴ-ㄷ-ㅁ-ㄱ-ㄹ
⑤ ㄷ-ㄴ-ㄱ-ㅁ-ㄹ

[출제유형] 2023년 제27회

물류혁신을 위한 6시그마 기법의 DMAIC 추진 단계들 중 다음 설명에 해당하는 것은?

> 통계적 기법을 활용해서 현재 프로세스의 능력을 계량적으로 파악하고, 품질에 결정적인 영향을 미치는 핵심품질특성(CTQ : Critical to Quality)의 충족 정도를 평가한다.

① Define
❷ Measure
③ Analyze
④ Improve
⑤ Control

[출제유형] 2024년 제28회

6시그마 기법에 관한 설명으로 옳지 않은 것은?

① 미국 기업 모토로라에서 처음으로 도입하였다.
② 대표적인 추진 방법론은 DMAIC이다.
③ 2시그마 수준은 3시그마 수준보다 불량률이 크다.
④ 시그마(σ)는 통계학의 표준편차를 의미한다.
❺ 6시그마 수준은 불량률 4.3PPM을 의미한다.

제약이론(TOC)	구성요소	• 현금창출공헌이익(Throughput) : 기업이 판매를 통해 벌어들인 이익으로, 매출액에서 재료비를 차감한 것을 말한다. • 재고(Inventory) : 판매하고자 하는 물품을 생산·구매하는 데 투자한 총액. 판매를 목적으로 보유하는 기존 재고자산과는 차이가 있다. • 운영비용(Operating Expense) : 재고를 현금창출공헌이익으로 전환하는 데 발생하는 비용이다. • 지속적 개선 프로세스 순서 : 제약자원 식별 → 제약자원 최대 활용 → 비제약자원을 제약자원에 종속화 → 제약자원 개선 → 개선 프로세스 반복 • 투자수익률(ROI) = $\dfrac{\text{현금창출공헌이익} - \text{운영비용}}{\text{재고}}$ • 프로세스 전체의 흐름에서 드럼을 두드려 전체 생산 프로세스를 병목의 속도에 맞추고(D : Drum), 병목 앞 공정은 병목이 쉬지 않도록 버퍼를 형성하며(B : Buffer), 병목 이후의 공정은 병목과 일정한 속도를 맞추어 흐름이 이어지도록 하여(R : Rope), 프로세스 전체를 최적화
6 시그마 (6-Sigma)	개 념	• 모토롤라의 해리(M. Harry)가 창안한 것으로, 무결점 품질을 목표로 고객에게 인도되는 재화 및 서비스 불량을 줄이는 것뿐만 아니라 회사 내 전 분야에 걸쳐 발생되는 불량의 원인을 찾아 제거하고 품질을 향상시키는 경영기법이다. • 통계적 기법을 이용한 품질개선 운동으로 모든 현상을 숫자로 표시하고 관리하는 것을 철학으로 한다. • 제품 혹은 프로세스 100만 개 중 허용되는 불량 또는 오류 수가 3.4개로, 거의 제로 수준으로 제품 공정을 혁신하자는 것이다. • 최종생산품의 부적합뿐만 아니라 생산과정의 부적합에도 주목한다.
	프로세스 (DMAIC)	• 정의(Define) : 결함을 발생시키는 것이 무엇인지를 정의하여 문제를 명확히 하고, 몇 개월 내에 측정 가능한 목표가 달성될 수 있도록 문제의 범위를 좁히는 단계이다. • 측정(Measure) : 현재 불량수준을 측정하여 수치화하는 단계이다. • 분석(Analyze) : 불량의 발생 원인을 파악하고 개선대상을 선정하는 단계이다. • 개선(Improve) : 개선과제를 선정하고 실제 개선작업을 수행하는 단계이다. • 관리(Control) : 개선결과를 유지하고 새로운 목표를 설정하는 단계이다.
전사적 품질경영 (TQM)	개 념	제품 및 서비스의 품질을 향상시켜 장기적인 경쟁우위를 확보하기 위해 기존의 조직문화와 경영관행을 재구축하는 것이다.
	특 징	• 품질관리 활동이 전사적으로 이루어져야 한다. • 고객중심의 품질개념을 도입한 것이다. • 품질에 대해 지속적인 개선이 이루어진다. • 관리대상은 최종제품뿐만 아니라 조직 내의 모든 활동과 서비스가 포함된다.
JIT시스템 (Just In Time)	개 념	• JIT-II 시스템은 미국의 보스(Bose)사에서 처음 도입한 시스템으로 발주기업과 공급업체를 하나의 기업으로 인식하여 효율을 꾀하는 경영기법이다. • 단위 시간당 필요한 자재를 소요량만큼만 조달하여 재고를 최소화하고, 다양한 재고감소 활동을 전개함으로써 비용절감, 품질개선, 작업능률 향상 등을 통해 생산성을 높이는 생산시스템이다. • 제품생산에 요구되는 부품 등 자재를 필요한 시기에 필요한 수량만큼 조달하여 낭비적 요소를 근본적으로 제거하려는 시스템을 뜻한다.
	특 징	• 생산소요시간 감소 및 각 공정 간 작업부하의 균일화를 위해 소롯트(lot)가 요구된다. • 재고를 최소로 유지하기 위해서는 불량 없는 품질관리가 중요하다. • 공급되는 부품의 품질, 수량, 납품시기 측면에서 공급업체와의 신뢰성 구축과 긴밀한 협조체제가 요구된다.

구분		내용
JIT시스템 (Just In Time)	특징	• 원활한 활동을 위해 노동력의 유연성과 팀워크가 요구된다. • 정확한 시간에 정확한 수량으로 정확한 납품이 요구된다. • 납품 차질로 인한 생산지연에 대한 비용은 공급자가 부담한다. • 재고비용의 낭비요소를 줄일 수 있고, 발주자의 구매업무 및 인력이 절감된다.
기업소모성자재 (MRO)		• 기업의 각종 용품의 구입 및 관리를 전문업체에 위탁함으로써 직접 구매하고 관리하는 데 따른 비효율성과 인적 낭비를 제거하려는 것이다. • MRO 사업자는 구매자에게 신뢰성 있는 제품정보를 제공하기 위하여 공급업체를 철저히 관리해야 한다. • MRO 사업의 성공요건 　- 시스템의 확장성 및 통합성 확보 　- 비계획 구매에 대한 효과적인 대응 　- 철저한 공급업체의 관리 　- MRO 자재에 대한 토탈서비스 제공

3 포장합리화

구분	내용
포장합리화의 개념	포장비용을 최소화하는 방안으로 제품의 보존, 취급상의 편의성, 판매촉진, 안전성 등 고유 기능을 만족시키면서도 경제적 포장인 적정포장을 기반으로 추진해야 한다.
포장합리화의 원칙	• 대량화·대형화의 원칙 : 포장화물의 크기를 대형화함으로써 대량수송과 하역작업의 기계화가 가능하여 하역의 효율성을 높이고 물류비용을 절감할 수 있다. • 집중화·집약화의 원칙 : 다수의 업체들이 물량을 집중화함으로써 대량 포장작업이 가능해져 물류비용을 절감할 수 있다. • 규격화·표준화의 원칙 : 가능하면 비슷한 길이와 넓이를 가진 화물을 모아 포장 크기를 규격화시킴으로써 포장설계를 간소화하고, 과잉포장을 억제하여 포장비·포장재료비·용기제작비·포장작업비·보관비·운송비 등을 절감할 수 있다. • 재질변경의 원칙 : 내용물의 보호기능을 유지하는 범위에서 재질의 변경을 통해 비용절감이 가능해진다. • 사양변경의 원칙 : 포장재료 및 수량 등과 같은 사양의 변경, 즉 양면골판지에서 편면골판지로 포장재료를 바꾸어 박스 귀퉁이 보강을 통해 포장의 품질을 유지함으로써 비용절감을 추구할 수 있다. • 시스템화·단위화의 원칙 : 포장제품을 단위화함으로써 물류활동에 필요한 장비나 기기 등을 운송, 보관, 하역기능과 유기적 연결이 가능하도록 시스템화를 이루게 하여 물류비용을 절감할 수 있다.

포장합리화 방안
• 포장재료의 개선
• 포장화물의 단위화
• 유닛로드시스템(ULS) 추진
• 포장재의 재사용 추진
• 포장표준화 및 모듈화 완성으로 규격의 단순화 추진

포장표준화
• 포장이 표준화되어야 기계화, 자동화, 파렛트화, 컨테이너화 등이 용이해진다.
• 포장치수는 파렛트 및 컨테이너 치수에 정합하고, 수송, 보관, 하역의 기계화 및 자동화에 최적의 조건을 제공해야 한다.
• 포장표준화는 치수, 강도, 재료, 기법의 표준화 등 4요소로 나누지만, 관리의 표준화를 추가하기도 한다.
• 포장표준화를 통해 포장비, 포장재료비, 포장작업비 등을 절감할 수 있다.
• 포장표준화는 치수표준화와 강도표준화가 핵심인데, 각 기업들의 다양한 포장치수를 통일하는 치수표준화가 보다 중요하지만 그 효과가 나타나기까지는 오랜 시간이 걸린다. 반면 강도표준화는 주로 포장재료의 적정화로 비용절감 효과가 빠르게 나타난다.

[출제유형] 2023년 제27회

포장표준화에 관한 설명으로 옳지 않은 것은?

① 포장이 표준화되어야 기계화, 자동화, 파렛트화, 컨테이너화 등이 용이해진다.
② 포장치수는 파렛트 및 컨테이너 치수에 정합하고, 수송, 보관, 하역의 기계화 및 자동화에 최적의 조건을 제공해야 한다.
③ 포장표준화는 치수, 강도, 재료, 기법의 표준화 등 4요소로 나누지만, 관리의 표준화를 추가하기도 한다.
④ 포장표준화를 통해 포장비, 포장재료비, 포장작업비 등을 절감할 수 있다.
❺ 치수표준화는 비용절감효과가 빠르게 나타나지만 강도표준화는 그 효과가 나타나기까지 오랜 시간이 걸린다.

[출제유형] 2024년 제28회

물류표준화의 목적에 해당하지 않는 것은?

① 단위 화물체계의 보급
② 물류기기와의 연계성 향상
③ 물류비의 절감
❹ 납품주기 단축과 납품횟수 증대
⑤ 물류활동의 효율화

[출제유형] 2014년 제18회

물류표준화에 관한 설명으로 옳은 것은?

① 포장표준화의 주요 요소인 재료, 기법, 치수, 강도 중에서 강도의 표준화가 가장 선행되어야 한다.
② 물류 프로세스에서의 화물 취급단위를 규격화하고 설비 등의 규격, 강도, 재질 등을 다양화한다.
❸ 하역보관의 기계화, 자동화 등에 필수적인 선결과제이다.
④ 세계화에 대응하는 물류표준화는 필요 없다.
⑤ 국가차원의 물류표준화 추진은 비효율적이다.

PLUS

물류표준화의 부문별 내용

소프트웨어 부문
- 물류용어 통일
- 거래단위표준화
- 전표표준화
- 표준코드활용
- 포장치수표준화

하드웨어 부문
- 파렛트표준화
- 내수컨테이너 보급
- 지게차표준화
- 트럭적재함표준화
- 보관시설표준화
- 기타물류기기표준화

[출제유형] 2023년 제27회

화물을 일정한 중량이나 체적으로 단위화시켜 하역과 수송의 합리화를 도모하는 것은?

❶ 유닛로드시스템(Unit Load System)
② 파렛트풀시스템(Pallet Pool System)
③ 파렛트 표준화(Pallet Standardization)
④ 포장의 모듈화 (Packaging Modularization)
⑤ 일관파렛트화(Palletization)

4 물류표준화

구 분	내 용
물류표준화의 개념	• 물류의 시스템화를 전제로 하여 단순화, 규격화 및 전문화를 통해 물류활동에 공통의 기준을 부여하는 것이다. • 물류표준화는 물류체계의 효율화에 필요한 사항을 물류표준으로 통일하고 단순화하는 것으로 표준화의 주요 내용으로는 포장표준화, 수송용기 및 장비의 표준화, 보관시설의 표준화, 물류정보 및 시스템 표준화 등을 들 수 있다. • 화물유통 장비와 포장의 규격, 구조 등을 통일하고 단순화하는 것으로 물류활동의 각 단계에서 사용되는 기기, 용기, 설비 등의 구성요소 간 호환성과 연계성을 확보하는 유닛로드시스템을 구축하는 것이다. • 하역보관의 기계화, 자동화 등에 필수적인 선결과제이다.
물류표준화의 필요성	• 물동량의 흐름이 증대됨에 따라 물류의 일관성과 경제성을 확보하기 위해 필요하다. • 국제화 및 시장개방이라는 국제적 요구와 국제환경변화에 대응하기 위해서는 국제표준화와 연계되는 물류표준화가 요구된다. • 유닛로드시스템의 구축을 위해서 물류활동 간 접점에서의 표준화가 중요하다. • 물류의 기계화 및 자동화를 통해 대량의 물품을 신속하게 처리하기 위해 필요하다.
물류표준화의 목적	• 단순화, 규격화, 단위 화물체계 보급 등으로 물류활동의 기준을 부여하여 물류기기와의 연계성을 향상시키는 등 물류 활동의 효율성을 높인다. • 일관성 및 경제성 확보로 물류비가 절감된다. • 물류표준화로 기업차원의 미시적 물류뿐만 아니라 국가차원의 거시적 물류 효율성이 제고된다. • 효율적인 물류표준화를 위해 개별기업 단위 표준화 이전에 국가 단위 표준화 선행이 필요하다.

5 유닛로드시스템(ULS : Unit Load System)

구 분	내 용
ULS의 개념	• 하역작업의 혁신을 통한 수송합리화 도모를 위해 화물을 일정한 표준의 중량 또는 체적으로 단위화시켜 기계 이용을 통한 하역·수송·보관 등을 하는 시스템을 말한다. • 협동일관수송의 전형적인 수송시스템으로서 하역작업의 기계화 및 작업화, 화물파손방지, 적재의 신속화, 차량회전율 향상 등의 물류비를 절감하는 최적의 방법이다.
ULS의 전제조건	• 수송장비 적재함의 규격표준화 • 파렛트의 표준화 • 거래단위의 표준화 • 운반·하역장비의 표준화 • 보관설비의 표준화 • 포장단위 치수의 표준화
ULS의 도입효과	• 작업효율의 향상, 운반 활성화, 물류비용 감소 등을 기대할 수 있다. • 하역을 기계화하고 운송, 보관 등을 일관화·합리화할 수 있다. • 하역과 운송에 따른 화물 손상이 감소한다. • 운송 및 보관업무의 효율적 운용이 가능하다.

ULS의 장·단점 비교

장 점	단 점
• 화물의 파손, 오손, 분실 등을 방지한다. • 운송수단의 운용효율(회전율)이 매우 높다. • 하역의 기계화에 의한 작업능률이 향상된다. • 적재용기의 단위화로 필요 인력이 감소된다. • 포장의 단순화로 포장비가 절감된다. • 물류작업의 시스템(표준화)화가 용이하다. • 적재공간의 효율적 활용이 가능하다.	• 컨테이너와 파렛트 확보에 경비가 소요된다. • 하역기기 등의 고정시설비 투자가 요구된다. • 자재관리에 시간과 비용이 추가된다. • 파렛트 로드의 경우 파렛트 자체나 공간이 적재효율을 저하시킨다. • 액체, 분립체, 비포장화물 등은 적재가 곤란하다.

ULS의 형태별 효과

파렛트시스템	컨테이너시스템
• 하역 기계화로 물품보관효율 향상 • 파손 감소와 포장비, 인건비 절감 • 하역시간 단축으로 작업인원 감소 • 운송의 편의성 증대, 운송수단 회전율 향상 • 포장 간이화, 검품·검량의 간이화	• 운송시간의 단축, 포장비용의 절감 효과 • 화물의 파손, 오손, 분실 등의 방지 • 낮은 위험으로 보험료 절감 • 임대 창고의 보관 생략 • 신속·정확한 화물인도

6 물류공동화

구 분	내 용
물류공동화의 개념	2개 이상의 기업이 수·배송의 효율을 높이고 비용을 절감하기 위해 공동으로 물류활동을 수행하는 것을 말한다.
물류공동화의 전제조건	• 자사의 물류시스템과 외부의 물류시스템과의 연계가 필요하다. • 일관 파렛트화 추진과 표준물류심벌 및 업체 통일전표, 외부와의 교환이 가능한 파렛트 등의 물류용기를 사용하여야 한다. • 서비스 내용을 명확하게 하고 표준화시켜야 한다. • 통일된 기준에 근거하여 물류비를 명확하게 산정하고 체계화해야 한다.
물류공동화의 도입효과	• 운송비용의 감소　　　• 물류비용 절감 • 화물적재율 향상　　　• 물류작업의 생산성 향상 • 수배송 효율 향상　　　• 안정적인 물류서비스 제공 • 중복투자 감소　　　　• 유사부품 공동관리
물류공동화의 유형	• 수평적 물류공동화 : 동종의 다수 제조업체와 이들과 거래하는 다수의 도매점이 공동으로 정보 네트워크와 물류시스템을 공동화하는 형태이다. • 물류기업 동업자 공동화 : 물류기업이 동업 형식으로 물류시스템을 공동화하는 형태이다. • 소매기업에 의한 계열적 공동화 : 대형 소매체인점이 도매점이나 제조업체에서의 납품물류를 통합하여 납품자와 수령자의 상호이익을 도모하기 위해 물류센터 등을 만드는 형태이다. • 경쟁관계에 있는 메이커 간의 공동화 : 서로 경쟁관계에 있는 기업들이 모여 물류의 효율화를 위해 공동화를 이루는 형태이다. • 제조기업에 의한 계열적 공동화(수직적 공동화) : 제조업체가 계획적으로 광역물류센터를 구축하여 재고의 상품구색을 갖추면 도매점은 재고 없이 판매회사와 도매점의 배송상품을 공동배송하는 형태이다. • 화주와 물류기업의 파트너십 : 전문 사업자로서 화주가 물류합리화나 시스템화로 적극 참여하는 제안형 기업이 되어 상호신뢰를 확립하는 형태이다.

물류공동화의 문제점

화 주	물류업체
• 매출, 고객명단 등 기업비밀 누출에 대한 우려 • 영업부문의 반대 • 물류서비스 차별화의 한계 • 비용 및 이윤배분에 대한 분쟁발생 소지 • 공동물류시설비 및 관리비용 증대에 대한 우려 • 공동배송 실시 주체자의 관리운영의 어려움	• 요금 덤핑에 대처 곤란 • 배송순서 조절의 어려움 발생 • 물량 파악의 어려움 • 상품관리의 어려움

[출제유형] 2024년 제28회

물류공동화의 장·단점에 관한 설명으로 옳지 않은 것은?

① 새로운 공동배송센터, 정보시스템 등의 투자에 따른 위험부담이 존재한다.
② 공동배송센터의 경우 입고에서 출고까지 일관물류시스템의 최적화가 가능하다.
❸ 참여기업의 기밀유지 문제가 발생할 가능성이 낮아진다.
④ 참여기업 간 포장, 전표, 용기 등의 표준화가 용이하지 않을 경우 효율이 저하될 수 있다.
⑤ 참여기업 간 이해 조정, 의사소통, 의사결정 지연 등의 문제점이 존재한다.

⊕ PLUS

물류공동화의 필수 성공요인
• 참가구성원의 높은 열의
• 취급물량의 확대
• 공동화 사업자의 적정한 물류센터 용량 및 정보서비스 능력
• 공동규칙의 제정과 준수

[출제유형] 2021년 제25회

물류공동화에 관한 설명으로 옳지 않은 것은?

① 물류활동에 필요한 인프라를 복수의 파트너와 함께 연계하여 운영하는 것이다.
② 물류자원을 최대한 활용함으로써 물류비용 절감이 가능하다.
❸ 자사의 물류시스템과 타사의 물류시스템을 연계시켜 하나의 시스템으로 운영해야 하지만 회사 보안을 위해 시스템 개방은 포함하지 않는다.
④ 물류환경의 문제점으로 대두되는 교통혼잡, 차량적재 효율저하, 공해문제 등의 해결책이 된다.
⑤ 표준물류심벌 및 통일된 전표와 교환 가능한 파렛트의 사용 등이 전제되어야 가능하다.

7 수·배송공동화

구 분	내 용
개 념	자사 및 타사의 원자재나 완제품을 공동으로 수·배송하는 것으로 소량·다빈도 배송의 증가는 수·배송 공동화의 필요성을 증대시키고 있다.
도입배경	• 상권 확대 및 빈번한 교차수송 • 화물자동차 이용의 비효율성 • 도시지역 물류시설 설치 제약 • 보관·운송 물류 인력 확보 곤란 • 주문단위의 다빈도 및 소량화
추진여건	• 배송조건이 유사하고 표준화가 가능할 경우 공동수배송의 추진이 용이하다. • 공동수배송을 위한 주관기업이 있을 경우 공동수배송의 추진이 용이하다. • 일정 지역 내에 공동수배송에 참여할 수 있는 복수기업이 존재할 경우 공동수배송의 추진이 용이하다. • 공동수배송에 참가할 기업 간 이해관계가 일치할수록 추진이 용이하다. • 공동수배송에 참가한 기업들이 취급하는 제품의 동질성이 높을수록 공동수배송 추진이 용이하다.
기대효과	• 설비 및 차량의 가동률과 적재효율 향상 • 중복·교차수송의 배제로 물류비 절감과 교통체증 완화 • 환경오염 감소 • 운송수단의 활용도를 높여 차량의 운행효율 향상 • 화물량의 안정적인 확보 • 물류 아웃소싱을 통한 핵심역량 집중 가능 • 소량화물 혼적으로 규모의 경제효과 추구
유 형	• 배송공동형 : 화물거점 시설까지 각 화주 또는 개개의 운송사업자가 화물을 운반하고 배송만을 공동화하는 것으로, 대부분 화주와 운송사업자 주도로 이루어진다. • 집·배송공동형 : 보관의 공동화 또는 집하의 집약화를 전제로 하여 집하와 집배를 공동화하는 유형으로 동일화주가 조합이나 연합회를 만들어 공동화하는 특정화주 공동형과 운송업자가 불특정 다수의 화물에 대처하는 운송업자 공동형의 2가지 형태가 있다. • 공동수주·공동배송형 : 운송업자가 협동조합을 설립하고 화주로부터 수주를 받아 조합원에게 배차를 지시하는 방식으로, 고객의 주문처리에서 화물의 보관, 운송, 배송까지의 모든 업무를 공동화하는 방식이다. • 노선집하공동형 : 종래 개개의 노선사업자가 집하해 온 노선화물의 집하 부분만을 공동화하는 것으로, 복수의 화주가 공동화하여 집하업자 1개를 지정한 후 집하 및 분류를 시켜 각 노선사업자에 화물을 인계하는 것이다. • 납품대행형 : 운송업자가 납입선을 대신하여 납품하는 형태로, 화물의 집하, 유통가공, 분배, 납품 등 일련의 작업을 포함하고 있다.

공동배송센터(Joint Distribution Center)
제조업체, 유통업체, 물류업체 등이 공동출자해 설립한 물류거점으로서 이해당사자들이 다이어그램(시간표) 배송과 분류작업 등을 공동으로 수행하는 곳이다.

[출제유형]　2024년 제28회

수·배송 공동화의 효과에 관한 설명으로 옳지 않은 것은?

① 화물의 규격, 포장, 파렛트 규격 등의 물류표준화가 선행될 때 효과가 높다.
② 공동 수·배송에 참여하는 기업들은 개별적인 차원보다 공동의 목표를 가져야 효과가 높다.
③ 일정 지역 내에 공동 수·배송에 참여하는 복수의 화주가 존재해야 효과가 높다.
④ 공동 수·배송을 주도할 수 있는 중심업체가 있어야 효과가 높다.
❺ 화물형태가 일정하지 않은 비규격품, 목재, 골재, 위험물 등은 공동배송에 효과가 높다.

[출제유형]　2023년 제27회

공동수배송의 전제조건으로 옳지 않은 것은?

① 대상기업 간 배송조건의 유사성
② 공동수배송을 주도할 중심업체 존재
③ 대상기업 간 공동수배송에 대한 이해 일치
❹ 화물형태가 일정하지 않은 비규격품 공급업체 참여
⑤ 일정 지역 내 공동수배송에 참여하는 복수기업 존재

[출제유형]　2024년 제28회

다음 설명에 해당하는 공동 수·배송 운영방식은?

• 화주가 협동조합 및 연합회를 조직하여 공동화하는 형태가 있다.
• 운송업자가 공동화하여 불특정 다수의 화물에 대하여 공동화하는 형태가 있다.
• 물류센터에서의 배송뿐만 아니라 화물의 보관 및 집하업무까지 공동화하는 것이다.

❶ 집배송공동형
② 배송공동형
③ 노선집하공동형
④ 공동수주·공동배송형
⑤ 납품대행형

핵심테마

14 물류정보시스템의 이해

PART 1 물류관리론 / Chapter 06 물류정보시스템

1 물류정보의 개요

구 분	내 용
물류정보의 개념	• 수송, 운반, 포장, 하역, 보관, 유통가공 등 물류활동과 관련한 모든 정보를 의미하는 것으로, 특정 상황에서 현재 또는 미래의 특정 목적을 위해 특정 사용자에게 가치를 주는 자료이다. • 물류정보는 물류활동의 현재 상황 인식 및 판단, 미래의 방향 설계에 도움을 주며, 관련 조직·부서·기업들 간의 협력을 이끌어 내어 기업의 경영목표 달성에 기여한다.
물류정보의 필요성	• 물(物)의 장소적·시간적 간격을 극복하기 위한 가장 효율적인 수단과 방법의 선택을 위해 다양한 정보의 전달·처리가 필요하다. • 최근 유통비 절감의 필요성과 유통활동의 효율화·합리화로 인해 물류 정보화가 요구되고 있다. • 물류시스템의 핵심인 일관 운송체제의 효율적 운영과 관리를 위해 물류정보시스템 확립의 필요성이 대두되고 있다. • 물류부문의 아웃소싱 증가, 제3자물류 증대, 풀(Pull) 방식의 활용이 늘어나는 등 물류산업의 변화가 가속화되고 있다.
물류정보의 특징	• 물류정보는 성수기와 비수기의 정보량에 차이가 크다. • 영업, 생산, 운송 등 타부분과의 관련성이 크다. • 정보의 발생원이 넓게 분포되어 있다. • 정보의 처리부문과 전달대상이 넓게 분산되어 있다. • 정보의 절대량이 많고 다양하다. • 정보의 흐름과 화물의 흐름에 동시성이 요구된다.
물류정보의 종류	• 화물운송정보 : 실시간 차량·화물추적정보, 차량운행정보, 수배송정보, 교통상황정보, 지리정보 등 • 수출화물검사정보 : 검량정보, 검수정보, 선적검량정보 등 • 화물통관정보 : 수출입신고정보, 관세환급정보, 항공화물통관정보 등 • 화주정보 : 화주성명, 전화번호, 화물의 종류 등 • 항만정보 : 항만관리정보, 컨테이너추적정보, 항만작업정보 등

Pull 방식과 Push 방식
- Pull(풀) 방식은 제조업체가 최종소비자에 광고 등으로 촉진활동을 함으로써 소비자가 자사제품을 찾도록 하는 것이다. 브랜드 인지도가 높은 회사에서 주로 활용하는 전략이다.
- Push(푸시) 방식은 흔히 '밀어내기식 전략'으로서 제조업자가 소비자가 아닌 유통기관을 상대로 하여 마케팅 활동을 전개하는 것을 말한다. 유통업자의 힘이 강하고 제조업자의 브랜드 인지도가 낮은 경우, 자원이 부족한 경우에 주로 활용되는 전략이다.
- 정보기술의 발전에 따라 물류산업은 Push(푸시) 방식보다 Pull(풀) 방식의 활용이 늘고 있다.

물류정보 관련 약어
- EDI : 전자문서교환
- VAN : 광범위하고 복합적인 부가가치 통신망
- ISDN : 기존 전화망에서 한 차원 발전된 차세대 기간 통신망
- WAN : 원격지를 통신회선으로 연결한 통신망
- LAN : 근거리 통신망

[출제유형] 2023년 제27회
물류정보의 개념과 특징에 관한 설명으로 옳지 않은 것은?
① 생산에서 소비에 이르기까지의 물류기능을 유기적으로 결합하여 물류관리 효율성을 향상시키는 데 활용된다.
② 운송, 보관, 하역, 포장 등의 물류활동에 관한 정보를 포함한다.
③ 원료의 조달에서 완성품의 최종 인도까지 각 물류기능을 연결하여 신속하고 정확한 흐름을 창출한다.
④ 기술 및 시스템의 발전으로 인해 물류정보의 과학적 관리가 가능하다.
❺ 정보의 종류가 다양하고 규모가 크지만, 성수기와 평상시의 정보량 차이는 작다.

[출제유형] 2019년 제23회
물류정보의 종류에 관한 설명으로 옳지 않은 것은?
❶ 화물운송정보에는 화물보험정보, 컨테이너보험정보, 자동차운송보험정보 등이 포함된다.
② 수출화물검사정보에는 검량정보, 검수정보, 선적검량정보 등이 포함된다.
③ 화물통관정보에는 수출입신고정보, 관세환급정보, 항공화물통관정보 등이 포함된다.
④ 화주정보에는 화주성명, 전화번호, 화물의 종류 등이 포함된다.
⑤ 항만정보에는 항만관리정보, 컨테이너추적정보, 항만작업정보 등이 포함된다.

[출제유형] 2024년 제28회

물류정보시스템에 관한 설명으로 옳지 않은 것은?

① 영어식 약어 표현으로는 LIS라고 한다.
② 물류정보의 수집·저장·가공·유통을 가능하게 하는 컴퓨터 하드웨어와 소프트웨어, 업무프로세스, 사용자 등의 집합체이다.
❸ 개별 물류활동들의 통합을 통한 전체 최적화보다는 특정한 물류활동의 최적화를 위하여 구축한다.
④ 처리해야 할 정보가 많을수록 수작업에 비하여 물류관리의 효율성과 정확성이 증대되는 효과가 있다.
⑤ 물류서비스 향상 및 물류비 절감을 목적으로 구축한다.

[출제유형] 2018년 제22회

물류정보시스템의 구성요소가 아닌 것은?

① 수·배송관리 모듈
② 창고관리 모듈
❸ 생산관리 모듈
④ 물류정보관리 모듈
⑤ 주문처리 모듈

[출제유형] 2014년 제18회

물류정보시스템의 도입효과로 옳지 않은 것은?

① 재고관리의 정확도 향상
❷ 영업부서 요청에 따른 초과재고 보유로 판매량 증가
③ 신속하고 정확한 재고정보 파악으로 생산·판매활동 조율
④ 효율적 수·배송 관리를 통한 운송비 절감
⑤ 수작업의 최소화로 사무처리 합리화 가능

2 물류정보시스템(LIS)의 개요

구 분	내 용
개 념	• 원재료 구입으로부터 완제품 유통에 이르기까지 제품의 흐름과정 및 이와 관련되어 발생하는 사실, 자료를 물류관리 목적에 알맞게 처리·가공하는 컴퓨터를 기반으로 하는 정보시스템이다. • VAN, EDI, CALS/EC 등의 정보통신망이 기업의 물류정보시스템을 지원한다.
필요성	• 물류정보시스템은 리드타임 정보와 수요예측 정보를 제공하여 기업의 생산량을 예측하고 물류거점 입지를 결정하는 데 중요한 정보로 활용된다. • 물류정보시스템을 통해 정보의 공유가 가능해짐으로써 생산계획과 조달계획을 조정할 수 있다. • 사전에 설정된 설비, 시설활용 목표, 서비스 수준 목표, 그리고 실제 달성된 서비스 수준을 비교하여 물류활동의 참고자료로 이용할 수 있다. • 주문정보를 정확하게 전달하는 기능, 물건의 움직임을 정확히 파악하고 전달하는 기능, 고객에게 정보를 제공하는 기능, 여러 계획과 실적을 잘 통제하는 기능 등의 역할을 기대할 수 있다.
목 표	• 기업 간 정보의 공유를 바탕으로 유통재고를 최소화한다. • 적정고객서비스를 최소한의 비용으로 달성할 수 있도록 지원한다. • 조달, 생산, 유통 등을 포괄적으로 연결하여 전체 물류흐름을 효율적으로 관리한다. • 환경변화에 신속히 대응할 수 있도록 기업의 경쟁력을 향상시키는 데 기여한다. • 효율적인 물류의사결정을 지원한다.
특 징	• 상품의 흐름과 정보의 흐름은 밀접하게 연계되어 있다. • 대량정보의 실시간 처리시스템으로, 성수기와 비수기의 정보량 차이가 크다. • 기업 내 또는 기업과 관계를 맺고 있는 거래처를 연결하는 원격지 간 시스템이다. • 물류시스템에 연동되는 물류기기들과 상호작용할 수 있는 지능형 시스템이다.
도입효과	• 적정재고량에 따라 창고와 배송센터 등의 물류센터와 물류시설의 효율적 이용 가능 • 판매와 재고정보가 신속하게 집약되므로 생산과 판매에 대한 조정 가능 • 재고부족이나 과다재고보유가 배제되므로 재고비 절감 • 배송관리에 컴퓨터를 적용하므로 효율적인 출하배송이 가능하게 되어 배송비 절감 • 수작업의 재고보고와 장부기록이 필요 없게 되므로 사무처리의 합리화 가능
구성요소	• 주문관리시스템 : 고객의 주문에 최초로 대응하며 고객이 주문한 제품의 가용성을 파악하고, 고객에 대한 신용조회 등의 기능을 수행하는 시스템(예 주문관리, 출하처리 등) • 창고관리시스템 : 최저비용으로 창고의 공간, 작업자, 하역설비 등을 유효하게 활용하여 서비스 수준을 제고시키는 데 목적이 있으며, 입출고정보, 재고관리, 재고이동정보 등을 포함하는 시스템(예 작업관리, 입출고기록, 랙관리 등) • 운송관리시스템 : 주문 상황에 대하여 적기에 배송체제를 확립하고, 최적 운송 계획을 수립하는 기능을 수행하는 시스템(예 수·배송 계획, 화물추적, 배차계획, 출하계획 등) • 재고관리시스템 : 재고자산에 대한 효율적 계획 및 통제기능을 제공하는 시스템(예 재고계획, 재고배치 등) • 물류정보관리시스템 : 물류모델의 구성, 시뮬레이션, 물류예산편성, 물류비 실적집계, 평가 및 분석 등
구축요건	• 물류정보시스템의 구축에는 상품 코드의 표준화가 선행되어야 한다. • 물류정보를 효율적으로 입력하고 관리하기 위해서는 바코드나 RFID 정보 등을 활용하는 물류기기와 연동되게 할 필요가 있다. • 처리결과에 대한 정보를 실시간으로 제공해야 한다.
구축순서	시스템 목표 설정 → 적용범위 설정 → 구축조직 구성 → 업무현상 분석 → 시스템 구축 및 평가

> **물류모듈의 개념**
> 물류모듈은 물류시스템의 각종 요소의 규격, 치수에 관한 기준척도와 대칭계열을 의미하는 것으로, 물류설비의 규격이나 치수가 일정한 배수나 분할관계로 조합되어 있는 집합체로서 물류표준화를 위한 기준치수이다.

3 물류정보시스템의 종류

구 분	내 용
첨단화물 운송시스템 (CVO)	• 화물 및 화물차량에 대한 위치를 실시간으로 추적·관리하여 각종 부가정보를 제공하는 시스템이다. • 하부시스템으로는 화물 및 화물차량관리(FFMS), 위험물차량관리(HMMS)가 있다.
수·배송 관리시스템 (TMS)	출하되는 화물의 양과 목적지(수·배송처)의 수 및 배차 가능한 차량을 이용하여 가장 효율적인 배차방법, 운송차량의 선정, 운송비의 계산, 차량별 운송실적 관리 등 화물자동차의 운영 및 관리를 위해 활용되는 물류정보시스템이다.
전산발매시스템 (CORTIS)	• 1996년부터 운영되어 온 철도운영정보시스템으로 2011년 말 차세대 철도운영정보시스템으로 발전되었다. • KL-Net(한국물류정보통신)과 연계되어 EDI로 운용되고 철도공사, 화주, 운송업체, 터미널 등이 서비스 대상이 된다. • 차량열차운용시스템, 화물운송시스템, 고객지원시스템, 운송정보시스템 등의 하부시스템으로 구성된다.
디지털피킹 시스템 (DPS)	• 물류센터의 랙(Rack)이나 보관 장소에 점등장치를 설치하여 출고할 물품의 보관구역과 출고 수량을 알려주고, 출고가 완료되면 신호가 꺼져 작업이 완료되었음을 자동으로 알려주는 시스템이다. • 무인창고에서 오더정보에 의해 상품을 꺼내오는 시스템으로 표시기를 사용하여 물류센터 및 자재창고 등에서 주문출하와 관련된 피킹과 분배작업을 지원한다.
자동발주시스템 (EOS)	• 매장의 재고관리를 지원하는 시스템으로 재고량이 재주문점에 도달하게 되면 자동 발주가 이루어지는 시스템이다. • 발주시간 단축, 발주오류 감소로 발주작업 효율성 제고가 가능하다. • EOS를 도입한 소매점의 경우 상품코드에 의한 정확한 발주가 가능하며, 한정된 매장 공간에 보다 많은 종류의 상품을 진열할 수 있다. • EOS를 위한 발주작업 표준화 및 매뉴얼화는 신속한 발주체계확립에 기여할 수 있다.
첨단교통정보 시스템(ATIS)	지능형교통시스템(ITS)의 일종으로 교통여건, 도로상황 등 각종 교통정보를 운전자에게 신속하고 정확하게 제공한다.

상위시스템별 연관 하부시스템
- 첨단화물운송정보시스템(CVO : Commercial Vehicle Operation) : 화물 및 화물차량 관리(FFMS), 위험물 차량 관리(HMMS)
- 첨단차량 및 도로시스템(AVHS : Advanced Vehicle & Highway System) : 첨단차량시스템(AVS), 첨단도로시스템(AHS)
- 첨단교통정보시스템(ATIS : Advanced Traveler Information System) : 권역별 교통정보시스템(TRIS), 부가교통정보시스템(VTIS)
- 첨단교통관리시스템(ATMS : Advanced Traffic Management System) : 도시교통관리시스템(UTMS), 고속도로관리시스템(FTMS), 국도교통관리시스템(RTMS), 자동교통단속시스템(ATES), 자동요금징수시스템(ETCS), 중차량관리시스템(HVMS)

4 물류정보시스템의 활용 기술

구 분	내 용
전자문서교환 (EDI)	• 전자문서교환 방식으로 거래업체 간에 상호 합의된 전자문서 표준을 이용하여 컴퓨터 간에 구조화된 데이터를 교환한다. • EDI를 도입하면 국내 기업 간 거래는 물론 국제무역에 있어서 각종 서류를 신속·정확하게 전송할 수 있기 때문에 시간 및 비용 절감은 물론 제품의 주문, 생산, 납품, 유통의 모든 단계에서 생산성을 획기적으로 향상시킬 수 있다. • 93년~94년 2년간 국내 EDI 시스템 개발이 완료된 사례가 존재한다.
자동재고 보충프로그램 (CRP)	• 주로 제조업체나 물류센터의 보충발주를 자동화하는 시스템으로 유통업체가 제조업체와 전자상거래를 통해 상품에 대한 주문정보를 공유하여 재고를 자동으로 보충, 관리하는 프로그램이다.

[출제유형] 2024년 제28회

다음 설명에 해당하는 물류정보시스템은?

물류센터의 랙이나 보관장소에 전자 표시기를 설치하여 출고할 물품의 보관구역과 출고수량을 작업자에게 알려주고 출고가 완료되면 신호가 꺼져 작업이 완료되었음을 자동으로 알려주는 시스템

① CALS ② TMS
③ SIS ④ OMS
❺ DPS

[출제유형] 2023년 제27회

물류 EDI(Electronic Data Interchange) 시스템에 관한 설명으로 옳지 않은 것은?

① 거래업체 간에 상호 합의된 전자문서 표준을 이용한 컴퓨터 간의 구조화된 데이터 전송을 의미한다.
② 상호 간의 정확한, 실시간 업무 처리를 가능하게 하여 물류업무의 효율성을 향상시킬 수 있다.
③ 종이문서 수작업 및 문서처리 오류를 감소시킬 수 있다.
❹ 국제적으로는 다양한 EDI 시스템이 존재하지만, 국내 EDI 시스템 개발 사례는 존재하지 않는다.
⑤ 전자적 자료 교환을 통해 기업의 국제 경쟁력을 강화시킬 수 있다.

[출제유형] 2020년 제24회

다음 설명에 해당하는 것은?

표준화된 기업과 기업 간의 거래서식이나 기업과 행정부서 간의 공증서식 등을 서로 합의된 의사전달 양식에 의거하여 컴퓨터 간에 교환하는 전자문서 교환방식

❶ EDI ② POS
③ SIS ④ EOS
⑤ RFID

[출제유형] 2024년 제28회

다음 설명에 해당하는 기업 간 협업 유형을 바르게 연결한 것은?

ㄱ. 의류업계 공급사슬의 정보 공유로부터 시작하였다.
ㄴ. 제품 판매정보를 실시간으로 제공하여 별도의 주문 없이 제품이 지속적으로 보충되는 시스템이다.
ㄷ. 부품공급자가 제조업자의 생산 계획을 공유하여 제조업자의 재고를 관리한다.

① ㄱ : QR   ㄴ : BPR   ㄷ : VMI
❷ ㄱ : QR   ㄴ : CRP   ㄷ : VMI
③ ㄱ : ECR   ㄴ : CRP   ㄷ : VMI
④ ㄱ : ECR   ㄴ : BPR   ㄷ : CPFR
⑤ ㄱ : QR   ㄴ : BPR   ㄷ : CPFR

[출제유형] 2023년 제27회

다음 설명에 해당하는 물류정보관리 시스템은?

○ 대표적인 소매점 관리시스템 중 하나로, 상품의 판매 시점에 발생하는 정보를 저장 가능하다.
○ 실시간으로 매출을 등록하고, 매출자료의 자동정산 및 집계가 가능하다.
○ 상품의 발주, 구매, 배송, 재고관리와 연계가 가능한 종합정보관리 시스템이다.

❶ POS(Point of Sale)
② KAN(Korean Article Number)
③ ERP(Enterprise Resource Planning)
④ GPS(Global Positioning System)
⑤ DPS(Digital Picking System)

구분	내용
자동재고 보충프로그램 (CRP)	• 상품을 소비자 수요에 기초하여 유통소매점에 공급하는 풀(pull) 방식으로, 유통소매점에 재고가 있음에도 불구하고 상품을 공급하는 푸시(push) 방식과 반대된다. • 소비자에 대하여 효율적으로 대응하는 ECR(Efficient Consumer Response) 시스템에서 채용하는 프로그램 중 하나로, 피앤지(P&G)와 월마트(Walmart)가 공동으로 개발하였다. • 전자문서교환방식(EDI)에 근간을 두고 있으며, 공급자재고관리(VMI)가 가장 보편적인 형태로 사용된다.
공급자재고관리 (VMI)	• 생산자가 소매업자와 상호 협의하여 소매업자의 재고를 관리하는 개념이다. • VMI는 제조업체가 상품보충시스템을 관리하는 경우로서 상품보충시스템이 실행될 때마다 판매와 재고정보가 유통업체에서 제조업체로 전송된다. • 제조업체로 전송된 정보는 상품보충시스템에서 미래 상품수요예측을 위한 데이터로 활용되며, 제조업체 생산 공장의 생산량 조절에 사용된다.
위성추적시스템 (GPS)	• 미국 정부가 군사용으로 개발한 항법지원시스템으로, 화물 또는 차량의 자동식별과 위치추적을 위해 사용하는 방식이다. • 인공위성을 이용하여 실시간으로 이동체의 위치추적이 가능하며, 운행차량의 관리 및 통제에도 용이하게 활용될 수 있다. • 인공위성으로 신호를 보낼 수는 없고 인공위성에서 보내는 신호를 받을 수만 있다. • 이동차량이 목적지까지 최단경로를 찾는 데 효율적으로 이용될 수 있다. • 물류정보시스템에 응용함으로써 화물추적서비스 제공이 용이해진다.
주파수 공용통신시스템 (TRS)	• 중계국에 할당된 여러 개의 채널을 공동으로 사용하는 무선통신시스템이다. • 무전기가 진화한 기술로서 휴대폰처럼 멀리 떨어진 사람과도 통화가 가능하고, 무전기처럼 여러 사람에게 동시에 같은 음성을 전달할 수 있으며 화물 트럭 기사에게는 필수적인 도구이다. • 화물운송이 필요한 화주(貨主)가 화물정보센터에 일을 의뢰하면, 센터는 해당 지역에 공차(空車) 상태로 있는 복수의 트럭기사에게 일감 정보를 알려준다.
전사적자원관리 (ERP)	정보기술을 활용하는 경영전략의 하나로, 기간 업무뿐만 아니라 기업 활동에 필요한 모든 자원을 하나의 체계로 통합하여 운영하고 기업의 업무 처리 방식을 선진화시킴으로써 한정된 기업의 자원을 효율적으로 관리하여 생산성을 극대화하려는 기업 리엔지니어링 기법이다.
의사결정 지원시스템 (DSS)	• 인적 자원과 지식 기반, 소프트웨어와 하드웨어 등으로 구성된 일단의 문제해결기법으로, 경영자가 최적의 선택을 할 수 있는 의사결정 과정을 지원하는 시스템이다. • 기업 내부와 외부 환경에 대한 정보를 필요로 하며, 의사결정 프로세스에서 의사결정자에게 도움을 주는 것을 목적으로 하고 있다. • 의사결정에 손쉽게 활용할 수 있도록 설계된 다양한 모델, 시뮬레이션, 응용사례 등을 포함한다. • 여러 운송대안의 평가, 창고위치 결정, 재고수준 결정과 같은 다양한 물류 의사결정을 지원하는 데 사용될 수 있다.

5 판매시점정보관리시스템(POS : Point Of Sales)

구분	내용
개념	판매장의 판매시점에서 발생하는 판매정보를 컴퓨터로 자동 처리하는 시스템으로 상품별 판매정보가 컴퓨터에 보관된 발주, 매입, 재고 등의 정보와 결합하여 필요한 부문에 활용된다.
구성	POS시스템은 POS단말기, 바코드 스캐너(Bar Cord Scanner), 스토어 컨트롤러(Store Controller, 메인서버)로 구성된다.
운용과정	• 상품 정산 시 계산대에 있는 직원은 스캐너를 이용하여 상품바코드를 판독한다. • 판매관련 정보는 스캐너에서 POS터미널로 전송되고 다시 스토어 컨트롤러에 전송된다. • 스토어 컨트롤러에는 상품명, 가격, 재고 등의 각종 파일이 있어서 송신된 자료를 처리·가공한다. • POS터미널로부터 스토어 컨트롤러에 수집된 판매정보(예 단품별 정보, 고객정보, 가격정보, 매출정보 등)를 다시 POS터미널로 전송한다.

구분	내용
운용과정	• POS터미널에서는 고객에게 영수증을 발급해주고 판매상황을 감시테이프에 기록하며, 고객용 표시장치에는 상품의 구입가격이 표시된다. • 영업 종료 후 스토어 컨트롤러는 영업 당일의 상품별 목록, 발주상품별 목록 등의 각종 표를 작성하고, 영업 중에도 판매상황과 각종 판매정보의 확인이 가능하다.

특징	• 상품의 판매동향 분석을 통해 인기상품 및 비인기상품의 신속한 파악이 가능하다.
	• 판매정보의 입력을 쉽게 하기 위해 상품포장지에 고유 마크나 바코드를 인쇄 또는 부착시켜 스캐너를 통과할 때 해당 상품의 각종 정보가 자동으로 입력된다.
	• 유통업체는 이 시스템을 활용하여 매출동향 파악, 적정재고 유지, 인기상품 진열 확대 등의 효과적인 상품관리 및 업무자동화가 이루어진다.
	• 제조업체는 이 시스템을 통해 확보한 정보분석 결과를 생산계획에 즉각 반영할 수 있다.
	• POS로부터 얻을 수 있는 정보
	  – 기본데이터 : 연·월·일 시간대별 데이터, 점별·부문별 데이터, 상품 코드별 데이터, 판매실적 데이터, 고객별 데이터, 거래·지불방법 데이터
	  – 원인데이터 : 상권속성, 점포속성, 매장연출, 매체연출, 판촉연출, 상품속성, 매대별 데이터, 담당자별 데이터

[출제유형] 2019년 제23회

POS 시스템으로부터 얻을 수 있는 정보를 모두 고른 것은?

ㄱ. 품목별 판매실적
ㄴ. 제조사별 판매실적
ㄷ. 판매실적 구성비
ㄹ. 품목별 부적합품률
ㅁ. 단품별 판매동향
ㅂ. 기간별 매출액

① ㄱ, ㄴ, ㅂ
② ㄱ, ㅁ, ㅂ
③ ㄴ, ㄷ, ㄹ, ㅁ
④ ㄱ, ㄴ, ㄷ, ㄹ, ㅁ
❺ ㄱ, ㄴ, ㄷ, ㅁ, ㅂ

6 바코드(Bar code)의 이해

구분	내용
바코드의 개념	영문이나 숫자, 특수글자를 기계가 읽을 수 있는 형태로 표현하기 위해 굵기가 다른 수직 막대들의 조합으로 나타내어 광학적으로 판독이 가능하도록 한 코드로, 스캐너 광원에 의해 발사되는 빛의 반사량 측정을 통해 아날로그 데이터를 전송받아 0과 1의 디지털 데이터로 이용한다.
바코드의 구조	• Quiet Zone : 바코드의 공백부분을 가리키며 바코드의 시작 및 끝을 명확하게 구현하기 위한 필수적인 요소이다. • Start/Stop Character : 시작문자는 심벌의 맨 앞부분 문자로 데이터의 입력 방향과 바코드의 종류를 바코드 스캐너에 알려주는 역할을 하고, 멈춤문자는 바코드의 심벌이 끝난 것을 알려 주어 바코드 스캐너가 양쪽 어느 방향에서든지 데이터를 읽을 수 있게 해준다. • Check Digit : 검사문자는 메시지가 정확하게 읽혔는지 바코드의 오류와 부정을 검출한다. • Interpretation Line : 사람의 육안으로 식별 가능한 정보(숫자, 문자, 기호)가 있는 바코드의 윗부분 또는 아랫부분을 말한다. • Bar/Space : 바코드는 간단하게 넓은 바, 좁은 바와 스페이스로 구성된다. • Inter-Character Gaps : 문자들 사이의 간격을 의미한다. 바코드 아랫부분에 기재되어 있는 각 숫자의 의미는 다음과 같다. 880 : 국가코드(3자리) 1037 : 제조업체코드(4자리) 01260 : 상품목록코드(5자리) 6 : 체크디지트(1자리)
바코드의 특징	• 제작이 용이하고 비용이 저렴하다. • 응용범위가 다양하다. • 오독률이 낮아 높은 신뢰성을 확보할 수 있다. • 컨베이어상에서 직접 판독이 가능하여 데이터 수집을 신속하게 할 수 있다. • 인쇄된 바코드는 정보의 변경이나 추가가 안 된다. • 읽기(판독)는 가능하지만 쓰기는 불가능하다.

[출제유형] 2018년 제22회

바코드 시스템에 관한 설명으로 옳지 않은 것은?

① QR 코드는 2차원 바코드 중 하나이다.
② 바코드는 표준 바코드와 비표준 바코드로 나눌 수 있다.
③ POS(Point of Sales)는 바코드를 이용하는 대표적인 소매관리시스템이다.
❹ 바코드는 보안에 취약하므로 포인트 적립, 할인 등의 수단에만 사용 가능하고 결제시스템에는 사용될 수 없다.
⑤ EAN-14는 업체 간 거래단위인 물류단위, 주로 골판지박스에 사용되는 국제표준물류 바코드이다.

⊕ PLUS

QR코드

• 흑백 격자무늬 패턴으로 나타내는 2차원 형태의 바코드이다.
• 코드 모양이 정사각형으로 안쪽 모서리와 수직·수평으로 근접해있다.
• 1994년 일본의 덴소웨이브 사가 개발하였다.
• 1차원 바코드에 비하여 많은 양의 정보를 수용할 수 있으며, 오류복원 기능이 높아 데이터가 훼손되어도 상당부분 복원이 가능하다.

PLUS

1·2차원 바코드의 주요 특징 비교

구 분	1차원 바코드	2차원 바코드
용량	소용량 (부호화)	대용량 (Data File화)
밀도	높음	보통
모양	BAR와 SPACE 조합으로 1LINE	흑백요소의 모자이크 배열
심볼 종류	CODE 3 of 9, CODE 128, Interleaved 2 of 5, UPC/EAN, KAN 등	DATA-MATRIX, CODE 1, VERICODE, MAXICODE, QR, DOT CODE 등
적용 분야	제조, 유통, 물류, POS, 병원 등 다양한 시스템에 적용	반도체, 소형부품 등 라벨을 부착하기 어려운 분야에 적용

[출제유형] 2024년 제28회

2차원 바코드에 해당하는 것은?

❶ PDF-417 ② EAN-8
③ EAN-13 ④ ITF-14
⑤ GS1-128

[출제유형] 2023년 제27회

표준 바코드의 한 종류인 EAN(European Article Number)-13 코드에 관한 설명으로 옳지 않은 것은?

① EAN-13(A)와 EAN-13(B)의 국가식별코드는 2~3자리 숫자로 구성된다.
② 제조업체코드는 EAN-13(A)의 경우 4자리, EAN-13(B)의 경우 6자리로 구성된다.
③ 상품품목코드는 EAN-13(A)의 경우 5자리, EAN-13(B)의 경우 3자리로 구성된다.
❹ EAN-13(A)와 EAN-13(B) 모두 물류용기에 부착하기 위한 물류식별코드를 가지고 있다.
⑤ EAN-13(A)와 EAN-13(B) 모두 체크 디지트를 통해 스캐너에 의한 판독 오류를 방지한다.

---

7 바코드(Bar code)의 종류

구 분		내 용
1·2차원 바코드	개 념	• 바코드는 1차원 바코드와 2차원 바코드로 구분되는데, 1차원 바코드는 흰색 바탕에 검은색 바 모양으로 유통, 물류 등에서 흔히 볼 수 있는 바코드이며, 2차원 바코드는 점자식, 모자이크식 정사각형 모양의 코드이다. • 1차원 바코드는 막대선의 굵기(바코드의 밀도)에 따라 가로 방향으로만 정보를 표현하며, 2차원 바코드는 가로와 세로 방향 모두 정보를 표현하기 때문에 기존 1차원 바코드의 정보용량보다 100배가량 많은 고밀도 정보를 저장할 수 있다.
	2차원 바코드의 특징	• 데이터 구성방법에 따라 다층형 바코드(예 Code 16K, PDF-417, Code 49)와 매트릭스형 코드(예 Data Matrix Code, QR Code, Maxi Code, Code one)로 나뉜다. • 정보가 훼손되어도 상당부분 복구가 가능하다. • 360도 방향에서 스캔으로 인식이 가능하다. • 한국어뿐만 아니라 외국어도 코드화가 가능하다. • 데이터베이스와 연계된 정보만을 제공하는 기존 바코드와 달리 그 자체로 파일 역할을 수행하기 때문에 데이터베이스와 연동되지 않아도 해당 정보를 파악하기 용이하다.
국제표준바코드	UPC	• 북미지역에서 개발된 체계로 미국과 캐나다에서만 사용된다. • 12개의 캐릭터로 구성되어 숫자(0~9)만 표시가 가능하며 Version A(표준형, 12자리), Version E(단축형, 8자리) 등이 있다. • 제조업체코드 5자리는 UPC 코드 관리기관인 UCC에서 각 제조업체에 부여한다.
	EAN	• 유럽에서 1976년 채택한 코드로, 북미지역을 제외한 세계 전 지역에서 사용되고 있다. • EAN 코드의 종류에는 EAN-13(13개의 문자를 포함하는 표준형)과 EAN-8(8개의 문자를 포함하는 단축형) 그리고 EAN-14가 대표적이다. • 표준형인 EAN-13 바코드는 국가식별코드(3자리) + 제조업체코드(6자리) + 상품품목코드(3자리) + 체크디지트(1자리)로 구성된다. • 한국은 국제상품코드관리협회로부터 국가번호 '880'을 부여받아 KAN(Korean Article Number)으로 사용되고 있다.
	GS1	• 상품의 식별과 상품정보의 교류를 위한 국제표준 상품코드의 관리·보급의 전담기관으로 세계 100여 개국이 넘는 국가가 가입한 국제기구이다. • 백화점, 슈퍼마켓, 편의점 등 유통업체에서 최종 소비자에게 판매되는 상품에 사용되는 코드로서 상품제조단계에서 제조업체가 상품 포장에 직접 인쇄한다. • 제품분류의 수단이 아닌 제품식별의 수단으로 사용된다.
물류식별코드 (EAN-14)		• 주로 골판지 박스에 사용되는 국제표준 물류바코드로서 생산공장, 물류센터, 유통센터 등의 입·출하 시점에서 판독되는 표준바코드를 말한다. • 물류식별코드 외에 국가식별코드 3자리, 제조업체코드 4자리, 상품품목코드 5자리, 체크디지트 1자리 등으로 구성된다. • 개별 상품에 붙는 바코드인 EAN-13과 구별되며, EAN-13에 비해 제조업체코드의 자리수가 적다. 바코드로 표시하기 위한 심벌 명칭은 ITF-14이다. • 물류센터 내에서는 검품, 거래처별·제품별 소팅, 로케이션관리 등의 자동화에 활용한다. • 생산에서 배송까지 제품이동의 신속화 및 정확화가 가능해져, 수주에서 납품까지 리드타임의 단축 등 물류단위 중심의 EDI거래가 촉진된다.
ISBN과 ISSN	ISBN	• 국제표준도서번호 시스템은 국제적으로 통합된 표준도서번호를 각 출판사가 펴낸 각각의 도서에 부여하여 국제 간의 서지정보와 서적유통업무의 효율성을 높이기 위해 만들어졌다. • ISBN은 10자리 숫자로 구성된 바코드 체계로 그 도서가 출판된 국가, 발행자, 서명식별번호와 체크디지트(C/D, Check Digit)로 구성된다.

구분		내용
ISBN과 ISSN	ISBN	• ISBN을 표기할 때는 OCR 문자로 된 ISBN과 EAN의 바코드를 함께 쓴다. 이때 10자리인 ISBN과 13자리인 EAN의 자리수를 맞추기 위해 ISBN의 앞에 978을 붙여 단행본임을 표시한다. • ISBN은 ISSN이 부여되는 출판물을 제외한 정부간행물, 교과서, 학습참고서, 만화, 팸플릿 등 모든 도서는 물론 멀티미디어 출판물, 점자자료, 컴퓨터소프트웨어 등에도 적용된다. • 일반적으로 ISBN은 도서의 표지와 도서의 판권지에 동시에 인쇄한다. 표지에 표시되는 ISBN은 도서유통정보관리를 위한 것으로, ISBN과 함께 EAN 바코드를 표시하며, 판권지에 표시되는 ISBN은 서지정보관리를 위한 것으로 통상 ISBN만을 표시한다.
	ISSN	• 국제표준연속간행물 번호로 모든 연속간행물에 국제적으로 표준화된 코드를 부여한다. • ISSN은 8자리로 구성되어 있으나 맨 앞에 연속간행물을 표시하는 숫자 977을 넣고, 예비기호 2자리를 포함함으로써 EAN과 호환된다.

8 무선주파수식별법(RFID : Radio Frequency IDentification)

구분		내용
RFID의 개념		• 판독기를 이용하여 태그(Tag)에 기록된 정보를 판독하는 무선주파수인식기술이다. • 전자태그(Tag)를 사물에 부착하여 사물의 주위상황을 인지하고, 이 정보를 기존 정보시스템과 실시간으로 교환하여 처리할 수 있는 기술을 말한다. • 물품에 붙이는 전자태그에 생산, 수배송, 보관, 판매, 소비의 전 과정에 관한 정보를 담고, 자체 안테나를 통하여 리더(Reader)로 하여금 정보를 읽은 후, 인공위성이나 이동통신망과 연계하여 정보를 활용하는 기술을 말한다. • 바코드나 스마트카드에 비하여 많은 정보를 저장할 수 있으며, 부착이 용이하고, 장거리 정보의 송·수신이 가능하다는 등의 기술적인 우수한 특성을 가지고 있다. • RFID는 주파수대역에 따라 다양한 분야에 응용될 수 있다.
RFID의 구성		RFID시스템은 기본적으로 RFID TAG, 각종 형태의 안테나, 성능별 리더, 리더를 지원하는 Local Host, 각종 케이블링 및 네트워크 연결로 구성된다.
	태그(Tag)	• 상품에 부착되며 데이터가 입력되는 IC칩과 안테나로 구성된다. • 리더와 교신하여 데이터를 무선으로 리더에 전송한다. • 태그는 태그의 전원공급 여부에 따라 수동형, 반수동형, 능동형으로 구분되며 태그의 사용주파수 대역별로 저주파, 고주파로 구분된다.
	수동형	• 전지가 없어서 자신의 전파를 송신하지 못하기 때문에 수신된 전파를 통해 유도전류를 생성하여 수동적으로 송신한다. • 구조가 간단하고, 판독기의 전파신호로부터 전원을 공급받아 반영구적으로 사용 가능하다.
	반수동형	• 배터리를 내장하고 있지만, 판독기로부터 신호를 받을 때까지는 작동하지 않아 오랜 시간 동안 사용 가능하다. • 지속적인 식별이 필요하지 않는 상품에 사용하기 용이하다.
	능동형	• 자체적으로 전지 및 전력공급을 받아 전파를 송신한다. • 3m 이상의 장거리 전송이 가능하고, 센서와 결합할 수 있다. • 배터리에 의한 가격 상승과 동작시간에 상대적으로 제한이 있다.
	안테나(Antenna)	• 무선주파수를 발사하여 태그로부터 전송된 데이터를 수신하고 리더로 전달한다. • 다양한 형태와 크기로 제작 가능하며 태그의 크기를 결정하는 중요한 요소이다.

[출제유형] 2013년 제17회

출판물 및 문헌정보 유통의 효율화를 위하여 국제적으로 표준화된 방법으로 고유번호를 부여하여 각종 도서의 일정한 위치에 표시하는 것은?

❶ ISBN
② SSCC
③ ISDN
④ UCC
⑤ QR Code

⊕ PLUS
태그의 사용주파수 대역별 구분

구분	저주파	고주파
주파수	100~500kHz	850~950MHz 2.4~5.8GHz
인식거리	약 45cm	약 5m
인식속도	저속	고속
태그크기	대형	소형
구축비용	낮음	높음
적용분야	출입통제, 동물관리	차량인식, 물류운송관리

[출제유형] 2023년 제27회

능동형 RFID(Radio Frequency IDentification) 시스템에 관한 설명으로 옳지 않은 것은?

① 내장 배터리를 전원으로 사용한다.
② 지속적인 식별정보 송신이 가능하다.
③ 수동형에 비해 가격이 비교적 비싸다.
④ 수동형에 비해 비교적 원거리 통신이 가능하다.
❺ 반영구적으로 사용 가능하다.

[출제유형] 2024년 제28회

RFID에 관한 설명으로 옳지 않은 것은?

① 무선주파수 식별기법으로서 Radio Frequency Identification 기술을 말한다.
❷ 바코드와 스캐닝 기술 기반으로 구축된다.
③ 태그에 접촉하지 않아도 인식이 가능하다.
④ 태그에 데이터 추가 또는 변경이 가능하다.
⑤ 주파수 대역에 따라 태그 인식 거리 및 인식 속도의 차이가 발생한다.

[출제유형] 2015년 제19회

RFID 시스템의 장점으로 옳지 않은 것은?

❶ 금속 및 액체 등에 의한 전파장애가 발생하지 않는다.
② 태그 정보의 변경 및 추가가 용이하다.
③ 태그를 다양한 형태와 크기로 제조할 수 있다.
④ 일시에 다량의 정보를 빠르게 판독할 수 있다.
⑤ 태그에는 온도계, 고도계, 습도계 등 다양한 센서기능을 부가할 수 있다.

[출제유형] 2021년 제25회

바코드와 비교한 RFID(Radio Frequency Identification)의 특징으로 옳지 않은 것은?

① 원거리 및 고속 이동시에도 인식이 가능하다.
② 반영구적인 사용이 가능하다.
❸ 국가별로 사용하는 주파수가 동일하다.
④ 데이터의 신뢰도가 높다.
⑤ 태그의 데이터 변경 및 추가가 가능하다.

구분	내용
RFID의 구성	**리더(Reader)** • 주파수 발신을 제어하고 태그로부터 수신된 데이터를 해독한다. • 안테나 및 RF회로(무선주파수회로), 변·복조기, 실시간 신호처리 모듈, 프로토콜(통신시스템이 데이터를 교환하기 위해 사용하는 통신 규칙) 프로세서 등으로 구성된다. • 용도에 따라 고정형, 이동형, 휴대용으로 구분된다. **호스트(Host)** • 한 개 또는 다수의 태그로부터 읽어 들인 데이터를 처리한다. • 분산되어 있는 다수의 리더 시스템을 관리한다. • 리더로부터 발생하는 대량의 태그 데이터를 처리하기 위해 에이전트 기반의 분산계층 구조로 되어 있다.
RFID의 장점	• RFID는 바코드와 달리 접촉하지 않아도 인식이 가능하다. • 원거리 인식 및 여러 개의 정보를 동시에 판독하거나 수정할 수 있다. • RFID 기술은 가시대역 내에서 스캐닝하지 않아도 되는 편리함 때문에 그 활용 범위가 확대되고 있다. • RFID는 나무, 직물, 플라스틱 등의 장애물 투과기능을 지니고 있기 때문에 교통 분야에 적용도 가능하며 반영구적인 사용이 가능하다. • 태그에 대용량의 데이터를 반복적으로 저장할 수 있으며 일시에 다량의 정보를 빠르게 판독할 수 있다. • 기존 바코드에 기록할 수 있는 가격, 제조일 등의 정보 외에 다양한 정보를 인식할 수 있다. • 태그 정보의 변경 및 추가가 용이하고, 태그를 다양한 형태와 크기로 제조할 수 있다. • 태그에는 온도계, 고도계, 습도계 등 다양한 센서기능을 부가할 수 있다.
RFID의 한계	• 가격이 비싸다(경제적 문제). • 정보의 노출 위험성이 있다(보안상 문제). • 금속, 액체 등의 전파장애 가능성이 있다. • 아직 인식의 한계가 있다(기술적 문제). • 전파가 인체에 영향을 미칠 수 있다(안정성 문제). • RFID 확산의 법적 대응책이 필요하다. • 국가별 주파수 대역과 국제적 표준화의 문제점이 있다.
RFID의 도입효과	**유통시스템 측면** • 효과적인 재고관리 • 입출고 리드타임 감소 • 검수 정확도 향상 • 도난 등 상품 손실 절감 • 반품 및 불량품 추적·조회 **물류시스템 측면** • 운영 효율성 제고 • 화물 입출고 및 환적 시간 단축 • 보안성 강화 • 대고객 서비스 향상

RFID의 물류부문 도입
• 자동차 제조공정에 응용 가능
• 창고관리에 유용하게 활용
• 장기적 관점에서 채찍효과 감소에 기여
• 개별 상품에 부착·관리를 위해 상품의 가치와 태그 가격 파악

바코드와 RFID의 비교

구분	바코드	RFID
인식방법	광학식(read only)	무선(read/write)
정보량	수십 단어	수천 단어
인식거리	최대 수십cm	3~5m
인식속도	개별 스캐닝	수십~수백 개/초
관리레벨	상품그룹	개별상품

15 공급사슬관리(SCM)

PART 1 물류관리론 / Chapter 07 정보화시대의 물류혁신기법

1 공급사슬관리(SCM)의 개요

구 분	내 용
SCM의 개념	• 공급사슬관리는 원재료 구매에서부터 최종고객까지의 전체 물류흐름을 계획하고 통제하는 통합적인 관리 방법이다. • 공급사슬관리의 기원은 1980년대 미국의 의류제품 부문에서 도입된 QR(Quick Response)에서 찾을 수 있다. • 원료 공급자로부터 최종소비자까지 이르는 전체 과정에 걸친 기업들의 공동 전략을 의미하는 것으로, 각 기업들이 외부의 다른 회사 사이에 일어나는 거래에서 서로 관련 있는 업무처리를 상호 협력하여 단순화시키는 것이다. • SCM이 효과적으로 운영되기 위해서는 파트너들 간 상호협력과 신뢰가 중요하다. • 단절 없는 흐름(Seamless Flow), 협업(Collaboration), 정보의 공유(Information Sharing), 동기화(Synchronization) 등이 특징이다.
SCM의 등장배경	• 기업의 경영환경이 글로벌화되고 물류관리의 복잡성이 증대되고 있어 통합적 물류관리의 필요성이 높아졌다. • 기업경쟁력을 높이기 위해서 기업내부 최적화보다는 공급망 전체의 최적화를 통한 물류관리가 중요해졌다. • 공급망 상류로 갈수록 정보가 왜곡되는 현상이 심화되고 있다. • 수요정보의 왜곡현상을 줄이고 그에 따른 안전재고의 증가를 예방하기 위해서이다. • 인터넷, EDI 및 ERP와 같은 정보통신기술의 발전으로 인해 공급망 관리를 통한 기업 간 프로세스 통합이 가능하게 되었다.
SCM 도입의 필요성	• 기업 활동이 글로벌화 되면서 물류의 복잡성이 증가하고, 공급사슬의 지리적 거리와 리드타임이 길어지고 있어 이에 대응해야 한다. • 기업 간 정보의 공유와 협업으로 채찍효과(bullwhip effect)를 감소시켜야 한다. • 정보의 왜곡, 제품수명주기의 단축 등 다양한 요인으로 수요의 불확실성이 증대되기 때문이다. • 기업내부의 조직·기능별 관리만으로는 경쟁력 확보가 어렵기 때문이다. • 경쟁력 있는 가치를 제공하여 비용을 절감하고 고객 대응력을 확보해야 한다.
SCM 성과지표	• 현금화 사이클 타임(cash-to-cash cycle time) : 회사가 원자재를 현금으로 구입한 시점부터 제품 판매로 현금을 회수한 시점까지의 시간을 평가한다. • 주문충족 리드타임(order fulfillment lead time) : 고객의 주문 요구에 신속한 서비스로 대응한 시점까지의 측정을 평가한다. • 총공급사슬 관리비용(total supply chain management cost) : 제조사 및 공급업체의 공급망 프로세스와 관련된 고정 및 운영비용 등의 측정치를 평가한다. • 완전주문충족(률)(perfect order fulfillment) : 고객에게 정시에, 완전한 수량으로, 손상 없이, 정확한 문서와 함께 인도되었는지의 여부를 평가하는 성과지표이다. • 공급사슬 대응시간(supply chain response time) : 공급망이 시장 수요에 신속하게 대응할 수 있는 시간을 측정하여 평가한다.
SCM전략	지연전략 (Postponement)	• 제품 생산공정을 전공정과 후공정으로 나누고, 마지막까지 최대한 전공정을 지연시키는 전략으로 최종 제품의 조립 시점을 최대한 고객 가까이 가져감으로써 주문에 맞는 제품을 만드는 생산 리드타임을 단축하여, 시장 변화에 반응하는 능력을 키운다(Delay formation of the final product as long as possible). • 공장에서 제품을 완성하는 대신 시장 가까이로 제품의 완성을 지연시켜 소비자가 원하는 다양한 수요를 만족시키는 전략적 지연을 의미한다.

[출제유형] 2023년 제27회

다음 ( )에 들어갈 내용으로 옳게 짝지어진 것은?

SCM은 산업별로 다양한 특성과 니즈에 적합한 형태로 발전되어 왔다. 의류부문에서 시작된 (ㄱ), 식품부문에서 시작된 (ㄴ), 의약품부문에서 시작된 (ㄷ) 등은 특정 산업에 적용된 후 관련산업으로 확산되어 활용되고 있다.

① ㄱ : ECR ㄴ : QR
  ㄷ : EHCR
❷ ㄱ : QR   ㄴ : ECR
  ㄷ : EHCR
③ ㄱ : ECR ㄴ : EHCR
  ㄷ : QR
④ ㄱ : EHCR ㄴ : QR
  ㄷ : ECR
⑤ ㄱ : QR   ㄴ : EHCR
  ㄷ : ECR

[출제유형] 2024년 제28회

공급사슬관리(SCM)의 도입 배경과 필요성에 관한 설명으로 옳지 않은 것은?

① 기업 간 경쟁심화로 비용절감과 납기준수가 중요해지고 있다.
② 공급사슬 상류로 갈수록 수요정보가 증폭되어 왜곡되는 현상이 나타난다.
③ 공급사슬 계획과 운영을 지원하는 IT 솔루션이 개발되고 있다.
❹ 글로벌화로 인해 부품공급의 리드타임이 짧아지고 있다.
⑤ 고객 요구가 다양해지고 제품의 수명주기가 단축되고 있다.

> **PLUS**
>
> **SCM 취약성의 증가요인**
> - 수요의 변동성 증가
> - 글로벌화 전략
> - 아웃소싱 전략
>
> **SCM의 수익관리전략이 유용한 경우**
> - 상품이 쉽게 변질되거나 상품의 가치가 하락될 경우
> - 수요가 계절적이거나 특정 시기에 피크(peak)가 발생될 경우
> - 상품을 대량단위와 소량단위로 계약할 수 있을 경우
> - 상품의 가치가 다양한 시장세분화에 따라 달라질 경우

[출제유형] 2023년 제27회

공급사슬 성과지표 중 원자재 구매비용을 지불한 날부터 제품 판매대금을 수금한 날까지 소요되는 시간을 측정하는 것은?
① 주문주기시간(Order Cycle Time)
❷ 현금화 사이클타임
　(Cash-to-Cash Cycle Time)
③ 공급사슬 배송성과
　(Delivery Performance to Request)
④ 주문충족 리드타임
　(Order Fulfillment Lead Time)
⑤ 공급사슬 생산유연성
　(Upside Production Flexibility)

[출제유형] 2023년 제27회

채찍효과(Bullwhip Effect)의 발생 원인이 아닌 것은?
① 공급사슬 구성원들의 독립적 수요예측
② 경제성을 고려한 일괄주문
③ 판촉활동, 수량할인 등에 따른 가격변동
❹ 제품 생산 및 공급 리드타임 단축
⑤ 공급부족에 따른 과다 주문

구분		내용
SCM전략	혼재전략 (Consolidation)	• 소량화물을 다수의 화주로부터 집하하여 이것을 모아서 대량화물로 만드는 것을 의미한다(Smaller shipment sizes have disproportionately higher transportation cost). • 수・배송에 있어서의 혼재란 여러 화주의 화물을 같이 수송하는 것으로서 규모의 경제에 기반한다. • 혼재전략을 이용할 경우 수・배송비용을 감소시킬 수 있으며, 적재율을 향상시킬 수 있다.
	표준화 전략 (Standardization)	• 재고를 증가시키는 상품 다양성을 피하는 것을 의미한다(Avoid product variety since it adds to inventory).
공급사슬의 구분	효율적 공급사슬	• 자재와 서비스 흐름의 적절한 조화로 재고를 최소화하고, 공급사슬상에서 기업의 효율을 극대화하는 것이다. • 생산운영 전략은 가동률 최대화에 초점을 둔다. • 리드타임 단축보다 비용최소화에 초점을 둔다.
	대응적 공급사슬	• 불확실한 수요에 대비할 수 있게 재고와 생산 능력을 적절히 조절하여 시장 수요에 신속히 대응하게 하는 것이다. • 불확실한 수요에 대해 빠르고 유연하게 대응하는 것을 목표로 한다. • 모듈화를 통한 제품 유연성 확보에 초점을 둔다.

효율적 공급사슬과 대응적 공급사슬의 비교

구 분	효율적 공급사슬	대응적 공급사슬
목 표	최저가격으로 예측 가능한 수요를 효율적으로 공급	예측 불가능한 수요에 신속하게 대응
제품 전략	기능적 제품, 비용 최소화	혁신적 제품, 모듈러 디자인
가격 전략	가격이 주요 경쟁 무기, 저마진	가격이 주요 경쟁 무기 아님, 고마진
생산 전략	재고생산, 대량생산, 표준화	주문조립, 주문생산, 고객화
공급자 선정 전략	저가격, 일관된 품질, 적기공급	속도, 유연성, 고품질, 신뢰성
재고 전략	높은 재고회전율, 재고 최소화	부품 및 완제품 안전재고 유지
리드타임 전략	비용증가 없이 리드타임 단축	비용이 증가되더라도 리드타임 단축
운송 전략	저비용 수단	신축성, 대응성이 높은 수단
여유생산능력	낮음, 높은 설비이용률	높음, 유연성

2 채찍효과(Bullwhip effect)

구 분	내 용
개 념	공급사슬관리에서 반복적으로 발생하는 문제점 중 하나로 최종 고객으로부터 공급망의 상류로 갈수록 판매예측정보가 왜곡되는 현상이다.
발생원인	• 부정확한 수요예측 : 수요예측이 소비자의 실제 수요에 기반하지 않고 거래선의 주문량에 근거하여 이루어지기 때문이다. • 정보의 불일치 : 제조업자, 유통업자, 고객 사이에서 제품의 거래와 관련된 정보의 불일치에 기인한다. • 가격변동의 심화 : 프로모션 등의 가격정책의 영향으로 제품가격의 변동이 심화되기 때문이다. • 리드타임의 증가 : 과도한 통제에 따른 리드타임이 증가하기 때문이다. • 일괄주문처리(Order Batching) : 각각의 단계에서 주문이 일괄처리 되기 때문이다.

구분	내용
해결방안	• 전략적 파트너십 : 공급사슬 내 정보의 공유를 위해 많은 전략적 파트너십에 참여하여 공급망 관점의 재고관리를 강화시킨다. • 불확실성 최소화 : 공급망 전반에 걸쳐 수요정보를 중앙집중화하고 상호 공유하여 불확실성을 최소화한다. • 수요 변동 최소화 : 상시저가전략(EDLP : Everyday Low Price) 등의 가격안정화 정책을 도입하여 가격의 변동 폭을 줄임으로써 수요의 변동을 감소시킨다. • 리드타임 단축 : EDI(Electronic Data Interchange)를 이용하여 제품 공급의 리드타임을 단축시킨다.

3 공급사슬관리(SCM)의 응용기법

구 분		내 용
효율적 고객대응 (ECR)		• 제품에 대한 고객들의 반응을 측정하여 재고관리 및 생산효율을 달성하는 방식이다. • 소비자에게 보다 나은 가치를 제공하기 위해 유통업체와 공급업체들이 밀접하게 협력하는 식료품업계의 전략이다. • 매장의 판매정보가 온라인으로 공급자에게 전달되어 현재의 재고상태를 파악할 수 있도록 한다.
	전략요소	• 효율적인 매장 진열 관리 • 효율적인 재고 보충 • 효율적인 판매 촉진 • 효율적인 신제품 도입 및 소개
	구현원칙	• 전체시스템의 효과성과 잠재적 보상이 명확하도록 일관성 있는 성과 측정과 보상시스템을 사용하여야 한다. • 제품의 흐름이 생산 및 포장에서부터 소비자에 이르기까지 효율적으로 이루어져야 한다. • 대외적인 EDI표준과 대내적인 경영정보시스템을 통해 정보의 정확성을 향상시켜야 한다. • 생산, 마케팅 및 물류기능과 연계된 의사결정을 효과적으로 지원하여 소비자에게 보다 나은 가치를 제공할 수 있어야 한다.
QR(Quick Response)		• 제품 제조에서 소비자에게 전달되기까지의 제조 과정을 단축시키고, 소비자의 욕구 및 수요에 적합한 제품을 공급함으로써 효율성을 극대화하는 시스템이다. • 미국의 의류업계에서 개발한 공급망 관리기법으로 기업 간의 정보공유를 통한 신속하고 정확한 납품, 생산·유통기간의 단축, 재고감축, 반품 로스 감소 등을 실현하는 의류분야의 신속대응시스템이다. • 생산 및 유통업자가 전략적으로 협력하여 소비자의 선호 등을 즉시 파악하고, 시장변화에 신속하게 대응함으로써 시장에 적합한 제품을 적시·적소에 적절한 가격으로 제공하는 것을 원칙으로 한다. • QR을 실행하기 위해서는 EDI, 바코드, POS 등의 유통정보 기술이 요구된다.
	도입효과	• 제조업자는 주문량에 맞추어 유연생산이 가능하고, 공급자수를 줄일 수 있으며, 높은 자산회전율을 유지할 수 있다. • 시스템 측면에서는 낭비를 제거하고, 효율성을 향상시킬 수 있으며, 신속성도 향상된다.
	구현원칙	• 생산 및 포장에서부터 소비자에게 이르기까지 효율적인 제품의 흐름을 추구한다. • 제조업체와 유통업체 간에 표준상품코드로 데이터베이스를 구축하고, 고객의 구매성향을 파악·공유하여 적절히 대응해야 한다. • 조달, 생산, 판매 등 모든 단계에 걸쳐 시장정보를 공유하여 비용을 줄이고, 시장변화에 신속하게 대처하기 위한 시스템이다. • 저가격을 고수하는 할인점, 브랜드 상품을 판매하는 전문점, 통신판매 등을 연계하여 철저한 중앙관리체제를 통해 소매점업계의 경영합리화를 추구한다.
공급자 주도형 재고관리 (VMI)		유통업체에서 발생하는 재고를 공급업체(제조업체)가 전담해서 관리하는 방식이다.
	선결과제	• 자재창고의 재고정보가 정확하여야 한다. • 생산계획 대(對) 실적의 전산시스템화가 되어야 한다. • 정보인프라 구축을 통한 실판매정보의 공유가 이루어져야 한다. • 자재코드의 체계화(표준화)가 되어 있어야 한다.

[출제유형]   2013년 제17회

ECR(Efficient Consumer Response)의 주요 전략요소에 해당되지 않는 것은?

❶ 효율적인 반품 관리
② 효율적인 매장 진열 관리
③ 효율적인 재고 보충
④ 효율적인 판매 촉진
⑤ 효율적인 신제품 도입 및 소개

[출제유형]   2012년 제16회

다음 지문이 설명하는 것은 무엇인가?

> 생산 및 유통업자가 전략적으로 협력하여 소비자의 선호 등을 즉시 파악하고, 시장변화에 신속하게 대응함으로써 시장에 적합한 제품을 적시·적소에 적절한 가격으로 제공하는 것을 원칙으로 한다. 이것을 실행하기 위해서는 EDI, 바코드, POS 등의 유통정보 기술이 요구된다. 제조업자는 주문량에 맞추어 유연생산이 가능하고, 공급자 수를 줄일 수 있으며, 높은 자산회전율을 유지할 수 있다. 시스템 측면에서는 낭비를 제거하고, 효율성을 향상시킬 수 있으며, 신속성도 향상된다.

❶ QR(Quick Response)
② CPFR(Collaborative Planning Forecasting and Replenishment)
③ VMI(Vendor Managed Inventory)
④ CRP(Continuous Replenishment Programs)
⑤ ABC(Activity Based Costing)

[출제유형] 2021년 제25회

다음 설명에 해당하는 개념은?

○ 거래파트너들이 특정시장을 목표로 사업계획을 공동으로 수립하여 공유한다.
○ 제조업체와 유통업체가 판매 및 재고 데이터를 이용, 협업을 통해서 수요를 예측하고 제조업체의 생산계획에 반영하며 유통업체의 상품을 자동 보충하는 프로세스이다.

① Postponement
② Cross-Docking
❸ CPFR
④ ECR
⑤ CRP

[출제유형] 2023년 제27회

기업 간 협력의 유형에 관한 설명으로 옳지 않은 것은?

❶ VMI(Vendor-Managed Inventory) : 유통업체와 제조업체가 실시간 정보공유를 통해 공동으로 유통업체의 재고를 관리하는 방식
② CRP(Continuous Replenishment Programs) : 유통업체의 실제 판매 데이터를 토대로 제조업체에서 상품을 지속적으로 공급하는 방식
③ QR(Quick Response) : 제조업체와 유통업체가 협력하여 소비자에게 적절한 시기에 적절한 양을 적절한 가격으로 제공하는 것을 목표로 함
④ ECR(Efficient Consumer Response) : 제품에 대한 고객들의 반응을 측정하여 재고관리 및 생산효율을 달성하는 방식
⑤ CPFR(Collaborative Planning, Forecasting & Replenishment) : 제조업체와 유통업체가 협업전략을 통해 공동으로 계획, 생산량 예측, 상품 보충을 구현하는 방식

공동재고관리 (CMI)		• VMI에서 한 단계 더 보완된 것으로 유통업체와 공급업체 간 협업을 통해 공동으로 재고를 관리하는 것을 의미한다. • VMI는 제조업체(공급자)가 발주 확정 후 바로 유통업체로 상품배송이 이루어지는 것에 비하여, CMI는 제조업체가 발주 확정을 하기 전에 발주권고를 유통업체에 보내어 상호 합의 후 발주확정이 이루어진다.
협력적 예측, 보충 시스템 (CPFR)		• 유통업체인 월마트(Walmart)와 Warner-Lambert사 사이에 처음 시도된 것으로, 유통업체와 공급업체가 긴밀한 협업을 통해 판매계획을 수립하고, 수요예측 및 재고관리를 공동으로 진행하는 프로세스를 의미한다. • 수요예측이나 판매계획 정보를 유통업체와 제조업체가 공유하여, 생산-유통 전 과정의 자원 및 시간의 활용을 극대화하는 비즈니스 모델이다. • 결품으로 인한 고객만족도 저하현상에 대응하기 위한 안정적인 재고관리의 수단이다.
	특 징	• 생산 및 수요예측에 대하여 제조업체와 유통업체가 공동으로 책임을 진다. • CPFR을 도입하기 위해서는 기업들은 협업관계 개발을 가장 먼저 시행해야 한다. • 협업적 계획수립을 위해 모든 거래 파트너들이 주문정보에 대한 실시간 접근 가능이라는 전제조건이 필요하다. • 모든 참여자들은 공통된 하나의 스케줄에 따라서 운영활동을 수행한다.
지속적 보충 시스템 (CRP)		주문량에 근거하여 공급업체로 주문하던 방식(Push방식)과 달리 실제 판매데이터와 예측수요데이터를 근거로 상품을 보충시키는 시스템(Pull방식)이다.
	특 징	• 공급업자와 소매업자 간에 POS 정보를 공유하여 별도의 주문 없이 공급업자가 제품을 보충할 수 있다. • 전반적인 유통공급과정에서 상품주문기능과 상품흐름을 향상시킨다. • 재고데이터와 점포별 주문데이터를 공급업체에 전송하면, 공급업체는 주문업무를 책임진다.
대량고객화 (MC)		• 개별 고객의 다양한 요구와 기대를 충족시키면서도 대량생산에 못지않은 낮은 원가를 유지하는 경영혁신 기법이다. • 비용, 효율성 및 효과성을 희생시키지 않고 개별 고객들의 욕구를 파악하고 충족시키는 전략이다.
크로스도킹 (Cross Docking)		• 공급사슬상의 각 단계 간에 제품이동시간을 줄이기 위해 창고나 물류센터에서 수령한 상품을 창고에서 재고로 보관하지 않고 입고와 동시에 출고하여 바로 배송할 수 있도록 하는 시스템으로, 통과형 물류센터라고도 한다. • 미국의 월마트에서 도입한 공급망 관리 기법으로, 크로스도킹 전략을 가장 효율적으로 활용하는 업종은 유통업, 도매배송업 및 항만터미널 운영업 등이다.
	전제조건	• 크로스도킹 전략을 효율적으로 구현하기 위해서는 사전에 활동원가분석(ABC 분석)을 실시하는 것이 좋다. • 크로스도킹 전략에서는 EAN/UCC 표준, EDI 등을 통한 정보교환체제가 잘 구축되어 있어야 한다. • 크로스도킹을 실현하기 위해서는 ASN(Advanced Shipping Notice)과 JIT(Just In Time) 환경이 필요하다. • EDI, 바코드, RFID 등과 같은 정보기술의 활용을 통해 크로스도킹 시스템은 보다 효과적으로 실현될 수 있다.
	특 징	• 크로스도킹은 재고의 효율적 통제를 통한 창고 비용 절감, 유통업체의 결품률 감소, 입출고 시간 및 비용 감소 등의 효과를 기대할 수 있다. • 크로스도킹은 주문한 제품이 물류센터에서 재분류되어서 각각의 점포로 즉시 배송되어야 하는 신선식품의 경우에 보다 적합하다. • 크로스도킹 시스템이 도입되면 물류센터는 보관거점의 기능에서 탈피할 수 있다. • 크로스도킹을 통해 물류센터에서 제품이 머무르는 시간을 감소시킬 수 있는 장점이 있다.
	구 분	• 기 포장 크로스도킹 : 유통업체 점포의 주문에 따라 제조업체가 미리 선택한 파렛트, 케이스 등의 패키지를 수령하고, 추가 작업 없이 다른 제조업체에서 배달되어 점포로 배송할 차량에 적재된 유사한 패키지와 함께 배송도크로 이동시키는 것을 말한다.

구분		내용
크로스도킹 (Cross Docking)	구분	• 중간처리 크로스도킹 : 파렛트, 케이스 등의 패키지를 수령하여 물류센터에서 소분하고 소분된 패키지에 다시 라벨을 붙여 새로운 패키지로 만들어 점포로 배송하는 것을 말한다.
	유형	• 파렛트 크로스도킹 : 한 종류의 상품이 적재된 파렛트별로 입고되어 소매점포로 직접 배송되는 형태의 가장 단순한 크로스도킹으로, 양이 아주 많은 상품에 적합한 방식이다. • 케이스 크로스도킹 : 적재된 파렛트 단위로 소매업체의 물류센터로 입고된 상품은 각각의 소매점포별로 주문수량에 따라 피킹되고, 파렛트에 남은 상품은 다음 납품을 위해 잠시 보관하게 되는 형태의 가장 보편화된 방식이다. • 사전 분류된 파렛트 크로스도킹 : 사전에 제조업체가 상품을 적재 및 분류하여 납품할 각각의 점포별로 파렛트에 적재하여 배송하게 되는 방식으로, 제조업체가 각각의 점포별 주문사항에 대한 정보를 사전에 알고 있어야 하기 때문에 제조업체에 종종 추가적인 비용을 발생시킨다.
공급사슬관리 솔루션	SCP	• SCP(Supply Chain Planning)는 가변적인 수요에 대하여 균형 잡힌 공급을 유지할 수 있는 최적화된 계획을 구현하는 시스템이다. • SCP는 ERP(Enterprise Resource Planning)로부터 계획을 위한 기준정보를 제공받아 통합계획을 수립한 후 지역별 개별계획을 수립하여 ERP쪽으로 전달한다.
	SCE	• SCE(Supply Chain Execution)는 공급사슬 내에 있는 상품의 물리적인 상태나 자재 관리, 그리고 관련된 모든 당사자들의 재원 정보 등을 관리하는 시스템이다. • SCE의 주요 솔루션으로는 창고관리시스템(Warehouse Management System), 운송관리시스템(Transportation Management System) 등이 있다.
린(Lean) 생산방식과 애자일(Agile) 생산방식	린(Lean)	과잉생산, 과잉재고, 보관기간, 운송시간 등 낭비적 요소를 제거해 종래의 공급사슬의 문제점을 해결하는 전략이다. ※ 린 생산과 관련하여 공급사슬에서 제거해야 할 7가지 낭비유형 : 과잉생산에 의한 낭비, 대기시간으로 인한 낭비, 수송으로 인한 낭비, 재고로 인한 낭비, 공정에서의 낭비, 불필요한 움직임으로 인한 낭비, 제품 불량에 의한 낭비
	애자일(Agile)	고객들이 원하는 바를 파악해 이를 개발한 후 시장에 내놓고 반응을 살피는 것으로, 소규모 인원이 신속하게 제품을 개발하고 지속적으로 이를 업데이트하는 전략이다.

e-SCM(e-Supply Chain Management)

구분	내용
개념	• e-Business의 범위에서 원자재 조달, 생산, 수·배송, 판매 및 고객관리 프로세스의 물류흐름과 관련 활동의 통합적인 관리기법을 인터넷에 기반하여 실시간으로 신속하고 효율적으로 처리하는 것을 말한다. • 디지털 환경의 공급자, 유통채널, 도소매 관련 물자, 자금, 정보흐름 등을 신속하고 효율적으로 관리하는 활동이 e-비즈니스 환경에서 적용되는 것이다. • e-SCM의 효과적 운영을 위해서는 ERP, CRM 등의 지원이 필요하다.
도입효과	• 인터넷을 통해 고객들이 원하는 맞춤서비스를 제공할 수 있다. • 공급자와 구매자 간 신속한 의사소통이 가능해지고, 중간유통업체의 배제를 통한 직거래 활성화로 인해 공급체인의 길이가 짧아져 리드타임을 단축할 수 있다. • 실시간 재고관리가 가능함에 따라 안전재고를 적정수준에서 유지할 수 있다. • 공급사슬에서 참여기업들의 관계가 수직적 상하관계에서 수평적 협력관계로 변하고 있다. • 원자재 공급업체, 생산업체, 물류업체 간에 핵심정보의 피드백이 원활하게 된다.

[출제유형]　　　　2024년 제28회

다음에서 설명하는 공급사슬관리(SCM) 기법은?

> 식자재유통업체 A사는 물류센터에 공급업체와 소매업체 차량이 약속한 시간에 도착하고, 지체 없이 공급업체의 식자재를 소매업체 차량으로 이동하도록 하여 물류센터의 보관작업이 불필요한 시스템을 도입하였다.

❶ Cross Docking
② Delayed Differentiation
③ Outsourcing
④ Postponement
⑤ Risk Pooling

[출제유형]　　　　2010년 제14회

e-SCM의 효과에 관한 설명으로 옳지 않은 것은?

① 인터넷을 통해 고객들이 원하는 맞춤서비스를 제공할 수 있다.
② 직거래 활성화를 통한 공급체인의 길이가 짧아짐에 따라 리드타임이 줄어든다.
③ 실시간 재고관리가 가능함에 따라 안전재고를 적정수준에서 유지할 수 있다.
④ 공급사슬에서 참여기업들의 관계가 수직적 상하관계에서 수평적 협력관계로 변하고 있다.
❺ 외부의 불가항력적인 요인 발생 시 반응이 느리고 소비자들의 영향력이 상대적으로 커지고 있다.

[출제유형] 2018년 제22회

공급사슬관리(SCM)에 관한 설명으로 옳은 것은?

① 크로스도킹(cross docking)은 미국의 Amazon.com에서 최초로 개발하고 실행하여 성공을 거둔 공급사슬관리 기법이다.
② 채찍효과(bullwhip effect)는 공급사슬 내 각 주체 간의 전략적 파트너십보다는 단순 계약 관계의 구축이 채찍효과 감소에 도움이 된다.
③ CRM(Customer Relationship Management)은 솔루션의 운영을 통하여 공급자와 구매기업의 비즈니스 프로세스가 통합되어 모든 공급자들과 장기적인 협업관계 형성을 목표로 한다.
④ CPFR(Collaborative Planning Forecasting and Replenishment)은 공장에서 제품을 완성하는 대신 시장 가까이로 제품의 완성을 지연시켜 소비자가 원하는 다양한 수요를 만족시키는 것이다.
❺ 대량고객화(mass customization)는 비용, 효율성 및 효과성을 희생시키지 않고 개별 고객들의 욕구를 파악하고 충족시키는 전략이다.

[출제유형] 2016년 제20회

MRP에 관한 설명으로 옳지 않은 것은?

① 배치(batch) 제품, 조립품 생산 등에 적합한 자재관리 기법이다.
② 주 구성요소는 MPS, BOM, 재고기록철 등이다.
③ MRP Ⅱ로 확장되었다.
❹ MPS의 변경을 수용할 수 없다.
⑤ 완제품의 수요예측으로부터 시작된다.

4 고객관리(CRM)기법

구 분	내 용
개 념	• 고객의 데이터베이스 정보를 기업의 마케팅에 활용하는 기법이다. • 추가비용을 최소화하고 고객과의 상호작용 가치를 높여 이익을 증대시키는 개념이다. • 수익성이 높은 고객과의 관계를 창출·지원하여 매출을 최적화하고 고객기반을 확충하는 전략이다. • 고객들의 성향과 욕구를 파악하여 이를 충족시키면서 기업의 목표를 달성하고자 하는 전략이다.
특 징	• 고객관계관리는 단계별로 고객관계 형성, 고객관계 유지, 고객관계 강화로 구성된다. • 우수고객을 어떻게 파악·획득하고, 유지시켜 고객의 평생가치를 높일 수 있는가에 대한 분석이 필요하다. • 고객관련 데이터를 어떻게 획득하고 축적하며, 분석하고 서비스 할 것인가에 관한 고객 전략수립과 인프라 구축에 대한 이해가 필요하다. • 동일하지 않은 고객을 분류하여 각기 다른 부분에 속하는 고객에게 차별화된 제품과 서비스를 제공하여야 한다.

5 자재소요계획 시스템(MRP)

구 분	내 용
개 념	• 전산화프로그램으로 재고관리와 생산일정을 계획·통제하고, 적량의 품목을 적시에 주문하여 적정 재고수준을 통제하기 위한 시스템이다. • MRP시스템은 자재소요계획으로부터 출발하여 회사의 모든 자원을 계획하고 관리하는 전사적 자원관리로 발전되어 왔다.
구성요소	• 주생산일정계획(MPS : Master Production Schedule) : 전체적인 생산계획을 나누어 실행시킬 목적으로 구체화시키는 일정계획으로, 품목별 생산량을 생산일정(월별 또는 주별)에 맞추어 계획하며, 아울러 부하와 능력을 생산일정별로 제시하게 된다. • 자재명세서(BOM : Bill of Materials) : 제품을 구성하는 모든 부품들에 대한 목록으로, 부품이 복잡한 요소들로 구성되어 있는 조립품인 경우에는 계층적인 구조로 작성될 수 있다. • 재고기록철(IRF : Inventory Records File) : 자재관리 대상품목의 입출고에 관한 내역, 재고보유품목, 발주품목, 생산품목에 관한 사항을 기록하는 것으로, 재고기록은 생산예정 품목의 순소요량을 파악하는 데 사용되므로 품목의 재고에 대한 최신 정보를 유지해야 한다.
특 징	• 완제품의 수요예측부터 시작한다. • 일괄적으로 처리되어 완제품 형태로 만들어지는 배치(batch)제품, 조립품 생산 등에 적합한 자재관리기법이다. • MRP는 MPS, 생산물 구조기록, 재고기록상태 등이 기본적으로 입력되어야 하므로 기업의 구성요소에 의해 MPS를 수시로 변경해야 한다.
종 류	• MRP-I(Material Requirement Planning, 자재소요량계획) : 기업의 원활한 자재구매 및 자재소요량을 합리적으로 관리하기 위한 재고관리 영역에 국한된 전산화된 관리시스템이다. • MRP-II(Manufacturing Resources Planning, 생산자원계획) : 자재뿐만 아니라 생산에 필요한 모든 자원을 효율적으로 관리하기 위한 것으로 MRP가 확대된 개념이다. MRP-II는 소품종 대량생산에서 다품종 소량생산으로의 환경변화에 따른 고객지향업무의 부각에 따라 생겨난 것으로, 기존 MRP에 자동화된 공정데이터의 수집, 수주관리, 재무관리, 판매관리의 기능을 추가하여 구체적으로 실현 가능한 생산계획을 제시하는 제조활동 시스템이다.

우리 인생의 가장 큰 영광은 결코 넘어지지 않는 데 있는 것이 아니라
넘어질 때마다 일어서는 데 있다.

– 넬슨 만델라 –

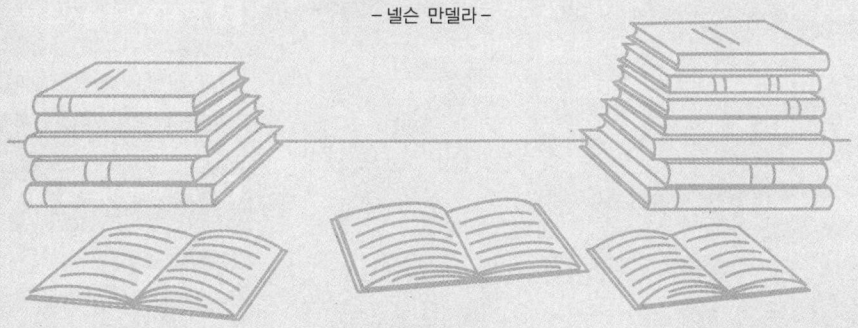

PART 02
화물운송론

1 운송의 기초 이해
핵심테마 01 운송의 개요
핵심테마 02 운송의 원칙
핵심테마 03 운송의 구분
핵심테마 04 운송수단의 이해
핵심테마 05 운송수단의 선택
핵심테마 06 최근 운송시장의 환경변화 등
핵심테마 07 물류단지의 이해

2 화물자동차(공로)운송
핵심테마 08 화물자동차(공로)운송의 이해
핵심테마 09 화물자동차의 분류
핵심테마 10 화물자동차 운송의 분류
핵심테마 11 화물자동차 효율성지표
핵심테마 12 화물자동차 운송원가 및 운임
핵심테마 13 운송관리시스템
핵심테마 14 택배서비스와 택배운영시스템
핵심테마 15 택배표준약관 주요내용

3 철도운송
핵심테마 16 철도운송의 이해
핵심테마 17 철도화물운송의 종류
핵심테마 18 철도컨테이너 운송방법
핵심테마 19 철도운송의 운임
핵심테마 20 우리나라의 철도운송 현황

4 해상운송
핵심테마 21 해상운송의 이해
핵심테마 22 해상운송의 형태
핵심테마 23 해상운송계약
핵심테마 24 해상운임
핵심테마 25 선박의 이해
핵심테마 26 선박의 주요제원
핵심테마 27 해상위험

5 항공운송
핵심테마 28 항공운송의 이해
핵심테마 29 항공운송 관련 사업
핵심테마 30 항공운임
핵심테마 31 항공화물운송장
핵심테마 32 항공운송화물 사고처리

6 복합운송
핵심테마 33 복합운송의 이해
핵심테마 34 국제복합운송

7 단위적재운송시스템
핵심테마 35 단위적재운송시스템의 이해
핵심테마 36 컨테이너 터미널

8 수·배송시스템 설계 및 관리
핵심테마 37 수·배송시스템의 설계
핵심테마 38 수·배송시스템의 합리화
핵심테마 39 수·배송 네트워크 모형 등
핵심테마 40 수·배송 최적화 해법

과목별 출제빈도 그래프

	출제영역	2020	2021	2022	2023	2024	합계
제1장 16.5%	화물운송의 기초 이해	5	4	9	9	6	33
제2장 27.5%	화물자동차(공로)운송	11	12	9	11	12	55
제3장 8%	철도운송의 이해	3	4	4	3	2	16
제4장 11%	해상운송의 이해	3	7	5	4	3	22
제5장 9%	항공운송의 이해	5	3	2	3	5	18
제6장 4.5%	복합운송의 이해	2	1	1	1	4	9
제7장 4.5%	단위적재운송시스템의 이해	2	1	3	1	2	9
제8장 19%	수·배송시스템 설계 및 관리	9	8	7	8	6	38
	합계(문항 수)	40	40	40	40	40	200

PART

02

화물운송론

최신 출제경향 및 합격전략

○ 2024년에는 2023년에 비해 영역별로 1~3문제 정도의 출제비중 차이를 보였다.

○ 계산문제는 과년도에 비해 비중이 높았는데, 채트반 공식을 활용한 화물자동차운송과 철도운송의 경제효용거리 분기점, 화물자동차의 실차율, 화물운임 그리고 네트워크의 최단경로거리, 북서코너법과 보겔추정법, 최소비용법, 최대 유량 증가분 등 수·배송시스템 설계 및 관리에서 출제된 4문제를 포함하여 총 7문제가 출제되었다.

01 운송(Transportation)의 개요

[출제유형] 2023년 제27회
운송의 기능에 관한 설명으로 옳지 않은 것은?
❶ 보관과 배송을 연결하는 인적 조절기능이 있다.
② 한계생산비의 차이를 극복하는 장소적 조절기능이 있다.
③ 원재료 이동을 통한 생산비 절감기능이 있다.
④ 운송의 효율적 운용을 통한 물류비 절감기능이 있다.
⑤ 지역 간 경쟁력 있는 상품의 생산과 교환, 소비를 촉진시키는 기능이 있다.

[출제유형] 2020년 제24회
화물운송에 관한 설명으로 옳지 않은 것은?
① 운송은 재화에 대한 생산과 소비가 이루어지는 장소적 격차를 해소해 준다.
② 운송방식에 따라 재화의 흐름을 빠르게 또는 느리게 하여 운송비용, 재고수준, 리드타임 및 고객서비스 수준을 합리적으로 조정할 수 있다.
❸ 운송은 지역 간, 국가 간 경쟁을 유발하고 재화의 시장가격과 상품의 재고수준을 높인다.
④ 운송은 분업을 촉진하여 국제무역의 발전에 중요한 역할을 한다.
⑤ 운송은 재화의 효용가치를 낮은 곳에서 높은 곳으로 이동시키는 속성을 갖고 있다.

1 운송의 의의

구 분	내 용

운송의 정의	• 운송은 자동차, 철도, 선박, 항공기, 기타 운송수단을 이용하여 재화와 용역의 효용가치를 낮은 장소로부터 높은 장소로 이동시키는 공간적·물리적 행위이며, 공간적·물리적 조절기능을 통해 효용을 창출하는 활동이다.
	• 운송은 특정 물품의 생산지와 소비지 사이에 공간적 거리의 불일치를 극복하여 생산자와 구매자 간을 원활히 결합함으로써 재화의 가치를 높이는 역할을 한다.
	• 궁극적으로 운송은 소비자에게는 물품의 사용기회를, 생산자에게는 물품의 판매기회를 확대시켜준다.
	• 운송은 공급 측면의 물자이동서비스를 가리킨다.
	• 운송의 유사·동의어
	  - 수송 : 공장과 물류센터 간의 운송
	  - 배송 : 배송센터에서 고객까지 운송
	  - 운수 : 행정 또는 법률상의 운송
	  - 운반 : 제한된 범위 내의 운송

운송의 목적	• 운송은 기본적으로 재화와 용역을 한 장소에서 다른 장소로 신속하고, 안전하며, 저렴하게 고객이 원하는 장소와 시간까지 이동시키는 물리적 행위로 '장소적 효용 창출을 목적'으로 한다. • 운송은 다양한 물류활동 중에서 가장 큰 비중을 차지하고 있으며, 물류활동의 목표인 비용절감과 고객서비스 향상에 초점을 두고 있다. • 현대의 운송은 단위적재시스템의 핵심이 되고 있는 일관파렛트 적재와 일관컨테이너 적재를 이용한 협동일관운송을 기반으로 하여 국제복합운송으로 발전하는 것을 목표로 삼는다.
운송의 기능	• 운송은 정해진 장소와 시간에 재화를 고객에게 정확하게 전달하는 기능을 한다. • 운송은 판매와 생산의 조정역할을 수행하여 생산계획을 원활하게 추진하는 기능을 한다. • 운송은 물류계획과 실행이 일치되도록 하는 기능을 한다. • 운송은 운송 중 운송수단에 일시적으로 재화를 보관하는 기능을 한다. • 운송은 수주에서 출하까지의 작업효율성을 높이는 기능을 한다.
운송의 역할	• 운송을 통해 소비자들은 원하는 것을 무엇이든 가까운 소매점에서 구할 수 있다. • 운송의 발달로 교역이 촉진되면 제품의 시장가격 차이를 없애준다. • 운송은 물류관리에 영향을 주기 때문에 제품의 수익 및 경쟁우위와 관련이 있다. • 저렴한 운송비와 대량운송 기술의 발달은 시장을 확대하고 대량생산과 대량소비를 가능하게 한다. • 운송의 발달은 분리된 지역의 통합기능을 촉진할 수 있다. • 운송은 분업을 촉진하며 국제무역의 발전에 중요한 역할을 한다.
운송의 특징	• 운송은 기본적으로 무형(無形)의 재화(용역/서비스)로서 물리적인 형태를 지니지 않는다(but 화물차량, 항공기 등 운송에 사용되는 장비는 유형재). • 운송은 수요자의 요청에 따라 공급이 이루어지는 즉시재(Instantaneous Goods)의 성격을 갖는다. • 운송은 소비자들이 다양한 제품을 선택할 수 있는 기회를 제공하며, 효율적인 운송으로 인해 소비자들은 보다 빠르고 저렴하게 재화를 획득할 수 있다.

구 분	내 용
운송의 특징	• 운송은 포장, 보관, 하역, 정보통신 등과 연계하여 물류관리의 합리화를 도모한다. • 운송은 제품의 경제적 가치, 가격 결정에 영향을 미친다. • 운송에 소요되는 비용은 기능별 전체 물류비에서 차지하는 비중이 약 50~60% 정도로 매우 높다. • 경제규모의 확대와 국제무역의 활성화로 인하여 운송의 대형화, 신속화, 안전화를 위한 지속적인 운송효율성이 추구되고 있다. • 운송은 모달시프트(Modal Shift) 등 수송체계의 다변화, 운송업체의 대형화 등을 통해 시스템의 합리화가 가능하다. • 운송수단 중에서 기술적으로 대체가능하다면 가장 저렴한 수단을 선택한다. • 운송은 어떤 방식을 적용하느냐에 따라 재화의 흐름을 빠르게 또는 느리게 하여 운송비용, 재고수준, 리드타임 및 고객서비스 수준을 합리적으로 조정할 수 있다. • 일반적으로 화물운송은 대형화된 운송수단에 의해 대량으로 운송하는 것이 운송비용면에서 더 경제적이다.

운송수요 측면에서의 특징
- 운송수요는 화물의 종류, 운송량, 운송거리, 운송시간, 운송비용 등을 기본적 구성요소로 한다.
- 운송은 그 대상이 되는 화물 및 용적이 화주마다 천차만별이고 운송방법, 적재시기, 운송시기가 서로 다르므로 운송수요는 무수하게 많은 이질적·개별적인 형태로 발생하며(이질적·개별적 수요), 운송서비스 형태는 유동성이 높다(계획성×, 체계성×).
- 운송수요는 비록 화주에 따라 각각 개별적으로 발생되기는 하지만 개별적 수요가 모두 합쳐져 집합을 이루면서 산업, 지역, 시기 등 환경에 의하여 어느 정도의 규칙성이나 법칙성을 가진 일정한 수요패턴을 보이기도 한다(집합수요).
- 운송수요는 운송수단의 활용뿐만 아니라 노드와 링크는 물론 보관, 창고, 포장, 하역 및 정보활동 등의 여러 가지 물류활동이 종합적으로 작용되어야 제대로 충족될 수 있다(종합수요).
- 운송수요는 독립적으로 발생하는 것이 아니라 생산과 소비에 종속적으로 발생하는 파생적이고 지원적인 성격을 갖는다(파생수요).
- 운송은 운송수단으로 화물을 이동하는 순간에 운송서비스가 창출되기 때문에 생산과 동시에 소비되는 동시적 성격(비분리성)을 갖는다.
- 운송수요의 탄력성은 화물의 대체성 여부보다는 운송비 절감, 즉 운임의 영향을 가장 많이 받는다. 따라서 운임 비중이 클 경우에 운임상승은 운송수요를 감소시킨다.

2 운송의 장소적·시간적 효용

구 분	내 용
운송의 장소적 효용	생산과 소비의 공간적 거리의 격차를 해소하는 것을 말한다. • 분업화 : 생산과 소비 각각의 기능을 유기적으로 분담하는 것을 촉진하여 분업화가 활발해진다. • 광역화 : 원격지 간 생산과 판매를 촉진하여 유통의 범위와 기능을 확대시킨다. • 집중과 분산 : 생산지와 소비지를 광역화하여 시장을 활성화시키며, 상공업 지역을 분산시키는 기능을 함으로써 도시개발을 촉진한다. • 가격안정화 : 지역 간 유통을 활성화시켜 재화의 가격 조정 및 안정화를 도모한다. • 유통 효율화 : 유통활동 간소화와 가격안정을 통하여 유통의 효율화를 촉진시킨다. • 자본 효율화 : 지역 간 거리해소로 자원과 자본을 효율적으로 배분하고 회전율을 제고하며, 또한 지역 간, 국가 간 경쟁을 유발하여 재화의 시장가격과 상품의 재고수준을 낮춘다.
운송의 시간적 효용	운송의 시간적 효용은 '보관'의 시간적 효용과 유사하게 생산과 소비의 시간적 격차를 조정하는 것으로 제품을 필요한 시점까지 보관하였다가 수요에 따라 공급하는 과정에서 운송효용이 달성된다.

[출제유형] 2023년 제27회

운송서비스의 특징에 관한 설명으로 옳지 않은 것은?
① 운송이란 생산과 동시에 소비되는 즉시재이다.
② 운송공급은 비교적 계획적이고 체계적인 반면, 운송수요는 상대적으로 무계획적이고 비체계적이다.
❸ 개별적 운송수요는 다양하므로 운송수요는 집합성을 가질 수 없다.
④ 운임의 비중이 클수록 운임상승은 상품수요를 감소시킴으로써 운송수요를 줄이게 되어 운송수요의 탄력성이 더욱 커지게 된다.
⑤ 운송수단 간 대체성이 높아 운송수요에 대한 탄력적 대응이 가능하다.

[출제유형] 2022년 제26회

운송에 관한 설명으로 옳지 않은 것은?
① 운송은 화물을 한 장소에서 다른 장소로 이동시키는 기능이 있다.
② 운송 중에 있는 화물을 일시적으로 보관하는 기능이 있다.
❸ 운송 효율화 측면에서 운송비용을 절감하기 위해 다빈도 소량운송을 실시한다.
④ 운송은 장소적 효용과 시간적 효용을 창출한다.
⑤ 운송 효율화는 생산지와 소비지를 확대시켜 시장을 활성화한다.

[출제유형] 2021년 제25회

운송에 관한 설명으로 옳지 않은 것은?

① 경제적 운송을 위한 기본적인 원칙으로는 규모의 경제 원칙과 거리의 경제 원칙이 있다.
② 운송은 공간적 거리의 격차를 해소시켜주는 장소적 효용이 있다.
③ 운송은 수송 중 물품을 일시적으로 보관하는 시간적 효용이 있다.
④ 운송은 재화의 생산과 소비에 따른 파생적 수요이다.
❺ 운송의 3요소(Mode, Node, Link) 중 Mode는 각 운송점을 연결하여 운송되는 구간 또는 경로를 의미한다.

운송의 3대 구성요소

- 운송방식(Mode) : 운송을 직접적으로 담당하는 수단을 의미하는 것으로 화물자동차, 선박, 항공기, 철도차량, 케이블카(cable car, 삭도차), 파이프라인(pipeline) 등이 여기에 속한다.
- 운송경로(Link) : 운송수단의 운행에 이용되는 운송경로(통로)를 의미하는 것으로 공로(지방도로, 국도, 고속도로), 철도, 파이프라인, 케이블, 해상 항로, 내수면로, 항공로 등이 있다.
- 운송연결점(Node) : 운송의 대상인 화물을 효율적으로 처리하기 위한 장소나 시설을 의미하는 것으로 출발지에서 목적지까지 전 구간의 화물운송을 위한 운송수단들 상호 간의 중계 및 운송화물의 환적작업 등이 이루어지는 장소로 물류단지, 물류센터(거점), 유통센터, 제조공장, 화물터미널, 역, 항만, 공항 등을 말한다.

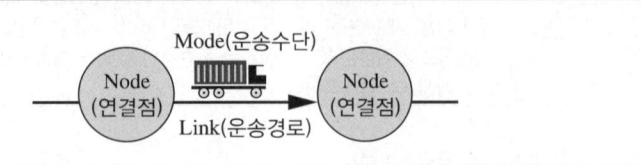

[출제유형] 2024년 제28회

다음 ( )에 들어갈 화물운송의 3대 구성요소로 옳은 것은?

(ㄱ) : 화물자동차, 화물열차, 선박, 항공기
(ㄴ) : 물류센터, 제조공장, 화물터미널, 항만, 공항
(ㄷ) : 공로, 철도, 해상항로, 항공로

① ㄱ : Node
  ㄴ : Mode
  ㄷ : Route
② ㄱ : Mode
  ㄴ : Spoke
  ㄷ : Network
❸ ㄱ : Mode
  ㄴ : Node
  ㄷ : Link
④ ㄱ : Carrier
  ㄴ : Node
  ㄷ : Link
⑤ ㄱ : Carrier
  ㄴ : Node
  ㄷ : Line

PART 2 화물운송론 / Chapter 01 운송의 기초 이해

핵심테마 02 운송(Transportation)의 원칙

1 운송의 기본원칙

구 분	내 용
규모의 경제 원칙	• 화물운송은 한 번에 운송되는 화물의 단위가 클수록 운송단위당 부담하는 평균비용이 체감하면서 이익이 발생하게 된다. • 이와 같은 경제적 이익은 대형의 운송수단을 이용하게 되는 데 기인한 것으로 이는 대형화된 운송수단일수록 연료 효율성이 높아질 뿐만 아니라 인력 생산성이나 관리의 효율성도 높아지기 때문이다. • 운송은 이러한 규모의 경제를 기본 원칙으로 삼고 있다. 따라서 경제적인 운송을 위해서는 가능한 한 대형운송수단을 이용하여 대량으로 운송하는 것이 바람직하다.
거리의 경제 원칙	• 운송비는 일반적으로 거리에 비례하여 증가하지만, 운송원가를 구성하는 요소 중 고정비 등의 작용(상하차비용, 운행시간측면)으로 동일한 운송수단을 이용하더라도 운송거리가 증가할수록 ton·km[운송거리와 적재한 화물의 양(ton으로 환산)을 곱하여 산출한 지표] 단위당 운송비용이 낮아지는 경향을 보이기도 하는데, 운송은 이러한 거리의 경제를 기본 원칙으로 따른다. • 때문에 동일한 거리를 이동시킬 때 여러 구간으로 나누어 운송하기 보다는 한 번에 운송하도록 하여 운송비를 낮추는 것이 경제적 운송이라 할 수 있다.

2 운송효율화 원칙

구 분	내 용
대형화의 원칙	일반적으로 화물운송은 대형화된 운송수단에 의해 대량으로 운송하는 것이 운송비용면에서 더 경제적이라는 원칙이다.
영차율 극대화의 원칙	• 공차율 최소화의 원칙이라고도 한다. • 영차율은 전체 운행거리에서 화물을 적재하고 운행한 비율을 말하며, 전체 운행거리에서 화물의 적재효율을 도모하기 위해서는 공차율을 최대한 낮추고, 계획운송, 복화운송, 순회운송 등의 방법을 통하여 영차율을 최대한 높여야 한다는 원칙이다.
회전율 극대화의 원칙	• 운송횟수 극대화의 원칙이라고도 한다. • 회전율은 일정시간 내에 화물을 운송한 횟수를 말하며, 운송단위당 고정비 원가를 낮추기 위해서는 정해진 시간 동안에 최대한 많은 횟수의 운송이 이루어질 수 있도록 운영·관리하여야 한다는 원칙이다.
적재율 극대화의 원칙	• 적재량 최대화의 원칙이라고도 한다. • 적재율은 운송수단의 적재 적량 대비 실제 적재 화물 운송량을 말하는 것으로서 화물의 특성에 맞는 적정한 운송수단의 선택, 적재방법의 개선, 콘솔 운송 등의 방법을 통하여 적재율을 극대화해야 한다는 원칙이다.
가동률 극대화의 원칙	• 운송장비의 가동시간 극대화의 원칙이라고도 한다. • 가동률은 일정기간 동안 특정 운송수단이 실제 운행한 시간과 목표운행 시간의 비율을 말하며, 운송의 합리화를 위해서는 운송장비의 가동상태 유지·관리, 충분한 운송물량의 확보 등을 통하여 가동률을 극대화해야 한다는 원칙이다.

⊕ PLUS

운송의 효율성 지표
• 영차율 : 영차운행거리 / 총 운행거리
• 회전율 : 총 운송량 / 평균 적재량
• 적재율 : 실제 적재량 / 차량 적재 적량
• 가동률 : 실제가동일수 / 목표 가동일수
• 복화율 : 귀로영차운행수 / 편도운송수

[출제유형]　　　　　　2021년 제25회

운송수단의 운영 효율화를 위한 원칙으로 옳은 것은?

① 소형차량을 이용하는 소형화 원칙
② 영차율 최소화 원칙
③ 회전율 최소화 원칙
❹ 가동률 최대화 원칙
⑤ 적재율 최소화 원칙

[출제유형]　　　　　　2014년 제18회

운송의 효율성을 향상시킬 수 있는 방안으로 옳지 않은 것은?

① 가동률 극대화
❷ 공차율 극대화
③ 수송의 대형화
④ 회전율 극대화
⑤ 영차율 극대화

PART 2 화물운송론 / Chapter 01 운송의 기초 이해

03 운송(Transportation)의 구분

➕ PLUS

물류와 운송
미국에서는 주로 개별기업의 마케팅 관점에서 물류를 마케팅 분야의 하부활동으로 간주하는 경향이 있었으며, 판매물류에 중점을 둔 물적 유통(Physical Distribution)에서 추후 원자재 조달까지 포함하는 물류(Logistics) 개념으로 확대되었다.

[출제유형] 2023년 제27회
물류와 운송의 개념에 관한 설명으로 옳지 않은 것은?
① 미국 마케팅협회는 물류를 생산지에서 소비지에 이르는 상품의 이동과 취급에 관한 관리라고 정의하였다.
❷ 1976년 미국물류관리협회는 물류를 생산에서 소비에 이르는 여러 활동을 포함하되 수요예측이나 주문처리는 물류가 아닌 마케팅의 영역으로 구분하였다.
③ 오늘날 운송은 생산지와 소비지 간의 공간적 거리 극복뿐만 아니라 토탈 마케팅비용의 절감과 고객서비스 향상이라는 관점도 강조하고 있다.
④ 물류의 본원적 활동인 운송은 다양한 부가가치 활동이 추가되면서 오늘날의 물류로 발전되었다.
⑤ 운송은 재화를 효용가치가 낮은 장소로부터 높은 장소로 이전하는 활동을 포함한다.

1 운송의 종류

구 분	내 용
국내운송과 국제운송	• 국내운송 : 국경을 통과하지 않고 운송의 범위가 자국 내 지역의 창고나 공장에서 선적항만, 공항까지로 한정된 운송을 의미한다(예 공로운송, 철도운송, 해상운송, 항공운송, 내륙수운, 파이프라인, 컨베이어운송 등). • 국제운송 : 운송의 범위가 국경을 넘어 국가 간으로 확대된 운송을 의미한다(예 국가 간 해상운송, 철도운송, 항공운송 등).

단일운송과 복합운송	• 단일운송(Single Transport) : 육·해·공로상의 일정 운송구간을 한 가지의 운송수단만을 이용하여 운송하는 형태이다.
	  – 육상운송 : 공로운송, 철도운송, 삭도운송, 파이프라인운송
	  – 해상운송 : 원양해운, 연안해운, 내수면운송
	  – 항공운송 : 일정한 항공로와 항공기를 이용한 운송
	• 복합운송(Multimodal Transport) : 육상과 해상, 항공과 육상 등 서로 상이한 2가지 이상의 운송수단을 결합한 운송형태로 컨테이너화의 이점을 최대한 활용한 운송방식이다. 선박과 철도, 화물자동차 등의 운송수단을 결합한 해륙복합운송(Sea & Land Combined Transport)과 선박과 항공기를 결합한 해륙복합운송(Sea & Air Combined Transport) 등이 많이 이용된다.

자가·영업·공공운송	• 자가운송 : 화주가 직접 차량을 구입해 자신의 화물을 운송하는 것 • 영업운송 : 불특정 다수의 타인 화물을 유상으로 운송하는 것 • 공공운송 : 운송수단을 보유한 운송업자가 운임이라는 대가를 받고 불특정 다수의 화주들에게 운송서비스를 제공하는 것
집배·간선·노선·지선운송	• 집배운송 : 화물자동차를 이용하여 거점에서 거점까지, 거점에서 최종소비지까지 여러 화주를 순회하면서 집하 및 배송하는 운송을 말한다. • 간선운송 : 터미널과 터미널, 물류거점과 물류거점 간 대량 화물을 화물열차나 대형 트럭을 이용해 정기적으로 취급하는 운송이다(↔ 지선운송과 상대적 개념). • 노선운송 : 미리 정해진 비교적 장거리의 노선을 일정시간의 계획에 따라 순차적으로 운송하는 것이다. • 지선운송 : 물류거점과 소도시 또는 물류센터, 공장 등까지 주로 중소형 화물자동차로 운송하는 것이다.

2 그 밖의 운송의 분류

구 분	내 용
FCL운송과 LCL운송	• FCL운송 : 하나의 컨테이너에 한 화주의 화물을 채워서 운송하는 것을 말한다. • LCL운송 : 하나의 컨테이너에 여러 화주의 화물을 혼재하여 운송하는 것을 말한다.
정형운송과 비정형운송	• 정형(개체)운송 : 파렛트나 컨테이너와 같은 적재용기를 이용하여 단위화(Unitization)할 수 있는 물품을 단위화하여 운송하는 형태이다. • 비정형(벌크)운송 : 단위화시킬 수 없는 물품(예 광석, 곡류, 목재, 비료, 시멘트, 유류, 가스 등)을 특수한 시설과 구조를 갖춘 운송수단으로 운송하는 형태이다.
정기운송과 비정기운송	• 정기운송 : 물동량에는 상관없이 정해진 시간에 맞추어 운송하는 형태이다. • 비정기운송 : 일정량의 물동량이 있을 때 이용되는 운송이다.

PART 2 화물운송론 / Chapter 01 운송의 기초 이해

04 운송수단(Mode)의 이해

1 공로운송(Public Road Transport)

① 공로(도로)를 이용하여 화물자동차 등으로 재화를 출발지에서 목적지까지 이동시키는 것을 의미하며 세계적으로 가장 널리 이용되는 운송수단이다.
② 공로망 확충과 운반차량의 발전 및 대형화 추세에 따라 한 나라의 종합운송체제의 핵심역할을 수행하며, 특히 근거리 운송에 있어서 다른 운송수단에 비해 비교우위를 갖는다.
③ 주로 화물자동차운송이 이용되지만, 우마차, 이륜차 등도 운송수단으로 이용될 수 있다.
④ 취급품목이 다양하다는 특징이 있으며 운송의 탄력성과 완결성이 가장 높다는 장점이 있다.
⑤ 국제복합운송의 발전에 따라 문전에서 문전까지(Door to door)의 운송을 실현할 수 있는 중요한 연계 운송수단이 되고 있다.

공로운송의 장·단점

구 분	내 용
공로운송의 장점	• 문전에서 문전까지(Door to Door) 신속·정확하게 일관수송이 가능하다. • 운송의 자기완결성이 높다. • 다양한 고객의 요구를 충족시킬 수 있고, 수취가 매우 편리하다. • 단거리 운송에 적합하고 경제적이며, 운임은 탄력적으로 계산 가능하다. • 비교적 간단한 포장으로 운송이 가능하다. • 운송물량의 변동에 유연하게 대처 가능하고, 단위포장 시 파렛트 이용이 가능하다. • 필요시 수시로 즉시 배차가 가능하므로 배차의 탄력성이 높다. • 다른 운송수단에 비해 투자가 용이하다.
공로운송의 단점	• 장거리 운송 시 운임이 높고 안정성이 떨어진다. • 운송 시 진동으로 인한 화물의 손상률이 높은 편이다. • 적재중량에 제한이 많아 대량운송에 부적합하기 때문에 규모의 경제성이 작다. • 에너지 효율이 떨어진다. • 도로혼잡, 교통사고 등의 문제가 발생한다. • 타 운송수단에 비해 변동비가 높다. • 소음, 진동, 배기가스 등의 공해문제로 환경오염 우려가 있다.

2 철도운송(Train Transport)

① 철도운송은 송화인의 화물발송지에서부터 수화인의 배송지까지 철도와 기관차(화차)를 이용한 화물 운송수단이다.
② 화물의 중량이 무겁거나 중장거리 운송일 경우에 가장 적합한 수단으로, 비교적 비용이 저렴하다.

[출제유형] 2020년 제24회

화물자동차 운송의 단점이 아닌 것은?
① 대량화물의 운송에 불리하다.
② 철도운송에 비해 운송단가가 높다.
③ 에너지 효율성이 낮다.
④ 화물의 중량에 제한을 받는다.
❺ 배차의 탄력성이 낮다.

[출제유형] 2016년 제20회

운송방식에 관한 설명으로 옳지 않은 것은?
① 항공운송은 긴급서류, 소형화물의 급송에 적합하다.
② 철도운송은 도로운송에 비해 안전도가 높다.
③ 해상운송은 대량의 화물을 저렴하게 운송하는데 적합하다.
④ 항공운송은 해상운송에 비해서 운송비용이 높다.
❺ 도로운송은 소규모 자본으로도 누구나 참여할 수 있기 때문에 규모의 경제성이 크다.

[출제유형] 2024년 제28회

화물자동차운송의 특징에 관한 설명으로 옳은 것은?
① 운송단위가 작아서 장거리 대량화물 운송에 적합하다.
② 철도운송에 비해 사고율이 낮고 안전도가 높다.
❸ 다른 운송수단과 연계하지 않고도 일관운송 서비스를 제공할 수 있다.
④ 운송화물의 중량에 제한이 없다.
⑤ 철도운송에 비해 정시성이 높다.

[출제유형] 2020년 제24회

철도운송의 장점이 아닌 것은?

① 환경 친화적인 운송이다.
② 화물의 중량에 크게 영향을 받지 않는다.
③ 계획적인 운행이 가능하다.
❹ 적기 배차가 용이하다.
⑤ 다양한 운임할인 제도를 운영한다.

[출제유형] 2018년 제22회

철도운송의 장점으로 옳지 않은 것은?

❶ 화차의 소재 관리가 용이하다.
② 대량화물을 원거리수송할 경우 화물자동차운송에 비해 저렴하고 경제적이다.
③ 궤도수송이기 때문에 사고율이 낮고 안전도가 높다.
④ 화물자동차에 비해 매연발생이 적다.
⑤ 기후 상황에 크게 영향을 받지 않으며 계획적인 운송이 가능하다.

[출제유형] 2022년 제26회

운송수단별 비용 비교에 관한 설명으로 옳지 않은 것은?

① 철도운송은 운송기간 중의 재고유지로 인하여 재고유지비용이 증가할 수 있다.
② 운송수단별 운송물량에 따라 운송비용에 차이가 있어 비교우위가 다르게 나타난다.
③ 항공운송은 타 운송수단에 비해 운송소요시간이 짧아 재고유지비용이 감소한다.
❹ 해상운송은 장거리 운송의 장점을 가지고 있지만, 대량화물을 운송할 때 단위비용이 낮아져 자동차 운송보다 불리하다.
⑤ 수송비와 보관비는 상관관계가 있으므로 총비용 관점에서 운송수단을 선택한다.

③ 철도운송은 운송의 탄력성 및 완결성 측면에서는 타 운송수단, 특히 공로운송에 비해 비교우위가 뒤떨어져 주로 대량화물의 장거리 간선운송수단으로 이용된다.

철도운송의 장·단점

구 분	내 용
철도운송의 장점	• 대량의 화물을 동시에 효율적이고 안전하게 운송할 수 있다. • 화물의 중량에 크게 영향을 받지 않는다. • 배기가스나 소음이 적어 친환경적이다. • 정시성 확보에 유리해 사전에 계획운송이 가능하다. • 전국적인 네트워크(철도운송망)를 보유하고 있다. • 전천후적인 운송수단으로 날씨의 영향이 적다. • 중·장거리 운송일수록 운송비가 저렴하다. • 왕복운송에 따른 유리한 운송할인제도가 존재한다.
철도운송의 단점	• 문전에서 문전(door-to-door)수송이 불가능하다. • 완결성 부족으로 적재와 하역 시 많은 단계가 필요하다. • 객차 및 화차의 소재 관리가 곤란하다. • 터널과 다리 등을 통과하므로 적재화물의 크기에 대한 제한이 있다. • 운행시간의 탄력적 운용이 어렵다. • 운임체계가 비탄력적이다. • 적합차량을 적절한 시기에 배차하기 어렵다(배차의 탄력성이 낮음). • 적재중량당 용적량이 매우 적다. • 초기 구축비용 등 고정비용이 많이 든다. • 근거리 운반 시 상대적으로 운임비율이 높고, 운임설정이 경직적이다.

3 해상운송(Ocean Transport)

① 해로 및 내수면로 위를 운항할 수 있는 선박을 이용하는 대량화물의 장거리 운송수단이다.
② 다른 운송수단에 비해 이용상 많은 제약이 있으나 컨테이너의 발달로 대량화물의 장거리 운송이 가능해지면서 운송 효율성이 높아져 가장 널리 이용되고 있다.

해상운송의 장·단점

구 분	내 용
해상운송의 장점	• 대량화물의 운송이 용이하다. • 장거리(대륙 간) 운송에 적합하다. • 대량화물의 장거리 운송 시 운임이 가장 저렴하다. • 환경성 측면에서 우수하다. • ULS(단위화물적재시스템) 적용이 용이하다. • 운송경로가 비교적 자유롭다. • 화물의 용적 및 중량에 대한 제한이 적다. • 육상운송수단과 연계해서 해·공 복합운송의 주축이 된다.
해상운송의 단점	• 항만시설에 하역기기 등의 설치로 인한 기간이 소요되며, 하역비가 비싸다. • 기후에 민감하다(악천후 시 운행 제약). • 육상운송수단과의 연계가 필요하고, 운송의 완결성이 낮다. • 운송속도가 비교적 느리며, 운송이 완료되기까지 장기간이 소요된다. • 국제조약 및 규칙의 준수가 요구된다. • 물품의 파손, 분실, 사고발생의 위험도가 높고, 타 운송수단에 비해 안전성이 낮다. • 항구에서의 화물인수로 인한 불편함이 따른다.

4 항공운송(Air Transport)

① 운송의 신속성과 안전성을 최대의 장점으로 하는 고가의 운송수단이다.
② 항공기의 대형화로 운송비 절감을 가져왔다.
③ 해상운송에 비해 상대적으로 차지하는 비중이 작지만, 부가가치가 높은 정밀 전자제품이나 귀금속, 신선도나 긴급을 요하는 화물 등의 운송에 이용된다.

항공운송의 장·단점

구 분	내 용
항공운송의 장점	• 소량 및 경량상품의 장거리 운송에 가장 적합하다. • 타 운송수단에 비해 운송시간이 짧다. • 해상운송에 비해 안전도가 높다. • 당일 운송을 통한 재고조정이 가능하고, 수요 변화에 빠르게 대응할 수 있다. • 수송속도가 신속하여 계절성·유행성·신선도 유지 상품의 수출도 가능하다. • 화물의 손상, 분실 또는 조난 사고가 적다. • 포장최소화에 따라 포장비를 절감할 수 있다. • 보관비, 보험료, 이자 등의 비용을 절감할 수 있다.
항공운송의 단점	• 타 운송수단에 비해 운임이 가장 비싸고 매우 비탄력적이다. • 항공기의 항복의 한계로 인해 대량·대척의 물품 수송이 어렵다. • 고중량 물품의 운송이 어렵다(중량과 용적의 제한). • 위험물에 대한 제한이 많다. • 공항을 갖춰야 하므로 지역이 제한된다. • 기후의 영향을 많이 받는다(악천후에는 비행에 제한을 받음). • 공항에서의 물품인수로 인한 불편함이 따른다.

[출제유형] 2023년 제27회

운송수단별 특징에 관한 설명으로 옳은 것은?

① 철도운송은 장거리, 대량운송에 유리하지만 운송시간이 오래 걸리고 초기인프라 설치관련 진입비용이 낮다.
② 해상운송은 대량화물의 장거리운송에 적합하지만 정기항로에 치우쳐 유연성과 전문성이 떨어진다.
❸ 항공운송은 장거리를 신속하게 운송하며 항공기의 대형화로 운송비 절감을 가져왔다.
④ 공로운송은 접근성이 가장 뛰어나지만 1회 수송량이 적어 운임부담력이 상대적으로 낮다.
⑤ 연안운송은 초기 항만하역시설투자비가 적은 편이고 해상경로가 비교적 짧은 단거리 수송에 유리하다.

5 파이프라인운송(Pipeline Transport)

① 파이프를 통하여 특정화물(액체·분체·가스)만을 전용으로 수송하기 위한 운송수단이다.
② 24시간 연속적으로 대량의 액체 또는 기체화물 운송이 가능한 데 반해 다른 운송수단에 비해 상대적으로 유지비가 저렴하다.
③ 이용 가능 화물이 한정적이고 운송경로에 대한 제약이 크기 때문에 다른 운송수단과 연계하여 활용하는 데 한계가 있다.
④ 주로 미국과 러시아, 유럽, 중동 등 내륙 국가를 중심으로 많이 이용되고 있다.

〈▲ 국가 간 가스 파이프라인〉

파이프라인운송의 장·단점

구 분	내 용
파이프라인운송의 장점	• 연속·대량 운송이 가능하며, 유지비가 저렴하다. • 용지 확보에 유리하다. • 컴퓨터시스템을 활용한 운송의 완전자동화가 가능하다. • 운송 중 사고발생률이 낮아 안전성이 높다. • 운송 시 환경오염이 거의 없는 환경친화적 운송방법이다.
파이프라인운송의 단점	• 이용가능 화물이 한정적이다(주로 유류, 가스 등 에너지 자원의 수송에 이용). • 특정 장소에 한정된다(운송경로에 대한 제약 大). • 높은 초기 시설비용이 소요된다(고정비 지출규모 大).

[출제유형] 2022년 제26회

파이프라인 운송에 관한 설명으로 옳지 않은 것은?

① 초기시설 설치비가 많이 드나 유지비는 저렴한 편이다.
② 환경오염이 적은 친환경적인 운송이다.
❸ 운송대상과 운송경로에 관한 제약이 적다.
④ 유류, 가스를 연속적이고 대량으로 운송한다.
⑤ 컴퓨터시스템을 이용하여 운영의 자동화가 가능하다.

05 운송수단의 선택(Modal Choice)

PART 2 화물운송론 / Chapter 01 운송의 기초 이해

[출제유형] 2018년 제22회
운송수단의 선택기준으로 옳지 않은 것은?
① 화물종류 ② 화물량
③ 운송비용 ❹ 종업원 수
⑤ 운송거리

[출제유형] 2023년 제27회
물류활동 및 운송합리화를 위한 3S1L의 기본원칙으로 옳지 않은 것은?
① 저비용 ❷ 대체성
③ 안전성 ④ 정확성
⑤ 신속성

[출제유형] 2022년 제26회
다음은 운송수단 선택 시 고려해야 할 사항이다. 이에 해당하는 요건은?

○ 물류네트워크 연계점에서의 연결이 용이한가?
○ 운송절차와 송장서류 작성이 간단한가?
○ 필요시 운송서류를 이용할 수 있는가?

① 안전성 ② 신뢰성
❸ 편리성 ④ 신속성
⑤ 경제성

1 운송수단 선택 시 고려사항

① 최적 운송수단의 선택기준
  화물 및 운송수단의 특성에 따라서 다음 사항들을 종합적으로 고려하여 선택한다.

구 분	내 용		
화물의 특성	• 화물의 종류 및 특성 • 화물의 가치(운임부담력) • 화물의 발차시간, 납기	• 고객의 중요도 • 화물의 중량 및 용적 • 로트(Lot)의 크기	• 화물 고유의 성질 • 운송거리 및 운송경로 • 기타 고객 요구사항
운송수단의 특성	• 이용 가능성 • 편리성 • 정확성 • 경제성	• 신속성 • 안전성	• 신뢰성

② 운송수단 선택 시 일반적 고려사항(3S1LCR)
  운송부문의 효율성을 높이기 위한 최적의 운송수단을 선택하기 위해서는 다음과 같은 사항들을 고려해야 한다.

구 분	고려사항	운송수단별 우선순위
신속성 (Speed)	• 발송부터 도착까지의 시간은 짧은가? • 빠른 주행 속도인가?	항공 > 트럭 > 철도 > 선박 > 파이프라인
정확성(확실성) (Surely)	• 지정기일 내 인도할 수 있는가? • 정시 운행이 가능한가?	파이프라인 > 철도 > 항공 > 트럭 > 선박
안전성 (Safety)	• 클레임 발생빈도가 높게 나타나는가? • 사고에 의한 화물손상은 적은가? • 멸실, 손상 등에 대한 보상처리가 정확히 이행되는가?	파이프라인 > 항공 > 철도 > 트럭 > 선박
경제성 (Low cost)	• 절대평가에서 비용 단가가 저렴한가? • 상대적으로 신속하고 저렴한가? • 자사 운송수단보다 이용면에서 저렴한가?	파이프라인 > 선박 > 철도 > 트럭 > 항공
편리성 (Convenience)	• 운송서류(송장 등)는 간단한가? • 필요할 때 이용이 언제든지 가능한가?	트럭 > 철도 > 항공 > 선박 > 파이프라인
신뢰성 (Reliability)	• 안전성은 보장되는가? • 장기적인 거래 관계는 있는가?	파이프라인 > 철도 > 항공 > 선박 > 트럭

③ 최적 운송수단의 선택을 위한 보편적 판단기준
  물품의 종류, 물품의 중량 및 용적, 운송경로, 운송거리, 운송일수, 운송비용, 납기, 운임부담력, 기후환경 등

④ 운송유형별 선택기준
  공장과 물류거점 간 간선운송에서 운송상 최우선 과제는 운송비 절감인데 반해, 물류거점과 소규모 소비자 간 배송의 경우에 최우선 과제는 고객의 서비스 수준 극대화에 있다.

2 주요 운송수단 간 기능의 적합성 비교

구 분	공로운송	철도운송	해상운송	항공운송
운송시간	길 다	길 다	매우 길 다	매우 짧다
운송거리	중·단거리	장거리	장거리	장거리
운송비용	단거리 운행 시 유리	중거리 운행 시 유리	장거리 운행 시 유리	가장 높음
화물중량	소·중량화물	대량화물	대·중량화물	소·중량화물
중량제한	있 다	없 다	없 다	있 다
기후영향	조금 받음	거의 받지 않음	많이 받음	매우 많이 받음
전천후 운송	×	○	×	×
안정성	조금 낮다	높 다	낮 다	비교적 높다
일관수송체계	용이하다	미흡하다	어렵다	어렵다
화물수취	편리하다	불편하다	불편하다	불편하다
하역 및 포장비용	보 통	보 통	비 쌈	저 렴

3 운송수단 간 속도와 비용의 관계

① 속도가 높은 운송수단일수록 운송의 빈도수가 더욱 높아지기 때문에 수송비가 증가한다.
② 속도가 낮은 운송수단일수록 운송의 빈도수가 더욱 낮아지기 때문에 보관비(재고유지비용)가 증가한다.
③ 수송비와 보관비의 관계는 상충관계(Trade-off)이기 때문에 두 비용을 모두 고려하여 총비용의 관점에서 운송수단을 선택하여야 한다.

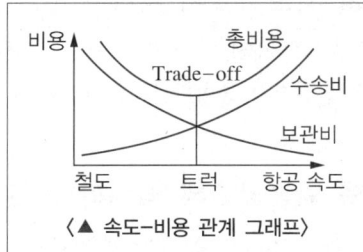

〈▲ 속도-비용 관계 그래프〉

4 화물자동차와 철도의 선택기준(채트반 공식)

① 육상운송부문에 있어서 화물자동차와 철도 중 어느 것이 더 효율적인지를 결정하기 위한 것으로 화물자동차의 경쟁가능거리의 한계(분기점)를 비용요소를 갖고 계산을 한다. 채트반(Chatban)에 의하여 발견되었다고 하여 채트반 공식이라고 한다.
② 일반적으로 장거리, 대량화물의 경우에는 철도가 유리하지만, 근거리·소량화물의 경우 화물자동차가 경제적이다.

$$L = \frac{D}{T-R}$$

- L : 화물자동차의 경제효용거리의 한계(분기점)
- D : 톤당 추가되는 비용(철도발착비 + 배송비 + 하역비 + 포장비 + 기타비용)
- T : 트럭의 톤·km당 수송비
- R : 철도의 톤·km당 수송비

[출제유형] 2017년 제21회

다음은 운송수단의 속도와 비용과의 관계를 설명한 것이다. ( )에 들어갈 내용을 순서대로 나열한 것은?

○ 속도가 (㉠) 운송수단일수록 운송빈도가 더욱 높아져 (㉡)가 증가한다.
○ 속도가 (㉢) 운송수단일수록 운송빈도가 더욱 낮아져 (㉣)가 증가한다.

① ㉠ 느린   ㉡ 운송비
  ㉢ 느린   ㉣ 보관비
② ㉠ 느린   ㉡ 보관비
  ㉢ 빠른   ㉣ 운송비
③ ㉠ 느린   ㉡ 운송비
  ㉢ 빠른   ㉣ 보관비
❹ ㉠ 빠른   ㉡ 운송비
  ㉢ 느린   ㉣ 보관비
⑤ ㉠ 빠른   ㉡ 보관비
  ㉢ 느린   ㉣ 운송비

[출제유형] 2021년 제25회

화물자동차운송과 철도운송 조건이 다음과 같을 때 채트반공식을 이용한 자동차의 한계 경제효용거리(km)는?

○ 화물자동차의 ton·km당 운송비 : 900원
○ 철도의 ton·km당 운송비 : 500원
○ 톤당 철도 부대비용(철도발착비 + 하역비 + 배송비 등) : 50,000원

① 122   ② 123
③ 124   ❹ 125
⑤ 126

[출제유형] 2023년 제27회

다음과 같은 화물자동차 운송과 철도운송 조건에서 두 운송수단 간 경제적 효용거리 분기점은?

○ 철도 운송비 : 40원/ton·km
○ 화물자동차 운송비 : 80원/ton·km
○ 철도 부대비용(철도발착비, 하역비 등) : 10,000원/ton

① 200km   ② 230km
❸ 250km   ④ 270km
⑤ 320km

06 최근 운송시장의 환경변화 등

PART 2 화물운송론 / Chapter 01 운송의 기초 이해

1 최근 운송시장의 환경변화

① 고객욕구(Needs)의 다양화
② 운송물의 다품종 소량화
③ 운송시장의 국제화
④ 정보화·시스템화 사회의 진전
⑤ 운송시장의 경쟁 격화
⑥ 전자상거래의 증가
⑦ 구매고객에 대한 서비스 수준 향상
⑧ 제3자물류의 증가
⑨ 공동 수·배송시스템의 활용도 향상
⑩ 국제복합운송의 증가
⑪ 글로벌 아웃소싱 시장의 확대
⑫ 물류보안 및 환경 관련 규제의 강화

[출제유형] 2023년 제27회
국내화물운송의 합리화 방안에 관한 설명으로 옳지 않은 것은?
① 과학적 관리에 입각한 계획수송체계의 강화
② 운송수단의 대형화, 신속화, 표준화
❸ 적재율 감소를 통한 물류합리화
④ 공동수배송 체계의 활성화
⑤ 운송업체의 대형화, 전문화

2 화물운송의 과제

운송의 경제성, 안정성, 기동성, 고속성 등의 제 조건을 근간으로 하여 운송망을 유기적으로 연결한 종합화물운송체계를 형성하는 것이 바람직하다.

3 화물운송의 합리화 방안

① 최적 운송수단 선택 및 적재율 향상
② 모달시프트(Modal Shift) 등 수송체계의 다변화
③ 일관파렛트화(Palletization)를 위한 국가적 지원 강화
④ 기업 간 업무제휴나 M&A를 통한 운송업체의 대형화 유도
⑤ 야간 차량운행의 활성화
⑥ 물류기기의 개선 및 정보시스템의 정비
⑦ Link-Node-Mode를 연계한 물류네트워크 구축
⑧ 복합운송체계의 도입
⑨ 정기 직행열차(Block Train) 도입
⑩ 물류 아웃소싱(Outsourcing)의 활성화
⑪ 공동 수·배송 활성화
⑫ 최적 운송수단을 선택하여 이용
⑬ 기타 피더선 전용부두 건설, 화물전용차로제 도입, 화물주선시스템 도입, 복합물류터미널 건설 등

[출제유형] 2022년 제26회
화물운송의 합리화 방안으로 옳지 않은 것은?
① 수송체계의 다변화
② 일관파렛트화(Palletization)를 위한 지원
③ 차량운행 경로의 최적화 추진
④ 물류정보시스템의 정비
❺ 운송업체의 일반화 및 소형화 유도

〈▲ 모달시프트(Modal Shift)〉
도로 중심의 운송체계는 온실가스 배출량이 상대적으로 많고 교통 혼잡 등을 유발하기 때문에 저탄소 녹색경제 실현과 사회적 비용 절감 등을 위하여 화물운송의 방식을 트럭에서 철도·해운 등으로 전환하는 Modal Shift를 추진하고 있다.

일관파렛트화(Palletization)
발송인으로부터 화물이 발송되어 수취인에게 도착될 때까지 화물의 형태를 변형시키지 않고 전 운송과정을 일관하여 파렛트로 운송하는 것을 의미하며, 화물의 취급빈도와 운반 또는 하역장비를 이용하여 시간을 단축함으로써 물류작업의 효율성을 증진시킨다.

최근 운송산업의 변화
- 철도운송은 철도 르네상스를 통하여 시간적 제약을 극복하면서 도심으로의 접근성에 대한 우수한 경쟁력으로 항공운송의 대체수단으로 떠오르고 있다.
- 운송수단의 대형화, 신속화 추세에 따라 거점 간의 경쟁이 심화되면서 거점의 수는 줄어들고 그 기능이 복합화되어가는 새로운 지역경제 협력 시대를 열고 있다.
- 기후변화와 관련된 운송수단의 친환경 기술혁신은 조선업의 새로운 부흥시대를 열고 있다.
- 미국과 중국 간의 정치적 갈등은 글로벌공급망의 재편과 관련하여 최저생산비보다 안정적인 공급망을 중시하는 방향으로 협업적 관계를 강조하고 있다.

[출제유형] 2023년 제27회

다음은 최근 운송산업의 변화에 관한 설명이다. ( )의 내용으로 옳은 것은?

- 철도운송은 철도르네상스를 통하여 시간적 제약을 극복하면서 도심으로의 접근성에 대한 우수한 경쟁력으로 (ㄱ)운송의 대체수단으로 떠오르고 있다.
- 운송수단의 대형화, 신속화 추세에 따라 (ㄴ) 간의 경쟁이 심화되면서 (ㄴ)의 수는 줄어들고 그 기능이 복합화되어 가는 새로운 지역경제 협력 시대를 열고 있다.
- 기후변화와 관련된 운송수단의 (ㄷ) 기술혁신은 조선업의 새로운 부흥시대를 열고 있다.
- 미국과 중국 간의 정치적 갈등은 글로벌공급망의 재편과 관련하여 최저생산비보다 (ㄹ) 공급망을 중시하는 방향으로 협업적 관계를 강조하고 있다.

① ㄱ : 해상 ㄴ : 경로
  ㄷ : 친환경 ㄹ : 효율적인
② ㄱ : 해상 ㄴ : 운송방식
  ㄷ : 인공지능 ㄹ : 안정적인
③ ㄱ : 항공 ㄴ : 경로
  ㄷ : 인공지능 ㄹ : 효율적인
❹ ㄱ : 항공 ㄴ : 거점
  ㄷ : 친환경 ㄹ : 안정적인
⑤ ㄱ : 공로 ㄴ : 거점
  ㄷ : 인공지능 ㄹ : 효율적인

07 물류단지(Node)의 이해

PART 2 화물운송론 / Chapter 01 운송의 기초 이해

[출제유형]　　2011년 제15회

물류단지에 관한 설명으로 옳지 않은 것은?

① 물류단지는 물류터미널·공동집배송단지·도소매단지·농수산물도매시장 등의 '물류시설'과 정보·금융·입주자편의시설 등의 '지원시설'을 집단적으로 설치하기 위한 일단의 토지(건물)이다.
② 유통구조의 개선과 물류비 절감효과의 저하 및 교통량 증가 문제를 해소하기 위해 도입되었다.
③ 물류단지는 환적, 집배송, 보관, 조립·가공, 컨테이너처리, 통관 등 물류기능을 수행한다.
❹ 물류단지는 판매, 전시, 포장, 기획 등 상류기능은 수행하지 않는다.
⑤ 물류단지의 입지는 항만·공단·대도시 주변 등 물동량이나 물류시설의 이용 수요가 많은 지역을 대상으로 한다.

1 물류단지(Node)

구 분	내 용
물류단지의 정의	• 물류단지는 물류터미널·공동집배송단지·도소매단지·농수산물도매시장 등의 「물류단지시설」과 정보·금융·입주자 편의시설 등의 「지원시설」을 집단적으로 설치하기 위한 일단(一團)의 토지(건물)를 말한다. • 유통구조의 개선과 물류비 절감효과의 저하 및 교통량 증가 문제를 해소하기 위해 도입되었다. • 물류단지는 환적, 집배송, 보관, 조립·가공, 컨테이너처리, 통관 등 「물류기능」에 더하여 판매, 전시, 포장, 기획 등 「상류기능」을 수행한다.
물류단지의 세부기능	적 하 : 배송센터 → 제조업, 도매업, 소매업, 운수업
	보 관 : 영업창고 → 보통창고, 야적창고, 보세창고, 냉동창고, 보관창고 등
	개별결합 : 선별시스템 → 자동선별기능 등
	유통가공·조립 : 가공조립공장 등
	기 타 : 사무실기능(도매업, 창고업, 운송업 등), 도매시장, 전시장, 은행정보처리시설, 의료시설, 식당, 매점 등
물류시설의 구분	• 물류단지시설 : 화물의 운송, 집화, 하역, 분류, 포장, 가공, 조립, 통관, 보관, 판매, 정보처리 등을 위하여 물류단지 안에 설치하는 물류터미널 및 창고시설, 대규모점포·전문상가단지·공동집배송센터 등의 시설을 말한다. • 지원시설 : 물류단지시설의 운영을 효율적으로 지원하기 위하여 물류단지 안에 설치되는 공장 등의 가공·제조시설, 정보처리시설, 금융·보험·의료·교육·연구시설 등을 말한다. 다만, 가공·제조시설 또는 정보처리시설로서 물류단지시설과 동일한 건축물에 설치되는 시설은 제외된다.
물류단지의 입지	물류단지의 입지는 항만·공단·대도시 주변 등 물동량이나 물류시설의 이용 수요가 많은 지역을 대상으로 한다.

물류단지 세부시설 및 기준	
구 분	내 용
물류단지 시설	• 물류시설 : 물류터미널 및 창고, 컨테이너시설, 집배송시설 및 공동집배송센터, 농수산물종합유통센터 등 • 상류시설 : 대규모점포, 전문상가단지, 농수산물도매시장, 농수산물공판장 등 • 복합시설 : 물류시설 + 상류시설 + 지원시설
지원시설	• 가공·제조시설 • 정보처리시설 • 금융·보험·의료·교육·연구시설 • 문화 및 집회시설 • 물류단지의 종사자 및 이용자의 생활과 편의를 위한 시설 • 주거시설(단독주택 및 공동주택) • 숙박시설·운동시설·위락시설·복합시설
공공시설	도로, 공원, 철도, 녹지, 구거, 주차장 등

2 물류터미널(Freight Terminal)

구 분	내 용
물류터미널의 정의	• 화물의 집화(集貨), 하역(荷役) 및 이와 관련된 분류, 포장, 보관 등에 필요한 기능을 갖춘 시설물을 말한다. • 화물과 운송수단이 효율적으로 연계되도록 지원하는 물류인프라 역할을 수행한다. • 물류터미널에 설치되는 시설에는 화물취급장, 보관시설, 대형 주차장 이외에도 운전자용 휴게시설, 화물주선정보시스템 등이 있다.
물류터미널의 기능	화물운송의 중계 기능, 화물보관의 기능, 운송수단 간 연계 기능, 도매시장의 기능, 통관의 기능(소매시장×), 통관의 기능, 유통가공의 기능, 주차장의 기능, 지원시설의 기능 등
물류터미널의 역할	• 물품의 장기적·일시적 보관을 통하여 공급과 수요의 완충 및 조정의 역할 • 적기에 납품할 수 있도록 집하배송을 위한 배송기지의 역할 • 운송비 절감을 도모할 수 있는 중계기지의 역할 • 고객의 다양한 요구에 부응하기 위하여 각종 유통가공 기능 또는 조립업무를 수행하고 물품의 품질이나 수량을 확인하는 검품의 역할 • 시장점유율을 높이기 위해 수주시의 재고 품절이 발생하지 않도록 제품 확보의 역할 • 전시장으로서의 성격을 가미하여 판매확대를 위한 전진기지의 역할
물류터미널의 각종 지원시설	• 화물취급장(Cross Docking)　• 파렛트보관시설(Pallet Pool) • 보관시설(창고)　• 보세장치장(Bonded Shed) • 대형 주차장 시설　• 컨테이너 야드(CY : Container Yard) • 운전자용 휴게시설　• CVO(Commercial Vehicle Operation) • 주유 시설　• 화물운송정보시스템(CVIS) • 관리용 건물　• CFS(Container Freight Station)

복합물류터미널(IFT : Integrated Freight Terminal)
• 도로, 철도 등 2가지 이상의 운송수단 간의 연계수송을 할 수 있는 규모 및 시설을 갖춘 물류터미널을 말한다.
• 일반물류터미널과 비교하면 통상 철도운송연계가 가능하도록 철도 화물 취급장이 있고 전산정보체계, 화물자동분류설비를 갖추고 있는 점이 다르다.
• 연계수송 외에도 화물의 집하 및 배송, 보관 및 재고관리, 배송 및 납품대행, 화물운송 주선 및 수출입화물의 내륙통관 등의 종합적인 기능을 수행한다. 국내 복합물류터미널은 군포, 양산 등에서 운영하고 있다.

〈▲ 복합물류터미널〉

내륙컨테이너기지(ICD : Inland Container Depot)
• 해상컨테이너화물이 항만물류터미널을 떠나 내륙으로 이동되어 내륙운송수단(도로, 철도)과 연계되는 대규모의 지점(Depot)을 말한다.
• 주로 항만터미널 및 내륙운송수단과 연계가 편리한 지역에 위치하며, 내륙운송 연계시설과 컨테이너 야드(CY), 컨테이너 화물조작장(CFS) 등을 갖추고 있다.
• 항만 내에서 이루어져야 할 선적, 양하, 선적대기기능을 제외한 「장치·보관기능」, 「집화·분류기능」, 「통관기능」을 갖추고 있어, 대리점, 포워더, 하역회사, 관세사, 트럭회사, 포장회사 등이 입주하여 내륙항만기능을 수행한다.
• 화물을 모아 한꺼번에 운송하므로 물류비용을 절감할 수 있다는 이점을 지닌다.
• 현재 우리나라의 경인ICD, 양산ICD, 의왕ICD는 내륙컨테이너기지 및 내륙통관기지로서의 역할을 수행하고 있다.

〈▲ 의왕ICD 전경〉

[출제유형] 2011년 제15회

물류거점시설에 관한 설명으로 옳지 않은 것은?

① ICD(Inland Container Depot)는 내륙에 설치된 통관기지로서 수출입화물의 통관, 컨테이너의 보관, 철도연계운송 및 하역, 포장 등의 기능을 수행하고 있다.
② 철도 CY(Container Yard)는 철도운송과 관련된 화물처리시설로서 컨테이너를 효율적으로 배치, 회수, 보관하기 위하여 운영되고 있다.
③ 국내 복합물류터미널은 군포, 양산 등에서 운영하고 있다.
④ 일반물류터미널에는 화물취급장, 보관시설, 관리용건물, 주차장 등의 시설이 입지한다.
❺ 물류터미널의 범주에 속하지 않는 집배송센터 및 공동집배송단지는 복합물류터미널 기능의 강화로 그 필요성이 점차 약화되고 있다.

[출제유형] 2010년 제14회

복합물류터미널에 관한 설명으로 옳은 것은?

① 유통시설과 지원시설을 집단적으로 설치·육성하기 위하여 지정·개발하는 일단의 토지이다.
❷ 2종류 이상의 운송수단 간의 연계운송을 할 수 있는 규모 및 시설을 갖춘 곳이다.
③ 물품을 제조업자가 산지에서 집화하여 보관, 가공 또는 포장하고 이를 수요자에게 배송하며, 관련 유통정보를 종합하여 분석처리하기 위한 시설이다.
④ 항만 또는 공항이 아닌 내륙시설로서 철도가 인입되어 있고 통관기능을 갖춘 대규모의 데포(Depot)이다.
⑤ 유통업체가 각 업체의 집·배송센터를 대단위 단지에 집단화시킨 시설로서 다품종 소량품을 공급자로부터 집화하여 이를 환적, 분류, 보관, 재포장 등을 수행하는 곳이다.

핵심테마 08 화물자동차(공로)운송의 이해

PART 2 화물운송론 / Chapter 02 화물자동차(공로)운송

[출제유형] 2015년 제19회

화물운송에 있어 공로운송의 증가 이유에 관한 설명으로 옳지 않은 것은?

① 도심지, 공업단지 및 상업단지까지 문전운송을 쉽게 할 수 있다.
② 화주가 다수인 소량 화물을 각지로 신속하게 운송할 수 있다.
③ 단거리 수송에서는 정차장 비용, 1회 발차시 소요되는 동력 등 철도보다 경제성이 있다.
④ 도로망이 확충될 때 운송상의 경제성과 편의성이 증대하기 때문이다.
❺ 철도운송에 비해 규모의 경제효과가 커서 상대적으로 투자가 용이하다.

[출제유형] 2023년 제27회

국내 화물운송의 특징으로 옳지 않은 것은?

❶ 공로운송은 운송거리가 단거리이기 때문에 전체 운송에서 차지하는 비중이 낮다.
② 화물운송의 출발/도착 관련 경로의 편중도가 높다.
③ 한국의 수출입 물동량 중 항만을 이용한 물동량이 가장 큰 비중을 차지하며 특정 수출입항만의 편중도가 높다.
④ 화물자동차운송사업은 영세업체가 많고 전문화, 대형화가 미흡하여 운송서비스의 질이 위협받고 있다.
⑤ 화주기업과 운송인과의 협업적 관계가 미흡하여 제3자물류나 제4자물류로 발전하기 위한 정부의 정책적 지원 확대가 필요하다.

1 화물자동차운송의 개요

구 분	내 용
화물자동차 운송의 의의	화물자동차운송은 공로망의 확충과 운반차량의 발전 및 대형화 추세에 따라 한 나라의 종합운송체제의 핵심적인 역할을 수행하고 있을 뿐 아니라 국제복합운송의 발전에 따라 문전에서 문전까지를 실현할 수 있는 중요한 연계 운송수단이 되고 있다.
화물자동차 운송의 증가 원인	• 편리성 : 대규모의 고정자본을 투입하지 않고 도심지, 공업 및 상업단지의 문전까지 신속·정확하게 운송할 수 있는 편리성이 있다. • 소규모성 : 자동차는 한 대씩 독립된 운송단위로 운영되기 때문에 운송사업에 대한 투입이 용이하다. • 경제성 : 단거리 운송에서 철도보다 훨씬 경제적이며, 수송량에 대한 부가가치가 상대적으로 높다. • 투자의 용이성 : 자동차의 경우 규모의 경제에서 오는 이익과의 관계가 적기 때문에 투자가 용이하다. • 안전성 : 단거리 문전운송이기 때문에 화물의 파손과 위험이 적다. • 차종의 다양성 및 기동성 : 트럭의 종류가 많고 기동성이 높기 때문에 고객의 다양한 수송수요에 응할 수 있다. • 신속성 : 소량화물은 철도보다 신속하게 운송할 수 있다.
화물자동차 운송의 특징	• 기동성과 신속한 배달이 가능하여 다빈도 소량배송에 가장 적합한 운송수단이다. • 차종, 차량이 풍부하여 고객의 다양한 욕구에 대응할 수 있어 가장 강한 운송서비스의 완결성을 지니고 있다. • 신속하고도 정확한 택배서비스(Door to Door Delivery)를 실현할 수 있다. • 비교적 운송단위가 소량이고 에너지 다소비형의 수송기관으로 에너지 효율이 나쁘며, 운반생산성이 낮다.

2 화물자동차 치수제원에 관한 명칭

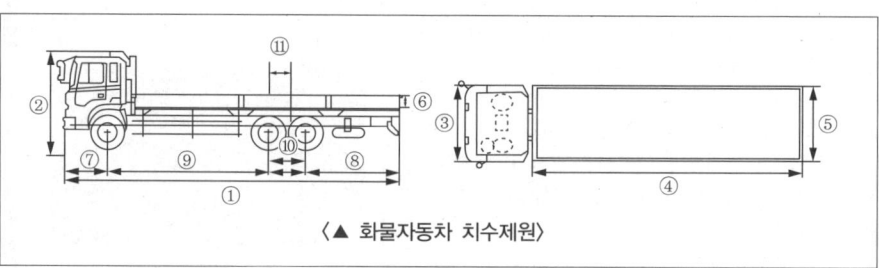

〈▲ 화물자동차 치수제원〉

구 분	내 용
① 전장 (overall length)	차량의 맨 앞에서부터 맨 끝부분까지의 수평거리로서 전장이 길수록 화물의 적재부피가 증가한다(동일 성능 시 적재중량은 감소).
② 전고 (overall height)	타이어 접지 면에서부터 차량의 가장 높은 부분까지로서 전고의 크기는 지하도, 교량의 통과 높이에 영향을 준다.
③ 전폭 (overall width)	차량의 가로 좌·우측 간의 가장 넓은 폭으로 전폭이 넓을수록 주행의 안전성이 향상된다.
④ 하대길이	화물적재대의 길이로서 하대길이가 길수록 적재부피가 증가한다(동일 성능 시 적재중량은 감소).
⑤ 하대폭	화물적재대의 폭으로 하대폭은 파렛트 적재 수와 컨테이너의 적재여부에 영향을 준다(표준파렛트의 폭은 1,100cm).
⑥ 하대높이	화물적재대의 높이로 하대높이는 화물적재의 안정성에 영향을 준다.
⑦, ⑧ 전·후 오버행	앞바퀴의 중심에서 차량의 맨 앞부분까지의 거리(전오버행), 뒷바퀴의 중심에서 차량의 맨 뒷부분까지의 거리(후오버행)로서 전·후 커브 주행 시 안전도에 영향을 준다.
⑨ 제1축간거리	전축 중심에서 후축 중심 간의 거리로서 제1축 간 거리가 길수록 적재대의 길이가 커지거나 적재하중이 앞바퀴에 많이 전달된다.
⑩ 제2축간거리	제2축간거리의 크기는 앞축과 후축 중심의 크기를 결정한다.
⑪ 오프셋(off-set)	하대중심과 후축중심 간의 거리로서 오프셋 값이 클수록 적재함 중량이 앞바퀴에 많이 전달된다.

3 화물자동차의 질량 및 하중 제원에 관한 명칭

구 분	내 용
공차중량 (Empty Vehicle Weight)	차량의 순수한 기본무게로 연료, 냉각수, 윤활유 등을 포함하여 운행에 필요한 장비를 갖춘 상태의 중량을 말한다.
최대적재량 (Maximum Payload)	화물을 최대로 적재할 수 있도록 허용된 중량이다.
차량 총 중량 (Gross Vehicle Weight)	승차정원을 포함하여 화물 최대적재량 적재 시의 자동차 전체 중량이다. 즉 차량중량(= 공차중량), 화물적재량 및 승차중량을 모두 합한 중량을 말한다.
자동차 연결 총 중량 (Gross Combination Weight)	차량에 트레일러를 연결한 경우의 차량 총 중량으로 화물이 최대적재된 상태의 트레일러와 트랙터의 무게를 합한 중량을 말한다.
축하중(Axle Weight)	각각의 (전후)차축에 걸리는 전체 하중이다.
승차정원 (Riding Capacity)	운전자를 포함하여 승차 가능한 최대인원수를 말한다.
최대접지압력	화물의 최대 적재상태에서 도로 지면 접지부에 미치는 단위면적당 중량이다.

화물자동차의 세부기준

구 분	내 용
경 형	배기량이 1,000cc 미만으로서 길이 3.6m·너비 1.6m·높이 2.0m 이하인 것
소 형	최대적재량이 1톤 이하인 것으로서, 총중량이 3.5톤 이하인 것
중 형	최대적재량이 1톤 초과 5톤 미만이거나, 총중량이 3.5톤 초과 10톤 미만인 것
대 형	최대적재량이 5톤 이상이거나, 총중량이 10톤 이상인 것

[출제유형] 2011년 제15회

화물자동차에 관한 설명으로 옳은 것을 모두 고른 것은?

㉠ 전장이 길수록 화물의 적재부피가 증가한다.
㉡ 전고의 크기는 지하도, 교량의 통과 높이에 영향을 준다.
㉢ 전폭이 좁을수록 주행의 안전성이 향상된다.
㉣ 하대높이는 화물적재의 안정성에 영향을 준다.
㉤ 제축간거리가 길수록 적재함 중량이 뒷바퀴에 많이 전달된다.

① ㉠, ㉡, ㉢ ❷ ㉠, ㉡, ㉣
③ ㉡, ㉢, ㉣ ④ ㉡, ㉣, ㉤
⑤ ㉢, ㉣, ㉤

[출제유형] 2014년 제18회

화물자동차의 질량 및 하중 제원에 관한 용어가 아닌 것은?

① 공차중량(Empty Vehicle Weight)
② 축하중(Axle Weight)
❸ 오버행(Overhang)
④ 차량총중량(Gross Vehicle Weight)
⑤ 최대적재량(Maximum Payload)

[출제유형] 2024년 제28회

화물자동차의 운송능력에 관한 내용으로 옳은 것은?

① 최대적재중량은 화물자동차 자체중량과 최대 승차중량을 합한 중량을 말한다.
② 자동차연결 총중량은 공차상태에서 트랙터와 트레일러까지 합산된 중량을 말한다.
③ 화물자동차의 운송능력은 공차중량에 자동차의 평균 용적을 곱하여 계산한다.
④ 최대접지압력은 공차상태에서 도로 지면 접지부에 미치는 압력의 정도를 말한다.
❺ 공차중량은 화물을 적재하지 않고 연료, 냉각수, 윤활유 등을 가득 채운 상태의 중량을 말한다.

핵심테마

09 화물자동차의 분류

PART 2 화물운송론 / Chapter 02 화물자동차(공로)운송

1 화물자동차의 형태별 분류

화물자동차의 형태에 따라 구분하는 방법 가운데 가장 기본적인 방식으로 원동기와 화물적재대가 동일 프레임에 설치되어 있는지의 여부에 따라 일체형 화물자동차와 분리형 화물자동차로 구분한다.

구 분	내 용
일체형 화물자동차	차량을 움직이게 하는 원동기(엔진)와 화물적재대가 하나의 프레임 위에 설치된 차량을 말한다. 일반화물자동차, 밴형화물자동차, 전문용도형차량, 합리화차량, 시스템차량이 이에 속한다.
분리형 화물자동차	원동기가 장치된 부분과 화물을 적재하는 부분이 서로 다른 프레임 위에 설치되고 각각의 차량으로서 제작·등록되는 차량이다. 원동기가 설치된 차량을 트랙터(Tractor), 적재대가 설치된 차량을 트레일러(Trailer)라고 한다.

현행 「자동차관리법」상에 따른 구분

화물자동차	화물을 운송하기에 적합한 화물적재공간을 갖추고 화물적재공간의 총적재화물 무게가 운전자를 제외한 승객이 승차공간에 모두 탑승했을 때 승객의 무게보다 많은 자동차	
	일반형	보통의 화물을 운송하는 것
	덤프형	적재함을 원동기의 힘으로 기울여 적재물을 중력에 의하여 쉽게 미끄러뜨리는 구조의 화물운송용인 것
	밴 형	지붕구조의 덮개가 있는 화물운송용인 것
	특수용도형	특정한 용도를 위하여 특수한 구조로 하거나, 기구를 장치한 것으로서 위 어느 형에도 속하지 아니하는 화물운송용인 것
특수자동차	다른 자동차를 견인하거나 구난작업 또는 특수한 용도로 사용하기에 적합하게 제작된 자동차로서 승용자동차·승합자동차 또는 화물자동차가 아닌 자동차	
	견인형	피견인차의 견인을 전용으로 하는 구조인 것
	구난형	고장·사고 등으로 운행이 곤란한 자동차를 구난·견인할 수 있는 구조인 것
	특수작업형	위 어느 형에도 속하지 아니하는 특수용도인 것

[출제유형] 2023년 제27회

일반화물자동차의 화물 적재공간에 박스형 덮개를 고정적으로 설치한 차량은?

❶ 밴형화물자동차
② 덤프트럭
③ 포크리프트
④ 평바디트럭
⑤ 리치스테커(Reach Stacker)

2 일체형 화물자동차의 종류별 특징

구 분	내 용
일반화물자동차	가장 일반적인 화물자동차로서 적재대의 윗부분이 개방되어 있고 측면과 후면은 적재대 바닥과 힌지(Hinge)로 연결하여 개방을 할 수 있는 구조로 되어 있다.
밴형화물자동차	• 일반적으로 탑차(Top Car)라고 불리기도 하는 차량으로서 일반화물자동차의 화물적재 공간을 상부가 막힌 박스형(Box)으로 제작한 차량을 말한다. • 탑의 무게로 인해 동급의 차량에 비하여 적재중량이 감소되기 때문에 중량화물보다는 부피화물을 운송할 때 주로 이용된다.

전용특장차		차량의 적재대를 특정한 화물운송에 적합하도록 특수하게 제작한 차량을 말한다. 대표적으로 믹서트럭, 탱크로리, 덤프트럭 등이 있다.
	덤프트럭 (Dump Truck)	• 전용특장차 중에서 가장 대표적인 차종이다. • 화물적재함의 높이를 경사지게 함으로써 중력을 이용하여 적재물을 쏟아 내리는 차량 구조를 지닌다. • 주로 흙이나 모래, 자갈 등을 운송하는 데 사용되며, 무거운 토사를 포클레인 등으로 거칠게 적재하기 때문에 차체가 견고하게 제작되어 있다.
	액체운송트럭 (Tanklorry)	• 통상 탱크로리라고 칭하며, 석유류 등을 비롯하여 각종 액체 상태의 다양한 화물을 운송할 수 있도록 탱크 형식의 적재함을 장착한 차량이다. • 운송되는 화물별로 안전한 운송을 위한 특수장치들이 설치된다. • 특히 이러한 액체화물들은 주로 화학물질이기 때문에 지정된 화물 외에는 적재할 수 없다.
	믹서트럭 (Mixer Truck)	• 레미콘을 전문적으로 운송하기 위한 차량으로서 건설 중기로 등록되는 차량이다. • 운송 중 레미콘이 응결되지 않도록 계속 적재함 위에 회전하는 드럼을 싣고 화물을 뒤섞으면서 운행한다.
	분체물운송트럭 (Solid Bulk Truck)	• 가루나 작은 알갱이 형태의 화물을 전문적으로 운송하기 위하여 제작되는 화물자동차이다. • 시멘트, 곡물, 사료 등을 자루에 담지 않고 산물(散物)상태로 운송하는 차량에 주로 적용된다. • 적재대는 원통형이나 박스형으로 제작되고 화물형태에 따라 상하차방식이 다르기 때문에 운송화물의 범용성이 떨어진다.
	냉동물운송트럭 (Reefer Truck)	• 냉동·냉장화물을 전문적으로 운송하기 위하여 제작된 차량으로 야채, 수산물, 어패류 등 일정의 온도관리가 필요한 화물 운송에 사용된다. • 적재대의 모형은 밴형(탑차)과 동일하지만 적재대의 벽체가 단열처리가 되어 있고 냉동기가 부착되어 있으며 적재대 내부가 냉기순환이 가능한 구조로 되어 있다. • 차량은 적재대 내부를 냉각시키는 방법에 의하여 기계식, 축냉식, 액체질소식, 드라이아이스식으로 분류된다.
	중량물운송트럭 (Module Truck)	• 중량화물을 안전하게 운송하기 위해 차체가 넓고 길며, 운송 중에 수평을 유지할 수 있도록 각 바퀴마다 독립현가장치를 장착하고 있다. • 또한 한 대의 차량으로 운송하기 어려운 화물을 운송할 수 있도록 차량을 Back to Back방식이나 Side by Side방식으로 여러 대를 연결하여 하나의 차량처럼 운행할 수도 있기 때문에 모듈 트럭(Module Truck)이라고도 한다.
	차량운송용트럭 (Transporter)	• 차량만 전문적으로 운송할 수 있는 적재대를 갖춘 화물차량으로 '트랜스포터' 또는 '카캐리어'라고 부른다. • 통상 운송되는 차량이 직접 적재대에 올라갈 수 있는 장치와 적재대가 2층으로 되어 있어 한 번에 많은 차량을 적재할 수 있는 구조를 갖고 있다.
합리화차량		• 전용특장차에 화물을 상·하차시킬 때 작업을 보다 합리화할 수 있는 설비기기를 설치한 차량이다. • 운송화물의 범용성을 유지하면서도 적재함 구조를 개선하고, 별도의 상·하역 조력 장치 등을 부착함으로써 화물자동차에 화물을 싣고 내리는 하역작업을 보다 효율적으로 수행하고, 운송화물의 안전성을 높일 목적으로 제작되는 차량을 말한다.

[출제유형] 2018년 제22회

화물대를 기울여 적재물을 중력으로 내리는 적재함 구조의 전용특장차는?

❶ 덤프트럭(Dump Truck)
② 세미 트레일러 트럭(Semi-Trailer Truck)
③ 롤러컨베이어(Roller Conveyor) 장치차량
④ 롤러베드(Roller Bed) 장치차량
⑤ 파렛트 레일(Pallet Rail) 장치차량

[출제유형] 2022년 제26회

화물자동차의 구조에 의한 분류상 전용특장차로 옳은 것을 모두 고른 것은?

ㄱ. 덤프트럭
ㄴ. 분립체 운송차
ㄷ. 적화·하역 합리화차
ㄹ. 측면 전개차
ㅁ. 액체 운송차

① ㄱ, ㄴ ② ㄴ, ㄷ
❸ ㄱ, ㄴ, ㅁ ④ ㄴ, ㄹ, ㅁ
⑤ ㄷ, ㄹ, ㅁ

[출제유형] 2024년 제28회

특장차에 관한 내용으로 옳지 않은 것은?

① 합리화특장차는 적재 및 하역작업의 합리화를 위해 특수기기를 장착한다.
❷ 액체운송차는 콘크리트를 섞으면서 건설현장 등으로 운송하는 차량이다.
③ 전용특장차는 자체의 동력을 이용하여, 장착된 기계장치를 직접 가동시켜 화물 하역 및 운반할 수 있다.
④ 분립체운송차는 시멘트, 곡물 등 분립체를 자루에 담지 않고 운반하기 위해 설계되어 있다.
⑤ 덤프트럭은 적재함 높이를 경사지게 하여 적재물을 하역한다.

[출제유형] 2023년 제27회

화물자동차의 구조에 의한 분류 중 합리화 특장차는?

① 믹서트럭
② 분립체 운송차
③ 액체 운송차
④ 냉동차
❺ 리프트게이트 부착차량

합리화차량	상·하역 합리화차량	• 화물의 상하차를 보다 효율적으로 하기 위하여 차체 구조를 개선하거나 상·하역 조력장치를 부착한 차량을 말한다. • 덤프트럭(Dump Truck), 크레인장착트럭(Crane Truck), 리프트게이트트럭(Lift gate truck), 세이프로더트럭(Safe loader truck) 등
	적재함 구조 합리화차량	• 적재함의 형태를 개선하여 화물을 보다 안전하고 효율적으로 적재하거나 이동시키기 위해 장치를 한 차량을 말한다. • 리프트플로어트럭(Lift-floor truck), 로울러베드장치트럭(Roller bed truck), 로울러컨베이어장치트럭(Roller conveyer truck), 파렛트레일장치트럭, 파렛트슬라이더장치트럭, 행거적재함트럭, 적재공간분리형트럭, 이동식막이트럭, 화물압착트럭, 스테빌라이저트럭, 워크쓰루밴트럭 등
	적재함 개폐 합리화차량	• 상하차작업의 효율을 높이고, 물류센터의 구조 등에 제약을 받는 문제점을 해결하기 위하여 적재함의 개폐방식을 개선한 차량을 말한다. • 윙바디(Wing Body)차량, 셔터도어(Shutter Door)차량, 컨버터블(Convertable)적재함차량, 슬라이딩도어(Sliding Door)차량 등
시스템차량		• 적재한 화물을 이적하지 않은 상태에서 다른 차량을 이용하여 계속적인 연결운송이 가능하도록 하거나 차량과 적재함을 분리하여 상하차시간 및 대기시간 등을 단축할 수 있도록 제작된 차량을 말한다. • 시스템차량과 분리형차량인 트레일러와의 차이점은 트레일러는 견인차와 피견인차로 완전히 분리된 차량인데 반해 시스템차량은 적재함 자체만 분리되고 차체는 하나로 되어 있다는 점이다.
	스왑바디차량	컨테이너형 적재함이 차체와 분리 및 장착이 가능하도록 만들어 화물을 싣거나 내릴 때는 대기 시간이 발생하지 않도록 고안된 차량이다.
	암롤트럭	한번 적재한 화물을 적재함 채로 다른 차량으로 옮겨 싣거나 지면에 내려놓음으로써 신속한 일관운송이 이루어질 수 있도록 고안된 차량이다.

3 분리형 화물자동차의 종류별 특징

[출제유형] 2014년 제18회

화물운송용 트레일러에 관한 설명으로 옳지 않은 것은?

❶ 운송물량이 소규모일수록 효율적이며, 복화물량이 많다.
② 견인차량 1대에 여러 대의 피견인차량의 운영이 가능하여 트랙터의 효율적 이용이 가능하다.
③ 차체무게의 경량화 노력이 이루어지고 있다.
④ 컨테이너, 중량물, 장척물 등의 운송이 가능하다.
⑤ 화물운송용 트레일러에는 저상식, 평상식 등이 있다.

구 분	내 용
견인차량 (Tractor)	• 피견인차량을 견인할 수 있는 장치와 피견인차량의 브레이크시스템 및 등화시스템을 작동시킬 수 있도록 제반 조건이 갖추어진 차량을 말한다. • 견인차량에는 자신은 화물을 적재할 수 없는 상태에서 전문적으로 피견인차량(Trailer)만 견인을 하기 위한 트랙터(Tractor)와 자신도 적재를 하면서 피견인차량을 견인할 수 있는 풀-카고트럭(Full-cargo truck)으로 구분할 수 있다.
피견인차량 (Trailer, 트레일러)	• 차체에 원동기가 부착되어 있지 않아 견인트럭에 의해 끌려가는 차량을 말한다. • ISO규정이나 원래의 자동차의 의미(Automobile)에서 볼 때는 자동차라고 할 수 없으나 견인차량과 결합하여 도로를 주행하고 화물을 운송하게 되며, 피견인차량의 적재능력 및 수량에 따라 전체적인(운송업계 및 운송회사) 운송능력의 차이가 발생할 수 있기 때문에 차량으로 등록되고 관리 및 통제되고 있다. • 피견인차량은 차체가 견인차량과 어떻게 결합되고 피견인차량에 적재된 화물의 무게가 견인차량에 어떻게 분산되느냐에 따라 풀 트레일러, 세미 트레일러, 폴 트레일러 등으로 분류한다.

〈 ▲ 트레일러〉

4 트레일러의 종류(연결형식에 의한 구분)

구 분	내 용
풀 트레일러 (Full Trailer)	• 트레일러에 적재된 화물의 무게를 해당 트레일러가 100% 부담하여 운송하는 형태의 피견인차량이다. • 피견인차량의 앞부분과 뒷부분에 차량이 자체적으로 균형을 유지할 수 있도록 바퀴가 달려있는 형태의 트레일러이다. • 연결된 차량의 총중량 40톤 내에서 최대한의 적재가 가능하다.
세미 트레일러 (Semi Trailer)	• 피견인차량에 적재된 화물의 중량이 견인차량에 분산되도록 설계된 트레일러이다. • 차량의 뒷부분에만 바퀴가 부착되어 있고, 앞부분은 주행 중에는 트랙터의 오륜(Coupler)에 결합되어 독립적으로 운휴 중일 때는 랜딩기어(일종의 아웃트리거)에 의하여 균형이 유지되는 형태이다. • 형상에 따라 다시 평상식 트레일러(강판, 코일 등을 운반)와 샤시 트레일러(컨테이너 운송 목적)로 나눠진다.
폴 트레일러 (Pole Trailer)	• 차량 한 대로 안전하게 운송하기 어려운 장대(長大)화물을 안전하게 운송하기 위하여 이용되는 차량이다. • 일반적으로 돌리(Dolly)라고 칭하며 견인차량과는 긴 Pole에 의해서 연결된다.
더블 트레일러 (Double Trailer)	• 주로 미국에서 이용되고 있으며 세미 트레일러 2량을 연결한 것을 말한다. • 1대의 화물 차량으로 차량 두 대분의 화물을 적재하여 운반할 수 있다.

형상에 의한 트레일러의 구분
- 평상식 트레일러(Flat bed trailer) : 전장의 프레임 상면이 평면의 하대를 가진 구조로서 일반화물이나 강재 등의 수송에 적합하다.
- 중저상식 트레일러(Drop bed trailer) : 저상식 트레일러 가운데 프레임 중앙 하대부가 오목하게 낮은 트레일러로 중량 블록 화물 등 중량화물의 운반에 편리하다.
- 스켈레탈식 트레일러(Skeletal Trailer) : 컨테이너 운송을 위해 제작된 전용 트레일러로 컨테이너 샤시(Chassis)라고도 한다. 전·후단에 컨테이너 고정을 위한 콘(Cone)이 부착되어 있으며, 20ft용, 40ft용 등 여러 종류가 있다.
- 저상식 트레일러(Low bed Trailer) : 대형기계 또는 불도저, 기중기 등 건설기계나 중기를 적재할 수 있도록 전고가 낮은 하대를 갖춘 트레일러이다.
- 밴형 트레일러(Van-type Trailer) : 하대부분에 밴형의 보디가 장치된 트레일러로서 일반 잡화 및 냉동화물 등의 운반용으로 사용된다.
- 오픈 탑 트레일러(Open-top Trailer) : 밴형 트레일러의 일종으로서 천정에 개구부가 있어 채광이 들어가게 되어 있는 고척화물 운반용이다.
- 특수용도 트레일러 : 덤프 트레일러, 탱크 트레일러, 자동차 운반용 트레일러 등이 있다.

[출제유형] 2024년 제28회

다음은 트레일러 트럭(Trailer truck)에 관한 내용이다. ( )에 들어갈 내용으로 옳은 것은?

(ㄱ)트레일러 트럭 : 트랙터에 턴테이블을 설치하고 트레일러를 연결한 후, 대형 파이프 등 장척물의 수송에 사용한다.
(ㄴ)트레일러 트럭 : 트랙터와 트레일러가 적재하중을 분담하는 트레일러를 말한다.
(ㄷ)트레일러 트럭 : 트랙터와 트레일러가 완전히 분리되어 있고, 트랙터 자체도 바디(Body)를 가지고 있다.

① ㄱ : 폴(Pole) ㄴ : 더블(Double)
　ㄷ : 세미(Semi)
② ㄱ : 풀(Full) ㄴ : 폴(Pole)
　ㄷ : 스켈레탈(Skeletal)
③ ㄱ : 풀(Full) ㄴ : 세미(Semi)
　ㄷ : 더블(Double)
❹ ㄱ : 폴(Pole) ㄴ : 세미(Semi)
　ㄷ : 풀(Full)
⑤ ㄱ : 세미(Semi)
　ㄴ : 스켈레탈(Skeletal)
　ㄷ : 풀(Full)

[출제유형] 2019년 제23회

트레일러 형상과 적재하기에 적합한 화물의 연결이 옳지 않은 것은?

① 평상식 트레일러 - 일반화물
② 저상식 트레일러 - 불도저
③ 중저상식 트레일러 - 대형 핫코일(Hot Coil)
❹ 밴형 트레일러 - 중량 블록화물
⑤ 오픈탑 트레일러 - 고척화물

[출제유형] 2021년 제25회

천장이 개구된 형태이며 주로 석탄 및 철광석 등과 같은 화물에 포장을 덮어 운송하는 트레일러는?

① 스케레탈 트레일러
❷ 오픈탑 트레일러
③ 중저상식 트레일러
④ 저상식 트레일러
⑤ 평상식 트레일러

핵심테마 10 화물자동차 운송의 분류

PART 2 화물운송론 / Chapter 02 화물자동차(공로)운송

[출제유형] 2023년 제27회

자가용 화물자동차와 비교한 사업용 화물자동차의 장점으로 옳지 않은 것은?
❶ 자가용 화물차 이용 시보다 기동성이 높고, 보험료가 적다.
② 귀로 시 복화화물운송이 가능하여 운송비가 저렴하다.
③ 돌발적인 운송수요의 증가에 탄력적 대응이 가능하다.
④ 필요한 시점에 필요한 수량과 필요한 규격 및 종류의 차량 이용이 가능하다.
⑤ 운임이 저렴하고 서비스 수준이 높은 업체와 계약운송이 가능하다.

1 화물자동차 운송의 분류

구 분	내 용
운송거리별	• 근거리 운송 : 주로 100km 이내의 운송을 말하고, 자동차의 편리함 및 기동성을 발휘할 수 있는 범위이며 주로 소형차량에 의해 운송된다. • 중거리 운송 : 101~300km까지의 운송으로 중·소형차량이 이용된다. • 장거리 운송 : 301km 이상의 운송으로. 대형차량(11톤 이상)을 이용하는 것이 경제적이다.
운송형태별	• 간선운송 : 화물 터미널, 철도역, 항만, 공항 등 비교적 부지도 넓고, 다수의 물류시설이 위치하며, 복수의 물류업체들이 대량의 화물을 취급하는 물류거점과 물류거점 간 운송을 의미한다. • 지선운송 : 물류거점 간 간선운송이 아닌 물류거점과 소도시 또는 물류센터, 공장 등 화물을 집화하고 배송하는 운송을 의미한다. • 노선운송 : 정기화물과 같이 정해진 노선과 운송계획에 따라 제공되는 운송서비스를 의미한다. • 집화운송 : 화주문전 또는 생산공장이나 물류센터에서 화물을 수집하여 주요 철도역, 항만, 공항, 화물 터미널 등 물류거점까지의 운송을 의미하며, 주로 중·소형 트럭을 이용한다.
소유형태별	• 자가용(자차) 운송 : 타인 소유의 화물을 유상으로 운송하는 것이 아니라 자신의 화물을 자기 차량으로 직접 운송하는 것을 의미한다. • 영업용(용차) 운송 : 타인 소유의 화물을 수송함으로써 운임수수가 발생하는 경우로「화물자동차 운수사업법」에 의하여 규정된 사업운송을 말한다. • 영업용(사업용) 화물자동차는 자가용 화물차 이용 시보다 기동성이 낮다.
취급화물별	• 일반화물운송 : 특수화물을 제외한 화물의 운송 • 특수화물운송 : 사료, 석탄 등 분립체와 액체수송, 위험물 수송(석유류, 고압가스), 대·중량품 수송, 냉동화물 운송
운행형태별	• 트럭 단독운행 : 생산지에서 소비지까지의 일관수송, 집배운송, 간선운송, 택배, 소량화물의 중계수송(본선운송 + 집배운송) • 타 운송기관과의 협동운송 : 집하배달(집배)

화물자동차 운수사업의 종류(화물자동차 운수사업법 제2조)
• 화물자동차 운수사업 : 화물자동차 운수사업이란 화물자동차 운송사업, 화물자동차 운송주선사업 및 화물자동차 운송가맹사업을 말한다.
• 화물자동차 운송사업 : 화물자동차 운송사업은 다른 사람의 요구에 응하여 화물자동차를 사용하여 화물을 유상(有償)으로 운송하는 사업을 말하는 것으로 사업의 종류는 다음과 같다.
  - 일반화물자동차 운송사업 : 20대 이상의 범위에서 대통령령으로 정하는 대수 20대 이상의 화물자동차를 사용하여 화물을 운송하는 사업
  - 개별화물자동차 운송사업 : 화물자동차 1대를 사용하여 화물을 운송하는 사업
• 화물자동차 운송주선사업 : 화물자동차 운송주선사업은 다른 사람의 요구에 응하여 유상으로 화물운송계약을 중개·대리하거나 화물자동차 운송사업 또는 화물자동차 운송가맹사업을 경영하는 자의 화물 운송수단을 이용하여 자기명의와 계산으로 화물을 운송하는 사업을 말한다.
• 화물자동차 운송가맹사업 : 다른 사람의 요구에 응하여 자기 화물자동차를 사용하여 유상으로 화물을 운송하거나 화물정보망(인터넷 홈페이지 및 이동통신단말장치에서 사용되는 응용프로그램을 포함한다. 이하 같다)을 통하여 소속 화물자동차 운송가맹점(제3조 제3항에 따른 운송사업자 및 제40조 제1항에 따라 화물자동차 운송사업의 경영의 일부를 위탁받은 사람인 운송가맹점만을 말한다)에 의뢰하여 화물을 운송하게 하는 사업을 말한다.

⊕ PLUS

화물운송실적신고제도
화물자동차 운수사업자가 신고 대상 운송 또는 주선 실적을 정부에서 정한 일정 기준에 따라 의무적으로 관리하고 신고하여야 하는 제도로서 그 내용은 다음과 같다.
• 운송의뢰자 정보 : 사업자등록번호 (운수사업자 한정)
• 계약 정보 : 계약월, 계약금액
• 배차 정보 : 차량등록번호, 운송완료월, 운송료, 배차횟수
• 위수탁계약 정보(의뢰받은 화물을 재위탁한 경우) : 위탁받은 운송업체의 사업자등록번호, 계약월, 계약금액, 화물정보망 이용여부

11 화물자동차 효율성지표

PART 2 화물운송론 / Chapter 02 화물자동차(공로)운송

1 비용효율성지표

구 분	내 용
톤당 운송비	일정기간 동안 차량운영과 관련하여 발생한 비용(직접원가)을 운송한 화물량으로 나누어 산출한다. 1톤(또는 다른 관리단위)운송에 얼마 정도의 비용을 사용하고 있는가를 파악하기 위한 지표이다.
ton·km당 운송비	일정기간 동안 차량운영과 관련하여 발생한 비용을 총운송 ton·km로 나누어 산출한다. 운송서비스 1단위를 생산하는 데 어느 정도의 비용을 사용하고 있는가를 파악하기 위한 지표이다.
운행거리당 운송비	일정기간 동안의 차량운영과 관련한 비용을 총 운송거리로 나누어 산출한다.
운행거리당 고정비	차량운영비용 중 고정비에 해당하는 비용을 운행거리로 나누어 산출한다. 운행거리가 증가할수록 고정비(일반관리비, 감가상각비, 보험료, 제세공과금 등)는 낮아지고 효율성은 높아진다.
운행거리당 변동비	일정기간 동안의 변동비를 운행거리 실적으로 나누어 산출한다. 변동비 중 가장 큰 비중을 차지하는 연료비, 수리비, 타이어비 등이 관리의 효율성에 따라 차이가 많이 발생하기 때문에 별도로 운행거리당 비용을 산출하여 관리가 필요하다.

2 운영효율성지표

구 분	내 용
가동률	가동률은 일정기간 동안 화물차량을 실제 운행한 시간과 목표운행 시간과의 비율을 의미하는 지표로 실제 가동일수[실제 운행시간(일수)]를 목표 가동일수[목표 운행시간(일수)]로 나누어 산출한다.
회전율	회전율은 화물차량이 일정시간 내에 화물을 운송한 횟수를 말하는 지표로 총 운송량(총 영차거리)을 평균 적재량(평균 영차거리)으로 나누어 산출한다.
영차율(실차율)	영차율은 전체 화물운송거리 중에서 실제로 얼마나 화물을 적재하고 운행했는지를 나타내는 지표로 적재거리(영차 운행거리)를 총 운행거리로 나누어 산출한다.
복화율	복화율은 편도운송을 한 후 귀로에 복화운송을 어느 정도 수행했느냐를 나타내는 지표로 귀로 시 영차 운행횟수를 편도 운행횟수로 나누어 산출한다.
적재율	적재율은 화물자동차의 적재량 대비 실제 얼마나 화물을 적재하고 운행했는지를 나타내는 지표로 평균 적재중량을 적재가능 총 중량으로 나누어 산출한다.

화물자동차 운행과 관련된 효율성지표
- 적재통행률 : 화물자동차의 총 통행 수 중에서 적재상태의 통행비율
- 공차통행률 : 화물자동차의 총 통행 수 중에서 공차상태의 통행비율
- 적재시간율 : 화물자동차의 총 통행시간 중에서 적재상태의 통행시간비율
- 공차거리율 : 화물자동차의 총 운행거리 중 공차상태의 운행거리비율

[출제유형] 2020년 제24회

화물자동차 운영효율성 지표에 관한 설명으로 옳지 않은 것은?

❶ 영차율은 전체 운행거리 중 실제 화물을 적재하지 않고 운행한 비율을 나타낸다.
② 회전율은 차량이 일정한 시간 내에 화물을 운송한 횟수의 비율을 나타낸다.
③ 가동률은 일정기간 동안 화물을 운송하거나 운송을 위해 운행한 일수의 비율을 나타낸다.
④ 복화율은 편도운송을 한 후 귀로에 화물운송을 어느 정도 수행했는지를 나타내는 지표이다.
⑤ 적재율은 차량의 적재정량 대비 실제 화물을 얼마나 적재하고 운행했는지를 나타내는 지표이다.

[출제유형] 2021년 제25회

다음은 A기업의 1년간 화물자동차 운행실적이다. 운행실적을 통해 얻을 수 있는 운영지표 값에 관한 내용으로 옳은 것은?

○ 누적 실제 차량 수 : 300대
○ 실제 가동 차량 수 : 270대
○ 트럭의 적재 가능 총 중량 : 5톤
○ 트럭의 평균 적재 중량 : 4톤
○ 누적 주행거리 : 30,000km
○ 실제 적재 주행거리 : 21,000km

① 복화율은 90%이다.
② 영차율은 90%이다.
③ 적재율은 90%이다.
❹ 가동률은 90%이다.
⑤ 공차거리율은 90%이다.

핵심테마 12 화물자동차 운송원가 및 운임

PART 2 화물운송론 / Chapter 02 화물자동차(공로)운송

[출제유형] 2020년 제24회

화물차량을 이용하여 운송할 때 발생되는 원가항목 중 고정비 성격의 항목을 모두 고른 것은?

㉠ 인건비	㉡ 주차비
㉢ 통신비	㉣ 유류비
㉤ 복리후생비	㉥ 도로통행료

① ㉠, ㉡, ㉥ ❷ ㉠, ㉢, ㉤
③ ㉡, ㉢, ㉥ ④ ㉡, ㉣, ㉤
⑤ ㉢, ㉣, ㉥

[출제유형] 2022년 제26회

화물자동차운송의 고정비 항목으로 옳은 것은?

① 유류비 ② 수리비
❸ 감가상각비 ④ 윤활유비
⑤ 도로통행료

[출제유형] 2017년 제21회

화물자동차의 운송원가 계산은 운송특성에 맞는 합리적 기준을 설정하고 그 기준에 따른 표준원가를 계산하여야 한다. 운송원가 계산에 관한 설명으로 옳지 않은 것은?

① 고정비는 화물자동차의 운송거리 등과 관계없이 일정하게 발생하는 비용을 말한다.
② 변동비용은 운송거리, 영차거리, 운송 및 적재량 등에 따라 변동되는 원가를 말한다.
③ 고정비 대상항목으로는 감가상각비, 세금과 공과금, 인건비 등이 있다.
④ 변동비는 운전기사의 운전기량에 따라 차이가 발생할 수 있다.
❺ 변동비 대상항목으로는 연료비, 광열수도료, 복리후생비 등이 있다.

1 화물자동차 운송원가

구 분	내 용
고정비 (Fixed Costs)	• 고정비는 매출액과 관계없이 기간에 따라 일정하게 발생하는 비용을 말한다. • 고정비의 대상항목으로는 운전기사 인건비, 감가상각비, 복리후생비, 통신비, 세금과 공과금, 보험료, 금융비용, 부대시설 유지관리비, 수도광열료 등이 있다. • 고정비는 일정기간 동안 운행여부 및 운송량에 관계없이 일정하게 발생되는 원가이므로 차량이 가동하지 않으면 소멸한다. • 고정비는 기간총액으로는 고정적인 비용이지만 운송단위당으로는 운송거리와 운송량에 따라 변동한다(반비례 증감한다).
변동비 (Variable Costs)	• 변동비는 운송거리, 영차거리, 운송 및 적재량 등 매출액에 영향을 미치는 항목들의 증감에 따라 변동되는 원가를 말한다. • 변동비 대상항목으로는 연료비(유류비), 주차비, 차량수리비, 타이어비, 도로통행료, 출장여비, 작업비, 능률상여금, 시간외수당 등이 있다. • 변동비는 고정비와 달리 차량이 가동하지 않으면 발생되지 않는다. • 변동비는 운전기사의 운전기량에 따라 차이가 발생할 수 있다. • 변동비는 운행거리 및 서비스 생산량에 비례하여 발생하게 되는 비용이지만, 단위당 변동비는 항상 일정하다(불변이다).

변동비 절감 방안
• 연료비 절감 : 연료소모기준의 책정 및 관리, 화물자동차 경제속도(60~80km/h) 준수, 엔진공회전 억제, 타이어 공기압 적정, 자가 주유소 운영 등
• 수리비 절감 : 예방정비 및 사내정비의 실시, 정기교환품목의 점검 및 교환 등
• 타이어비 절감 : 타이어 위치교환, 타이어 수명주기 설명 및 관리, 적정규격 타이어 장착 등

2 화물자동차 운임

구 분	내 용
의 의	• 운임(freight)이란 화물운송서비스의 대가로 화주가 운송인에게 지불하는 화폐의 액수(보수)를 말한다. • 현재 운임이라는 용어는 넓은 의미로 통행료를 포함한 종합적 운송서비스 대가를 의미하는 경우와 좁은 의미로 운송서비스 대가로 한정되는 경우 모두 통용되고 있다. • 이론적으로 운임은 운송품이 목적지에 실제로 운송되었을 때 운송인에게 운임청구권이 발생하게 되며 양륙지에서 화물을 수령할 때 지급하는 후불운임을 원칙으로 한다. • 계약의 유형, 조건 등에 따라서는 운임에 화물의 출하차 비용이 포함되기도 한다. • 운임수준은 운송업체의 매출에 직접적인 영향을 주기 때문에 업체에 대해 얼마만큼의 이윤을 가져다주느냐 하는 문제와 결부된다. 따라서 적정운임수준의 기준으로 운송업체의 한계수입과 한계비용의 비율이 중요시된다.
특 징	• 거리체감형 : 화물자동차 운송은 전체 운송시간에서 상하차작업에 소요되는 시간의 비율이 매우 커 근거리일수록 고정비율이 커지기 때문에 거리체감비율이 더욱 크다.

특 징		• 톤급체감형 : 동일한 거리 및 화물을 운송하더라도 운송능력이 큰 차량일수록 운송임이 저렴하고 실질적인 운송원가도 낮다. • 운송시간에 따른 차등운임 : 운전기사에 대한 인건비가 운송임의 높은 비율을 차지하며, 야간이나 새벽에 운송하는 경우에는 더 높은 수준의 운송임을 지불해야 한다. • 운송수요 및 공급수준에 따른 운송임 수준 결정 : 화물자동차 운송임은 등락의 주기나 반응속도가 매우 빨라서 요일마다 운송임의 단가가 다르고 어느 특정물량에 대한 수요가 증가하면 신속하게 새로운 공급이 발생한다.
결정요인	운송거리 (Distance)	• 동일한 단위의 화물이라면 운송거리가 길어질수록 총 운송원가는 증가하여 운임이 증가한다. 그러나 단순히 거리에 비례하는 것은 아니고 거리체감형으로 증가한다. • 운송거리는 연료비, 수리비, 타이어비 등 변동비에 영향을 주는 중요한 요소이다.
	화물의 크기 및 개수 (Lot size)	• 운송되는 화물의 크기란 화물 낱개의 크기를 말하는 것이 아니라 운송이 의뢰되는 화물의 로트 사이즈를 말한다. • 운송되는 화물의 취급단위가 클수록 대형차량을 이용하게 되며 대형차량을 이용할수록 운송단위당 부담하는 고정비는 낮아지게 된다.
	밀 도 (Density)	• 화물조직의 치밀함을 말하는 것으로서 일정한 부피에 대한 중량의 상대적 개념이다. 밀도가 낮으면 동일한 공간에 적은 양(중량기준)의 화물을 적재하기 때문에 밀도가 높은 동일한 중량의 화물에 비하여 높은 운송임을 지불해야 한다. • 동일한 중량이라면 부피나 면적이 적은 화물이 밀도가 높다. • 화물의 밀도가 동일할지라도 적재율이 떨어지면 운송량이 적어져 단위당 운송비는 낮은 수준에서 결정된다. • 밀도가 높은 화물은 동일한 용적을 갖는 적재용기에 많이 적재하고 운송할 수 있게 되어, 밀도가 높을수록 단위당 운송비는 낮아진다.
	적재성 (Stowability)	• 적재성이란 화물규격이 운송수단의 적재공간의 활용에 영향을 주는 정도를 나타내는 것으로 물류용기인 컨테이너나 파렛트의 사용은 이러한 적재성을 높여 운임을 낮추고, 적재효율성을 증가시키기 위함이다. • 적재성이 좋지 않은 화물은 그렇지 않은 화물에 비해 운송량이 적어져 높은 수준의 운송임을 지불해야 한다. • 화물형상의 비정형성은 적재작업을 어렵게 하고 적재공간의 효율성을 떨어지게 한다.
	취 급 (Handling)	• 취급은 화물을 차량에 싣고 내리거나 차량 내부에서 외부로 이동하는 행위를 말하는 것으로 화물의 상하차 시 인력 및 특수장비의 사용, 화물취급의 난이도, 시간의 소요 정도 등에 따라 운임은 변동된다. • 취급이 용이한 화물의 경우에는 그렇지 않은 화물에 비해 낮은 수준에서 운임이 결정되고, 화물의 취급이 어려울수록 운임은 증가한다. 취급이 어려운 중량화물이나 장척화물의 경우 할증운임을 부과할 수 있다.
	책임성 (Liability)	• 책임성은 운송사업자가 운송하는 화물과 관련하여 어떤 종류, 어느 정도 수준의 책임을 지고 그것이 경제적으로 어떤 영향을 미치는가를 나타내는 것으로 운송화물의 파손, 분실, 부패, 폭발 등 사고발생 가능성에 따라 운임은 변동된다. • 가격이 높은 화물의 경우에는 파손이나 분실의 위험이, 그리고 운송 품질에 대한 책임이 높은 화물의 경우에는 변질의 위험이 높으면 운임도 높게 결정된다.
	시장요인 (Market Factor)	• 시장에서 업체 간 경쟁상황이나 수요와 공급 상황에 따라 운송임의 단가는 변동될 수 있다. • 시장요인은 최종적으로 화물운임을 결정하는 중요요인이 된다.

[출제유형] 2021년 제25회

운임에 영향을 주는 요인으로 옳은 것을 모두 고른 것은?

ㄱ. 화물의 중량
ㄴ. 화물의 부피
ㄷ. 운송 거리
ㄹ. 화물의 개수

① ㄱ, ㄴ
② ㄷ, ㄹ
③ ㄱ, ㄴ, ㄷ
④ ㄴ, ㄷ, ㄹ
❺ ㄱ, ㄴ, ㄷ, ㄹ

[출제유형] 2019년 제23회

화물자동차 운임 결정 시 고려사항으로 옳지 않은 것은?

① 운송거리는 연료비, 수리비, 타이어비 등 변동비에 영향을 주는 중요한 요소이다.
② 밀도가 높은 화물은 동일한 용적을 갖는 용기에 많이 적재하여 운송할 수 있다.
❸ 한 번에 운송되는 화물 단위가 클수록 대형차량을 이용하며, 이 경우에 운송단위당 부담하는 고정비 및 일반관리비는 높아진다.
④ 화물형상의 비정형성은 적재작업을 어렵게 하고 적재공간의 효율성을 떨어지게 한다.
⑤ 운송 중 발생되는 화물의 파손, 부패, 폭발가능성 등에 따라 운임이 달라진다.

[출제유형] 2023년 제27회

화물자동차 운송가맹사업의 허가기준에 관한 설명으로 옳지 않은 것은?

❶ 허가기준대수 : 400대 이상(운송가맹점이 소유하는 화물자동차 대수를 포함하되, 8개 이상의 시·도에 50대 이상 분포되어야 한다)
② 화물자동차의 종류 : 일반형·덤프형·밴형 및 특수용도형 화물자동차 등 화물자동차운수사업법 시행규칙 제3조에 따른 화물자동차(화물자동차를 직접 소유하는 경우만 해당한다)
③ 사무실 및 영업소 : 영업에 필요한 면적
④ 최저보유차고 면적 : 화물자동차 1대당 그 화물자동차의 길이와 너비를 곱한 면적(화물자동차를 직접 소유하는 경우만 해당한다)
⑤ 그 밖의 운송시설 : 화물정보망을 갖출 것

화물자동차 운송가맹사업의 허가기준(화물자동차 운수사업법 시행규칙 제41조의7 별표 5)
- 허가기준대수 : 50대 이상(운송가맹점이 소유하는 화물자동차 대수를 포함하되, 8개 이상의 시·도에 50대 이상 분포되어야 한다)
- 사무실 및 영업소 : 영업에 필요한 면적
- 최저보유차고 면적 : 화물자동차 1대당 그 화물자동차의 길이와 너비를 곱한 면적(화물자동차를 직접 소유하는 경우만 해당한다)
- 화물자동차의 종류 : 일반형·덤프형·밴형 및 특수용도형 화물자동차 등 화물자동차운수사업법 시행규칙 제3조에 따른 화물자동차(화물자동차를 직접 소유하는 경우만 해당한다)
- 그 밖의 운송시설 : 화물정보망을 갖출 것

화물자동차의 운행상 안전기준(도로교통법 시행령 제22조)
1. 자동차의 승차인원은 승차정원 이내일 것
2. 삭제 〈2023. 6. 20.〉
3. 화물자동차의 적재중량은 구조 및 성능에 따르는 적재중량의 110퍼센트 이내일 것
4. 자동차(화물자동차, 이륜자동차 및 소형 3륜자동차만 해당한다)의 적재용량은 다음 각 목의 구분에 따른 기준을 넘지 아니할 것
   가. 길이 : 자동차 길이에 그 길이의 10분의 1을 더한 길이. 다만, 이륜자동차는 그 승차장치의 길이 또는 적재장치의 길이에 30센티미터를 더한 길이를 말한다.
   나. 너비 : 자동차의 후사경(後寫鏡)으로 뒤쪽을 확인할 수 있는 범위(후사경의 높이보다 화물을 낮게 적재한 경우에는 그 화물을, 후사경의 높이보다 화물을 높게 적재한 경우에는 뒤쪽을 확인할 수 있는 범위를 말한다)의 너비
   다. 높이 : 화물자동차는 지상으로부터 4미터(도로구조의 보전과 통행의 안전에 지장이 없다고 인정하여 고시한 도로노선의 경우에는 4미터 20센티미터), 소형 3륜자동차는 지상으로부터 2미터 50센티미터, 이륜자동차는 지상으로부터 2미터의 높이

[출제유형] 2023년 제27회

화물자동차의 운행상 안전기준에 해당하는 것을 모두 고른 것은?

ㄱ. 적재중량 : 구조 및 성능에 따르는 적재중량의 110% 이내일 것
ㄴ. 길이 : 자동차 길이에 그 길이의 10분의 1을 더한 길이를 넘지 아니할 것
ㄷ. 승차인원 : 승차정원의 110% 이내일 것
ㄹ. 너비 : 자동차의 후사경(後寫鏡)으로 뒤쪽을 확인할 수 있는 범위(후사경의 높이보다 화물을 낮게 적재한 경우에는 그 화물을, 후사경의 높이보다 화물을 높게 적재한 경우에는 뒤쪽을 확인할 수 있는 범위를 말한다)의 너비를 넘지 아니할 것
ㅁ. 높이 : 지상으로부터 4.5미터를 넘지 아니할 것

① ㄱ, ㄴ, ㄷ
❷ ㄱ, ㄴ, ㄹ
③ ㄴ, ㄷ, ㄹ
④ ㄱ, ㄴ, ㄷ, ㄹ
⑤ ㄱ, ㄷ, ㄹ, ㅁ

PART 2 화물운송론 / Chapter 02 화물자동차(공로)운송

핵심테마 13 운송관리시스템(TMS)

1 운송관리시스템의 이해

구 분	내 용
개 념	운송관리시스템은 화물운송 시 수반되는 자료와 정보를 신속하게 수집하여 이를 효율적으로 관리하고 동시에 수주단계에서 입력한 정보를 기초로 속도, 비용 등의 측면에서 가장 효율적인 수송경로와 운송수단을 안내하는 정보체계를 말한다.
주요기능	신속한 배송의뢰 주문처리 기능, 일일 배송계획 기능, 차량의 운행관리 기능, GPS를 이용한 화물추적 기능 등을 수행한다.
구축목적	• 고객에 대한 차량소요계획, 배차의뢰 및 배차, 출고작업, 수·배송의 연계로 고객서비스 향상 • 내부 운송관리시스템의 기반 구축 • 운송 프로세스에 있어서 고객과 파트너 간 협력체계 구축을 통한 업무효율 향상 • 가용차량의 가시성(visibility) 향상으로 차량운영 효율 및 가동률 향상 • 운송 과정에서의 이상발생에 대한 신속한 피드백(feedback) 및 대처 • 다양한 고객을 위한 인터페이스 기반 구축
도입효과	• 고객의 다양한 요구를 수용하면서 수·배송비용, 재고비용 등 총비용을 절감할 수 있다. • 공급배송망 전반에 걸쳐 재고 및 운반비 절감, 대응력 개선, 공급업체와 필요부서 간의 적기 납품을 실현할 수 있다.

효율적인 화물자동차 운송시스템 설계를 위한 기본 요건
• 지정된 시간 내에 화물을 목적지에 배송할 수 있을 것
• 운송, 배송 및 배차계획 등을 조직적으로 실시할 것
• 최저주문단위제를 실시해 배송 주문량 및 주문 횟수를 평준화내지는 최적화할 수 있도록 할 것
• 수주에서 출하까지 작업의 표준화 및 효율화를 수행할 것
• 적절한 유통재고량 유지를 위한 다이어그램배송 등을 사용한 체계적인 운송계획을 수립할 것

2 운송관리시스템의 구성

구 분	내 용
ITS	• Intelligent Transport System(지능형교통시스템) • 도로와 차량, 사람과 화물을 정보네트워크로 연결하여 교통체증의 완화와 교통사고의 감소, 환경문제의 개선 등을 실현할 수 있는 시스템이다.
CVO	• Commercial Vehicle Operation(상용차량 운행관리시스템 / 화물정보망) • 화주의 화물운송정보와 차주의 공차정보를 위성위치정보(GPS)·휴대폰 등 통신망을 이용하여 연결하는 서비스(정보플랫폼)이다. • 화물차량의 위치, 적재화물의 종류, 운행상태, 노선상황, 화물알선정보 등을 실시간으로 파악하여 화물차량의 운행을 최적화하고, 관리를 효율화하기 위하여 지능형교통시스템(ITS)의 일환으로서 개발되었다. • 오늘날 화물정보망은 공차율의 감소, 운송시장의 투명성 제공, 정보 수요자 중심의 시장으로 전환, 운송효율의 제고 등의 역할을 수행하고 있다.

[출제유형] 2024년 제28회
다음에서 설명하는 화물운송관련 시스템은?

○ 화물운송 시 수반되는 자료와 정보를 신속하게 수집하여 효율적으로 관리하는 시스템
○ 수주과정에서 입력한 정보를 기초로 비용이 가장 적은 운송경로와 운송수단을 제공하는 시스템

① Cold Chain System
② Geographic Information System
③ Vanning Management System
❹ Transportation Management System
⑤ Intelligent Transportation System

[출제유형] 2018년 제22회
화물정보망(CVO)의 역할이 아닌 것은?

① 공차율의 감소
❷ 공산품 생산의 감소
③ 운송시장의 투명성 제시
④ 정보 수요자 중심의 시장으로 전환
⑤ 운송효율의 제고

[출제유형] 2023년 제27회

다음에서 설명하는 화물자동차 운송정보시스템은?

출하되는 화물의 양(중량 및 부피)에 따라 적정한 크기의 차량선택과 1대의 차량에 몇 개의 배송처의 화물을 적재할 것인지를 계산해 내고, 화물의 형상 및 중량에 따라 적재함의 어떤 부분에 화물을 적재해야 가장 효율적인 적재가 될 것인지를 시뮬레이션을 통하여 알려주는 시스템

① WMS(Warehouse Management System)
② Routing System
③ Tracking System
❹ VMS(Vanning Management System)
⑤ CVO(Commercial Vehicle Operating system)

[출제유형] 2021년 제25회

다음에서 설명하는 화물운송정보시스템은?

디지털 지도에 각종 정보를 연결하여 관리하고 이를 분석, 응용하는 시스템의 통칭이다. 각종 교통정보를 관리, 이용하여 교통정책 수립 시 의사결정을 지원하는 시스템이다.

① Port-MIS(항만운영정보시스템)
② VMS(적재관리시스템)
③ TRS(주파수공용통신)
④ RFID(Radio Frequency Identification)
❺ GIS-T(교통지리정보시스템)

VMS	• Vanning Management System(적재관리시스템) • 화물의 특징에 따라 적정한 운송차량에 화물이 효율적으로 포장 및 적재될 수 있도록 차량의 소요, 배차, 적재위치 등을 지정해주는 적재관리시스템이다.
GPS	• Global Positioning System(인공위성 자동위치측정 시스템) • 이동체의 위치 및 상태를 인공위성과 무선통신망을 이용하여 관제실의 컴퓨터 모니터의 전자지도상에서 실시간으로 파악하며, 차량을 신속·정확하고 효율적으로 관리하는 시스템이다. • GPS를 이용하면 효율적인 배차관리로 공차 운행의 최소화 및 물류비용 절감의 효과가 있다.
GIS	• Geographic Information System(지리정보시스템) • 어떤 지역에 지리적으로 참조 가능한 모든 형태의 정보를 효과적으로 수집, 저장, 갱신, 분석, 표현할 수 있도록 디지털 지도를 작성한 시스템이다.
GIS-T	• Geographical Information System for Transportation(교통지리정보시스템) • 교통부문에 도입한 지리정보시스템으로 디지털 지도에 각종 정보(교통계획, 교통관리, 도로관리, 도로건설, 교통영향평가 등)를 연결하여 관리하고 이를 분석, 응용하는 교통지리정보시스템의 통칭이다.
AVLS	• Automatic Vehicle Location System(이동체 위치파악 시스템) • 위성으로부터 받은 신호를 차량, 선박, 항공에 장착된 GPS 수신기와 그 밖의 위치센서의 정보로부터 이동체(트럭, 선박 등)의 현 위치를 실시간으로 계산하여 차량의 최적배치 및 파견, 실태 파악 및 분석, 안내, 통제, 운영할 수 있는 일련의 작업들을 자동화한 시스템이다.
TRS	• Trunked Radio System(주파수공용통신) • 중계국에 할당된 다수의 주파수 채널을 여러 사용자들이 공유하여 사용하는 무선통신서비스이다.
LBS	• Location Based Service(위치기반 서비스) • GPS칩을 내장한 휴대폰이나 PDA단말기 이동체의 위치를 무선통신으로 위치확인서버에 제공하면 모든 이동체의 현황을 실시간으로 검색하는 기능을 갖춘 시스템이다.
RS	• Routing System(경로배정 시스템) • 화물자동차의 최종 배송지에 대한 최적의 운송경로를 설정하여주는 운송경로 시스템으로 차량의 배송지점이 매일 변경되는 경우에 특히 효과적이다.

무선주파수식별법(RFID : Radio Frequency Identification)

• 정의 : 유선판독기 및 바코드 인쇄 상태와 결점을 보완하기 위해 개발된 것으로, 판독기에서 나오는 무선신호를 통해 상품에 부착된 태그를 식별하여 데이터를 호스트로 전송하는 시스템이다.
• 특징 : 기존의 바코드만으로 작업이 이루어질 수 없는 정보가 장거리에서 혹은 열악한 환경에서 인식되어질 필요가 있을 경우 유용하며, 표시(Tag)는 제품이나 진열선반에 부착되어 있고, 시스템의 안테나를 통해 자료를 교환할 수 있는 자료교환기(리더기)를 포함하고 있다.
• 구성요소 : RFID는 안테나, 리더기, 호스트, 태그 등으로 구성된다.
• 도입효과

유통시스템의 RFID 도입효과	물류시스템의 RFID 도입효과
• 효과적인 재고관리 • 입출고 리드타임 및 검수정확도 향상 • 도난 등 상품손실 절감 • 반품 및 불량품 추적·조회	• 운영 효율성 제고 • 화물 입출고 및 환적시간 단축 • 보안성 강화 • 대고객서비스 향상

PART 2 화물운송론 / Chapter 02 화물자동차(공로)운송

핵심테마 14 택배서비스와 택배운영시스템

1 택배서비스의 이해

구 분	내 용
개 념	• 택배서비스란 불특정 다수의 화주로부터 운송요청에 의하여 소형·소량의 화물을 송화인의 문전에서 집하하여(Pick-up) 택배업체의 일관책임 하에 수화인의 문전까지 신속하게 배달해주는 소화물 운송서비스를 말한다. • 택배서비스는 소형·소량화물을 문전에서 문전까지 일체의 서비스, 즉 소화물의 집하, 포장, 운송, 배송에 이르기까지의 포괄적인 일관서비스를 제공한다. • 택배서비스는 운송서비스에 대한 소비자주도형의 사회적 요청에 부응한 서비스이다. • 택배서비스는 편리성·정확성·신속성에 입각하여 소비자에게 일관서비스를 제공하는 혁신적인 운송체계로 집하·배송·화물의 흐름이 언제 어디서나 확인이 가능하다.
특 징	• 개인화물부터 기업화물까지 불특정 다수의 이용자들이 요청하는 화물집화서비스를 제공한다. • 주로 다품종 소형·소량화물을 취급한다[소형화물 : 택배업체가 정한 규격의 화물(20~40kg/개), 소량화물 : 이용자의 경제성 판단에 따라 결정]. • 개별화물의 전산관리, 화물추적, 집배차량과의 통신 등이 접목되는 사업이다. • 택배사업은 매출액에 비해서 많은 노동력이 소요되는 사업이다. • 택배사업을 위해서는 물류기지, 집배차량, 자동분류기 등 대규모 투자가 필요하다. • 운송인은 모든 운송상의 책임을 부담하는 일관된 책임운송서비스를 제공한다. • 송화주의 문전에서부터 수화주의 문전까지 편의위주의 운송체계이다. • 복잡한 도시 내 집배송에 적합한 운송서비스를 제공한다. • 단일운임·요금체계로 경제성 있는 운송서비스를 제공한다. • 운송장 작성으로 화물의 분실 및 파손에 대한 손해배상제도를 마련해 두고 있다. • 화물추적시스템에 의한 소화물의 배송 및 현재의 화물위치를 확인하여 줌으로써 안정성과 정확성을 실현한다. • 소형차량을 이용한 도시 내 권역별로 공동집하·배송체제의 유지로 교통혼잡, 환경오염, 교통사고 등의 부작용을 최소화한 운송체계이다. • 인터넷의 보급으로 인한 전자상거래의 활성화로 급성장한 산업이다. • 택배서비스업은 전국을 일원권으로 하는 네트워크 산업이다.

2 택배운영시스템(= 간선운송시스템)

구 분	내 용	
Point-to-Point System	• 일정한 집하지역 내의 화물을 배달될 지역별로 분류한 후 간선차량을 이용하여 배달할 지역 집배시설에서 배달처리하거나 하위배달조직으로 연계 처리하는 방식의 화물연계시스템이다. • 출발지와 목적지를 단일 노선으로 직접 연결하여 운송시간을 절감할 수 있다.	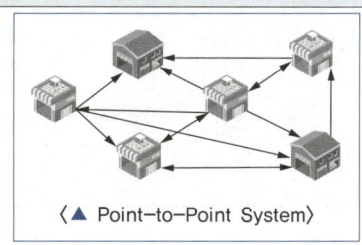 〈▲ Point-to-Point System〉

[출제유형] 2021년 제25회

택배운송에 관한 내용으로 옳지 않은 것은?

① 사업허가를 득한 운송업자의 책임 하에 이루어지는 일관책임체계를 갖는다.
② 물류거점, 물류정보시스템, 운송네트워크 등이 요구되는 산업이다.
③ 소화물을 송화인의 문전에서 수화인의 문전까지 배송하는 door-to-door 서비스를 의미한다.
④ 전자상거래의 확산에 따른 다빈도 배송 수요의 영향으로 택배 관련 산업이 성장추세에 있다.
❺ 택배 서비스 제공업체, 수화인의 지역, 화물의 규격과 중량 등에 상관없이 국가에서 정한 동일한 요금이 적용된다.

[출제유형] 2017년 제21회

택배의 특성에 관한 설명으로 옳은 것을 모두 고른 것은?

㉠ 개인화물부터 기업화물까지 불특정다수의 화물을 대상으로 한다.
㉡ 물류기지, 집배차량, 자동분류기 등 대규모 투자가 필요하지 않다.
㉢ 운송인은 일관된 책임운송서비스를 제공한다.
㉣ 개별화물의 전산관리, 화물추적, 집배차량과의 통신 등이 접목되는 사업이다.
㉤ 집하와 배송이 별개로 수행되는 운송사업이다.
㉥ 택배사업은 매출액에 비해서 많은 노동력이 소요되는 사업이다.

① ㉠, ㉢, ㉣
② ㉠, ㉣, ㉥
③ ㉡, ㉢, ㉥
❹ ㉠, ㉢, ㉣, ㉥
⑤ ㉠, ㉢, ㉣, ㉤, ㉥

[출제유형] 2024년 제28회

다음에서 설명하는 운송시스템은?

○ 하나의 터미널에서 다른 터미널로 운송할 화물을 각각의 터미널로 직접 발송하는 형태의 운송시스템
○ 여러 영업점을 순회하면서 화물을 운송하는 셔틀운송이 필요한 방식
○ 운송노선의 수가 많고 분류작업의 인건비가 증가할 수 있는 방식
○ 터미널 수가 많기 때문에 성수기의 물량 증가에 대한 대처가 양호한 방식

① Hub & Spoke System
❷ Point to Point System
③ Tracking System
④ Cross-Docking System
⑤ Unit Load System

[출제유형] 2023년 제27회

허브 앤 스포크(Hub & Spoke) 시스템에 관한 설명으로 옳지 않은 것은?

❶ 셔틀노선의 증편이 용이하여 영업소 확대에 유리하다.
② 집배센터에 배달물량이 집중될 경우 충분한 상하차 여건을 갖추지 않으면 배송지연이 발생할 수 있다.
③ 모든 노선이 허브를 중심으로 구축된다.
④ 대규모 분류능력을 갖춘 허브터미널이 필요하다.
⑤ 운송노선이 단순한 편이어서 효율성이 높아진다.

Point-to-Point System	특 징	• 지역별로 대규모의 터미널 설치가 필요하다. • 각 지역터미널에서 배달될 지역터미널로 분류한다. • 운송은 간선운송과 셔틀운송으로 구분한다. • 가장 먼 지역에서 배송될 화물의 출발시간에 맞춰 집하화물의 입고가 필요하기 때문에 집하 마감시간의 제약이 심하다. • 운송노선의 수가 많다(편도운행). • 터미널의 작업이 발송작업과 도착작업으로 구분된다. • 네트워크는 터미널과 영업소로 이루어진다.
	장 점	• 터미널 과부하 시 물량 분산 가능 • 거점 간 직접적 간선운영 가능 • 셔틀운송으로 시간별 배송처리에 유리 • 수도권 과밀 물량에 대한 부분적 효율이 높음
	단 점	• 많은 수의 간선 및 지선 필요 • 많은 작업인력 소요 • 간선 비효율성 및 분류작업비 증가 • 화물 취급단계 증가로 사고율 증가 • 중복투자 우려 및 운영비용 과다
Hub & Spoke System		• 각 지역의 집배센터(Spoke)와 거리 또는 무게중심에 의한 중심지역에 설치한 대단위 터미널(Hub)을 직접적으로 연계한 운송시스템이다. • 셔틀운송이 없고 간선운송만으로 운영하며 미국 국제택배업체인 Fedex가 효시이다. • 국내에서는 대한통운이 대전에 허브 터미널을 두고 전국에 집배송센터와 직접 연계하는 시스템 구축으로 시행되었으며, 대부분의 중소업체들은 이 시스템을 이용하고 있다. 〈▲ Hub & Spoke System〉
	특 징	• 대형의 분류능력을 갖는 허브터미널이 필요하다. • 네트워크는 허브터미널, 집배송센터로 구성된다. • 기본적으로 셔틀(Shuttle)운송이 불필요하다. • 중계작업은 입고와 동시에 분류 및 출고작업이 이루어진다. • 전체적인 터미널 작업인력이 감소한다. • 각 집배센터의 발송 및 도착작업은 물량의 입고순서에 따라 순차적으로 수행된다. • 집배센터에 배달 물량이 집중되어 상·하차 여건 부족 시 배송지연이 발생할 수 있다. • 모든 노선이 중심거점(Hub) 위주로 구축된다. • 노선의 수가 적어 운송시간 단축 및 비용절감이 가능하다.
	장 점	• 적은 비용투자로 많은 연결 구축이 가능 • 간선운행 설계가 용이 • 물류 이동이 단순하며 높은 운송효율로 운송비 절감 • 전체적인 터미널 작업인력 수요가 감소 • 분류작업비가 가장 적게 소요됨 • 허브의 단일중계로 사고율이 낮음
	단 점	• 물량성수기에 물량흡수능력이 떨어짐 • Hub가 Spoke의 수요를 감당하지 못할 경우 비효율 발생 → Hub 마비 시 전체 물류 마비 • 인접 Spoke 간 연결망이 없어 운행거리 비효율 발생 • 장거리 지역의 도달이 늦음 • Hub 위치 선정 시 입지조건 제약이 큼

3 택배서비스업의 유형

구 분		내 용
운송수단에 의한 분류		• 일반택배 서비스업 : 송화인으로부터 소형·소량화물의 운송을 의뢰받아 화물이 대리점, 중앙분류센터, 지역별 대리점 등을 경유하여 수화인에게 배송되는 형태를 말한다. • 노선화물 : 일정한 노선의 경유지인 영업소를 거쳐 장기적으로 운행하거나, 특정 노선별로 설치된 영업소를 거점으로 순회하는 운송방식으로 혼적을 허용하여 여러 화주의 화물을 운송한다. • 철도소화물 : 소화물은 승객이 아닌 일반인에 의해 탁송의뢰로 보내지는 화물로 소화물 일관운송의 대상이 되며, 철도운송이 이루어지므로 철도역에서만 취급이 이루어진다. • 우편소화물 : 정보통신부에서 취급하는 소포로, 근거리 소포의 경우는 자체 집배차량이 직접 운송하나, 지역 간 운송은 철도차량을 이용하는 방식이다. 전국적으로 배송이 가능하며 화주는 개인과 법인 등으로 다양하게 구성된다. • 고속버스소화물 : 긴급한 화물의 운송 필요 시 화주가 직접 고속버스터미널에서 탁송하거나 고속버스로 도착한 화물을 찾는 형태의 운송방식이다. 대부분이 중소업체의 소화물과 서류 등을 대상으로 한다. • 이륜오토바이(퀵서비스) : 교통상황이 복잡한 도시 안에서 긴급한 상품, 서류 등을 오토바이를 이용하여 1~2시간 이내에 배송해 주는 형태이다. • 국내상업서류송달업(파우치) : 무역관련 서류, 주로 지역이 다른 본점과 지점 사이의 공문서 등을 신속하게 배송하는 서비스로 소화물 열차나 노선화물편을 이용한다. • 메트로 서비스(도보) : 교통상황이 복잡한 도심지 안에서 긴급한 상품 및 서류 등을 지하철이나 대중교통수단(도보)을 이용하여 30분~1시간 이내에 배송하는 형태이다. 도심 지하철이 연결되는 범위 안에서 배송직원이 직접 방문접수와 배송을 맡게 된다.
기·종점 구간에 의한 분류	C2C (Customer to Customer, 개인 대 개인)	• 소량·소형화물이 개인에게서 집하되어 개인에게 배송되는 형태이다. • 서비스 원가가 가장 많이 소요된다. • 발송인 및 수화인이 대부분 개인이다. • 대부분 가정화물이므로 집하·배송 시 시간이 많이 소요된다. • 개별 방문 시 부재 중인 경우가 많아 2차 방문이 빈번히 발생한다. • 고객이 원하는 시간대에 집하·배송이 어렵다. • 택배서비스 만족을 충족시키기 가장 어렵다.
	B2C (Business to Customer, 기업 대 개인)	• 기업에서 대량 출하된 화물을 개인들에게 배송하는 형태이다. • 무점포판매업(예 카탈로그, CATV, 인터넷쇼핑, 전자상거래 등)의 유통업체가 주로 이러한 형태의 택배서비스를 이용한다. • 일반 기업체는 고객 및 직원들에게 주는 사은품·기념품 배송에 주로 이용한다.
	B2B (Business to Business, 기업 대 기업)	• 조립형 : 중소기업에서 제작된 화물을 다양한 지역으로부터 집하하여 대기업 또는 조립업체로 배송하는 형태이다. • 판매형 : 대기업에서 제조된 상품을 판매점으로 배송하는 형태이다. • 조달형 : 택배서비스로서 집배물량의 규모 및 지역의 분산도에 따라 배송하는 형태이다(예 개별배송, 공동배송형).

> **C2B 택배**
> • 구매한 제품의 A/S를 위한 화물, 구매취소 등의 반품이 주를 이룬다.
> • 판매자의 폐기물 회수가 이루어진다.
> • 전자상거래 증가에 따라 지속적으로 증가할 것으로 예상된다.

[출제유형] 2023년 제27회

다음 설명에 해당하는 택배물류의 형태는?

○ 구매한 제품의 A/S를 위한 화물, 구매취소 등의 반품이 주를 이룸
○ 판매자의 폐기물 회수
○ 전자상거래 증가에 따라 지속적으로 증가할 것으로 예상함

① C2G 택배   ② B2C 택배
③ B2G 택배   ❹ C2B 택배
⑤ C2C 택배

[출제유형] 2019년 제23회

택배서비스 형태의 설명을 바르게 나열한 것은?

㉠ 개인으로부터 집화하여 개인에게 보내는 택배
㉡ 기업에서 기업 또는 거래처로 보내는 택배
㉢ 기업이 개인에게 보내는 택배

① ㉠ B2C ㉡ C2C ㉢ C2B
② ㉠ C2C ㉡ B2B ㉢ C2B
③ ㉠ B2B ㉡ C2C ㉢ B2C
④ ㉠ C2B ㉡ B2B ㉢ C2C
❺ ㉠ C2C ㉡ B2B ㉢ B2C

⊕ PLUS

택배서비스의 성장배경
• 다품종 소량 생산체제의 확산과 다빈도 배송요구 증대
• 재화 및 정보에 대한 신속한 전달요구 증대
• 전자상거래의 확대 및 발전
• 국민소득의 증가와 편리성 추구
• 소비자 요구수준의 고도화
• 소비자 니즈(needs)의 다양화 및 고급화
• 기업의 물류합리화(재고축소, 물류센터 통합 등)
• 물류전문기업의 등장과 성장

> **택배운송사업**
> - 택배운송사업은 장치산업, 네트워크, 정보시스템, 노동집약적인 특징이 있음
> - 다품종 소량생산체제 확산으로 다빈도 배송이 요구(택배표준약관)
> - 운송물 1포장 가액이 300만원을 초과하는 경우는 수탁 거절이 가능(택배표준약관)
> - 택배사업자는 수탁 가능한 운송물의 크기와 무게를 정할 수 있음(우리나라는 일반적으로 1개의 중량이 30kg 이하의 화물을 취급)
> - 택배 관련 사업을 운영하려는 자는 관할관청(시, 군, 구)에 화물자동차운송사업 또는 화물자동차운송주선사업의 허가를 받아야 함

4 택배서비스시장의 환경변화

구 분	내 용
화주측면	• 다품종 소량생산체제와 소비자 주도형 사회로 전환되고 있다. • 소비패턴의 변화로 소량 다빈도 배송이 주를 이루고 있다. • 제3자물류에 대한 관심 고조로 인한 택배서비스업의 탄생 계기가 되었다.
운송업체 측면	• 차량 증가로 심각한 도로 정체, 환경 및 교통규제가 강화되고 있다. • 운송업체의 인력난 문제가 대두되고 있다. • 택배서비스업에 대한 진입규제 완화로 치열한 경쟁이 발생하고 있다. • 화주들의 다양한 서비스 요구가 발생하고 있다.
고객 측면	• 정보사회와 IT기술의 발전으로 인터넷 쇼핑몰과 통신판매가 급증하여 고객들은 빠른 시간 안에 상품을 구입하고자 하는 경향이 증대되고 있다. • 운송서비스에 대한 고객 요구가 다양화·고급화 되고 있다.

[출제유형] 2021년 제25회

택배운송장의 역할에 관한 설명으로 옳지 않은 것은?

① 송화인과 택배회사 간의 계약서 역할
② 택배요금에 대한 영수증 역할
③ 송화인과 택배회사 간의 화물인수증 역할
④ 물류활동에 대한 화물취급지시서 역할
❺ 택배회사의 사업자등록증 역할

5 택배운송장의 개념 및 역할 등

구 분		내 용
택배운송장의 개념		• 택배운송장은 택배업체와 고객 간의 택배계약의 성립과 내용을 증명하기 위한 문서이다. • 택배운송장은 일반적으로 택배업체의 청구에 의하여 고객(송화인)이 발행한다. • 택배운송장은 택배회사가 화물을 송화인으로부터 이상 없이 인수하였음을 증명하는 서류이면서 동시에 택배업체로부터 화물이 안전하게 수화인의 손에 전달될 수 있도록 안내하는 표시이기도 하다. • 택배운송장의 종류에는 기본형(포켓형), 라벨형 이외에 보조운송장이 있다. • 택배운송장에 기록된 요금의 종류에는 선불, 착불, 신용 등이 있다.
택배운송장의 역할 및 중요성	계약서 역할	기업거래처의 경우 별도 계약서를 작성하고 택배거래를 하나, 개인의 경우는 별도 계약 없이 택배업체가 정한 약관을 기준으로 거래가 이루어지며 운송장에 기록된 내용이 곧 계약내용이 된다.
	택배요금 영수증 역할	운송장에 기록된 요금의 종류 중 선불로 요금을 지불한 경우에는 운송장을 영수증으로 사용할 수 있다.
	화물인수증 역할	택배업체가 화물을 송화인으로부터 이상 없이 인수하였음을 증명하는 서류이다.
	정보처리자료 역할	운송장에 인쇄된 바코드를 스캐닝(scanning)함으로써 추적정보를 생성시켜 주는 역할을 한다.
	화물취급지시서 역할	운송장에는 화물의 도착지역정보, 취급주의사항, 배달약속일자 등 정보가 기록되어 있으며 각 단계의 관리자 및 화물취급자는 이 정보가 지시하는 바에 따라 화물을 안전하게 취급해야 한다.

[출제유형] 2015년 제19회

택배운송장의 기능에 관한 설명으로 옳지 않은 것은?

① 계약서의 기능
② 택배요금 영수증의 기능
③ 화물인수증의 기능
④ 화물취급지시서의 기능
❺ 유가증권의 기능

택배운송장의 역할 및 중요성	배송증빙서 역할	배송완료 후 배송여부, 파손 등에 대한 책임소재를 확인해줄 수 있는 증거서류로서의 역할을 하게 된다.
	요금청구서 역할	착불 또는 착지신용택배화물의 경우에는 운송장을 증빙으로 제시하여 수화인에게 요금을 청구하게 된다.
	수입금관리자료 역할	선불화물이나 착불화물의 경우 입금을 할 때 입금표와 수입금 및 운송장을 첨부하여 제출하게 된다.
	화물픽킹·팩킹 지시서 역할	B2C화물을 취급하는 기업의 경우 물류센터에서 수화인별로 픽킹 및 팩킹을 하게 되는데, 이때 운송장을 작업지시서로 활용하게 된다.

택배 영업장
- 터미널 : 화물의 분류, 차량의 간선운행 기능을 갖는 영업장
- 특약점 : 수탁자가 점포, 차량을 준비하여 화물집화만을 수행하는 영업장
- 대리점 : 대리점주가 점포, 차량을 준비·운영하는 영업장
- 취급점 : 카운터와 동일한 업무를 수행하는 곳으로 편의점, 전문상가업소, 슈퍼마켓 등을 대상으로 위탁 운영되는 영업장
- 위탁 영업소 : 회사가 점포와 집배·배송 차량을 제공하고 수탁자가 이를 운영하는 영업장

[출제유형] 2023년 제27회

택배 영업장에 관한 설명으로 옳은 것은?

① 터미널은 회사가 점포를 개설하여 직접 운영하는 영업장을 말한다.
② 특약점은 일정한 지역의 영업거점으로 집배차량 통제 및 집배구역을 관리하고 주로 집배·배송 업무를 수행하는 영업장을 말한다.
③ 대리점은 수탁자가 점포, 차량을 준비하여 화물집화만을 수행하는 영업장을 말한다.
④ 취급점은 화물의 분류, 차량의 간선운행 기능을 갖는 영업장을 말한다.
❺ 위탁 영업소는 회사가 점포와 집배·배송 차량을 제공하고 수탁자가 이를 운영하는 영업장을 말한다.

핵심테마 15 택배표준약관 주요내용

PART 2 화물운송론 / Chapter 02 화물자동차(공로)운송

[출제유형] 2023년 제27회

택배 표준약관(공정거래위원회 표준약관 제10026호)에 따른 용어의 정의로 옳지 않은 것은?

① '택배'라 함은 고객의 요청에 따라 운송물을 고객(송화인)의 주택, 사무실 또는 기타의 장소에서 수탁하여 고객(수화인)의 주택, 사무실 또는 기타의 장소까지 운송하여 인도하는 것을 말한다.
② '택배사업자'라 함은 택배를 영업으로 하며, 상호가 운송장에 기재된 운송사업자를 말한다.
③ '인도'라 함은 사업자가 고객(수화인)에게 운송장에 기재된 운송물을 넘겨주는 것을 말한다.
④ '운송장'이라 함은 사업자와 고객(송화인) 간의 택배계약의 성립과 내용을 증명하기 위하여 사업자의 청구에 의하여 고객(송화인)이 발행한 문서를 말한다.
❺ '수탁'이라 함은 사업자가 택배를 수행하기 위하여 고객(수화인)으로부터 운송물을 수령하는 것을 말한다.

1 용어의 정의(표준약관 제2조)

구 분	내 용
택 배	고객의 요청에 따라 운송물을 고객(송화인)의 주택, 사무실 또는 기타의 장소에서 수탁하여 고객(수화인)의 주택, 사무실 또는 기타의 장소까지 운송하여 인도하는 것을 말한다.
택배사업자	택배를 영업으로 하며, 상호가 운송장에 기재된 운송사업자를 말한다.
고 객	사업자에게 택배를 보내는 송화인과 받는 수화인을 말한다. 다만, 「약관의 규제에 관한 법률」에 따른 '고객'은 '송화인'을 말한다.
송화인	사업자와 택배계약을 체결한 자로 운송장에 '보내는 자'(또는 '보내는 분')로 명시되어 있는 자를 말한다.
수화인	운송물을 수령하는 자로 운송장에 '받는 자'(또는 '받는 분')로 명시되어 있는 자를 말한다.
운송장	사업자와 고객(송화인) 간의 택배계약의 성립과 내용을 증명하기 위하여 사업자의 청구에 의하여 고객(송화인)이 발행한 문서를 말한다.
수 탁	사업자가 택배를 수행하기 위하여 고객(송화인)으로부터 운송물을 수령하는 것을 말한다.
인 도	사업자가 고객(수화인)에게 운송장에 기재된 운송물을 넘겨주는 것을 말한다.
손해배상한도액	운송물의 멸실, 훼손 또는 연착 시에 사업자가 손해를 배상할 수 있는 최고 한도액(최저 한도액 ×)을 말한다. 다만, '손해배상한도액'은 고객(송화인)이 운송장에 운송물의 가액을 기재하지 아니한 경우에 한하여 적용되며, 사업자는 손해배상한도액을 미리 이 약관의 별표로 제시하고 운송장에 기재한다.

2 사업자 및 송화인의 의무(표준약관 제5조 · 제6조)

구 분	내 용

사업자의 의무	• 정보제공의 의무 : 사업자는 택배를 이용하고자 하는 자에게 다음의 사항을 홈페이지 및 모바일 앱, 콜센터, 전화 등으로 알기 쉽게 제공하여야 한다.
	  1. 택배의 접수방법, 취소, 환불, 변경방법
	  2. 택배사고 시 배상접수 방법 및 배상기준, 처리절차 등
	  3. 송장번호 입력란
	  4. 결제방법
	  5. 택배이용약관 또는 운송계약서
	• 고객응대의 의무 : 사업자는 고객응대시스템(콜센터, 어플리케이션 등)을 설치, 운영하여야 하며 고객서비스 만족 수준을 제고시키기 위해 노력하여야 한다.
	• 개인정보보호에 관한 의무 : 사업자는 업무상 알게 된 고객(송화인, 수화인)의 개인정보를 개인정보보호법 등 관계법령에 따라 관리하여야 하며, 고객(송화인, 수화인)의 동의 없이 택배업무와 관계없는 제3자에게 제공할 수 없다.
	• 선량한 관리자로서의 주의 의무 : 사업자는 대행 업무를 수행함에 있어 선량한 관리자의 주의와 의무를 다해야 한다.

송화인의 의무	• 운송장의 정확한 작성 의무 : 고객(송화인)은 수화인의 주소, 전화번호, 성명, 운송물의 품명 및 표준가액 등을 운송장에 정확하게 작성하여야 한다. • 수탁거절대상 운송물의 위탁금지 의무 : 고객(송화인)은 제12조에 의한 규정에 따라 화약류, 인화물질, 밀수품, 군수품, 현금, 카드, 어음, 수표, 유가증권, 계약서, 원고, 서류, 동물, 동물사체 등의 운송물을 위탁하지 않아야 한다.

3 운송장의 기재사항(표준약관 제7조)

사업자 기재사항(제1항)	고객 기재사항(제2항)
사업자는 계약을 체결하는 때에 다음의 사항을 기재한 운송장을 마련하여 고객(송화인)에게 교부한다. 1. 사업자의 상호, 대표자명, 주소 및 전화번호, 담당자(집화자) 이름, 운송장 번호 2. 운송물을 수탁한 당해 사업소(사업자의 본·지점, 출장소 등)의 상호, 대표자명, 주소 및 전화번호 3. 운송물의 중량 및 용적 구분 4. 운임 기타 운송에 관한 비용 및 지급방법 5. 손해배상한도액 • 고객(송화인)이 운송장에 운송물의 가액을 기재하지 아니하면 제22조 제3항에 따라 사업자가 손해배상을 할 경우 손해배상한도액은 **50만원**이 적용된다. • 고객(송화인)이 운송물의 가액에 따라 할증요금을 지급하는 경우에는 각 운송가액 구간별 **최고가액(최저가액 ×)**이 적용됨을 명시해 놓는다. 6. 문의처 전화번호 7. 운송물의 인도 예정 장소 및 인도 예정일 8. 기타 운송에 관하여 필요한 사항(특급배송, 신선식품 배송 등)	고객(송화인)은 제1항의 규정에 의하여 교부받은 운송장에 다음의 사항을 기재하고 기명날인 또는 서명하여 이를 다시 사업자에게 교부한다. 1. 송화인의 주소, 이름(또는 상호) 및 전화번호 2. 수화인의 주소, 이름(또는 상호) 및 전화번호 3. 운송물의 종류(품명), 수량 및 가액 • 고객(송화인)이 운송장에 운송물의 가액을 기재하면 사업자가 손해배상을 할 경우 이 가액이 손해배상액 산정의 기준이 된다는 점을 명시해 놓는다. 4. 운송물의 인도예정장소 및 인도예정일(특정 일시에 수화인이 사용할 운송물의 경우에는 그 사용목적, 특정 일시 및 인도예정일시를 기재함) 5. 운송상의 특별한 주의사항(훼손, 변질, 부패 등 운송물의 특성구분과 기타 필요한 사항을 기재함) 6. 운송장의 작성연월일

4 운임의 청구와 유치권(표준약관 제8조)

구 분	내 용
운임의 청구	사업자는 운송물을 수탁할 때 고객(송화인)에게 운임을 청구할 수 있다. 다만, 고객(송화인)과의 합의에 따라 운송물을 인도할 때 운송물을 받는 자(수화인)에게 청구할 수도 있다.
운송물 유치	위 단서의 경우 고객(수화인)이 운임을 지급하지 않는 때에는 사업자는 운송물을 유치할 수 있다.
할증요금의 청구	운송물이 포장당 50만원을 초과하거나 운송상 특별한 주의를 요하는 것일 때에는 사업자는 따로 할증요금을 청구할 수 있다.
추가요금의 청구	고객(송화인, 수화인)의 사유로 운송물을 돌려보내거나, 도착지 주소지가 변경되는 경우, 사업자는 따로 추가 요금을 청구할 수 있다.
운송장 기재	운임 및 할증요금은 미리 이 약관의 별표로 제시하고 운송장에 기재한다.

[출제유형] 2024년 제28회

택배 표준약관(공정거래위원회 표준약관 제10026호)의 운송장에서 사업자가 고객(송화인)에게 교부해야 하는 사항이 아닌 것은?

① 사업자의 상호, 대표자명, 주소 및 전화번호, 담당자(집화자) 이름
② 운송물의 중량 및 용적 구분
③ 손해배상한도액
④ 운임 기타 운송에 관한 비용 및 지급방법
❺ 운송물의 원산지(제조지)

[출제유형] 2023년 제27회

택배 표준약관(공정거래위원회 표준약관 제10026호)에서 사업자가 고객(송화인)과 계약을 체결하는 때에 운송장에 기재하는 내용으로 옳은 것을 모두 고른 것은?

ㄱ. 손해배상한도액
ㄴ. 운송물의 종류(품명), 수량 및 가액
ㄷ. 운임 기타 운송에 관한 비용 및 지급방법
ㄹ. 운송물의 중량 및 용적 구분
ㅁ. 운송상의 특별한 주의사항(훼손, 변질, 부패 등 운송물의 특성구분과 기타 필요한 사항을 기재함)
ㅂ. 운송장의 작성연월일

① ㄱ, ㄴ, ㄷ
❷ ㄱ, ㄷ, ㄹ
③ ㄱ, ㄹ, ㅂ
④ ㄴ, ㄷ, ㄹ
⑤ ㄴ, ㅁ, ㅂ

[출제유형] 2020년 제24회

택배사업자가 택배표준약관(공정거래위원회 표준약관 제10026호)에 근거하여 운송물의 수탁을 거절할 수 있는 경우가 아닌 것은?

① A 회사가 B 회사에게 보낸 재생 불가능한 계약서
❷ C 농업법인이 보낸 쌀 10kg
③ D 애견회사가 보낸 강아지 2마리
④ E 보석상이 보낸 400만원 상당의 금목걸이
⑤ F 총포상이 보낸 화약

[출제유형] 2020년 제24회

택배 표준약관(공정거래위원회 표준약관 제10026호)의 운송물 수탁거절 사유를 모두 고른 것은?

ㄱ. 운송이 법령, 사회질서 기타 선량한 풍속에 반하는 경우
ㄴ. 운송물 1포장의 가액이 200만원을 초과하는 경우
ㄷ. 운송물의 인도예정일(시)에 따른 운송이 가능한 경우
ㄹ. 운송물이 현금, 카드, 어음, 수표, 유가증권 등 현금화가 가능한 물건인 경우
ㅁ. 운송물이 재생 불가능한 계약서, 원고, 서류 등인 경우

① ㄱ, ㄴ, ㄹ   ❷ ㄱ, ㄹ, ㅁ
③ ㄴ, ㄷ, ㅁ   ④ ㄴ, ㄹ, ㅁ
⑤ ㄷ, ㄹ, ㅁ

[출제유형] 2021년 제25회

택배 표준약관(공정거래위원회 표준약관 제10026호)에서 사업자가 운송물의 수탁을 거절할 수 있는 경우가 아닌 것은?

① 운송물의 인도예정일(시)에 따른 운송이 불가능한 경우
② 운송이 법령, 사회질서 기타 선량한 풍속에 반하는 경우
❸ 운송물 1포장의 가액이 100만원 이하인 경우
④ 운송물이 살아 있는 동물, 동물사체 등인 경우
⑤ 고객(송화인)이 운송장에 필요한 사항을 기재하지 아니한 경우

5 운송물 포장 및 외부표시(표준약관 제9조·제10조)

구 분		내 용
운송물 포장	포장의 의무 (고객)	고객(송화인)은 운송물을 그 성질, 중량, 용적 등에 따라 운송에 적합하도록 포장하여야 한다.
	포장의 청구 등 (사업자)	• 사업자는 운송물의 포장이 운송에 적합하지 아니한 때에는 고객(송화인)에게 필요한 포장을 하도록 청구하거나, 고객(송화인)의 승낙을 얻어 운송 중 발생될 수 있는 충격량을 고려하여 포장을 하여야 한다. • 다만, 이 과정에서 추가적인 포장비용이 발생할 경우에는 사업자는 고객(송화인)에게 추가 요금을 청구할 수 있다. ※ 손해배상책임 : 사업자는 위의 규정을 준수하지 아니하여 발생된 사고 시 고객(송화인)에게 손해배상을 하여야 한다.
	재포장 통지의무	사업자가 운송물을 운반하는 도중 운송물의 포장이 훼손되어 재포장을 한 경우에는 지체 없이 고객(송화인)에게 그 사실을 알려야 한다.
포장의 외부표시		사업자는 운송물을 수탁한 후 그 포장의 외부에 운송물의 종류·수량, 운송상의 특별한 주의사항, 인도예정일(시) 등의 필요한 사항을 표시한다.

6 운송물 확인 및 수탁거절 사유(표준약관 제11조·제12조)

구 분	내 용
운송물 확인	• 사업자는 운송장에 기재된 운송물의 종류와 수량에 관하여 고객(송화인)의 동의를 얻어 그 참여 하에 이를 확인할 수 있다. • 사업자가 운송물을 확인한 경우에 운송물의 종류와 수량이 고객(송화인)이 운송장에 기재한 것과 같은 때에는 사업자가 그로 인하여 발생한 비용 또는 손해를 부담하며, 다른 때에는 고객(송화인)이 이를 부담한다.
운송물 수탁거절 사유	사업자는 다음 중 어느 하나에 해당하는 경우에는 운송물의 수탁을 거절할 수 있다 (임의규정). • 고객(송화인)이 운송장에 필요한 사항을 기재하지 아니한 경우 • 고객(송화인)이 포장의 청구나 승낙을 거절하여 운송에 적합한 포장이 되지 않은 경우 • 고객(송화인)이 운송물의 확인을 거절하거나 운송물의 종류와 수량이 운송장에 기재된 것과 다른 경우 • 운송물 1포장의 크기가 가로·세로·높이 세변의 합이 (　)cm를 초과하거나, 최장변이 (　)cm를 초과하는 경우 • 운송물 1포장의 무게가 (　)kg를 초과하는 경우 • 운송물 1포장의 가액이 300만원을 초과하는 경우 • 운송물의 인도예정일(시)에 따른 운송이 불가능한 경우 • 운송물이 화약류, 인화물질 등 위험한 물건인 경우 • 운송물이 밀수품, 군수품, 부정임산물 등 관계기관으로부터 허가되지 않거나 위법한 물건인 경우 • 운송물이 현금, 카드, 어음, 수표, 유가증권 등 현금화가 가능한 물건인 경우 • 운송물이 재생 불가능한 계약서, 원고, 서류 등인 경우 • 운송물이 살아 있는 동물, 동물사체 등인 경우 • 운송이 법령, 사회질서 기타 선량한 풍속에 반하는 경우 • 운송이 천재, 지변 기타 불가항력적인 사유로 불가능한 경우

7 운송물의 인도(표준약관 제13조 · 제14조)

구 분	내 용	
공동운송 · 타 운송수단의 이용	사업자는 고객(송화인)의 이익을 해치지 않는 범위 내에서 수탁한 운송물을 다른 운송사업자와 협정을 체결하여 공동으로 운송하거나 다른 운송사업자의 운송수단을 이용하여 운송할 수 있다.	
운송물의 인도일	일반운송물	사업자는 다음의 인도예정일까지 운송물을 인도한다. • 운송장에 인도예정일의 기재가 있는 경우에는 그 기재된 날 • 운송장에 인도예정일의 기재가 없는 경우에는 운송장에 기재된 운송물의 수탁일로부터 인도예정장소에 따라 다음 일수에 해당하는 날 – 일반 지역 : 수탁일로부터 2일 – 도서, 산간벽지 : 수탁일로부터 3일
	특정 일시 운송물	사업자는 수화인이 특정 일시에 사용할 운송물을 수탁한 경우에는 운송장에 기재된 인도예정일의 특정 시간까지 운송물을 인도한다.
	협력 의무	사업자는 고객(수화인)에 인도 후 운송물 배송의 배송완료 일시, 송장번호 등을 고객(송화인)이 확인할 수 있도록 협력해야 한다.

8 손해배상책임(표준약관 제22조)

구 분	내 용			
손해배상의 부담	사업자는 자기 또는 운송 위탁을 받은 자, 기타 운송을 위하여 관여된 자가 운송물의 수탁, 인도, 보관 및 운송에 관하여 주의를 태만히 하지 않았음을 증명하지 못하는 한, 운송물의 멸실, 훼손 또는 연착으로 인한 손해를 고객(송화인)에게 배상한다.			
손해배상의 범위	• 고객이 운송장에 운송물의 가액을 기재한 경우 : 사업자의 손해배상은 다음에 의한다.			
	손해기준		배상범위	
	전부 · 일부 멸실		운송장에 기재된 운송물의 가액을 기준으로 산정한 손해액 또는 고객(송화인)이 입증한 운송물의 손해액(영수증 등)	
	훼 손	수선 가능	실수선 비용(A/S비용)	
		수선 불가능	전부 · 일부 멸실에 준하여 배상	
	단순 연착	일반적 운송물	• 인도예정일을 초과한 일수에 사업자가 운송장에 기재한 운임액의 50%를 곱한 금액(초과일수 × 운송장 기재 운임액 × 50%) • 다만, 운송장 기재 운임액의 200%를 한도로 함	
		특정 일시에 사용할 운송물	운송장 기재 운임액의 200%	
	연착되고 일부 멸실		전부 · 일부 멸실에 준하여 배상	
	연착되고 훼손	수선 가능	실수선 비용(A/S비용)	
		수선 불가능	전부 · 일부 멸실에 준하여 배상	
	• 고객이 운송장에 운송물의 가액을 기재하지 않은 경우 : 사업자의 손해배상의 범위는 다음에 의한다. 이 경우 <u>손해배상한도액은 50만원</u>으로 하되, 운송물의 가액에 따라 할증요금을 지급하는 경우의 손해배상한도액은 각 운송가액 구간별 운송물의 <u>최고가액</u>으로 한다.			

[출제유형] 2022년 제26회

택배 취급이 금지되는 품목으로 옳지 않은 것은?

❶ 유리제품
② 상품권
③ 복 권
④ 신용카드
⑤ 현 금

[출제유형] 2019년 제23회

다음과 같은 상황이 발생했을 때 택배표준약관(공정거래위원회 표준약관 제10026호)에 근거한 보상내용으로 옳은 것은?

○ 홍길동은 설 명절에 해외 출장 때문에 고향에 가지 못하게 되었다.
○ 평소에 등산을 좋아하는 부모님을 위해서 설 명절 선물로 등산화 2켤레(110만원)를 구입하고 등산화 속에 60만원(10만원 × 6장)의 A 백화점상품권을 넣었다.
○ B 택배 회사에 택배의뢰 시 운송물(등산화, 상품권) 금액에 대해서는 별도로 알리지 않고 등산화만 송장에 표기를 하고 부모님께 택배를 보냈다.
○ 그 다음날 택배회사로부터 해당 택배물품을 운송 중에 잃어버렸다는 통보를 받았다.

① 등산화 가격 110만원을 보상받는다.
② 등산화 가격 110만원과 A 백화점 상품권 60만원을 모두 보상받는다.
③ 등산화 가격 110만원과 A 백화점 상품권 60만원의 각각 50%까지 보상받는다.
④ A 백화점 상품권 60만원 중 40만원까지 보상받는다.
❺ 등산화 가격 110만원 중 50만원까지 보상받는다.

[출제유형] 2022년 제26회

택배표준약관(공정거래위원회 표준약관 제10026호)의 손해배상에 관한 설명이다. ( )에 들어갈 내용으로 옳은 것은?

> 사업자가 고객(송화인)으로부터 배상요청을 받은 경우, 고객(송화인)이 손해입증서류를 제출한 날로부터 ( ) 이내에 사업자는 우선 배상한다(단, 손해입증서류가 허위인 경우에는 적용되지 아니한다).

① 7일 ② 10일
③ 21일 ❹ 30일
⑤ 60일

	손해기준		배상범위
손해배상의 범위	전부 멸실		인도예정일의 인도예정장소에서의 운송물 가액을 기준으로 산정한 손해액 또는 고객(송화인)이 입증한 운송물의 손해액(영수증 등)
	일부 멸실		인도일의 인도장소에서의 운송물 가액을 기준으로 산정한 손해액 또는 고객(송화인)이 입증한 운송물의 손해액(영수증 등)
	훼손	수선 가능	실수선 비용(A/S비용)
		수선 불가능	일부 멸실에 준하여 배상
	단순 연착	일반적 운송물	• 인도예정일을 초과한 일수에 사업자가 운송장에 기재한 운임액의 50%를 곱한 금액(초과일수 × 운송장 기재 운임액 × 50%) • 다만, 운송장 기재 운임액의 200%를 한도로 함
		특정 일시에 사용할 운송물	운송장 기재 운임액의 200%
	연착되고 일부 멸실		일부 멸실에 준하여 배상하되, '인도일'을 '인도예정일'로 함
	연착되고 훼손	수선 가능	실수선 비용(A/S비용)
		수선 불가능	일부 멸실에 준하여 배상하되, '인도일'을 '인도예정일'로 함
	• 고의 또는 중대한 과실이 있는 경우 : 운송물의 멸실, 훼손 또는 연착이 사업자 또는 운송 위탁을 받은 자, 기타 운송을 위하여 관여된 자의 고의 또는 중대한 과실로 인하여 발생한 때에는, 사업자는 위의 규정에도 불구하고 모든 손해를 배상한다.		
사업자 우선 배상	발생한 손해에 대하여 사업자가 고객(송화인)으로부터 배상요청을 받은 경우 고객(송화인)이 영수증 등 손해입증서류를 제출한 날로부터 30일 이내에 사업자가 우선 배상한다. 단, 손해입증서류가 허위인 경우에는 적용되지 아니한다.		

9 사업자의 면책 등(표준약관 제24조·제25조)

구 분		내 용
사업자의 면책		사업자는 천재지변, 전쟁, 내란 기타 불가항력적인 사유에 의하여 발생한 운송물의 멸실, 훼손 또는 연착에 대해서는 손해배상책임을 지지 아니한다.
책임의 특별소멸사유와 시효	책임의 특별소멸사유	운송물의 일부 멸실 또는 훼손에 대한 사업자의 손해배상책임은 고객(수화인)이 운송물을 수령한 날로부터 14일 이내에 그 일부 멸실 또는 훼손에 대한 사실을 고객(송화인)이 사업자에게 통지를 발송하지 아니하면 소멸한다.
	책임의 시효기간	운송물의 일부 멸실, 훼손 또는 연착에 대한 사업자의 손해배상책임은 고객(수화인)이 운송물을 수령한 날로부터 1년이 경과하면 소멸한다. 다만, 운송물이 전부 멸실된 경우에는 그 인도예정일로부터 기산한다.
	적용 예외 (악의인 경우)	위의 두 규정은 사업자 또는 그 운송 위탁을 받은 자, 기타 운송을 위하여 관여된 자가 이 운송물의 일부 멸실 또는 훼손의 사실을 알면서 이를 숨기고 운송물을 인도한 경우에는 적용되지 아니한다. 이 경우에는 사업자의 손해배상책임은 고객(수화인)이 운송물을 수령한 날로부터 5년간 존속한다.

PART 2 화물운송론 / Chapter 03 철도운송

핵심테마 16 철도운송의 이해

1 철도운송의 개요

구 분	내 용
철도운송의 개념	• 철도화물운송은 송화인의 화물발송지에서부터 수화인의 배송지까지 철도와 기관차(화차)를 이용하여 화물을 운송하는 것을 말한다. • 화물을 장거리로 수송하는 경우에는 수송비용이 적게 들고 경제적인 반면, 초기에 대규모의 자본이 투자되고 투입자본 대부분이 고정화되어 타 산업으로 전업할 수 없다는 경제적 특성을 가지고 있다.
철도운송의 특징	• 단일 열차로 대량의 화물을 한번에 효율적으로 운송할 수 있는 육상 최대의 수송능력을 소유하고 있다. • 배기가스나 소음이 적고, 안정성과 지속가능성 측면에서 매우 우수하다. • 궤도(Guide Way)수송이기 때문에 타 운송수단에 비해 사고율이 낮고 안전도가 높다. • 화물운송의 거리가 장거리일수록 수송비용이 낮아지는 경향이 있다(= 단위당 운임은 거리에 반비례). • 도로의 체증을 피할 수 있고, 눈, 비, 바람 등 날씨(기후)에 영향이 상대적으로 적다. • 전천후 운송수단으로 정시성 확보에 유리하여 장기적이고 안정적인 수송계획 수립이 가능하다. • 에너지비용이 적은 동시에 운전비용이 저렴하다(대량화물이 아닌 경우에는 단위당 비용이 높아짐).
철도운송의 주요 용어	• 철도 : 여객 또는 화물을 운송하는 데 필요한 철도시설과 철도차량 및 이와 관련된 운영·지원체계가 유기적으로 구성된 운송체계 • 철도차량 : 선로를 운행할 목적으로 제작된 동력차·객차·화차 및 특수차 • 선로 : 철도차량을 운행하기 위한 궤도와 이를 받치는 노반 또는 공작물로 구성된 시설 • 철도사업 : 다른 사람의 수요에 응하여 철도차량을 사용하여 유상(有償)으로 여객이나 화물을 운송하는 사업 • 사업용철도 : 철도사업을 목적으로 설치하거나 운영하는 철도 • 전용철도 : 다른 사람의 수요에 따른 영업을 목적으로 하지 아니하고 자신의 수요에 따라 특수 목적을 수행하기 위하여 설치하거나 운영하는 철도 • 철도운수종사자 : 철도운송과 관련하여 승무(동력차 운전과 열차 내 승무) 및 역무 서비스를 제공하는 직원 • 철도사업자 : 한국철도공사 및 철도사업 면허를 받은 자 • 철도산업 : 철도운송·철도시설·철도차량 관련산업과 철도기술개발 관련산업, 그 밖에 철도의 개발·이용·관리와 관련된 산업 • 궤간 : 궤도 사이의 간격으로 우리나라 궤간의 치수는 1,435mm(표준궤)로 함

공로운송과의 장·단점 비교
• 철도운송은 도로운송에 비해 안전도가 높고, 규모의 경제효과가 높다.
• 철도운송은 도로운송에 비해 전천후적인 운송수단으로 정시성 확보에 유리하다.
• 철도운송은 국내화물운송시장에서 도로운송에 비해 수송분담률이 낮다.
• 철도운송은 중량의 제한이 없으나 도로운송은 제한을 받는다.
• 도로의 인프라 투자에 비해 상대적으로 철도에 대한 투자가 미흡하여 관련 기반시설이 부족하다.
• 철도운송은 문전에서 문전까지의 일관운송서비스를 제공할 수 없기 때문에 완결성이 부족하고 적재와 하역 시 많은 단계를 필요로 한다.
• 철도운송은 도로운송에 비해 비탄력적인 운임체계를 갖고 있어 다양한 화물 취급보다는 중·장거리의 대형, 장척(Lengthy)화물 취급에 적합하다.

[출제유형] 2024년 제28회

철도운송에 관한 내용으로 옳지 않은 것은?
① 초기 구축비용 등 고정비용이 많이 든다.
② km당 운임은 단거리일수록 비싸며, 장거리일수록 저렴해진다.
③ 공로운송보다 먼저 대량화물을 운송하였다.
④ 공로운송에 비해 기상의 영향을 받지 않는다.
❺ 화차의 소재관리가 편리하여 열차편성을 신속히 할 수 있다.

[출제유형] 2014년 제18회

표준궤를 사용하는 우리나라 철도 궤간 폭으로 옳은 것은?
① 1,335mm ❷ 1,435mm
③ 1,535mm ④ 1,635mm
⑤ 1,735mm

[출제유형] 2022년 제26회

철도운송의 특징으로 옳지 않은 것은?
① 장거리 대량화물의 운송에 유리하다.
❷ 타 운송수단과의 연계 없이 Door to Door 서비스가 가능하다.
③ 안전도가 높고 친환경적인 운송수단이다.
④ 전국적인 네트워크를 가지고 있다.
⑤ 계획적인 운송이 가능하다.

[출제유형] 2023년 제27회

컨테이너 전용 철도 무개화차의 종류에 해당하지 않는 것은?

① 오픈 톱 카(Open Top Car)
② 플랫카(Flat Car)
③ 컨테이너카(Container Car)
④ 더블스텍카(Double Stack Car)
❺ 탱크화차(Tank Car)

[출제유형] 2016년 제20회

다음 중 철도운송에 관한 설명으로 옳은 것은?

① 이단적열차(DST) : 컨테이너가 적재된 트레일러를 무개화차 위에 그대로 적재하여 운송하는 열차
② 철도·도로겸용시스템(Bimodal System) : Box Car, Hopper Car, 곤돌라화차 등의 각종 철도차량을 전기 또는 디젤기관차에 직접 연결하여 화물을 운송하는 방식
③ 곤돌라화차(Gondola Car) : 날씨 또는 기후로부터 화물이 보호될 수 있도록 상자형태로 제작된 화차
❹ 덮개형 개저식화차(Covered Hopper Car) : 천장 부분에 적재용 뚜껑이 부착되어 있고 밑 부분에 중력양륙 또는 공기양륙 장치가 부착되어 있는 화차
⑤ 무개화차(Flat Car) : 상면이 평평하여 가공되지 않은 곡물 등의 산화물을 운송하는 데 적합한 화차

2 철도차량의 종류

구 분	내 용
유개화차 (Box Car)	• 상부에 지붕이 있는 모든 화차로 적재실이 박스형 구조로 설계되어 있으며, 양 측면에 슬라이딩 도어를 구비하고 있어 화물하역이 용이한 화차를 말한다. • 구조상 용적의 제한을 받으므로 장, 폭, 고 등에 관하여 따로 규정하여야 한다. • 포대화물(양회, 비료 등), 제지(종이)류 등 비에 젖지 않아야 하고 외부로부터 보호되어야 하는 화물을 수송하기에 적합하다. • 보통화차와 특수화차로 구별하며 특수화차에는 냉장화차 및 보온화차, 가축화차, 통풍화차, 비상화차, 소방화차, 차장화차 등이 있다.
무개화차 (Gondola Car)	• 상부에 지붕이 없고 네 측면이 판자로 둘러싸여 있어 위가 트여있는 화차를 말한다. • 가장 고전적인 화차로 적재가 비교적 용이하지만, 유개화차와 마찬가지로 용적의 제한을 받는다. • 구조가 간단하여 무연탄, 철근, 광석 등 기타 비에 젖거나 인화의 우려가 없는 화물을 주로 운송한다. 또한 필요에 따라서는 컨테이너를 직접 적재하여 운송하는 데 사용되기도 한다. • 하차 시에는 기계를 이용하여 퍼내는 방식이나 측면 분출구를 이용한다.
평판화차 (Flat Car)	• 철도화차의 상단이 평면으로 바닥판만 있는 화차를 말한다. • 철도화차의 상단에는 필요에 따라 화물을 고정시킬 수 있는 체결장치(측면보나 돌기, 마운트, 로프 등)가 설치될 수 있는 구조로 되어 있는 경우가 많다. • 목재나 레일, 강관과 같은 장척(長尺, Bulky Cargo) 화물, 철판 코일(Coil), 자동차 등 차량, 컨테이너(ISO 표준규격 적재 가능), 혹은 변압기나 기계류와 같은 대(大)중량 및 대(大)용적화물 등을 운송하는 데 이용한다.
컨테이너 화차 (Container Car)	• 컨테이너 수송에 적합한 평탄한 화차로 평면의 철도화차 상단에 컨테이너를 고정하여 운송할 수 있는 장치를 장착한 컨테이너 전용화차를 말한다. • 컨테이너의 적재는 일단적재가 통상의 운용방식이나, 철도선로의 노반이 튼튼하고, 허용높이가 되는 경우에는 이단적재로도 운용이 가능하다.
호퍼화차 (Hopper Car)	• 개저식화차는 천장 부분에 적재용 뚜껑의 부착여부에 따라 오픈형(무개) 화차와 덮개형(유개) 화차로 구분된다. • 밑 부분에는 중력양륙 또는 공기양륙 장치가 부착되어 있어 싣고 내리는 작업의 합리화가 가능한 구조로 설계되어 있다. • 시멘트·곡물, 사료 등 입체화물을 운반하는 호퍼차와 석탄, 자갈 등 분체화물을 운반하는 호퍼차가 있다.
이단적재화차 (DST)	• 컨테이너화차의 일종으로 컨테이너를 2단으로 적재하여 운송할 수 있도록 설계된 화차를 말한다. • 미국 철도산업에서 가장 획기적인 변화를 이끌었다고 평가되며, 1981년 서던퍼시픽(Southern Pacific : SP)사와 씨랜드서비스(Sea-Land Service)사가 처음 시도하여 1984년 APL이 본격적으로 미국 내륙운송에 도입함에 따라 널리 보급되기 시작하였다. • DST에 의한 운송으로 인해 컨테이너 1개당 운송비용이 감소하게 되고, 저렴한 연료비, 운송 중 충격으로 인한 화물의 보호 등의 장점이 있다. • 현재 미국, 캐나다, 중국 등에서는 이미 상용화가 이루어져 있으며, 우리나라에서도 국내 물류 경쟁력 강화를 위한 K-DST 도입을 적극 추진 중에 있다.
그 밖의 화차	• 곡형평판화차 : 군용 중기 등을 운송하기 위해 앞뒤로 대차가 하나씩 추가되고 상판을 낮춘 화차를 말한다. 중앙부 저상구조로 되어 있으며, 대형변압기, 군장비 등의 특대형 화물수송에 적합하도록 제작되어 있다. • 탱커화차(Tanker Car) : 원유 등과 같은 액체화물의 운반에 적합하도록 일체형으로 설계된 화차를 말한다. • 벌크화차(Bulk Car) : 벌크시멘트를 수송하기 위하여 특수하게 제작된 시멘트 전용화차로 대차 위에 벌크시멘트 전용 탱크가 설치되어 있다. cf. 사유화차 : 고객이 자기비용으로 제작한 차량을 말하며, 제작비 보전의 방안으로 운임할인을 받고 있다.

PART 2 화물운송론 / Chapter 03 철도운송

핵심테마 17 철도화물운송의 종류

1 취급화물 형태에 따른 분류

구 분	내 용
화차취급(차급) 운송	• 화물을 임대한 화차 1량 단위(예 유개화차, 무개화차, 탱크화차 등)로 운송하는 것을 말한다. • 가장 일반적인 화물운송방법으로 대량화물의 장거리 운송에 적합한 방식이다. • 임대시 통상 화차 1량 단위를 원칙으로 하지만, 특대화물 등을 2량 이상의 화차에 걸쳐서 운송할 때는 사용대차를 1량 단위로 간주하기도 한다. • 발·착역에서의 양·하역작업은 화주책임이며, 운임은 화차를 기준으로 정하여 부과하고, 특대화물, 위험물 등의 경우에는 할증제도가 있다.
컨테이너취급 운송	대량운송을 위한 최적의 운송방법으로 형태·크기·중량이 다른 여러 가지 화물을 섞어서 일정한 컨테이너 단위에 실은 다음 화차에 적재하여 운송하는 것을 말한다.
혼재차취급 운송	통운업자가 불특정다수의 화주로부터 소량화물의 운송을 위탁받고 이를 행선지별로 화차나 컨테이너 단위로 재취합하여 철도의 화차취급이나 컨테이너취급으로 탁송하는 운송방식을 말한다.
화물취급 운송	다수의 화주가 철도에 탁송하는 소량의 물품을 말하며, 객차편으로 운송하는 소화물취급과 여객이 출발역에서 운송을 위탁하는 수화물취급이 있다(예 KTX 특송서비스).

2 운송형태에 따른 분류

구 분	내 용
직행운송	• 특정 출발역과 도착역을 결정하고 도중에 열차의 입환 작업 없이 그 구간을 직통으로 운송하는 방식을 말한다(예 블록트레인). • 철도역 간 뿐 아니라 공장 간의 전용열차나 생산지와 소비지 간의 직행운송, 가공거점 간 직행운송 등도 이에 속한다. • 직행운송은 운송시간을 단축시킬 수 있고 화차의 운용효율을 높일 수 있으며, 운송관리가 편리하다는 장점이 있다.
컨테이너운송	• 컨테이너 운송량이 많은 주요 항만과 ICD 간 간선운송 구간에서 출발역과 도착역 간을 컨테이너 전용열차로 직행운송하는 것을 말한다. • 컨테이너가 갖는 특수성, 즉 일반화물과 다른 적하 작업 방식과 운반차량 및 수송의 긴급성 등으로 인하여 도입된 컨테이너 전용의 운송방식이다.
조차장집결운송	• 조차장(화차를 분류해서 동일 방향, 동일 목적지로 가는 열차에 편성하는 장소) 근거리 내에 소화물 취급역이 존재하는 경우 화물이 적재된 화차를 조차장에 집결시켜 근거리에 있는 행선지별로 열차를 구분·편성한 다음, 도착역에서 가장 가까이에 있는 조차장까지 운반시킨 후 다시 소화물 도착역으로 운송하는 일종의 Hub & Spoke 운송방식을 말한다. • 국내에서는 소규모 철도역 CY(Container Yard)와 거점역 간에서 이러한 유형의 집결운송이 이루어지고 있다.
쾌속운송	• 차급운송의 일종으로 지역별로 거점(중심)역을 정하고 그 거점역 간을 직통열차로 운송하는 방식을 말한다. • 화차단위에 미치지 못하는 일반화물을 화차나 트럭을 이용해 거점역까지 운반한 후 환적 또는 연계하여 간선철도역 간의 운송을 하는 방식이다.

[출제유형] 2017년 제21회

철도화물을 운송할 경우 화차취급 운송에 관한 설명으로 옳지 않은 것은?

① 화물을 대절한 화차단위로 운송한다.
② 운임은 화차를 기준으로 정하여 부과한다.
❸ 일반화물의 단거리 운송에 많이 이용한다.
④ 발·착역에서의 양·하역작업은 화주책임이다.
⑤ 특대화물, 위험물 등의 경우에는 할증제도가 있다.

⊕ PLUS

화차의 봉인(sealing)

봉인상태에 의하여 내용물의 도난, 변조 등 부정행위의 유무와 내용물의 이상 유무를 확인 또는 검증하기 위한 것으로 송화주의 책임으로 하여야 한다.

[출제유형] 2012년 제16회

철도운송에 관한 설명으로 옳지 않은 것은?

① 화물의 규모에 따라 대량화물 운송과 소량화물 운송으로 구분할 수 있다.
❷ 혼재차 취급은 컨테이너 단위로만 운임이 책정된다.
③ 철도화물 운송 시 필요한 화차는 형태에 따라 유개화차, 무개화차 등으로 분류할 수 있다.
④ 컨테이너 운송은 철도운영사 또는 화물자동차 운송회사 등이 소유한 화차를 이용한다.
⑤ 화차 운송은 장거리 대량화물운송에 적합하다.

[출제유형] 2023년 제27회

철도운송 서비스 형태에 관한 설명으로 옳지 않은 것은?

① Shuttle Train : 철도역 또는 터미널에서 화차조성비용을 줄이기 위해 화차의 수와 타입이 고정되며 출발지 → 목적지 → 출발지를 연결하는 루프형 서비스를 제공하는 열차형태
❷ Block Train : 스위칭야드(Switching Yard)를 이용하지 않고 철도화물역 또는 터미널 간을 직행 운행하는 전용열차의 한 형태로 화차의 수와 타입이 고정되어 있음
③ Y-Shuttle Train : 한 개의 중간터미널을 거치는 것을 제외하고는 Shuttle Train과 같은 형태의 서비스를 제공하는 방식임
④ Single-Wagon Train : 복수의 중간역 또는 터미널을 거치면서 운행하는 방식으로 목적지까지 열차운행을 위한 충분한 물량이 확보된 경우에만 운행
⑤ Liner Train : 장거리구간에서 여러 개의 소규모터미널이 존재하는 경우 마치 여객열차와 같이 각 기차터미널에서 화차를 Pick up & Deliver하는 서비스 형태

[출제유형] 2021년 제25회

다음에서 설명하고 있는 철도운송 서비스 형태는?

○ 복수의 중간역 또는 터미널을 거치면서 운행하는 방식
○ 운송경로상의 모든 종류의 화차 및 화물을 수송
○ 화주가 원하는 시간에 따라 서비스를 제공하는 것이 아니라 열차편성이 가능한 물량이 확보되는 경우에 서비스를 제공
○ 이 서비스의 한 종류로 Liner train이 있음

① Block train
② Shuttle train
❸ Single-Wagon train
④ Y-Shuttle train
⑤ U-train

3 전용열차의 종류에 따른 서비스의 형태

구 분	내 용
블록트레인 (Block Train)	• 자체화차와 터미널을 가지고 항구 또는 출발지 터미널에서 목적지인 내륙 터미널 또는 도착지점까지 선로를 빌려 철도-트럭 복합운송을 제공하는 운송시스템을 말한다. 〈▲ 블록트레인의 개념도〉 • 스위칭 야드(Switching Yard) 등의 환적시설을 이용하지 않고, 철도 화물역 또는 터미널 간을 직행 운행하는 전용열차 서비스의 한 형태로 화차의 수와 타입이 고정되어 있지 않은 것이 특징이다. • 중간역을 거치지 않고 최초 출발역에서 최종 도착역까지 직송서비스를 제공하므로 열차의 운송시간을 줄이고 수송력을 높일 수 있다는 장점이 있다. • 열차의 운송시간을 단축시킬 수 있어 중·장거리 운송구간에서 도로와의 경쟁력 등을 높일 수 있게 해준다. • 물량 등이 충분하며, 조차장이 적은 철도망인 경우에 매우 효율적인 서비스형태이다. • 블록트레인의 운행이 경제적인 타당성을 갖추기 위해서는 열차용량의 60% 이상의 적재 물량이 존재하여야 한다. 통상 블록트레인의 길이는 700m, 미터당 허용중량은 8톤까지 가능하기 때문에 일 편성으로 최대 5,600톤의 화물수송이 가능하다.
셔틀트레인 (Shuttle Train)	• 철도역 또는 터미널에서의 화차조성비용을 줄이기 위하여 화차의 수와 타입이 고정되며, 출발지 → 목적지 → 출발지를 연결하는 루프형 구간에서 서비스를 제공하는 열차형태를 말한다. • 블록트레인을 보다 더 단순화한 열차로서, 화차의 수 및 형태·구성이 고정되어 있어 터미널에서의 화차취급비용을 절감할 수 있다. • 일반적으로 블록트레인에 비해 15~20%의 화차취급비용을 줄일 수 있다. • 철도역이나 두 터미널 간 수송수요가 충분하고, 안정적이어야 한다는 제약으로 인해 대규모 물량이 고정적으로 확보된 비교적 짧은 구간에서 유용한 열차서비스 형태이다.
Y-셔틀트레인 (Y-Shuttle Train)	• 하나의 중간터미널을 경유하는 것 말고는 셔틀트레인과 동일한 형태의 서비스를 제공하는 열차형태이다. • 셔틀트레인과 마찬가지로 화차의 수 및 타입 등이 고정되는 열차서비스이다.
싱글웨곤 트레인 (Single-Wagon Train)	• 여러 개의 중간역 내지 터미널을 거치면서 운행하는 열차서비스로 철도화물의 운송서비스 부문에서 가장 높은 비중을 차지하고 있다. • 목적지까지 열차운행을 하기 위한 충분한 물량이 확보되어있을 경우에만 운행이 가능하므로 통상적으로 화물의 대기시간이 매우 긴 서비스 형태라 할 수 있다.
커플링앤셰어링 트레인 (Coupling & Sharing Train)	• 중·단거리 운송 및 소규모 터미널 등에서 사용할 수 있는 소형열차(Modular Train) 형태의 열차서비스이다. • 기존 싱글웨곤 트레인(Single-Wagon Train)의 개선대안으로 제기된 열차형태이며, 중간역에서의 화차취급을 단순화해서 열차의 조성을 신속·정확하게 할 수 있다.
라이너 트레인 (Liner Train)	• Single-Wagon Train의 일종으로 장거리 구간에 여러 개의 소규모 터미널이 존재하는 경우 마치 여객열차와 같이 각 기착터미널에서 화차를 Pick-Up & Delivery하는 서비스 형태이다. 〈▲ 라이너 트레인의 개념도〉 • 현재 독일에서 운행되고 있는 라이너 트레인(Liner Train)은 주로 자국 내의 지역 내 또는 지역 간 철도노선 등에 활용되고 있다.

핵심테마

PART 2 화물운송론 / Chapter 03 철도운송

18 철도컨테이너 운송방법

1 TOFC(Trailer On Flat Car) 방식

구분	내용
개념 및 특징	• 컨테이너를 철도로 운송하기 위하여 사용되는 적양방식의 하나로 철도역에 하역설비가 없는 경우, 컨테이너를 적재한 트레일러를 따로 분리시키지 않고, 트레일러와 결합된 상태로 화차에 직접 적재·양륙되어 운송하는 것을 말한다. • 철도운송과 도로운송을 결합한 복합운송시스템으로 트레일러가 직접 적재되기 때문에 적재효율은 낮지만, 하차 후 바로 움직일 수 있기 때문에 환적 시 발생되는 물류비용을 줄일 수 있어 효율적인 운송방식이다. • TOFC 방식은 피기백 방식과 캥거루 방식, 프레이트 라이너 등으로 구분된다.
종류 - 피기백(Piggy-back) 시스템	• 화물열차의 대차 위에 트레일러나 트럭에 적재된 컨테이너를 분리하지 않은 채로 경사로(Ramp) 또는 피기 패커(piggy packer) 등 하역장비를 이용해 함께 적재한 후 운송하는 방식이다. • 화물자동차의 기동성과 철도의 중·장거리 운송에 있어서의 장점을 결합한 혼합 운송방식으로 운송수단 변경 시에 발생되는 물류비용을 절감하기 위해 개발되었다. • 화물의 적재단위가 클 경우에 매우 편리하게 이용이 가능하며 수송경비, 하역비의 절감효과를 가져오고, 별도의 분류작업이 필요 없다는 장점이 있다.
종류 - 캥거루(Kangaroo) 시스템	• 피기백 방식과 유사하지만 트레일러 바퀴가 화차에 접지되는 부분을 경사진 요철 형태로 만들어 화물의 적재높이가 낮아지도록 하여 운송하는 형태라는 점에서 구분된다. • 프랑스 국유철도에서 개발되어 컨테이너의 운송단위가 적은 유럽에서 주로 이용되고 있다. • 피기백 시스템은 차량 높이에 대한 제한이 있을 경우에 적용이 어려운데 이를 해결하기 위하여 개발된 시스템이다. • 차량 높이에 대한 제한이 있을 경우 피기백 방식보다는 높이가 상당히 낮으므로 터널 통과 시에 유리하다. • 장거리 정기노선에 있어 운송의 효율성을 높이고 트럭에 의해서 지역 간의 집화 및 인도를 신속히 하며, 정시인도와 열차배치의 규칙성, 하역기계의 불필요, 연료의 효율성 등의 장점이 있다.

[출제유형] 2021년 제25회

철도운송에 관한 설명으로 옳지 않은 것은?

① 국내화물운송시장에서 철도운송은 도로운송에 비해 수송분담률이 낮다.
② 철도화물운송형태에는 화차취급운송, 컨테이너취급운송 등이 있다.
③ 컨테이너의 철도운송은 크게 TOFC 방식과 COFC 방식이 있다.
❹ COFC 방식에는 피기백방식과 캥거루방식이 있다.
⑤ 철도운송은 기후 상황에 크게 영향을 받지 않으며 계획적인 운송이 가능하다.

[출제유형] 2018년 제22회

철도화물운송 방식에 관한 설명으로 옳은 것은?

① Kangaroo : 철도의 일정구간을 정기적으로 고속운행하는 열차를 편성하여 운송하는 방식이다.
② TOFC : 화차에 컨테이너만을 적재하는 방식이다.
③ Freight Liner : 트레일러 바퀴가 화차에 접지되는 부분을 경사진 요철 형태로 만들어 적재높이가 낮아지도록 하여 운송하는 방식이다.
④ COFC : 화차 위에 컨테이너를 적재한 트레일러를 적재한 채로 운송을 한 후 목적지에 도착하여 트레일러를 견인장비로 견인, 하차한 후 트랙터와 연결하여 운송하는 방식이다.
❺ Piggy Back : 화차 위에 화물을 적재한 트럭 등을 적재한 상태로 운송하는 방식이다.

[출제유형] 2024년 제28회

다음에서 설명하는 철도하역방식은?

○ 컨테이너 자체만 철도화차에 상차하거나 하차하는 방식이다.
○ 하역작업이 용이하고 화차중량이 가벼워 보편화된 하역방식이다.
○ 화차에 컨테이너를 상·하차하기 위하여 별도의 장비가 필요하다.

❶ COFC
② Kangaroo
③ Piggy Back
④ RORO
⑤ TOFC

[출제유형] 2007년 제11회

COFC(Container on Flat Car)방식에서 스프레드(Spread)지게차 또는 리치스태커(Reach stacker)를 이용하여 처리하는 경우는?

① 플랙시 밴(Flexi-Van) 방식
② 매달아 싣는 방식
❸ 가로-세로 이동방식
④ 적·양화 방식
⑤ 컨테이너 이동 방식

[출제유형] 2013년 제17회

철도운송 방식에 관한 설명으로 옳지 않은 것은?

① 플랙시 밴 방식은 COFC의 유형이다.
② COFC가 TOFC보다 보편화되어 있다.
❸ 피기백 방식은 COFC의 유형이다.
④ TOFC와 COFC는 트레일러 운송 여부에 따라 구분된다.
⑤ 일반적으로 TOFC에 비해 COFC가 적재효율이 높다.

종류	프레이트 라이너 (Freight Liner) 시스템	• 프레이트 라이너란 철도의 일정구간을 정기적으로 고속운행하는 열차를 편성하여 화물을 문전에서 문전(Door to door)으로 수송하기 위해 영국의 국유철도에서 개발한 철도운송 방식이다. • 화물자동차와 철도운송을 결합한 운송방식이라는 점에서 TOFC 방식의 하나로 분류되며, 공로운송과 철도를 포함한 일관요율을 적용한다.

2 COFC(Container On Flat Car) 방식

구 분		내 용
개념 및 특징		• 컨테이너만을 화차에 싣는 방식으로 철도컨테이너 데포에서 크레인 및 지게차 등 별도의 하역장비를 이용하여 트레일러로부터 컨테이너를 분리시키고, 철도의 화차대(Flat Car)에 적재하여 운송하는 방식이다. • 하역작업이 용이하고 화차중량이 가벼워 TOFC 방식보다 보편화되어 있다. • 일반적으로 TOFC에 비해 적재효율이 높고, 대량의 컨테이너를 신속히 취급할 수 있다. • 국내에서도 컨테이너 철도운송에 일반적으로 많이 사용되고 있는 컨테이너 하역방법이며, 철도운송과 해상운송의 연계가 용이하다. • COFC 방식은 화물의 상하차 작업방식에 따라 가로-세로 이동방식, 매달아 싣는 방식, 플랙시 밴(Flexi-Van) 방식 등으로 세분화된다.
종류	가로-세로 이동방식	스프레드(Spread)지게차 또는 리치스태커(Reach stacker)를 이용하여 처리하는 방식으로 비교적 화물 취급량이 적은 경우에 사용한다. 〈▲ Reach stacker〉
	매달아 싣는 방식	트랜스퍼 크레인 또는 일반 크레인을 이용하여 처리하는 방식으로 지게차나 가로-세로 이동방식에 비해 시간당 처리하는 컨테이너 물동량이 많아 대량의 컨테이너를 신속히 처리해야 하는 경우에 사용한다.
	플렉시 밴 (Flexi-Van) 방식	트럭이 화물열차에 대해 직각으로 후진하여 화차에 컨테이너를 직접 적재하고 화차에 달린 회전판(턴테이블)을 이용하여 컨테이너를 90° 회전시켜 고정하는 방식이며, COFC 하역방식 중에서 기동성이 가장 우수하다.

철도컨테이너 적양방식	
구 분	내 용
LOLO방식 (Lift on-Lift off)	• 적하·양하에 있어서 기중기(Crane)나 데릭(Derrick)만으로 하역작업을 하는 방식(수직하역방식)이다. • 현재 우리나라의 경우 철도 컨테이너운송에 있어서 하역은 이 방식으로 이루어지고 있다.
RORO방식 (Roll on-Roll off)	자체 이동능력이 있는 자동차를 수송하거나 컨테이너 화물을 트럭이나 트레일러 등의 운반기기에 실어서 선미에서 램프(경사판)를 통해 선박에 싣거나 내릴 때 사용되는 방식이다.

핵심테마

19 철도운송의 운임

PART 2 화물운송론 / Chapter 03 철도운송

1 철도화물 운임의 이해

구 분	내 용
철도화물 운임의 의의	• 국내 철도화물의 운임 및 요금은 2005년 철도공사가 출범하면서 운임규제가 기존의 인가제에서 운임인상 상한제를 병행한 신고제로 전환되었다. • 2008년에는 철도공사의 자율성을 보장하고, 다른 운송수단과의 경쟁력 강화를 위하여 운임인상 상한제가 폐지되었다. • 현행 국내 철도화물의 운임은 품목별 무차별운임제(단일운임제 ×)를 적용하고 있으며, 운임체계는 거리비례제로 되어있다. • 운임계산은 일반화물의 경우 차급화물은 화차 1량 단위로 운임을 계산하고, 컨테이너 화물은 규격별 1개 단위로 계산한다. • 국내 철도화물 운임체계는 화차취급운임과 컨테이너취급운임으로 구분하여 운영하고 있다.
철도화물 운임의 종류	• 기본운임 : 할인·할증을 제외한 임률, 중량, 거리만으로 계산한 운임이다. • 최저기본운임 : 철도운송의 최저비용을 확보하기 위해 약관으로 정한 기본운임이다. • 할인 및 할증운임 : 기본운임에서 각각의 할인, 할증을 적용한 운임이다. 다만, 사유화차 할인운임을 제외한 할인운임은 최저기본운임 이하로 할 수 없다.

2 철도화물 운임의 유형

구 분	내 용
거리비례제	승객 또는 화물을 수송한 거리에 비례하여 같은 율로 운임을 계산하는 방법으로 형평성과 효율성의 측면에서 유리하다.
거리체감제	운행거리가 멀어짐에 따라 체감률을 적용하여 장거리수송이 단거리수송보다 유리하게 하는 운임으로서 운송거리에 관계없이 고정비용이 많은 경우와 장거리 간의 지역차를 해소하기 위한 관점에서 합리적인 운임형태이다.
구역운임제	전 운행구간을 몇 개의 구역(Zone)으로 나누어 구역마다 단위운임을 정하여 통과하는 구역 수에 따라 운임을 정하는 제도로서 구역의 규모와 형태의 결정이 중요하며 지역특성에 따라 동심원형, 격자형, 지리적 구역형(또는 행정구역형), 벌집형 등이 있다.

철도운임의 유형별 장단점

구 분	거리비례제	거리체감제	구역운임제
장 점	수송거리에 따라 비용을 지불하여 형평성 제고	철도의 장점에 부합되는 원거리 수송화물에 대한 경쟁력 증대	노선이 많지 않은 경우 실제 노선의 거리에 의하지 않고 지역 간 거리에 의하므로 형평성 측면에서 유리
단 점	장거리 수송비용이 저렴한 철도의 장점을 살릴 수 없음	운임산정이 복잡하고 장거리 운임할인에 따른 운송수입 감소 우려	구역 경계점 인접거리 수송 간에 운임격차 발생으로 인한 형평성 측면에서는 미약
적용제도	한국 및 독일 철도운임	일본 및 프랑스 철도운임, 한국 고속·시외버스	한국 지하철, 외국의 화물운임 등 다양하게 적용

[출제유형] 2009년 제13회

100km의 운임이 1,000원, 200km의 운임이 1,800원, 300km의 운임이 2,400원이라면 이들과 가장 관계가 깊은 운임의 형태는 무엇인가?

① 균일 운임
② 비례 운임
③ 지역 운임
❹ 체감 운임
⑤ 수요 기준 운임

[출제유형] 2023년 제27회

철도화물 운임 및 요금에 관한 설명으로 옳지 않은 것은?

① 화물운임의 할인종류에는 왕복수송할인, 탄력할인, 사유화차 할인 등이 있다.
② 컨테이너의 크기, 적컨테이너, 공컨테이너 등에 따라 1km당 운임률은 달라진다.
❸ 화차 1량에 대한 최저기본운임은 사용화차의 화차표기하중톤수의 200km에 해당하는 운임이다.
④ 일반화물의 기본운임은 1건마다 중량, 거리, 운임률을 곱하여 계산한다. 이 경우 1건 기본운임이 최저기본운임에 미달할 경우에는 최저기본운임을 기본운임으로 한다.
⑤ 화물운임의 할증대상에는 귀중품, 위험물, 특대화물 등이 있다.

[출제유형] 2021년 제25회

철도화물의 운임체계에 관한 설명으로 옳지 않은 것은?

① 일반화물운임은 운송거리(km) × 운임단가(원/km) × 화물중량(톤)으로 산정한다.
② 사유화차로 운송되는 경우 할인운임을 적용한다.
③ 컨테이너화물의 최저기본운임은 규격별 컨테이너의 100km에 해당하는 운임으로 한다.
④ 컨테이너화물의 운임은 컨테이너 규격별 운임단가(원/km) × 운송거리(km)로 산정한다.
❺ 공컨테이너의 운임은 규격별 영(적재)컨테이너 운임의 50%를 적용하여 계산한다.

❸ 철도화물 운임체계

구 분		내 용
일반화물운임 (거리비례제)	기본운임	• 일반화물의 운임은 운송거리(km) × 운임단가(운임/km) × 화물중량(톤)으로 산정한다. • 운임계산 중량은 화물의 실제중량에 의하되 1량의 최저중량에 미달할 경우에는 별도로 정한 중량(최저톤수)을 적용한다. • 하중을 부담하지 않는 보조차와 갑종철도차량(차장차 포함)은 자중톤수(화차 등 차량의 자체 중량)를 적용한다. • 운임계산 거리는 화물영업거리에 의해 운송 가능한 최단경로를 적용한다. 다만 송화인이 운송경로를 지정한 경우, 특정경로로만 수송이 가능한 화물이나, 최단경로의 수송력 부족 등으로 수송경로를 지정하여 운송을 수락한 경우, 하화작업에서 화차의 방향변경이 필요하여 특정경로 운송을 송화인이 수락한 경우에는 실제 경로에 따른다.
	최저기본운임	• 일반화물의 화차 1량에 대한 최저운임은 사용화차의 최대 적재중량(화차표기하중톤수)에 대한 100km에 해당하는 운임이다. • 하중을 부담하지 않는 보조차와 갑종철도차량은 자중톤수의 100km에 해당하는 운임이다. • 기본운임이 최저기본운임에 미달할 경우에는 최저기본운임을 기본운임으로 한다.
컨테이너화물 운임(규격별 거리비례제)	기본운임	• 컨테이너화물의 운임은 컨테이너 규격별(20ft, 40ft, 45ft) 운임단가(원) × 수송거리(km)로 산정한다. • 운임계산 거리는 철도노선의 운송 가능한 최단경로 거리를 적용한다. 다만 세칙에서 정한 경우에는 그 기준을 따른다. • 공(空)컨테이너의 운임은 규격별 영(盈, 적재)컨테이너 운임의 74%를 적용하여 산정한다.
	최저기본운임	• 컨테이너화물의 최저운임은 규격별, 영·공별 컨테이너의 100km에 해당하는 운임이다. • 컨테이너 화물의 기본운임이 최저기본운임에 미달할 경우에는 최저기본운임을 기본운임으로 한다.

철도화물 할인·할증운임제도

구 분	내 용
할인운임	• 사유화차할인 : 일반화물 25년 경과시 4.9%, 미경과시 17%, 컨테이너 16%, 기타 25% • 왕복운송할인 : 2일 내 왕복수송 20% • 탄력할인 : 일반화물 1~22%, 컨테이너 5~40%
할증운임	귀중품 100%, 위험물 10~150%, 특대화물 50~600%, 속도제한 화물 20~650%, 위험물 컨테이너 4~20% 등

국내 철도화물운임 제도

구 분		운임단가(단위 : 킬로미터)	최저기본운임
일반화물		45.9원/1톤	하중부담사용화차는 화차표기하중톤수의 100km에 해당하는 운임
영(盈)컨테이너	20피트	516원	컨테이너 규격별 100km에 해당하는 운임
	40피트	800원	
	45피트	946원	
공(空)컨테이너		영컨테이너 단가의 74%	

〈화물운송 세칙 별표 1 참조, 개정 2020.05.25〉

PART 2 화물운송론 / Chapter 03 철도운송

핵심테마 20 우리나라의 철도운송 현황

1 우리나라 철도운송의 현황 및 문제점 등

구 분	내 용
우리나라 철도운송 현황	• 국내 화물운송시장에서 철도운송은 도로운송에 비하여 수송분담률이 매우 낮다. • 파렛트 보급 확대로 하역(상차 및 하차 포함)의 효율화가 진전되고 있으며, 하역 시 COFC(Container On Flat Car) 방식이 사용되고 있다. • 철도 컨테이너운송에 있어서 하역은 LO-LO 방식으로 이루어지고 있다. • 경부간 컨테이너 철도운송을 위해 의왕과 양산 등에 내륙컨테이너기지(ICD)를 두고 있다. • 철도에 의한 경부간 컨테이너 화물운송은 주로 야간에 이루어진다. • 철도노선의 궤간은 폭에 따라 표준궤, 광궤, 협궤 등으로 구분되며, 이 중 우리나라에서는 표준궤(1,435mm)를 이용하고 있다. • 철도운송은 시간 절감과 수송력 제고를 위해 블록트레인(Block Train)이 현재 도입되어 운행 중이다. • Double Stack Train(이단적열차, DST)은 컨테이너를 철도화차에 2단으로 적재하여 수송하는 열차로 현재 도입을 추진 중에 있다. • 한반도종단철도(TKR)를 이용해 유럽이나 아시아와 연결가능한 철도노선으로는 TCR, TSR, TMR 등이 있다.
우리나라 철도운송의 문제점	• 철도운송 기반시설의 부족으로 화물열차 운행에 제한이 있다(융통성 결여). • 화차의 부족으로 화차의 정시수급이 어렵다. • 철도와 관련되는 배후 도로망과의 연계가 부족하다. • 각 운송수단 간의 전환 추진이 미흡하다. • 철도운송 경로의 복잡성으로 인한 경쟁력이 부족하다. • 철도로 운송하기에는 대규모 화물수요지역 간의 운송거리가 짧은 편이다. • 공로화물운송에 비해 운임체계가 경직적이고 운임의 융통성이 낮다(운임의 비효율성). • 철도소화물 운영상의 비효율성이 나타난다. • 1회당 운송량이 많은데 반해 인건비는 상대적으로 낮은 편이다. • 철도터미널의 기능이 부족하여 다양한 고객의 운송요구에 신속한 대응이 어렵다.
개선방안	• 철도운송 기반시설(인프라)을 확충하고, 운송거점을 더욱 강화·확대한다. • 열차의 장대화를 통한 규모의 경제를 실현한다. • 철도운송 운임체계를 개편하고, 영업활동을 강화한다. • 철도화물정보시스템 및 일관운송체계를 구축한다. • 운송수단 간 전환을 적극적으로 추진한다. • 철도운송의 효율화를 위하여 이단적재차량(DST) 및 프레이트 라이너를 도입한다. • 철도화물역의 최적배치와 직행열차를 강화한다. • 철도경영의 합리화 및 운송의 현대화를 추진한다. • 남북철도 연결 및 대륙 간 철도를 연계하는 사업을 추진한다.

> **남북철도의 완전 개통 시 기대효과**
> • 한반도의 동북아 국제복합운송거점으로서의 발전 가능성
> • 한국과 유럽 간 해상운송과 철도운송 간 경쟁증대
> • 한반도와 유럽 간 새로운 물류네트워크 구축을 통한 국제물류시스템의 개선
> • 시베리아횡단철도(TSR)와 중국횡단철도(TCR)와의 연계 가능성
> • 대륙철도와의 연계로 국내 항만의 물동량 증가

[출제유형] 2018년 제22회

우리나라 컨테이너 철도운송에 관한 설명으로 옳지 않은 것은?

① COFC(Container On Flat Car) 방식이 사용되고 있다.
② DST(Double Stack Train)는 활용되지 않고 있다.
③ 공로운송에 비해 친환경 물류정책에 부합하는 운송수단이다.
❹ 철도 컨테이너운송에 있어서 하역은 RO-RO(Roll On-Roll Off) 방식으로 이루어지고 있다.
⑤ 의왕 ICD는 내륙컨테이너기지 및 내륙통관기지로서의 역할을 수행하고 있다.

PLUS

철도소화물 운영상의 비효율성
• 적자의 누적 및 운영의 경직성
• 문전운송(Door to Door)서비스의 불가능(완결성 부족)
• 소화물운송의 공공성 결여
• 소화물취급시설에 대한 투자의 제한
• 철도화물 취급 전문인력의 부족

핵심테마

21 해상운송의 이해

PART 2 화물운송론 / Chapter 04 해상운송

[출제유형] 2023년 제27회

해상운송의 기능 및 특성에 관한 설명으로 옳지 않은 것은?

① 해상운송은 떠다니는 영토로 불릴 만큼 높은 국제성을 지니므로 제2편의 치적과 같은 전략적 지원이 강조된다.
② 장거리, 대량운송에 따른 낮은 운임부담력으로 인해 국제물류의 중심 역할을 담당한다.
③ 직간접적인 관련 산업 발전 및 지역경제 활성화와 국제수지 개선에도 기여한다.
❹ 해상운송은 물품의 파손, 분실, 사고 발생의 위험이 적고, 타 운송수단에 비해 안전성이 높다.
⑤ 선박대형화에 따라 기존 운하경로의 제약이 있지만 북극항로와 같은 새로운 대체경로의 개발도 활발하다.

1 해상운송의 개요

구 분	내 용
해상운송의 개념	• 해상운송은 수면 위를 운항할 수 있는 선박을 수단으로 하여 상업적 목적하에 여객이나 화물을 이동시키는 행위를 말한다. • 무역거래에 있어서 가장 오래전부터 이용되어 온 운송형태로 일시에 대량으로 장거리를 운송할 수 있다는 경제성 때문에 오늘날에도 세계 전체 운송물량의 약 90%에 달하는 물동량이 해상운송에 의존하고 있다. • 해상운송은 다른 운송에 비해 대량운송성, 운송비의 저렴성, 운송로의 자유성, 국제성 등의 특성을 갖고 있어 국제운송부문을 주도하고 있다. • 해상운송의 유형으로는 내륙수면운송, 연안운송, 근해운송, 국제해상운송 등이 있다.
해상운송의 특성	대량운송성	해상운송은 모든 운송수단 중에서 화물단위당 운송력이 가장 뛰어난 운송수단이기 때문에 대·중량 화물이나 살화물(bulk cargo, 예 건화물, 원유, 석유화학제품 등)의 장거리 운송에 가장 적합한 수단으로 널리 이용되고 있다.
	장거리운송	국제무역은 기본적으로 국경을 달리하는 원격지자 간의 거래로서 해상운송은 대부분 선박 또는 대형선박에 의한 장거리 운송이다.
	운송비의 저렴성	해상운송은 대량화물의 장거리 운송에 따른 단위비용이 타 수단에 비해 매우 저렴하다.
	운송로의 자유성	해상운송의 운송루트는 지형상의 장애를 적게 받기 때문에 비교적 자유롭게 이용할 수 있다.
	국제성	대부분의 해상운송은 세계 각국을 그 대상으로 하므로 운송산업 중에서 가장 국제성이 높은 산업이다.
	운행 속도	• 해상운송의 운행 속도는 일반적으로 다른 운송수단에 비해 느린 편이다. • 세계 주요 정기선의 속력은 18~30노트(약 33~55km/h)이며, 부정기선은 12~18노트(약 2~33km/h)로 항해하기 때문에 다른 운송수단에 비해 운송기간이 길다.

해상운송의 장·단점

장 점	단 점
• 대량화물의 운송이 용이하다. • 장거리(대륙 간) 운송에 적합하다. • 대량화물의 장거리 운송 시 운임이 가장 저렴하다. • 환경성 측면에서 우수하다. • ULS(단위화물적재시스템) 적용이 용이하다. • 운송경로가 비교적 자유롭다. • 화물의 용적 및 중량에 대한 제한이 적다. • 육상운송수단과 연계해서 해·공 복합운송의 주축이 된다.	• 항만시설에 하역기기 등의 설치로 인한 기간이 소요되며, 하역비가 비싸다. • 기후에 민감하다(악천후 시 운행 제약). • 육상운송수단과의 연계가 필요하다. • 운송의 완결성이 낮다. • 운송속도가 느리고 운송에 장기간이 소요된다. • 국제조약 및 규칙의 준수가 요구된다. • 물품의 파손, 분실, 사고발생의 위험도가 높고, 타 운송수단에 비해 안전성이 낮다. • 항구에서의 화물인수로 인한 불편함이 따른다.

PART 2 화물운송론 / Chapter 04 해상운송

22 해상운송의 형태

1 정기선운송(Liner Shipping)

구 분	내 용
정기선운송의 개념	• 특정한 항로에서 미리 정해진 운항일정(Sailing Schedule)에 따라 예정된 항구를 규칙적으로 반복 운항하면서, 화물의 대소에 관계없이 공표운임률에 의하여 운임이 부과되는 화물선 및 여객선(제한적 운행)의 운송을 말한다. • 주로 불특정다수의 개별화물을 운송하는 경우에 많이 이용되며, 컨테이너화의 진전으로 급격히 발전하였다. • 정기항로에 배선하는 선박은 컨테이너 화물전용의 컨테이너선과 컨테이너선 등장 이전에 설계된 재래선(컨테이너 운송을 고려하지 않은 일반화물선), 그리고 다목적선(일반화물선과 벌크선의 기능을 모두 갖춘 선박으로 정기항로와 부정기항로에 모두 투입 가능) 등으로 분류되며, 오늘날 주요 정기항로에는 컨테이너선이 이용되고 있다.
정기선운송의 특징	• 화물의 크기나 종류, 수량에 관계없이 표준화된 계약이 이루어지며, 여기에는 모든 화주에게 통일된 운송계약서인 선하증권(B/L : Bill of Lading)이 사용된다. • 운송서비스의 수요가 불특정다수의 개별수요로 이루어지므로 화주가 다수이고 운송대상도 다수이다. • 불특정 다수의 운송수요자가 존재하므로 개별선사에 의한 수요의 독점이 불가능하다. • 고정된 항로를 규칙적으로 운항하므로 선적기일을 맞추는 데 적합한 형태의 운송방식이다. • 정기선의 운임은 동맹선사 간 사전에 정한 운임요율표(Tariff)를 따르게 되며, 여기에는 고정비뿐 아니라 하역비까지 포함하고 있어 운임은 일반적으로 부정기선에 비해 고가(high price)이다. • 화물 또한 완제품 내지 반제품인 2차 상품이 주종을 이루기 때문에 운임부담력이 높다. 따라서 정기선 항로에 배선하는 선박회사끼리는 해운동맹(shipping conference, 일정 수준의 운임, 운송조건 등을 유지하기 위해 해운사들 간에 결성하는 일종의 카르텔을 말함)에 가입하는 것이 일반적이다. • 정기선운송은 많은 선박이 필요하고, 광범위한 경영조직이 요구되어 막대한 자본을 요하는 위험도가 높은 사업이나, 시장과 선복의 수요량은 비교적 안정화되어 있는 편이다. • 정기선운송은 일반적으로 일반운송인(common carrier) 또는 공중운송인(public carrier)에 의해 수행된다. • 정기선 하역비 부담조건을 Berth/Liner Term(적양비 모두 선주 부담)이라 한다.
정기선운송의 기능	• 수출입 상품을 적기에 운송할 수 있는 교역의 편의를 제공한다. • 장기적으로 안정적인 운임을 화주에게 제공한다. • 국가 간 긴급사태발생 시 물자운송의 역할을 수행한다. • 국가 간의 운송수단이므로 교역을 촉진하여 당사국 간의 경제발전에 기여한다.
정기선의 운항방식	• 단독운항 : 개별선사가 단독으로 선단을 구성하여 정기선 항로에 취항하는 것으로 운항계획을 포함한 영업정책을 독자적으로 결정한다. • 공동운항 : 정기선 항로에서 2개 이상의 선사가 전략적 제휴를 맺고 합작기업의 형태로 운항하기 위한 것으로 컨소시엄(consortium)과 스페이스 챠터로 구분된다.

[출제유형] 2022년 제26회

정기선 운송의 특징에 관한 설명으로 옳지 않은 것은?

❶ 항로가 일정하지 않고 매 항차마다 항로가 달라진다.
② 정기선 운송은 공시된 스케줄에 따라 운송서비스를 제공한다.
③ 정기선 운임은 태리프(Tariff)를 공시하고 공시된 운임률에 따라 운임이 부과되므로 부정기선 운임에 비해 안정적이다.
④ 정기선 운송은 화물의 집화 및 운송을 위해 막대한 시설과 투자가 필요하다.
⑤ 정기선 운송서비스를 제공하는 운송인은 불특정 다수의 화주를 상대로 운송서비스를 제공하는 공중운송인(Public Carrier)이다.

⊕ PLUS
공동운항의 종류
• 컨소시엄 : 개별선사가 단독으로 고가의 컨테이너선을 확보하여 운항하는 데 따르는 위험을 분산하고, 경제적인 어려움 이외의 문제를 해결하기 위하여 구성되는 선사 간의 협력체를 말한다.
• 스페이스 챠터 : 정기적인 운항서비스의 제공에 차질이 없도록 정기선사 상호 간의 일정상 선복(Ship's Space)을 제공하기로 하는 선복임차계약을 말한다.

Chapter 04 해상운송 109

[출제유형] 2023년 제27회

해운동맹에 관한 설명으로 옳은 것은?

① 두 개 이상의 정기선 운항업자가 경쟁을 활성화하기 위해 운임, 적취량, 배선 등의 조건에 합의한 국제카르텔을 말한다.
② 미국을 포함한 대부분의 국가는 해상운송의 안전성을 위해 해운동맹을 적극적으로 받아들이고 있으며, 가입과 탈퇴에 따른 개방동맹과 폐쇄동맹에 대한 차이는 없다.
③ 해운동맹은 정기선의 운임을 높게 유지함으로써 동맹탈퇴의 잠재이익이 크게 작용하고 있어 동맹유지가 어렵고 이탈이 심한 편이다.
④ 맹외선과의 대응전략으로 동맹사들은 경쟁억압선의 투입이나 이중운임제, 연체료와 같은 할인 할증제 등을 운영한다.
❺ 동맹회원 간에는 일반적으로 운임표가 의무적으로 부과되지만 특정화물에 대해서는 자유로운 open rate가 가능하다.

[출제유형] 2024년 제28회

해상운송 중 부정기선 시장의 특징에 관한 설명으로 옳지 않은 것은?

❶ 항로별 운임요율표가 불특정 다수의 화주에게 제공된다.
② 화주가 요구하는 시기와 항로에 선복을 제공하여 화물을 운송한다.
③ 부정기선의 주요 대상 화물은 원자재, 연료, 곡물 등이다.
④ 운송계약의 형태에는 나용선, 항해용선, 정기용선이 있다.
⑤ 화물의 특성 또는 형태에 따라 특수전용선이 도입되고 있다.

해운동맹
- 해운동맹이란 특정정기항로에 배선을 하고 있는 선박회사들이 상호 간의 과당경쟁을 방지하기 위한 목적으로 결성된 국제카르텔을 말한다.
- 개방동맹은 일정 수준의 서비스능력을 갖춘 선사는 자유롭게 가입이 가능한 동맹이고, 폐쇄동맹은 일정 자격과 실적이 있는 선사만 가입이 가능하며, 가입신청 시 가맹 선사의 전원 동의가 필요한 동맹이다.
- 1980년대 이후 해운업계의 경쟁이 치열해지면서 동맹에서 탈퇴해 낮은 가격의 서비스를 제공하는 업체들이 늘어나 해운동맹의 수는 꾸준히 감소하기 시작했다.
- 맹외선과의 대응전략으로 동맹사들은 경쟁선을 파견하거나, 화주를 유인하기 위해 운임환급제, 충실보상제, 이중 및 삼중운임제 등을 실시하고 있다.
- 동맹회원 간에는 일반적으로 운임표가 의무적으로 부과되지만 특정화물에 대해서는 자유로운 open rate가 가능하다.

2 부정기선운송(Tramper Shipping)

구 분	내 용
부정기선운송의 개념	• 일정한 항로나 화주를 한정하지 않고 화주가 요구하는 시기와 항로에 따라 화물을 운송하는 것을 말한다. • 부정기선운송은 운송수요가 있는 경우에만 운송하는 일반 부정기선운송과 특정한 화물만을 전용으로 운송할 수 있는 구조의 선박을 이용한 전용선 부정기선운송이 있다. • 주요 대상 화물은 석탄이나 곡류·목재 등 대량화물이며 운임은 당사자 간에 결정한다.
부정기선운송의 특징	• 고정된 항로와 운항 일정이 없으므로 항로의 자유로운 선택이 가능하다. • 운송수요가 시간적·지역적으로 불규칙하고 불안정하여 수시로 항로를 바꾸어야 하기 때문에 전 세계가 활동범위가 된다. • 선주가 선박 또는 선복(탑승 및 적화장소)을 제공하여 화물을 운송할 것을 약정하는 용선계약(Charter Party)을 체결하여 운송되는 것이 일반적이다. 이때, 표준화된 용선계약서가 사용되며, 용선계약서가 운송서류를 대신하고 별도의 선하증권이 발행되지 않는다. • 부정기선운송은 주로 광석, 곡류, 목재, 비료 등의 운임부담력이 상대적으로 약한 대량의 살화물(bulk cargo)이나 컨테이너화가 불가능한 대량화물을 운송하는 데 많이 이용된다. • 운임은 대체로 정기선보다 낮으며, 수요와 공급에 의해 운임이 결정되므로 운임의 변동 폭이 크다. • 정기선운송과 같은 해운동맹의 형성이 어렵기 때문에 필연적으로 단일시장에서의 자율경쟁이 전개되어 운임과 용선료는 제반요건에 따라 다변적으로 변화하는 타율성이 강하다. • 선복의 공급이 물동량 변화에 대해 매우 비탄력적이기 때문에 선복수급이 균형을 이루기가 불가능하다. • 부정기선운송은 계약운송인(contract carrier) 또는 사설운송인(private carrier)에 의해 수행되는 것이 일반적이다.

정기선운송과 부정기선운송의 비교

구 분	정기선운송(Liner Shipping)	부정기선운송(Tramper Shipping)
형 태	불특정 화주의 화물운송	용선계약에 의한 화물운송
화물형태	이종화물	동종화물
	완제품 내지 반제품 등 2차 상품	대량의 벌크화물(Bulk cargo)
	고가의 화물이 주종	저가의 화물이 주종
이용화주	불특정 다수	대기업 및 종합상사
운송계약	선하증권(B/L)	용선계약서(C/P)
운임조건	Berth/Liner Term	FIO, FI, FO Term
운임결정	공표운임(Tariff)	수요공급에 의한 시장운임
해운동맹	결성 및 가입	비결성, 비가입
선박구조	고가, 구조가 복잡	저가, 구조가 단순
화물집하	영업부직원이 담당	중개인이 담당
여객취급	제한적으로 여객취급(예 카페리)	여객취급을 하지 않음
운송인	공적일반운송인 (Public Common Carrier)	사적계약운송인 (Private Contract Carrier)

[출제유형] 2018년 제22회

해상운송에서 정기선운송과 부정기선운송에 관한 설명으로 옳은 것은?

❶ 해상운송계약 체결의 증거로서 정기선운송은 선하증권(Bill of Lading)을, 부정기선운송은 용선계약서(Charter Party)를 사용한다.
② 정기선운송은 벌크화물을 운송하고, 부정기선운송은 컨테이너화물을 운송한다.
③ 정기선운송인은 사적 계약운송인의 역할을, 부정기선운송인은 공공 일반운송인의 역할을 수행한다.
④ 정기선운송 운임은 수요와 공급에 의해 결정되고, 부정기선운송 운임은 공표운임(Tariff)에 의해 결정된다.
⑤ 정기선운송의 하역비 부담조건은 FI, FO, FIO 등이 있고, 부정기선은 Berth term에 의해 결정된다.

3 해상운송 관련 국제조약

구 분	내 용
헤이그 규칙 (Hague Rules, 1924)	• 국제적으로 통용될 수 있는 해상운송에 관한 통일조약의 필요성이 대두되어, 선하증권 통일조약을 마련하였다. • 헤이그 규칙은 운송인의 최소한의 의무를 규정하는 동시에 최대한의 면책을 규정하는 조문으로 구성된다. • 운송인의 책임을 상업상 과실과 항해상 과실 두 가지로 나누었으며, 상업 과실 및 선박의 감항성 확보 의무에 관해서는 운송인의 책임으로 하고, 항해 과실에 대해서는 운송인의 면책으로 하고 있다. • 책임구간 : 선적 시로부터 양화 시까지(from Tackle to Tackle)
함부르크 규칙 (Hamburg Rules, 1978)	• 개발도상국들이 화주들의 권익 보장을 UN 무역개발회의(UNCTAD)에서 주장하였고, 1978년 독일에서 'Hamburg Rules'이라 불리는 'UN 해상물품운송조약'이 채택되었다. • 해상운송에서 약자의 위치에 있는 선박을 소유 내지 운영하고 있지 아니하는 개발도상국의 화주의 입장을 강화함으로써 운송인의 책임을 확대하였다. • 주요 내용 – 선박의 감항능력(내항성) 담보에 관한 주의의무 규정의 삭제 – 운송인 책임한도액의 인상(1포장당 또는 단위당 100파운드 → SDR도입) – 선박화재 면책의 폐지 – 면책 카탈로그(Catalogue)의 폐지 – 지연손해에 관한 운송인 책임의 명문화 – 화재로 인한 손해에 대한 운송인의 책임 규정 – 운송인 면책이었던 항해과실을 운송인 책임으로 규정 – 책임구간을 수취에서부터 운송까지로 확대(from Receipt to Delivery)

[출제유형] 2020년 제24회

헤이그 규칙과 함부르크 규칙을 비교 설명한 것으로 옳지 않은 것은?

① 헤이그 규칙에서는 운송인 면책이었던 항해 과실을 함부르크 규칙에서는 운송인 책임으로 규정하고 있다.
② 헤이그 규칙에서는 지연손해에 대한 명문 규정이 없으나 함부르크 규칙에서는 이를 명확히 규정하고 있다.
❸ 헤이그 규칙에서는 운송책임 구간이 'from Receipt to Delivery'였으나 함부르크 규칙에서는 'from Tackle to Tackle'로 축소하였다.
④ 헤이그 규칙에서는 운송인의 책임 한도가 1포장당 또는 단위당 100파운드였으나 함부르크 규칙에서는 SDR을 사용하여 책임한도액을 인상하였다.
⑤ 헤이그 규칙에서는 선박화재가 면책이었으나 함부르크 규칙에서는 면책으로 규정하지 않았다.

핵심테마 23 **해상운송계약**

PART 2 화물운송론 / Chapter 04 해상운송

[출제유형] 2024년 제28회

선하증권(Bill of Lading : B/L)의 종류에 관한 설명으로 옳지 않은 것은?

① 선적 선하증권(Shipped B/L) : 화물이 선하증권에 명시된 본선에 선적되어 있음을 표시한 것으로 On Board B/L이라고 한다.
② 무사고 선하증권(Clean B/L) : 본선수취증의 비고란에 선적화물의 결함에 대한 기재사항이 없을 때 발행된다.
③ 기명식 선하증권(Straight B/L) : 선하증권의 수하인란에 수하인의 성명이 기입된 선하증권이다.
④ 스테일 선하증권(Stale B/L) : 선하증권이 발행된 후 은행 측에서 용인하는 허용 기간 내에 제시되지 못한 선하증권이다.
❺ 적색 선하증권(Red B/L) : 2가지 이상의 운송수단이 결합되어 국제복합운송이 발생하였음을 증명하는 선하증권이다.

⊕ PLUS

묵시적 확약

묵시적 확약이란 용선계약에 있어 계약서상에 명시되어 있지는 않지만 당사자가 상대방에게 묵시적 확약으로 인정하는 것으로서 선주 측에서는 내항성 선박의 제공, 신속한 항해 이행, 부당한 이로(deviation)의 불가 등이 있으며, 화주 측에서는 위험물을 적재하지 않도록 하는 것 등이 있다.

1 개품운송계약(Carriage in A General Ship)

구 분	내 용
개품운송계약의 개념	개품운송계약이란 운송인이 불특정 다수의 화주로부터 개개의 화물을 위탁받아 해상으로 선박을 이용하여 운송할 것을 인수하고, 그 상대방인 송화인이 이에 대하여 운임을 지급하기로 약정하는 해상운송계약을 말한다.
개품운송계약의 특징	• 해상운송인이 불특정 다수의 화주로부터 화물의 운송을 위탁받아 인수한 화물을 혼적(mixed loading)하므로, 통상 개품운송은 정기선운송(Liner Shipping)에서 많이 이용되고 있다. • 개품운송에 있어서 운송계약은 선하증권(B/L)의 약관에 의한 부합계약의 방식으로 체결된다. 따라서 용선계약처럼 별도의 계약서 없이 해상운송인이 발행하는 선하증권으로 운송계약의 증거가 될 수 있다. • 개품운송계약은 불요식 계약이므로 별도의 방식이 요구되지 않으나, 대개 선복요청서(Shipping Request)를 제출하여 선박회사가 인수확약서(Booking Note)를 발행하면 운송계약이 체결된 것으로 간주한다. • 해상운송계약이 체결되면 매도인 또는 그의 대리인은 계약물품을 본선에 적재하고 선박회사는 선적선하증권(Shipped B/L)을 발급해 준다(계약물품 선적 이전인 경우에는 수취선하증권(Received B/L)을 발급). B/L은 운송계약의 증거, 물품인도의 증거 및 권리증권의 기능을 수행한다.

주요 선하증권(B/L)의 종류
• 선적선하증권(Shipped B/L) : 화물이 실제로 본선에 적입이 된 후에 발행되는 증권
• 수취선하증권(Received B/L) : 선적 전이라도 화물이 선박회사(운송인)의 창고에 반입되면 화주의 요청에 따라 발행하는 증권
• 무사고 선하증권(Clean B/L) : 선적화물의 상태가 양호하여 약정 수량의 전부가 그대로 선적되면 선박회사가 선하증권면의 적요란(Remarks)에 아무런 기재 없이 발행하는 증권
• 사고부 선하증권(Foul B/L, Dirty B/L) : 선적된 화물의 포장상태 및 수량 또는 기타 화물 외견상 불완전한 상태라면 선박회사가 그 내용을 증권상에 표기하여 발행하는 증권
• 기명식 선하증권(Straight B/L) : 화물의 수취인, 즉 수입자의 성명이 명백히 기재된 선하증권으로, 선하증권에 기재된 특정 수화인이 아니면 원칙적으로 화물을 수령할 수 없는 증권
• 지시식 선하증권(Order B/L) : 선하증권상에 특정한 수취인을 기재하지 않고 단순히 'To Order', 'Order of Shipper', 또는 'Order of xx Bank' 등으로 기재한 증권
• 제3자 선하증권(Third Party B/L) : 운송계약의 주체인 화주와 L/C상의 Beneficiary(수혜자·수령인)가 다른 증권
• 스테일 선하증권(Stale B/L) : 선하증권이 발급된 날로부터 특정 기간이 경과한 선하증권
• 적색 선하증권(Red B/L) : 보통의 선하증권과 보험증권의 결합으로, 증권에 기재된 화물이 항해 중에 사고가 발행하면 이 사고에 대하여 선박회사가 보상해 주는 선하증권

2 용선운송계약(Contract of Charter Party)

구 분	내 용
용선운송계약의 개념	• 용선운송계약은 운송인(선주)이 용선자(화주)에게 선박의 전부 또는 일부의 선복을 제공하여 적재된 물품을 운송할 것을 약정하고, 용선자(화주)는 이에 대한 반대급부로 운임(용선료)을 지급할 것을 약정하는 해상운송계약이다. • 한 척의 선박에 만재할 수 있을 정도로 충분한 양의 대량 산화물을 보유한 화주(용선주)에게 적합하다.
용선운송계약의 특징	• 주로 산적화물(Bulk Cargo)을 대상으로 하며 부정기선(Tramper)을 이용하는 것이 일반적이다. • 개품운송계약과 달리 표준화된 용선계약서(C/P : Charter Party)를 작성하며, 용선계약서가 운송서류를 대신하고, 별도의 선하증권이 발행되지 않는다. • 통상 용선계약서(C/P)에 용선자는 "charterers"로, 선주는 "owners"로 표시한다. • 용선계약의 표준서식으로 가장 보편적인 것은 GENCON(Uniform General Charter)이다.

구 분			내 용
용선운송계약의 종류	일부용선계약		선주로부터 선복(Ship's space)의 일부만 빌려 사용하는 계약이다.
	전부용선계약		선주로부터 선복의 전부를 빌려 사용하는 계약을 말하며, 그 종류와 특징은 다음과 같다.
		항해용선계약 (Voyage Charter)	어느 한 특정 항구에서 다른 특정 항구까지 한 번의 항해를 위해서 화주와 선주 간에 체결되는 용선계약이다.
		선복용선계약 (Lump Sum Charter)	항해용선계약의 변형된 형태로 한 선박의 선복 전부를 하나의 선적으로 간주하여 운임액을 결정하는 용선계약이다.
		일대용선계약 (Daily Charter)	항해용선계약의 변형으로 1일(24시간)단위로 용선하는 용선계약을 의미한다.
		정기(기간)용선계약 (Time Charter)	모든 장비를 갖추고, 선원이 승선해 있는 선박을 일정기간 정하여 사용하는 조건으로 체결되는 용선계약이다.
		나용선계약 (Bareboat Charter)	일정기간 선박만 용선하는 계약으로 인적·물적요소 전체를 용선자(화주)가 부담하고 운항 전반을 관리하는 계약을 말한다.

⊕ PLUS
용선계약 종류별 운임의 계산
- 항해용선운임 : 운송량(적재량) × 운임률(선박 일부 임대)
- 선복용선운임 : 본선적재능력 × 운임률(선박 전부 임대)
- 일대용선운임 : 1일 기준으로 용선료 책정

3 용선계약 시의 하역비 부담조건

구 분	내 용
선주부담조건 (Berth/Liner Terms)	선적, 양하 시 선내 하역비용을 모두 선주가 부담하는 조건으로 대체로 정기선운송인 개품운송계약에서 사용하는 방법이다.
FI(Free In)	선적 시 선내 하역비용은 용선자가 부담하고, 양하 시 선내 하역비용은 선주가 부담하는 조건이다.
FO(Free Out)	선적 시 선내 하역비용은 선주가 부담하고, 양하 시 선내 하역비용은 용선자가 부담하는 조건이다.
FIO(Free In & Out)	선적, 양하 시 선내 하역비용을 모두 용선자가 부담하는 조건이다.
FIOST(Free In Out & Stowed and Trimmed)	선적, 양하 시 선내 하역비용 및 적부비용, 화물정리비까지도 용선자가 부담하는 조건이다.
Gross Term(Form)	부정기선의 운항에서 보편적으로 활용되는 방법으로 선주가 하역비와 항비 등 일체의 경비를 부담하는 방식이다. 그러나 'Gross Term'도 본선인도를 원칙으로 하기 때문에 특수항비는 용선자의 부담이다.
Net Term(Form)	용선자가 적·양륙비를 부담할 뿐 아니라 하역준비 완료시부터 양하의 종료시까지의 일체의 항비를 부담한다.

[출제유형] 2023년 제27회

부정기선 용선계약의 특징에 관한 설명으로 옳지 않은 것은?

① 항해용선(Voyage Charter)계약은 선주가 선장을 임명하고 지휘·감독한다.
❷ 항해용선계약의 특성상 용선자는 본선운항에 따른 모든 책임과 비용을 부담하여야 한다.
③ 정기용선(Time Charter)계약은 선주가 선장을 임명하고 지휘·감독한다.
④ 정기용선계약에서 용선자는 영업상 사정으로 본선이 운항하지 못한 경우에도 용선료를 지급하여야 한다.
⑤ 정기용선계약에서 용선료는 원칙적으로 기간에 따라 결정된다.

[출제유형] 2023년 제27회

해상운임 중 Berth Term(Liner Term)에 관한 설명으로 옳은 것은?

❶ 선사(선주)가 선적항 선측에서 양하항 선측까지 발생하는 제반 비용과 위험을 모두 부담한다.
② 화물을 선측에서 선내까지 싣는 과정의 비용 및 위험부담은 화주의 책임이며, 양하항에 도착 후 본선에서 부두로 양하할 때의 비용과 위험은 선사가 부담한다.
③ 화물을 본선으로부터 양하하는 위험부담은 화주의 책임이며, 반대로 선사는 적하비용을 부담한다.
④ 화물의 본선 적하 및 양하와 관련된 모든 비용과 위험부담은 화주가 지며, 선사는 아무런 책임을 지지 않는다.
⑤ 품목에 관계없이 동일하게 적용되는 운임을 말한다.

핵심테마 24 해상운임(Ocean Freight)

PART 2 화물운송론 / Chapter 04 해상운송

[출제유형] 2023년 제27회

화물운임의 부과방법에 관한 설명으로 옳지 않은 것은?

① 종가운임: 운송되는 화물의 가격에 따라 운임의 수준이 달라지는 형태의 운임
② 최저운임: 일정한 수준 이하의 운송량을 적재하거나 일정 거리 이하의 단거리운송 등으로 실운임이 일정수준 이하로 계산될 때 적용하는 최저수준의 운임
❸ 특별운임: 운송거리, 서비스 수준, 운송량, 운송시간 등에 따라 운임 차이가 발생할 수 있음에도 불구하고 동일한 요율을 적용하는 형태의 운임
④ 품목별운임: 운송하는 품목에 따라 요율을 달리하는 운임
⑤ 반송운임: 목적지에 도착한 후 인수거부, 인계불능 등에 의하여 반송조치하고 받는 운임

1 정기선운임(Liner Shipping Rate)

구 분	내 용
정기선운임의 개념	• 특정항로의 운임률표(Tariff)가 불특정 다수의 화주에게 공표되어 있으며, 공시된 운임률표 범위 내에서 화주 및 화물에 차별을 두지 않고 운송서비스를 제공한다. • 해운동맹에 의해 협정이 되고 있어 독점가격으로서의 성격을 가지고 해운시황의 변화에 영향을 받지 않아 비교적 안정적이다. • 정기선운송의 운임체계는 기본운임(Basic Rate)과 화물의 형상, 항만사정, 화물의 특수성의 사유에 따라 부과되는 추가할증료(Surcharge), 추가요금(Additional Charge, 부대비용) 등으로 구성된다.
기본운임 (Basic Rate)	운임요율표(Tariff)에 명기된 품목별 운임으로 당해 운임톤(R/T)에 기본운임율을 곱하여 산정하고, 중량 또는 용적 단위로 표시한다. • 선불운임(Advance Freight, Prepaid Freight): CIF 또는 CFR 조건으로 계약이 체결되는 경우에 적용되며, 수출업자가 선적지에서 운임을 선불하는 경우이다. 선사는 B/L발급 시 운임을 징수하게 된다. • 후불운임(Freight Collect): FOB 조건의 매매계약 시 적용되며, 수입업자가 화물의 도착지에서 운임을 지급하는 경우이다. 수입업자가 운임을 완불치 않으면 선사는 CY나 보세창고에서 물건을 찾을 수 있는 화물인도지시서(D/O: Delivery Order)를 발행하여 주지 않는다. • 종가운임(ad valorem freight): 금, 은, 유가증권, 귀금속 등 고가품의 송장가격을 기초로 일정률로 산출되는 운임이다. • 최저운임(minimum rate): 화물의 용적이나 중량이 이미 설정된 운임산출 톤 단위에 미달하는 경우 부과되는 운임이다. • 특별운임(special rate): 수송조건과는 별개로 해운동맹 측이 비동맹선과 적취 경쟁을 하게 되면 일정조건에서 정상요율보다 인하한 특별요율을 적용하는 운임이다. • 차별운임(discrimination rate): 화물, 장소 또는 화주에 따라 차별적으로 부과되는 운임이다. • 박스운임(Box Rate): 톤당 운임에 기초한 운임 산정의 번거로움을 줄이기 위하여 화물의 종류, 중량에 관계없이 컨테이너당으로 정한 운임을 말하며 여기에는 무차별운임, 등급운임, 품목별(박스)운임이 있다. 〈종류〉 – 무차별운임(FAK: Freight All Kinds rate): 화물의 종류나 내용과는 관계없이 중량과 용적에 따라 동일하게 부과하는 운임 – 등급운임(class rate): 운임요율표에 화물을 종류, 성질, 형태별로 분류하여 적용하는 운임 – 품목별박스운임(CBR: Commodity Box Rate): 화물의 품목별로 분류하여 적용하는 운임 • 비례운임(Pro Rate Freight): 운송도중 불가항력 또는 기타 원인에 의해 운송을 계속할 수 없게 되어 중도에 화물을 인도할 경우, 그때까지 이행된 운송비율에 따라 지불하는 운임 • 반송운임(Back Freight): 목적지에 도착한 후 인수거부, 인계불능 등에 의하여 반송조치하고 받는 운임

추가할증료 (Surcharge)	화물의 성질, 형상, 운송방법 등에 따라 기본운임만으로 불충분할 경우 부과하는 운임이다. • 유류할증료(BAF : Bunker Adjustment Factor, Fuel Surcharge) : 유가인상분에 대한 추가비용을 보전하기 위해 부과되는 할증료이다. • 통화할증료(CAF : Currency Adjustment Factor, Currency Surcharge) : 화폐가치 변화에 의한 손실보존을 위해 부과되는 할증료이다. • 혼잡항할증료(Congestion Surcharge) : 도착항의 항만사정이 혼잡하여 선박이 대기할 경우에 부과되는 할증료이다. • 수에즈운하 할증료(Suez Surcharge) : 수에즈운하 봉쇄 시 남아프리카 희망봉 회항에 따른 추가 비용 보전을 위해 부과되는 할증료이다. • 특별운항할증료(Special Operating Service Charge) : 비상사태에 대비하여 부과하는 할증료이다. • 외항추가운임(Out Port Arbitrary) : 선박이 기항하는 항구(Base Port) 외의 지역행 화물에 적용하는 추가운임이다. • 양륙항선택할증료(Optional Surcharge) : 선적 시 양륙항을 복수로 선정하고, 양륙항 도착 전에 최종 양륙항을 지정하는 경우 부과되는 할증운임이다. • 항구변경할증료(Diversion Charge) : 선적 시 지정했던 항구를 선적작업을 마친 후 변경하는 경우 추가적으로 부과되는 할증료이다. • 환적할증료(Transshipment Charge) : 환적작업으로 발생되는 추가비용을 보전하기 위해 부과되는 할증운임이다. • 초과중량할증료(Heavy Lift Charge) : 단위당 중량이 초과하여 특별한 장비를 운용해야 하는 경우 적용하는 추가운임이다. • 용적 및 장척 할증료(Bulky/Lengthy Cargo Surcharge) : 단위당 부피 또는 길이가 크거나 길어 특별한 장비를 사용하는 경우에 추가로 발생되는 비용을 보존하기 위해 부과되는 운임이다. • 전쟁위험 할증료(War Risks Premium) : 전쟁위험지역이나 전쟁지역에서 적하 또는 양하되는 화물에 부과되는 운임이다.
부대비용 (Additional Charge)	운송인 자신이 제공한 운송용역이 아닌 외부적 요인에 의해 추가적인 비용이 발생한 경우, 화주에게 부과되는 요금을 말한다. 기본운임의 일정 비율로 정하거나 톤당 혹은 컨테이너당 일정액을 정하여 공시한다. • 부두사용료(Wharfage) : 항만 당국이 부두의 사용에 대하여 부과하는 것으로 우리나라의 경우 해운항만청 고시에 의하여 부과되며, 적하 톤당 일정액을 부과한다. • CFS 작업료(CFS Charge) : LCL(Less than Container Load)화물 운송 시에 선적지 및 도착지의 CFS(Container Freight Station)에서 화물의 혼재 · 적입 또는 분류 작업을 할 때 발생하는 비용이다. • 터미널화물처리비(THC : Terminal Handling Charge) : 화물이 CY에 입고된 순간부터 선측까지, 반대로 본선의 선측에서 CY의 게이트를 통과하기까지 화물의 이동에 따르는 비용을 말한다. • 도착지화물인도비용(DDC : Destination Delivery Charge) : 북미수출의 경우, 도착항에서 하역 및 터미널 작업비용을 해상운임과는 별도로 징수하는 것으로서 TEU 당 부과하고 있다. • 서류발급비(Documentation Fee) : 선사가 일반관리비의 보전을 위하여 수출 시에는 선하증권(B/L)을 발급해주는 때, 수입 시에는 화물인도지시서(D/O)를 발급해주는 때 징수하는 비용이다. • 지체료(Detention Charge) : 화주가 허용된 시간(Free Time) 이내에 반출해 간 컨테이너를 지정된 선사의 CY로 반환하지 않을 경우 지불하는 비용이다. • 체선료(Demurrage) : 적하 또는 양하일수가 약정된 정박기간을 초과하는 경우, 초과일수에 대하여 용선자가 선주에게 지불하는 것으로 1일 또는 1톤당으로 지불하는 금액이다.

[출제유형] 2021년 제25회

해상운송에서 화주가 부담하는 할증운임(surcharge)에 관한 내용으로 옳지 않은 것은?

① Bunker Adjustment Factor는 선박의 주연료인 벙커유의 가격변동에 따른 손실을 보전하기 위한 할증료이다.
② Congestion Surcharge는 특정 항구의 하역능력 부족으로 인한 체선으로 장기간 정박을 요할 경우 해당화물에 대한 할증료이다.
❸ Outport Surcharge는 운송 도중에 당초 지정된 양륙항을 변경하는 화물에 대한 할증료이다.
④ Currency Adjustment Factor는 급격한 환율변동으로 선사가 입을 수 있는 환차손에 대한 할증료이다.
⑤ Transshipment Surcharge는 화물이 운송 도중 환적될 때 발생하는 추가비용을 보전하기 위한 할증료이다.

[출제유형] 2019년 제23회

해상운임에 관한 설명으로 옳지 않은 것은?

① Discrimination Rate는 화물, 장소, 화주에 따라 차별적으로 부과하는 운임이다.
❷ Freight Collect는 무역조건이 CFR 계약이나 CIF계약으로 체결되는 경우에 적용되는 운임이다.
③ Optional Surcharge는 양륙항을 정하지 않은 상태에서 운송 도중에 양륙항이 정해지는 경우에 부과되는 할증운임이다.
④ Terminal Handling Charge는 화물이 CY에 입고된 순간부터 본선의 선측까지와 본선의 선측에서 CY 게이트를 통과하기까지의 화물 이동에 따른 비용으로 국가별로 그 명칭과 징수내용이 다소 상이하다.
⑤ Congestion Surcharge는 도착항의 항만이 혼잡할 경우에 부과되는 할증료이다.

[출제유형] 2021년 제25회

해상운송에서 부정기선 운임이 아닌 것은?

① 장기계약운임
② 현물운임
❸ 특별운임
④ 공적운임
⑤ 연속항해운임

2 부정기선운임(Tramper Shipping Rate)

구 분	내 용
부정기선운임의 개념	당시의 해운시황에 따라 선사와 화주 사이의 자유계약에 의해 결정되는 자유운임을 원칙으로 운송수요와 선복의 공급과 관련하여 크게 변동하는 것이 특징이며, 해운 시황에 따라 등락을 하기 때문에 정기선운임과 달리 안정되지 않고, 선적되는 화물의 톤(중량 혹은 용적)당 얼마의 형식으로 표시된다.
부정기선운임의 구분	• Spot 운임(Spot Rate) : 계약 직후 아주 짧은 기간 내에 선적이 개시될 수 있는 상황에서 지불되는 운임이다. • 선물운임(Forward Rate) : 용선계약으로부터 실제 적재시기까지 오랜 기간이 있는 조건의 운임으로 선주와 화주가 장래 시황을 예측하여 결정하는 운임이다. • 장기계약운임(Long Term Contract Freight) : 장기간 반복되는 항해에 의하여 화물을 운송하는 계약의 운임이다. 연속항해운임과 유사하나 몇 년간에 몇 항해, 몇 년간에 걸쳐 연간 몇 만톤과 같이 약정되는 것이 일반적이다. • 연속항해운임(Consecutive Voyage Rate) : 어떤 특정 항로를 반복적으로 연속하여 항해하는 경우에 약정된 연속항해의 전부에 대하여 적용하는 운임이다. • 부적운임(Dead Freight, 공적운임) : 화물의 실제 적재량이 계약량에 미달할 경우 그 부족분에 대해 지불하는 운임이다. • 선복운임(Lump Sum Freight, 총괄운임) : 화물의 개수, 중량 혹은 용적과 관계없이 일항해(trip) 또는 본선의 선복을 단위로 하여 포괄적으로 정해지는 운임이다. • 일대용선운임(Daily Charter Freight) : 본선이 지정선적항에서 화물을 적재한 날로부터 기산하여 지정양륙항까지 운송한 후 화물인도 완료시점까지의 1일(24시간)당 용선요율을 정하여 부과하는 운임이다.

정기선운송 시 주요 관련서류의 흐름

구 분	서류내용 및 흐름	작성자
선적스케줄 (Vessel Schedule)	선적항의 선적화물 접수마감시간(closing time), 출항예정일자(ETD)와 도착예정일자(ETA), 직항 및 환적항 기항여부 등이 기재된 서류이다. 선박회사 → 수입자 → 수출자 또는 선박회사 → 수출자	선박회사 (Carrier)
선복요청서(S/R : Shipping Request)	화주가 선사에 제출하는 운송의뢰서로서 화물의 명세가 기재된다. 수입자 → 선박회사 또는 수출자 → 선박회사	화 주 (Shipper)
선복예약서 (B/N : Booking Note)	선사가 해상운송계약에 의한 운송을 인수하고 그 증거로 발급하는 서류로서 화물명세, 소요컨테이너의 수, 운송조건 등이 기입된다. 선사는 S/R에 근거하여 B/N을 작성하고, 화물인수목록(Booking List)을 관련 부서에 전달한다. 선박회사 → 본선 및 컨테이너 터미널 등 관련부서	선박회사
선적지시서 (S/O : Sailing Order)	선적요청을 받은 선사가 송화인에게 교부하는 "선적승낙서"이자 동시에 선사가 선복요청서와 현품을 확인하고 본선에 발급하는 "적재지시서"이다. 선박회사 → 수출자 & 선장(일등항해사)	선박회사
본선수취증 (M/R : Mate's Receipt)	본선이 M/R에 기재된 상태로 화물을 수취하였음을 인정하는 증서(but 권리증권 ×)이다. 선적완료 후 검수집계표에 근거하여 일등항해사가 선적화물과 선적지시서(S/O)를 대조하여 송화인 또는 선사에 교부한다. 선장(일등항해사) → 수출자 또는 선박회사	일등항해사 (Chief mate)
수출신고필증 (Export Clearance)	수출 신고한 서류 심사 및 실물 검사・감정결과가 적법한 경우에는 세관에서 수출자에게 교부하는 수출신고 증명서류이다. 세관 → (관세사) → 수출자 → 선박회사	세 관
선하증권 (B/L : Bill of Lading)	본선수취증(M/R)을 기준으로 선박회사에서 작성하여 송화주에게 발급하는 서류이다. 운송계약의 증거, 물품인도의 증거 및 권리증권의 기능을 한다. 선박회사 → 수출자	수출지 선박회사
화물인도지시서 (D/O : Delivery Order)	양륙지에서 선사 또는 대리점이 수화인으로부터 선하증권(B/L) 또는 보증장(L/G)을 받아 대조한 후, 본선이나 터미널에 화물인도를 지시하는 서류이다. 수입지 선박회사 → 수입자	수입지 선박회사

PART 2 화물운송론 / Chapter 04 해상운송

핵심테마 25 선박(Ship, Vessel)의 이해

1 선박의 개요

구 분	내 용		
선박의 정의	선박이란 사람 또는 화물을 싣고 해상을 통해 공간적·장소적 이동을 수행하는 운송수단을 의미하는 것으로서 부양성·적재성·이동성의 3요소를 갖춘 구조물을 말한다.		
선박의 기본기능	• 부양기능 • 추진기능 • 구조기능 • 화물적재 기능 • 안정성 및 부원력 • 운동성능 • 조정성능		
선박의 분류	선박은 그 사용목적에 따라 상선, 어선, 특수작업선, 군함으로 크게 구분할 수 있다. 상선(Merchant ship)은 여객이나 화물의 수송을 통해 운임수익을 목적으로 운항하는 선박을 말하며, 화물선(Cargo Ship), 화객선(Cargo & Passenger Ship), 여객선(Passenger Ship)으로 구분한다.		
	화물선	건화물선	• 살물선(Bulk Carrier) : 대량의 곡물이나 광석, 석탄 등을 비포장된 상태로 운송할 수 있도록 설계된 선박이다. 비교적 단순한 선체 구조를 지니며, 가격도 싸다. • 일반화물선(General Cargo Carrier) : 원재료나 완제품 등 여러 화물을 혼적하여 운송할 수 있는 선박이다. • 컨테이너선(Container Ship) : 적양하 작업을 보다 편리하고 신속하게 하기 위해 화물을 컨테이너에 넣어 운송하는 선박이다. • 다목적 운반선(Multi Purpose Cargo Carrier) : 각종 건화물과 컨테이너를 함께 적재하여 운송할 수 있는 선박이다.
		유조선	화물창을 여러 개의 구획으로 나누고, 각 구획의 배관을 통해 원유, 액화가스, 액공약품 등 액상화물을 저장·운송하는 선박을 말하며, 원유운반선, 정제유운반선, 화학제품운반선, (액화)가스운반선(예 LPG, 에틸렌, 액화암모니아) 등이 있다.
		겸용선	수송의 효율성을 최대한 높이기 위해 건화물과 액체화물을 모두 운송할 수 있도록 설계된 선박이다.
		전용선	특정화물만 전문적으로 운반하기 위해 적합한 구조와 설비를 갖춘 선박으로 LNG선, 냉장선, 자동차전용선, 컨테이너선 등을 말한다.
	화객선		여객과 화물을 같이 운반하기 위해 설계된 선박이다. 수면부분 이하의 화물창에는 화물을 적재하고, 그 이상의 갑판과 선루에는 선실을 설치하여 여객을 탑승시키게 된다.
	여객선		정기항로에서 여객의 운송을 주목적으로 하는 선박을 말하며, 선박안전법상 여객정원 13인 이상을 태울 수 있는 선박으로 규정하고 있다.

[출제유형]   2019년 제23회
선박의 종류에 관한 설명으로 옳지 않은 것은?
① LASH선은 부선(Barge)에 화물을 적재한 채로 본선에 적재 및 운송하는 선박이다.
② 전용선(Specialized Vessel)은 특정 화물의 적재 및 운송에 적합한 구조와 설비를 갖춘 선박이다.
③ 로로선(RO-RO Vessel)은 경사판(Ramp)을 통하여 하역할 수 있는 선박이다.
④ 유조선(Tanker)은 원유, 액화가스, 화공약품 등 액상 화물의 운송에 적합한 선박이다.
❺ 겸용선(Combination Carrier)은 부선(Barge)에 적재된 화물을 본선에 설치되어 있는 크레인으로 하역하는 선박이다.

[출제유형] 2016년 제20회

다음 선박에 관한 설명으로 옳은 것은?

① WIG선 : 자항능력이 없는 선박으로서 예인선에 의해 예인되는 선박
❷ LASH선 : 화물이 적재된 부선을 본선에 적입 및 운송하는 특수선박
③ LOLO선 : 산화물의 운송을 위하여 제작된 선박
④ 산물선(Bulk Carrier) : 수면 위를 1~5m 높이로 낮게 떠서 운항할 수 있는 선박
⑤ Barge선 : 본선 또는 육상에 설치되어 있는 갠트리 크레인으로 컨테이너를 수직으로 들어 올려 적재, 양륙하는 방식의 선박

[출제유형] 2024년 제28회

선박에 관한 내용으로 옳지 않은 것은?

① Barge Ship : 예인선(Tug Boat)에 의해 예인되는 무동력 선박
② Lighter Aboard Ship : Float-On Float-Off 방식에 특화된 선박
③ Full Container Ship : 선박 건조 시 갑판과 선창에 컨테이너를 적재하도록 설계된 선박
❹ Lift-On Lift-Off Ship : 본선의 선수 또는 선미에서 트랙터 등에 의해 적·양하가 이루어지는 선박
⑤ Combination Ship : 공선항해를 감소시키기 위해 한 척의 선박에 2~3종의 화물을 겸용할 수 있는 선박

구분	내용
특수선박의 분류	• LO-LO선(Lift-on/Lift-off Vessel) : 본선 또는 육상에 설치되어 있는 갠트리크레인 등에 의하여 컨테이너를 본선에 수직으로 적·양하하는 방식의 선박을 말한다. • RO-RO선(Roll-on/Roll-off Vessel) : 선박의 측면 또는 선미의 구조가 경사판(Ramp way)과 연결되어 있어 별도의 크레인이나 언로우더 등을 이용하지 않고, 차량이나 지게차가 직접 선박 안으로 진입하여 컨테이너를 수평으로 적양할 수 있는 선박을 말한다(예 자동차 전용선, 카페리선 등). • LASH선(Light Aboard Ship) : 컨테이너선의 변형으로 컨테이너 대신 규격화된 전용 선박을 운송단위로 사용하며, 부선(Barge)에 화물을 적재한 채로 본선에 적입하여 운항한 후, 본선을 부두에 직접 접안시키지 않고 자체 크레인으로 부선민을 하역하여 부두까지 운송하는 특수선박을 말한다. • 예인·바지(Tug Boat·Barge) : Barge란 항만 내부나 하구 등 비교적 짧은 거리에서 화물을 수송하는 자항능력이 없는 부선을 말한다. 부선에는 동력장치가 없기 때문에 운항을 위해선 별도의 예인선인 Tug Boat(견인형 or 푸쉬형)가 필요하다. • WIG(Wing In Ground)선 : 지면효과(Ground Effect : 물과 가까워질수록 날개 효율이 향상됨)를 이용하여 수면 위를 1~5m 높이로 낮게 떠서 운항할 수 있는 선박이다.

2 선박의 국적

구분	내용
선박국적의 의의	• 선박을 어느 국가의 관할 아래 두어 그 귀속여부를 외부에 나타내는 것을 선박의 국적이라고 한다. • 국제법상 선박은 자연인과 마찬가지로 반드시 국적을 가져야 하고, 그 증서를 선박에 비치하여야 하며, 선미에 그 국적의 국기를 게양하는 것이 의무화되어 있다.
선박국적의 효과	• 권리취득 : 자국의 국기를 게양할 수 있으며, 불개항장에 기항할 수 있고 국내무역에 종사할 수 있는 등 국가의 관할에 놓이게 되어 타국으로부터 보호를 받게 된다. • 의무취득 : 비상시 국가동력원력 발동에 따라 징발의 대상이 되고, 선박의 안전과 해상질서를 확보하기 위해 일정한 규정을 준수토록 하며 세수확보의 목적이 된다.

한국선박의 조건(선박법 제2조)
한국선박이 되기 위해서는 다음 요건 중 어느 하나에 해당해야 한다.
① 국유 또는 공유의 선박일 것
② 대한민국 국민이 소유하는 선박일 것
③ 대한민국 법률에 의해 설립된 상사법인(商事法人)이 소유하는 선박일 것
④ 대한민국에 주된 사무소를 둔 ③ 외의 법인으로서 그 대표자(공동대표인 경우에는 그 전원)가 대한민국 국민인 경우에 그 법인이 소유하는 선박일 것

3 편의치적(FOC : Flag Of Convenience) 제도

구분	내용
편의치적제도의 개념	• 선주가 속한 국가의 엄격한 요구조건과 의무부과를 피하기 위하여 자국이 아닌 파나마, 온두라스 등과 같은 제3국가에 선박국적을 취하는 제도를 말한다. 미국, 일본 등 주로 선진 해운국의 선주들이 행하고 있다. • 파나마, 라이베리아, 싱가포르, 필리핀, 바하마 등이 대표적인 편의치적국가들이다. • 편의치적국들은 선박의 운항 및 안전기준 등의 규제 등에 대해서 전통적 해운국과 상당한 차이를 보이며, 특히 선사에 대한 통제능력이나 행정기구 등의 결여 등으로 부적격선 혹은 기준미달선의 증가를 가져올 수 있다.

구분	내용
편의치적 선호사유	• 금융기관이 선박에 대한 권리행사가 용이하기 때문에 국제금융시장에서 자금조달이 용이하다. • 선박의 운항 및 안전기준 등의 이행회피에 따르는 비용절감이 가능하다. • 선박운항에 따른 재무상태, 거래내역을 정부에 보고하지 않는 등 선박운항에 따른 정부의 지도·감독회피가 가능하다. • 등록세와 매년 징수하는 소액의 톤세 외에 선주에 대해 추가적인 소득세를 징수하지 않아 조세부담이 낮다. • 고임의 자국선원을 승선시키지 않아도 되므로 선원비를 절감할 수 있다.

제2치적제도(Secondary Registry)
- 자국선박의 해외치적을 자국으로 전환하거나 자국선박의 해외치적을 방지할 목적의 편의치적(Flag of Convenience) 제도와 유사한 제도로 자국의 특정 자치령 또는 속령에 치적하여 편의치적 수준의 선원고용, 세제 등의 혜택을 부여하는 제도를 말한다.
- 80년대 초 영국, 노르웨이, 덴마크 등이 자국선대의 해외치적을 막기 위해 도입된 이래 성과가 좋자 점차 세계 각국으로 확산되고 있다.
- 우리나라 역시 2002년 제주선박등록특구제도를 도입한 이후 그 취지에 부합하는 성과가 나타나고 있다.

4 선급제도(Classification societies)

구분	내용
개념	국가마다 다른 법규에 의하여 선박이 제조됨에 따라 정상적인 항해가 가능한지 여부, 즉 감항성(Seaworthiness)에 대하여 전문기관에 의해 객관적으로 판단할 수 있도록 하기 위해 만들어진 제도이다.
주요연혁	• 오늘날과 같은 선급제도는 1760년 보험업자들에 의해 인수여부 및 보험료 결정을 위해 '그린북(green book)'이라는 선박등록부를 만들면서 시작되었으며, 당시 선주들 또한 자신의 이익보호를 위해 별도의 선급제도를 실시하고 있었다. • 1834년경 오늘날 로이드선급(Lloyd's Register)이 탄생하였고 1968년 주요 국가들이 상호 선급제도를 협력·발전시키기 위해 국제선급협회(IACS)를 창설하였다. • 우리나라도 독자적인 선급제도의 필요성이 요구되면서 선박안전법 제7조의 규정에 따라 1960년 한국선급협회(KR : Korea Register)가 창설되었으며, 선박검사의 국가대행기관으로 지정되어 활동해왔다. • 1988년 6월부터는 중국과 함께 IACS(국제선급협회)의 정회원이 되어 선진해운 및 조선국임을 대내외로 인정받고 있다.

5 웨이버(Waiver)제도 : 국적선 불취항증명서

구분	내용
개념	화주가 외국선사를 사용할 경우 해당 지역으로 취항하는 국적선이 없음을 확인하는 것으로 국적선 불취항 증명을 말하며, 이 경우 화주는 예외적으로 외국선사를 사용할 수 있게 된다(국적선 이용 원칙).
특징	• 웨이버의 본래 의미는 기권·포기(증서)로 선박을 이용한 화물수송에 있어서 자국선박의 사용을 포기한다는 의미를 갖는다(국적선 이용면제). • 수출입 화물운송에 자국선을 이용하도록 하는 자국선 보호주의의 한 형태로, 현재 우리나라는 수출입 화물의 종류로서 이 제도를 예외적으로 적용시키고 있다. • 당해 화물이 그 성질로 보아 국적선을 이용할 수 없는 화물이거나 기타 불가피한 사유로 인해 국적선에 의한 운송이 곤란한 경우에는 한국 선주협회를 통해 국적선 불취항증명서(Waiver)를 발급받아야 한다.

[출제유형] 2014년 제18회

선주가 속한 국가의 엄격한 요구조건과 의무부과를 피하기 위하여 자국이 아닌 파나마, 온두라스 등과 같은 국가의 선박국적을 취하는 제도는?

① 톤세제도
② 제2치적제도
❸ 편의치적제도
④ 선급제도
⑤ 공인경제운영인제도

[출제유형] 2022년 제26회

선박의 국적(선적)에 관한 설명으로 옳지 않은 것은?

① 전통적인 선박의 국적 취득 요건은 자국민 소유, 자국 건조, 자국민 승선이다.
② 편의치적제도를 활용하는 선사는 자국의 엄격한 선박운항기준과 안전기준에서 벗어날 수 있다.
❸ 제2선적제도는 기존의 전통적 선적제도를 폐지하고, 역외등록제도와 국제선박등록제도를 신규로 도입한다.
④ 편의치적제도는 세제상의 혜택과 금융조달의 용이성으로 인해 세계적으로 확대되었다.
⑤ 우리나라는 제2선적제도를 시행하고 있다.

핵심테마 26 선박의 주요제원

PART 2 화물운송론 / Chapter 04 해상운송

[출제유형] 2013년 제17회

다음 용어에 관한 설명으로 옳지 않은 것은?

① 형폭(Breath Moulded)은 선체의 제일 넓은 부분에서 측정하여 외판의 한쪽 외면에서 반대편 외면까지의 수평거리로서 도킹 시에 이용되는 폭이다.
② 더니지(Dunnage)는 나무조각, 고무주머니 등으로 화물 사이에 끼워 화물 손상을 방지하기 위한 재료이다.
③ 흘수(Draft)는 선박이 수중에 잠기는 깊이를 말한다.
④ 전장(Length over all)은 선체에 고정적으로 붙어있는 모든 돌출물을 포함한 선수재의 맨 앞에서부터 선박의 맨 끝까지의 길이를 말한다.
⑤ 건현(Freeboard)은 배의 중앙부 현측에서 갑판 윗면으로부터 만재흘수선 마크 윗단까지의 수직 거리이다.

1 선박의 주요치수

구 분	내 용
선박의 길이	• 전장(Length Over All, LOA) : 선체에 고정적으로 붙어있는 모든 돌출물을 포함한 선수재의 맨 앞에서부터 선박의 맨 끝까지의 수평거리로서 부두 접안(Berthing)이나 입거(Docking) 등의 조선상 사용되는 길이이다. • 등록장(Registered Length) : 상갑판 보(Beam)상의 선수재 전면에서 선미재 후면까지 잰 수평거리이다. 선박원부 및 국적증서 등록 시에 기재하는 길이이다. • 수선간장(Length Between Perpendiculars, LBP) : 계획만재흘수선상의 선수재의 전면으로부터 타주의 후면(타주가 없는 선박의 경우 타두재 중심선)까지의 수평거리로 통상 선박의 길이는 이것을 사용한다. • 수선장(Length on Load Water Line, LWL) : 계획만재흘수선상에서 물에 잠긴 선체의 선수재 전면부터 선미 후단까지의 수평거리로, 선박에 작용하는 저항(유체저항)과 추진력 계산 시 사용된다.

선박의 폭과 깊이	• 전폭(Extreme Breadth, Bex) : 선체 가장 넓은 부분에서 측정하여 외판의 한쪽 외면에서 반대편 외면까지 수평거리로서 입거 및 선박 조종 등에 이용되는 폭이다.
	• 형폭(Moulded Breadth, B) : 선체의 가장 넓은 부분에서 측정하여 늑골(frame)의 외면에서 맞은 편 외면까지의 수평거리를 의미하며, 만재흘수선 규정, 강선구조 규정, 선박법 등에서 사용되는 폭이다.
	• 선박의 깊이(Vertical Depth, D) : 형심(Moulded Depth)이라고도 하며, 선체의 중앙 상갑판 보(Beam)의 상단에서 선박 용골(Keel) 상단까지의 수직거리로 만재흘수선 규정, 강선구조 규정, 선박법 등에서 사용되는 깊이이다.
	• 건현(Freeboard) : 배의 중앙부 현측에서 갑판 윗면으로부터 만재흘수선 마크 윗단까지의 수직거리이다. 건현의 높이가 높으면 예비부력(Reserve Buoyancy)이 커져 배의 안정성은 올라간다.
	• 흘수(Draft, 吃水) : 수면에서 선저의 최저부까지의 수직거리, 즉 선박이 수중에 떠있을 때 물속에 잠겨있는 부분의 깊이를 말하며, 형흘수와 용골흘수로 구분된다.
	  – 형흘수(Moulded Draft) : 용골의 상면(외판의 두께 고려 ×)에서 수면까지의 수직높이(거리)를 말한다.
	  – 용골흘수(Keel Draft, Extreme Draft) : 용골(Keel)의 하면에서부터 수면까지의 수직높이(거리)로 일반적으로 흘수란 용골흘수를 가리키며, 건현(乾舷)의 반대 개념으로 선박의 조종이나 재화중량톤수를 구하는 데 활용한다.

2 만재흘수선(Load Water Line)

구 분	내 용
개 념	• 선박의 항행안전에 허용되는 최대한도의 흘수선을 의미한다. • 계절·해역·선박의 종류에 따라 다르다. • 선체중앙부 양현에 만재흘수선표를 표시한다.

구분		내용
적용대역과 계절		• 하기만재흘수선(S, Summer Load Line) : 하기대역에서 연중, 계절 열대 및 계절 동기대역에서 각각 그 하기 계절 동안 해수에 적용한다. • 동기만재흘수선(W, Winter Load Line) : 계절 동기대역에서 동기 계절 동안 해수에 적용한다. • 동기북대서양만재흘수선(WNA, Winter North Atlantic Load Line) : 북위 36° 이북의 북대서양을 그 동기 계절 간에 횡단할 때 해수에 적용하며, 근해구역 및 길이 100m 이상 선박은 WNA건현표가 없다. • 열대만재흘수선(T, Tropical Load Line) : 열대는 연중, 계절 열대는 그 열대 계절 동안 해수에 적용한다. • 하기 담수만재흘수선(F, Freshwater Load Line in Summer) : 하기대는 연중, 계절 열대 및 계절 동기대역에서 각각 그 하기 계절 동안 담수에 적용한다. • 열대 담수만재흘수선(TF, Tropical Fresh water Load Line) : 열대는 연중, 계절 열대는 그 열대 계절 동안 담수에 적용한다.

3 선박의 톤수

구분		내용
용적톤수 (Volume, ST)	총톤수 (GT)	• 선박내부의 총 용적량을 나타내는 톤수로서 상갑판 하부의 적량과 상갑판 상부의 밀폐된 장소의 적량을 모두 합한 것이다. • 선박의 용적 100ft³(2,832m³)를 1톤으로 표시(환산)하며, 선박의 안전과 위생에 사용되는 부분은 제외된다. • 선박의 수익능력을 표시하므로 각국의 해운력과 보유 선복량을 비교할 때 주로 이용한다. • 선박에 대한 관세, 등록세, 소득세, 도선료, 각종 검사료와 세금 및 수수료의 산정 기준이 된다.
	순톤수 (NT)	• 총톤수에서 기관실, 선원실 및 해도실 등의 선박의 운항에 직접적으로 필요한 공간의 용적을 뺀 톤수로 순수하게 여객이나 화물의 적재 등 직접적인 상행위에 사용되는 용적이다. • 선박에 대한 항세, 톤세, 운하통과료, 등대사용료, 항만시설 사용료 등의 제세금과 수수료의 산출기준이 된다.
	재화용적톤수 (MT)	선박에 적재할 수 있는 화물의 최대용적을 표시하는 톤수로서 일반적으로 40ft³을 1톤으로 환산하여 톤수를 산정한다. 그러나 최근에는 이 톤수는 거의 사용되지 않고 있다.
중량톤수 (WT)	배수톤수 (DT)	• 선박의 중량은 선체의 수면 아랫부분인 배수용적에 상당하는 물의 중량과 같으며, 이 물의 중량을 배수량 또는 배수톤수라고 한다. • 보통 만재상태에 있어서의 선체의 중량을 말하며, 주로 군함의 크기를 나타낼 때 사용된다.
	재화중량톤수 (DWT)	• 선박이 적재할 수 있는 화물의 최대무게(중량)를 표시하는 톤수로서 만재배수톤수와 경하배수톤수(선박 자체의 중량)의 차이로 계산하며, 중량톤의 단위로는 국제적으로 Long Ton(LT)을 주로 사용한다. • 공선상태로부터 만선이 될 때까지 실을 수 있는 화물, 여객, 연료, 식료, 음료수, 승무원과 수집품 등의 합계중량으로 상업상의 능력을 나타내기도 한다. • 재화중량은 선박의 적재능력을 나타내는 데 가장 적절한 톤수이기 때문에 선박의 건조계약에서부터 선박의 매매, 용선료의 기준 등 거의 모든 해운 상거래에서 사용되고 있다. ※ 순재화중량톤수(Net Dead Weight Tonnage) : 선박의 항해에 필요한 연료유, 식수, 선료, 선용품, 승무원 및 소지품, 발라스트(Ballast) 등의 중량을 제외한 적재할 수 있는 화물의 최대중량으로서의 톤수를 말한다.

[출제유형] 2019년 제23회

다음 설명에 해당하는 선박의 톤수는?

○ 선박내부의 총 용적량으로 상갑판 하부의 적량과 상갑판 상부의 밀폐된 장소의 적량을 모두 합한 것이다.
○ 선박의 안전과 위생 등에 이용되는 장소는 제외된다.
○ 각국의 해운력과 보유 선복량을 비교할 때 주로 이용한다.
○ 관세, 등록세, 소득세, 도선료, 각종 검사료, 세금과 수수료의 산출 기준이다.

❶ 총톤수(Gross Tonnage)
② 순톤수(Net Tonnage)
③ 중량톤수(Weight Tonnage)
④ 배수톤수(Displacement Tonnage)
⑤ 재화중량톤수(Dead Weight Tonnage)

[출제유형] 2018년 제22회

선박의 항해에 필요한 연료유, 식수 등의 중량을 제외한 적재할 수 있는 화물의 최대 중량으로 용선료의 기준이 되는 선박 톤수는?

① 총톤수(Gross Tonnage)
② 순톤수(Net Tonnage)
❸ 재화중량톤수(Dead Weight Tonnage)
④ 배수톤수(Displacement Tonnage)
⑤ 재화용적톤수(Measurement Tonnage)

⊕ PLUS

운하톤수(Canal Tonnage)
수에즈 운하, 파나마 운하 등 특정 운하 통항 시 요금 산정의 기준이 되는 톤수로 각각 수에즈 운하 톤수, 파나마 운하 톤수 등이 있다.

4 선박의 주요 구조 및 구성요소

구 분		내 용
선박의 주요 구조(형상)	선 체 (Hull)	선체는 선박의 주요 부분 및 상부에 있는 구조물을 총칭하며, 인체의 등뼈인 용골(Keel)과 갈비뼈인 늑골(Frame), 선창내부를 수직으로 분리해주는 격벽(Bulkhead)과 수평으로 분리해주는 갑판(Deck) 등으로 이루어진다. • 용골(Keel) : 선체 최하부 중심선에 있는 종강력재로 선체를 구성하는 기초 부분 • 늑골(Frame) : 선체의 좌우 선측을 구성하는 뼈대로 선체의 횡강도를 구성 • 격벽(Bulkhead) : 수밀과 강도 유지를 위해 선창 내부를 수직으로 분리하는 구조물 • 갑판(Deck) : 갑판보 위에 설치하여 선체의 수밀을 유지하는 수평의 구조물 • 외판(Shell planting) : 선체 외곽을 구성하는 강판으로 종강력을 구성하는 요소 • 보(Beam) : 횡방향의 수압과 갑판 위 무게를 지탱하고, 선체의 횡강력을 형성 • 현호(sheer) : 선체 중앙부에 있는 갑판의 최저점으로부터 전부 갑판과 후부갑판의 세로 곡면부 • 선저경사(rise of floor) : 선저의 경사진 상태를 말하는 것으로 선저는 중심으로부터 선측으로 상향의 경사를 가짐 • 캠버(camber) : 선체중심선(center line) 부분이 양현보다 높아 갑판이 위로 볼록하게 휘어진 형태 • 텀블 홈(tumble home) : 외현 상부의 모양이 상갑판 부근에서 안쪽으로 굽어진 정도 • 플레어(flare) : 텀블 홈의 반대의 경우로 선체 측면의 상부가 바깥쪽으로 굽은 상태
	기 관 (Engine)	원동기(동력발생장치)·동력전달장치·보일러·압력용기·보조기관 등의 설비 및 이들의 제어장치로 구성되는 것을 말한다.
	기 기 (Machinery)	선박의 주기관과 보일러를 제외한 조타장치, 해도나 레이더, 통신장비, 하역장비 등 갑판을 비롯한 선내에 설치된 모든 기계장치
선박의 주요 구성요소	앵 커 (Anchor, 닻)	선박을 정박시킬 때 필수적인 장비로 정박 시 해표면에 내려 선박을 고정시키게 된다.
	발라스트 (Ballast)	선박의 안정성을 유지하기 위하여 선박하부에 적재하는 중량물을 말하며, 이전에는 모래, 자갈 등을 사용했으나 지금은 일반적으로 해수(海水)가 사용된다.
	빌지(Bilges)	선박의 운항과 관련하여 선내에서 발생하는 폐수나 기름찌꺼기 등의 혼합물을 말한다.
	더니지 (Dunnage)	화물, 선체 간 충돌로 인한 화물 손상을 방지하기 위하여 적재된 화물 사이에 끼워 넣는 완충재로서 나무조각이나 고무주머니 등을 말한다.
	대 빗 (Davit)	선박 안과 밖에서 어떤 물체를 끌어올리거나 달아 내릴 때 사용하는 선박에 설치된 기중기(Crane)를 말한다.
	기 타	• 해도실(Chart room) : 항해지도가 비치되어 있는 방을 말한다. • 연돌(Funnel) : 연소(배기)가스 통풍구로 연도의 끝에 연결되어 상갑판에 설치된다. • 창구(Hatch) : 선박 적재 창고의 입구를 칭한다. • 키(Rudder) : 선박의 조종간으로 선박 운항 시 운항 방향 결정하는 데 사용한다.

[출제유형] 2012년 제16회

선박의 구조에 관한 설명으로 옳지 않은 것은?

① 발라스트(Ballast)는 공선항해시 감항성을 유지하기 위해 선박에 싣는 해수 등의 짐을 말한다.
② 전장(LOA)이란 선체에 고정적으로 붙어 있는 모든 돌출물을 포함한 뱃머리 끝에서부터 배꼬리 끝까지의 수평거리를 말한다.
③ 데릭(Derrick)은 선박에 설치된 기중기를 말한다.
❹ 건현(Free Board)이란 선박이 운항 중에 물에 잠기는 부분을 말하며, 홀수선(Draft)과 연결하면 선박의 깊이를 나타낸다.
⑤ 선체(Hull)란 선박의 주요 부분 및 상부에 있는 구조물을 총칭하며, 인체의 등뼈인 용골과 갈비뼈인 늑골, 선창내부를 수직으로 분리해 주는 격벽 등으로 이루어진다.

[출제유형] 2017년 제21회

외현 상부의 모양이 상갑판 부근에서 안쪽으로 굽어진 정도를 지칭하는 용어는?

❶ 텀블 홈(tumble home)
② 현호(sheer)
③ 플레어(flare)
④ 캠버(camber)
⑤ 선저경사(rise of floor)

[출제유형] 2014년 제18회

선박의 안정을 유지하기 위하여 적재하는 중량물을 말하며 이전에는 모래, 자갈 등을 사용했으나 지금은 일반적으로 해수를 사용하는 것을 뜻하는 용어는?

❶ Ballast
② Anchor
③ Davit
④ Bilge Keel
⑤ Derrick Boom

핵심테마 27 해상위험(Maritime Perils)

PART 2 화물운송론 / Chapter 04 해상운송

1 해상위험의 의의

구 분	내 용
해상위험의 개념	• 영국 해상보험법(MIA)에서는 해상위험을 "항해에 기인 또는 항해에 부수하여 발생하는 사고"라 정의하고, 해상위험을 그 특성에 따라 하나하나 열거하고 있는 것에 반해 우리나라 상법에서는 "해상보험계약의 보험자는 항해에 관한 사고로 인하여 생길 손해를 보상할 책임이 있다"라고 하여 포괄적으로 규정하고 있다. • 해상위험(maritime perils)은 항해에 기인 또는 항해에 부수하여 발생하는 사고를 의미하지만 담보범위는 그 발생장소가 반드시 해상에서만 발생하는 사고, 즉 해상사고에만 한정되는 것은 아니며, 또한 반드시 해상에서 발생한 손해에만 국한되는 것은 아니다. 예를 들어 육상에서 발생한 화재나 도난과 같은 사고도 포함한다.
해상위험의 요건	• 해상보험에서 보험자는 담보위험에 의한 손해를 보상하기 때문에 위험은 손해의 원인이어야 한다. • 위험은 우연한 것이어야 한다. 즉, 그 발생은 가능하지만 불확실한 것이어야 한다. • 위험은 장래의 사고뿐만 아니라 과거의 사고라 하더라도 보험계약 체결 시 보험계약자가 발생한 사실을 모르고 있을 경우에는 소급보험에 있어서 위험이 될 수 있다. • 불가항력도 위험의 일종이므로 위험이 반드시 불가항력(Force Majeure)적인 사고여야 할 필요는 없다.

2 해상위험의 분류

구 분	내 용
위험의 특성에 따른 분류	• 해상고유의 위험(perils of the sea) : 침몰(sinking), 좌초(stranding), 충돌(collision), 교사(grounding), 악천후(heavy weather) 등 • 해상위험(perils on the seas) : 자연적·인위적 화재(fire or burning)를 비롯하여 투하(jettison), 선원의 악행(barratry of master or mariners), 해적·절도·강도(pirates, rovers & thieves) 등 • 전쟁위험(war perils) : 전쟁(war), 변란(warlike operation), 억제(restraints), 억류(detainments), 강유(arrests), 해상탈취(taking at sea) 등
위험의 담보 여부에 따른 분류	• 담보위험(perils covered risks) : 보험자가 그 위험에 의하여 발생한 손해를 보상할 것을 약속한 위험이다. 따라서 보험자가 보상책임을 부담하기 위해서는 손해가 담보위험에 의하여 발생될 것이 필요하다. • 면책위험(excepted or excluded perils) : 위험에 의하여 발생된 손해에 대하여 보험자가 보상책임을 면하는 특정한 위험으로서, 보험자의 보상책임을 적극적으로 제한하는 효과를 가지는 위험이다. • 비담보위험(perils not covered) : 담보위험 및 면책위험 이외의 모든 위험이다. 이 위험은 담보위험도 면책위험도 아니기 때문에 보험자의 보상책임에 대하여 적극적 효과를 갖지 못하며, 어떤 손해에 대하여 보험자가 보상책임을 부담하기 위해서는 반드시 담보위험이 원인으로 되어야 한다.

[출제유형] 2011년 제15회
해상위험(Maritime Perils)의 종류를 해상고유의 위험(Perils of the Seas)과 해상위험(Perils on the Seas) 등으로 분류할 때 해상위험(Perils on the Seas)에 해당되지 않는 것은?

① 화 재
❷ 충 돌
③ 투 하
④ 해 적
⑤ 선원의 악행

핵심테마 28 항공운송의 이해

PART 2 화물운송론 / Chapter 05 항공운송

[출제유형] 2016년 제20회

항공화물운송의 특성으로 옳지 않은 것을 모두 고른 것은?

ㄱ. 항공운송은 해상운송에 비해 신속하다.
ㄴ. 항공운송은 정시성을 가진다.
ㄷ. 항공운송은 운항시간의 단축으로 위험 발생률이 낮다.
ㄹ. 항공화물은 대부분 주간에 집중되는 경향이 있다.
ㅁ. 항공화물은 여객에 비해 계절에 대한 변동이 크다.

① ㄱ, ㄴ ② ㄱ, ㄷ
③ ㄴ, ㄹ ④ ㄷ, ㅁ
❺ ㄹ, ㅁ

1 항공운송의 개요

구 분	내 용
항공운송의 의의	• 항공운송은 항공기를 이용하여 항복(Plane's Space)에 여객 또는 우편 및 화물을 탑재하고, 공항에서 공로(air route)를 이용하여 다른 공항까지 운송하는 시스템을 말한다. • 항공운송은 가장 체계화된 유통시스템과 정보체계를 갖추고 있으며, 이를 이용한 물적 유통체제가 완벽하게 운영되고 있어 시장 전략 경쟁력 증대라는 차원에서 굉장히 적절한 운송전략이라 할 수 있다. • 오늘날 항공운송은 국제운송 분야에서 취급과 보관비용이 높은 소형경량의 고부가가치 화물이 크게 증가하면서 시장전략과 경쟁력 증대방안 등의 이유로 항공운송 수요가 지속적으로 높아지고 있다.
항공운송의 특성	신속성·정시성: 항공운송은 운항속도가 가장 빠른 운송수단으로서 운송기간이 짧아 신속성과 발착의 정시성 및 신뢰성이 강하다.
	안전성: 항공운송은 타 운송수단에 비해 운송시간이 짧고, 하역처리의 빈도가 낮기 때문에 도난, 파손 등 위험발생률이 적어 안정성이 높다(운송보험료가 저렴한 편).
	경제성: 항공운송은 재고관련비용의 절감, 재고회전율 향상 등의 효과가 있어 총 물류비 관점에서 해상운송에 비해 경제적이다. 운송 요금은 중량에 의한 요금과 용적에 의한 요금 중 높은 금액을 적용한다.
	비계절성: 항공화물은 고정화주가 많기 때문에 비교적 타 운송수단에 비해 계절적인 수요의 탄력성이 적다.
	편도성: 항공화물은 해상운송과는 달리 왕복항이 적고 대부분이 편도성이다.
	야행성: 항공화물운송은 여객운송과 달리 화물 대부분이 야간에 집중되는 관례가 있다.

항공운송과 해상운송의 비교

구 분	항공운송	해상운송
신속성	운송시간이 짧다.	운송시간이 길다.
안전성	• 안전성이 높다. • 단기운송으로 파손·도난·변질 등의 위험성이 낮다. • 화물손해발생률이 적다.	• 파손·손실 위험이 높고, 안전성이 낮다. • 장기운송으로 파손·도난·변질 등의 우려가 있다. • 충격에 의한 손상가능성이 있고 해수에 의해 부식될 우려가 있다.
경제성	• 운임의 부담이 크다. • 포장비가 매우 저렴하다. • 보험요율이 낮다. • 운임 외에는 부대비용이 없다.	• 운임의 부담이 적다. • 포장비가 높다. • 보험요율이 높다. • 부피화물의 요금률이 높고 장기운송에 따른 변동비가 추가로 발생된다.

항공화물의 주요품목
- 긴급 수요 품목 : 납기임박 화물, 계절적 유행상품, 투기상품, 긴급구호물자 등
- 단기운송 필요 품목 : 원고, 긴급서류, 영업 사무서류, 생선식료품, 생화(生花) 등
- 부가가치가 높은 품목 : 반도체나 휴대폰, 전자기기, 컴퓨터기기, 정밀광학기기 등
- 여객에 수반되는 품목 : 샘플, 애완동물, 이삿짐 등
- 고가의 상품 : 미술품, 모피, 귀금속, 통신기기 등

[출제유형] 2020년 제24회

항공화물의 특성으로 옳지 않은 것은?
❶ 취급과 보관비용이 낮은 화물
② 긴급한 수요와 납기가 임박한 화물
③ 중량이나 부피에 비해 고가인 화물
④ 시간의 흐름에 따라 가치가 변동되는 화물
⑤ 제품의 시장경쟁력 확보가 필요한 화물

2 항공기(aircraft)

구 분	내 용
항공기의 종류	• 화물전용기(Freighter, FRTR) : 화물만을 운송하도록 불필요한 설치물(예 좌석 등)을 없애고 화물실의 구조를 넓힌 항공기로서 모든 내부공간에 화물 탑재가 가능하다. 일반적으로 창문이 없고, 구조적으로 동체가 여객기보다 훨씬 튼튼하다. 주로 대형·대량의 화물운송 시 사용되며, 여객기로 전환이 불가능하다. • 여객기(Passenger Aircraft, PAX) : 여객 운송을 주목적으로 하는 항공기이다. 하부 화물실에 ULD의 탑재 가능 여부에 따라 Wide-Body, Narrow-Body 여객기로 구분한다. • 화객혼용기(Combination Aircraft, COMBI) : Main Deck 공간의 일부(50~70%)는 여객을 탑승시키고, 나머지 공간은 화물 탑재가 가능하도록 공간을 분리한 항공기이다. 필요 시 여객기에서 화물기 또는 반대로 전환이 가능하다.
화물기의 기본구조	• Deck : 항공기 내부를 상하로 구분하는 바닥을 말한다. 항공기의 바닥이 2개 이상인 경우에는 Deck에 의해 항공기 내부 공간이 Upper Deck, Main Deck, Lower Deck으로 구분된다. • Hold : 천장과 바닥 및 격벽으로 구성되어, 여객과 화물을 수송할 수 있는 내부공간으로 여러 개의 Compartments로 구성된다. • Compartments : Hold 내에 ULD를 적재할 수 있는 Bay와 적재할 수 없는 Section으로 구분하여 지정된 공간을 말하며 Compartments를 합친 것을 Hold라 한다.

➕ PLUS
항공물류 관련 용어
- Clearing House : 항공 관련 대금을 정산하는 장소
- Cabotage : 외국 항공기에 대해서 자국 내의 일정 지점 간의 운행을 금지하는 것
- Belly Cargo : 대형 비행기의 동체 하부 화물실에 적재하는 화물
- Pivot Weight : 각각의 ULD에 대해 마련되어 있는 정액한계중량
- Apron : 공항에서 여객의 탑승 및 하기, 화물의 탑재 및 하역, 정비, 보급 등을 위하여 항공기가 대기하는 장소

3 단위탑재용기(ULD : Unit Load Device)

구 분	내 용
ULD의 의의	• 살화물(Bulk Cargo)을 항공기의 탑재에 적합하도록 설계한 일종의 화물운송용기로 사용되는 컨테이너, 파렛트, 이글루 등 항공화물 탑재용구의 총칭이다. • ULD는 두 가지 종류로 구분되는데, IATA(국제항공운송협회)의 허가 아래 각종 항공기의 화물칸에 맞도록 제작된 단위탑재용기를 'Aircraft ULD'라 하고, 화물의 종류에 맞추어 화물칸의 탑재상태와는 상관없이 비(非)항공용으로 제작된 단위탑재용기를 'Non-Aircraft ULD'라고 한다. cf. 벌크탑재(Bulk Loading) : ULD를 사용하지 않고 화물 그대로 직접 탑재하는 것
ULD의 특징	• ULD는 항공기의 적재 위치별로 내부공간에 맞추어 다양한 형태를 갖는다. • 기종별 규격의 비표준화로 ULD의 기종 간 호환성이 낮다. • 항공기종에 적합하게 제작되어야 하므로 초기 투자비용이 많이 든다. • 항공기 간의 호환여부에 따라 Aircraft ULD와 Non-Aircraft ULD로 구분한다. • 종류에는 파렛트, 컨테이너, 이글루, GOH(Garment On Hanger) 등이 있다. • ULD의 외면표기(Markings)는 IATA의 규정에 의해 ULD Type Code, Maximum Gross Weight, The Actual Tare Weight를 반드시 표기하도록 하고 있다.

[출제유형] 2022년 제26회

단위탑재용기(ULD : Unit Load Device)에 관한 설명으로 옳은 것을 모두 고른 것은?

┌─────────────────────┐
│ ㄱ. 지상 조업시간이 단축된다.
│ ㄴ. 전기종 간의 ULD 호환성이 높다.
│ ㄷ. 냉장, 냉동화물 등 특수화물의 운송이 용이하다.
│ ㄹ. 사용된 ULD는 전량 회수하여 사용한다.
└─────────────────────┘

① ㄱ ❷ ㄱ, ㄷ
③ ㄴ, ㄷ ④ ㄴ, ㄹ
⑤ ㄱ, ㄷ, ㄹ

[출제유형] 2021년 제25회

항공화물의 탑재방식에 관한 설명으로 옳지 않은 것은?

① Bulk Loading은 좁은 화물실과 한정된 공간에 탑재할 때 효율을 높일 수 있는 방식이다.
② Pallet Loading은 지상 체류시간의 단축에 기여하는 탑재방식이다.
❸ Bulk Loading은 안정성과 하역작업의 기계화 측면에서 가장 효율적인 방식이다.
④ Pallet Loading은 파렛트를 굴림대 위로 굴려 항공기 내의 정 위치에 고정시키는 방식이다.
⑤ Container Loading은 화물실에 적합한 항공화물 전용 용기를 사용하여 탑재하는 방식이다.

[출제유형] 2017년 제21회

항공화물 운송에 필요한 지상조업장비의 하나로 적재작업이 완료된 항공화물의 단위탑재용기를 터미널에서 항공기까지 견인차에 연결하여 수평 이동하는 장비는?

① 하이 로더(high loader)
② 포크리프트 트럭(forklift truck)
③ 트랜스포터(transporter)
❹ 달리(dolly)
⑤ 셀프 프로펠드 컨베이어(self propelled conveyor)

[출제유형] 2023년 제27회

수입화물의 항공운송 취급 절차를 순서대로 옳게 나열한 것은?

ㄱ. 전문접수 및 항공기 도착
ㄴ. 창고분류 및 배정
ㄷ. 서류 분류 및 검토
ㄹ. 도착 통지
ㅁ. 보세운송
ㅂ. 화물분류 작업
ㅅ. 운송장 인도

❶ ㄱ-ㄷ-ㄴ-ㅂ-ㄹ-ㅅ-ㅁ
② ㄱ-ㄷ-ㅅ-ㄹ-ㅁ-ㅂ-ㄴ
③ ㄱ-ㄹ-ㄴ-ㄷ-ㅁ-ㅂ-ㅅ
④ ㄹ-ㄱ-ㄷ-ㄴ-ㅂ-ㅁ-ㅅ
⑤ ㄹ-ㄴ-ㄷ-ㄱ-ㅂ-ㅅ-ㅁ

ULD 이용의 장·단점

장 점	단 점
• 화물의 보호 • 신속한 작업 및 취급 • 특수화물의 운송 • 조업시간 단축으로 항공기 가동률 제고	• 구매 및 비용 부담 • 화물 탑재량 제한 • ULD의 기종 간 호환성이 낮음 • ULD 관리의 어려움(사용 후 회수상 문제)

4 항공화물 적재방식과 지상조업장비

구 분	내 용
항공화물 적재방식	• 살화물 적재방식(Bulk Loading) : 단위탑재용기(ULD)를 사용하지 않고 낱개 화물을 인력으로 직접 적재하는 가장 원시적인 방법이나 적재효율을 높이기 쉬운 방법이다. • 파렛트 적재방식(Pallet Loading) : 파렛트 위에 화물을 쌓고 그물(Net)로 고정한 뒤 리프트 로더(Lift Loader)로 승강시킨 후 화물실 바닥의 롤러를 통해 화물실로 이동하여 고정시키는 방식이다. 이 경우 화물실의 윤곽을 고려하여 이글루를 씌우기도 한다. • 컨테이너 적재방식(Container Loading) : 항공화물용 컨테이너를 화물실 입구의 작동 콘솔을 조작하여 전동식 롤러를 통해 자동으로 적재하는 방식이다.
항공화물 지상조업장비	• 항공화물 계류장치(Tie-Down Equipment) : 항공화물을 고정시켜 움직임을 막는 장치이다(예 Net, Ring, Lashing Rope, Strap 등). • 트랜스포터(transporter) : 적재작업이 완료된 항공화물의 단위탑재용기(ULD)를 터미널에서 항공기까지 수평 이동시키는 자체동력 장비이다. • 달리(Dolly) : 트랜스포터와 동일한 작업 기능을 수행하나 자체 동력원이 없는 무동력 장비로 견인차(Tug car)에 연결하여 사용한다. • 견인차(Tug car) : 일반항공화물이나 ULD가 적재된 Dolly를 항공기로 이동시키는 지상조업장비로 동력원이 없어 스스로 움직이지 못하는 장비를 견인할 때에도 사용한다. • 셀프 프로펠드 컨베이어(self propelled conveyor) : 수하물 및 소형화물을 화물창에 낱개 단위로 탑재할 때 사용하는 장비이다. • 포크리프트 트럭(Forklift Truck) : 중량물을 소형기의 동체(Belly)에 싣거나 단위탑재용기에 적재할 때 사용되는 장비이다. • 하이 로더(High Loader) : 항공화물을 여러 층으로 높게 적재하거나, 항공기 화물실에 화물을 탑재하는 항공기 전용탑재기이다. • 핸드 리프트 잭(Hand Lift Jack) : 화물 운반 또는 보관 작업을 하는 데 사용되는 장비이다.

5 항공화물의 운송절차

구 분	내 용
수출화물 운송절차	① 수출화물 운송예약 → ② 보세 장치장 반입 및 수출통관 → ③ 화물검사 및 AWB 발행 → ④ 적재작업 → ⑤ 계량 및 탑재작업 → ⑥ 탑재내용의 통보
수입화물 운송절차	① 전문접수 및 항공기 도착 → ② 서류 분류 및 검토 → ③ 창고분류 및 배정 → ④ 화물분류 작업 → ⑤ 도착 통지 → ⑥ 운송장 인도 → ⑦ 보세운송

핵심테마 PART 2 화물운송론 / Chapter 05 항공운송

29 항공운송 관련 사업

1 항공운송사업(Air Carrier)의 유형

구 분	내 용
국내·국제 항공운송사업	타인의 수요에 맞추어 항공기를 사용하여 유상으로 여객이나 화물을 운송하는 사업으로서 국토교통부령으로 정하는 일정 규모 이상의 항공기를 이용하여 정기편 또는 부정기편 운항을 하는 사업
소형 항공운송사업	타인의 수요에 맞추어 항공기(19인승 이하의 소형항공기)를 사용하여 유상으로 여객이나 화물을 운송하는 사업으로서 국내항공운송사업 및 국제항공운송사업 외의 항공운송사업
상업서류송달업 (Courier)	타인의 수요에 맞추어 유상으로 「우편법」 제1조의2 제7호 단서에 해당하는 수출입 등에 관한 서류와 그에 딸린 견본품을 항공기를 이용하여 송달하는 사업
항공운송 총대리점업	항공운송사업자를 위하여 유상으로 항공기를 이용한 여객 또는 화물의 국제운송계약 체결을 대리(代理)[사증(査證)을 받는 절차의 대행은 제외한다]하는 사업

2 항공운송사업의 주체(「물류정책기본법」상 국제물류주선업)

구 분	내 용	
항공화물 운송대리점 (Air Cargo Agent)	항공사 또는 총대리점을 대리하여 항공사의 운송약관 및 운임요율(Tariff)에 따라 항공화물을 수집하고, 항공사의 운송계약서인 항공화물운송장(MAWB)의 발행 및 이에 부수되는 업무수행으로 항공회사로부터 전체 항공운임의 일정 수수료(5%)를 대가로 받는 자를 말한다.	
	주요 업무	수출입화물의 유치 및 판매, 항공운송준비(항공화물운송장의 작성, 운송서류의 준비, 포장, 포장별 확인 작업, 포장별 레이블 작업), 수출입통관 수속 대행, 트럭운송주선, 기타 서비스 활동(수출입의 규정, 항공관련 전문지식 제공 등)
항공운송주선인 (Air Freight Forwarder, Consolidator, 국제물류 주선업자)	• 타인의 수요에 응하여 유상으로 자기의 명의로써 독자적인 운송약관과 자체운임요율표에 따라 송화인과의 계약주체로서 활동하며, 자체 운송장인 House AWB를 발행하는 자를 말한다. • 개개의 송화인과 운송계약을 체결하고 운송책임을 부담하지만, 항공기를 보유하거나 운항하지 않고 수탁한 화물을 하나의 화물(One Lot)로 모아서 본인 스스로가 송화인이 되어 항공회사에 운송을 위탁하게 된다.	
	주요 업무	수출항공화물	화물의 혼적, 살화물을 파렛트 또는 컨테이너화하여 단위화물 작업, 화물의 출발·도착 등 화물 이동에 대한 추적
		수입항공화물	통관과 문전서비스, 재수출상품의 제반 서류작성과 운송수단결정 및 운송의뢰, 국내보세운송, 수화인을 위한 수입통관 주선

[출제유형] 2019년 제23회
항공운송 관련 사업에 관한 설명으로 옳지 않은 것은?
① 국제항공운송사업은 타인의 수요에 맞추어 항공기를 사용하여 유상으로 여객이나 화물을 운송하는 사업이다.
② 항공운송총대리점업은 항공운송사업자를 위하여 유상으로 항공기를 이용한 여객이나 화물의 국제운송계약 체결을 대리하는 사업이다.
③ 항공운송사업자는 국내항공운송사업자, 국제항공운송사업자 및 소형항공운송사업자를 말한다.
❹ 국제물류주선업자는 항공기를 가지고 있지 않지만 독자적인 운송약관과 자체 운임요율표를 가지고 있으며 자체 운송장인 MAWB(Master Air Waybill)를 발행하는 자이다.
⑤ 상업서류송달업은 타인의 수요에 맞추어 유상으로 수출입 등에 관한 서류와 그에 딸린 견본품을 항공기를 이용하여 송달하는 사업이다.

[출제유형] 2018년 제22회
항공화물운송대리점의 업무에 해당하지 않는 것은?
① 수출입항공화물의 유치 및 계약체결
② 내륙운송주선
❸ 항공운항 스케줄 관리
④ 수출입통관절차 대행
⑤ 항공화물 부보업무

핵심테마 30 항공운임(Airfare)

[출제유형] 2023년 제27회

항공운송의 운임에 관한 설명으로 옳지 않은 것은?

① 일반화물요율(GCR : General Cargo Rate)은 모든 항공화물 요금산정 시 기본이 된다.
② 일반화물요율의 최저운임은 "M"으로 표시한다.
③ 특정품목할인요율(SCR : Specific Commodity Rate)은 특정 대형화물에 대하여 운송구간 및 최저중량을 지정하여 적용되는 할인운임이다.
④ 품목별분류요율(CCR : Commodity Classification Rate)은 특정 품목에 대하여 적용하는 할인 또는 할증운임률이다.
❺ 일반화물요율은 특정품목할인요율이나 품목별분류요율보다 우선하여 적용된다.

[출제유형] 2022년 제26회

항공화물의 품목분류요율(CCR) 중 할증요금 적용품목으로 옳지 않은 것은?

① 금 괴   ② 화 폐
❸ 잡 지   ④ 생동물
⑤ 유가증권

1 항공운송의 운임요율

구분		내용
Transportation Charge	Weight Charge	① GCR(General Cargo Rate) ② SCR(Specific Commodity Rate) ③ CCR(Commodity Classification Rate, Class Rate) ④ BUC(Bulk Unitization Charge)
	⑤ Unpublished Rate-Construction, Combination ⑥ Valuation Charge	
Other Charges		위험물 취급 수수료, 운송장 작성 수수료, 입체지불금 수수료, 착지불 수수료, 보험료, Trucking Charge 등

※ 비고 : Weight Charge(중량운임)는 화물중량에 근거하여 산출되는 요금을 말하며, 운임산출의 기준이 되는 중량은 실제중량과 용적중량 중 숫자가 큰 중량이 된다.

구분	내용
일반화물 요율(GCR)	일반화물 요율은 모든 항공화물 운송요금의 산정 시 기본이 되며, SCR 및 Class Rate의 적용을 받지 않는 모든 화물운송에 적용하는 요율을 말하는 것으로 최저운임(M), 기본요율(N), 중량단계별 할인요율(Q)로 구성되어 있다. • 최저운임(Minimum Rate) : 한 건의 화물운송에 적용할 수 있는 가장 적은 운임, 즉 화물의 중량운임이나 용적운임이 최저운임보다 낮은 경우에 적용되는 운임이다. 요율표에는 "M"으로 표시된다. • 기본요율(Normal Rate) : 기본요율은 45kg 미만의 화물에 적용되는 요율로 모든 일반화물 요율의 기준이 된다. 요율표에는 "N"으로 표시된다. • 중량단계별 할인요율(Chargeable Weight) : 중량단계별 할인요율은 45kg 이상의 경우 무게에 따라 다른 요율이 적용되며, 중량이 높아짐에 따라 kg당 요율이 더 낮게 적용되는 요율이다. 운항구역 또는 구역 간에 대하여 45kg 미만, 100kg, 200kg, 300kg, 500kg 이상의 각종 중량단계별로 운임을 설정한다. 요율표에는 "Q"로 표시된다.
특정품목 할인요율(SCR)	• 주로 해상운송화물을 항공운송으로 유치하기 위해 설정된 요율로 항공운송을 이용할 가능성이 높은 품목에 대하여 낮은 요율을 적용하는 요율(할인운임)이다. • 통상 일정 구간에 반복되어 운송되는 특정품목에 대하여 일반화물 요율(GCR)보다 낮은 수준으로 설정되어 있으며, 반드시 최저 중량을 제한하고 있다. • 특정품목 할인요율(SCR)은 품목분류 요율(CCR)이나 일반화물 요율(GCR)보다 우선하여 적용된다. 단, CCR 또는 GCR을 적용하여 더 낮은 요율이 산출될 경우에는 당해 낮은 요율의 적용이 가능하고, CCR이 GCR 보다 더 클 경우에는 CCR을 우선하여 적용하여야 한다.

품목분류 운임률(CCR)	• 특정구간의 몇 가지 특정품목에 대해서만 적용되는 할인 및 할증요율이다.
	   - 할인요율(R) : 신문, 잡지, 정기간행물, 서류, 카탈로그, 비동반 수하물 등에 적용
	   - 할증요율(S) : 금, 보석, 화폐, 증권, 자동차, 생동물 등에 적용
	 • 보통 일반화물 요율에 대한 할증(S) 또는 할인(R)으로 적용하며, 일반화물 요율(GCR)에 비해 크건 작건 간에 관계없이 우선하여 적용한다.

구분	내용
단위적재용기 요금(BUC)	• 파렛트(Pallet), 컨테이너(Container) 등 단위탑재용기(ULD)의 타입별로 한계중량을 설정한 후 미리 요금을 책정하여 지불하게 하는 요금방식이다. 따라서 BUC는 탑재용기의 형태 및 크기에 따라 상이하게 적용된다. • 단위탑재용기의 단위운임은 기본운임과 초과중량요율로 구성되며, 기본운임을 초과 시 화물의 중량과 한계중량의 차액에 1kg당 요율로 표시된 초과중량요율을 곱한 운임을 기본운임에 가산하여 전체운임으로 하게 된다. • 단위적재용기의 화물의 요금부과 중량은 화물이 적화된 단위적재용기 총 중량에서 운송인 소유 단위적재용기의 경우에는 당해 용기의 중량을 공제하고, 송화인 소유 단위적재용기의 경우에는 당해 용기의 설정된 허용공제 중량과 실제용기 중량 중 더 적은 중량을 공제한 중량을 요금부과 중량으로 계산한다.
종가요금 (Valuation Charge)	• 운송화물의 중량 또는 용적이 아닌 화물의 가격을 기준으로 부과하는 운임이다. • 항공사는 화물운송 도중 사고가 발생하여 배상해야 하는 때에는 일반적으로 IATA 규정에 따라 배상한다(책임제한). 그러나 화주가 고가의 화물에 대하여 정해진 배상기준금액을 초과하여 배상받고자 할 경우에는 항공사에 미리 그 가격을 신고하고 일정률의 추가운임을 지불하는데 이를 종가요금이라 한다. • 항공화물운송장(AWB)에 화물의 실제가격이 기재된 경우에 부과되며, 종가운임이 부과되면 항공운송인(통상 항공사)의 책임제한이 적용되지 않고, 화주는 항공화물운송장에 기재된 가격 전액을 배상받을 수 있다.
기타 요금 (Other Charges)	• 입체지불수수료(Disbursement Fee) : 송화인의 요구에 따라 항공사, 송화인 또는 그 대리인이 선불한 비용을 수화인으로부터 징수하는 금액이다. • 착지불수수료(Charges Collect Fee) : 항공화물운송장상에 운임과 종가요금을 수화인이 납부하는 착지불 화물에 부가하는 수수료이다.

2 항공운임 산출방법

구분	내용
[1단계] 항공운임산출 중량(CW)의 계산	실제중량(Actual Weight)에 의한 방법 • 0.5kg 미만의 화물 → 0.5kg으로 절상한다. • 0.5kg 이상 1.0kg 미만의 화물 → 1.0kg으로 절상한다. • 0.1lb 이상 1.0lb 미만의 화물 → 1.0lb로 절상한다. 용적(부피)중량(Volume Weight)에 의한 방법 • 최대용적(가로 × 세로 × 높이)에 단위용적당 기준 중량을 곱하여 산출한다. $$용적중량 = 포장화물의\ 가로(cm) × 세로(cm) × 높이(cm) × 포장개수 / 6000cm^3$$ • 계산 전 최대용적의 각 단위 치수는 소수점 첫째 자리에서 반올림(Round off)하여 정수로 만들고 계산한다. • 통상 항공운임 산출중량은 화물의 실제 총 중량(Gross Weight)과 용적중량을 비교해 둘 중 큰 숫자인 것을 적용한다. • 용적중량을 운임 산출중량으로 환산하는 방법에 있어서 $6,000cm^3$를 1kg으로 적용하는 문제는 국제항공운송협회(IATA)에서 규약한 것이다. • 직육면체 또는 정육면체가 아닌 경우에는 최대가로 × 최대세로 × 최대높이로 산출한다.
[2단계] 적용가능요율 결정	운송하고자 하는 화물의 품목 및 운송에 따른 적용 가능한 요율형태를 결정하고 운임 산출중량에 해당하는 요율을 확인한다.
[3단계] 항공운임 산출	항공화물운임은 운임 산출중량 × 적용요율로 결정되며, 계산된 운임이 각 도시 간에 정해진 최저요금 미만일 경우에는 최저요금이 항공화물 운임이 된다.
[4단계] 적용가능성 점검	높은 중량단계에서의 낮은 요율을 적용하여 운임이 더 낮아지는 경우 낮은 운임이 항공화물 운임이 된다(고중량 저운임 적용방법).

[출제유형] 2011년 제15회
다음에서 설명하는 항공운임요율은 무엇인가?

> 항공사는 화물운송도중 사고가 발생하여 배상해야 할 때는 일반적으로 IATA(International Air Transport Association)의 규정에 따라서 배상한다. 그러나 화주가 고가의 화물에 대하여 정해진 배상기준금액을 초과하여 배상받고자 할 경우에는 항공사에 신고를 하고 일정률의 추가운임을 지불한다.

❶ Valuation Charge
② Bulk Unitization Charge
③ Commodity Classification Rate
④ Specific Commodity Rate
⑤ General Cargo Rate

[출제유형] 2024년 제28회
다음에서 설명하는 항공화물운임 산정 기준은?

> 실제화물의 중량 기준으로 운임을 산출하는 동시에 실제화물의 부피 기준으로도 운임을 산출하여, 각각 산출된 운임을 비교한 후 운송인에게 유리한 운임을 적용

❶ Chargeable Weight
② Gross Weight
③ Net Weight
④ Revenue Weight
⑤ Volume Weight

[출제유형] 2015년 제19회
가로 150cm, 세로 120cm, 높이 30cm의 Box 4개가 있다. Box 한 개당 실제 총 중량이 80kg일 때 항공운임 산출중량을 구한 것으로 옳은 것은?

① 320kg ② 340kg ❸ 360kg
④ 380kg ⑤ 400kg

PART 2 화물운송론 / Chapter 05 항공운송

핵심테마 31 항공화물운송장(AWB)

[출제유형] 2018년 제22회

항공화물운송장에 관한 설명으로 옳지 않은 것은?

① 운송 위탁된 화물을 접수했다는 수령증이다.
❷ 송화인과의 운송계약 체결에 대한 문서증명으로 사용할 수 없다.
③ 화물과 함께 목적지로 보내 수화인의 운임 및 요금 계산 근거를 제공한다.
④ 세관에 대한 수출입 신고자료 또는 통관자료로 사용된다.
⑤ 화물 취급, 중계, 배송과 같은 운송지침의 기능도 수행한다.

[출제유형] 2024년 제28회

항공화물운송장(AWB)에 관한 설명으로 옳지 않은 것은?

① 송하인과 항공사의 운송계약 체결을 증명하는 운송서류로 유가증권이 아닌 단순한 화물운송장의 기능만을 수행한다.
② 화물의 접수를 증명하는 영수증에 불과하며 유통이 불가능하다.
❸ 수하인은 무기명식이 원칙이며, 항공기에 화물 탑재가 완료된 이후에 발행된다.
④ 통관 시 항공운임, 보험료의 증명자료로서 세관신고서의 기능을 가진다.
⑤ 항공사가 발행하는 Master AWB과 혼재업자가 개별화주에게 발행하는 House AWB로 구분하여 사용한다.

1 항공화물운송장의 의의

구 분	내 용
AWB의 정의	• 항공화물운송을 위한 가장 기본적인 서류로서 해상운송에 있어서의 선하증권(B/L)과 같은 성격을 띠고 있는 증권이다. • 항공사가 혼재화물에 대해 포워더에게 발행하는 MAWB(Master Air Waybill)와 대리점 또는 혼재업자가 개별 송화인의 화물에 대해 발행하는 HAWB(House Air Waybill)가 있다. • 항공화물운송장은 송화인과 운송인과의 사이에 화물의 운송계약이 체결되었다는 것을 나타내는 증거 서류임과 동시에 송화인으로부터 화물을 운송하기 위하여 수령하였다는 증거 서류가 된다.
AWB의 기능 및 성격	• 운송계약체결의 증거 서류 : 항공화물운송장은 송화인과 항공운송인 간의 항공화물운송계약의 성립을 입증하는 운송계약서이다. 운송장은 총 12매로 그 전부가 모두 운송계약서는 아니며, 송화인용 원본 No.1이 계약서에 해당한다. • 화물수취증 : 항공화물운송장은 항공운송인이 송화인으로부터 화물을 수취한 것을 증명하는 화물수령증의 성격을 가지며, 원본 No.3이 이에 해당한다. • 송장(Invoice) : 항공화물운송장에서의 송장은 운송계약서가 아니고 화물과 함께 목적지에 보내 수화인이 도착 화물 및 운임을 대조하고 검증하는 데 사용되는 통지장의 성격을 띤다. 운송장의 작성은 화주가 하는 것이 원칙이나 일반적으로 항공화물대리점이 운송장을 작성하여 화물을 인수한 후 발행한다. 항공화물운송장에서는 원본 No.2가 여기에 해당한다. • 보험계약증서 : 송화인이 항공화물운송장에 보험금액 및 보험료를 기재한 화주보험(Air Waybill 보험)을 부보한 경우에는 항공화물운송장 원본 No.3가 보험계약증서가 된다. • 운임 및 요금의 청구서 : 선불 운임의 송화인에 대한 청구서 자료(운송장의 원본 No.3) 및 후불 운임의 수화인에 대한 청구서 자료(운송장의 원본 No.2)로서 사용된다. • 수출입신고서 및 수입통관자료 : 항공화물운송장에 따라 수출신고가 가능한 화물에 대하여는 수출신고서로서 사용되며, 수입신고서로서도 사용이 가능하다. 과세가격이 되는 CIF가격 중 항공운임, 보험료의 증명자료로서 운송장을 수입신고서에 첨부할 수 있다. • 운송인에 대한 송화인의 지시서 : 항공화물운송장은 화물과 함께 보내져 화물의 출발지, 경유지, 목적지 등의 각 지점에서 화물이 적절하고 원활하게 취급, 인도, 정산되도록 필요한 모든 사항이 기재되어 운송 지침으로서의 기능도 수행한다. • 사무정리용 서류 : 운송장의 발행회사(First Carrier), 제2운송회사(Second Carrier) 이후의 각 후속운송인, 항공화물대리점에서의 운임 정산, 회계용 자료 등 사무정리용 서류로서 사용되며, 운송장의 부본 No.5, No.6, No.7, No.8이 이에 해당되고, No.9는 대리점용 정리자료가 된다. • 수화인에의 화물인도증서 : 도착지에서 화물이 수화인에게 인도되었을 때의 증명자료가 되며, 이때 수화인의 화물수령서명 또는 날인을 받는다. 항공화물운송장의 부본 No.4가 이에 해당한다.

2 항공화물운송장의 발행

구 분	내 용
AWB의 양식	• 국제항공화물운송은 세계의 항공사가 서로 관련하는 것이므로 항공화물운송장은 공통의 디자인과 형식을 취하지 않으면 효과적인 연계운송이 어렵다. 따라서 IATA(국제항공운송협회)는 항공화물운송장의 통일된 표준양식을 제정하고 있다. • IATA의 비회원 항공회사도 IATA항공회사와 연계운송을 하기 때문에 항공화물운송장의 양식은 IATA의 것과 동일한 디자인을 사용한다. 그러나 IATA회원(Member) 항공회사 상호 간에는 연대운송계약이 체결되어 있어 IATA를 통하지 않고, 개별적으로 체결되는 경우도 있다.
AWB의 구성	• 바르샤바 협정에 의하면 항공화물운송장은 송화인이 원본 3통을 작성하여 화물과 함께 교부하며, 제1의 원본은 '운송인용'으로 기재하고 송화인이 서명한다. • 제2의 원본은 '수화인용'으로 기재하고, 송화인 및 운송인이 서명하며 이 원본을 화물과 함께 송부한다. • 제3의 원본에는 운송인이 서명하고, 이 원본은 운송인이 화물을 인수한 후에 송화인에게 교부하도록 규정하고 있다. 그러나 실제로는 항공화물대리점이 화물 인도를 받은 후 송화인용 원본에 서명하거나 항공회사가 서명해서 송화인에게 교부한다. • 1벌의 항공화물운송장은 원본(Original) 3통 및 부본(Copy) 6통 이상으로 구성되어 있고, 각 원본 및 부본에는 그 용도가 정해져 있으며 식별을 쉽게 하기 위해서 색상용지를 사용한다.

[출제유형] 2022년 제26회

항공화물운송장에 관한 설명으로 옳지 않은 것은?

① 송화인은 항공화물운송장 원본 3통을 1조로 작성하여 화물과 함께 운송인에게 교부하여야 한다.
② 제1원본(녹색)에는 운송인용이라고 기재하고 송화인이 서명하여야 한다.
③ 제2원본(적색)에는 수화인용이라고 기재하고 송화인 및 운송인이 서명한 후 화물과 함께 도착지에 송부하여야 한다.
④ 제3원본(청색)에는 송화인용이라고 기재하고 운송인이 서명하여 화물을 인수한 후 송화인에게 교부하여야 한다.
❺ 송화인은 항공화물운송장에 기재된 화물의 명세·신고가 정확하다는 것에 대해 그 항공화물운송장을 누가 작성했든 책임을 질 필요가 없다.

항공화물운송장의 표준화
• IATA 회원 항공사는 의무적으로 IATA 양식 항공화물운송장을 사용하도록 하였다.
• IATA 비회원사도 연계운송을 하므로 IATA 양식을 사용한다.
• 항공화물운송장으로 언어, 법률, 관습, 제도 등이 다른 여러 항공사가 출발지에서 목적지까지 신속하게 수송하도록 규정하였다.
• 1929년 바르샤바조약과 1955년 헤이그의정서에 따라 항공사의 준수사항을 항공화물운송장의 뒷면에 기술하여 이를 규정화하였다.

3 항공화물운송장(AWB)과 선하증권(B/L)의 비교

항공화물운송장(AWB)은 화물의 수취증권이고 요식증권이라는 점에서 선하증권(B/L)과 동일하나 화물의 수령 및 운송계약체결을 증명하는 단순한 증거서류에 지나지 않으며 유통이 금지된 비유통증권으로 유가증권이 아니라는 점에서는 선하증권과 구별된다.

항공화물운송장(Air Waybill)	선하증권(Bill of Lading)
단순 수취증권	유가증권
비유통성(Non-Negotiable)	유통성(Negotiable)
기명식	지시식(무기명식)
수취식(항공화물을 창고에서 수취하고 항공화물운송장 발행)	선적식(화물을 본선에 선적한 후 선하증권 발행)
상환증권 ×	상환증권(수려증권)
송화인이 작성	선박회사(운송인)가 작성
원본 3장, 부본 6장으로 구성	원본 3장 한세트(One Full Set), 원본 1장도 가능

[출제유형] 2013년 제17회

항공화물운송장(AWB)과 선하증권(B/L)을 비교 설명한 것으로 옳지 않은 것은?

① 항공화물운송장은 화물수령증이고 선하증권은 권리증권의 성격을 가진다.
② 항공화물운송장은 송하인이 작성하는 것이 원칙이고 선하증권은 통상 운송인이 작성한다.
③ 항공화물운송장의 발행 시기는 화물 인도시점이고 선하증권은 선적 후에 발행한다.
❹ 항공화물운송장과 선하증권은 각각 원본 2장을 발행하는 것을 원칙으로 한다.
⑤ 항공화물운송장은 수하인을 기명식으로 기재하여 발행되고 선하증권은 통상 지시식으로 발행된다.

핵심테마 32 항공운송화물 사고처리

[출제유형] 2009년 제13회

항공화물사고의 유형에 관한 설명으로 옳지 않은 것은?

① 화물사고는 크게 화물손상(damage), 지연(delay), 분실(missing) 등 유형으로 나눌 수 있다.
② 화물손상 중 Mortality란 수송 중 동물이 폐사되었거나 식물이 고사된 상태를 의미한다.
③ 화물손상 중 Spoiling이란 내용물이 부패되거나 변질되어 상품의 가치를 잃게 되는 경우를 의미한다.
④ 지연 중 OVCD(Over-carried)란 예정된 목적지 또는 경유지가 아닌 곳으로 화물이 수송되었거나 발송준비가 완료되지 않은 상태에서 화물이 실수로 발송된 경우를 의미한다.
❺ 지연 중 SSPD(Short-shipped)란 예정된 항공편의 적하목록에는 표기되어 있지 않으나 화물의 일부가 탑재되는 경우를 의미한다.

[출제유형] 2012년 제16회

다음 괄호 안에 들어갈 말로 옳은 것은?

구 분	바르샤바 조약	헤이그 의정서
화물 훼손	7일 이내	(ⓒ)일 이내
화물 연착	(㉠)일 이내	21일 이내

① ㉠ 7 ⓒ 14
❷ ㉠ 14 ⓒ 14
③ ㉠ 7 ⓒ 21
④ ㉠ 14 ⓒ 21
⑤ ㉠ 7 ⓒ 28

1 항공운송화물의 사고 유형

구 분	내 용
화물손상 (Damage)	운송도중 상품의 가치가 저하되는 상태의 변화를 나타낸다. • Mortality : 수송 중 동물이 폐사되었거나 식물이 고사된 상태 • Spoiling : 내용물이 부패·변질되어 상품의 가치를 잃게 되는 경우 • Wet : 빗물에 노출, 또는 다른 습성화물과 접촉으로 젖은 상태 • Breakage : 외부의 충격으로 인하여 상품이 부서지거나 깨진 상태
인도지연 (Delay)	• Short-Shipped(SSPD) : 적하목록에는 기재되어 있으나 화물이 탑재되지 않은 경우 • Off-Load(OFLD) : 출발지나 경유지에서 선복부족으로 인하여 의도적(Planned Offload)이거나, 실수로 하역(Off Load by Error)한 경우 • Over-Carried(OVCD) : 예정된 목적지 또는 경유지를 지나서 화물이 수송되었거나 발송준비가 완료되지 않은 상태에서 화물이 실수로 발송된 경우 • Short-Landed(STLD) : 적하목록에는 기재되어 있으나 화물이 도착하지 않은 경우 • Cross Labeled : 실수로 인해서 라벨이 바뀌거나 운송장 번호, 목적지 등을 잘못 기재한 경우
분 실 (Missing)	탑재 및 하역, 창고보관, 화물인수, 타 항공사 인계 시에 화물을 잃어버리게 된 경우
인도불능 (Non-Delivery)	수화주로부터 수취거절 되거나 주소불명 등의 이유로 도착 후 14일 이내에 인도할 수 없게 된 경우

2 운송인에 대한 손해배상(Claim) 청구

구 분	내 용
기 간	클레임의 제기나 의사통보는 규정된 기간 내에 서면으로 제기한다. • 화물파손 및 손상 : 화물을 인수한 날로부터 14일(2주) 이내 • 인도지연 : 도착통지를 받아 물품이 인수권을 가진 사람의 처분하에 있는 날로부터 21일(3주) 이내 • 분실 : 항공운송장 발행일로부터 120일(4개월) 이내 • 제소기한 : 운송화물의 사고에 관한 소송을 제기할 수 있는 기한은 항공기 도착일 또는 항공기의 운송중지일로부터 2년 이내
필요 서류	항공운송장 원본 및 운송인발행 항공운송장, 상업송장 및 포장명세서, 검정증명서, 파손, 지연, 손실 계산서와 클레임이 청구된 총계, 지연으로 인한 손해비용 명세

바르샤바협약과 헤이그의정서상의 이의신청기간

구 분	바르샤바협약	헤이그의정서
화물 훼손(Damage)의 경우	수취 후 7일 이내	수취 후 14일 이내
화물 연착(Delay)의 경우	처분가능일 후 14일 이내	처분가능일 후 21일 이내

핵심테마 33 복합운송의 이해

PART 2 화물운송론 / Chapter 06 복합운송

1 복합운송(Multimodal Transport)의 개요

구 분	내 용
복합운송의 개념	복합운송이란 특정화물의 운송에 있어서 육상·해상·내륙수로(Inland waterway)·항공·철도·도로운송 중에서 적어도 두 가지 이상의 상이한 운송형태(Different Modes)를 복합적으로 이용하여, 어떤 국가의 일정지점에서부터 다른 국가의 인도예정지점까지 운송구간을 단일계약(single contract)에 의해 일관운송하는 체계를 말한다.
복합운송의 기본 요건	• 단일책임 원칙 : 복합운송은 이른 바 "Door to Door Service"를 지향하는 것으로서 복합운송인은 자기의 명의와 계산으로 송화인(화주)을 상대로 복합운송계약을 체결한 계약당사자의 지위에서, 또한 전체운송을 계획·총괄·조정하며 감독할 지위에서 전 운송구간에 대한 모든 책임이 집중되는 단일(일관)책임을 진다. • 단일계약 체결 : 복합운송계약은 하나의 운송계약으로 전 운송구간에 대한 책임이 복합운송인에게 집중되는 단일계약이다. 따라서 복합운송인이 운송의무를 이행하기 위하여 각 구간별 운송인과 체결하는 하청운송계약은 이와는 아무런 관련이 없다. • 단일운임 적용 : 복합운송은 운송서비스의 대가로 각 구간별로 분할된 운임이 아닌 전 운송구간(Through Carriage)에 대한 단일운임(Single Factor Through Rate)이 적용된다. • 복합운송 수단 : 복합운송은 서로 다른 두 가지 이상의 운송수단에 의해 이행되어야 한다. 여기에서 말하는 "서로 다른 운송수단"이란 복수의 운송인에 의한 것이 아닌 각각 다른 법적규제를 받는 것이어야 한다는 의미이다. • 복합운송증권의 발행 : 복합운송인은 화주에 대하여 전 운송구간을 담당하는 한 장의 운송서류인 복합운송증권(Multimodal Transport Document)을 발행해야 한다. 이러한 증권의 발행은 전 복합운송 구간의 단일책임을 강화하기 위한 것으로서 단일책임 원칙과 표리(表裏)의 관계에 있다.
복합운송의 유형	• 피기 백 방식(Piggy-Back System) : 화물자동차와 철도를 연계한 복합운송형태로 컨테이너 화물을 실은 화물자동차를 그대로 철도의 무개화차에 적재하여 일관운송하는 것을 말한다. 화물자동차의 기동성과 철도운송의 중·장거리 운송에 있어서의 장점을 활용할 수 있으며, 상하역 시간의 절약과 화물보호에 장점이 있다. • 피시 백 방식(Fishy-Back System) : 화물자동차와 수상운송수단을 연계한 복합운송형태로 컨테이너 화물을 실은 화물자동차를 그대로 선박에 태워 운송하는 것을 말한다. 하역 시 별도의 장비가 필요 없고, 파도가 선박에 가하는 충격과 진동을 차량이 상당 부분 흡수해주기 때문에 충격과 진동에 민감한 설비화물이나 자동차를 수출입하는 경우에 주로 사용된다. • 버디 백 방식(Birdy-Back System) : 화물자동차와 항공기가 연계된 복합운송형태이다. 화물을 실은 트럭을 그대로 항공기에 적재하는 운송방식이며, 피시 백 방식이 지닌 이점을 보다 효율적으로 활용할 수 있다는 장점이 있지만, 운송비용이 비싸다. • 트레인 쉽 방식(Train·Rail-Shipping·Water System) : 철도와 선박의 혼합이용방법으로 대·중량화물과 저가품의 장거리 대량운송 시에 가장 경제적인 운송방식이다.

[출제유형] 2015년 제19회

복합운송의 요건에 관한 설명으로 옳지 않은 것은?

❶ 단일운송계약 : 송하인은 각 구간운송인과 하청운송계약을 체결한다.
② 단일운임 : 전 운송구간에 대해 단일운임이 적용된다.
③ 단일책임 : 전 운송구간에 걸쳐 화주에게 단일책임을 진다.
④ 복합운송증권의 발행 : 화물을 인수한 경우 복합운송증권을 발행한다.
⑤ 운송수단의 다양성 : 서로 다른 2가지 이상의 운송수단에 의해 운송된다.

[출제유형] 2010년 제14회

복합운송의 유형에 해당하지 않는 것은?

① Piggy-Back System
② Fishy-Back System
③ Land Bridge System
❹ Hub and Spoke System
⑤ Sea and Air System

[출제유형] 2024년 제28회

복합운송의 유형으로 옳지 않은 것은?

① Piggy Back System : 철도운송 + 화물자동차운송
② Birdy Back System : 항공운송 + 화물자동차운송
❸ Fishy Back System : 해상운송 + 파이프라인운송
④ Train & Ship System : 철도운송 + 해상운송
⑤ Sea & Air System : 해상운송 + 항공운송

구분	내용
복합운송의 유형	• 씨 앤 에어 방식(Sea-and-Air System) : 해상운송의 저렴성과 항공운송의 신속성을 이용하는 해공 복합운송 방식으로 운송비 절감, 운송시간 단축, 운송능률 증대 등의 이점이 있다. • 트럭 에어 방식(Truck-air System) : 트럭을 이용한 도로운송과 항공기를 활용한 항공운송의 혼합운송방식으로 일반적으로 소형화물이나 고가의 제품 운송 시에 적합하다. • 카페리 방식(Car ferry System) : 주로 중국과 일본 등의 근거리 해상운송 시 화물이 적재된 차량(트레일러, 트레일러 + 트랙터)을 선박으로 운송하는 방식이다. • 랜드 브리지 방식(Land bridge System) : 해상운송경로에 대륙횡단경로를 결합한 해륙복합운송형태이다. • 쉽 바지 방식(Ship-Barge System) : 바지선과 원양선을 연계하여 운송하는 복합운송형태이다.

> **복합운송의 효과**
> • 복합운송의 화물은 재래식에 비해 보다 더 안전한 상태로 화물이 운송된다.
> • 복합운송의 저렴한 운송비는 세계자원의 최적이용을 촉진시킨다.
> • 운송에 있어서 에너지 등을 절감시킨다.
> • 철도운송용 화차, 도로운송 차량, 컨테이너 등을 포함하는 통과서비스는 항구에서 신속한 환적을 가능하게 하여 재래수단에 의한 운송보다 화물할증료가 낮으며, 인건비를 절감시킨다.
> • 노동비와 자본비의 단계적 인상에도 불구하고 하부구조와 운송수단의 이용을 좋게 한다.
> • 통과화물기록, 통과운임 및 합동책임규약이 선하증권(B/L)의 발급으로 간편화된다.
> • 신속한 통과는 수입자로 하여금 창고저장을 최소화하여 과다한 운영자본비 지출을 막게 한다.
> • 복합운송의 발달은 국제적인 규칙·조약의 제정을 촉진시킨다.

[출제유형] 2024년 제28회

복합운송인의 한 형태인 무선박운송인(NVOCC)에 관한 설명으로 옳지 않은 것은?

① 1984년 미국의 신해운법에 의해 법적 지위를 인정받았다.
② 화물운송을 위해 선박을 직접 보유하지 않는다.
③ 선박운송인(VOCC)에 대해 화주의 입장에서 계약을 체결한다.
④ 화주에 대해 선박운송인(VOCC)의 입장에서 계약을 체결한다.
❺ 화주에게 NVOCC 자기명의로 B/L을 발행할 수 없다.

2 복합운송인의 유형

구분	내용
실제운송인형 복합운송인 (Actual Carrier)	• 자신이 직접 일부구간의 운송수단(선박, 항공기 등)을 보유하면서 복합운송인의 역할을 수행하는 실제 운송주체를 통틀어 말한다. • 선박회사, 철도회사, 트럭회사 및 항공사 등이 이에 해당한다. • 복합운송 구간 중 해상구간이 차지하는 비중에 비추어 볼 때 컨테이너 선박을 소유한 선박회사가 가장 전형적인 형태라 할 수 있다.
계약운송인형 복합운송인 (Contracting Carrier)	• 운송수단은 직접 보유하지 않지만 운송에 있어서는 실제운송인과 마찬가지로 주체적인 지위를 갖고 제반 기능과 책임을 다하는 운송인을 말한다. • 프레이트 포워더(freight forwarder)형 복합운송인이라고도 하며, 송화인(화주)에게는 실제운송인의 역할을, 실제운송인에게는 송화인의 역할을 수행한다. • 항공운송주선업자, 해양운송주선업자, 통관업자 등이 이에 해당하며, 이중 해상운송주선업자가 가장 전형적인 형태이다.

> **무선박운송인(NVOCC : Non-Vessel Operating Common Carrier)형 복합운송인**
> • 1984년 미국 신해운법(Shipping Act)에서 기존의 "프레이트 포워더형 복합운송인"을 무선박운송인이라는 형태로 법제화한 것이다.
> • NVOCC는 해상운송에 있어 선박을 직접 운항하지 않으면서 VOCC에 대해서는 화주의 입장이 된다.
> • NVOCC는 또한 화주에 대해서는 운송인의 기능을 함으로써 책임을 스스로 인수하여 운송하는 복합일관운송서비스를 제공한다.

3 복합운송인(프레이트 포워더)의 개념과 역할

구 분	내 용
프레이트 포워더의 정의	• 송화인(화주)의 대리인으로서 전 운송구간에 걸쳐 효율적인 운송수단을 선택하여 이들을 유기적으로 결합하고, 운송에 따르는 일체의 제반 업무를 처리해 주는 전통적인 운송주선인으로서의 역할을 담당한다. • 프레이트 포워더는 이 외에도 운송관련 서류의 작성, 통관대행, 포장, 창고(보관), 보험수배(手配), 혼재업무 등 운송에 관한 총괄적인 업무를 대행하며, 특히 오늘날 두 국가 간의 국제복합운송에 있어서는 상대방 국가의 주선업자와 제휴하여 전 운송구간에 걸쳐서 일괄적인 책임을 부담하는 운송계약 주체인 복합운송인으로서의 기능도 수행하게 된다.
프레이트 포워더의 기능	• 운송업무에 대한 전문적 조언 ・ 운송수단의 수배 • 운송계약의 체결 및 선복 예약 ・ 운송관련 서류의 작성 • 통관업무 및 유통업무의 대행 ・ 화물의 집화・분류・혼재 • 운임, 수수료와 기타 비용의 결제 ・ 포장 및 창고보관 • 보험의 수배 ・ 화물의 관리 및 인수・인도
프레이트 포워더의 업무	• 단순 포워딩 서비스(General Forwarding Service) : 화물의 특성과 운송지역에 적절한 운송수단을 선택하여 운송주선인으로서 제공하는 서비스이다. • 복합운송인 서비스(NVOCC, MTO Service) : 타 운송업체를 매체로 하여 독자적인 운송방식과 운임요율표(Tariff)에 의하여 전 운송구간에 걸쳐 복합운송인으로서 단일책임하에 제공하는 서비스이다.

4 복합운송인의 효용성(이용 편익)

구 분	내 용
수출업자 측면	• 소화물 선적에 대한 선박회사에서 거절・혼재에 대한 어려움 해소 • 복합운송증서・화물수령증을 선적 이전에 프레이트 포워더로부터 발급받아 금융상의 어려움 해결 • 복잡한 선적, 내륙운송, 하역 및 통관의 제절차를 화주가 직접 수행하지 않아 인건비와 시간 절약 • 화물의 출고나 컨테이너화물집화소(CFS) 입고 이후 책임 면제 • 최종 목적지가 본선의 도착항이 아닐 경우 이후의 내륙수송, 통관 및 하역 등 여러 절차를 프레이트 포워더가 담당하여 도착지 운송에 대한 불필요한 노력 절감 • 최적 수송 수단과 루트에 관한 최신 정보를 이용 가능 • 악천후와 파업 따위에 의한 수송기관의 수배가 어려울 경우에도 신속히 대처하여 수송루트의 변경 등에 따른 피해 최소화 가능
수입업자 측면	• 물류전문가인 프레이트 포워더를 이용하여 필요 없는 인력・노력 절감 • 프레이트 포워더가 화물 준비상태를 미리 추적하여 선적통지를 해주기 때문에 사전공급계획 수립 가능 • 화물수령에 필요한 서류 작성과 절차에 관한 조언을 받음 • 화물 도착에 대해 프레이트 포워더로부터 통지뿐만 아니라 화물을 수화인에게 배송해 주므로 본연의 일상 업무에 전념 가능
운송업자 측면	• 수많은 화주를 대상으로 자기 운송서비스를 광고 또는 집화하지 않아도 되며, 소수의 프레이트 포워더와의 접촉으로도 가능 • 수많은 개별화물을 직접 취급할 경우에는 많은 인원과 공간이 필요한데 프레이트 포워더를 이용하면 인원・공간・경비 등을 절감 • 수많은 개별화물이 통합되어 일괄 수령이 가능하므로 운항 및 서류 작성이 용이 • 수많은 개별화주와의 직접적인 접촉으로 불필요한 청탁 및 비공식적 작업 근절 • 물류 및 운송의 전문가를 상대하게 되므로 자신에 대한 이해와 권유가 쉬움

[출제유형] 2024년 제28회

운송주선인(Freight Forwarder)의 역할 및 기능에 관한 내용으로 옳지 않은 것은?

❶ 특정화주를 대신하여 화물인도지시서(D/O)를 작성하여 선사에 제출
② 특정화주를 대신하여 통관수속 진행
③ 운송수단, 화물의 포장형태 및 목적지의 각종 운송규칙, 운송서류 작성에 관한 조언
④ 화물의 집화・분배・혼재 서비스 제공
⑤ 특정화주의 대리인으로서 자기명의로 운송계약 체결

⊕ PLUS

운송주선인(Freight Forwarder)의 역할

Master B/L 원본을 수입지의 선사대리점에 제시해 화물인도지시서(D/O)를 받고, 수입업자에게 포워더 B/L 원본을 회수해 D/O를 인도한다.

[출제유형] 2021년 제25회

복합운송주선인(Forwarder)에 관한 설명으로 옳지 않은 것은?

① 송화인으로부터 화물을 인수하여 수화인에게 인도할 때까지 화물의 적재, 운송, 보관 등의 업무를 주선한다.
② 우리나라에서 복합운송주선인은 해상화물은 물론 항공화물도 주선할 수 있다.
❸ 복합운송주선인 스스로는 운송계약의 주체가 될 수 없으며, 송화인의 주선인으로서 활동한다.
④ 복합운송주선인의 주요 업무는 화물의 집화, 분류, 수배송 및 혼재작업 등이다.
⑤ 복합운송주선인은 화주를 대신하여 보험계약을 체결하기도 한다.

[출제유형] 2023년 제27회

운송주선인(Freight Forwarder)의 혼재운송에 관한 설명으로 옳지 않은 것은?

① 혼재운송은 소량 컨테이너화물을 컨테이너단위 화물로 만들어 운송하는 것을 말한다.
② 혼재운송은 소량화물의 선적용이, 비용절감, 물량의 단위화로 취급상 용이하다.
❸ Forwarder's consolidation은 단일 송화인의 화물을 다수의 수화인에게 운송하는 형태이다.
④ Buyer's consolidation은 다수의 송화인의 화물을 혼재하여 단일 수화인에게 운송하는 형태이다.
⑤ 혼재운송에서 운송주선인은 선박회사가 제공하지 않는 문전운송 서비스를 제공한다.

[출제유형] 2024년 제28회

다음에서 설명하는 혼재서비스(Consolidation Service)는?

> 다수의 송하인으로부터 운송 의뢰를 받은 LCL(Less than Container Load) 화물을 상대국의 자기 파트너 또는 대리점을 통하여 다수의 수하인에게 운송해 주는 형태이며, 주 수입원은 혼재에서 발생하는 운임차액이다.

① Buyer's Consolidation
❷ Forwarder's Consolidation
③ Shipper's Consolidation
④ Seller's Consolidation
⑤ Consigner's Consolidation

5 복합운송인의 혼재운송과 유형

구 분	내 용
혼재운송의 의의	• 소량 컨테이너화물(LCL)을 컨테이너단위 화물(FCL)로 만들어 운송하는 것을 말한다. • 혼재운송은 소량화물의 선적용이, 비용절감, 물량의 단위화로 취급상 용이하다. • 혼재운송에서 운송주선인(복합운송인)은 선박회사가 제공하지 않는 문전운송 서비스(Door to Door Service)를 제공한다.
혼재운송서비스의 유형 — Forwarder's Consolidation (CFS/CFS 운송)	• 다수 송화인의 화물을 다수의 수화인에게 운송하는 형태 • 다수 송화인(화주)의 소형 컨테이너화물(LCL)을 수출지의 CFS에서 혼재하여 컨테이너단위 화물(FCL)로 선적 운송하고, 수입지에 도착한 후 CFS에서 컨테이너 화물을 분류하여 다수의 수화인에게 인도해주는 형태
혼재운송서비스의 유형 — Buyer's Consolidation (CFS/CY 운송)	• 다수 송화인의 화물을 혼재하여 단일 수화인에게 운송하는 형태 • 한 포워더가 수화인(수입업자)에게 위탁을 받아 다수의 수출업자로부터 지정된 선적항의 CFS에서 물품을 집화하여 컨테이너에 적입한 후 최종 목적지의 수화인(수입업자) 공장 또는 창고까지 운송하는 형태
혼재운송서비스의 유형 — Shipper's Consolidation (CY/CFS 운송)	• 단일 송화인의 화물을 다수의 수화인에게 운송하는 형태 • 선적지에서 FCL화물로 운송해 수입항 CFS에서 여러 수화인에게 화물을 인도하도록 하는 운송 형태이며, Seller's Consolidation이라고도 함

PART 2 화물운송론 / Chapter 06 복합운송

핵심테마 34 국제복합운송

1 복합운송증권(CTD : Combined Transport Document)

구 분	내 용
복합운송증권의 의의	• 복합운송에 의하여 물품이 인수된 사실과 계약상의 조항에 따라 물품을 인도할 것을 약속한 복합운송계약을 증명하는 증권이다. • 운송물품의 인수에 의해 발행되는 서류로서, 현재 복합운송증권은 선하증권(B/L)의 형식으로 발행한다. • 제5차 개정 신용장통일규칙에서는 신용장에 별도의 명시가 없는 한 은행은 복합운송서류 수리를 명시함으로써 복합운송증권을 중요한 운송서류에 포함한다. • 복합운송증권 중에서 국제운송주선인협회연맹(FIATA) 복합운송증권은 복합운송선하증권양식을 이용하며, 유통성을 지닌 유가증권으로 은행이 수리한다. • FIATA 운송주선인 화물운송증권과 FIATA 운송주선인 화물수령증은 비유통성 서류로 신용장에 별도의 허용이 있어야만 수리가 가능하다.
복합운송증권의 특징	• 도로·철도·내수로·해상 또는 항공운송이 결합된 복합운송이 상이한 운송인에 의하여 이루어지더라도 복합운송증권은 처음부터 끝까지 전 운송구간을 커버하는 서류이다. • 복합운송증권은 본선적재 전에 복합운송인이 수탁 또는 수취한 상태에서 발행되는 서류이다. • 복합운송증권은 실제운송인(Actual Carrier)에 의해서만 발행되는 선하증권과는 달리 운송인뿐만 아니라 운송주선인(Freight Forwarder)에 의해서도 발행이 가능하다. • 복합운송증권은 화주에게 통운송(Through Transport)의 전체적인 책임을 지고, 어느 구간에서 발생하였든 화물의 멸실이나 손상에 대해 책임을 지는 복합운송인이 발행하나, 통선하증권(Through Bill of Lading)은 해상운송인(선사)이 발행한다.

[출제유형] 2022년 제26회

복합운송증권 기능에 관한 설명으로 옳지 않은 것은?

① 복합운송증권은 물품수령증으로서의 기능을 가진다.
② 복합운송증권은 운송계약 증거로서의 기능을 가진다.
③ 지시식으로 발행된 복합운송증권은 배서·교부로 양도가 가능하다.
④ 복합운송증권은 수령지로부터 최종인도지까지 전(全)운송구간을 운송인이 인수하였음을 증명한다.
❺ UNCTAD/ICC규칙(1991)상 복합운송증권은 유통성으로만 발행하여야 한다.

2 국제복합운송경로

구 분	내 용
국제 복합운송경로의 의의	• 육·해로상의 복합일관운송이 실현됨에 따라 해상 – 육상 – 해상으로 이어지는 운송구간 중 육상(Land)구간(해상구간 ×, 항공구간 ×)을 말하며, 해상과 해상을 잇는 교량(Bridge)의 역할을 한다고 하여 랜드브리지(Land Bridge)라고 한다. • 컨테이너 사용으로 국제운송루트가 다양해지면서, 해상운송과 육상운송을 연계하여 수송시간과 비용을 절감하기 위해 사용하고 있다.
국제 복합운송의 주요경로	• 시베리안 랜드브리지(SLB : Siberian Land Bridge) : 극동지역(부산, 일본 등)에서 유럽과 중동행의 화물을 러시아의 극동항구인 보스토치니항으로 운송한 후, 시베리아철도로 시베리아를 횡단하여 시베리아의 서부 국경에서 유럽지역으로 또는 그 반대로 운송하는 시스템이다. 철도를 이용하여 TSR이라고도 한다. • 아메리칸 랜드브리지(ALB : American Land Bridge) : 극동지역의 주요 항구로부터 북미지역의 서해안의 주요 항구까지 해상으로 운송한 후, 북미 지역의 횡단철도를 통하여 북미지역의 동부해안까지 운송하고, 다시 대서양을 해상운송으로 횡단하여 유럽지역의 항만 또는 유럽 내륙까지 일관 수송하는 운송경로이다.

[출제유형] 2012년 제16회

다음에서 설명하는 국제복합운송경로는 무엇인가?

극동의 주요 항만에서 북미 서안의 주요 항만까지 해상운송하며, 북미 서안에서 철도를 이용하여 미대륙을 횡단하고, 북미 동부 또는 남부항에서 다시 대서양을 해상 운송으로 횡단하여 유럽지역 항만 또는 유럽 내륙까지 일관 수송하는 운송경로이다.

① CLB(Canadian Land Bridge)
❷ ALB(American Land Bridge)
③ MLB(Mini Land Bridge)
④ SLB(Siberian Land Bridge)
⑤ IPI(Interior Point Intermodal)

[출제유형] 2021년 제25회

다음 설명에 해당하는 복합운송 경로는?

극동아시아에서 미국의 서부연안까지 해상운송이 이루어지고 미국 서해안에서 철도에 환적된 다음 미국 대서양 연안 및 걸프지역 항만까지 운송하는 복합운송 서비스

① America Land Bridge
② Reverse Interior Point Intermodal
③ Overland Common Point
❹ Mini Land Bridge
⑤ Micro Land Bridge

[출제유형] 2024년 제28회

다음에서 설명하는 복합운송 서비스 형태는?

아시아 극동지역의 화물을 북미서부연안의 항만까지 해상운송을 실시하고, 철도 및 트럭을 이용하여 북미내륙지역까지 복합운송하는 서비스

① ALB(American Land Bridge)
② CLB(Canadian Land Bridge)
③ MLB(Mini Land Bridge)
❹ IPI(Interior Point Intermodal)
⑤ RIPI(Reversed Interior Point Intermodal)

구분	내용
국제 복합운송의 주요경로	• 캐네디언 랜드브리지(CLB : Canadian Land Bridge) : ALB와 유사하며 밴쿠버 또는 시애틀까지 해상으로 운송하고, 캐나다의 철도를 이용하여 동해안의 몬트리올에서 대서양의 해상운송으로 접속하여 유럽의 항구로 운송하는 복합운송경로이다. • 미니 랜드브리지(MLB : Mini Land Bridge) : ALB와 유사하며, 미 동부해안이나 걸프지역의 항만까지 운송하는 해륙복합운송형태이다. 해상운송과 육상운송을 연계한 복합운송형태로 ALB의 해상운송과 육상운송, 다시 해상운송으로 이어지는 형태와 차이가 있다. • 마이크로 랜드브리지(IPI : Interior Point Intermodal, Micro Land Bridge) : 로키산맥 동부의 내륙지점까지 운송하는 것으로 동아시아에서 미국 태평양 연안까지는 해상운송하고, 시카고 또는 주요 운송거점까지 철도운송을 한 뒤 도로를 이용하여 내륙운송하는 복합운송시스템이다. 선박회사 책임으로 일관운임과 통선하증권을 발행한다. • 중국횡단철도(TCR : Trans China Railway) : 중국의 연운항에서 시작하여 러시아의 접경지역인 아라산쿠를 잇는 철도로, 러시아를 통과하여 암스테르담까지 연결하는 철도운송 경로이다. • 리버스 마이크로 랜드브리지(RIPI : Reversed Interior Point Intermodal) : IPI 서비스에 대응하여 만들어진 서비스로, 미국의 동해안 및 걸프지역까지 해상운송되어 양륙된 화물을 철도 또는 트럭에 의해 내륙운송하고, 최종 목적지의 철도터미널 또는 트럭터미널에서 수화인에게 인도되는 방식이다.

3 국제복합운송에 관한 국제조약

구분	내용
육상운송	• CIM조약(1970) : 국제철도운송조약 • CMR조약(1956) : 국제도로운송조약
해상운송	• 헤이그 규칙(Hague Rules, 1921, CMI 국제해사위원회) : 선하증권에 관한 법규의 통일을 위한 국제협약 • 헤이그-비스비 규칙(Hague-Visby Rules, 1968, CMI) : 선하증권의 국제통일협약에 관한 개정 의정서로 헤이그 규칙 제정 후 사회·경제적 변화를 반영하여 개정 • 함부르크규칙(Hamburg Rules, 1978, UN해상운송회의) : 해상화물운송에 관한 UN협약 • 로테르담 규칙(Rotterdam Rules, 2009, CMI) : 전부 또는 일부 국제해상물품운송계약에 관한 UN협약 • 해상화물운송장에 관한 CMI 통일규칙(CMI Uniform Rules, 1990, CMI) : 운송산업 현대화, 컴퓨터 통신기술 발달을 반영한 운송서류에 관한 통일 규칙 • 전자식 선하증권에 관한 CMI 규칙(1990, CMI)
항공운송	• 바르샤바조약(1929) : 국제항공운송에 있어서 일부 규칙의 통일에 관한 조약 • 헤이그 의정서(1955) : 1929년 10월 12일 바르샤바에서 서명된 국제항공운송에 있어서 일부 규칙의 통일에 관한 조약의 개정을 위한 의정서 • 과달라하라조약(Guadalajara, 1961), 과테말라의정서(Guatemala Protocol, 1971), 몬트리올 추가의정서(1975) 등 • 몬트리올 협약(Montreal Convention, 1999)
복합운송	• 복합운송증권통일규칙(1975, ICC) : 복합운송인 책임, 당사자 권리·의무, 멸실·손상 책임, 지연 책임 등을 규정 • 국제화물복합운송에 관한 UN협약(1980, UN경제사회이사회) : 국제복합운송체제 확장에 따른 복합운송인과 송하인 간의 책임한계 규정 • 복합운송서류에 관한 UNCTAD/ICC 규칙(1992, UNCTAD/ICC) : UN복합운송조약 미 발효로 UNCTAD의 사무국과 ICC의 협조하에 제정

핵심테마

PART 2 화물운송론 / Chapter 07 단위적재운송시스템

회독수: 1회 2회 3회

35 단위적재운송시스템(ULS)의 이해

1 단위적재운송시스템의 개요

구 분	내 용
ULS의 의의	단위적재운송시스템(Unit Load System)은 화물을 단위적재용기를 이용하여 하역과 운송의 합리화를 이룩하려는 혁신적인 운송체제인 동시에, 화물을 일정한 표준의 중량과 용적으로 단위화(Unitization)하여 기계화된 하역작업 및 일관적인 운송을 가능하게 하는 물류시스템을 말한다.
ULS의 형태 (파렛트시스템)	• 파렛트시스템은 1940년대 미국에서 작업장 내 운반합리화를 목적으로 지게차를 활용하던 것에서 파렛트 로드 상태로 일관하여 운송하는 단계로 발전하였다. • 파렛트시스템은 단위적재시스템의 일종으로 파렛트의 특성상 장거리 운송보다는 창고 또는 작업장 내 단거리 운송에 적합한 시스템이다. • 파렛트시스템은 일반적으로 정육면체 또는 직육면체의 화물을 적재하기는 편리하지만, 분립제나 액체화물의 경우에는 적재가 곤란하다. • 파렛트시스템은 파렛트 운송 및 하역에 필요한 기기인 포크리프트, 파렛트 로더, 승강장치 등이 필요하다.
ULS의 형태 (컨테이너시스템)	• 컨테이너시스템은 1920년대 미국 철도회사들이 컨테이너를 처음 활용한 이래 1956년 미국 Sea Land사가 컨테이너에 로드한 상태의 화물을 연안운송 하던 것에서 현재는 트럭, 화차, 해상, 항공을 아우르는 일관운송 형태로 발전하였다. • 컨테이너시스템은 주로 수출입 화물의 장거리 운송에 많이 이용되고 있다. • 컨테이너시스템은 운송용기로 개발되었기 때문에 각 운송수단 간의 중계를 원활하게 해주며, 물류부문의 전 과정을 가장 합리적으로 일관운송할 수 있다. • 컨테이너시스템은 장척화물이나 초과중량 화물 등과 같이 컨테이너에 적입하기 곤란한 화물을 제외하고는 거의 모든 화물을 적입하여 운송할 수 있다.

⊕ PLUS

ULS를 위한 과제
• 운송장비 적재함의 규격 표준화
• 포장단위 규격의 표준화
• 파렛트의 표준화
• 운반하역장비의 표준화
• 창고보관설비의 표준화
• 거래단위의 표준화

[출제유형] 2015년 제19회

유닛로드시스템에 관한 설명으로 옳은 것을 모두 고른 것은?

ㄱ. 기업의 특정기능을 외부의 전문사업자로 하여금 수행하게 하는 시스템이다.
ㄴ. 하역 및 운반의 단위적재를 통하여 운송의 합리화를 추구하는 시스템이다.
ㄷ. 화물을 일정한 표준의 중량과 용적으로 단위화시키는 시스템이다.
ㄹ. 화물의 현재 위치나 상태 및 화물이 이동한 경로를 파악할 수 있는 시스템이다.

① ㄱ, ㄴ   ② ㄱ, ㄷ
❸ ㄴ, ㄷ   ④ ㄴ, ㄹ
⑤ ㄷ, ㄹ

단위적재운송시스템의 장·단점

장 점	단 점
• 화물의 파손, 오손, 분실 등을 방지한다. • 운송수단의 운용효율(회전율)이 매우 높다. • 하역의 기계화에 의한 작업능률이 향상된다. • 적재용기의 단위화로 인력이 절약된다. • 포장의 단순화로 포장비가 절감된다. • 물류작업의 시스템(표준화)화가 용이하다. • 적재공간의 효율적 활용이 가능하다.	• 컨테이너와 파렛트 확보에 경비가 소요된다. • 하역기기 등의 고정시설비 투자가 요구된다. • 자재관리의 시간과 비용이 추가된다. • 넓은 작업공간의 확보가 요구된다. • 파렛트 로드의 경우 파렛트 자체나 공간이 적재효율을 저하시킨다. • 액체, 분립체, 비포장화물은 적재가 곤란하다.

[출제유형] 2016년 제20회

컨테이너를 이용한 운송의 장점으로 옳지 않은 것은?

❶ 운임 증가
② 인건비 절감
③ 화물의 안전성 제고
④ 신속한 하역
⑤ 정박기간의 단축

[출제유형] 2015년 제19회

국제 해상 컨테이너 화물운송에 관한 설명으로 옳지 않은 것은?

❶ 우리나라에서는 10feet 컨테이너가 가장 많이 사용된다.
② 표준화된 컨테이너를 사용함으로써 안전하게 운송할 수 있어 보험료를 절감할 수 있다.
③ 컨테이너 전용부두와 갠트리 크레인 등 전용장비를 활용하여 신속한 하역작업을 할 수 있어 작업시간의 단축이 가능하다.
④ 왕복항 간 물동량의 불균형으로 컨테이너선의 경우 벌크선과는 달리 공 컨테이너 회수문제가 발생한다.
⑤ 고정식 기계하역시설이 갖추어지지 않은 항만에도 이동식 장비로 하역작업이 가능하다.

2 컨테이너 운송(Container Transport)

구 분		내 용
컨테이너 운송의 개념		• 컨테이너 운송이란 여러 화물을 컨테이너라고 하는 국제표준규격 용기에 적재하여 운송하는 것을 말한다. • 컨테이너 운송은 문전에서 문전까지 컨테이너에 적입된 내용물을 운송수단을 전환하는 경우에도 재적입이나 적출 없이 일관운송함으로써 총물류비를 절감하는 데 목적이 있다.
컨테이너 운송의 장·단점	장 점	• 문전에서 문전까지 일관운송으로 적하시간과 비용이 감소한다. • 컨테이너 자체가 상품의 외장 역할을 하기 때문에 포장비를 절감할 수 있다. • 컨테이너의 빠른 회전율 등으로 저율 운임의 적용이 가능하여 운임이 절감된다. • 컨테이너가 별도의 창고역할을 수행하여 별도의 창고료가 발생하지 않으며, 크레인 등을 이용한 기계화로 하역비용이 저렴하다. • 크레인 등 기계화된 장비를 통해 신속한 적재 및 양륙작업이 가능하다. • 화물의 보관, 하역, 운송의 단계마다 화물관련 서류가 간소화되어 이에 따른 시간의 낭비를 막을 수 있다. • 컨테이너 자체의 견고성과 밀폐성으로 운송, 하역, 기후변화 등에도 안전하게 운송할 수 있어 보험료를 절감할 수 있다.
	단 점	• 컨테이너화에 대규모 자본투자가 필요하다. • 컨테이너 자체 및 하역 장비, 컨테이너 운반선 등은 고가이므로 초기자본이 많이 필요하다. • 중량, 용적, 길이 등의 이유로 컨테이너 사용이 불가능한 물품이 있다. • 컨테이너선의 경우 갑판적이 허용되므로 갑판 적재화물에 대한 할증 보험료가 적용되고 있다. • 해상 컨테이너 운송의 경우 운항관리와 경영이 일반 재래선에 비해 복잡하고, 고도의 전문적인 지식과 기술이 필요하다. • 컨테이너선의 경우 왕복항 간 물동량의 불균형으로 벌크선과는 달리 공 컨테이너 회수문제가 발생한다.

> 컨테이너 화물의 구분
> ① 컨테이너화의 가능여부에 따른 구분
>   • 최적화물(Prime Containerizable Cargo) : 주류, 전자제품, 의약품, 시계, 피복류 등 대체로 고가의 운임부담력이 있는 화물을 말한다.
>   • 적합화물(Suitable Containerizable Cargo) : 최적화물보다는 저가이면서 적정 수준의 운임부담력이 있는 화물로 철제류, 피혁제품, 전선 와이어류, 포장용 백(bag)에 담은 원두, 소맥 등을 말한다.
>   • 한계화물(Marginal Containerizable Cargo) : 공(公)컨테이너로 회수하는 것보다는 경제적이며, 물리적으로 컨테이너에 적입할 수 있는 화물로 비교적 도난, 손상의 가능성이 적은 선철, 원목, 면화 등을 말한다.
>   • 부적합화물(Unsuitable Containerizable Cargo) : 그 외 운임부담력이 없거나 물리적으로 컨테이너에 적입하기에 부적합한 화물로 모래, 석탄, 철광석 및 원유, 가스 등 위험화물을 말한다.
> ② 컨테이너 한 단위(Unit) 화물 적입량에 따른 구분
>   • FCL(Full Container Load)화물 : 20ft, 40ft 등 하나의 컨테이너 용기를 가득 채우기에 충분한 양의 화물을 말한다. → FCL화물을 취급하는 장소 : CY(Container Yard)
>   • LCL(Less than Container Load)화물 : 컨테이너 용기 하나를 전부 채우기엔 부족한 소량화물을 말한다. → LCL화물을 취급하는 장소 : CFS(Container Freight Station)

3 컨테이너의 구분

구 분	내 용
크기에 따른 분류	• TEU(Twenty-foot Equivalent Unit) : 국제표준(ISO)에서 정의한 규격의 컨테이너 중 20ft(피트) 컨테이너 규격을 의미하는 용어로, 물동량의 산출이나 컨테이너 선박의 적재능력의 표시기준이 된다. 우리나라에서는 20ft 컨테이너가 가장 많이 사용된다. • FEU(Forty-foot Equivalent Unit) : 국제표준화기구(ISO)에서 정의한 규격의 컨테이너 중 40ft(피트) 컨테이너 규격을 의미하는 용어이다. • 40ft High Cubic Container : 40feet보다 높이가 1feet 높은 컨테이너이다.
용도에 따른 분류	• 건화물 컨테이너(Dry Container) : 온도조절이 필요 없는 일반 잡화 운송에 이용하는 것으로 일반적인 컨테이너이다. • 냉동 컨테이너(Reefer Container) : 온도조절 장치가 부착되어 있어 육류, 어류 등 냉장이나 냉동이 필요한 화물을 운송하는 데 사용되는 컨테이너이다. • 히티드 컨테이너(Heated Container) : 냉결방지나 보온이 필요한 화물을 운송할 때 사용되는 컨테이너이다. • 팬 컨테이너(Fan Container) : 가축 또는 동물을 운송할 때 통풍이 잘 되고 먹이를 주기에 편리하도록 만들어진 컨테이너이다. • 천장개방형 컨테이너(Open Top Container) : 길이가 길거나 기계류 등을 적재, 운송하기 편리하도록 천장이 개방되어 있는 컨테이너이다. • 플랫 랙 컨테이너(Flat rack Container) : 목재, 승용차, 기계류 등과 같은 중량화물을 운송하기 위해 사용되며, 건화물 컨테이너의 지붕과 벽을 제거하고 기둥과 버팀대만 두어 전후좌우 및 쌍방에서 하역할 수 있는 특징을 가진 컨테이너이다. • 솔리드 벌크 컨테이너(Solid bulk Container) : 가축사료, 콩, 쌀, 보리 등 곡물류나 가루형 화물 등의 살화물 운송에 적합하도록 제작된 단열성과 기밀성(air tightness)을 갖춘 컨테이너이다. • 탱크 컨테이너(Tank Container) : 유류, 술, 약품, 화학제품 등과 같은 액체 화물을 운송하기에 적합한 특수 컨테이너(Liquid Bulk Container)이다. • 행거 컨테이너(Hanger Container) : 의류를 운송할 때 구겨지지 않도록 옷걸이(Hanger)에 걸어 수입지에서 그대로 판매할 수 있도록 만들어진 컨테이너이다.

[출제유형] 2022년 제26회

목재, 강재, 승용차, 기계류 등과 같은 중량화물을 운송하기 위하여 지붕과 벽을 제거하고, 4개의 모서리에 기둥과 버팀대만 두어 전후, 좌우 및 위쪽에서 적재·하역할 수 있는 컨테이너는?

① 건화물 컨테이너(Dry container)
② 오픈탑 컨테이너
　(Open top container)
③ 동물용 컨테이너
　(Live stock container)
④ 솔리드 벌크 컨테이너
　(Solid bulk container)
❺ 플랫 래크 컨테이너
　(Flat rack container)

4 컨테이너화물의 운송형태

구 분	내 용
CY/CY 운송 (FCL → FCL)	• 단일의 송화인과 단일의 수화인 관계에서 사용하는 방식으로 컨테이너 운송의 장점을 최대한 살려 송화인의 공장이나 창고에서 컨테이너를 만재한 상태에서 수화인의 창고까지 운송하는 형태를 말한다. • 복합운송의 가장 대표적인 운송형태로 Door-to-Door 운송이라고도 한다.
CFS/CY 운송 (LCL → FCL)	• 다수의 송화인과 한 명의 수화인 관계에서 사용하는 방식으로 Buyer's consolidation이라고도 한다. • 지정된 선적항의 CFS에서 물품을 집화하여 컨테이너에 적입한 후 최종 목적지의 수화인 공장 또는 창고까지 운송하는 방식이다.
CFS/CFS 운송 (LCL → LCL)	• 선적항에서 소량화물을 인수하여 혼재한 후 목적국까지 운송하여 해체작업을 한 뒤 여러 수화인에게 화물을 인도하는 방식으로 Forwarder's Consolidation라고도 한다. • 선적항의 CFS로부터 목적항의 CFS까지 운송하는 방식이다.
CY/CFS 운송 (FCL → LCL)	• 한 명의 송화인과 다수의 수화인 관계에서 사용하는 방식으로 Shipper's 또는 Seller's Consolidation라고도 한다. • 선적지에서 FCL화물로 운송해 수입항 CFS에서 여러 수화인에게 화물을 인도하도록 하는 운송형태이다.

[출제유형] 2012년 제16회

컨테이너 화물의 운송형태에 관한 설명으로 옳지 않은 것은?

① CY/CY 운송은 수출자의 공장에서 컨테이너를 만재한 상태에서 수입자의 창고까지 운송하는 형태를 말하며, Door-to-Door 운송이라고도 한다.
② CFS/CFS 운송은 주로 다수의 수출자와 다수의 수입자 간에 이용된다.
③ CY/CFS 운송은 하나의 수출자가 둘 이상의 수입자의 화물을 한 컨테이너에 적입한 경우에 이용된다.
④ CFS/CY 운송은 하나의 수출자가 둘 이상의 수입자의 화물을 한 컨테이너에 적입한 경우에 이용된다.
❺ CFS/CFS 운송은 Peir-to-Door 운송 또는 Seller's Consolidation이라고도 한다.

[출제유형] 2017년 제21회

수출되는 FCL 화물의 해상운송 업무와 관련하여 필요한 서류들을 업무흐름의 순서대로 나열한 것은?

ㄱ. 선하증권
ㄴ. 기기수령증
ㄷ. 선적요청서
ㄹ. 본선수취증
ㅁ. 부두수취증

① ㄴ-ㄷ-ㅁ-ㄹ-ㄱ
② ㄴ-ㄷ-ㄹ-ㄱ-ㅁ
③ ㄷ-ㅁ-ㄴ-ㄱ-ㄹ
④ ㄷ-ㄴ-ㄹ-ㄱ-ㅁ
❺ ㄷ-ㄴ-ㅁ-ㄹ-ㄱ

5 컨테이너화물의 운송절차(수출입 절차)

구 분	내 용
수출절차	• 인수기록의 작성 : 선박회사는 송화인 또는 포워더가 선박회사에 제출한 선복신청서(S/R Shipping Request)를 근거로 선복예약서(B/N : Booking Note)를 작성하고, 화물인수목록(Booking List)을 관련 부서에 전달한다. • 공컨테이너 렌탈 및 적입작업(Stuffing) 준비 : CY Operator는 Booking Note를 기초로 FCL(Full Container Load)화물의 경우 송화인에게 공컨테이너를 제공하고, 송화인으로부터 기기수도증(E/R : Equipment Receipt)을 접수받는다. LCL(Less than Container Load)화물인 경우 CFS Operator에게 필요한 만큼 공컨테이너 스페이스를 제공하여 적입작업을 대비한다. • 적입작업 후 인도 : FCL화물인 경우 수출자의 공장이나 창고로 공컨테이너를 보내 수출자의 책임으로 용적중량 검사를 한 후 물품을 적입하여 봉인(Sealing)하고, 선적을 위하여 선적지 CY(Container Yard)로 이동하여 CY Operator에게 인도한다. LCL화물의 경우 수출자는 보세창고(CFS)로 물품을 반입하여 CFS Operator에게 인도한다. 여러 화주의 물품을 컨테이너에 혼재(Consolidation)하고 컨테이너 적입도(CLP : Container Load Plan)를 작성한 후 CY Operator에게 인도하여 선적한다. • 부두수령증의 교부 : 선사의 대리인인 CY Operator는 화주가 제출한 서류와 컨테이너 적입물품을 확인 후 부두수령증(D/R : Dock Receipt)을 발행하여 화주에게 제공한다. • 선박회사에 D/R 제공 : 수출자는 선사에 D/R을 제공하고 운임(선지급조건 C조건, D조건의 경우)을 선박회사에 지급한다. • 선하증권의 발급 : 선박회사는 D/R을 근거로 선하증권(B/L)을 수출자에게 발급한다. 실제로 D/R을 교부한다기보다는 내부절차에 의해 확인 후 B/L을 발급한다.
수입절차	• 도착통지(Arrival Notice) : 선사는 본선이 입항하면 선하증권(B/L)상 착화통지처(Notify Party)에 통지한다. • 선사에 B/L원본 제시 : 수화인은 은행에서 선하증권 원본을 수령하여 배서한 후 선박회사에 제출하고 운임이 발생하는 경우 운임을 지급한다. • 화물인도지시서의 발급 : 선사는 선하증권 원본을 수령하고 화물인도지시서(D/O : Delivery Order)를 교부한다. 본선이 입항하면 FCL화물은 CY에 반입되고, LCL화물은 CFS로 이송되어 컨테이너에서 적출(devanning)하고 수화인별로 화물을 분류하여 인도한다. • D/O 및 수입신고필증의 제시 : 수화인은 선사로부터 발급받은 D/O 및 수입신고필증을 CY 또는 CFS에 제시하고 물품을 인수한다.

컨테이너화물 관련 주요 국제협약
- **CCC협약** : 1956년 유럽경제위원회가 채택하고 우리나라가 1981년에 가입한 컨테이너 운송에 관한 국제협약으로 컨테이너가 국경을 통과할 때 발생하는 당사국 간 관세와 통관문제의 해결을 위한 협약이다.
- **TIR협약** : 1959년 유럽경제위원회에 의하여 채택되어 1981년에 국제적으로 발효되었으며, 우리나라도 1981년 9월에 가입한 국제협약으로 도로주행차량 또는 차량에 적재된 컨테이너를 도중에 환적하지 않고 국경을 통과하여 운송되는 운송화물의 관세취급에 관한 협약이다.
- **ITI협약** : 관세협력이사회가 1971년 신(新)국제도로운송통관조약 작성과 병행하여 새로 채택한 조약이다.
- **CSC협약** : UN이 IMO(국제해사기구)와 협동으로 1972년에 채택한 '안전한 컨테이너를 위한 국제협약(International Convention for Safe Containers)'이다.
- **CSI협약** : 세계의 각 주요항구에 미국 세관원들을 파견하여 불법 물자 적재 여부를 당사국의 세관들과 함께 수시로 검색하는 정책이다.
- **위험물 컨테이너 점검제도(CIP)** : 위험물을 탑재한 해상운송 수입 컨테이너에 대해 국제해상위험물규칙(IMDG Code)의 준수여부를 확인 및 점검하고 위반사항에 대해서는 시정조치토록 계도하여 선박 및 항만의 안전을 도모하기 위한 제도이다.

평균 필요 외주 대수 계산 문제풀이
문제 A 기업은 자사 컨테이너 트럭과 외주를 이용하여 B 지점에서 C 지점까지 월평균 1,600TEU의 물량을 수송하는 서비스를 제공하고 있다. 아래의 운송조건에서 40feet용 트럭의 1일 평균 필요 외주 대수는?

- 1일 차량가동횟수 : 1일 2회
- 보유차량 대수 : 40feet 컨테이너 트럭 11대
- 차량 월 평균 가동일 수 : 25일

① 2대 ② 3대
③ 4대 ❹ 5대
⑤ 6대

풀이
1일 40feet 컨테이너 트럭의 적재량 = 2 × 40 = 80
월평균 40feet 컨테이너 트럭의 적재량 = 25 × 80 = 2,000
월평균 트럭소요 대수 = 1,600 × 20 ÷ 2,000 = 16
(※ 1TEU = 20feet)
따라서 평균 외주 대수 = 16 − 11 = 5대

[출제유형] 2022년 제26회

컨테이너운송에 관한 국제협약이 아닌 것은?

① CCC(Customs Convention on Container, 1956)
② TIR(Transport International Routiere, 1959)
③ ITI(Customs Convention on the International Transit of Goods, 1971)
④ CSC(International Convention for Safe Container, 1972)
❺ YAR(York – Antwerp Rules, 2004)

[출제유형] 2015년 제19회

다음 컨테이너 관련 조약에 해당되는 것은?

> 관세협력이사회가 1971년 신(新)국제도로운송통관조약 작성과 병행하여 새로 채택한 조약으로 국제도로운송통관조약이 도로주행차량 또는 적재된 컨테이너의 도로운송을 대상으로 하고 있는데 비해, 본 조약은 각종 운송기기에 의한 육해공 모든 운송수단을 대상으로 하고 있다.

① CCC ② CIP
❸ ITI ④ CSI
⑤ CSC

핵심테마 36 컨테이너 터미널

[출제유형] 2021년 제25회

선박이 접안하는 부두 안벽에 접한 야드의 일부분으로 바다와 가장 가까이 접해 있으며 갠트리 크레인(Gantry Crane)이 설치되어 컨테이너의 적재와 양륙작업이 이루어지는 장소는?

① Berth
② Marshalling Yard
❸ Apron
④ CY(Container Yard)
⑤ CFS(Container Freight Station)

[출제유형] 2011년 제15회

항만 내 컨테이너 터미널 시설과 관계없는 것은?

① 안벽(Berth)
② 에이프론(Apron)
③ 마샬링 야드(Marshalling Yard)
④ 컨테이너 야드(Container Yard)
❺ ODCY(Off Dock Container Yard)

[출제유형] 2010년 제14회

다음 내용에 적합한 시설은?

> 본선 입항 전에 미리 입안된 선내 적치계획에 따라 선적예정 컨테이너를 순서대로 쌓아 두기 위한 곳으로, 컨테이너 터미널 운영에 있어 중심이 되는 중요한 장소이다.

① 에이프런(Apron)
② 콘트롤 타워(Control Tower)
❸ 마샬링 야드(Marshalling Yard)
④ CFS(Container Freight Station)
⑤ 안벽(Quay)

1 컨테이너 터미널의 주요 시설

① 안벽(Berth, Quay) : 컨테이너선이 안전하게 접안하여 하역작업이 이루어질 수 있도록 구축된 접안시설로 선석이라고도 한다.
② 에이프론(Apron) : 안벽(선석)에 접한 야드 부분에 일정한 폭(약 30m)으로 나란히 뻗어있는 공간으로서 컨테이너의 적재와 양륙 작업을 위하여 임시로 하치하거나 갠트리 크레인(Gantry Crane)이 통과주행을 할 수 있도록 레일을 설치한 장소이다.
③ 마샬링 야드(MY : Marshalling Yard) : 에이프론과 인접해 컨테이너선에서 하역하였거나 본선의 입항 전에 미리 입안된 선내 적치계획에 따라 선적예정인 컨테이너를 순서대로 쌓아 두기 위한 장소로, 컨테이너 터미널 운영에 있어 중심이 되는 중요한 장소이다.
④ 컨테이너 야드(CY : Container Yard) : 적재된 컨테이너를 인수, 인도, 보관하고 공컨테이너도 같이 보관할 수 있는 야적장이다. FCL화물은 Container Yard에서 인수하고, 컨테이너 터미널 내부에 있는 Container Yard를 On Dock CY(통상 CY)라고 하며, 항만 외부에 있는 Container Yard를 Off Dock CY(ODCY)라고 한다.
⑤ 컨테이너 화물조작장(CFS : Container Freight Station) : 컨테이너 한 개를 채울 수 없는 소량화물(LCL화물)의 처리를 위한 기본적인 시설로 여러 송화인(Shipper)으로부터 화물을 인수하여 한 컨테이너에 적입(Stuffing), 보관하거나 반대로 반입된 혼재화물을 해체(Devanning)하여 여러 화주에게 분산, 인도하는 창고형 작업장이다.
⑥ 통제소(Control Tower) : 컨테이너 야드의 본선 하역작업을 신속·정확하게 수행하도록 계획·지시·감독하는 곳이다.
⑦ 정비소(Maintenance Shop) : 컨테이너 야드에 있는 여러 종류의 기기 및 비품 등을 점검·수리·정비하는 곳이다.

> **내륙 컨테이너 기지(ICD : Inland Container Depot)**
> • 항만이나 공항이 아닌 내륙지역에 위치하며, 컨테이너 화물처리를 위한 시설을 갖춘 종합물류터미널의 기능을 수행하는 지역이다.
> • 가능한 컨테이너선 기항지 근처에 설치하며 단기간에 운송이 가능하고 통관, 컨테이너 화물의 인수, 인도, 공컨테이너의 회수, 일시 보관 및 수리 등을 수행한다.

2 컨테이너 운송장비 및 취급장비

구 분		내 용
운송장비	견인차 (Towing Car)	• 트랙터(Tractor) : 샤시, 트레일러, 로우베드 트레일러 등을 끌고 가는 견인차이다. • 오픈트럭(Open Truck) : 컨테이너를 곧바로 싣기도 하고, Bulk Cargo, LCL화물 등을 싣기도 하는 대형트럭이다.
	피견인차 (Trailing Car)	• 샤시(Chassis) : 컨테이너를 이동시키는 데 없어서는 안 되는 중요한 피견인차이다. • 트레일러(Trailer) : 벌크화물, 중량화물을 운송하는 데 쓰이는 피견인차이다. • 로우 베드 트레일러(Low Bed Trailer) : 적재높이가 높은 화물을 운송하는 데 쓰이는 피견인차이다.
취급장비		• 갠트리 크레인(Gantry Crane) : 컨테이너선 하역용으로 특별히 설계·제작된 크레인으로서 에이프런에 부설된 레일을 따라 주행하고, 유압식 신축 스프레더에 의하여 훅(Hook)에 매달린 컨테이너를 감아 올려 적·양하 작업을 수행한다. • 윈치 크레인(Winch Crane) : 차체를 이동 및 회전시키면서 컨테이너 트럭이나 플랫카(Flat Car)로부터 컨테이너를 적·양하는 하역장비이다. • 포크 리프트/탑 핸들러(Fork Lifter/Top Handler) : 작업용 특수차량으로서 차체의 끝에 화물을 떠서 올리는 포크 또는 화물을 취급하는 부착장치와 승강마스트를 설치하여 화물을 운반 또는 적재할 수 있는 장비이다. • 트랜스테이너(Transtainer) : 컨테이너를 쌓거나 내리는 일 또는 샤시(Chassis)나 트레일러에 싣고 내리는 일을 하는 이동식 컨테이너 취급 장비이다. • 야드 트랙터(Yard Tractor) : 컨테이너 야드(CY) 내에서 트레일러를 견인 이동시키는 데 쓰이는 견인차량이다. • 스트래들 캐리어(Straddle Carrier) : 컨테이너 운반기구로 컨테이너를 마샬링 야드로부터 에이프런 또는 CY에 운반·적재하는 데 사용된다. • 리치 스태커(Reach Stackers) : 컨테이너 운반용으로 주로 사용되며, 컨테이너의 적재 및 위치이동, 교체 등에 사용되는 하역장비이다.

3 컨테이너 터미널의 운영방식(하역시스템)

① 샤시 방식(Chassis System) : 육상이나 선상의 크레인으로 컨테이너선에서 직접 샤시상에 적재하므로 보조하역기기가 필요 없는 방식이다.
② 스트래들 캐리어 방식(Straddle Carrier System) : 컨테이너선에서 크레인으로 에이프런에 직접 내리고 스트래들 캐리어로 운반하는 하역방식이다.
③ 트랜스테이너 방식(Transtainer System) : 컨테이너선에서 야드 샤시에 탑재된 컨테이너를 마샬링 야드로 이동시켜 트랜스퍼 크레인에 의해 장치하는 방식이다.

운영방식	야드면적	자본투자	양륙시간	하역장비 유지비용	자동화 가능성
트렌스테이너 방식	소	소	장	소	고
스트래들 캐리어 방식	중	중	중	대	중
샤시 방식	대	대	단	소	저

④ 혼합 방식(Mixed System) : 스트래들 캐리어 방식과 트랜스테이너 방식을 혼합한 하역방식이다. 수입 컨테이너를 이동할 때는 스트래들 캐리어 방식을 이용하고, 수출 컨테이너를 야드에서 선측까지 운반할 때는 트랜스테이너 방식을 이용하여 작업의 효율성을 높이고자 하는 방식이다.
⑤ 지게차를 이용하는 방식 : 탑 핸들러(Top Handler) 또는 리치스태커(Reach Stacker) 등의 대형 지게차를 이용하는 방식으로 장비의 특성상 융통성이 매우 좋다.

[출제유형] 2016년 제20회

컨테이너 터미널에서 컨테이너를 취급하는 운송장비에 관한 설명으로 옳지 않은 것은?

① 야드 트랙터(Yard Tractor)는 야드 내의 작업용 컨테이너 운반트럭이다.
❷ 지게차(Fork Lift)는 컨테이너 터미널에서 컨테이너선에 양·적하하는 하역장비이다.
③ 윈치 크레인(Winch Crane)은 크레인 자체를 회전시키면서 컨테이너 트럭이나 무개화차로부터 컨테이너를 양·적하하는 하역장비이다.
④ 리치 스태커(Reach Stackers)는 컨테이너 운반용으로 주로 사용되며 컨테이너의 적재 및 위치이동, 교체 등에 사용되는 하역장비이다.
⑤ 샤시(Chassis)는 컨테이너를 탑재하여 운반하는 대차이다.

[출제유형] 2021년 제25회

해상용 컨테이너 취급을 위한 장비가 아닌 것은?

① Gantry crane
② Transtainer
③ Straddle carrier
④ Reach stacker
❺ Dolly

[출제유형] 2011년 제15회

컨테이너 화물에 관한 설명으로 옳지 않은 것은?

① FCL은 하나의 컨테이너에 만재되어 운송되는 화물을 의미한다.
② 컨테이너 하역시스템으로는 샤시 방식, 스트래들 캐리어 방식, 트랜스테이너 방식 등이 있다.
③ THC는 FCL이 CY(Off-dock CY 포함)에 반입되는 순간부터 반출될 때까지의 모든 비용을 말한다.
④ CFS 또는 CY로부터 화물 또는 컨테이너를 무료장치기간(Free Time) 내에 반출하지 않으면 보관료(Storage Charge)를 징수한다.
❺ 10ft 컨테이너 1개를 1TEU라 하며, TEU를 컨테이너 물동량 산출 단위로 이용한다.

핵심테마 37

수·배송시스템의 설계

1 수·배송시스템의 이해

구 분	내 용
개 념	수·배송시스템은 생산업체에서 상품이 제조된 후 최종 수요자에게 전달되기까지의 운송과정을 보다 효율적으로 수행하기 위하여 화물의 취급방법 및 운송절차(Process) 등 전반적인 사항들에 대한 일련의 관리체계를 말한다.
수송과 배송 — 수송(Transport)	장거리 대량 화물이 이동하는 경우(거점 간 이동, 지역 간 화차, 항공기, 선박, 대형트럭을 이용한 이동)로서 공장에서 물류센터, 공장에서 대형고객, 광역물류센터에서 지역물류센터 등으로의 완제품 수송, 부품공장에서부터 조립공장으로의 반제품 수송, 공급자로부터 공장으로의 원자재 수송 등 일련의 물품이동 활동을 말한다.
수송과 배송 — 배송(Delivery)	단거리 소형화물이 이동하는 경우(도시 또는 지역 내의 주로 소형트럭을 이용한 이동)로, 상거래가 성립된 상품을 고객 또는 고객이 지정하는 수화인에게 전달하기 위한 이동으로써의 말단수송을 말한다.

> **수·배송시스템의 중요성**
> - 수송은 기본적으로 물류비에서 차지하는 비중이 가장 크다.
> - 인적 서비스가 중요한 품질요소이다.
> - JIT(Just In Time)배송이 필요하다.
> - 다수의 배송처는 시스템화를 어렵게 한다.
> - 교통 환경의 영향을 많이 받는다.
> - 리드타임(Lead Time)이 짧다.
> - 주로 중·소형 트럭이 이용된다.
> - 운행에 따른 원가보다는 작업 및 부수적인 업무에 의한 시간과 비용이 더 크다.

[출제유형] 2021년 제25회
수·배송시스템의 설계에 관한 설명으로 옳지 않은 것은?
① 화물에 대한 리드타임(lead time)을 고려하여 설계한다.
② 화물차의 적재율을 높일 수 있도록 설계한다.
③ 편도수송이나 중복수송을 피할 수 있도록 설계한다.
④ 차량의 회전율을 높일 수 있도록 설계한다.
❺ 동일 지역에서의 집화와 배송은 별개로 이루어지도록 설계한다.

2 수·배송시스템의 설계

구 분	내 용
기본조건	• 지정된 시간 내에 화물을 목적지에 정확히 배송할 수 있어야 한다. • 물류계획의 정확한 실행을 위한 운송, 배송 및 배차계획 등을 조직적이고 체계적으로 실시해야 한다. • 적절한 유통재고량 유지를 위한 다이어그램(Diagram) 배송 등을 사용한 체계적인 운송계획을 수립해야 한다. • 운송계획을 효율적으로 실시하기 위한 판매, 생산의 조정이 필요하다. • 수주에서 출하까지 작업의 표준화 및 효율화를 수행해야 한다. • 최저주문단위제의 도입 등 주문의 평준화가 필요하다.

구분	내용
사전 준비사항	• 운송할 화물의 종류와 크기(부피, 중량)를 조사하여 적절한 운송수단을 준비한다. • 운송물량을 조사하여 이용차량을 적절하게 선택한다. • 운송빈도 및 운송 로트사이즈(Lot Size)를 조사하여 운송주기를 설정한다. • 운송지역의 교통여건을 조사하여 적절한 운송계획을 수립한다. • 발착지의 상·하차장 작업여건을 조사하여 불필요한 대기상태가 발생하지 않도록 배차계획을 수립한다. • 운송비 부담력을 조사하여 적합한 운송방법과 운송요율을 결정한다.
중점사항	• 운송네트워크의 정비 : 물류센터의 수, 규모를 정비하여 재고관리와 운송비를 최적화한다. • 최적의 운송수단 선택 : 운송비 절감과 물류서비스 수준을 감안하여 최적화한다. • 운송(운영)의 효율성 향상 : 운송의 효율을 높이기 위한 다양한 방법을 고려(회전율, 적재율, 가동률, 영차율 등)한다. • 공동운송의 실시 : 다른 기업의 화물과 공동운송을 실시한다. • 수배송의 합리화 수단 고려 : 수배송의 계획화, 표준화, 시스템화가 가능하도록 한다. • 수배송의 합리화를 위한 협력체계 구축 : 동종 또는 이종업체 간 다양한 협력체계를 구축한다. • 제1차 운송과 제2차 운송의 연결 : 소량 다빈도 배송을 효율적으로 하기 위한 크로스도킹, Meet Point System 등 대형운송과 소형운송을 효율적으로 연계한다.
설계순서	❶ 운행하고자 하는 화물의 특성 파악 → ❷ 수배송시스템의 목표설정 → ❸ 출하부문의 특성 파악 → ❹ 수요처별 특성 파악 → ❺ 수요처별 운행여건 파악 → ❻ 투입될 차종 판단 → ❼ 배차운영계획 → ❽ 귀로운행계획 ❶ 운행하고자 하는 화물의 특성 파악 : 화물의 형태, ULS(Unit Load System)채택여부, 취급 시 주의사항 등 ❷ 수·배송시스템의 목표설정 : 비용절감(low cost), 신속성, 안전성, JIT(Just In Time)운송, 고객만족수준 등 ❸ 출하부문의 특성 파악 : 주기별 출하량, 출하요일 및 시간대, 출하계획표, 상차장의 여건 및 상차능력, 상차절차 등 ❹ 수요처별 특성 파악 : 주요 수요처별 위치, 각 주기별 수요량 및 수용능력, 화물의 인수가능 요일과 시간대, 하차장 여건 등 ❺ 수요처별 운행여건의 파악 : 이용 가능한 운송경로, 각 루트별 거리, 수요처별 교통상황, 운행소요시간 등 ❻ 투입될 차종 판단 : 운송시스템에 적합한 차종 판단 ❼ 배차운영계획 : 적절한 차량대수, 시간대별 배차계획, 수요처별 표준운행 시간계획표, 그 밖의 기타 지원사항 등 ❽ 귀로운행계획 : 각 수요처별 운송업무 완료 후 복화운송(Backhauling)계획

❸ 수·배송시스템의 종류

구 분	내 용
왕복운송시스템	• 화물을 수송함에 있어 편도만 영차로 운행하고 귀로에는 공차로 운행했을 경우에 발생되는 비효율성을 극복하기 위한 방법으로, 두 지역 간 화물 수송 시 공차운행을 줄이기 위한 운송시스템을 말한다. • 이를 위하여 착지지역의 자기 점포망을 이용, 또는 그 지역의 물류터미널 또는 알선업체를 이용하여 귀로의 화물을 알선 받거나 착지지역의 화주와 귀로계약을 하는 방법, 업체와 상호 공동으로 운송하는 협정을 체결할 수 있다.
환결운송시스템	• 순로(順路)의 복화화물이 아니더라도 연속적으로 영차운행을 하여 최초의 출발지점까지 돌아오는 방법을 말한다. • 이러한 시스템은 운전기사가 귀가하는 데 장시간이 소요되기 때문에 기사의 불만요소가 되므로 주의해서 시행해야 한다.

[출제유형] 2024년 제28회

수·배송시스템 설계 시 고려대상이 아닌 것은?

① 수·배송 비율
② 차량운행 대수
③ 차량의 적재율
❹ 선하증권
⑤ 리드타임

[출제유형] 2011년 제15회

다음의 빈칸에 들어갈 수·배송시스템의 설계순서로 옳은 것은?

화물의 특성 파악 → 수·배송시스템의 질적 목표 설정 → ( ) → ( ) → ( ) → ( ) → ( ) → 귀로운행 계획

㉠ 차종 판단
㉡ 배차운영계획
㉢ 출하부문의 특성 파악
㉣ 수요처별 특성 파악
㉤ 수요처별 운행여건 파악

① ㉠, ㉡, ㉢, ㉣, ㉤
② ㉡, ㉢, ㉣, ㉤, ㉠
❸ ㉢, ㉣, ㉤, ㉠, ㉡
④ ㉣, ㉤, ㉠, ㉡, ㉢
⑤ ㉤, ㉠, ㉡, ㉢, ㉣

[출제유형] 2010년 제14회

1일 이상 소요되는 운송이나 도시순회 운송에서 일정시간 동안 운행 후에 운전원을 교대하여 차량을 계속 운행시킴으로써 차량의 가동시간을 최대화하고 화물의 인도를 신속하게 하는 운송 시스템은?

① 왕복운송시스템
② 셔틀운송시스템
③ 환결(環結) 운송시스템
❹ 릴레이식 운송시스템
⑤ 중간 환승시스템

[출제유형] 2014년 제18회

방문하는 장소와 시간을 정하여 매일같이 순회하는 운송시스템은?

① 복화운송
② 스왑바디(Swap Body) 운송
❸ 밀크런(Milk Run) 운송
④ 복합일관운송
⑤ 콜드체인(Cold Chain) 운송

[출제유형] 2020년 제24회

공동 수배송시스템의 구축을 위한 전제조건이 아닌 것은?

① 물류표준화
② 유사한 배송 조건
❸ 물류서비스 차별화 유지
④ 적합한 품목의 존재
⑤ 일정구역 내에 배송지역 분포

[출제유형] 2024년 제28회

공동 수·배송의 장점이 아닌 것은?

① 동일지역 및 동일수하처에 대한 중복 교차배송의 배제
② 물류관리 제반 경비에 대한 규모의 경제
③ 적재율 향상
④ 물동량의 계절적 수요변동에 따른 차량운영의 탄력성 확보
❺ 기업의 영업기밀 유지가 용이

1차량 2운전원 승무시스템	2명의 운전원을 동승시켜 운행하는 제도가 아니라 발지와 착지양단에 운전원을 한 명씩 배치하여 1차 수송이 완료되면 즉시 착지에 대기하고 있던 운전원이 차량을 인계 받아 귀로운행을 하는 시스템이다.
릴레이식 운송시스템	1회의 편도운송거리가 1일 이상 소요되는 운송이나 일정한 도시들을 순회하며 집화나 배달을 하는 경우의 운송에서는 일정한 시간의 운행 후에 운전사를 교대하여 차량을 계속 운행시킴으로써 차량의 가동시간을 최대화하고 화물의 인도시간을 신속하게 하는 시스템이다.
중간환승 운송시스템	주요 발지와 착지의 중간지점에 터미널을 설치하고 양단에서 도착된 차량을 서로 교체 승무하여 귀로하는 운행시스템이다.
밀크런(Milk Run) 운송시스템	방문하는 장소와 시간을 정하여 매일같이 순회하는 운송시스템으로 통상 밀크런 운송은 트럭이 각 지역 부품업체들을 순회하면서 필요한 부품을 수집하며, 조립공장에서 필요할 때 필요한 만큼의 부품을 가져옴으로써 물류비 절감은 물론 재고를 줄일 수 있고, 트럭의 적재효율이 높아지기 때문에 트럭운행대수를 줄일 수 있다.

4 공동 수·배송 시스템의 이해

구 분	내 용
개 념	각각의 화주 또는 운송업자가 물품을 개별수송하는 기존의 방식에서 공동으로 물품을 혼적하여 수송하는 방식으로 전환함으로써 운송의 대형화 및 순회 집·배송에 의한 수송물류비용의 절감, 차량적재 효율의 향상을 도모하는 운송시스템이다.
전제조건	• 필요한 화물을 수·배송할 수 있는 차량을 보유하여야 한다. • 일정지역 내에 유사영업과 배송을 실시하는 다수의 업체가 존재하여야 한다. • 공동 수·배송을 주관하는 책임기업이 존재해야 한다. • 대상 기업 간에 공동 수·배송에 대한 이해가 일치하여야 한다. • 공동 수·배송에 참여하는 기업 간의 경제성 및 물류서비스 수준의 향상이라는 목적이 일치해야 한다(→ 개별 기업들의 다양한 목표 ×, 서비스 차별화 ×). • 배송지역이 일정구역 안에 분포되어야 하고, 대상화물은 공동화에 적합한 품목이 존재하여야 한다. • 공동 수·배송에 참여하는 기업 간의 배송조건·하역 및 보관특성, 정보시스템 등이 유사해야 한다. • 공동 수·배송에 참여하는 운송기업은 화물의 규격, 포장, 적재용기 등 표준화된 운송 프로세스가 있어야 한다.
장애요인	• 참여업체의 구성 문제 • 참여기업 간의 의견 조정(불일치) 문제 • 기업 문화 및 업무체계 차이 문제 • 회사의 기밀유지 문제(정보공유의 기피) • 물류서비스의 차별화 문제 • 운임요금 문제 • 수송수요의 세분화 문제 • 리더 또는 조정자의 확보 문제 • 긴급대처능력의 결여 문제 • 상품에 대한 안전성 문제
방 식	• 거래처와의 결합수송 • 타 업종 간의 대형 화주와의 결합 • 그룹 내 각 계열사의 공동수송 • 동종업계와의 공동배송 • 지역 내 인근 회사와의 공동 수배송 • 협회·조합을 통한 공동 수배송

5 공동 수·배송의 유형 및 도입효과

구 분	내 용
유 형	• 배송공동형 : 화물 거점시설까지의 운송은 개별 화주가 행하고, 배송만 공동화하는 방식이다. • 집배송공동형 : 물류센터에서의 배송뿐만 아니라 화물의 보관 및 집하업무까지 공동화하는 방식으로서 주문처리를 제외한 거의 모든 물류업무에 관해 협력하는 방식이다. • 공동수주·공동배송형 : 운송사업자가 협동조합을 설립하여 공동수주 및 공동배송하는 방식이다. • 노선집하공동형 : 노선의 집하망을 공동화하여 화주가 지정한 노선업자에게 화물을 인계하는 방식이다. • 납품대행형 : 주로 백화점, 할인점 등에서 착화주의 주도로 공동화하는 유형으로서, 참가하는 도매업자가 선정한 운송사업자가 배송거점을 정하여 납품상품을 집화, 분류, 포장 및 레이블을 붙이는 작업 등을 한 후 배달·납품하는 방식이다.
도입효과	• 물류서비스의 제고, 차량 적재효율의 향상, 공차율의 감소 및 수송비의 절감 등을 도모할 수 있다. • 기업 간 통합전산망 구축을 통한 출하작업의 시스템화로 수·배송 효율을 향상시킬 수 있다. • 다양한 거래처에 대한 공동 수·배송을 실시함으로써 물동량의 계절적 수요변동에 대한 차량운영의 탄력성을 확보할 수 있다. • 참여기업에 대한 통합된 수·배송 핵심성과지표(KPI : Key Performance Indicator)를 제공할 수 있다. • 단독기업으로는 한계가 있는 물동량을 처리할 수 있어 고정비에 대한 규모의 경제를 달성할 수 있다. • 각 가맹사들 간의 공동물류회계 및 화물정보시스템화를 촉진시킨다.

화주 측면의 효과	운송업자 측면의 효과
• 운임부담의 경감 • 물류 인원의 절감 • 인력부족에 대처가능 • 소량물품의 집하배송 가능 • 물류 공간의 활용률 증가 • 물류서비스의 제고 • 전체적인 물류비용 절감 • 일관된 서비스 제공으로 신뢰성 제고 • 입고부문의 교통혼잡 완화 • 일괄납품으로 검사 등 일선 업무의 효율화 • 납품 빈도의 증가로 품목확보 • 신선 제품의 선도향상과 재고비용 감소	• 운송의 대형화로 적재효율 향상 • 계획적인 차량운용 가능 • 공차율의 감소와 수송효율 제고 • 필요차량의 감소 • 배송효율 증가로 개당 배송비용 감소 • 동일지역의 중복·교차배송 감소 • 차량의 주행거리, 시간, 횟수 단축 • 신규 화주의 개척이 용이
	사회적 측면의 효과
	• 차량감소에 따른 교통환경 개선 • 차량운행 횟수 감소로 인한 환경오염 방지 • 혼잡도로로 인한 도로 파손 방지 • 에너지 절감 및 물류비 감소(→ 물가안정)

> **공동 수·배송 발전단계**
> ① 1단계 : 공동운송 단계(콘솔단계)
> ② 2단계 : 크로스도킹 단계
> ③ 3단계 : 공동재고보관 단계
> • 공동집하, 공동보관
> • 개별납품, 공동보관, 공동배송
> • 공동집하, 공동보관, 공동배송
> • 공동수주시스템에 의한 물류의 공동화(질적 향상)

[출제유형] 2020년 제24회

공동 수·배송에 관한 설명으로 옳은 것은?

① 배송, 화물의 보관 및 집화 업무까지 공동화하는 방식을 공동납품대행형이라 한다.
② 크로스도킹은 하나의 차량에 여러 화주들의 화물을 혼재하는 것이다.
❸ 참여기업은 물류비 절감 효과를 기대할 수 있다.
④ 소량 다빈도 화물에 대한 운송요구가 감소함에 따라 그 필요성이 지속적으로 감소하고 있다.
⑤ 노선집화공동형은 백화점, 할인점 등에서 공동화하는 방식이다.

[출제유형] 2011년 제15회

공동 수·배송에 관한 설명으로 옳은 것을 모두 고른 것은?

㉠ 공동 수·배송은 물류서비스의 제고, 차량 적재효율의 향상, 공차율의 감소 및 수송비의 절감 등을 도모할 수 있다.
㉡ 공동 수·배송은 고객의 소량·다빈도 수·배송 등 다양한 요구로 인해 그 필요성이 증대되고 있다.
㉢ 시행하는 기업 간 정보시스템의 특성에 차이가 있으면 공동 수·배송을 실시할 수 없다.
㉣ 일정지역 내 유사영업과 수·배송을 실시하는 복수기업이 존재하는 경우에 공동 수·배송을 실시할 수 있다.

① ㉠, ㉡, ㉢
❷ ㉠, ㉡, ㉣
③ ㉠, ㉢, ㉣
④ ㉡, ㉢, ㉣
⑤ ㉠, ㉡, ㉢, ㉣

핵심테마 38 수·배송시스템의 합리화

[출제유형] 2023년 제27회
수배송 합리화를 위한 계획 수립 시 고려사항으로 옳지 않은 것은?
① 최단 운송루트를 개발하고 최적 운송수단을 선택한다.
② 운송수단의 적재율 향상을 위한 방안을 마련한다.
③ 운송의 효율성을 높이기 위해 관련 정보시스템을 활용한다.
❹ 배송경로는 상호 교차되도록 하여 운송루트에 다양성을 확보한다.
⑤ 운송수단의 회전율을 높일 수 있도록 계획한다.

[출제유형] 2020년 제24회
수·배송 계획 수립의 원칙으로 옳은 것은?
① 집화와 배송은 따로 이루어지도록 한다.
② 효율적인 수송경로는 대형 차량보다 소형 차량을 우선 배차한다.
③ 배송지역의 범위가 넓을 경우, 운행경로 계획은 물류센터에서 가까운 지역부터 수립한다.
❹ 배송날짜가 상이한 경우에는 경유지를 구분한다.
⑤ 배송경로는 상호 교차되도록 한다.

1 수·배송시스템의 합리화 대책

수·배송시스템의 합리화를 위해서는 하드웨어와 소프트웨어 두 가지 측면에서의 효율화가 동시에 요구된다.

하드웨어적 대책	소프트웨어적 대책
• 배송차량 및 화물 적재함의 개선 및 개량 • 하역장소에 대한 정비와 확장 • 하역작업의 기계화와 자동화 • 상·하차 작업에 자동화기기 도입	• 화물의 단위(Lot)화 • 경로의 계획화(다이어그램 배송 등) • 수·배송 및 출하성능의 집약화(고밀도화) • 수·배송의 공동화 • 직접배송 등을 통한 수송거리의 단축화

배송경로와 일정계획의 수립 원칙
• 가장 근접해 있는 지역의 물량을 함께 싣는다.
• 배송날짜가 다른 경우에는 경유지를 엄격하게 구분한다.
• 운행경로는 차고지(Depot)에서 가장 먼 지역부터 만들어간다.
• 출발지 인근지역부터 시작하여 출발지 인근지역에서 끝나도록 한다(좁은 지역 배송).
• 배송경로는 상호 교차되지 않도록 한다.
• 차량경로상의 운행순서는 눈물방울형태로 만들어 간다.
• 가장 효율적인 경로는 이용할 수 있는 가장 큰 차량을 사용하여 만든다.
• 집화(Pick-up)는 배송과 함께 이루어지도록 하는 것이 효율적이다.
• 배송루트에서 벗어난 수요지는 별도의 차량을 이용한다.
• 너무 짧은 방문시간대는 피해야 한다.

2 수·배송시스템 배송계획의 종류

구분	내용
다이어그램 배송	정시루트 배송시스템으로 집배구역 내에서 차량의 효율적인 이용을 도모하기 위해 배송처의 거리, 수량, 지정시간, 도로상황 등을 감안하여 여러 곳의 배송처를 묶어서 정시에 정해진 루트로 배송하는 방법이다.
루트 배송	비교적 광범위한 지역에 소량화물을 요구하는 다수의 고객을 대상으로 배송할 때에 유리한 방법으로 판매지역에 대하여 배송 담당자가 배송 트럭에 화물을 상·하차하고 화물을 수수함과 동시에 현금수수도 병행하는 방법이다.
혼재 배송	한 단위를 채우지 못하는 소량화물을 모아 혼합적재함으로써 차량의 적재율을 높이기 위한 배송이다.
적합 배송	사전 설정된 경로에 배송할 물량, 즉 차량의 적재율을 기준으로 적합한 크기의 차량을 배차하여 배송하는 방법이다.
단일 배송	하나의 배송처에 1대의 차량을 배차하여 배송하는 방법이다.

3 다이어그램 시스템(Diagram System)의 구분

구 분	내 용		
고정다이어그램 시스템	일정한 지역에 정기적으로 화물을 배송할 때, 과거의 통계치 또는 경험에 의해 주된 배송경로와 시각을 정해 두고 적재효율이 다소 저하되더라도 고객에 대한 적시배달과 업무의 간편성을 중시하여 배송차량을 고정적으로 운영하는 시스템이다.		
변동다이어그램 시스템	계획시점에서의 물동량, 가용차량 수, 도로사정 등의 정보를 감안하여 컴퓨터로 가장 경제적인 배송경로를 도출해서 적재 및 운송지시를 내리는 방식을 채용하는 시스템으로서 VSP, TSP, SWEEP 기법 등이 있다.		
	VSP기법	• 차량의 운행효율을 최대로 하는 배송루트와 필요차량의 대수를 계산하는 기법이다. • VSP의 알고리즘은 세이빙(Saving)이라는 개념을 기본으로 하는데, 여기서 세이빙이란 만일 어느 두 배송경로를 돌아야 하는 경우 각각의 경로를 따로 가지 않고, 같은 경로로 두 배송처를 순회함으로써 얻어지는 배송거리의 절약을 말한다.	
	TSP기법	차량이 지역배송을 위해 배송센터를 출발하여 되돌아오기까지 소요되는 시간 또는 거리를 최소화하기 위한 기법으로 휴리스틱 해법을 이용한다. 이때, 차량의 용량이 제약조건으로 작용하지 않는다.	
	SWEEP기법	• 배송차량의 적재범위 내에서 배송루트가 교차하지 않고, 가능한 눈물방울형태의 배송루트가 설정될 수 있도록 배송거리와 물류센터로부터의 배송위치 각도를 이용하여 최적의 배송루트를 만들어가는 기법이다. • 이 기법은 차량을 목표 고객에 적절히 할당하여 전체배송거리나 총배송시간을 최소화하고, 일정한 구역 내에서 고객별 배송순서를 결정하는 기법으로 비교적 적용이 간편하다는 이점이 있다.	

[출제유형] 2023년 제27회

다음에서 설명하고 있는 운송방식은?

○ 배송에 관한 사항을 시간대별로 계획하고 표로 작성하여 운행
○ 배송처 및 배송물량의 변화가 심할 때 방문하는 배송처, 방문순서, 방문시간 등을 매일 새롭게 설정하여 배송하는 운송방식

① 루트(Route) 배송
② 밀크런(Milk Run) 배송
③ 적합 배송
④ 단일 배송
❺ 변동다이어그램 배송

세이빙(Saving)기법

차량의 통행시간, 적재능력 등이 제한되는 복잡한 상황에서 차량의 노선 배정 및 일정계획 문제의 해결방안을 구하는 한 방법이다. 예를 들어,

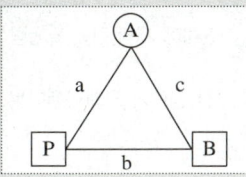
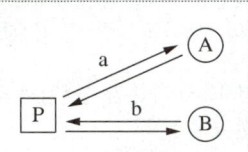
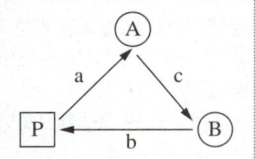

P를 배송센터, A와 B를 납품처, A, B 상호 간의 거리를 a, b, c로 할 때	가장 단순한 배송방식은 각각 A, B별로 배송경로를 정하는 것으로 이때 배송거리는 2(a + b)이다.	그러나 같은 루트에서 1대의 차량으로 순회배송(Milk Run)을 하게 되면 배송거리는 a + b + c가 된다.

위 그림에서와 같이 배송방식을 바꿀 경우 배송거리는 2(a + b) − (a + b + c) = a + b − c만큼 절약(Saving)하게 되는데, Saving기법은 이러한 계산으로 다양한 연결조합을 만들어 탐색한 후 가장 효율적인 최적의 배송루트를 정하게 된다.

※ 배차되는 각 트럭의 용량은 총수요보다는 작고 특정 고객의 수요보다는 커야 한다.

[출제유형] 2023년 제27회

수배송 계획에서 활용되는 세이빙(Saving) 기법에 관한 설명으로 옳지 않은 것은?

① 모든 방문처를 경유해야 하는 차량수를 최소로 하면서 동시에 차량의 총수송거리를 최소화하는 데 유용하다.
② 단축된 거리가 큰 순위부터 차량 운행경로를 편성한다.
③ 경로 편성 시 차량의 적재용량 등의 제약사항을 고려한다.
❹ 배차되는 각 트럭의 용량의 합은 총수요 이상이고 특정 고객의 수요보다는 작아야 한다.
⑤ 배송센터에서 두 수요지까지의 거리를 각각 a, b라 하고 두 수요지 간의 거리를 c라고 할 때 단축 가능한 거리는 (a + b − c)가 된다.

핵심테마 39 수·배송 네트워크 모형 등

1 수·배송 네트워크(Network) 모형의 개요

구 분	내 용
네트워크 모형의 개념	• 2개 이상의 운송로가 존재하며 이들 경로상에 연결점들이 있고, 각 운송 구간별로 단위당 운송비 또는 운송량 등이 제시된 경우에 보다 효율적인 운송방법을 모색하기 위해 사용하는 방법이다. • 네트워크 모형은 최근 들어 경영과학의 대표적인 분석기법으로 많이 활용되고 있으며, 주요 유형에는 최단경로법, 최대수송량계획법, 최소비용수송계획법 등이 있다.
네트워크의 구성요소	네트워크는 공간적, 지리적 위치나 시간적 상태를 나타내는 노드(Node)와 이를 연결하는 링크(Link) 또는 아크(Arc)에 의해 표현된다. • 노드 : 원으로 표현한다. • 아크 : 선으로 표현한다.

수송모형
- 회귀모형 : 화물의 수송량에 영향을 주는 다양한 변수 간의 상관관계에 대한 회귀식을 도출하여 장래 화물량을 예측하는 화물발생모형이다.
- 중력모형 : 지역 간의 운송량이 경제 규모에 비례하고 거리에 반비례한다는 가정에 의한 화물분포모형으로 단일제약모형, 이중제약모형 등이 있다.
- 통행교차모형 : 교통량을 교통수단과 교통망에 따라 시간, 비용 등을 고려하여 효율적으로 배분하는 수단분담모형으로 로짓모형, 카테고리 분석모형 등이 있다.
- 성장인자모형 : 물동량 배분 패턴이 장래에도 일정하게 유지된다는 가정하에 지역 간의 물동량을 예측하는 화물분포모형이다.
- 엔트로피 극대화모형 : 제약 조건하에서 지역 간 물동량의 공간적 분산 정도가 극대화된다는 가정에 기초한 화물분포모형이다.

2 최단경로법(Shortest Route Problem)

구 분	내 용
개 념	각 운송구간별로 운송거리 또는 단위운송비용 등이 제시된 운송망(Network)이 있는 경우에 출발지와 도착지 간 등 그 운송망 위에 있는 두 교점(Node) 사이의 최단의 경로 또는 최소비용의 경로를 찾기 위한 방법이다.

[출제유형] 2023년 제27회
수송모형에 관한 설명으로 옳지 않은 것은?

① 회귀모형 : 화물의 수송량에 영향을 주는 다양한 변수 간의 상관관계에 대한 회귀식을 도출하여 장래 화물량을 예측하는 모형이다.
② 중력모형 : 지역 간의 운송량이 경제 규모에 비례하고 거리에 반비례한다는 가정에 의한 화물분포모형으로 단일제약모형, 이중제약모형 등이 있다.
❸ 통행교차모형 : 교통량을 교통수단과 교통망에 따라 시간, 비용 등을 고려하여 효율적으로 배분하는 화물분포모형으로 로짓모형, 카테고리 분석모형 등이 있다.
④ 성장인자모형 : 물동량 배분패턴이 장래에도 일정하게 유지된다는 가정 하에 지역 간의 물동량을 예측하는 화물분포모형이다.
⑤ 엔트로피 극대화모형 : 제약조건 하에서 지역 간 물동량의 공간적 분산 정도가 극대화된다는 가정에 기초한 화물분포모형이다.

산출방법	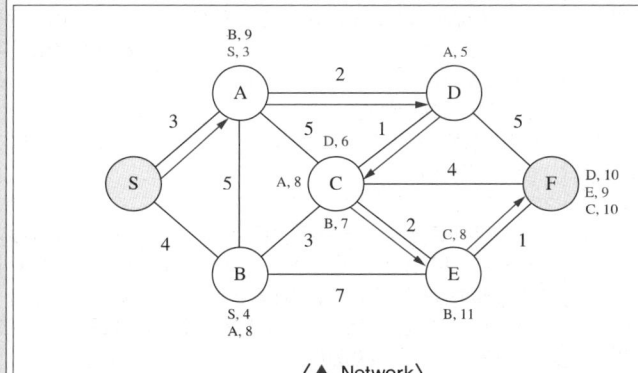 〈▲ Network〉 ※ 알고리즘의 기본 가정 : 시작점을 제외한 다른 정점이 모두 시작점을 가리킨다고 가정하며, 연결되어 있지 않은 정점은 무한대(∞)의 비용이다. ① 시작점에서부터 다른 모든 정점까지의 간선 비용을 비교하여 더 작은 비용 구간을 중심으로 운송망을 만들어간다. ② 위의 그림에서 시작점 S로부터 이동할 수 있는 A, B 중 S-A 간선의 비용이 S-B 것보다 더 작으므로 S는 A를 가리키도록 한다. 이때, 각 A, B점에 시작점과 거리 값을 (S, 3), (S, 4)로 표시한다. ③ 이어서 A점에서 이동할 수 있는 B, C, D점에 S의 거리 값을 합산하여 표시[B(A, 8), C(A, 8), D(A, 5)]하고, B점과 연결되는 A, C, E점에도 마찬가지로 S와의 거리 값을 합산하여 표시[A(B, 9), C(B, 7), E(B, 11)]한다. 각각의 비용을 비교하여 더 작은 쪽을 가리키도록 하며, 여기서는 A-D를 향하도록 한다. ④ 다음으로 D점과 연결될 수 있는 C, F점까지의 거리를 같은 방식으로 계산하여 표기한다. 각각 (D, 6), (D, 10)이 되며, 가장 비용이 작은 구간은 C점이 된다. 이와 연결되는 E점과 F점까지의 거리를 반복하여 구한다. ⑤ C-E와 연결되는 접점은 F점이며, 거리 값은 9가 된다. ⑥ 종합해보면 시작점 S에서 목표점 F까지 최단거리의 접점은 S → A → D → C → E → F이며, 여기에 거리 값을 대입하면, 3+2+1+2+1=9로 총 최단거리는 9가 됨을 알 수 있다.

3 최대수송량계획(Maximal Flow Problem)

구 분	내 용
개 념	각 운송구간의 운송량 제한이 있을 때 전체구간에서의 총 운송량은 가장 운송수용력이 약한 구간의 운송량에 따라 제한된다. 따라서 출발지로부터 목적지로 운송할 수 있는 운송가능량은 총 운송경로의 수와 이들 경로가 가지는 각각의 운송가능량에 의하여 결정되므로 이를 최대화하고자 하는 것이 최대수송량계획법이다.
산출방법	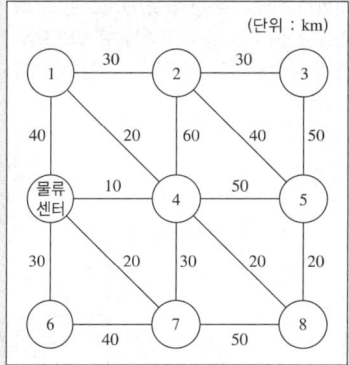 〈▲ Network〉 ※ 비고 : 각 링크상의 숫자는 각 구간에 보낼 수 있는 가스나 유류 등 화물의 최대 운송량을 나타낸다.

[출제유형]　　2024년 제28회

다음 네트워크에서 출발지 S로부터 도착지 F까지 최단경로의 거리는? (단, 경로별 숫자는 km임)

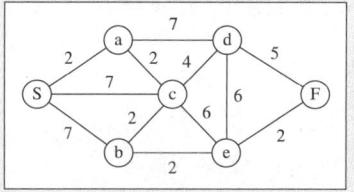

❶ 10
② 11
③ 12
④ 13
⑤ 14

[출제유형]　　2022년 제26회

물류센터에서 8곳 배송지까지 최단경로 네트워크를 작성하였을 때, 그 네트워크의 총길이는?

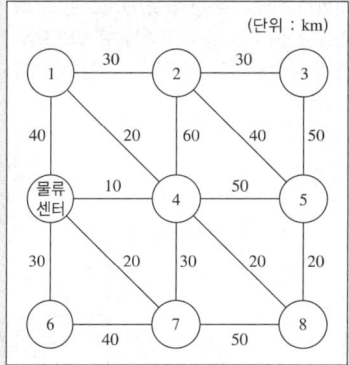

① 150km
② 160km
③ 170km
❹ 180km
⑤ 190km

[출제유형]　　2021년 제25회

다음의 도로망을 이용하여 공장에서 물류센터까지 상품을 운송할 때 최단경로 산출거리(km)는? (단, 링크의 숫자는 거리이며 단위는 km임)

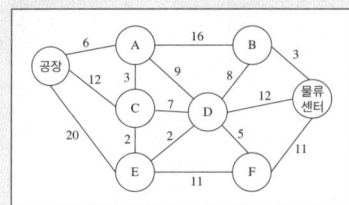

① 23
❷ 24
③ 25
④ 26
⑤ 27

[출제유형] 2020년 제24회

다음 그림과 같이 각 구간별 운송거리가 주어졌을 때, 물류센터 S에서 최종 목적지 G까지의 최단경로 산출거리는? (단, 구간별 운송거리는 km임)

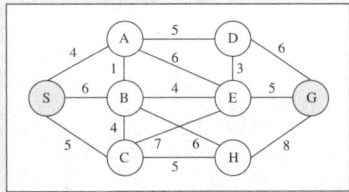

① 12km　② 13km
❸ 14km　④ 15km
⑤ 16km

[출제유형] 2019년 제23회

송유관 네트워크로 A 공급지에서 F 수요지까지 최대의 유량을 보내려고 한다. 최대유량은? (단, 링크의 화살표 방향으로만 송유가능하며 링크의 숫자는 용량을 나타냄)

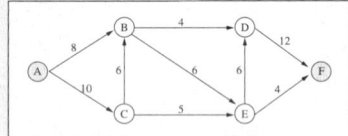

① 12톤　② 13톤
❸ 14톤　④ 15톤
⑤ 16톤

[출제유형] 2021년 제25회

다음과 같은 파이프라인 네트워크에서 X지점에서 Y지점까지 유류를 보낼 때 최대유량(톤)은? (단, 링크의 화살표 방향으로만 송유가 가능하며 링크의 숫자는 용량을 나타냄)

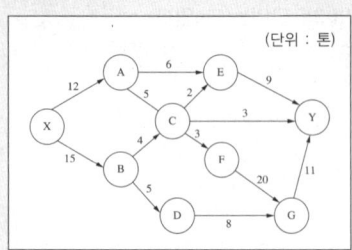

① 18　❷ 19
③ 20　④ 21
⑤ 22

	① 시작점에서부터 도착점까지 모든 구간에 보낼 수 있는 최대 운송량(가장 운송수용력이 약한 구간의 운송량)을 찾고, 각 구간에서 이를 차감한다. 이때 운송로를 통해 최대로 보낼 수 있는 운송량이 0이 되는 구간은 더 이상 사용할 수 없는 구간이 되며, 계산을 계속하다 더 보낼 경로가 없으면 계산을 끝낸다. ② 앞의 그림에서 시작점 S로부터 도착점 F까지의 경로에서 최대 운송량은 다음과 같이 구할 수 있다. 우선 임의로 선택 가능한 경로를 정하여 최대 운송량을 찾는다. S → A → D → F 구간의 최대 운송량은 'A – D', 'D – F'의 '2'이며, 각 구간에서 그 만큼씩 차감하여 준다. 그 결과 S – A는 1이 남고, 'A – D', 'D – F'의 구간은 0이 된다. 0이 된 구간은 더 이상 사용할 수 없다. 다른 구간에 대해서도 동일한 방식으로 계산을 이어간다. 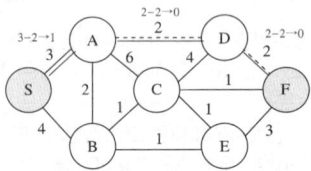
산출방법	다른 경로 S → B → E → F 구간의 최대 운송량은 1이고, 각 구간에서 1만큼씩 차감해준다. 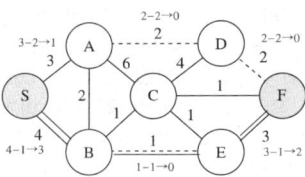
	운송량이 남아 있는 다른 경로를 선택해 계속해서 계산한다. S → B → C → F 구간의 최대 운송량은 1이고, 각 구간에서 1만큼씩 차감해준다. 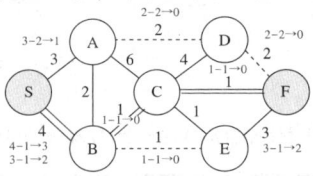
	• 다음으로 운송량이 남아 있는 경로를 선택하여 운송량을 계산한다. S → A → C → E → F 구간의 최대 운송량은 1이고, 각 구간에서 1만큼씩 차감해준다. • 더 이상 시작점 S와 목표점 F를 이어주는 경로가 존재하지 않으므로 계산을 마치고, S점에서부터 F점까지의 최대 운송량을 구한다. S → A → D → F : 2 S → B → E → F : 1 S → B → C → F : 1 S → A → C → E → F : 1 따라서 S – F의 최대 운송량은 2 + 1 + 1 + 1 = 5가 된다. 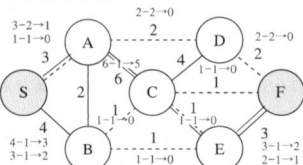

최대수송량계획법 문제풀이

문제 A 플랜트에서 B 지점까지 파이프라인을 통하여 가스를 보내려 한다. 보낼 수 있는 최대 가스량은? (단, 각 구간별 숫자는 파이프라인의 용량을 톤으로 나타냄)

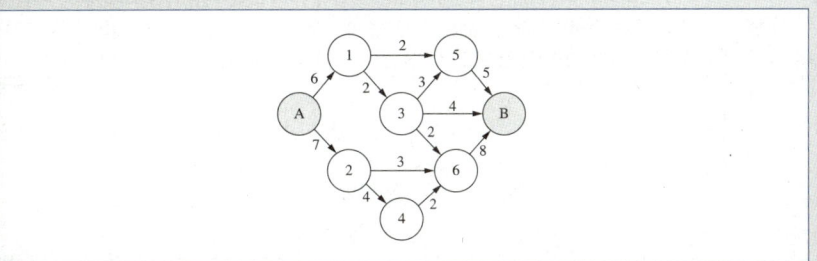

❶ 9톤　② 10톤　③ 11톤　④ 12톤　⑤ 13톤

풀이
- A → 1 → 5 → B : 2
- A → 2 → 6 → B : 3
- A → 1 → 3 → B : 2
- A → 2 → 4 → 6 → B : 2
∴ 2 + 2 + 3 + 2 = 9톤

최대 가스량 계산 문제풀이

문제 출발지에서 도착지까지 파이프라인을 통해 가스를 보낼 경우 보낼 수 있는 최대 가스량(톤)은? (단, 구간별 숫자는 파이프라인의 용량(톤)이며, 링크의 화살표 방향으로만 가스를 보낼 수 있음)

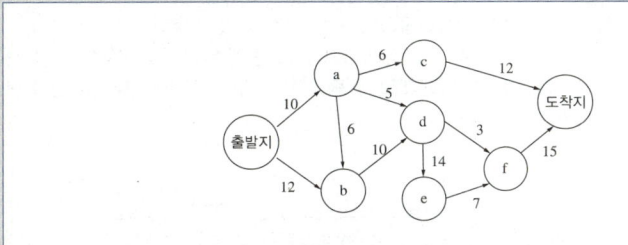

① 12　② 13　③ 15　❹ 16　⑤ 18

풀이
- 출발지 → a → c → 도착지 : 6
- 출발지 → a → d → f → 도착지 : 3
- 출발지 → b → d → e → f → 도착지 : 7

따라서 최대 가스량 = 6 + 3 + 7 = 16

[출제유형] 2024년 제28회

다음 그림에서 노드 간(c → b)의 용량이 3으로 새로 생성된다고 가정할 때, S에서 F까지의 최대 유량의 증가분은? (단, 링크의 숫자는 인접한 노드 간의 용량을 나타내며, 화살표 방향으로만 이동 가능함)

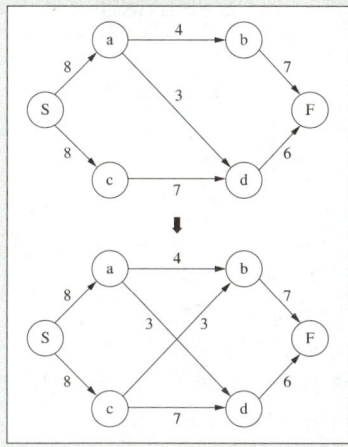

① 1　② 2　❸ 3　④ 4　⑤ 5

[출제유형] 2015년 제19회

다음과 같은 수·배송 네트워크가 주어져 있을 때 출발지 S에서 목적지 F까지의 최대 수송량을 목적으로 할 때 용량이 남는 구간은? (단, 각 경로에 표시된 숫자는 경로별 수송용량을 의미하며 모든 수송로를 단독으로 사용한다)

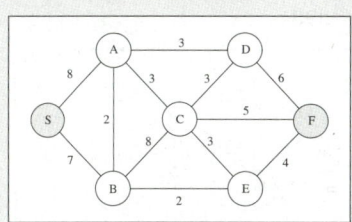

① A → B　② B → C　③ C → F　❹ B → E　⑤ E → F

[출제유형] 2019년 제23회

A 공장에서 B 물류창고까지 도로망을 이용하여 상품을 운송하려고 한다. 최소비용수송계획법에 의한 A 공장에서 B 물류창고까지의 총운송비용 및 총운송량은? (단, 링크의 첫째 숫자는 도로용량, 둘째 숫자는 톤당 단위운송비용임)

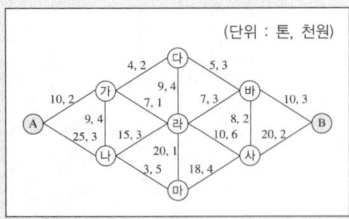

① 330,000원, 26톤
② 330,000원, 27톤
③ 330,000원, 28톤
❹ 346,000원, 29톤
⑤ 346,000원, 30톤

[출제유형] 2016년 제20회

서울에서 부산까지 화물운송을 위한 최대 운송가능량 및 운송비가 아래와 같이 주어질 경우, 최소비용운송계획법(Least Cost Flow Problem)에 따른 서울에서 부산까지의 최소 총 운송비용은? (단, 각 경로에 표시된 숫자는 구간별 최대 운송가능량, ( )는 해당 경로의 단위당 운송비임)

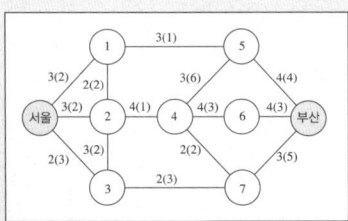

① 50 ② 60
❸ 70 ④ 80
⑤ 90

4 최소비용수송계획

구 분	내 용
개 념	최소비용수송계획법은 각 운송네트워크의 구간별 최대수송가능량과 단위당 수송비용 및 운송방향이 정해진 운송망이 있을 때, 출발지에서 도착지까지 임의의 두 교점 간 운송 시에 최소운송비용으로 가능한 최대한의 운송량을 파악하는 방법이다.
산출방법	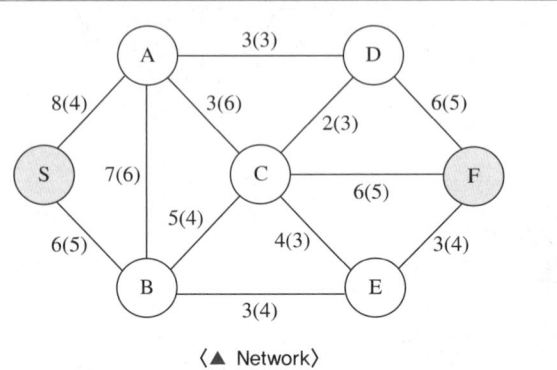 〈▲ Network〉 ※ 비고 : 운송네트워크의 각 링크상에 표시된 괄호 밖의 숫자는 각 구간별 화물의 최대 운송량을 나타내며, 괄호 안의 숫자는 단위당 운송비용을 나타낸다. ① 최대수송량계획법을 기본으로 하여 운송네트워크에서 최대운송량계획을 수립하고, 그 조건에서 최소의 운송비를 구한다. ② 최대수송량계획법에 따른 최소 총 운송비용은 두 교점 간 최대 운송량에 각각의 경로상 단위당 운송비용을 곱하여 구해진 결과 값의 총합으로 산정한다. ③ 위 그림에서 시작점부터 도착점까지의 경로 중 단위당 운송비용이 가장 적은 구간(최소비용경로)을 순차적으로 선택하고, 그 구간에서의 최대 운송량을 산출하여 최소비용을 구해간다. 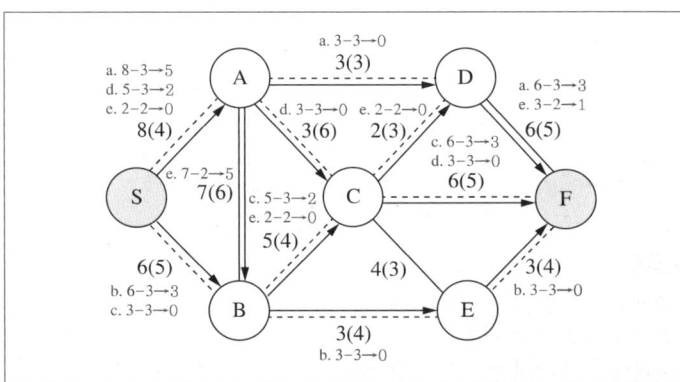

수송경로	최대운송량	단위당 운송비용	총운송비용
a. S → A → D → F	3	4 + 3 + 5 = 12	3 × 12 = 36
b. S → B → E → F	3	5 + 4 + 4 = 13	3 × 13 = 39
c. S → B → C → F	3	5 + 4 + 5 = 14	3 × 14 = 42
d. S → A → C → F	3	4 + 6 + 5 = 15	3 × 15 = 45
e. S → A → B → C → F	2	4 + 6 + 4 + 3 + 5 = 22	2 × 22 = 44
합 계	14	—	206

핵심테마 40 수·배송 최적화 해법

1 북서코너법(North-West Corner Method)

구분	내용
개념	• 북서코너법은 수송표의 좌측 상단에서 출발하여 우측 하단까지, 열과 행에 각각 나타나 있는 공급량과 수요량에 맞추어 수송량을 각 경로상에 계속적이고 또 단계적으로 배정하는 방법이다. • 이 해법은 신속하게 최초의 실행가능한 해를 산출할 수 있다는 이점이 있으나 각 경로상의 운송비용을 전혀 고려하지 않기 때문에 총비용을 최소화하는 최적의 해는 산출이 어렵다는 한계가 있다.
산출방법	① 수송표의 각 빈칸을 채우는 데 있어서 북서쪽에 있는 칸부터 가능한 한 최대의 양(공급량과 수요량을 비교하여 작은 값)을 할당한다. ② 다음 행(→)으로 이동하기 전 각 행의 공급량을 모두 충족시킨다. 다음 열(↓)로 이동하는 경우에도 마찬가지로 각 열의 수요량을 모두 충족시키도록 한다. 이때, 단계적으로 공급량과 수요량의 변동 값을 업데이트 해준다. ③ 수송표의 수송량을 모두 소모하여 우측 하단에 도달할 때까지 각 행의 공급량과 열의 수요량을 계속적으로 충족시켜 나간 후, 공급량과 수요량이 모두 일치하는지를 확인하고 끝낸다.

2 최소비용법(Least-Cost Method)

구분	내용
개념	최소비용법은 수송표상에서 운송단가가 가장 낮은 칸에 우선적으로 수송량을 할당하되, 그 행의 공급량과 그 열의 수요량을 비교하여 가능한 한 최대량을 배정하는 방법이다. 일반적으로 비용을 전혀 고려하지 않는 북서코너법보다 효과적인 해법이라 할 수 있으나 모든 경우에 적용되는 것은 아니다.
산출방법	① 모든 칸들 중 단위당 운송비용이 가장 최소인 칸을 찾고, 그 칸이 포함된 행의 공급량과 열의 수요량을 감안하여 할당 가능한 최대 수송량을 배정한다. ② 다음으로 남은 칸들 중에서 다시 단위수송비용이 최소인 칸을 찾아 그 칸에 할당 가능한 최대량을 배정한다. 이때, 각 공급량 또는 수요량이 충족된 행(→) 또는 열(↓)은 제외하며, 단계적으로 공급량과 수요량의 변동 값을 업데이트 해준다. ③ 만약 같은 운송비용이 둘 이상일 때는 더 많은 양을 할당할 수 있는 칸에 우선적으로 할당한다. ④ 순차적으로 모든 공급량 또는 수요량이 충족될 때까지 위의 과정을 반복한다.

[출제유형] 2021년 제25회

다음 수송표의 수송문제에서 북서코너법을 적용할 때, 총 운송비용과 공급지 2에서 수요지 2까지의 운송량은? (단, 공급지에서 수요지까지의 톤당 운송비는 각 칸의 우측 상단에 제시되어 있음)

(단위 : 천원)

수요지 공급지	수요지 1	수요지 2	수요지 3	공급량 (톤)
공급지 1	8	5	7	300
공급지 2	9	12	11	400
공급지 3	4	10	6	300
수요량(톤)	400	500	100	1,000

① 9,300,000원, 200톤
② 9,300,000원, 300톤
③ 9,500,000원, 100톤
❹ 9,500,000원, 300톤
⑤ 9,600,000원, 200톤

[출제유형] 2022년 제26회

공급지 1, 2에서 수요지 1, 2, 3까지의 수송문제를 최소비용법으로 해결하려 한다. 수요지 1, 수요지 2, 수요지 3의 미충족 수요량에 대한 톤당 패널티(penalty)는 각각 150,000원, 200,000원, 180,000원이다. 운송비용과 패널티의 합계는? (단, 공급지와 수요지 간 톤당 단위 운송비용은 셀의 우측 상단에 있음)

(단위 : 천원)

수요지 공급지	수요지 1	수요지 2	수요지 3	공급량 (톤)
공급지 1	25	30	27	150
공급지 2	35	23	32	120
수요량(톤)	100	130	70	

① 10,890,000원 ② 11,550,000원
③ 11,720,000원 ❹ 12,210,000원
⑤ 12,630,000원

[출제유형] 2023년 제27회

수요지와 공급지 사이의 수송표가 아래와 같을 때 보겔추정법(Vogel's Approximation Method)을 적용하여 산출된 총 운송비용과 공급지 B에서 수요지 X까지의 운송량은? (단, 공급지에서 수요지까지의 톤당 운송비는 각 셀의 우측하단에 표시되어 있음)

(단위 : 천원)

수요지\공급지	X	Y	Z	공급량(톤)
A	10	12	16	200
B	5	8	20	400
C	14	11	7	200
수요량(톤)	500	200	100	800

① 6,000,000원, 300톤
❷ 6,000,000원, 400톤
③ 6,100,000원, 200톤
④ 6,100,000원, 300톤
⑤ 6,200,000원, 400톤

[출제유형] 2021년 제25회

다음 수송표에서 최소비용법과 보겔추정법을 적용하여 총 운송비용을 구할 때 각각의 방식에 따라 산출된 총 운송비용의 차이는? (단, 공급지에서 수요지까지의 톤당 운송비는 각 칸의 우측 상단에 제시되어 있음)

(단위 : 천원)

수요지\공급지	D1	D2	D3	공급량(톤)
S1	12	15	9	400
S2	8	13	16	200
S3	4	6	10	200
수요량(톤)	300	300	200	800

① 300,000원 ❷ 400,000원
③ 500,000원 ④ 600,000원
⑤ 700,000원

3 보겔추정법(Vogel's Approximation Method : VAM)

구 분	내 용
개 념	• 보겔추정법은 기회비용의 개념을 활용하여 총 운송비용이 최소가 되도록 공급량을 할당하는 탐색적 방법이다. • 여기서 기회비용은 운송단가 간의 차이 값을 잘못 선택했을 때 치루어야 할 기회비용으로서 이 기회비용이 큰 행이나 열의 가장 낮은 단가에 최대한의 물량을 배정하는 것이 선택오류의 가능성을 최소화하는 방법이다.
산출방법	① 각 행과 열별로 기회비용(가장 낮은 운송단가와 그 다음으로 낮은 운송단가의 차이)을 구한다. ② 기회비용이 가장 큰 행이나 열의 가장 낮은 단가에 배정 가능한 최대량을 배정하며, 크기의 순서대로 배정해 나간다. ③ 하나의 배정이 완료되면 남은 칸의 단가를 이용하여 재차 기회비용을 구하고, 이 기회비용들을 이용하여 순차적으로 가장 기회비용이 큰 칸을 찾아 최대량을 배정한다. ④ 모든 수송량의 배정이 끝날 때까지 반복한다. 이때, 기회비용이 같은 경우에는 임의로 배정한다.

북서코너법과 최소비용법 문제풀이

문제 화주 M사는 아래와 같은 운송조건에서 A(북서코너법, North-West Corner Method)와 B(최소비용법, Least-cost Method)를 이용하여 총 운송비를 계산하였다. 그 결과에 관한 설명으로 옳은 것은? (단, 공급지에서 수요지까지의 수송비는 수송표 각 셀의 중앙에 제시되어 있다)

수요지\공급지	D1	D2	D3	D4	D5	공급량
S1	10	26	14	8	24	(200)
S2	2	12	16	34	30	(160)
S3	28	6	20	26	14	(70)
S4	4	20	32	18	22	(130)
수요량	(90)	(170)	(150)	(40)	(110)	(560)

① B보다 A의 총 운송비가 더 저렴하다.
② A에 의한 총 운송비는 7,200만원이다.
❸ B에 의한 총 운송비는 6,900만원이다.
④ A와 B의 운송비는 동일하다.
⑤ A와 B의 총 운송비의 차액은 2,480만원이다.

풀이

• A : 북서코너법 [단위 : 톤]

경로	유량	경로	유량
S1 → D1	90	S1 → D2	110
S2 → D2	60	S2 → D3	100
S3 → D3	50	S3 → D4	20
S4 → D4	20	S4 → D5	110

∴ 총 운송비 = (10 × 90) + (26 × 110) + (12 × 60) + (16 × 100) + (20 × 50) + (26 × 20) + (18 × 20) + (22 × 110) = 10,380만원

• B : 최소비용법 [단위 : 톤]

경로	유량	경로	유량
S2 → D1	90	S3 → D2	70
S1 → D4	40	S2 → D2	70
S1 → D3	150	S4 → D2	30
S4 → D5	100	S1 → D5	10

∴ 총 운송비 = (2 × 90) + (6 × 70) + (8 × 40) + (12 × 70) + (14 × 150) + (20 × 30) + (22 × 100) + (24 × 10) = 6,900만원

③ B에 의한 총 운송비는 6,900만원이다.
① A보다 B의 총 운송비가 더 저렴하다.
②·④ A에 의한 총 운송비는 10,380만원이고, B에 의한 총 운송비는 6,900만원이다.
⑤ A와 B의 총 운송비의 차액은 3,480만원이다.

제약 조건식 문제풀이

문제 다음 수송문제의 모형에서 공급지 1, 2, 3의 공급량은 각각 250, 300, 150이고, 수요지 1, 2, 3, 4의 수요량은 각각 120, 200, 300, 80이다. 공급지에서 수요지 간의 1단위 수송비용이 그림과 같을 때 제약 조건식으로 옳지 않은 것은? (단, X_{ij}에서 X는 물량, i는 공급지, j는 수요지를 나타냄)

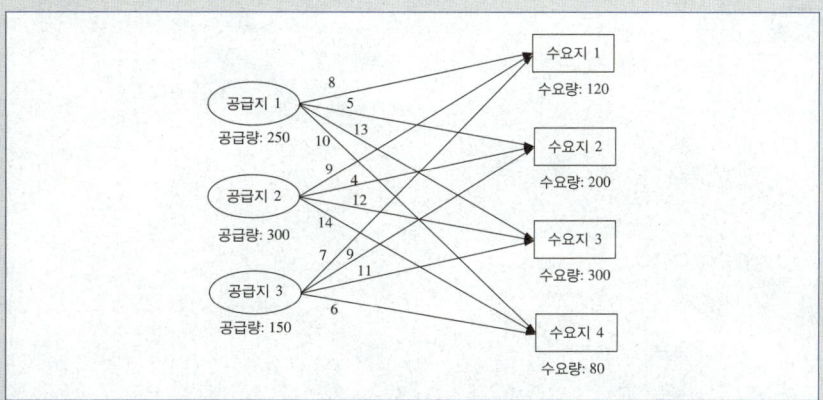

① $X_{11} + X_{21} + X_{31} = 120$
② $X_{13} + X_{23} + X_{33} = 300$
❸ $X_{14} + X_{24} + X_{34} = 200$
④ $X_{11} + X_{12} + X_{13} + X_{14} = 250$
④ $X_{31} + X_{32} + X_{33} + X_{34} = 150$

풀이
제시된 그림을 표로 나타내면 다음과 같다.

(단위 : 천원)

공급지\수요지	수요지 1	수요지 2	수요지 3	수요지 4	공급량(톤)
공급지 1	8	5	13	10	250
공급지 2	9	4	12	14	300
공급지 3	7	9	11	6	150
수요량(톤)	120	200	300	80	700

③ $X_{14} + X_{24} + X_{34} = 80$이다.

[출제유형] 2024년 제28회

다음 수송표에서 북서코너법과 보겔추정법을 적용한 총 운송비용에 관한 내용으로 옳은 것은? (단, 공급지에서 수요지까지의 톤당 운송비는 각 칸의 우측 상단에 제시되어 있음)

(단위 : 천원)

공급지\수요지	D1	D2	D3	공급량(톤)
S1	15	13	10	400
S2	8	9	13	200
S3	4	7	12	300
수요량(톤)	400	300	200	900

① 북서코너법에 의해 산출된 총 운송비용은 6,300,000원이다.
② 보겔추정법에 의해 산출된 총 운송비용은 10,300,000원이다.
❸ 보겔추정법에 의해 산출된 총 운송비용과 북서코너법에 의해 산출된 총 운송비용의 차이는 3,400,000원이다.
④ 북서코너법을 적용할 경우, S2-D2 셀(Cell)에 운송량이 할당되지 않는다.
⑤ 보겔추정법을 적용할 경우, S2-D2 셀(Cell)에 운송량이 할당되지 않는다.

PART 03
국제물류론

1 국제물류관리
핵심테마 01 국제물류의 개요

2 국제무역개론 및 무역실무
핵심테마 02 무역계약의 조건
핵심테마 03 인코텀즈 2020의 개요
핵심테마 04 인코텀즈 2020의 조건별 해설
핵심테마 05 신용장의 종류
핵심테마 06 수입대금의 결제와 운송서류의 인도
핵심테마 07 신용장통일규칙(UCP 600)
핵심테마 08 통 관
핵심테마 09 무역클레임의 해결방법

3 국제해상운송
핵심테마 10 항만(Harbor)
핵심테마 11 선박의 제원(성능과 특성을 나타낸 지표)
핵심테마 12 해상운송 방식
핵심테마 13 해상운송 운임

핵심테마 14 항해용선계약서의 주요조항
핵심테마 15 선하증권(B/L)
핵심테마 16 국제해상운송 관련기구와 국제조약

4 국제해상보험
핵심테마 17 해상보험의 용어
핵심테마 18 해상손해
핵심테마 19 해상보험약관

5 국제항공운송
핵심테마 20 항공화물운송장의 법적 성질
핵심테마 21 국제항공기구와 국제조약

6 컨테이너운송
핵심테마 22 컨테이너화물운송과 국제협약

7 국제복합운송과 국제택배
핵심테마 23 복합운송인의 유형과 책임체계

과목별 출제빈도 그래프

	출제영역	2020	2021	2022	2023	2024	합계
제1장 12%	국제물류관리	5	5	2	6	6	24
제2장 17.5%	국제무역개론 및 무역실무	11	5	5	7	7	35
제3장 28.5%	국제해상운송	9	13	13	10	12	57
제4장 5%	국제해상보험	2	2	2	2	2	10
제5장 12.5%	국제항공운송	3	6	6	4	6	25
제6장 13%	컨테이너운송	5	4	7	7	3	26
제7장 11.5%	국제복합운송과 국제택배	5	5	5	4	4	23
	합계(문항 수)	40	40	40	40	40	200

PART 03

국제물류론

최신 출제경향 및 합격전략

○ 2024년에는 2023년에 비해 국제해상운송, 국제항공운송에서 2문제가 증가하고 컨테이너운송에서 4문제가 감소하는 것을 제외하고는 비슷한 출제비중을 보였다.

○ 최근에는 대다수의 문제에서 5지선다 항목이 한글 표기 없이 영어로만 제시되고 있기 때문에 관련 핵심용어의 영어풀이에 익숙해져야 한다. 인코텀즈 2020, 영국의 해상보험법(Marine Insurance Act) 등은 보기 지문 전체가 영어로 출제되었다.

01 국제물류의 개요

[출제유형] 2021년 제25회

국제물류의 특징으로 옳지 않은 것은?
① 국제물동량은 지속적으로 증가하고 있다.
② 국제물류는 해외고객에 대한 서비스 향상에 기여한다.
③ 국제물류는 국가 경제발전과 물가안정에 기여한다.
❹ 국제물류는 국내물류에 비해 짧은 리드타임을 가지고 있다.
⑤ 국제물류는 제품 및 기업의 국제경쟁력에 기여한다.

[출제유형] 2023년 제27회

국제물류의 기능에 관한 설명으로 옳지 않은 것은?
❶ 정보의 비대칭성을 강화하여 생산자의 경쟁력을 제고하는 기능을 한다.
② 생산자와 소비자의 수급 불일치를 해소하는 기능을 한다.
③ 생산 물품과 소비 물품의 품질을 동일하게 유지하는 기능을 한다.
④ 재화의 생산 시점과 소비 시점의 불일치를 조정하는 기능을 한다.
⑤ 생산지와 소비지의 장소적, 거리적 격차를 단축하는 기능을 한다.

1 국제물류의 특징

구 분	내 용
주문절차·서류 등의 복잡성	국제물류는 국내물류보다 공항이나 항만에서 수출입 수속 및 통관절차, 운송방법의 절차 등이 복잡하다.
장거리 운송에 의한 환경적 부담	국제물류는 운송영역이 넓고 대량화물을 운송하므로 환경적 제약이 크다.
운송비용의 부담	국제물류는 물자의 시간적·공간적인 효용의 창조가 중요하여 여러 기능 중에서 특히 운송부문이 큰 비중을 차지한다.
최적의 물류시스템 구축의 필요성	국제물류의 합리화를 위해서는 다양한 물류 기능들을 알맞게 통합하여 각 기능들의 상호작용이 효과적으로 이루어질 수 있는 최적 물류시스템의 구축이 필요하다.
물류 표준화 제약	국가 간 물류시스템, 설비, 장비의 표준화가 필요하며 관리상의 제약이 많다.
물류중개자 필요	다문화를 기반으로 한 경제·물류활동의 다양성 및 물류중개자가 필요하다.

2 국제물류의 기능

구 분	내 용
운송기능	• 항공기나 화물선으로 운송 또는 최적 운송을 위해 육·해·공을 복합하는 복합일관운송 • 최근 국제물류는 해상·항공운송의 합리화에 '문전까지' 배송하는 복합일관운송 시스템이 주도적 역할 수행
하역기능	• 컨테이너 적입작업 과정부터 철도역·트럭터미널·공항·항만의 하역작업까지 각종 하역 차량 및 굴착기 이용 • 하역이 국내물류보다 그 중요성이 높으며, 하역의 합리화가 종합적인 물류합리화를 좌우
포장기능	• 원거리 운송과 해외시장 판촉을 위한 상품품질이나 가치보호의 관점에서 포장기능 수행 • 제품특성에 따라 생산성·편의성·경제성을 염두에 두고 판매와 판촉을 위한 미장(美裝)기능 요구
보관기능	보세구역이나 이외의 지역에서 화물을 일시 보관하여 운송하는 것이 주기능
정보기능	• 국제물류를 종합적인 기능화와 총체적인 활동의 원활한 추진을 위해 정보기능이 중요 • 전화, 팩시밀리, 컴퓨터 등의 온라인 시스템, 근거리정보통신망(LAN), 부가가치통신망(VAN) 등을 이용한 물류정보의 지시 및 통제가 이루어짐

> **국제물류의 기본적 기능**
> - 수량적 기능 : 생산수량과 소비수량의 불일치를 집화, 중계, 배송 등을 통해 조정
> - 품질적 기능 : 생산자가 제공하는 재화와 소비자가 소비하는 재화의 품질을 가공, 조립, 포장 등을 통해 조정
> - 가격적 기능 : 생산자와 소비자를 매개로 운송에서 정보활동에 이르기까지의 모든 비용을 조정
> - 시간적 기능 : 재화의 생산시기와 소비시기의 불일치 조정
> - 장소적 기능 : 생산과 소비의 장소적 간격을 조정
> - 인적 기능 : 생산자와 소비자가 인적으로 다르고 분업으로 발생하는 복잡한 유통경제조직을 운송과 상거래로 조정

3 국제물류와 국내물류의 비교

구 분	국제물류	국내물류
운송 방법	주로 복합운송이 이용된다.	주로 공로운송이 이용된다.
재고 수준	주문 시간이 길고, 운송 등의 불확실성으로 재고 수준이 높다.	짧은 리드타임으로 재고 수준이 상대적으로 낮다.
화물 위험	장기 운송과 환적 등으로 위험이 높다.	단기운송으로 위험이 낮다.
서류 작업	각종 무역 운송 서류가 필요하여 서류 작업이 복잡하다.	구매주문서와 송장 정도로 서류 작업이 간단하다.
재무적 위험	환리스크로 인하여 재무적 위험이 높다.	환리스크가 없어 재무적 위험이 낮다.

[출제유형] 2024년 제28회

국내물류와 구분되는 국제물류의 특성으로 옳지 않은 것은?

① 물류관리에 있어서 복잡성의 증가
❷ 물류관리와 관련된 거래비용의 감소
③ 리드타임 및 불확실성의 증가
④ 환율변동으로 인한 환위험 노출
⑤ 국가별 유통채널의 상이성

4 국제물류환경의 변화

① 운송의 효율성을 높이기 위하여 선박이나 항공기의 고속화, 대형화
② 항공사 간의 제휴 증가
③ 기업 간 국제경영활동의 증가로 고객서비스 경쟁이 심화되면서 전략적 제휴의 확대
④ 비용절감과 수송시간의 단축을 위하여 주요 거점항만 및 공항을 중심으로 Hub & Spoke시스템의 구축(지역경제 협력의 거점으로 다각화)
⑤ 화주에게 맞춤형 서비스를 제공하기 위하여 전문물류업체 수의 증가
⑥ 물류서비스에 대한 수요의 고급화·다양화·개성화
⑦ 통합된 국제물류체계의 구축을 위한 경영자원의 필요성 증가
⑧ 글로벌시장의 수평적 분업화로 다품종, 소량, 다빈도 생산의 변화 추세
⑨ 물류의 신속·정확성의 중시로 물류관리가 기업의 성패요인으로 부각
⑩ 물류활동에서 발생하는 환경피해를 최소화하려는 그린물류의 중요성 증대
⑪ IoT 등 정보통신기술의 발전으로 국내외 물류기업들의 국제물류체계 플랫폼화 및 고도화
⑫ 컨테이너 선박이 대형화됨에 따른 항만 대형화
⑬ 국제물류시장의 치열한 경쟁으로 물류기업 간 수평적 통합과 수직적 통합 가속화
⑭ 온실가스 감축을 위해 메탄올 연료를 사용하는 선박 건조 증가
⑮ 기업경영의 글로벌화가 보편화되면서 글로벌 공급사슬에 대한 중요성 증대
⑯ 코로나 팬데믹의 영향으로 전자상거래 비중이 증가하는 추세

[출제유형] 2023년 제27회

최근 국제물류 환경변화에 관한 설명으로 옳지 않은 것은?

① 국제물류시장의 치열한 경쟁으로 물류기업 간 수평적 통합과 수직적 통합이 가속화되고 있다.
② 온실가스 감축을 위해 메탄올 연료를 사용하는 선박 건조가 증가하고 있다.
③ 4차 산업혁명 시대를 맞아 디지털 기술들을 활용하여 운영효율성과 고객만족을 제고하려는 물류기업들이 늘어나고 있다.
④ 기업경영의 글로벌화가 보편화되면서 글로벌 공급사슬에 대한 중요성이 증대되고 있다.
❺ 코로나 팬데믹의 영향으로 전자상거래 비중이 감소하는 추세이다.

[출제유형] 2023년 제27회

국제물류의 동향에 관한 설명으로 옳지 않은 것은?

① 운송 거점으로서의 허브항만이 지역경제 협력의 거점으로 다각화되고 있다.
② 전자상거래의 발전으로 온라인 정보망과 오프라인 물류망 간 동조화가 강화되고 있다.
③ 재화의 소비 이후 재사용 및 폐기까지 환경 유해 요소를 최소화하는 환경 물류의 중요성이 증대되고 있다.
④ 국제물류의 기능변화에 따라 공급사슬 전체를 관리하는 제3자 물류(3PL) 업체들의 역할이 강화되고 있다.
❺ 국제물류기업은 항만이나 공항의 공용터미널을 지속해서 활용하여 체선·체화를 감소시키고 있다.

[출제유형] 2024년 제28회

국제물류시스템 중 통과시스템의 특징으로 옳은 것은?

① 혼재·대량수송을 통해 운송비용을 절감할 수 있다.
❷ 해외 자회사 창고는 보관기능보다 집하, 분류, 배송기능에 중점을 둔다.
③ 상품이 생산국에서 해외 중앙창고로 출하된 후 각국 자회사 창고 혹은 고객에게 수송된다.
④ 해외 자회사는 상거래 유통에는 관여하지만 물류에는 직접적으로 관여하지 않는다.
⑤ 수출입 통관수속을 고객이 직접 해야 하기 때문에 그만큼 고객 부담이 높아진다.

국제물류의 동향
- 지속적인 재고 절감 노력
- 무선주파수식별시스템(RFID)과 같은 물류 신기술의 등장으로 시간과 비용절감
- 국제물류 기업 간의 전략적 제휴나 M&A 활발
- 환경에 부응하기 위한 녹색물류(Green Logistics)
- Physical Distribution이나 Logistics에서 SCM(공급망관리)을 중시하는 경향
- 리버스물류나 부품물류 등 틈새(Niche)물류에 대한 서비스를 제공하는 기업의 성장
- 전자상거래의 발전으로 온라인 정보망과 오프라인 물류망 간 동조화 강화
- 환경 유해 요소를 최소화하는 환경 물류의 중요성 증대
- 국제물류의 기능변화에 따라 공급사슬 전체를 관리하는 제3자 물류(3PL : Third-Party Logistics) 업체들의 역할 강화
- 국제물류기업의 물량 증가로 인한 체선·체화 증가

국제물류 발전에 영향을 주는 요인
- 다품종 소량생산체계 : 소비자 욕구의 개성화·다양화
- 제품 수명주기의 단축 : 전체 리드타임 단축을 위한 다각적인 노력 필요
- 글로벌기업의 증가 : 원재료·부품·반제품의 조립에서 국제적인 조달망 증가
- 수송분담률 변화 : 항공화물수송이 경제활동에 민감하여 해운화물수송보다 큰 영향을 받음

5 국제물류시스템의 형태

구 분	내 용
고전적 시스템 (Classical system)	• 해외 자회사는 여러 기능 가운데서도 특히 창고 시스템으로 작용 • 비교적 큰 보관시스템으로 자회사 창고를 통해 제품 송부 및 주문 • 생산국으로부터 자회사로 가장 값싼 수송 수단에 의해 대량제품 수송 • 장점 : 염가 수송, 혼재수송, 서류작성 감소, 관세 절감, 완충재고 • 단점 : 보관 비용이 많이 소요
통과시스템 (Transit system)	• 자회사의 창고는 단지 통과센터로만 기능 • 고전적 시스템보다 출하 빈도가 훨씬 높아 자회사 차원에서의 보관 비용이 줄어듦 • 고전적 시스템의 서비스 및 시장 도달 수준을 얻으려면 수송비용이 증가

직송시스템
(Direct system)
	• 제품이 생산된 국가의 공장으로부터 해외의 최종사용자 또는 자회사의 유통경로 안의 다음 중간상에게로 바로 배송
	• 해외 자회사는 상거래 유통은 관여하지만, 물류는 직접 관여하지 않음
	• 재고 전부를 출하국의 1개 장소에 집중시켜 보관비가 줄어듦
	• 자회사 단계에서의 하역비, 창고비, 수송비와 자회사 창고와 고객 사이의 수송비도 발생하지 않음
	• 단 점
	  - 고출하 빈도 : 혼재수송 가능성 축소
	  - 고비용 수송 : 항공수송의 이용
	  - 통관절차와 관세 : 고객이 수입통관 절차를 진행하므로 번잡
	  - 제품의 품질검사 및 표찰, 포장 : 본사에서 하므로 시설에 투자 비용 소요
	  - 공급 라인의 중단 : 파업 등으로 공급이 중단될 경우 대응이 어려움
	  - 많은 인력과 대형 컴퓨터의 필요 : 공장에서 여러 곳으로 직접 제품을 보내므로 충분한 인력과 대형 컴퓨터가 필요

다국행 창고시스템 (Multi-country warehouse system)	• 제품은 생산공장으로부터 중앙창고로 수송되고 거기에서 각국 자회사 창고 또는 고객에게 배송하는 형태 • 국제교통의 중심지에서 인접 국가로 수배송서비스를 제공하는 형태 • 물류센터의 입지는 일반적으로 지리적 서비스 범위 이외에 수송의 편리성이 강조

6 기업의 국제물류전략

구 분	내 용
관리전략	적합한 전문 물류관리자 선택
수송전략	통합물류 운영방식 선호
재고품전략	연기전략
포장전략	화물취급이 쉽고 손상이 적도록 컨테이너에 보관
정보시스템 활용전략	각 부문을 연결시켜 통합물류가 가능하도록 물류정보시스템 활용

글로벌소싱(Global Sourcing)
- 기업구매활동 범위를 범세계적으로 확대하고, 외부 조달비용 절감을 시도하는 구매전략
- 다국적 기업의 글로벌소싱은 핵심 역량에 집중하고, 비용절감, 인건비 감소, 시설투입비용 감소, 기타 비부가가치 활동을 제거하려는 목적

7 국제물류 정보기술

ITS(Intelligent Transport System)	기본 교통체계의 구성요소에 전자, 제어, 통신 등의 첨단기술을 접목해 상호 유기적으로 작동하도록 하는 차세대 교통 시스템
CVO(Commercial Vehicle Operation)	• 대리점과 고객에게 화물위치 추적 및 도착 예정시간, 화물정보 검색 등을 제공하여 고객의 니즈(needs)에 부응하고자 만들어진 시스템 • 사전·사후 배송 라우팅을 통한 자동배차 등의 효율적인 배송계획을 수립하여 배송차량의 실시간 위치관제 및 배송상태의 확인이 가능하게 함
WMS(Warehouse Management System)	제품의 입고, 집하, 적재, 출하의 작업 과정과 관련 데이터의 자동처리 시스템
DPS(Digital Picking System)	랙이나 보관 구역에 신호장치가 설치되어 있어, 출고 화물의 위치와 수량을 알려주는 시스템
GPS(Global Positioning System)	화물 또는 차량의 자동식별과 위치추적의 신속·정확한 파악이 가능한 시스템

[출제유형] 2024년 제28회

다음 설명에 해당하는 국제물류 정보기술은?

사전·사후 배송 라우팅을 통한 자동배차 등의 효율적인 배송계획을 수립하여 배송차량의 실시간 위치 관제 및 배송 상태의 확인이 가능하게 함으로써 대리점과 고객에게 화물위치 추적 및 도착 예정시간, 화물정보 검색 등의 다양한 기능을 제공하여 고객의 니즈(needs)에 부응하고자 만들어진 시스템

❶ CVO
② ECR
③ WMS
④ RFID
⑤ SCM

[출제유형] 2023년 제27회

내륙컨테이너기지(ICD)에 관한 설명으로 옳지 않은 것은?

① 항만 또는 공항이 아닌 내륙에 설치된 컨테이너 운송 관련 시설로서 고정설비를 갖추고 있다.
❷ 세관 통제 속에 통관된 수출입 화물만을 대상으로 일시저장과 취급에 대한 서비스를 제공한다.
③ 수출입 화주의 유통센터 또는 창고 기능을 한다.
④ 소량화물의 혼재와 분류작업을 수행하는 공간이다.
⑤ 철도와 도로가 연결되는 복합운송 거점의 기능을 한다.

8 수출입과 관련된 물류거점

CY	• 컨테이너를 인수·인도하고 보관하는 장소로서, 넓게는 Marshalling Yard*, Apron*, CFS(Container Freight Station, 컨테이너 화물집화장) 등을 포함하는 컨테이너터미널의 의미로도 사용되지만 좁게는 컨테이너터미널의 일부 공간을 의미하기도 한다.
	
	• Marshalling Yard(M/Y)
	  – 선적해야 할 컨테이너를 하역 순서대로 정렬해 두는 넓은 장소로서, 에이프런과 이웃하여 있다.
	  – 컨테이너의 크기에 맞추어 바둑판처럼 백색 또는 황색의 구획선이 그어져 있는데 그 1칸을 슬롯(Slot)이라고 한다.
	• Apron
	  – 안벽에 접한 야드 부분에 위치한 하역 작업을 위한 공간으로써, 부두에서 바다와 가장 가까이 접한 곳이며 폭은 시설에 따라 다르며 30~50m 정도이다.
	  – 갠트리 크레인이 설치되어 있고 일정한 폭으로 나란히 레일이 뻗어 있어 컨테이너의 적·양하가 이루어진다.

ODCY	부두 내 CY(Container Yard, 컨테이너 야적장)의 부족 현상을 보완하기 위해 부두에서 떨어진 곳에 설치된 컨테이너장치장으로서, 수출입 컨테이너 화물의 장치, 보관 및 통관 등의 업무가 이루어지는 장소이다.
보세구역	• 보세화물을 검사, 제조·가공, 전시, 건설, 판매, 운송할 수 있도록 세관장이나 관세청장이 지정 또는 특허한 장소이다. • 수출입 및 반송 등 통관을 하고자 하는 외국물품을 보관하거나, 외국물품 또는 외국물품과 내국물품을 원재료로 한 제조·가공·기타 유사한 작업, 외국물품의 전시, 외국물품을 사용하는 건설, 외국물품의 판매, 수출입 물품의 검사 등을 하는 곳이다. • 지정보세구역(세관검사장, 지정장치장), 특허보세구역(보세창고, 보세공장, 보세판매장, 보세건설장, 보세전시장), 종합보세구역으로 구분된다.
CFS	수출하는 LCL 화물을 집하하여 FCL 화물로 만들거나, 수입하는 혼재화물을 컨테이너에서 적출하는 등의 화물취급 작업을 하는 장소를 말한다.
ICD	• 항만 또는 공항이 아닌 내륙에 설치된 컨테이너 운송 관련 시설로 고정설비를 갖추고 있다. • 철도와 도로가 연결되는 복합운송 거점으로 대량 운송을 통해 운송비를 절감할 수 있다. • 수출입 화주의 유통센터 또는 창고 기능을 한다. • 소량화물의 혼재와 분류작업 수행 공간이다.

핵심테마 02 무역계약의 조건

PART 3 국제물류론 / Chapter 02 국제무역개론 및 무역실무

1 품질조건

구 분	내 용
견본매매 (Sales by Sample)	거래상품의 품질을 제시된 견본에 의하여 약정하는 방법
명세서매매 (Sales by Specification)	선박, 공작기계 또는 철도차량 등은 견본제시가 불가능하므로 설계도나 청사진 등 규격서 또는 설명서로 물품의 품질을 약정하는 방법
상표매매 (Sales by Trademark)	국제적인 유명상표의 경우 품질기준을 견본 제공 없이 상표나 통명으로 결정 → 품명매매(Sales by Brand)
표준품매매 (Sales by Standard)	수확예정인 농수산물이나 광물과 같은 1차 산품의 경우에는 특정 연도와 계절의 표준품을 기준으로 등급(Grade)을 결정
규격매매 (Sales by Type)	물품의 규격이 국제적으로 특정되어 있거나 수출국의 공적 규정으로 정해져 있는 경우(예 KS, JIS등)
점검매매 (Sales by Inspection)	매수인이 현품을 직접 확인한 후 매매계약을 체결하는 경우의 품질약정방법

품질결정 시점과 책임한계

시점에 따른 품질결정	책임한계에 따른 품질결정
• 선적품질조건(Shipped Quality Terms) : 인도된 물품의 품질이 선적시점에 약정된 품질과 일치하면 그 후의 변질에 대하여는 매도인이 책임지지 않는 조건 • 양륙품질조건(Landed Quality Terms) : 인도상품의 품질이 양륙 시에 계약품질과 일치한다는 것을 입증하는 조건으로 결정하는 방법	• RT(Rye Terms)품질조건 : 품질의 기준이 양륙품질조건이 되며 수송도중의 변질에 대해서는 매도인이 책임지는 거래로 호밀거래에 사용되었음 • TQ(Tale Quale Terms)품질조건 : 곡물의 선적품질조건이 되며, 매도인은 선적 시의 품질은 보증하나 양륙 시의 품질상태에 대하여는 책임을 지지 않음 • SD(Sea Damaged Terms)품질조건 : 선적품질조건이지만 운송 중의 품질위험에 대하여는 해수에 의한 손해만을 매도인이 부담하는 조건

PLUS

GMQ와 FMQ
- GMQ(Good Merchantable Quality) : 외관상 물품의 하자나 내부의 부패상태를 알 수 없을 때 상관습에 비추어 수입지에서 판매가 가능한 상태일 것을 전제조건으로 하는 양륙품질조건(예 목재, 냉동어류, 광물류)
- FAQ(Fair Average Quality) : 일정한 규격이 없고 견적 제시가 불가능할 때 상품거래 시 동종 상품의 평균적인 중등품을 품질인도조건으로 하는 선적품질조건(예 곡물, 과일 등 농산물)

PLUS

양륙 시와 선적 시 구분
- 양륙 시 : 선박으로부터 화물을 육상으로 옮겨 수화인에게 인도하기 직전까지의 작업시점
- 선적 시 : 해외에 보낼 목적으로 실제로 물품을 배에 싣는 작업시점

2 수량조건

구 분	내 용
수량단위	• 총중량조건(Gross Weight) : 속포장과 겉포장을 포함한 조건 • 순중량조건(Net Weight) : 총중량조건에서 겉포장을 뺀 조건 • 정미순중량조건(Net Net Weight) : 속포장과 겉포장을 모두 뺀 내용물만의 중량

[출제유형] 2019년 제23회

무역계약의 주요 조건에 관한 설명으로 옳은 것은?

① 표준품매매(Sales by Standard)는 주로 전기, 전자제품 등의 거래에 사용되는 것으로, 상품의 규격이나 품질 수준을 국제기구 등이 부여한 등급으로 결정하는 방식이다.
② M/L(More or Less) clause는 Bulk 화물의 경우 계약 물품의 수량 앞에 about 등을 표기하여 인도수량의 신축성을 부여하기 위한 수량표현 방식이다.
❸ COD(Cash on Delivery)는 양륙지에서 계약물품을 매수인에게 전달하면서 현금으로 결제 받는 방식이다.
④ D/A(Documents Against Acceptance)는 관련 서류가 첨부된 일람불 환어음을 통해 결제하는 방식이다.
⑤ M/T(Mail Transfer)는 지급은행에 대하여 일정한 금액을 지급하여 줄 것을 위탁하는 우편환을 수입상이 거래은행으로부터 발급받아 직접 수출상에게 제시하여 결제하는 방식이다.

[출제유형] 2023년 제27회

무역계약 조건 중 물품과 수량 단위의 연결이 옳지 않은 것은?

① 양곡, 철강 – 중량 – ton, pound, kilogram
❷ 유리, 합판, 타일 – 용적 – CBM, barrel, bushel
③ 섬유류, 전선 – 길이 – meter, yard, inch
④ 잡화, 기계류 – 개수 – piece, set, dozen
⑤ 비료, 밀가루 – 포장 – bale, drum, case

수량의 결정시기	• 선적수량조건 : 선적 시의 수량에 의한 것으로 매도인에 유리하고, 보통 감량의 우려가 없는 성질의 상품거래에 이용되며 CIF, FOB 등과 같은 선적지 인도조건인 경우에는 원칙적으로 이 조건에 한함 • 양륙수량조건 : 양륙항에서 화물양륙 당시의 수량을 대금계산의 기준으로 하는 것으로서 운송 중에 파손·누손 등에 의해 감량이 많은 상품에 적용되고, 수입항에서 양륙된 시점에 검량한 수량이 계약수량과 일치하여야 하며, 만약 수송 중 감량이 생긴 경우에는 매도인이 부담함
수량과부족에 관한 사항	• 신용장거래와 과부족용인조건 – 물품의 수량에 대하여 '약'이라는 About, Circa, Approximately 등 이와 유사한 표현을 신용장 금액 또는 상품의 수량이나 단가 앞에 사용한 때는 10%의 과부족을 허용 – 신용장에 금지문언이 삽입되지 않는 한 신용장 금액의 한도 내에서 5%의 과부족을 허용 • 무신용장거래의 과부족용인조항 : 무신용장거래인 D/A나 D/P와 같은 추심결제방식에 의한 수출입거래에서는 신용장통일규칙이 적용되지 않으므로 가급적 과부족용인조항(M/L Clause)을 설정하여 계약하도록 하되, 만일 About, Circa 등의 표현을 쓰는 경우에는 과부족을 용인하도록 일반거래조건협정서에 포괄적으로 명시하거나 아니면 개별계약에서 명확한 규정을 하여야 함
과부족용인의 선택권	• 과부족용인조건(More or Less Clause)은 Bulk Cargo에서와 같이 운송 중 수량의 변화가 예상되는 물품에 대해 약정된 허용 범위 내에서 과부족을 인정하는 조건 • 과부족용인은 매도인을 위한 것이므로 표시된 수량에서 더 인도하느냐 덜 인도하느냐는 매도인의 임의로 취급되며, 일반화물의 개품운송인 정기선에 의한 경우에는 Seller's Option으로 하는 것이 원칙 • 대량화물의 용선운송의 경우에는 과부족선택권이 본선에 주어져 용선계약서(C/P)에 X% more or less at owner's option으로 표시됨

물품별 수량단위

결정 단위	물 품	수량 단위
중량(무게)	양곡, 철강 등	Ton, Kilogram, Pound(Lb)
용적(부피)	주로 액체나 목재 등	• 액체화물 : Barrel, Gallon, Quart(qt), Liter: lit, Pint • 곡물 : Bushel • 목재 : 세제곱미터[Cubic meter(m^3, CBM)], 세제곱피트[Cubic Feet(cft)], Super feet(sf)
면 적	유리, 합판, 타일 등	평방피트, 제곱미터 등
길 이	섬유류, 전선 등	Meter, Yard(yd), Inch, Feet(ft)
개 수	잡화, 기계류 등	Piece(pcs), Set, Dozen, Gross(12 Dozen)
포 장	시멘트, 비료, 밀가루 등	Bale(곤포), Drum(드럼통), Case(상자), Bag(포대), Can(깡통), Cask(통), Keg(나무통), Sack(마대), Bundle(다발), Coil(사리)

3 가격조건의 정형(INCOTERMS)

선적지(적출지) 인도가격	EXW(공장인도), FCA(운송인인도), FAS(선측인도), FOB(본선인도), CFR(운임포함인도), CIF(운임보험료포함인도), CPT(운송비지급인도), CIP(운송비보험료 지급인도)
도착지(양륙지) 인도가격	DAP(도착지인도), DPU(도착지양하인도), DDP(관세지급인도)

4 선적조건

구 분	내 용
선적시기	• 특정일 선적조건 : 가장 많이 사용되고 있는 조건으로 신용장에 지시된 날짜까지 선적 • 특정월 선적조건 : 'March Shipment' 또는 'Shipment During March' → 매도인은 3월 1일부터 31일 사이에 계약상품을 1회 선적 • 즉시선적조건 : 특정월이나 일을 명시하지 않고 'Immediate Shipment, Prompt Shipment' 등으로 정하는 방법
분할선적	• 거액거래이거나 수입상의 판매계획 또는 시황에 따라 주문된 수량을 수 회로 나누어 선적하는 것으로, 신용장상에 분할선적을 금지하는 문언이 없는 한, 분할선적은 허용
환 적	• 선적항 또는 수탁지에서 도착항이나 목적항까지의 선적이나, 다른 운송수단에서 다른 선박 또는 운송수단으로 이적이나 재선적을 하는 것
지연선적	• 약정된 선적일 내에 선적되지 않은 경우이며, 지연선적이 매도인 귀책사유로 발생되면 계약위반으로 매수인은 계약해제 가능 • 불가항력인 경우 매도인은 면책(실무적으로 3주 또는 1개월 동안 선적기일이 자동연장되는 것이 관례)됨
선적일의 증명	• 선하증권에 선적일이 표시되지 않고 발행일만 표시된 경우에는 선하증권 발행일을 선적일자로 간주함 • 선적선하증권은 발행일이 선적일이고, 수취선하증권은 선하증권상의 본선적재일 표시(On Board Notation)를 선적일로 간주함

[출제유형] 2021년 제25회

무역계약조건 중 선적조건에 관한 설명으로 옳은 것은?

① 계약에서 선적횟수와 선적수량을 구체적으로 나누어 약정한 경우를 분할선적이라고 한다.
② UCP 600에서는 신용장이 분할선적을 금지하고 있더라도 분할선적은 허용된다.
❸ UCP 600에서는 동일한 장소 및 일자, 동일한 목적지를 위하여 동일한 특송운송업자가 서명한 것으로 보이는 둘 이상의 특송화물수령증의 제시는 분할선적으로 보지 않는다.
④ UCP 600에서는 신용장이 환적을 금지하고 있다면 물품이 선하증권에 입증된 대로 컨테이너에 선적된 경우라도 환적은 허용되지 않는다.
⑤ UCP 600에서는 신용장이 환적을 금지하고 있는 경우에는 환적이 행해질 수 있다고 표시하고 있는 항공운송서류는 수리되지 않는다.

5 결제조건

구 분		내 용
결제시기	선지급조건 (Advanced Payment)	물품이 선적 또는 인도되기 전에 미리 그 대금을 지급하는 조건 • CWO(Cash With Order)방식 : 주문을 하는 동시에 수입상이 수입대금을 미리 지급함으로써 수출자의 물품 제조를 도모하는 방식으로 상품의 구매를 위한 주문과 동시에 현금결제가 이루어짐 • 단순송금방식 : 주문과 함께 T/T(Telegraphic Transfer) 등에 의해 송금 • 선대신용장방식(Red Clause L/C) : 신용장의 수익자인 매도인의 신용장 수취와 함께 대금 지급
	CAD(Cash Against Document : 서류상환대금결제)	물품인도가 아닌 운송서류를 수입상에게 인도함으로써 대금결제를 받을 수 있는 일종의 직불방식
	COD(Cash On Delivery : 화물인도대금결제)	물품인도와 동시에 대금이 지불되는 직불방식으로 은행이 대금의 지급을 보증하지 않음
	후지급조건 (Deferred Payment)	후지급은 물품이나 운송서류의 인도가 있은 후에 일정한 기간이 경과해야 대금결제가 이루어지는 외상거래인 연불조건 • 단기 연지급 : 물품인도 후 또는 운송서류의 인도 후 1년 이내 결제 • 중장기 연지급 : 1년 초과, 10년 내지 20년 기간에 거쳐 결제
	청산계정방식 (Open Account)	물품 및 운송서류를 수입상에게 인도한 이후에 대금이 지불되는 후불방식
결제방법	송금방식 결제	전신환(T/T)이나 우편환(M/T)에 의해서 송금함으로써 대금 결제

구분		내용
결제방법	추심방식 결제	• 무담보어음(Clean Bill of Exchange) : 수출업자가 선적 후 운송서류는 수입업자에게 직접 송부해주고 별도로 어음 하나만 작성하여 거래은행을 통하여 추심하여 결제 받는 방식 • 화환어음(Documentary Bill of Exchange) – 수출업자가 상품선적 후 운송서류와 환어음을 발행하여 거래은행에 매입시키면 거래은행은 상환으로 대금을 지불함 – 수출지의 거래은행은 환어음과 운송서류를 수입지의 지점이나 거래은행에 송부하고 이 서류를 받은 수입지은행은 수입업자에게 이 환어음을 제시하는 방식

D/P와 D/A
- D/P(Documentary Against Payment : 선적서류 지급인도조건) 운송서류와 환어음을 거래은행에 제시함으로써 대금결제가 이루어지는 방식으로 은행이 대금의 지급보증을 하지 않음
- D/A(Documentary Against Acceptance : 선적서류 인수인도조건) 수출상이 계약에 따라 물품을 선적 후 구비서류에 기한부어음(Usance Bill)을 발행·첨부하여 자기 거래은행을 통해 수입상의 거래은행 앞으로 어음대금의 추심을 의뢰하여 대금을 회수하는 방식(예 D/A at 90 Days after Sight은 일람 후 90일째에 대금결제를 용인하는 외상거래)

6 포장조건

구 분	내 용
개장(Unitary Packing)	소매를 위하여 물품의 최소단위를 하나하나 포장하는 것
내장 (Interior Packing)	• 개장된 물품을 수송 또는 취급하기 좋도록 적절한 재료로 싸거나 용기에 수용하는 것 • 내용물의 수분·온기·광선·진동 등에 의하여 손상되지 않도록 외장의 내부에 판지·솜·플라스틱 등을 채우거나 칸막이를 하는 경우
외장 (Outer Packing)	화물을 수송함에 있어 파손·변질·도난·분실 등을 방지하기 위하여 적절한 재료나 용기로 화물을 보호하기 위한 포장

[출제유형] 2019년 제23회

화인(Shipping Marks)에 관한 설명으로 옳지 않은 것은?

① 화인을 표시하지 않음으로써 발생하는 손해에 대해서는 해상보험에서 담보하지 않는다.
② 화인은 화물과의 대조를 위해 선하증권 및 상업송장에도 기재된다.
③ Counter Mark는 화물의 등급이나 규격표시 등에 사용된다.
❹ Port Mark에는 선적항이나 중간 기항지가 표기된다.
⑤ Case Number는 화물의 총 개수를 일련번호로 표기한 것이다.

화인의 종류

구 분	내 용
주화인 (Main Mark)	보통 외장면에 삼각형·다이아몬드형·정방형·마름모형·타원형 등의 표시를 하고 그 안에 상호의 약자를 써넣음
부화인 (Counter Mark)	주화인의 보조로서 타 화물과의 식별을 쉽게 하기 위해 표시하는 것으로 부화인이 내용물의 품질 또는 등급을 표시할 경우에는 품질표시가 됨
중량표시 (Weight Mark)	화물의 순중량과 총중량을 표시하고 필요한 경우에는 용적표시도 함
목적항표시 (Port Mark)	목적항 또는 목적지를 표시하는 것으로, 'CHICAGO OVERLAND VIA SEATTLE(시애틀을 육로로 경유한 시카고행)'과 같이 경유지까지 표시하는 경우도 있음
번호 (Case Number)	포장물이 여러 개인 경우에는 매 포장마다 총 개수 중에서 몇 번째 개수에 해당하는지를 일련번호로 표시
원산지표시 (Country of Origin Mark)	'MADE IN KOREA'처럼 당해 화물의 원산지를 표시
주의표시 (Caution Mark, Care Mark)	화물의 운송 또는 보관 시에 취급상의 주의사항을 표시하는 것인데, 이는 보통 포장의 측면에 표시되기 때문에 Side Mark라고도 함

03 인코텀즈 2020의 개요

1 INCOTERMS의 개요

① 정식 명칭 : International Rules for the Interpretation of Trade Terms(정형거래 조건의 해석에 관한 국제규칙)
② 1936년 국제상업회의소에서 제정 후 10년 단위로 개정하여 현재 2020년 1월 1일부터 발효된 Incoterms 2020이 사용되고 있다.
③ 무역거래계약에서 화물거래의 일시 및 장소, 위험의 이전, 운송계약, 운임지급, 보험계약, 통관절차, 관세지급 등 모든 비용에 대한 매도인과 매수인을 구분해 주는 국제통일규칙이다.
④ 인코텀즈 2020의 최종 구성

모든 운송방식에 적용되는 규칙(7가지)	EXW	공장 인도
	FCA	운송비 인도
	CPT	운송비지급 인도
	CIP	운송비·보험료지급 인도
	DAP	도착지 인도
	DPU	도착지양하 인도
	DDP	관세지급 인도
해상운송과 내수로 운송에 적용되는 규칙(4가지)	FAS	선측 인도
	FOB	본선 인도
	CFR	운임포함 인도
	CIF	운임, 보험료포함 인도

인코텀즈 규칙이 다루지 않는 사항
- 매매계약의 존부
- 매매물품의 성상
- 대급지급의 시기·장소·방법·통화
- 매매계약 위반에 대하여 구할 수 있는 구제수단
- 계약상 의무이행의 지체 및 그 밖의 위반의 효과
- 제재의 효력
- 관세 부과
- 수출 또는 수입의 금지
- 불가항력 또는 이행가혹
- 지식재산권
- 의무 위반의 경우 분쟁해결의 방법, 장소 또는 준거법

[출제유형] 2024년 제28회
Incoterms® 2020 규칙상 해상운송이나 내수로운송의 경우에만 사용되어야 하는 거래조건으로 옳은 것은?
❶ FAS, FOB, CFR, CIF
② FOB, CIF, CPT, DPU
③ FAS, FOB, CPT, CIP
④ CFR, CIF, CPT, CIP
⑤ FOB, DAP, DPU, DDP

[출제유형] 2024년 제28회
Incoterms® 2020 규칙의 적용범위에 해당하는 것은?
① 매매계약 위반에 대한 구제수단
② 소유권 이전
③ 국제분쟁과 중재방법, 장소 또는 준거법
❹ 매도인과 매수인의 의무, 비용 및 위험
⑤ 매매대금 지급의 시기, 장소 및 방법

[출제유형] 2021년 제25회

Incoterms 2020의 CIP와 CIF규칙에서 당사자 간에 합의가 없는 경우 매도인이 매수인을 위하여 부보하여야 하는 보험 조건에 대하여 올바르게 연결된 것은?

① CIP의 경우 ICC (A) – CIF의 경우 ICC (B)
❷ CIP의 경우 ICC (A) – CIF의 경우 ICC (C)
③ CIP의 경우 ICC (B) – CIF의 경우 ICC (A)
④ CIP의 경우 ICC (B) – CIF의 경우 ICC (B)
⑤ CIP의 경우 ICC (C) – CIF의 경우 ICC (A)

[출제유형] 2019년 제23회

Incoterms® 2020 규칙의 주요 개정 특징과 용어의 설명으로 옳지 않은 것은?

① FCA 조건이 해상으로 쓰일 때 선적 선하증권(On board B/L)이 요구되는 경우가 많아 이를 첨부할 것을 요구할 수 있다는 내용이 추가되었다.
② 해상운송조건의 정형거래조건은 FAS, FOB, CFR, CIF 조건이다.
③ Incoterms® 2020 규칙은 국제매매계약 및 국내매매계약에 모두 사용 가능하다.
④ 전자적 기록 또는 절차(Electronic record or procedure)는 하나 또는 그 이상의 전자메시지로 구성되고 경우에 따라서는 종이서류에 상응하는 기능을 하는 일련의 정보를 말한다.
❺ 비용에 관한 규정을 A6/B6에 규정하였다.

2 인코텀즈 2020의 주요 개정

① 본선적재표기가 있는 선하증권과 인코텀즈 FCA 규칙과의 조화
② 매도인과 매수인의 비용 조항에 대한 조항의 위치 변경 : A9, B9
③ CIF와 CIP 간 적하보험부보 범위의 차별화

조건	인코텀즈 2010	인코텀즈 2020
CIF	매도인의 최소부보 의무 ICC(C)	• 매도인의 최소부보 의무 ICC(C) • 높은 수준의 담보조건의 부보 합의 가능
CIP	매도인의 최소부보 의무 ICC(C)	• 매도인의 최대부보 의무 ICC(A) • 낮은 수준의 담보조건의 부보 합의 가능

④ FCA, DAP, DPU 및 DDP 규칙에서 매도인 또는 매수인 자신의 운송수단에 의한 운송을 허용
⑤ DAT에서 DPU로의 명칭 변경 및 내용 수정(DAT 규칙 폐지)
⑥ 운송의무 및 비용 조항에 보안 관련 요건 삽입
⑦ 사용자를 위한 설명문

3 Incoterms® 2020 개정의 특징

① Incoterms는 이미 존재하는 매매계약에 편입된(incorporated) 때 그 매매계약의 일부가 된다.
② 양극단(two extremes)의 E규칙과 D규칙 사이에, 3개의 F규칙과 4개의 C규칙이 있다.
③ CPT와 CIP 매매에서 위험은 물품이 최초운송인에게 교부된 때 매도인으로부터 매수인에게 이전된다.
④ A1/B1에서 당사자의 기본적인 물품제공/대금지급의무를 규정하고, 이어 인도 조항과 위험이전조항을 보다 두드러진 위치인 A2와 A3으로 각각 옮겼다.
⑤ 인코텀즈 2020 매도인과 매수인의 의무

구분	내용
A1/B1	General obligations of the seller/the buyer(매도인/매수인의 일반적 의무)
A2/B2	Delivery/Taking delivery(인도/인도의 수령)
A3/B3	Transfer of risks(위험 이전)
A4/B4	Carriage(운송)
A5/B5	Insurance(보험)
A6/B6	Delivery/Transport document(인도/운송서류)
A7/B7	Export/Import clearance(수출/수입통관)
A8/B8	Checking/Packaging/Marking(점검/포장/화인표시)
A9/B9	Allocation of costs(비용 분담)
A10/B10	Notices(통지)

핵심테마

04 인코텀즈 2020의 조건별 해설

PART 3 국제물류론 / Chapter 02 국제무역개론 및 무역실무

1 EXW(EX Works, 공장인도)

① 매도인이 수출통관 절차를 이행하지 않고, 수취용 차량에 적재하지 않은 상태로 매도인의 구내 또는 기타 지정된 장소(예 작업장, 공장, 창고 등)에서 물품을 매수인의 임의처분 상태로 놓아두어 인도하는 조건이다.
② 공장인도는 매도인의 최소 의무를 나타내며, 매수인은 매도인의 영업소로부터 물품을 인수하는 데 수반되는 모든 비용과 위험을 부담한다.
③ EXW(공장인도)에서 매도인은 물품을 수취용 차량에 적재하거나 수출 물품에 대한 통관절차 의무가 없다.

> "Ex Works" means that the seller delivers the goods to the buyer when it places the goods at the disposal of the buyer at a named place (like a factory or warehouse), and that named place may or may not be the seller's premises.
>
> "공장인도"는 물품을 (공장이나 창고와 같은) 지정장소에서 매수인의 처분하에 두는 때 매수인에게 물품을 인도하는 것을 의미한다. 이때 지정장소는 매도인의 영업구내일 수도 있고 아닐 수도 있다.

2 FCA(Free CArrier, 운송인인도)

① 매도인이 물품을 매수인에게 다음 두 가지 방법 중 하나로 인도하는 것을 의미한다.
　㉠ 지정장소가 매도인의 영업구내인 경우, 물품이 매수인이 마련한 운송수단에 적재된 때
　㉡ 지정장소가 그 밖의 장소인 경우, 물품이 매도인의 운송수단에 적재되어 지정장소에 도착하고 매도인의 운송수단에 실린 채 양하준비된 상태로 매수인이 지정한 운송인이나 제3의 자의 처분하에 두는 때
② 둘 중에 어떤 장소가 인도장소로 선택되든지, 그 장소는 위험이 매수인에게 이전되는 곳이고 비용이 매수인의 부담으로 되는 시점이다.
③ 본선 적재 선하증권 발행: 의무사항은 아니지만 당사자 간에 합의가 있는 경우 매수인은 그의 운송인에게 본선적재표기가 있는 선하증권을 매도인에게 발행하도록 지시해야 한다.

[출제유형] 2022년 제26회
Incoterms® 2020에서 물품의 인도에 관한 설명으로 옳은 것은?
① CPT 규칙에서 매도인은 지정선적항에서 매수인이 지정한 선박에 적재하여 인도한다.
❷ EXW 규칙에서 지정인도장소 내에 이용 가능한 복수의 지점이 있는 경우에 매도인은 그의 목적에 가장 적합한 지점을 선택할 수 있다.
③ DPU 규칙에서 매도인은 물품을 지정목적지에서 도착운송수단에 실어둔 채 양하준비된 상태로 매수인의 처분하에 둔다.
④ FOB 규칙에서 매수인이 운송계약을 체결할 의무를 가지고, 매도인은 매수인이 지정한 선박의 선측에 물품을 인도한다.
⑤ FCA 규칙에서 지정된 물품 인도 장소가 매도인의 영업구내인 경우에는 물품을 수취용 차량에 적재하지 않은 채로 매수인의 처분하에 둠으로써 인도한다.

"Free Carrier" means that the seller delivers the goods to the buyer in one or other of two ways.
First, when the named place is the seller's premises, the goods are delivered when they are loaded on the means of transport arranged by the buyer.
Second, when the named place is another place, the goods are delivered when, having been loaded on the seller's means of transport, they reach the named other place and are ready for unloading from that seller's means of transport and at the disposal of the carrier or of another person nominated by the buyer.
The seller must provide assistance to the buyer, at the buyer's request, risk and cost, in obtaining a transport document. Where the buyer has instructed the carrier to issue to the seller a transport document under B6, the seller must provide any such document to the buyer.

"운송인 인도"는 두 가지 방법 중에 하나나 다른 방식으로 매수인에게 물품을 인도하는 것을 의미한다.
첫째, 기명된 장소가 매도인의 구내라면, 물품은 매수인이 준비한 운송수단에 적재될 때 인도된다.
둘째, 기명된 장소가 또 다른 장소라면, 물품은 매도인의 운송수단에 실린 채 또 다른 기명된 장소에 도착하고 양하 준비된 상태로, 운송인이나 매수인이 지정한 또 다른 사람의 처분하에 놓여질 때 인도된다.
매도인은 매수인의 요청에 따라 매수인의 위험과 비용으로 매수인이 운송서류를 취득하는 데 협력을 제공하여야 한다. 매수인이 B6에 따라 매도인에게 운송서류를 발행하도록 운송인에게 지시한 경우에 매도인은 그러한 서류를 매수인에게 제공하여야 한다.

[출제유형] 2024년 제28회

Incoterms® 2020 규칙의 내용이다. ( )에 들어갈 용어로 옳은 것은?

(ㄱ) means that the seller delivers the goods—and transfers the risk—to the buyer by handing them over to the carrier contracted by the seller or by procuring the goods so delivered.
(ㄴ) may do so by giving the carrier physical possession of the goods in the manner and at the place appropriate to the means of transport used.

① ㄱ : CPT   ㄴ : The buyer
② ㄱ : DDP   ㄴ : The seller
❸ ㄱ : CPT   ㄴ : The seller
④ ㄱ : DDP   ㄴ : The buyer
⑤ ㄱ : FOB   ㄴ : The buyer

3 CPT(Carriage Paid To, 운송비지급인도)

① 매도인은 목적지까지 운송비(Cost of Carriage)를 부담하며, 운송비는 해상운임과 구별되는 것으로 매수인이 지정한 내륙의 어느 지점의 도착에 따른 도로운임, 내수로운임, 철도운임, 항공운임, 해상운임 등의 복합운송을 의미한다.
② 수출지에서 매도인이 지정한 운송인에게 수출 통관된 물품을 인도할 때 위험의 분기점이 종료되고, 물품의 인도 후 발생되는 멸실·손상에 대한 위험은 매수인에게 이전된다.

"Carriage Paid To" means that the seller delivers the goods and transfers the risk to the buyer by handing them over to the carrier contracted by the seller or by procuring the goods so delivered.
CPT requires the seller to clear the goods for export, where applicable. However, the seller has no obligation to clear the goods for import or for transit through third countries, or to pay any import duty or to carry out any import customs formalities.

"운송비지급인도"는 매도인과 계약을 체결한 운송인에게 물품을 교부함으로써 또는 그렇게 인도된 물품을 조달함으로써, 매도인이 매수인에게 물품을 인도하고 위험을 이전하는 것을 의미한다.
CPT에서는 해당하는 경우에 매도인이 물품의 수출통관을 하여야 한다. 그러나 매도인은 물품의 수입을 위한 또는 제3국 통과를 위해 통관을 하거나 관세를 납부하거나 수입통관 절차를 수행할 의무가 없다.

4 CIP(Carriage and Insurance Paid to, 운송비·보험료지급인도)

① CPT조건에 운송보험의 부보의무가 추가된 것이다.
② CIF조건과 마찬가지로 매도인이 보험계약 체결 및 목적지까지 발생되는 모든 비용을 부담한다.
③ 매도인은 보험을 부보할 당시 협회적하약관 ICC(A) 또는 이와 유사한 담보범위의 조건으로 보험을 부보하여야 한다(단, 당사자 간 합의에 따라 더 낮은 수준의 담보조건으로 보험에 부보하기로 합의 가능).

> "Carriage and Insurance Paid To" means that the seller delivers the goods – and transfers the risk – to the buyer by handing them over to the carrier contracted by the seller or by procuring the goods so delivered.
> Unless otherwise agreed or customary in the particular trade, the seller must obtain at its own cost cargo insurance complying with the cover provided by Clauses (A) of the Institute Cargo Clauses (LMA/IUA) or any similar clauses as appropriate to the means of transport used.
> The insurance shall cover, at a minimum, the price provided in the contract plus 10% (i.e. 110%) and shall be in the currency of the contract.

> "운송비·보험료지급인도"는 매도인이 계약한 운송인에게 물품을 교부함으로써 또는 그렇게 인도된 물품을 조달함으로써, 매도인이 매수인에게 물품을 인도하고, 위험을 이전하는 것을 의미한다. 특정한 거래에서 다른 합의나 관행이 없는 경우에 매도인은 자신의 비용으로, 사용되는 당해 운송수단에 적절한 협회적하약관(로이즈시장협회/국제보험업협회)이나 그와 유사한 약관의 (A)약관에서 제공하는 담보조건에 따른 적하보험을 취득하여야 한다.
> 보험금액은 최소한 매매계약에 규정된 대금에 10%를 더한 금액(매매금액의 110%)이어야 하고, 보험의 통화는 매매계약의 통화와 같아야 한다.

5 DAP(Delivered At Place, 도착지인도)

① 수입국의 지정 목적지에서 물품이 운송수단에 적재된 상태로 매수인의 처분하에 물품을 놓아두거나 그렇게 인도된 물품을 조달한 때 위험이 매수인에게 이전된다.
② 양하준비된 상태로 매수인의 임의처분상태로 놓여졌을 때 매도인이 물품을 인도한다.
③ 위험은 지정 목적지에서 물품을 운송수단에서 양하하지 않은 상태로 매수인의 처분상태에 둔 때 이전되고, 그 이후 발생하는 비용은 매수인이 부담한다.
④ 매도인은 도착운송수단에서 물품을 양하할 의무가 없으며, 지정 목적지에서 양하 관련 비용이 발생한 경우 당사자 간 합의되지 않는 한 그 비용을 매수인으로부터 상환받을 권리가 없다.

[출제유형] 2023년 제27회

Incoterms® 2020의 개정 내용에 관한 설명으로 옳지 않은 것은?

① FCA에서 본선 적재 선하증권에 관한 옵션 규정을 신설하였다.
② FCA, DAP, DPU 및 DDP에서 매도인 또는 매수인 자신의 운송수단에 의한 운송을 허용하고 있다.
❸ CIF 규칙은 최대 담보 조건, CIP 규칙은 최소 담보 조건으로 보험에 부보하도록 개정하였다.
④ 인코텀즈 규칙에 대한 사용 지침(Guidance Note)을 설명문(Explanatory Note)으로 변경하여 구체화하였다.
⑤ 운송의무 및 보험비용 조항에 보안 관련 요건을 삽입하였다.

[출제유형] 2023년 제27회

다음은 Incoterms® 2020 소개문의 일부이다. ( )에 들어갈 용어로 올바르게 나열된 것은?

> ICC decided to make two changes to (ㄱ) and (ㄴ). First, the order in which the two Incoterms® 2020 rules are presented has been inverted, and (ㄴ), where delivery happens before unloading, now appears before (ㄱ).
> Secondly, the name of the rule (ㄱ) has been changed to (ㄷ), emphasising the reality that the place of destination could be any place and not only a "terminal".

① ㄱ : DAP ㄴ : DAT ㄷ : DDP
② ㄱ : DAP ㄴ : DAT ㄷ : DPU
③ ㄱ : DAT ㄴ : DDP ㄷ : DPU
❹ ㄱ : DAT ㄴ : DAP ㄷ : DPU
⑤ ㄱ : DAT ㄴ : DAP ㄷ : DDP

[출제유형] 2020년 제24회

다음은 Incoterms® 2020 소개문(introduction)의 일부이다. ( )에 들어갈 용어가 올바르게 나열된 것은?

> Likewise, with DDP, the seller owes some obligations to the buyer which can only be performed within the buyer's country, for example obtaining import clearance. It may be physically or legally difficult for the seller to carry out those obligations within the buyer's country and a seller would therefore be better advised to consider selling goods in such circumstances under the (ㄱ) or (ㄴ) rules.

① ㄱ: DAP ㄴ: DDP
② ㄱ: CPT ㄴ: DAP
③ ㄱ: DAT ㄴ: DPU
❹ ㄱ: DAP ㄴ: DPU
⑤ ㄱ: CIP ㄴ: DAT

"Delivered at Place" means that the seller delivers the goods—and transfers risk—to the buyer when the goods are placed at the disposal of the buyer on the arriving means of transport ready for unloading at the named place of destination or at the agreed point within that place, if any such point is agreed.
DAP requires the seller to clear the goods for export, where applicable. However, the seller has no obligation to clear the goods for import or for post-delivery transit through third countries, to pay any import duty or to carry out any import customs formalities. If, in order to avoid this scenario, the parties intend the seller to clear the goods for import, pay any import duty or tax and carry out any import customs formalities, the parties might consider using DDP.

> "도착지인도"는 물품이 지정목적지에서 또는 지정목적지 내에 어떤 지점이 합의된 경우에는 그 지점에서 도착 운송수단에 실어둔 채 양하준비된 상태로 매수인의 처분하에 놓인 때, 매도인이 매수인에게 물품을 인도하고 위험을 이전하는 것을 의미한다.
> DAP에서는 해당하는 경우에 매도인이 물품의 수출통관을 하여야 한다. 그러나 매도인은 물품의 수입을 위한 또는 인도 후 제3국 통과를 위해 통관을 하거나 관세를 납부하거나 수입통관 절차를 수행할 의무가 없다. 만일 이러한 시나리오를 피하기 위하여 물품의 수입통관을 하고 수입관세나 세금을 납부하고 수입통관절차를 수행하는 것을 매도인이 하도록 하고자 하는 경우에 당사자들은 DDP를 사용하는 것을 고려할 수 있다.

6 DPU(Delivered At Place Unloaded, 도착지양하인도)

① 매도인이 물품을 지정목적지에서 도착운송수단에서 양하된 채 매수인의 처분하에 놓거나 그렇게 인도된 물품을 조달한 때를 인도시점으로 보는 조건이다.
② 목적국의 지정 목적지에서 물품이 운송수단에서 양하된 상태로 매수인의 처분하에 물품을 놓아두거나 그렇게 인도된 물품을 조달한 때 위험이 매수인에게 이전된다.
③ 인코텀즈에서 물품을 양하하도록 규정한 유일한 규칙이다.

[출제유형] 2022년 제26회

다음 매도인의 의무를 모두 충족하는 Incoterms® 2020 규칙으로 옳은 것은?

> ○ 목적지의 양하비용 중에서 오직 운송계약상 매도인이 부담하기로 된 비용을 부담
> ○ 해당되는 경우에 수출국과 통과국(수입국 제외)에 의하여 부과되는 모든 통관절차를 수행하고 그에 관한 비용을 부담

① CFR ② CIF
③ FAS ❹ DAP
⑤ DDP

"Delivered at Place Unloaded" means that the seller delivers the goods – and transfers risk – to the buyer when the goods, once unloaded from the arriving means of transport, are placed at the disposal of the buyer at a named place of destination or at the agreed point within that place, if any such point is agreed.
The seller bears all risks involved in bringing the goods to and unloading them at the named place of destination. Should the parties intend the seller not to bear the risk and cost of unloading, the DPU rule should be avoided and DAP should be used instead.

> "도착지양하인도"는 기명된 목적지 또는 그 장소 내의 합의된 지점(만약에 그러한 지점이 합의된다면)에서, 물품이 도착운송수단으로부터 양하된 채로 매수인의 처분하에 놓인 때 매도인이 매수인에게 물품을 인도 – 위험을 이전 – 하는 것을 의미한다.
> 매도인은 기명된 목적지까지 물품을 가져다 주고 그것을 양하하는 것과 관련된 모든 위험을 부담한다. 만약 당사자들이 매도인으로 하여금 양하에 따른 위험과 비용을 부담하기를 원하지 않을 경우에는 DPU 규칙을 피하고 대신에 DAP 규칙을 사용해야 한다.

7 DDP(Delivered Duty Paid, 관세지급인도)

① 매도인이 지정된 목적지에서 수입통관을 이행하고, 도착된 운송수단으로부터 양륙되지 않은 상태로 매수인에게 물품을 인도하는 조건이다.
② 매도인은 목적지에 도착할 때까지 모든 운송비용과 위험을 부담하고 수입통관에 대한 의무도 부담한다.
③ DDP는 매도인에 대한 최대 의무를 나타내는 것으로 매도인에게 가장 많은 비용과 위험이 부과된다.

"Delivered Duty Paid" means that the seller delivers the goods to the buyer
- when the goods are placed at the disposal of the buyer,
- cleared for import,
- on the arriving means of transport,
- ready for unloading,
- at the named place of destination or at the agreed point within that place, if any such point is agreed.

The seller bears all risks involved in bringing the goods to the named place of destination or to the agreed point within that place. In this Incoterms rule, therefore, delivery and arrival at destination are the same.

"관세지급인도"는 다음과 같은 때 매도인이 매수인에게 물품을 인도하는 것을 의미한다.
- 물품이 지정목적지에서 또는 지정목적지 내의 어떠한 지점이 합의된 경우에는 그러한 지점에서
- 수입통관 후
- 도착운송수단에 실어둔 채
- 양하 준비된 상태로
- 매수인의 처분하에 놓인 때

매도인은 물품을 지정목적지까지 또는 지정목적지 내의 합의된 지점까지 가져가는 데 수반되는 모든 위험을 부담한다. 따라서 본 Incoterms 규칙에서 인도와 목적지의 도착은 같은 것이다.

8 FAS(Free Alongside Ship, 선측인도)

지정 선적항에서 매수인이 지정한 본선의 선측에 물품이 인도되어 놓여진 때부터 물품에 대한 비용과 위험은 매수인이 부담하는 조건이다.

"Free Alongside Ship" means that the seller delivers the goods to the buyer
- when the goods are placed alongside the ship (e.g. on a quay or a barge)
- nominated by the buyer
- at the named port of shipment
- or when the seller procures goods already so delivered.

The risk of loss of or damage to the goods transfers when the goods are alongside the ship, and the buyer bears all costs from that moment onwards.

FAS requires the seller to clear the goods for export, where applicable. However, the seller has no obligation to clear the goods for import or for transit through third countries, to pay any import duty or to carry out any import customs formalities.

"선측인도"는 다음과 같이 된 때 매도인이 물품을 매수인에게 인도하는 것을 의미한다.
- 지정선적항에서
- 매수인이 지정한 선박의
- 선측에 (예컨대 부두 또는 바지(barge)에) 물품이 놓인 때
- 또는 이미 그렇게 인도된 물품을 조달한 때

물품의 멸실 또는 훼손의 위험은 물품이 선측에 놓인 때 이전하고, 매수인은 그 순간부터 향후의 모든 비용을 부담한다.

[출제유형] 2024년 제28회

Incoterms® 2020 규칙에 관한 설명으로 옳지 않은 것은?

① "도착지인도"(DAP)란 매도인이 물품을 지정목적지까지 또는 지정목적지 내의 합의된 지점에서 도착운송수단에 실어둔 채 매수인 처분하에 두어야 하는 것을 말한다.
② "선측인도"(FAS)란 매도인이 지정 선적항에서 매수인이 지정한 선박의 선측에 물품이 놓인 때까지만 물품의 멸실 또는 훼손의 위험 의무를 부담하는 것을 말한다.
③ "운임 보험료 포함인도"(CIF)란 물품이 선박에 적재된 때 물품의 멸실 또는 훼손의 위험이 매도인에서 매수인에게 이전되는 것을 말한다.
④ "공장인도"(EXW)란 매도인이 계약 물품을 공장이나 창고 같은 지정장소에서 매수인의 처분상태로 둘 때 인도하는 것을 말한다.
❺ Incoterms® 2020 규칙은 그 자체로 매매계약이다.

FAS에서는 해당하는 경우에 매도인이 물품의 수출통관을 하여야 한다. 그러나 매도인은 물품의 수입을 위한 또는 제3국 통과를 위해 통관을 하거나 관세를 납부하거나 수입통관 절차를 수행할 의무가 없다.

[출제유형] 2021년 제25회

Incoterms 2020에 관한 설명으로 옳지 않은 것은?

① FCA규칙에서는 매수인이 자신의 운송수단으로 물품을 운송할 수 있고, DAP규칙, DPU규칙 및 DDP규칙에서는 매도인이 자신의 운송수단으로 물품을 운송할 수 있다.

② "터미널"뿐만 아니라 어떤 장소든 목적지가 될 수 있는 현실을 강조하여 기존의 DAT규칙이 DPU규칙으로 변경되었다.

③ CFR규칙에서는 인도장소에 대한 합의가 없는 경우, 인천에서 부산까지는 피더선으로, 부산에서 롱비치까지는 항양선박(Ocean Vessel)으로 운송한다면 위험은 인천항의 선박적재 시에 이전한다.

④ 선적전 검사비용은 EXW규칙의 경우 매수인이 부담하고, DDP규칙의 경우 매도인이 부담한다.

❺ FOB규칙에서 매수인에 의해 지정된 선박이 물품을 수령하지 않은 경우 물품이 계약물품으로서 특정되어 있지 않더라도 합의된 인도기일부터 매수인은 위험을 부담한다.

9 FOB(Free On Board, 본선인도)

① 실무적으로 CIF조건과 함께 가장 많이 쓰이는 조건으로 현물매매 인도가격으로 볼 수 있다.
② 지정선적항에서 매수인에 의하여 지정된 본선에 적재하여 인도하거나 이미 그렇게 인도된 물품을 조달하는 경우 인도된 것으로 보는 조건이다.
③ 매도인은 수출 통관하여 물품을 본선적재하고 본선적재비용과 위험을 부담하며, 이후의 위험과 추가비용은 모두 매수인이 부담한다.

> "Free On Board" means that the seller delivers the goods to the buyer on board the vessel nominated by the buyer at the named port of shipment or procures the goods already so delivered. The risk of loss of or damage to the goods transfers when the goods are on board the vessel, and the buyer bears all costs from that moment onwards.

> "본선인도"는 매도인이 지정선적항에서 매수인이 지정한 선박에 물품을 적재하거나 이미 그렇게 인도된 물품을 조달하여 매수인에게 인도하는 것을 의미한다. 물품의 멸실 또는 훼손의 위험은 물품이 선박에 적재된 때 매수인에게 이전되고, 그 시점 이후부터 매수인은 모든 비용을 부담한다.

10 CFR(Cost and FReight, 운임포함인도)

① FOB조건과 같이 상품이 선적항의 본선상에 인도될 때 매도인의 인도의무는 완료되나 매도인은 목적항까지의 운임(비용)을 부담(FOB + 목적항까지의 운임)한다.
② 매도인의 인도의무가 완료된 후 상품의 멸실·손상에 대한 비용은 매수인에게 이전된다.

> "Cost and Freight" means that the seller delivers the goods to the buyer on board the vessel or procures the goods already so delivered.
> The risk of loss of or damage to the goods transfers when the goods are on board the vessel, such that the seller is taken to have performed its obligation to deliver the goods whether or not the goods actually arrive at their destination in sound condition, in the stated quantity or, indeed, at all.
> The seller must contract or procure a contract for the carriage of the goods from the agreed point of delivery, if any, at the place of delivery to the named port of destination or, if agreed, any point at that port.
> CFR requires the seller to clear the goods for export, where applicable. However, the seller has no obligation to clear the goods for import or for transit through third countries, to pay any import duty or to carry out any import customs formalities.

> "운임포함인도"는 매도인이 물품을 선박에 적재하거나 이미 그렇게 인도된 물품을 조달하여 매수인에게 인도하는 것을 의미한다.
> 물품의 멸실 또는 훼손의 위험은 물품이 선박에 적재된 때 이전하고, 그에 따라 매도인은 명시된 수량의 물품이 실제로 목적지에 양호한 상태로 도착하는지를 불문하고 또는 사실 물품이 전혀 도착하지 않더라도 그의 물품인도의무를 이행한 것으로 된다.

매도인은 인도장소로부터, 그 인도장소에 합의된 인도지점이 있는 때에는 그 지점으로부터 지정목적항까지 또는 합의가 있는 때에는 그 지정목적항의 어느 지점까지 물품을 운송하는 계약을 체결하거나 조달하여야 한다.
CFR에서는 해당하는 경우에 매도인이 물품의 수출통관을 하여야 한다. 그러나 매도인은 물품의 수입을 위한 또는 제3국 통과를 위해 통관을 하거나 관세를 납부하거나 수입통관 절차를 수행할 의무가 없다.

11 CIF(Cost, Insurance and Freight, 운임·보험료포함인도)

① 매도인은 ICC 약관 C조건이나 이와 유사한 수준의 보험에 부보하여야 한다(단, 당사자 간 합의에 따라 더 높은 조건의 보험에 부보하도록 협의 가능).
② 보험계약을 체결할 때는 보험계약자와 피보험자 모두 매도인으로 동일하며, 선적 후에는 보험증권에 배서하여 보험금 청구권리를 매수인에게 양도하므로 최종적인 피보험자는 매수인으로 변경된다.
③ 보험손해 발생 시 선적 전의 손해는 매도인에게 보상청구권리가 있고 선적 후 발생하는 보험손해의 청구권리는 매수인에게 있다.

[출제유형] 2020년 제24회
Incoterms® 2020의 CIF 규칙에 관한 설명으로 옳지 않은 것은?
① 물품의 멸실 및 손상의 위험은 물품이 선박에 적재된 때 이전된다.
❷ 매수인은 자신의 운송계약상 목적항 내의 명시된 지점에서 양하에 관하여 비용이 발생한 경우에 당사자 간에 달리 합의되지 않는 한, 그러한 비용을 매도인으로부터 별도로 상환받을 권리가 없다.
③ 해상운송이나 내수로운송에만 사용된다.
④ 해당되는 경우에 매도인이 물품의 수출통관을 해야 한다.
⑤ 매수인은 매도인에 대하여 운송계약을 체결할 의무가 없다.

"Cost Insurance and Freight" means that the seller delivers the goods to the buyer on board the vessel or procures the goods already so delivered.
The risk of loss of or damage to the goods transfers when the goods are on board the vessel, such that the seller is taken to have performed its obligation to deliver the goods whether or not the goods actually arrive at their destination in sound condition, in the stated quantity or, indeed, at all.
The seller must contract for the carriage of the goods from delivery to the agreed destination.
The seller must also contract for insurance cover against the buyer's risk of loss of or damage to the goods from the port of shipment to at least the port of destination. The buyer should also note that under the CIF Incoterms 2020 rule the seller is required to obtain limited insurance cover complying with Institute Cargo Clauses (C) or similar clause, rather than with the more extensive cover under Institute Cargo Clauses (A). CIF requires the seller to clear the goods for export, where applicable. However, the seller has no obligation to clear the goods for import or for transit through third countries, to pay any import duty or to carry out any import customs formalities.

"운임, 보험료 포함인도"는 매도인이 물품을 선박에 적재하거나 이미 그렇게 인도된 물품을 조달하여 매수인에게 인도하는 것을 의미한다.
물품의 멸실 또는 훼손의 위험은 물품이 선박에 적재된 때 이전하고, 그에 따라 매도인은 명시된 수량의 물품이 실제로 목적지에 양호한 상태로 도착하는지를 불문하고 또는 사실 물품이 전혀 도착하지 않더라도 그의 물품인도의무를 이행한 것으로 된다.
매도인은 물품을 인도지부터 합의된 목적지까지 운송하는 계약을 체결하여야 한다. 매수인은 Incoterms 2020 CIF 하에서 매도인은 협회적하약관의 (A) 약관에 의한 보다 광범위한 담보조건이 아니라 협회적하약관의 (C) 약관이나 그와 유사한 약관에 따른 제한적인 담보조건으로 부보하여야 한다는 것을 유의하여야 한다.
CIF에서는 해당하는 경우에 매도인이 물품의 수출통관을 하여야 한다. 그러나 매도인은 물품의 수입을 위한 또는 제3국 통과를 위해 통관을 하거나 관세를 납부하거나 수입통관 절차를 수행할 의무가 없다.

핵심테마 05 신용장(Letter of Credit : L/C)의 종류

🔎 PLUS
신용장의 개념
개설은행이 수입자의 신용을 보증하고 수입자를 대신하여 조건부로 물품대금의 지급을 수출자(어음발행인) 및 매입은행(어음수취인)에 대하여 확약하는 증서(Document)

1 선적서류 제시 여부에 의한 신용장

구 분	내 용
상업화환신용장 (Commercial Documentary L/C)	• 수출상이 상품대금 회수를 위하여 발행한 환어음의 매입·인수·지급 시 물권증서(Document of Title)로서의 선하증권, 상업송장 등 신용장에서 요구하는 선적서류(Shipping Documents)를 첨부하여 은행에 제시할 것을 요구하는 신용장 • 개설은행은 매입은행을 통해 도착한 환어음 및 선적서류를 심사하여 매입은행에 대금을 상환하며, 개설의뢰인인 수입상에 대해서는 신용장개설약정에 따라 선적서류를 담보로 하여 환어음을 인수할 것과 대금지급을 요구
무담보신용장 (Clean L/C)	• 은행이 환어음의 매입·인수·지급 시 선적서류를 요구하지 않을 것을 조건으로 하는 신용장이며, 무화환신용장이라고도 함 • 무역거래의 결제에 사용되는 경우는 적으며, 다만 운임, 보험료나 수수료 등의 무역외거래의 결제에 이용되는 경우가 많음(예 여행자신용장, 보증신용장)

2 취소가능 여부에 의한 신용장

구 분	내 용
취소불능 신용장 (Irrevocable L/C)	• 신용장이 개설되어 수익자에게 통지된 이상 신용장상의 유효기한 내에는 신용장 관계당사자 전원의 합의 없이는 신용장을 취소하거나 신용장의 조건변경이 불가능한 신용장 • UCP 600 제6조는 신용장상에 'Irrevocable'의 명시가 있거나 또는 취소여부에 대한 아무런 명시가 없는 신용장은 모두 취소불능신용장에 속하는 것으로 규정
취소가능 신용장 (Revocable L/C)	• 신용장상에 'Revocable'의 명시가 있는 신용장 • 신용장을 개설한 은행이 수익자에게 사전통지 없이 일방적으로 신용장 자체를 취소하거나 신용장의 내용을 변경할 수 있는 신용장 • 취소가능 신용장도 취소나 조건 변경의 통지가 은행에 접수되기 전에 원신용장 조건대로 지급·인수·매입이 이루어진 경우 또는 연지급(Deferred Payment)을 목적으로 서류를 인수한 은행에 대하여는 개설은행이 상환의무를 가짐

[출제유형] 2019년 제23회
신용장통일규칙(UCP 600)의 내용에 관한 설명으로 옳은 것은?
① 발행된 신용장에 취소불능(irrevocable)이라고 표시하지 않으면 취소가능 신용장이다.
② 선적 기간을 정하기 위하여 사용하는 "to", "from", "after"란 용어는 언급된 당해일자를 포함한다.
③ 신용장은 이용 가능한 해당 은행과 모든 은행을 이용할 수 있는지 여부를 명시하지 않아도 된다.
④ 신용장은 발행의뢰인을 지급인으로 하는 환어음에 의하여 이용할 수 있도록 발행되어야 한다.
❺ 지정은행, 필요한 경우의 확인은행 및 발행은행은 서류가 문면상 일치하는 제시를 나타내는지를 결정하기 위해서는 서류만으로 심사하여야 한다.

3 양도가능 여부에 의한 신용장

구 분	내 용
양도가능 신용장 (Transferable L/C)	• 신용장의 원수익자(First Beneficiary)가 신용장 금액의 전부 또는 일부를 제3자(제2의 수익자)에게 양도할 수 있는 권한을 부여함 • 양도가능 신용장에는 반드시 'Transferable'이라고 특별히 명시한 경우만 양도 가능 • 양도가능 신용장은 1회에 한하여 양도가 허용되며, 분할선적이 금지되어 있지 않는 한 최초의 수익자는 다수의 2차 수익자에게 분할양도(Partial Transfer)가 가능 • 제2차 수익자인 양수인은 제3자에게 재양도를 금지하므로 양도권은 최초의 수익자만 가짐
양도불능 신용장 (Non-Transferable L/C)	• 신용장상에 'Transferable'이란 문언이 없는 모든 신용장은 양도 불능 • 수익자가 신용장을 제3자에게 양도할 수 없으며, 지정된 수익자만이 그 신용장을 사용할 권리를 가짐

4 확인 여부에 의한 신용장

구 분	내 용
확인신용장 (Confirmed L/C)	• 신용장에 개설은행 이외의 제3은행의 확인, 즉 수익자가 발행하는 어음의 인수·지급 또는 매입에 대한 제3은행의 추가적 대금지급확약이 있는 신용장 • 수익자는 이중의 지급확약을 받으므로 신용도가 높아지고, 만약 개설은행이 지급불능상태에 빠지면 확인은행이 개설은행을 대신하여 지급함
무확인신용장 (Unconfirmed L/C)	수익자가 발행하는 어음의 인수·지급 또는 매입에 대한 제3의 은행에 의한 추가확인이 없는 신용장

5 대금 지급시기에 따른 신용장

구 분	내 용
일람출급신용장 (Sight L/C)	신용장에 의거해서 발행한 환어음이 지급인에게 제시되면 즉시 대금이 지급되는 일람출급환어음(Sight Draft) 발행 조건의 신용장
기한부신용장 (Usance L/C)	• 신용장에 근거해 발행된 환어음의 기간이 기한부인 신용장 • 개설은행이 기한부 환어음과 선적서류의 제시를 받았을 때 수입상이 그 환어음을 인수하면 선적서류를 수입상에게 인도하고 신용장 조건에 따라 일정기간 후에 만기일(Maturity Date)이 되면 환어음을 결제하는 신용장
선대신용장 (Red Clause L/C)	수출상이 물품을 선적하기 전에 매입대금의 일부 또는 전부를 미리 받을 수 있는 신용장
할부지급신용장 (Installment L/C)	발행의뢰인이 선적서류를 인도받을 때 대금의 일부를 지급하고 잔액은 정해진 시기에 나누어 상환하도록 하는 신용장

[출제유형] 2015년 제19회

신용장 통일규칙(UCP 600)에서 양도가능 신용장에 관한 설명으로 옳지 않은 것은?

① 양도가능 신용장은 "양도가능(transferable)"이라고 특별히 명기한 신용장을 말한다.
② 양도된 신용장은 양도은행에 의하여 제2수익자가 사용할 수 있도록 하는 신용장을 말한다.
❸ 양도할 때 별도의 합의가 없는 한 양도와 관련된 비용(수수료, 요금, 비용, 경비)은 제2수익자에 의하여 지급되어야 한다.
④ 분할어음발행 또는 분할선적이 허용되는 한, 제2수익자에게 분할 양도될 수 있다.
⑤ 양도된 신용장은 제2수익자의 요청에 의하여 그 이후 어떠한 수익자에게도 양도될 수 없다.

+PLUS

신용장거래의 기본당사자
개설의뢰인, 수익자, 개설은행, 확인은행, 통지은행

6 상환청구권에 따른 신용장

구 분	내 용
상환청구가능신용장 (With Recourse L/C)	신용장에 의하여 발행된 어음이 도산 등으로 지급불능이나 지급 거절된 경우, 어음의 소지인인 매입은행이 어음발행인에게 매입대금의 상환청구를 다시 할 수 있는 신용장
상환청구불능신용장 (Without Recourse L/C)	개설은행의 도산, 지급불능 또는 신용장 조건 불일치로 인해 지급 거절한 경우, 매입은행이 어음발행인에게 이미 지급한 매입대금 상환을 청구할 수 없는 신용장

> **PLUS**
> **구매확인서**
> 외화획득용 원료·기재를 구매하려는 경우나 구매한 경우 외국환은행의 장 또는 전자문서기반사업자가 내국신용장에 준하여 발급하는 증서

7 대금결제방법에 따른 신용장

구 분	내 용
상환신용장 (Reimbursement L/C)	개설은행이 신용장 개설 시 통지은행이 무예치환거래은행일 경우 신용장상에 자기예치환거래은행으로 대금상환을 별도로 청구하게 표시한 신용장
송금신용장 (Remittance L/C)	매입은행이 선적서류 매입 후 대금지급을 요구하면 개설은행은 지정받은 은행에 대금을 송부하여 결제가 완료되는 신용장
단순신용장 (Simple L/C)	개설은행의 예치환거래은행이 서류 매입을 하는 경우의 신용장으로 상환신용장에 비해 업무의 취급이 간단하고 단순함

8 매입은행에 따른 신용장

구 분	내 용
자유매입신용장 (Freely Negotiation L/C)	신용장에서 정한 조건에 일치하는 서류와 함께 환어음 매입은행을 제한하지 않은 신용장
매입제한신용장 (Restricted L/C)	신용장에서 정한 서류와 함께 환어음 매입은행을 제한 또는 한정한 신용장

> **PLUS**
> **지급은행(Paying Bank)**
> 지급신용장에 의거하여 지급을 위탁받은 은행으로, 지급은행의 지급행위는 통지은행과 같이 그 지급행위에 대해 아무런 책임을 부담하지 않고 단순히 대금지급 역할만 수행함

9 신용장통일규칙(UCP 600) 사용법에 따른 신용장

구 분	내 용
지급신용장 (Payment L/C)	신용장 개설 시 수익자가 지급은행에 서류를 제출하면 대금을 지급하겠다는 약정이 표시된 신용장
연지급신용장 (Deferred L/C)	신용장 조건에 일치하는 서류를 지정된 연지급은행에 제시하면 신용장 규정에 따라 결정된 만기일에 대금을 결제하는 신용장
인수신용장 (Acceptance L/C)	신용장 조건에 일치하는 서류와 대금 만기기한을 정한 기한부어음을 인수은행에 제시하면 이를 인수하고 대금만기일에 대금을 지급할 것을 확약하는 신용장
매입신용장 (Negotiation L/C)	수익자가 발행한 환어음이 매입될 것을 예상하여 개설은행이 수익자, 배서인, 어음소지인에게도 대금지급을 확약하는 신용장

🔟 구상무역에 사용되는 신용장

구 분	내 용
동시개설신용장 (Back-to-Back L/C)	수입국에서 신용장을 개설할 때, 이에 상응하는 대응수출입에 관해 수출국에서 신용장을 동시에 개설하는 것을 조건으로 하는 신용장
기탁신용장 (Escrow L/C)	일반신용장 조건에 일치하는 서류와 환어음 제시는 동일하나, 매매대금을 수익자명의 상호 약정계좌에 기탁하게 명시된 신용장
토마스신용장	원신용장 개설 시 상대방이 일정기간 후 동액 신용장을 개설한다는 보증서를 첨부해야 원신용장이 유효하게 되는 신용장

🔟 그 외 기타 신용장

구 분	내 용
회전신용장 (Revolving L/C, Self Continuing L/C)	일정한 기간 동안 일정한 금액의 범위 내에서 신용장 금액이 자동적으로 갱신되도록 되어 있는 신용장
보증신용장(Stand-by L/C)	• 금융 또는 채권보증 등을 목적으로 발행되는 신용장 • 국내 상사의 해외지사 운영자금 또는 국제입찰의 참가에 수반되는 입찰보증(Bid Bond), 계약이행보증(Performance Bond), 선수금상환보증(Advance Payment Bond)에 필요한 자금 등을 현지은행에서 공급받는 경우 동 채권을 보증할 목적으로 국내 외국환은행이 해외은행 앞으로 발행하는 신용장
통과신용장(Transit L/C)	무역거래국 간에 국제환거래 계약이 체결되지 않아 외환거래를 할 수 없을 때, 제3국의 은행에서 개설하는 신용장
내국신용장(Local L/C)	원신용장의 발급통지를 받은 수출상이 선적물품을 국내에서 구매 또는 생산하기 위해 조달물품에 대해 원신용장을 근거로 개설해 주는 제2의 신용장

[출제유형] 2019년 제23회

구상무역에 사용할 수 있는 신용장으로 옳은 것을 모두 고른 것은?

ㄱ. Straight Credit
ㄴ. Back-to-Back Credit
ㄷ. Tomas Credit
ㄹ. Revolving Credit
ㅁ. Escrow Credit

① ㄱ, ㄴ, ㅁ
② ㄱ, ㄷ, ㄹ
③ ㄴ, ㄷ, ㄹ
❹ ㄴ, ㄷ, ㅁ
⑤ ㄷ, ㄹ, ㅁ

[출제유형] 2016년 제20회

다음 ( )에 들어갈 용어로 옳은 것은?

• (ㄱ)은/는 수출신용장을 가진 수출업자가 국내에서 수출용 원자재나 완제품을 조달하고자 할 때 사용하는 증서를 말한다.
• 이에 반해, (ㄴ)은/는 외화획득용 원료·기재를 구매하려는 경우 또는 구매한 경우 외국환은행의 장 또는 전자문서기반사업자가 (ㄱ)에 준하여 발급하는 증서를 말한다.

① ㄱ : 내국신용장   ㄴ : 보증신용장
❷ ㄱ : 내국신용장   ㄴ : 구매확인서
③ ㄱ : 구매확인서   ㄴ : 보증신용장
④ ㄱ : 보증신용장   ㄴ : 회전신용장
⑤ ㄱ : 구매확인서   ㄴ : 회전신용장

06 수입대금의 결제와 운송서류의 인도

[출제유형] 2021년 제25회
운송관련 서류 중 선적지에서 발행하는 서류가 아닌 것은?

❶ 수입화물선취보증장
　 (Letter of Guarantee)
② 파손화물보상장
　 (Letter of Indemnity)
③ 선하증권(Bill of Lading)
④ 선적예약확인서(Booking Note)
⑤ 적화목록(Manifest)

[출제유형] 2019년 제23회
해상운송화물의 선적절차와 관련이 없는 서류는?

① Shipping Request
② Mate's Receipt
③ Letter of Indemnity
④ Shipping Order
❺ Letter of Guarantee

⊕ PLUS
수입화물대도(T/R)의 종류
- 수출용 원자재 거래 시 발생하는 수입화물대도
- 인수금융에 따른 수입화물대도
- 할부지급수입에 따른 수입화물대도
- 외화대출 및 차관자금에 의한 수입화물대도
- T/R Loan에 의한 수입화물대도

1 수입화물선취보증서(L/G : Letter of Guarantee)

구분	내용
정의	수입화물은 도착하였으나 선적서류가 미도착 시에 수입상과 신용장 개설은행이 연대 보증한 서류를 선박회사에 제출하여 수입화물을 인도받을 수 있도록 하는 서류
내용	• 선하증권이 도착하면 이를 지체 없이 선박회사에 제출할 것을 명시 • 수입화물선취보증서에 의해 인도된 화물에서 발생되는 모든 손해는 화주 및 보증은행이 책임 • 양륙지에서 지급되는 추가운임 및 기타 비용과 선적지에 있어서의 미납선임 및 비용일체를 부담할 것 등을 신용장 발행은행이 보증하는 내용
발급신청	• 인수도조건(D/A : Documents against Acceptance)의 추심방식 : 수입화물선취보증서의 발급은 원칙적으로 수출국의 추심의뢰은행으로부터 운송서류 송달 또는 송달 확약을 추심은행이 확인한 경우에 한하여 발급 • 화환신용장방식(Documents Credit Basis) : 수입상은 다음의 발행은행 양식의 서류를 구비하여 L/C 발급신청으로 발급받을 수 있음 　– 수입화물선취보증장(L/G) 발급신청서 　– 선박회사의 화물도착통지서 　– 수입상의 각서 　– 운송서류 등의 사본 등
효과	• 수입화물선취보증장이 발급되면 차후에 도착한 운송서류에 하자가 있어도 신용장의 발행은행은 이를 이유로 지급 또는 인수를 거절할 수 없음 • 일람 후 정기출급 환어음인 경우에는 선취보증장의 발급일로부터 환어음의 만기일이 확정됨 • 수입화물선취보증장은 원칙적으로 선하증권의 건수만큼 발급되지만 필요한 경우에는 단일 선하증권하에도 분할발급이 가능
항공화물의 수입화물선취보증서	항공화물은 항공화물운송장(AWB)상의 배서만으로 화물을 수취할 수 있고, 외국은 인도지시서(D/O)도 이용함

2 수입화물대도(T/R : Trust Receipt)

구분	내용
정의	수입화물대도는 일람출급신용장거래, 추심결제방식의 D/P거래에서 수입상이 지불능력이 없을 경우 수입화물대도만 제공하고 선적서류를 인도받은 후 물품을 처분하는 즉시 대금을 은행에 지불하도록 하는 편의제도이다. 대금결제기간이 일람출급방식인 경우에도 불구하고 수입상은 개설은행에 수입물품에 대도하여 줄 것을 요청하고 대도신청을 받은 개설은행은 자기 소유권하에 있는 수입물품을 수입상에게 대도하여 적기에 물품을 처분할 수 있도록 한 후 처분대금으로 수입대금을 결제할 수 있도록 양해하는 신탁계약(Trust Contract)이다.
신청서류와 발급	• 수입화물대도신청서 • 수입담보화물 보관 및 처분약정서 • 선하증권, 상업송장 및 포장명세서의 사본 • 수입신용장 및 수입승인신청서 등

PART 3 국제물류론 / Chapter 02 국제무역개론 및 무역실무

07 신용장통일규칙(UCP 600)

1 주요 개정내용

구 분	내 용
기간계산에 대한 기준제시 : 제3조	• 선적기간을 정하기 위하여 'to', 'until', 'till', 'from', 'between'은 (기간에) 언급된 당해 일자를 포함하고, 'before', 'after'는 언급된 당해 일자를 제외 • 만기일 결정을 위해 사용된 'from'과 'after'는 언급된 당해 일자를 제외 • 환어음의 만기일을 계산 시 'from'은 해당일을 제외 • 'first half'는 그 해당 개월의 1일부터 15일까지, 'second half'는 그 개월의 16일부터 말일까지로 해석 • 'on or about'은 사건이 명시된 일자 이전의 5일부터 그 이후 5일까지의 기간 동안 발생한 약정으로 초일과 종료일을 포함
연지급신용장 할인 허용에 대한 규정 신설 : 제12조	• 환어음과 환어음이 발행되지 않는 연지급신용장에 따라 수익자가 제시한 서류를 지정받은 은행(Nominated Bank)이 할인해 신용장 대금을 지급할 수 있다는 규정을 신설하여 연지급신용장도 할인 허용 • 연지급신용장의 경우도 만기일 전에 선지급 또는 구매할 수 있도록 허용

적어도 두 개 이상의 다른 운송방법을 포괄하는 운송서류 : 제19조	• 운송서류상의 선적지 또는 목적지 용어의 변경 : UCP 500에서 사용되던 '적재항, 적재공항, 적재지'를 '발송지, 수탁지, 선적지'로 '양륙항, 양륙공항, 양륙지'를 '최종목적지'로 변경
	• 복합운송서류의 명칭
	  - 운송인·선장 또는 운송인·선장을 위하거나 대리한 기명대리인의 명칭 표시 및 서명
	  - 물품이 신용장에 명시된 장소에서 발송, 수탁 또는 본선적재 되었다는 것을 미리 인쇄된 문구 또는 물품이 발송, 수탁 또는 본선 적재된 일자를 표시하는 스탬프 또는 부기 표시
	  - 신용장에 기재된 발송지, 수탁지, 선적지와 최종목적지를 표시
	  - 유일한 운송서류 원본 또는 2통 이상의 원본이 발행되는 경우에는 운송서류상에 표시된 전통(full set)일 것
	  - 운송조건을 포함하거나 운송조건을 포함하는 다른 자료를 참조하는 것(약식, 백지식 운송서류)
	  - 용선계약에 따른다는 어떤 표시도 포함하지 않음
	• 서류상 환적의 의미 : 신용장에 기재된 발송지, 수탁지 또는 선적지로부터 최종목적지까지의 운송과정 중에 한 운송수단으로부터 양하 및 다른 운송수단으로의 재적재
	• 운송서류의 환적표시
	  - 전 운송이 동일한 운송서류에 의하여 커버되어야 함
	  - 환적표시 운송서류는 신용장이 환적을 금지하더라도 수리됨
	• 서류상 환적의 의미
	
	    Transhipment means unloading from one means of conveyance and reloading to another means of conveyance (whether or not in different modes of transport) during the carriage from the place of dispatch, taking in charge or shipment to the place of final destination stated in the credit.

[출제유형] 2020년 제24회

다음은 신용장통일규칙(UCP 600) 제3조 내용의 일부이다. ( )에 들어갈 내용을 올바르게 나열한 것은?

- The words "to", "until", "till", "from" and "between" when used to determine a period of shipment (ㄱ) the date or dates mentioned, and the words "before" and "after" (ㄴ) the date mentioned.
- The words "from" and "after" when used to determine a maturity date (ㄷ) the date mentioned.

❶ ㄱ : include
   ㄴ : exclude
   ㄷ : exclude
② ㄱ : include
   ㄴ : exclude
   ㄷ : include
③ ㄱ : include
   ㄴ : include
   ㄷ : exclude
④ ㄱ : exclude
   ㄴ : include
   ㄷ : include
⑤ ㄱ : exclude
   ㄴ : include
   ㄷ : exclude

[출제유형] 2023년 제27회

다음은 신용장통일규칙(UCP 600) 제22조 용선계약 선하증권 내용의 일부이다. ( )에 들어갈 내용을 올바르게 나열한 것은?

> A bill of lading, however named, containing an indication that it is subject to a charter party(charter party bill of lading), must appear to : be signed by :
> - the (ㄱ) or a named (ㄴ) for or on behalf of the (ㄱ), or
> - the (ㄷ) or a named (ㄴ) for or on behalf of the (ㄷ), or

① ㄱ : master ㄴ : charterer
　 ㄷ : agent
② ㄱ : master ㄴ : agent
　 ㄷ : consignee
❸ ㄱ : master ㄴ : agent
　 ㄷ : owner
④ ㄱ : owner   ㄴ : agent
　 ㄷ : consignee
⑤ ㄱ : owner   ㄴ : charterer
　 ㄷ : agent

[출제유형] 2023년 제27회

신용장통일규칙(UCP 600) 제23조에 규정된 항공운송 서류의 수리 요건이 아닌 것은?

① 운송인의 명칭이 표시되고, 운송인 또는 그 대리인에 의하여 서명되어야 한다.
② 물품이 운송을 위하여 인수되었음이 표시되어야 한다.
③ 신용장에 명기된 출발 공항과 목적 공항이 표시되어야 한다.
❹ 항공운송 서류는 항공화물운송장(AWB)의 명칭과 발행일이 표시되어야 한다.
⑤ 신용장에서 원본 전통이 요구되더라도, 송화인용 원본이 제시되어야 한다.

	환적은 신용장에 기재된 발송지, 수탁지 또는 선적지로부터 최종목적지까지의 운송 도중에 하나의 운송수단으로부터 양하되어 다른 운송수단으로 재적재되는 것을 의미한다(운송방법이 다른지 여부는 상관하지 않는다).
선하증권 : 제20조	• 선하증권의 수리방식 명시 • 선하증권의 수리요건 　- 운송인의 명칭이 표시되어 있고, 지정된 운송인뿐만 아니라 선장 또는 그 지정 대리인이 발행하고 서명 또는 확인된 것 　- 물품이 신용장에서 명기된 선적항에서 지정된 선박에 본선적재 되었다는 것을 인쇄된 문언이나 본선적재필 부기로 명시한 것 　- 운송조건을 포함하거나 또는 운송조건을 포함하는 다른 자료를 참조하고 있는 것 　- 단일의 선하증권 원본 또는 2통 이상의 원본으로 발행된 경우에는, 선하증권상에 표시된 대로 전통인 것 　- 운송조건을 포함하거나 또는 운송조건을 포함하는 다른 출처를 언급(약식 또는 뒷면 백지 선하증권), 운송조건의 내용은 심사되지 않음 　- 용선계약에 따른다는 어떤 표시도 포함하지 않아야 함 • 선하증권의 발행자가 누구인가를 중요시하기 보다는 일정한 형식을 갖추면 수리 가능 • 선하증권의 경우에도 본선적재표기가 있는 경우 발행일자보다 본선적재표기상 명기된 일자를 선적일로 간주하고, 본선적재표기를 포함하지 않는 경우에는 선하증권 발행일을 선적일로 봄
용선계약 선하증권 : 제22조	A bill of lading, however named, containing an indication that it is subject to a charter party(charter party bill of lading), must appear to : be signed by : • the master or a named agent for or on behalf of the master, or • the owner or a named agent for or on behalf of the owner, or ○ 다음의 자에 의해 서명되어야 한다. • 선장(master) 또는 선장을 위한 또는 그를 대리하는 기명대리인(agent) • 선주(owner) 또는 선주를 위한 또는 그를 대리하는 기명대리인(agent)
항공운송 서류 : 제23조	• 항공운송 서류의 수리가능방식 명시 • 항공운송 서류를 누가 발행하는가를 중요시하기 보다는 일정한 형식을 갖추면 수리 가능 • 항공운송 서류상에 나타나는 운항번호 또는 일자는 은행의 검토에서 제외하도록 함 • 항공운송 서류 요건 　- 항공화물운송장은 송하인이 원본 3통을 작성하여 제1의 원본에는 '운송인용'이라고 기재하고 송화인이 서명해야 한다. 　- 운송인의 명칭이 표시되고, 운송인 또는 그 대리인에 의하여 서명되어야 한다. 　- 발행일 및 신용장에 명기된 출발 공항과 목적 공항이 표시되어야 한다. 　- 물품이 운송을 위하여 수리 및 인수되었음이 표시되어야 한다. 　- 신용장에서 원본 전통이 요구되더라도, 송화인용 원본이 제시되어야 한다. 　- 운송 조건은 언급하여야 하지만 내용은 심사되지 않는다. 　- 항공화물운송장의 기재에 결함이 있더라도 운송장 자체가 무효가 되는 것이 아니라, 오직 기재의 책임이 있는 당사자가 그에 따른 불이익을 받는다.

항공운송 서류 : 제23조	- 송화인의 요구 시 운송인이 송화인을 대신하여 항공운송 서류작성이 가능하다. - 화물에 관한 내용이 운송 서류에 잘못 기재된 경우는 송화인의 책임이다. - 수화인용 원본에는 송화인 및 운송인이 서명하고 이 원본을 화물과 함께 송부해야 한다.
신용장금액, 수량, 단가의 과부족 : 제30조	• 신용장에 금액, 수량, 단가와 관련된 '약(about)' 또는 '대략(approximately)'은 10%를 초과하지 않는 과부족을 허용하는 것 • 신용장이 명시된 포장단위 또는 품목 수량을 명기하지 않고 어음발행의 총액이 신용장금액을 초과하지 않는 경우, 물품수량이 5%를 초과하지 않는 과부족은 허용 • 분할선적이 허용되지 않는 경우도 신용장금액의 5%를 초과하지 않는 부족은 허용됨

선하증권과 비유통성 해상화물운송장의 서류상 환적의 의미

Transhipment means unloading from one vessel and reloading to another vessel during the carriage from the port of loading to the port of discharge stated in the credit.

환적은 신용장에 기재된 선적항으로부터 하역항까지의 운송도중에 한 선박으로부터 양하되어 다른 선박으로 재적재되는 것을 의미한다.

[출제유형]　　　2021년 제25회

UCP 600에서 다음과 같이 환적을 정의하고 있는 운송서류와 관련이 있는 것을 모두 고른 것은?

Transhipment means unloading from one vessel and reloading to another vessel during the carriage from the port of loading to the port of discharge stated in the credit.

ㄱ. 적어도 두 가지 다른 운송방식을 표시하는 운송서류
　 (Transport document covering at least two different modes of transport)
ㄴ. 선하증권(Bill of lading)
ㄷ. 비유통성 해상화물운송장
　 (Non-negotiable sea waybill)
ㄹ. 용선계약 선하증권
　 (Charter party bill of lading)
ㅁ. 항공운송서류
　 (Air transport document)

① ㄱ, ㄴ
❷ ㄴ, ㄷ
③ ㄷ, ㄹ
④ ㄷ, ㅁ
⑤ ㄹ, ㅁ

핵심테마 08 통관

1 수출통관과 수입통관

구 분	내 용
수출통관	• 수출 : 내국물품을 외국으로 반출하는 것 • 수출통관 : 수출하고자 하는 물품을 세관에 수출신고를 하고 신고수리를 받아 물품을 우리나라와 외국 사이를 왕래하는 운송수단에 적재하기까지의 절차
수입통관	• 수입 : 외국물품을 우리나라에 반입하거나 우리나라에서 소비 또는 사용하는 것 • 수입통관 : 수입하고자 하는 물품을 세관장에게 신고하고, 세관장은 관세법 및 기타 법령에 따라 적법하고 정당하게 이루어진 경우에 이를 신고수리하고 신고인에게 수입신고필증을 교부하여 수입물품이 반출될 수 있도록 하는 일련의 과정

2 수출신고와 수입신고

① 수출신고
  ㉠ 신고자 : 수출품의 화주(완제품공급자 포함), 관세사, 관세사법인, 통관법인
  ㉡ 신고 시기 : 수출물품 확보 후 적재하기 전까지 수출물품이 장치된 물품소재지를 관할하는 세관장에게 신고
  ㉢ 수출 총신고 가격 : FOB 기준의 가격으로, 물품이 선반에 적재될 때까지의 가격이 수출실적으로 인정됨
  ㉣ 수출신고가 수리된 물품은 수출신고 수리일로부터 30일 이내에 우리나라와 외국 사이를 왕래하는 운송수단에 적재해야 하지만, 1년 이내의 범위 내에서 적재기간의 연장승인을 받을 수 있음

② 수입신고
  ㉠ 신고자 : 관세사, 자가통관업체(화주)
  ㉡ 신고 시기
    • 출항 전, 입항 전, 입항 후 보세구역 도착 전, 보세구역 도착 후
    • 지정장치장 또는 보세창고에 반입한 자는 반입일 또는 장치일로부터 30일 이내에 수입신고를 해야 함
  ㉢ 세관에 보고하는 총신고가격 : CIF 기준의 가격
    • 수입신고가 수리된 물품은 수입신고 수리일로부터 15일 이내에 관세를 납부해야 함
    • 수입관세 납부 시 환율은 주요 외국환은행이 전주 월요일부터 금요일까지 매일 최초 고시하는 전신환매도율을 평균하여 결정
  ㉣ 수입신고 시 제출서류

기본제출서류	수입신고서(전산시스템으로 전송)
요구제출서류	• INVOICE, PACKING LIST, B/L, C/O, 검사(검역증) 등 • 요구제출서류는 세관에서 확인이 필요한 경우 제출하도록 요구

> 관세법 제242조(수출·수입·반송 등의 신고인)
> 수출·수입 또는 반송 등의 신고는 화주 또는 관세사 등의 명의로 하여야 한다. 다만, 수출신고의 경우에는 화주에게 해당 수출 물품을 제조하여 공급한 자의 명의로 할 수 있다.

3 관세법상 외국물품과 내국물품(관세법 제2조 제4호, 제5호)

구 분	내 용
외국물품	• 외국으로부터 우리나라에 도착한 물품(외국의 선박 등이 공해에서 채집하거나 포획한 수산물 등을 포함)으로서 수입신고가 수리되기 전의 것 • 수출신고가 수리된 물품
내국물품	• 우리나라에 있는 물품으로서 외국물품이 아닌 것 • 우리나라의 선박 등이 공해에서 채집하거나 포획한 수산물 등 • 국내에 반입되어 수입신고가 수리된 물품 • 입항 전 수입신고가 수리된 물품 • 수입신고수리 전 반출승인을 받아 반출된 물품 • 수입신고 전 즉시 반출신고를 하고 반출된 물품

4 보세구역의 종류

구 분		내 용
지정 보세구역	지정장치장	통관하고자 하는 물품을 일시 장치하기 위한 장소로 세관 구내창고, 공항·항만을 관리하는 법인이 운영하는 창고 등을 말함
	세관검사장	통관하고자 하는 물품을 반입하여 세관의 검사만을 받도록 한 장소로 세관장이 지정
특허 보세구역	보세창고	가장 일반적인 보세구역으로 통관하고자 하는 물품을 장치하기 위한 장소이며, 영업용 보세창고와 자가용 보세창고가 있음
	보세공장	보세 상태에서 제조·가공 등의 작업을 하여 생산된 제품 등을 외국으로 수출하거나 국내에서 사용할 목적으로 국내로 수입할 수 있도록 특허된 구역
	보세판매장	외국물품을 우리나라를 출국할 여행자에게 판매하거나, 우리나라에 있는 외교관 등 면세권자에게 판매할 목적으로 설치된 판매장을 말함
	보세건설장	산업시설의 건설에 사용될 외국물품인 기계류, 설비품 또는 공사용 장비를 장치하거나 사용하여 보세상태에서 건설공사를 완료하고 수입통관을 하게 되는 구역
	보세전시장	국내에서 개최되는 박람회, 전람회 등을 위하여 반입되는 외국물품을 보세상태에서 장치, 전시하거나 사용할 수 있는 곳
종합 보세구역		관세청장이 지정하는 보세구역으로, 특허보세구역의 모든 기능(보관, 제조, 건설, 전시, 판매)을 복합적으로 수행

[출제유형] 2024년 제28회

관세법에서 정의하고 있는 내국물품에 해당하지 않는 것은?

❶ 외국으로부터 우리나라에 도착한 물품으로 수입신고가 수리되기 전의 것
② 우리나라의 선박 등이 공해에서 채집하거나 포획한 수산물 등
③ 수입신고수리 전 반출승인을 받아 반출된 물품
④ 우리나라에 있는 물품으로서 외국물품이 아닌 것
⑤ 수입신고 전 즉시반출신고를 하고 반출된 물품

[출제유형] 2022년 제26회

관세법상 특허보세구역에 관한 설명으로 옳은 것은?

❶ 보세전시장에서는 박람회 등의 운영을 위하여 외국물품을 장치·전시하거나 사용할 수 있다.
② 보세창고의 경우 장치기간이 지난 내국물품은 그 기간이 지난 후 30일 내에 반출하면 된다.
③ 보세공장에서는 내국물품은 사용할 수 없고, 외국물품만을 원료 또는 재료로 하여 제품을 제조·가공할 수 있다.
④ 보세건설장 운영인은 보세건설장에서 건설된 시설을 수입신고가 수리되기 전에 가동해도 된다.
⑤ 보세판매장에서 판매하는 물품의 반입, 반출, 인도, 관리에 관한 사항은 산업통상자원부령으로 정한다.

09 무역클레임의 해결방법

PART 3 국제물류론 / Chapter 02 국제무역개론 및 무역실무

1 당사자 간의 해결

① 당사자 간에 직접 교섭하여 우의적(友誼的)으로 해결하는 것이다.
② 무역클레임은 당사자 간에 해결함이 가장 바람직하다.
③ **청구권의 포기(Waiver of Claim)** : 피해자가 상대방에게 청구권을 행사하지 않는 경우로서 상대방의 사전 또는 즉각적인 손해배상 제의를 통해 해결될 경우를 말한다.
④ **화해(Amicable Settlement)**
  ㉠ 당사자 간의 자주적인 교섭과 양보로 분쟁을 해결하는 것으로 당사자가 협의를 통해 상호 타협점을 찾아 화해계약을 체결한다.
  ㉡ 화해는 당사자가 서로 양보할 것, 분쟁을 종지할 것, 그 뜻을 약정할 것 등(민법 제731조).

[출제유형] 2018년 제22회
( )에 들어갈 클레임 해결 방법은?

( )은/는 분쟁의 자치적 해결방법 중의 하나로 중재절차에 의한 판정을 거치지 않고, 당사자 합의하에 조정인을 개입시켜 분쟁을 해결하는 방식이다.

① 소송
② 중재
❸ 조정
④ 화해
⑤ 청구권의 포기

2 제3자의 개입에 의한 해결

구 분	내 용
알선(Intercession, Recommendation)	• 공정한 제3자(예 상사중재원)가 당사자의 일방 또는 쌍방의 요청에 의하여 사건에 개입, 원만한 타협이 이루어지도록 협조하는 방법 • 강제력은 없으나, 알선수임기관의 역량에 따라 그 실효성이 나타나 대한상사중재원에 의뢰된 건 중 90% 이상 처리
조정(Conciliation, Mediation)	• 양 당사자가 공정한 제3자를 조정인으로 선임하고 조정인이 제시하는 해결안(조정안)에 양 당사자가 합의함으로써 분쟁 해결 • 중재판정과 동일한 효력이 있으나 실패하면 30일 이내에 조정절차는 폐기되며, 중재 규칙에 의한 중재인을 선정, 중재절차가 진행됨 • 당사자의 약정에 의하여 기간을 연장할 수 있음
중재(Arbitration)	• 당사자 간의 중재합의로 그 분쟁을 중재인에게 맡기고, 중재인의 판단에 양 당사자가 절대 복종함으로써 최종적으로 해결하는 방법 • 조정은 당사자 일방의 요청도 가능하나, 중재는 당사자 간 중재합의가 필수적임

PLUS
ADR(Alternative Dispute Resolution)
법정 소송 이외의 방식으로 무역분쟁을 해결하는 방식(알선, 조정, 중재)

무역클레임의 제기서류
• 클레임 사실진술서
• 청구액에 대한 손해명세서 : 손해액과 제비용(예 운송료, 관세, 창고료, 은행이자, 검사료 등)
• 검사보고서(Survey Report) : 품질불량, 색상 상이, 성능미달, 수량부족 등일 때 반드시 첨부(예 국제공인검정기관의 보고서)
• 기타 : 거래사실을 입증할 수 있는 계약서, 선하증권, 신용장 등

3 중재제도

구 분	내 용
정 의	계약당사자 간에 제3자를 중재인으로 하여 제한적인 관할권을 부여하고, 그 위임된 분쟁에 한해 중재인이 최종 결정을 내리면 당사자는 이에 구속을 받는 분쟁해결방안
형 식	• 분쟁발생 전에 계약서에 중재조항(Arbitration Clause)을 삽입하는 방식 • 실제로 분쟁이 발생한 후에 당사자 간에 분쟁의 해결을 중재에 부탁한다고 합의하여 부탁계약(Submission to Arbitration)을 서면으로 작성한 후 체결하는 방식 ※ 대부분의 경우, 분쟁 발생 후에는 중재부탁계약의 체결이 어려우므로 당초 계약 체결 시 중재조항에 의하여 합의를 하는 것이 좋음
특 징	• 중재합의는 당사자들의 주장·증거에 입각하여 최종 결정을 내리는 분쟁해결 방식이므로 법원에의 직소가 금지된다. • 중재합의의 당사자는 중재절차의 개시 전 또는 진행 중에 법원에 보전처분을 신청할 수 있다. • 중재인의 수는 당사자 간의 합의로 정하되, 합의가 없으면 3명으로 한다. • 당사자 간에 다른 합의가 없으면 중재인은 국적에 관계없이 선정될 수 있다. • 당사자 간에 다른 합의가 없는 경우 중재절차는 피신청인이 중재요청서를 받은 날부터 시작된다. • 중재절차의 진행 중에 당사자들이 화해한 경우 중재판정부는 그 절차를 종료한다.
상사중재	• 당사자에게 스스로 중재인을 선임할 권리가 부여됨 • 비공개 원칙 : 심문 절차나 그 판정문에 대해 비공개 원칙을 견지하여 사업상의 비밀을 그대로 유지할 수 있음 • 중재합의는 분쟁발생 전후를 기준으로 사전합의 방식과 사후합의 방식이 있음 • 중재는 단심제이고 한 번 내려진 중재판정은 중재절차에 하자가 없는 한 확정력을 가짐 • 중재판정은 법원의 확정판결과 동일한 효력을 가지며 중재인은 자기가 내린 판결을 철회하거나 변경할 수 없음 • 당사자에 의한 무역클레임 해결방법에는 클레임 포기, 화해 등이 있고, 제3자에 의한 해결방법으로는 알선, 조정, 중재, 소송 등이 있음 • 뉴욕협약(1958)에 가입된 국가 간에는 중재판정의 승인 및 집행이 보장됨

소송과 중재의 비교

소 송	중 재
상대편의 합의 없이 일방적인 제소 가능	계약당사자의 중재에 관한 합의가 필요
2심·3심에 항소·상고가 가능	단심제
분쟁해결에 많은 비용과 시간 소요	분쟁이 신속, 경제적으로 해결 가능
공권력에 의한 해결	공정한 제3자(중재인)에 의한 사적 분쟁해결
공개 진행되므로 비밀유지가 불가능	원칙적으로 비공개이므로 비밀 유지가 가능

[출제유형] 2021년 제25회

우리나라 중재법상 중재에 관한 설명으로 옳지 않은 것은?

❶ 중재합의의 당사자는 중재절차의 진행 중에는 법원에 보전처분을 신청할 수 없다.
② 중재인의 수는 당사자 간의 합의로 정하되, 합의가 없으면 3명으로 한다.
③ 당사자 간에 다른 합의가 없으면 중재인은 국적에 관계없이 선정될 수 있다.
④ 당사자 간에 다른 합의가 없는 경우 중재절차는 피신청인이 중재요청서를 받은 날부터 시작된다.
⑤ 중재절차의 진행 중에 당사자들이 화해한 경우 중재판정부는 그 절차를 종료한다.

[출제유형] 2022년 제26회

상사중재에 관한 설명으로 옳지 않은 것은?

❶ 중재인은 해당분야 전문가인 민간인으로서 법원이 임명한다.
② 비공개로 진행되어 사업상의 비밀을 그대로 유지할 수 있다.
③ 중재합의는 분쟁발생 전후를 기준으로 사전합의방식과 사후합의방식이 있다.
④ 뉴욕협약(1958)에 가입된 국가 간에는 중재판정의 승인 및 집행이 보장된다.
⑤ 중재판정은 법원의 확정판결과 동일한 효력을 가지며 중재인은 자기가 내린 판결을 철회하거나 변경할 수 없다.

핵심테마 10 항만(Harbor)

[출제유형] 2023년 제27회

항만의 시설과 장비에 관한 설명으로 옳지 않은 것은?

① Quay는 해안에 평행하게 축조된, 선박 접안을 위하여 수직으로 만들어진 옹벽을 말한다.
② Marshalling Yard는 선적할 컨테이너나 양륙 완료된 컨테이너를 적재 및 보관하는 장소이다.
③ Yard Tractor는 Apron과 CY 간 컨테이너의 이동을 위한 장비로 야드 샤시(chassis)와 결합하여 사용한다.
④ Straddle Carrier는 컨테이너 터미널에서 양 다리 사이에 컨테이너를 끼우고 운반하는 차량이다.
❺ Gantry Crane은 CY에서 컨테이너를 트레일러에 싣고 내리는 작업을 수행하는 장비이다.

⊕ PLUS

기타 협의의 항만시설

- 해분(Basin) : 조수의 간만이 심한 항만에서 항구의 한쪽에 갑문을 설치하여 바닷물 저장과 수심의 평균을 유지하게 함으로써 선박의 정박과 작업을 용이하게 하는 수역으로 선거(船渠, Dock)로 통칭
- 항만하역시설 : 하역시설은 선박의 기동능력에 커다란 영향을 미치는 동시에 항만의 경제적 가치를 결정하는 요소
- 컨테이너처리장 : CFS, CY 등

1 항만시설

구 분		내 용
주요 항만시설	수역시설	• 내항항로 : 내항의 부두, 계류지 및 묘박지와 외항을 연결하는 선박의 통행로로서 선박이 항행할 수 있는 충분한 수심과 선박에 대한 조류의 영향을 최소화할 수 있는 조류의 방향과 작은 각도를 이루도록 해야 함 • 묘박지(錨泊地, Anchorage) : 접안을 앞둔 선박이 일시적으로 닻을 내리고 대기하는 수역으로 수면이 잔잔하고 닻을 내리기 좋은 지반이어야 함 • 선회장(船回場) – 선박이 방향을 전환할 수 있는 장소로서 예선의 유무, 바람, 조위의 영향 등을 고려한 안전한 수면을 확보해야 함 – 대개 자선의 경우 대상 선박 길이의 3배를 직경으로 하는 원이며, 예선이 있으면 대상 선박 길이의 2배를 직경으로 하는 원으로 함
	외곽(外廓)	방파제, 방사제, 도류제, 제방, 호안, 수문 및 갑문 등
	계류(繫留)	안벽, 물양장, 잔교, 돌핀, 부잔교, 계선부표 등의 시설
	임항철도 (臨港鐵道)	선박과 철도에 의한 연계수송을 위해 간선철로에서 항만까지 연결된 철도인입선
협의의 항만시설	부두(Wharf)	• 항만 내에서 화물의 하역과 여객의 승하선을 위한 여러 가지 구조물의 총칭 • 광의로는 부두광장, 임해철도, 창고 및 장치장, 각종의 하역설비 등이 상설된 부수지역의 전부 • 항구의 환경, 구조, 설비 여하에 따라 Quay, Pier, Dock 등의 다양한 명칭
	안벽(Quay)	• 화물의 하역, 여객의 승하선이 직접 이루어지는 구조물로서 선박이 접안할 수 있도록 육상높이와 같이 해저에서 수직으로 구축된 일종의 벽과 그 부속물의 총칭 • 펜더(Fender) : 선박과 안벽과의 충돌 시 그 충격을 덜어주기 위하여 안벽의 외측에 부착시켜 두는 목재 또는 고무재 • 계선주(Bitt, Mooring Post, Bollard) : 선박의 계선줄을 계류하기 위하여 안벽에 견고하게 설치된 짧은 기둥 • 캡스탄(Capstan) : 선거의 갑문 또는 안벽에 설치되어 선박의 입·출항 시 선박의 계선줄을 기계로 감아올리는 장치
	잔교(Pier)	해안선과 직각의 형태로 돌출된 교량형 간이구조물로서 선박의 접안과 화물의 적·양하 작업, 선원 및 여객의 승하선에 이용되며 목재, 철재, 석재로 된 기둥을 해저에 박은 뒤 기둥의 윗부분을 콘크리트로 굳힌 후 이 위에 교량형 구조물을 설치하여 육지와 연결한 형태

협의의 항만시설	상옥 (Transit Shed)	중간창고라고도 하며 안벽, 잔교, 양륙장 등에 있어서 운송작업과 보관작업 사이에 중간작업을 하는 장소
	사일로 창고 (Silo Warehouse)	곡물과 같은 살화물(撒貨物)을 장치할 목적으로 만들어지은 특수창고
	컨테이너터미널의 기기	• 컨테이너 섀시(Chassis) : 육상을 운행하는 밴 트레일러에서 컨테이너를 탑재하는 부분으로 트랙터에 연결되어 이동한다. • 야드 트랙터(YT : Yard Tractor) : Apron과 CY 간 컨테이너의 이동을 위한 장비로 야드 섀시(Chassis)와 결합하여 사용한다. • 스트래들 캐리어(Straddle Carrier) : 컨테이너 야적장에서 컨테이너를 양각 사이에 끼우고 운반하는 차량으로서 기동성이 좋은 대형 하역기기이다. • 갠트리 크레인(Gantry Crane) : 컨테이너터미널에서 컨테이너선에 컨테이너를 선적하거나 양륙하기 위한 전용 크레인으로 Apron에 부설된 철도 위를 이동하여 컨테이너를 선적 및 양하하는 데 사용하는 대형 기중기이다.

[출제유형] 2024년 제28회

항만시설에 관한 설명으로 옳지 않은 것은?

① 묘박지(Anchorage)는 선박이 닻을 내리고 접안을 위해 대기하는 수역을 말한다.
② 계선주(Bitt)는 선박의 계선밧줄을 고정하기 위하여 안벽에 설치된 석재 또는 강철재의 짧은 기둥을 말한다.
❸ 선회장(Turning Basin)은 자선선회(自船船回)의 경우 본선 길이의 2배를 직경으로 하는 원이며, 예선(曳船)이 있을 경우에는 본선 길이의 3배를 직경으로 하는 원으로 한다.
④ 펜더(Fender)는 선박의 접안 시 또는 접안 중에 선박이 접촉하더라도 선박이 파손되지 않도록 안벽의 외측에 부착시켜 두는 고무재이다.
⑤ 항로(Access Channel)는 바람과 파랑의 방향에 대해 30°~60°의 각도를 갖는 것이 좋으며 조류 방향과 작은 각도를 이루어야 한다.

핵심테마 11 선박의 제원(성능과 특성을 나타낸 지표)

1 선박의 개념과 기능

① 선박의 개념
  ㉠ 넓은 의미의 선박 : 수상에서 사람 또는 물건을 싣고, 이것들을 운반하는 데 쓰이는 구조물
  ㉡ 부양성, 적재성, 이동성의 3요소를 동시에 갖춘 구조물
  ㉢ 해운상의 선박 : 상행위, 기타 영리를 목적으로 화물 및 여객의 운송에 사용되는 구조물

② 선박의 기본기능
  ㉠ 부양기능(Floatation Capability) : 무거운 짐을 싣고 물에 뜨는 기능
  ㉡ 추진기능(Self Propulsion Performance) : 물에 떠서 가는 기능
  ㉢ 구조기능(Vessel Structural Strength) : 튼튼한 그릇으로서의 역할기능
  ㉣ 화물 적재와 안정성 및 복원력(Cargo Loading and Statical Stability) : 짐을 싣고, 기울거나 쓰러지지 않는 안전한 기능
  ㉤ 운동성능(Ship Motion Characteristics) : 좁은 항만이나 해협에서 안전하게 조종할 수 있는 성능
  ㉥ 조종성능(Maneuverability) : 방향타와 조타기를 장착하여 희망 진행 방향을 향하는 성능

[출제유형] 2023년 제27회
해상운송과 관련된 용어의 설명으로 옳지 않은 것은?
❶ 선박은 선박의 외형과 이를 지탱하기 위한 선체와 선박에 추진력을 부여하는 용골로 구분된다.
② 총톤수는 관세, 등록세, 도선료의 부과 기준이 된다.
③ 재화중량톤수는 선박이 적재할 수 있는 화물의 최대중량을 표시하는 단위이다.
④ 선교란 선박의 갑판 위에 설치된 구조물로 선장이 지휘하는 장소를 말한다.
⑤ 발라스트는 공선 항해 시 선박의 감항성을 유지하기 위해 싣는 짐으로 주로 바닷물을 사용한다.

2 선박의 구성

① 앵커(Anchor, Anchorage)
  ㉠ 선박의 정박을 위한 필수장비이며 닻이라고 한다.
  ㉡ 통상 Windlass라 불리는 Winch에 의해 조작되며 대형선의 경우 Capstan으로 조작된다.

② Ballast : 화물을 선적하지 않고 운항할 때 선박에 일정한 배의 흘수(Draft)나 트림(Trim)을 조정하기 위하여 중량을 적재함으로써 선박의 감항성(선박의 안정성을 판단하는 능력)을 유지한다.

③ Bilges
  ㉠ 각 칸막이 방마다 만들어진 폐수, 기름 등의 폐기물로서 펌프로 이를 퍼낼 수 있게 되어있다.
  ㉡ 선미의 중지 탱크(Double Bottom Tanks)를 이용하는 경우도 많다.
  ㉢ 각 선박은 화물 선적 전에 특히 식량 선적 전에는 엄격한 검사를 받는다.

④ Derricks/Cranes
  ㉠ 일반화물선의 적·양하용 장비이다.
  ㉡ 용량은 통상 5~10톤의 양력을 가지나, 때에 따라 중량물 취급이 쉬운 데릭(Derrick)을 가진다.
⑤ 창구(Hatch Way) : 창구는 선박의 갑판에 있는 개구부를 말하며, 이곳을 통하여 선창에 화물을 적재 혹은 양하한다.
⑥ Dunnage : 나무 조각, 고무주머니 등으로 화물 사이에 끼워 화물손상을 방지하기 위한 재료이다.

3 선박의 톤수

① 선박의 크기는 선박 자체의 중량이나 용적으로 표시하지만, 화물선의 경우는 선박에 적재할 수 있는 화물의 양이나 용적으로 표시한다.
② 선박 크기의 기준 구분
  ㉠ 용적톤 : 선박의 용적을 톤으로 환산 시 100ft를 1톤(화물의 용적을 톤으로 환산 시 40ft를 1톤)으로 한다.

총톤수	• 선박 내부의 총 용적 • 갑판 아래의 적량과 갑판 위의 밀폐된 장소의 적량을 합한 것으로 선박의 안전과 위생에 사용되는 부분의 적량을 제외한 것 • 상선이나 어선의 크기를 표시하고 각국 해운력 비교의 자료, 각종 통계 및 관세, 등록세, 도선료, 계선료 및 각종 검사료 등의 과세와 수수료 산출 기준
순톤수	• 순수하게 여객이나 화물의 수송에 사용되는 장소의 용적 • 총톤수에서 선박의 운항에 직접 이용되는 기관실, 선원실, 해도실(배의 해도를 보관해 놓는 장소) 등 적량을 공제한 톤수로 환산한 것 • 선주나 용선자의 상행위와 관련된 용적이기 때문에 항만세, 톤세, 운하통과료, 등대 사용료, 항만시설 사용료 등의 모든 세금과 수수료의 산출 기준
재화용적톤수	선박의 각 선창의 용적과 특수화물창고 등 선박의 화물 적재능력을 용적톤으로 표시한 것으로 Long Ton(L/T)을 주로 사용

  ㉡ 중량톤(Weight Tonnage) : 배수톤수와 여기에서 파생되는 경하중량, 재화중량을 의미한다.

경하중량	선박 자체의 무게
재화중량	선박의 안전 항행이 가능한 최대적재량
재화중량톤수	선박이 적재할 수 있는 화물의 최대중량을 나타내는 것이며, 선박의 매매나 용선료를 산출하는 기준이 됨

4 편의치적(FOC : Flag Convenience)

① 세금부담 경감, 인건비 절감 등을 위해 소유 선박을 자국이 아닌 국적부여 조건이 엄격하지 않은 외국에 등록하는 제도
② 선주가 선박 운항에 관한 자국의 엄격한 규제, 세금 등을 회피할 목적으로 파나마, 라이베리아, 온두라스, 오만 등과 같은 조세 도피지 국가에 선적을 둔 선박을 가리킴

[출제유형] 2022년 제26회

선박에 관한 설명으로 옳지 않은 것은?

① 선급제도는 선박의 감항성에 관한 객관적이고 전문적인 판단을 위해 생긴 제도이다.
❷ 재화중량톤수(DWT)는 관세, 등록세, 소득세, 계선료, 도선료 등의 과세기준이 된다.
③ 건현은 수중에 잠기지 않는 수면 위의 선체 높이를 의미한다.
④ 만재흘수선은 선박의 항행구역 및 시기에 따라 해수와 담수, 동절기와 하절기, 열대 및 북태평양, 북대서양 등으로 구분하여 선박의 우현 측에 표시된다.
⑤ 선박은 해상에서 사람 또는 물품을 싣고 이를 운반하는 데 사용되는 구조물로 부양성, 적재성, 이동성을 갖춘 것이다.

[출제유형] 2024년 제28회

편의치적(Flag of Convenience)에 관한 설명으로 옳은 것은?

① 선박 및 항만설비에 영향을 미치는 보안위협을 탐지하고 제거하기 위한 제도이다.
② 항만국이 자국 항구에 기항하는 외국국적 선박을 대상으로 국제협약상의 기준에 따른 점검 및 통제권한을 행사할 수 있도록 하는 제도이다.
❸ 세금부담 경감, 인건비 절감 등을 위해 소유 선박을 자국이 아닌 국적부여조건이 엄격하지 않은 외국에 등록하는 제도이다.
④ 자국선 보호 및 외화유출방지를 위해 국적선취항지역은 국적선을 이용하도록 하고 국적선불취항증명서(waiver) 없이는 외국선 이용을 금지하는 제도이다.
⑤ 외국의 선박을 나용선한 뒤 용선기간이 종료되고 용선료를 모두 납부하면 자국의 국적선으로 등록하게 하는 제도이다.

핵심테마 12 해상운송 방식

[출제유형] 2024년 제28회

정기선 운송과 관련된 것을 모두 고른 것은?

ㄱ. tariff
ㄴ. charter party
ㄷ. shipping conference
ㄹ. tramp

① ㄱ, ㄴ   ❷ ㄱ, ㄷ
③ ㄴ, ㄷ   ④ ㄴ, ㄹ
⑤ ㄷ, ㄹ

1 정기선(Liner)운송

① 운항형태 : 규칙적 운항, 정해진 항로(Regular Sailing)
② 운송화물 : 완제품, 이종 화물(Heterogeneous Cargo)
③ 운송서비스 : 고가선박, 고품질(High Value)
④ 운송인 : 일반 운송인(Common Carrier)/공중 운송인(Public Carrier)에 의해 수행
⑤ 운송계약 : 개품운송계약-부합계약(Bill of Landing)
⑦ 운임결정 : 동맹운임률-표정운임률(Conference-Tariff)
⑧ 특징 : 반복되는 항해, 공공서비스의 제공, 표준화된 계약, 대형조직, 위험도가 높은 사업

- tariff(운임률표) : 각 품목의 운임부담력이나 용적, 중량 등의 비율 등을 고려하여 결정되며 화주에 대하여 균등한 운임을 부과한 정기선 운송 운임표
- charter party(용선계약) : 대량화물을 부정기선에 의해 운송하는 경우에 이용
- shipping conference(해운동맹) : 특정 정기항로에 배선한 선박회사들이 국제카르텔을 형성하고 운송협정을 맺은 것으로, 운임동맹 또는 항로동맹이라고 함
- tramp(부정기선) : 부정기선 운송에 사용되는 부정기선

2 부정기선(Tramper)운송

① 운항형태 : 자유로운 항로
② 운송화물 : 주로 대량의 벌크 화물
③ 운송계약 : 용선계약(Charter Party)
④ 운임결정 : 완전경쟁 운임으로 비교적 낮은 운임 요율을 적용하며 변동 폭이 큰 운임
⑤ 운송대상 : 살화물(Bulk Cargo)로 운임부담력이 낮은 원료화물, 연료, 곡물 등이 주종
⑥ 이용화주 : 특정 소수
⑦ 특징 : 해운동맹의 결성 곤란, 고정된 기항항구 부재, 선복의 공급이 매우 비탄력적이므로 수요와 공급 간의 불균형, 선복 수배 및 집화 시 중개인 이용

3 해상운송 계약

① 개품운송계약(Contract of Affreightment)
  ㉠ 운송회사가 다수의 수출상으로부터 물품을 인수하여 이를 목적항 및 물품의 특성에 따라 분류한 뒤 선박에 적재하여 운송하기로 하는 계약이다.
  ㉡ 개품운송은 일반적으로 정기선(Liner)을 이용하며, 약정기일 운송계약에 따라 수출상이 계약 물품을 선박회사에 인도하면 선박회사·선적 브로커·운송인의 대리인들은 선하증권(B/L)에 서명하고, 이를 수출상에게 발행한다.
  ㉢ 수출상이 선적을 목적으로 운송인에게 물품을 인도해 주었으나, 미선적 시는 수취선하증권(Received B/L)이 발행되고, 물품이 실제로 선박적재되었을 때에는 선적선하증권(Shipped B/L)이 발행된다.

② 용선 운송계약(C/P : Charter Party)
  ㉠ 특정 항해 구간 또는 특정 기간에 대하여 선복의 전부 또는 일부를 일정 조건에서 임대차하는 운송계약이다.
  ㉡ 용선 운송계약 경우의 송화인은 용선계약자가 되며, 송화인과 용선주의 관계는 용선계약에 의해 구속된다.
  ㉢ 용선 운송계약에는 주로 부정기선이 이용된다.
  ㉣ 용선계약은 송화인이 선박회사로부터 선복의 전부 또는 일부를 임차하여 화물을 운송하는 경우에 체결하는 계약으로 체결 시에는 용선주와 용선자 사이에 용선계약서(Charter Party)를 별도로 작성한다.
  ㉤ 용선운송계약 유형

정기용선계약 (Time Charter)	일정 용선 기간에 따라 용선자가 용선주에게 용선료를 용선 개시 전에 미리 선지급하는 계약 형태이다.
나용선계약 (Bareboat Charter)	• 용선자가 선박 이외의 선장, 선원, 장비 및 소모품에 대하여 모든 책임을 진다. • 우리나라는 외국선박을 나용선하여 선원과 장비를 갖추고, 다시 다른 나라에 재용선(Sub Charter)하여 외화를 벌어들인다.
항해용선계약 (Voyage Charter)	• 어느 항구에서 어느 항구까지의 일 항 차 또는 수 개 항 차에 걸쳐 용선자인 화주와 선박회사 사이에 체결되는 운송계약이다. • 종류 - 선복용선계약(Lump sum Charter) : 한 선박의 선복 전부를 한 선적으로 간주하고 운임총액을 정하여 실제 적재 수량과 관계없이 정하는 방식이다. - 일대용선계약(Daily Charter) : 기간을 하루에 얼마씩으로 용선 요율을 정하여 선복을 임대하는 계약 방식이다.
일부용선계약 (Partial Charter)	선주로부터 선복(Ship's Space)의 일부만을 빌려 사용하는 계약이다.
선복용선계약 (Lump Sum Charter)	한 선박의 선복 전부를 한 선적으로 간주하고 운임총액을 정하여 실제 적재 수량과 관계없이 정하는 방식이다.

[출제유형] 2023년 제27회

개품운송계약에 관한 설명으로 옳지 않은 것은?

① 불특정 다수의 화주로부터 개별적으로 운송요청을 받아 이들 화물을 혼재하여 운송하는 방식이다.
② 주로 단위화된 화물을 운송할 때 사용되는 방식이다.
❸ 법적으로 요식계약(formal contract)의 성격을 가지고 있기 때문에 개별 화주와 운송계약서를 별도로 작성하여야 한다.
④ 해상운임은 운임율표에 따라 부과된다.
⑤ 일반적으로 정기선 해운에서 사용되는 운송계약 형태이다.

[출제유형] 2023년 제27회

다음 설명에 해당하는 용선은?

용선자가 일정 기간 선박 자체만을 임차하여 자신이 고용한 선장과 선원을 승선시켜 선박을 직접 점유하는 한편, 선박 운항에 필요한 선비 및 운항비 일체를 용선자가 부담하는 방식

❶ Bareboat charter
② Partial charter
③ Voyage charter
④ Time charter
⑤ Lumpsum charter

핵심테마 13 해상운송 운임

PART 3 국제물류론 / Chapter 03 국제해상운송

1 정기선 운임

① 기본운임

기 준	종 류	특 징
부과 방법	품목별 운임 (Commodity Rate)	화물을 품목별로 분류하여 차등 적용하는 운임
	박스 운임 (Box Rate)	화물의 양(부피)에 상관없이 무조건 컨테이너 하나당 적용하는 운임 예 품목별 무차별운임(FAK), Class별 Box Rate 상품, 품목별 박스레이트
	종가운임 (Ad Valorem Freight)	화폐, 보석, 유가증권, 미술품 등 고가품의 운송에 있어서 화물의 가격을 기초로 일정률(해당 상품가격의 2~5% 정도)을 징수하는 운임
	무차별운임 (FAK Rate)	화물의 종류·내용과 관계없이 중량과 용적에 따라 동일하게 부과하는 운임
	최저운임 (Minimum Rate)	용적 또는 중량이 운임산출톤에 미달하는 화물에 선하증권(B/L)이 발행되는 경우, 화물의 종류에 관계없이 B/L 한 건당을 단위로 하여 특정하게 설정하는 운임
운송 구간	통운임 (Through Freight)	한 배에서 다른 배로, 또는 해상과 육상이 접속하는 등 2개 이상 운송기관에 의한 운송 운임을 모두 합친 운임
	비례/비율운임 (Pro Rata Freight)	선박이 항해 중 불가항력적 사유로 더는 항해를 할 수 없을 때, 그때까지 실제 운송된 거리에 따라 받는 운임으로 항로상당액운임이라고도 함
	반송운임 (Back Freight)	목적항에 화물이 도착하였으나 화물인수를 거절한 때 반송에 부과되는 운임, 또는 원래의 목적지가 아닌 변경된 목적지로 운송해야 할 때 지불하는 추가운임
	지역/구간운임 (Local Freight)	기항하는 항구와 기항하지 않는 항구 사이에 있는 지역에서 화물을 운송할 경우의 운임
물 량	부적운임 (공적운임, Dead Freight)	용선자가 선적하기로 계약한 수량의 화물을 실제로 선적하지 아니한 경우 그 선적 부족량에 대해서 지급하여야 하는 운임(일종의 위약 배상금)
	우대운송계약운임 (Service Contract Rate)	우대운송계약에 따른 운임요율표상의 운임보다 저렴하게 부과되는 운임
	기간별 물량별 운임 (TVR : Time Volume Rate)	선박회사 또는 해운동맹이 일정 기간 일정하게 정해진 품목을 선적한다는 조건부로 화주에게 할인 혜택을 주는 운임

② 할증료 : 화물의 성질, 형상, 운송 방법 등에 따라 기준운임만으로 불충분할 경우 적용한다.
  ㉠ 중량할증운임(Heavy Cargo Surcharge)
    • 화물 한 개의 중량이 일정 한도 이상(예 4톤 이상)이 되는 경우에 부과되는 운임
    • 할증의 가산 방법은 누진적인 할증운임을 기본운임에 가산

[출제유형] 2023년 제27회

다음 설명에 해당하는 정기선 할증운임은?

해상운송 계약 시 화물의 최종 양륙항을 확정하지 않고 기항 순서에 따라 몇 개의 항구를 기재한 후, 화주가 화물 도착 전에 양륙항을 선택할 수 있도록 할 때 부과하는 할증료

① Port congestion surcharge
② Transhipment additional surcharge
❸ Optional surcharge
④ Bunker adjustment surcharge
⑤ Currency adjustment surcharge

- ⓒ 용적 및 장척할증료(Bulky/Lengthy Surcharge)
  - 화물의 부피가 너무 크거나 길이가 너무 긴 화물에 부과되는 할증료
  - 용적물과 장척물이 일정 한도 이상(예 길이 35척 이상)인 경우에 일정률의 할증을 부과하는 운임
- ⓓ 통화물(Through Cargo)에 의한 추가운임
  - 통운송계약이란 화물의 운송 도중에 있어서 한 배에서 다른 배로, 또는 해상과 육상이 접속하는 등 2개 이상의 운송기관에 의해서 목적지까지 운송하는 계약
  - 통운송계약에 의한 통화물의 선적에 있어서는 1통의 통선하증권(Through B/L) 발행
- ⓔ 체화할증료(Port Congestion Surcharge) : 도착항의 항만 사정이 혼잡할 때 받는 할증료
- ⓕ 환적할증료(Transhipment Additional Surcharge) : 송화인이 환적을 요청하는 경우 그에 따른 추가 비용을 보전하기 위해 부과하는 할증료
- ⓖ 양륙항 선택 화물할증료(Optional Surcharge) : 화물 선적 시에 양륙항이 지정되지 않고 출항 후에 화주가 가장 편리한 양륙지를 선택하여 그 항구에서 양륙하여 화물을 인도하는 경우에 받는 할증료
- ⓗ 유류할증료(BAF : Bunker Adjustment Factor) : 유류가격의 인상으로 발생하는 손실을 보전하기 위한 할증료
- ⓘ 통화할증료(CAF : Currency Adjustment Factor) : 통화의 변동에 따른 환차손을 화주에게 부담시키는 할증료
- ⓙ 우회기항 화물에 대한 부가율 : 예정 기항지 이외에 적하 혹은 양하를 위해서 기항하는 화물에 대해서는 특별한 운임 부가율 설정
- ⓚ 전쟁위험할증료(War Risk Premium) : 전쟁위험지역이나 전쟁지역에서 적·양하되는 화물에 부과되는 할증료

2 부정기선 운임

장기운송계약운임 (Long Term Contract Freight)	원유, 철광석 등 대량화물의 운송 수요를 가진 대기업과 선사 간에 장기간 반복되는 항해에 관하여 적용되는 운임
선복운임 (Lump Sum Freight)	화물의 개수, 중량, 용적과 관계없이 항해 또는 선복을 기준으로 일괄 부과되는 운임
부적운임 (공적운임, Dead Freight)	용선 시 일정량의 운송 화물을 계약하였는데 화주가 그 계약수량을 선적하지 못하였을 때, 선적하지 않은 화물량에 대해 지급하는 운임으로 일종의 위약 배상금이다.
연속항해운임 (Consecutive Voyage Freight)	어느 특정 항로를 반복·연속하여 항해하는 경우에 약정한 연속항해의 전부에 관하여 적용하는 운임률이다.
반송운임 (Back Freight)	목적항에 화물이 도착하였으나 화물인수를 거절한 경우 반송에 부과되는 운임, 또는 원래의 목적지가 아닌 변경된 목적지로 운송해야 할 때 지불하는 추가운임이다.
비례운임 (Pro Rate Freight)	선박이 항해 중 불가항력, 기타 원인에 의해 지속적인 항해가 불가능할 때, 운송계약의 일부만을 이행하고 화물 인도 시 그때까지의 운송 비율에 따라 선주가 취득하는 운임으로 항로상당액운임이라고도 한다.

[출제유형] 2024년 제28회

다음 설명에 해당하는 부정기선 운임은?

화물의 개수·중량·용적을 기준으로 하는 경우와 화물의 양(量)과 관계없이 항해(trip)·선복(ship's space)을 단위로 운임을 계산하는 경우, 항해·선복 단위의 용선계약 시 지불하는 운임

❶ Lump Sum Freight
② Option Surcharge
③ Dead Freight
④ Congestion Surcharge
⑤ Long Term Contract Freight

핵심테마 14. 항해용선계약서의 주요조항

PART 3 국제물류론 / Chapter 03 국제해상운송

[출제유형] 2022년 제26회

항해용선계약에 포함되지 않는 내용은?

① Laytime
❷ Off Hire
③ Demurrage
④ Cancelling Date
⑤ Dispatch Money

[출제유형] 2024년 제28회

정박기간에 관한 설명으로 옳지 않은 것은?

① WWD는 하역이 가능한 기상조건의 작업일만을 정박기간에 포함한다.
② WWDSHEX는 일요일과 공휴일에 작업을 하면 정박기간에서 제외한다.
③ WWDSHEXUU는 일요일과 공휴일에 작업을 하면 정박기간에 포함한다.
❹ CQD는 항구의 관습적 하역방법이나 하역능력 등에 따라 가능한 한 빨리 하역하도록 약정하는 것으로, 일요일과 공휴일에 작업을 하면 모두 정박기간에서 제외한다.
⑤ Running Laydays는 하역이 시작된 날로부터 종료 시까지를 정박기간으로 산정하며, 특약이 없는 한 일요일과 공휴일에 작업을 하면 모두 정박기간에 포함한다.

1 정박기간의 표시

① 정박기간 : 화주가 계약화물을 용선한 선박에 적재·양륙하기 위하여 그 선박을 선적항 또는 양륙항에 있게 할 수 있는 기간이며, 용선계약서에 기재한다.
② 화주가 약정 기일 내에 하역을 끝내지 못하면 초과 정박기간에 대하여 체선료를 지급
③ 정박기간의 약정방법
　㉠ 관습적 조속하역조건(CQD) : 정박기간을 한정하지 않음
　㉡ 연속정박기간(Running Laydays) : 정박기간을 한정하여 24시간을 1일로 한다는 조건
　㉢ 작업하기 좋은 기간(WWD : Weather Working Days) : 날씨가 좋아서 하역작업이 가능한 날로 정박기간을 한정

WWD의 일요일과 공휴일 처리방법
- 공휴일은 원래 근로일이 아니므로 하역을 하더라도 보통 정박일수에 산입하지 않는다. 이것을 "Sunday and Holidays EXcepted"의 첫 글자를 따라 SHEX라고 함
- 공휴일에 하역을 했을 때 이를 정박일수에 산입한다는 조건도 있다. 이 때 "Sunday and holiday excepted unless used"라고 표시하여 처리
- "Unless used"에 있어서도 만일 1시간이라도 하역을 하면 하루로 가산할 것인가 하는 문제가 발생하므로 실제 작업시간만 삽입코자 할 때에는 "Unless used, but only time actually used to count"라고 명시해야 함

2 해약기일

① 본선의 선적지 회항이 예정일보다 지연될 때 화주는 선적준비상 손해를 입으므로, 해약기일(Cancelling Date)을 약정하고 그 기일이 넘으면 화주는 해약권 발동이 가능하다.
② 해약기일은 C/P면에 기재되며, 일반적으로 본선 사정상 예정일로부터 약 10~20일 정도 여유를 가진다.
③ 해약기일이 도래하더라도 선박의 운항이 일기나 고장수리 등으로 방해를 받는 수가 많기 때문에 Gencon Form에서는 입항하기 48시간 전에 화주에게 통고하도록 한다.

Gencon Form의 해약조항(Cancelling Clause)
- 본선이 지정된 월일에 선적준비를 정돈하지 못하면 용선자에게 본 계약을 해제할 수 있는 선택권 부여
- 선택권은 요청이 있을 때 본선 선적예정일의 최소 48시간 이전에 통고함
- 본선이 해손으로 지연 시 가급적 신속히 용선자에게 통고하되 적재준비정돈예정일을 10일 이상 초과할 때는 용선자는 계약의 해제선택권을 갖게 되며 이의적용은 해약기일을 약정할 때에 한함

3 정박기간의 개시와 종료

① Gencon Form의 용선계약서는 하역준비완료통지서(N/R : Notice of Readiness)가 통지된 후 일정기간이 경과되면 정박기간이 개시
② 만약 오전에 통지되었다면 오후 1시부터 또한 만일 오후의 화주 영업시간 내 통지되면 다음날 오전 6시부터 기산
③ 하역기간의 종기는 일반적으로 하역이 완료되는 때
④ 하역이 종료되면 정박일수를 기재한 정박일계산서(Laydays Statement)를 작성하여 선장 및 화주가 서명

4 체선료(Demurrage)

① 체선료는 초과정박일에 대해 용선자 또는 화주가 선주에게 지급하는 보수이다.
② 운송계약 시 정박기간을 기초로 체선료 및 조출료 약정과 허용체박일수를 정하고 이를 초과 시 지연손해금을 물게 하는 방법이다.
③ 운송계약 시 체선료율을 정하지 않고 현실적으로 발생한 실손액을 계산하여 청구하는 방법이다.
④ 체선료는 확정손해이며, 지연손해금은 불확정손해로서 만약 당사자 사이에 분쟁이 생겨 중재에 회부되거나 소송이 제기되면 각각 중재인 및 법원이 그 손해액을 결정한다.
⑤ 체선료는 1일 24시간을 기준하여 계산하지만, WWD(Weather Working Day)의 경우에는 주간하역, 즉 1일 12시간으로 계산하기도 한다.
⑥ 체선료는 선적 및 양륙을 분리하여 따로 계산(Laydays Not Reversible)하는 것이 원칙이나 용선자의 선택 하에 합산하여 계산(Laydays Reversible)할 수 있다.

5 중요조항

① Not Before Clause : 선박이 도착예정일보다 늦게 도착하거나 빨리 도착하는 경우 부선료나 하역대기료 등 화주에게 손실이 발생하게 되며, 본선이 선적준비완료 예정일 이전에 도착하여도 하역을 하지 않는다는 조항
② Dispatch/Despatch Money(조출료) : 용선계약상 허용된 정박기간 종료 전 하역이 완료되었을 때 그 절약된 기간에 대해 선주가 용선자에게 지급하는 일종의 상여금(보통 체선료의 반액이지만 때에 따라서는 1/3로도 함)
③ Deviation Clause(항로이탈조항) : 선박은 어떤 목적으로든 모든 항구에 정박할 권리가 있다는 것을 명시한 조항

[출제유형] 2024년 제28회

용선선박이 용선계약상에 명시된 날짜까지 선적준비를 하지 못할 경우 용선자에게 용선계약의 취소 여부에 관한 선택권을 부여하는 항해용선계약(Gencon C/P)상 조항은?

① Laytime
② Demurrage
③ Off hire Clause
❹ Cancelling Clause
⑤ Deviation Clause

[출제유형] 2024년 제28회

다음 설명에 해당하는 항해용선계약서 이면약관은?

> 선박이 도착예정일보다 늦게 도착하거나 빨리 도착하는 경우에 부선료나 하역대기료 등 화주에게 손실이 발행하게 되며, 본선이 선적준비완료 예정일 이전에 도착하여도 하역을 하지 않는다는 조항

① General Average Clause
❷ Not Before Clause
③ Lien Clause
④ Cancelling Clause
⑤ Off Hire Clause

⊕ PLUS

하역비 부담 조건의 종류

- Liner or Berth Term Charter : 적양하 모두 선주가 부담하는 조건
- FIO(Free In Out) Charter : 적양하 모두 화주가 부담하는 조건
- FI Charter : 적하 시 화주가 부담, 양하 시 선주가 부담
- FO Charter : 적하 시 선주가 부담, 양하 시 화주가 부담
- Gross Term Charter : 항비, 하역비, 검수비 모두 선주가 부담
- Net Term Charter : 항비, 하역비, 검수비 모두 화주가 부담

PART 3 국제물류론 / Chapter 03 국제해상운송

15 선하증권(B/L : Bill of Lading)

[출제유형]　　2022년 제26회

다음에 해당하는 선하증권의 법적성질이 옳게 나열된 것은?

ㄱ. 상법이나 선하증권의 준거법에서 규정하고 있는 법정기재사항을 충족하여야 함
ㄴ. 선하증권상에 권리자로 지정된 자가 배서의 방법으로 증권상의 권리를 양도할 수 있음
ㄷ. 선하증권의 정당한 소지인이 이를 발급한 운송인에 대하여 물품의 인도를 청구할 수 있는 효력을 지님

❶ ㄱ : 요식증권　ㄴ : 지시증권
　　ㄷ : 채권증권
② ㄱ : 요식증권　ㄴ : 유가증권
　　ㄷ : 채권증권
③ ㄱ : 요인증권　ㄴ : 지시증권
　　ㄷ : 처분증권
④ ㄱ : 요인증권　ㄴ : 제시증권
　　ㄷ : 인도증권
⑤ ㄱ : 문언증권　ㄴ : 제시증권
　　ㄷ : 인도증권

1 선하증권의 개요

구 분	내 용
개 념	• 선하증권은 일정한 운송계약하에 송화인으로부터 물품을 수취하여 이것을 계약지정의 양륙지에서 수화인에게 본 증권과 상환으로 물품을 인도할 것을 약속한 유가증권 • 선박회사가 화물을 수취한 것을 확인한 다음 양륙항에서 그 선하증권의 소지인에게 이것과 교환하여 화물을 인도할 것을 약속한 수취증이며, 선박회사와 화주 간의 운송계약서임
법적 성질	• 권리증권 : 선하증권은 유통성 선하증권으로서의 일정요건을 갖추면 권리증권(Document of Title)으로서의 자격을 지님 • 선적화물수취증 : 선하증권은 운송계약의 성립을 전제로 하여 선박회사가 발행한 선적화물의 수취증임 • 요인증권 : 선하증권은 운송계약에 의해 화물의 선적을 전제로 하여 발행되는 법률상의 요인증권 • 채권증권 : 선하증권의 소지인은 화물의 인도를 청구할 수 있기 때문에 채권효력을 갖는 채권증권이며, 운송화물의 처분에는 반드시 선하증권을 사용해야 하므로 처분증권의 성질도 포함 • 요식증권 : 선하증권은 상법에 규정된 법정기재사항의 기재를 필요로 하는 요식증권 • 문언증권 : 해상운송계약에 따른 선박회사와 화주의 의무이행이나 권리주장은 이 증권상에 기재된 문언에 따르게 되는 문언증권 • 유통증권 : 선하증권은 화물을 표창하는 유가증권으로서 배서 또는 양도에 의해 소유권이 이전되는 유통증권 • 지시증권 : 선하증권은 선하증권발행인이 배서금지의 뜻을 기재하지 않는 한 배서에 의해 양도될 수 있으므로 지시증권의 성질도 포함

2 선하증권의 종류

① 선적선하증권과 수취선하증권

선적선하증권 (Shipped B/L)	• 화물이 실제로 본선에 적입이 된 후에 발행되는 것으로 가장 많이 이용 • 증권면에 "Shipped…", "Shipped on board…", 또는 "Received on board…"와 같이 선적선하증권임을 표시함
수취선하증권 (Received B/L)	• 선적 전이라도 화물이 선박회사의 창고에 반입되면 화주의 요청에 따라 선박회사가 선하증권 발행 • 이 선하증권은 형식적으로는 증권면에 "Received for Shipment…" 또는 "Received to Be Transported by Steamer" 등으로 기입되므로 수취선하증권(Received B/L)이라 함 • 수취선하증권이 발행되어도 화물이 선적되었다는 사실과 선적일을 기입하고, 운송인이나 그의 대리인이 서명하면 선적선하증권과 동일하게 취급

② 무사고 선하증권과 사고부 선하증권

무사고 선하증권 (Clean B/L)	• 선적화물의 상태가 양호하여 약정 수량의 전부가 그대로 선적되면 선박회사는 선하증권면의 적요란(Remarks)에 사고 문언이 없는 선하증권을 발행 • 선하증권 면에 "Shipped on board in apparent good order and condition"으로 기재
사고부 선하증권 (Foul B/L, Dirty B/L)	선적된 화물이 포장이나 수량 또는 기타 화물의 외견상 불완전한 상태일 때 선박회사가 선하증권의 적요란에 사고문언을 기재하여 발행하는 선하증권

파손화물보상장(L/I)
- 선사는 화주가 하자가 있는 화물을 선적할 경우 Foul B/L을 발행
- 은행은 Foul B/L을 수리하지 않기 때문에 화물의 손상에 대해서는 화주가 책임을 지며 도착항에서 선박회사가 수화인으로부터 손해의 배상을 요구받아도 선박회사는 면책된다는 뜻을 기재한 보상장을 제시하고 무사고 선하증권(Clean B/L)의 교부를 받음
- 화주가 실제로는 고장부 선하증권(Foul B/L)임에도 불구하고 무사고 선하증권(Clean B/L)으로 바꾸어 받을 경우, 선박회사에게 제시하는 보상장을 파손화물보상장(L/I : Letter of Indemnity)이라 함

③ 기명식 선하증권과 지시식 선하증권

기명식 선하증권 (Straight B/L)	• 수화인 란에 수화인(Consignee)의 성명이 명백히 기입된 선하증권 • 수화인으로 기명된 수입상만이 물품인도를 청구할 수 있을 뿐이므로 송금결제방식이나 청산결제방식의 거래에 한하여 이용
지시식 선하증권 (Order B/L)	• 선하증권의 수화인으로 "Order", "Order of Shipper", "To Order of…(Buyer)", "Order of…Negotiation Bank"로 표시하여 발행되는 선하증권 • 지시식 선하증권은 Shipper, Buyer, Negotiation bank 등이 이서하면 유통시킬 수 있는 선하증권

④ 통선하증권(Through B/L)
  ㉠ 화물의 운송이 해운과 육운을 모두 통과하는 경우에 최초의 운송인과 화주 간에 체결되는 운송계약에 의거하여 발행되는 선하증권인 동시에 철도의 화물수취증
    [예 영국(Way Bill), 미국(Railroad Bill of Lading)]
  ㉡ 통선하증권(Through B/L)은 최초의 운송인만이 서명하여 그가 수화인 또는 B/L 소지인에 대하여 운송상의 모든 책임을 부담
⑤ 환적선하증권(Transhipment B/L) : 환적선하증권은 목적지까지 운송 도중 중간항에서 화물을 다른 선박에 환적하여 최종목적지까지 운송하는 경우 발행되는 선하증권

Transhipment means unloading from one means of conveyance and reloading to another means of conveyance(whether or not in different modes of transport) during the carriage from the place of dispatch, taking in charge or shipment to the place of final destination stated in the credit.

환적이란 신용장에 기재된 발송지, 수탁지 또는 선적지로부터 최종목적지까지의 운송과정에서 한 운송수단으로부터 양하되어 다른 운송수단으로(운송방법이 다른지 여부에 관계없이) 재적재되는 것을 말한다.

[출제유형] 2020년 제24회

선하증권의 종류에 관한 설명으로 옳지 않은 것은?
① Stale B/L은 선적일로부터 21일이 경과한 선하증권이다.
❷ Order B/L은 수화인란에 특정인을 기재하고 있는 선하증권이다.
③ Third Party B/L은 선하증권상에 표시되는 송화인은 통상 신용장의 수익자이지만, 수출입거래의 매매당사자가 아닌 제3자가 송화인이 되는 경우에 발행되는 선하증권이다.
④ Red B/L은 선하증권 면에 보험부보 내용이 표시되어, 항해 중 해상사고로 입은 화물의 손해를 선박회사가 보상해 주는데, 이러한 문구들이 적색으로 표기되어 있는 선하증권이다.
⑤ Clean B/L은 물품의 본선 적재 시에 물품의 상태가 양호할 때 발행되는 선하증권이다.

[출제유형] 2014년 제18회

신용장으로 거래하는 화물을 선적한 선박의 일등항해사가 선적물품에 하자가 있음을 발견하고 본선수취증의 비고란(Remarks)에 이러한 사실을 기재하였다. 이 경우 화주가 취할 수 있는 가장 적절한 조치는?
① Dirty B/L을 발급받아 즉시 은행에 매입을 요청한다.
② L/G를 선사에 제출하고 Clean B/L을 발급받아 은행에 매입을 요청한다.
❸ L/I를 선사에 제출하고 Clean B/L을 발급받아 은행에 매입을 요청한다.
④ T/R을 선사에 제출하고 Clean B/L을 발급받아 은행에 매입을 요청한다.
⑤ L/G를 선사에 제출하고 Clean L/I의 발급을 선사에 요청한다.

[출제유형] 2021년 제25회

다음에 해당하는 선하증권(Bill of Lading)을 순서대로 나열한 것은?

ㄱ. 선하증권의 수화인란에 수화인의 상호 및 주소가 기재된 것으로 화물에 대한 권리가 수화인에게 귀속되는 선하증권
ㄴ. 선하증권의 권리증권 기능을 포기한 것으로서 선하증권 원본 없이 전송받은 사본으로 화물을 인수할 수 있도록 발행된 선하증권
ㄷ. 선하증권의 송화인란에 수출상이 아닌 제3자를 송화인으로 표시하여 발행하는 선하증권

❶ ㄱ : Straight B/L
　ㄴ : Surrendered B/L
　ㄷ : Third Party B/L
② ㄱ : Straight B/L
　ㄴ : Short form B/L
　ㄷ : Negotiable B/L
③ ㄱ : Order B/L
　ㄴ : Groupage B/L
　ㄷ : Third Party B/L
④ ㄱ : Order B/L
　ㄴ : House B/L
　ㄷ : Switch B/L
⑤ ㄱ : Charter Party B/L
　ㄴ : Surrendered B/L
　ㄷ : Switch B/L

[출제유형] 2016년 제20회

선하증권으로서 필요한 기재사항은 갖추고 있으나 일반선하증권에서 볼 수 있는 이면약관이 없는 선하증권은?

① Stale B/L
② House B/L
③ Through B/L
❹ Short Form B/L
⑤ Forwarder's B/L

⑥ 제3자 선하증권(Third Party B/L) : 운송계약의 주체인 화주와 L/C 상의 Beneficiary가 다른 선하증권을 제3자 선하증권이라 함
　예 미국 수출업자가 중국으로 수출 시 수출물품을 미국이 아닌 일본에서 조달하여 수출할 경우, L/C상의 Beneficiary는 미국의 수출업자, 선하증권상의 화주는 일본에 있는 제3업체가 되므로 오해나 분쟁 방지를 위해 신용장이나 매매계약서에 "Third party bills of lading are acceptable"이라는 문구를 기재

⑦ Stale B/L
　㉠ 선적일로부터 21일이 경과한 선하증권
　㉡ 모든 신용장은 운송서류의 특정 기간을 명시해야 하며, 만일 기간약정이 없는 경우 은행은 발행일자 이후 21일이 경과한 서류는 거절하게 규정되어, 특별히 신용장 면에 'Stale B/L Acceptable'이란 조항 없이는 이를 수리하지 않음

⑧ Long Form B/L과 Short Form B/L
　㉠ 선하증권은 이면약관의 기재 여부에 따라 전부 인쇄되어 있는 정식선하증권(Long Form B/L)과 그렇지 않은 약식선하증권(Short Form B/L)으로 나눌 수 있음
　㉡ 약식선하증권은 최근 미국계 선박회사를 중심으로 사용하고 있는 선하증권의 일종이며, 보통 사용되는 Long Form B/L 상의 선박회사와 화주의 권리와 의무에 따르도록 다음과 같은 문언을 규정함

> "All the terms of the carrier's regular long form of Bill of Lading are incorporated herein with like force and effect as if they were written at length herein. A copy of such Bill of Lading may be obtained from the carrier, its agent, or the master."

⑨ Red B/L
　㉠ 보통의 선하증권과 보험증권을 결합한 것으로 이 증권에 기재된 화물이 항해 중에 사고가 발생하면 이 사고에 대하여 선박회사가 보상해주는 선하증권
　㉡ 이 경우 선박회사는 모든 Red B/L 발행 화물을 일괄 부보하게 되므로 궁극적으로 보험회사가 손해를 부담
　㉢ 그러나 운임에 보험료가 포함되어 있으므로 결과적으로 보험료는 운송계약자의 부담

⑩ Port B/L : 선적될 물건이 선박회사의 보관하에 있고, 지정된 선박에는 적재되지 않는 경우 발행되는 선하증권

⑪ Switch B/L : 주로 중계무역에 사용되며, 중개무역업자가 실공급자와 실수요자를 모르게 하기 위하여 사용

⑫ Surrender(Surrendered) B/L
　㉠ 서류의 지연으로 인해 화물 인수 지연이나 추가비용이 발생하는 수입자의 불편함을 덜어주기 위해 발행
　㉡ 수출자는 선박회사에게서 원본B/L을 발급받아야 하나 실제 발급을 받지 않고 송화인이 배서하여 운송인에게 반환함으로써, B/L의 유통성(Negotiable)이 소멸되는 선하증권
　㉢ 선하증권의 권리증권 기능을 포기한 것으로서 선하증권 원본 없이 전송받은 사본으로 화물을 인수할 수 있도록 발행된 선하증권

⑬ Groupage B/L(Master B/L)
  ㉠ 여러 개의 소량 화물을 모아 하나의 그룹으로 만들어 선적할 때 발행하는 선하증권으로 선박회사가 운송주선인에게 발행
  ㉡ 운송주선인은 선박회사로부터는 정상적인 Groupage B/L을 발급받고, 개개 화주에게는 House B/L이라는 일종의 선적증명서를 발급
  ㉢ 여러 종류의 물품을 소량 운송하므로 화주가 다수
⑭ House B/L : 무선박운송인(NVOCC) 또는 복합운송인이 화주와 선박회사 사이에 개재하여 선박회사로부터는 Groupage B/L을 받고, 화주에게는 House B/L을 발행
⑮ Forwarder's B/L : B/L의 발행인이 선박회사가 아닌 수출상의 대리인인 화물운송주선인(Forwarder)인 경우 운송주선인이 발행한 선하증권
⑯ Countersign B/L : 해운 화물이 도착지 지불운임 혹은 다른 부수 채무가 있는 경우 물품의 인수자는 채무 대금을 선박회사에 지불하고 화물을 수취하는데, 이때 선박회사가 채무 결제의 종결을 증명하기 위해 선하증권에 이서한 증권
⑰ FIATA B/L(국제운송주선인협회 선하증권)
  ㉠ 혼재선하증권(House or Forwarder's B/L)의 일종으로 국제운송주선인협회가 발행하고, 국제상업회의소(ICC)가 인정한 서류
  ㉡ 단일 또는 다수의 운송수단을 사용하는 경우 적용됨
  ㉢ 화물에 대한 권리를 표창하며, 배서에 의하여 소지인은 증권면에 표시된 화물을 수령 또는 양도할 권리를 가짐
  ㉣ UCP 600에서는 운송인 또는 그 대리인의 자격을 갖추지 않은 운송주선인이 발행한 운송서류는 국제운송주선인협회가 발행한 운송서류라 하더라도 수리 거절되도록 규정
⑱ Optional B/L : 화물이 선적될 때 양륙항이 확정되지 않은 상태로 둘 이상의 항구를 양륙항으로 하여 선적항을 출발한 선박이 최초의 양륙항에 도착하기 전에 양륙항을 선택할 수 있도록 발행된 B/L
⑲ 보관선하증권(Custody B/L) : 화물이 운송인에게 인도되었으나 당해 화물을 선적할 선박이 입항하지 않은 상태에서 발행되는 선하증권

선하증권의 종류	
분류기준	종류
인수시점	선적선하증권(Shipped B/L), 수취선하증권(Received B/L)
화물상태	사고부 선하증권(Dirty/Foul B/L), 무사고부 선하증권(Clean B/L)
수화인 지명방식	기명식 선하증권(Straight B/L), 지시식 선하증권(Order B/L)
이면약관 기재여부	Long Form B/L(정식선하증권), Short Form B/L(약식선하증권)

[출제유형] 2023년 제27회

해상화물운송장을 위한 CMI통일규칙(1990) 내용의 일부이다. ( )에 들어갈 내용을 올바르게 나열한 것은? (단, 대/소문자는 고려하지 않는다.)

○ These Rules may be known as the CMI Uniform Rules for Sea Waybills.
In these Rules :
• (ㄱ) and (ㄴ) shall mean the parties so named or identified in the contract of carriage.
• (ㄷ) shall mean the party so named or identified in the contract of carriage, or any persons substituted as (ㄷ) in accordance with Rule 6.

❶ ㄱ : carrier   ㄴ : shipper
   ㄷ : consignee
② ㄱ : carrier   ㄴ : consignee
   ㄷ : master
③ ㄱ : shipper   ㄴ : carrier
   ㄷ : master
④ ㄱ : shipper   ㄴ : consignee
   ㄷ : carrier
⑤ ㄱ : shipper   ㄴ : master
   ㄷ : carrier

[출제유형] 2017년 제21회

다음에서 설명하는 내용에 부합하는 선하증권은?

• 부산에 소재하는 중계무역상 A가 일본에 있는 B로부터 물품을 구매하여 영국에 있는 C에게 판매하고자 한다.
• 이를 위해 동경에서 부산으로 물품을 반입하여 포장을 변경한 다음 영국행 선박에 적재하였다.
• A는 이 물품에 대해 송화인과 수화인, 통지처 등의 사항을 변경한 선하증권을 선사로부터 다시 발급받았다.

❶ Switch B/L
② Red B/L
③ Transhipment B/L
④ Surrender B/L
⑤ Countersign B/L

[출제유형] 2018년 제22회

선적서류보다 물품이 먼저 목적지에 도착하는 경우, 수입화주가 화물을 조기에 인수하기 위해 사용할 수 있는 서류는?

ㄱ. On-board B/L
ㄴ. Order B/L
ㄷ. Sea waybill
ㄹ. Third party B/L
ㅁ. Through B/L
ㅂ. Surrender B/L

① ㄱ, ㄴ
② ㄱ, ㅂ
③ ㄷ, ㄹ
❹ ㄷ, ㅂ
⑤ ㄹ, ㅁ

[출제유형] 2019년 제23회

선하증권에 관한 설명으로 옳지 않은 것은?

❶ Straight B/L은 송화주에게 발행된 유통성 선하증권을 송화주가 배서하여 운송인에게 반환함으로써, 선하증권의 유통성이 소멸된 B/L을 말한다.
② Clean B/L은 선박회사가 인수한 물품의 명세 또는 수량 및 포장에 하자가 없는 경우 발행되는 B/L이다.
③ Long Form B/L은 선하증권의 필요 기재사항과 운송약관이 모두 기재되어 발행되는 B/L을 말한다.
④ Custody B/L은 화물이 운송인에게 인도되었으나 당해 화물을 선적할 선박이 입항하지 않은 상태에서 발행되는 B/L을 말한다.
⑤ Stale B/L은 선하증권의 제시 시기가 선적일 후 21일이 경과하는 등 필요 이상으로 지연되었을 때 그렇게 지연된 B/L을 말한다.

CMI(Committe Maritime International, 국제해사위원회, 1990) Uniform Rules for Sea Waybills
1. Scope of Application
These Rules shall be called the CMI Uniforms Rules for Sea Waybills.
They shall apply when adopted by a contract of carriage which is not covered by a bill of lading or similar document of title, whether the contract be in writing or not.
2. Definitions
In these Rules :
"Contract of carriage" shall mean any contract of carriage subject to these Rules which is to be performed wholly or partly by sea.
"Goods" shall mean any goods carried or received for carriage under a contract of carriage.
"Carrier" and "Shipper" shall mean the parties named in or identifiable as such from the contract of carriage.
"Consignee" shall mean the party named in or identifiable as such from the contract of carriage, or any person substituted as consignee in accordance with Rule 6(i).
"Right of Control" shall mean the rights and obligations referred to in Rule 6.

3 선하증권의 법정 기재사항

관련사항	기재사항
선적화물	① 운송품명(Description of Commodity) ② 중량(Weight) ③ 용적(Measurement) ④ 개수(Number of Packages) ⑤ 화물의 기호(Marks & Nationality)
계약당사자	⑥ 송화인(Name of The Shipper) ⑦ 수화인(Name of The Consignee)
수출품 선적	⑧ 선적항(Port of Shipment) ⑨ 양륙항(Port of Destination) ⑩ 선박명과 국적(Name of The Ship & Nationality) ⑪ 선장명(Name of The Master of Vessel) ⑫ 운송비(Freight Amount)
선하증권 발행	⑬ 선하증권의 작성 통수(Number of B/L Issued) ⑭ 선하증권 작성지 및 작성년월일(Place And Date of B/L Issued)

상법상 선하증권의 기재사항(상법 제853조 제1항)
• 선박의 명칭・국적 및 톤수
• 송하인이 서면으로 통지한 운송물의 종류, 중량 또는 용적, 포장의 종별, 개수와 기호
• 운송물의 외관상태
• 용선자 또는 송하인의 성명・상호
• 수하인 또는 통지수령인의 성명・상호
• 선적항
• 양륙항
• 운 임
• 발행지와 그 발행연월일
• 수통의 선하증권을 발행한 때에는 그 수
• 운송인의 성명 또는 상호
• 운송인의 주된 영업소 소재지

4 선하증권의 임의 기재사항

① 통지처(Notify Party)
② 본선의 항차 번호(Voyage No.)
③ 운임의 지불지 및 환율
④ 선하증권번호(B/L No.)
⑤ 일반약관(General Clause) 또는 면책약관(Exceptions)
⑥ 스탬프약관(Stamp Clause)
⑦ 비고(Remark)

> **선하증권 이면에 표기되어 있는 부지약관(Unknown Clause)**
> - 이 증권 전면에 나와 있는 기호, 번호, 명세, 품질, 수량, 치수, 중량, 부피, 성질, 종류, 가액 및 기타 물품의 명세는 상인이 신고한 대로이며, 운송인은 그것의 정확성에 대해서 책임을 지지 않는다.
> - 상인은 그가 신고한 상세명세가 정확하다는 것을 운송인에게 담보하며, 그것의 부정확성으로 인하여 발생하는 모든 멸실, 손해, 비용, 책임, 벌과금, 과태료에 대해서 운송인에게 보상한다.

5 선하증권 대체서류

① 해상화물운송장(SWB : Sea Waybill)
 ㉠ 해상화물운송장은 운송계약의 추정적 증거서류
 ㉡ 해상화물운송장에는 그 운송장과 상환으로 물품을 인도한다는 취지의 문언이 없음
 ㉢ 송화인은 수화인이 인도를 청구할 때까지 수화인을 자유롭게 변경할 수 있음
 ㉣ 해상화물운송장 사용 시 그 운송장의 제출 없이도 운송인은 수화인에게 화물 인도 가능
 ㉤ 해상화물운송장을 이용한 화물의 전매는 불가능
② 수입화물선취보증장(L/G : Letter of Guarantee)
 ㉠ 수입화물은 도착하였으나 운송서류 미도착으로 화물의 인수가 불가능할 때, 동 화물의 인수와 관련한 모든 책임을 은행이 진다는 내용의 보증서
 ㉡ 수입상과 신용장 개설은행이 연대 보증한 서류를 선박회사에 제출하여 수입화물을 인도받을 수 있도록 하는 서류
 ㉢ 선하증권이 도착하면 이를 지체 없이 선박회사에 제출할 것을 명시
 ㉣ 수입화물선취보증서에 의해 인도된 화물에서 발생되는 모든 손해는 화주 및 보증은행 책임
 ㉤ 양륙지에서 지급되는 추가운임 및 기타 비용과 선적지에 있어서의 미납선임 및 비용일체를 부담할 것 등을 신용장 발행은행이 보증하는 내용

[출제유형] 2024년 제28회

우리나라 상법상 선하증권 법정기재사항을 모두 고른 것은?

ㄱ. 선박의 명칭, 국적 및 톤수
ㄴ. 운임지불지 및 환율
ㄷ. 선하증권번호
ㄹ. 본선항해번호
ㅁ. 용선자 또는 송하인의 성명·상호
ㅂ. 수하인 또는 통지수령인의 성명·상호

① ㄱ, ㄴ, ㄷ
② ㄱ, ㄷ, ㄹ
❸ ㄱ, ㅁ, ㅂ
④ ㄴ, ㄹ, ㅂ
⑤ ㄴ, ㅁ, ㅂ

[출제유형] 2021년 제25회

해상화물운송장에 관한 설명으로 옳지 않은 것은?

① 해상화물운송장에는 그 운송장과 상환으로 물품을 인도한다는 취지의 문언이 없다.
❷ 해상화물운송장은 운송 중에 양도를 통해 화물의 전매가 가능하다.
③ 송화인은 수화인이 인도를 청구할 때까지 수화인을 자유롭게 변경할 수 있다.
④ 해상화물운송장은 운송계약의 추정적 증거서류이다.
⑤ 해상화물운송장을 사용하는 경우 그 운송장의 제출 없이도 운송인은 수화인에게 화물 인도가 가능하다.

핵심테마 16 국제해상운송 관련기구와 국제조약

[출제유형] 2023년 제27회

다음 중 해상운송과 관련된 국제조약을 모두 고른 것은?

ㄱ. Hague Rules(1924)
ㄴ. Warsaw Convention(1929)
ㄷ. CMR Convention(1956)
ㄹ. CIM Convention(1970)
ㅁ. Hamburg Rules(1978)
ㅂ. Rotterdam Rules(2008)

① ㄱ, ㄴ, ㄷ
❷ ㄱ, ㅁ, ㅂ
③ ㄴ, ㄷ, ㄹ
④ ㄷ, ㄹ, ㅁ
⑤ ㄷ, ㄹ, ㅂ

1 국제해상운송 관련 주요기구

구 분	내 용
국제해사기구 (IMO)	• 해운과 조선에 관한 국제적인 문제들을 다루기 위해 설립된 국제연합의 산하 기관이고 각국의 정부만이 회원 자격이 있는 정부 간 기구로 정부 간 해사기술의 상호협력, 해사안전 및 해양오염방지대책 수립 등을 목적으로 설립 • 영국 런던에 본부를 두고 있으며, 169개 국가가 정회원으로, 3개 국가가 준회원으로 가입
국제해사법위원회 (CMI)	• 해상법(海商法)·해사관련 관습·관행 및 해상실무의 통일화에 기여하기 위하여 1897년 벨기에 앤트워프에서 창설된 민간국제기구 • 해상법의 연구를 통하여 국제협약 및 각국의 입법에 영향을 주고 있으며, 국제해사기구(IMO)에서 채택되는 각종 협약 가운데 해상운송과 선박소유자의 책임관계·선박소유권 이전관계·선박채권 등과 관련된 협약 제정 • 우리나라의 경우 1981년 한국해법회에 가입
국제연합무역개발회의 (UNCTAD)	• 1964년 UN총회의 결의에 의거하여 개발도상국의 경제발전을 촉진할 목적으로 설립된 UN산하의 전문기구 • 1974년 정기선동맹의 행동규범에 관한 협약, 1978년 유엔해상물운송조약(Hamburg Rule), 1980년 유엔국제복합운송조약 등
아시아·태평양 경제이사회(ESCAP)	1947년 극동지역국가들의 경제부흥을 목적으로 설립된 UN경제사회이사회 산하의 4개 지역 경제위원회 중 하나
국제해운회의소 (ICS)	• 각국의 선주협회들이 선주들의 권익옹호 및 상호협조를 목적으로 1921년 런던에서 설립된 국제민간기구 • 우리나라 선주협회는 1979년에 정회원으로 가입
국제해운연맹 (ISF)	• 선원문제에 관한 선주의 권익보호와 자문을 위해 1909년 창설된 민간기구로 런던에 그 본부가 있음 • ISF는 당초 유럽 선진해운국의 선주협회를 중심으로 구성되었으나 1919년 국제노동기구(ILO)의 창설 이후 국제운수노동자연맹(ITF)의 활동에 효율적으로 대처하기 위해 그 기능과 조직을 대폭 개편 • 선원의 모집, 자격규정, 사고방지, 노동조건 등 여러 가지 선원문제에 대하여 각국 선주의 의견을 집약
발틱 국제해사협의회 (BIMCO)	• 1905년에 발틱해와 백해지역의 선주들의 이익을 위하여 창설 • BIMCO는 순수한 민간단체로 국제해운의 경제적·상업개입 협조에 주력 • 1906년 정기(기간)용선계약서의 양식인 'Baltime Form'을 제정
국제표준화기구 (ISO)	• 물자와 서비스의 원활한 교류와 과학기술 및 경제발전을 위한 세계 각국의 상호협력을 전제로 상품 및 용역의 국제 간 교환촉진과 지적·학문적·기술적·경제적 활동분야의 협력증진 및 세계 표준화와 규격화, 관련활동의 촉진 등을 목적으로 1947년 영국 런던에 설립된 비정부 간 기구 • 국제품질인증규격(ISO 9000), 국제환경인증규격(ISO 14000), 국제환경표준화제도(ISO 18000) 등이 있음
국제운수노동자연맹 (ITF)	편의치적선에 승선하는 선원의 보호와 임금과 노동조건에 관한 국제협약을 체결하고 공정한 실행 여부에 관한 검사활동 및 국제협약의 준수상황을 점검하는 역할을 수행

2 해상운송에 관한 국제조약

① 헤이그 규칙(Hague Rules)
  ㉠ 선주와 화주의 이해관계를 조정하고 해상운송에 관해 국제적인 통일을 기하기 위해서 국제법협회(International Law Association), 국제해사위원회(International Maritime Committee) 등이 중심이 되어 국제 통일법의 제정 촉구를 결의한다.
  ㉡ 1921년 네덜란드 헤이그에서 선하증권의 이면 약관에 삽입하도록 권장한다.
  ㉢ 제5차 해상법에 관한 국제회의에서 '선하증권에 관한 통일규칙을 위한 국제조약(International Convention for the Unification of Certain Rules of Law Relating to Bills of Lading)'이 채택되었다.
  ㉣ 1931년 6월 2일부터 이를 비준한 국가 간에는 이 통일조약이 유효하게 되었고 이는 Hague 규칙을 모체로 만들었다고 해서 오늘날 헤이그 규칙으로 불린다.
  ㉤ Carrier includes the owner or the charterer who enters into a contract of carriage with a shipper(운반인은 선주 또는 화주와 운반 계약을 맺은 용선 계약자를 포함).
  ㉥ 내 용
    • 해상운송인의 책임을 상업상 과실과 항해상 과실 두 가지로 나누었으며, 상업상 과실의 경우 해상운송인이 엄격한 책임을 지지만, 항해상 과실의 경우 책임을 면한다.
    • 선하증권의 문언성을 부정하고 단순히 일단의 증거력을 인정하는 등 선주와 화주 간의 이해관계 대립의 조정을 내용으로 한다.
    • 운송인의 화물에 대한 배상책임한도에 관하여 선하증권통일조약은 화물의 '포장물 또는 단위(Package or Unit)'당 100 Sterling Pound 또는 이와 동등한 금액으로 정한다.

② 헤이그-비스비 규칙(Hague-Visby Rules)
  ㉠ 헤이그 규칙의 제정 이후 40여 년이 지난 1968년 2월 23일에 '선하증권통일조약 개정의정서'인 소위 비스비 규칙이 채택되었다.
  ㉡ 이 조약은 운송인의 책임에 관하여 면책을 규정한 반면 운송품의 선적·수급·적부·운송·보관·관리·양륙 등에 관한 과실, 즉 상업과실에 관해서는 면책특약을 무효로 한다.
  ㉢ 운송인의 포장당 책임한도액을 기존 100파운드에서 1만 프랑(Franc)으로 인상하고, 화물 중량 1kg에 대하여 30프랑으로 계산된 총액을 산출하여 많은 쪽을 운송인의 책임한도로 삼도록 한다.
  ㉣ 운송인의 배상책임 제한은 물품의 파손이 운송인의 의도적인 작위 또는 부작위에 의하여 발생한 경우, 운송인이 물품의 파손을 예측하는 경우에는 적용되지 않는다.

③ 함부르크 규칙(Hamburg Rules)
  ㉠ 개발도상국들이 화주들의 권익 보장을 UN 무역개발회의(UNCTAD)에서 주장하였고, 1978년 3월 독일에서 'Hamburg Rules'라 불리는 'UN 해상물품운송조약(United Nations Convention on the Carriage of Goods by Sea, 1978)'이 채택되었다.
  ㉡ 특징 : 해상운송에서 약자의 위치에 있는 선박을 소유 내지 운영하고 있지 아니하는 개발도상국 화주의 입장을 강화함으로써 운송인의 책임을 강화하였다.

[출제유형] 2017년 제21회

Hamburg Rules(1978)의 일부이다. ( )에 들어갈 용어로 옳은 것은?

"( )" means any person by whom or in whose name a contract of carriage of goods by sea has been concluded with a shipper.

① Actual carrier
❷ Carrier
③ Chief mate
④ Master
⑤ Consignee

[출제유형] 2019년 제23회

로테르담 규칙의 내용에 관한 설명으로 옳지 않은 것은?

① 해공복합운송 및 해륙복합운송에 대해서도 적용된다.
② 해상화물운송장 및 전자선하증권이 발행되는 경우에도 적용된다.
❸ 인도 지연으로 인한 손해에 대해서는 규정하고 있지 않다.
④ 운송인은 항해과실로 인해 발생한 손해에 대해서도 책임을 부담한다.
⑤ 운송인의 감항능력주의 의무는 전체 해상운송기간에 대해서까지 확대된다.

[출제유형] 2024년 제28회

운송인의 책임한도에 관한 설명으로 옳지 않은 것은?

	국제협약·법령	손해배상 한도
①	Hague Rules(1924)	포장당 또는 선적단위당 100파운드 또는 동일 금액의 타국통화
②	Hague-Visby Rules(1968)	포장당 또는 선적단위당 666.67SDR 또는 kg당 2SDR 중 높은 금액
③	Hamburg Rules(1978)	포장당 또는 선적단위당 835SDR 또는 kg당 2.5SDR 중 높은 금액
❹	Rotterdam Rules(2008)	포장당 또는 선적단위당 875SDR 또는 kg당 4SDR 중 높은 금액
⑤	우리나라 상법(2020)	포장당 또는 선적단위당 666.67SDR 또는 kg당 2SDR 중 높은 금액

④ 로테르담 규칙(Rotterdam Rules)
  ㉠ 국제해상물건운송계약에 관한 UNCITRAL조약[UN협약(United Nations Convention on Contracts for the International Carriage of Goods Wholly or Partly by Sea)]
  ㉡ 해상운송을 수반하는 복합운송(Door to Door)으로 확대
  ㉢ 복합운송(Door to Door)에 부응하는 해결책 제시
  ㉣ 운송인의 운송물에 대한 책임을 강화한 규칙
  ㉤ 대량 정기화물 운송계약에 대한 당사자 간 계약자유 허용
  ㉥ 항해과실 면책의 폐지 및 책임한도액의 인상

⑤ 볼레로 시스템에 의한 전자식선하증권
  ㉠ 볼레로(BOLERO : Bill Of Lading Electronic Registry Organization)
    • 선하증권을 비롯한 선적서류를 전자화하여 이를 상업적으로 운영하는 시스템이다.
    • 1994년 무역 거래에 필요한 종이 서류를 전자메시지로 전환하여 안전하게 교환할 수 있는 기반을 제공하는 것을 목표로 한다.
    • 볼레로 시스템은 선하증권 외에 무역서류 전반을 전자화하여 무역 거래의 효율성을 향상시킨다.
  ㉡ 선하증권의 권리이전과정
    • 전자식선하증권은 당사자 간의 약정에 의해 유통되므로 송화인과 운송인 간에는 권리이전에 관하여 송화인의 지시에 따른다는 조항을 포함한 운송계약을 체결한다.
    • 송화인의 화물에 대한 권리를 수화인에게 이전하고자 하는 경우 운송인에게 차후로는 수화인의 지시를 받도록 지시한다.
    • 운송인은 이를 확인한 후 수화인에게 화물을 점유하고 있다는 사실과 함께 수화인의 인도 지시만 받는다는 것을 통지한다.
    • 권리이전 과정에서는 단순히 물품의 청구권뿐만 아니라 운송 계약상의 권리 의무가 모두 이전되어 송화인과 운송인과의 계약조항이 수화인과 운송인 간에도 동일하게 적용된다.

⑥ 국제조약상 운송인의 책임한도

국제협약·법령	손해배상 한도
Hague Rules(1924)	포장당 또는 선적단위당 100파운드 또는 동일 금액의 타국통화
Hague-Visby Rules(1968)	포장당 또는 선적단위당 666.67SDR 또는 kg당 2SDR 중 높은 금액
Hamburg Rules(1978)	포장당 또는 선적단위당 835SDR 또는 kg당 2.5SDR 중 높은 금액
Rotterdam Rules(2008)	포장당 또는 선적단위당 875SDR 또는 kg당 3SDR 중 높은 금액
우리나라 상법(2020)	포장당 또는 선적단위당 666.67SDR 또는 kg당 2SDR 중 높은 금액

핵심테마 17 해상보험의 용어

PART 3 국제물류론 / Chapter 04 국제해상보험

1 해상보험의 주요용어

구 분	내 용
보험증권 (Policy)	• 보험계약의 성립과 그 내용을 증명하기 위하여 계약의 내용을 기재하고 보험자가 기명날인하여 보험계약자에게 교부하는 증권 • 보험증권은 계약 성립의 요건도 아니며, 보험자만 기명날인하는 것이므로 계약서도 아님
보험약관 (Clauses)	• 보험자가 미리 작성한 보험계약의 내용을 이루는 조항 • 일반적이고 표준적인 것은 보통약관, 별도로 특정 사항을 약정한 약관은 특별보험약관
피보험목적물 (Subject Matter Insured)	위험발생의 객체로서, 해상보험에서는 화물 또는 선박
피보험이익 (Insurable Interest)	• 피보험목적물과 특정인, 즉 피보험자와의 이해관계가 있는 목적물이 보험보호의 대상 • 불확실한 사고로부터 재산상의 손해를 보상받을 수 있는 이익을 의미함 • 피보험이익이 없다면 보험계약을 체결할 수 없고, 보험계약 형식을 갖췄다고 해도 그 계약의 효력은 발생할 수 없음 • 피보험이익은 적법해야 함 • 해상보험계약에서 보호되는 것은 피보험목적물이 아니라 피보험이익 • 피보험이익은 금전으로 산정할 수 있는 경제적 이익이어야 함 • 피보험이익은 계약체결 당시에 확정되어 있어야 하는 것은 아니지만, 적어도 보험사고가 발생할 때까지는 확정할 수 있어야 함
보험금액 (Insured Amount)	실제로 부보된 금액이며, 보험자가 손해 발생 시 부담하는 최고 금액
보험금 (Claim Amount)	• 실질적인 보상금액 • 해상보험에서 보험계약자가 전부보험(Full Insurance)으로 부보하고 화물이 전손을 당하면 보험금은 보험금액과 동일함
보험료 (Insurance Premium)	보험자가 위험을 담보하는 대가로 피보험자 또는 보험계약자가 보험자에게 지급하는 금전
보험기간 (Duration of Risk)	• 보험기간은 보험자의 위험부담 책임의 존속기간 • 보험자는 보험기간 내에 발생한 담보위험에 의하여 야기된 손해를 보상 • 보험기간은 보험자가 피보험목적물에 대하여 자신의 위험부담 책임이 존속되는 시간적·공간적 한계
위 험	피보험목적물에 손해를 초래할 가능성이 있는 요소
손 해	위험의 결과로 피보험목적물의 전부 또는 일부가 소멸하거나 손상을 입는 것
대위 (Subrogation)	보험자가 보험금을 지급한 경우 피보험자가 보험의 목적에 대해 가지는 권리 또는 제3자에게 가지는 권리를 보험자가 승계하는 행위
공동보험 (Coinsurance)	여러 명의 보험자가 보험 가입자의 위험에 대해 공동으로 책임을 지는 경우로 보험가액이 보험금액의 합계액을 초과하는 경우
중복보험 (Double Insurance)	다수의 보험자가 같은 피보험이익에 대해 공통으로 손해보험을 체결한 경우 그 보험금의 총액이 보험가액을 초과하는 경우
고지의무 (Duty of Disclosure)	피보험자 또는 보험계약자가 알고 있는 모든 중요한 사항을 계약이 성립되기 이전에 보험자에게 고지하는 것
손해 방지 비용 (Sue and Labor Charge)	보험 목적의 손해를 방지 또는 경감하기 위하여 피보험자 또는 그의 사용인 및 대리인이 지출한 비용
담보 (Warranty)	보험계약자(피보험자)가 반드시 지켜야 할 약속으로서, 피보험자가 담보를 위반한 때에는 보험자는 면책

[출제유형] 2017년 제21회

해상보험에서 피보험이익에 관한 설명으로 옳지 않은 것은?

① 피보험이익은 적법하여야 한다.
❷ 피보험이익은 보험계약을 체결할 당시 반드시 확정되어 있어야 한다.
③ 피보험이익은 선적화물, 선박 등 피보험목적물에 대하여 특정인이 갖는 이해관계를 말한다.
④ 해상보험계약에서 보호되는 것은 피보험목적물이 아니라 피보험이익이라 할 수 있다.
⑤ 피보험이익은 경제적 이익, 즉 금전으로 산정할 수 있어야 한다.

[출제유형] 2023년 제27회

해상보험계약의 용어 설명으로 옳지 않은 것은?

① Warranty란 보험계약자(피보험자)가 반드시 지켜야 할 약속을 말한다.
② Duty of disclosure란 피보험자 등이 보험자에게 보험계약 체결에 영향을 줄 수 있는 모든 중요한 사실을 알려주어야 할 의무를 말한다.
③ Insurable interest란 피보험자가 보험의 목적물에 대하여 가지는 권리 또는 이익으로 피보험자와 보험의 목적과의 경제적 이해관계를 말한다.
④ Duration of insurance란 보험자의 위험부담 책임이 시작되는 때로부터 종료될 때까지의 기간을 말한다.
❺ Insured amount란 피보험위험으로 인하여 발생한 손해를 보험자로부터 보상받는 대가로 보험 계약자가 보험자에게 지급하는 수수료를 말한다.

핵심테마 18 해상손해

PART 3 국제물류론 / Chapter 04 국제해상보험

PLUS
위부(委付, Abandonment)
추정전손이 발생했을 때 피보험자가 피보험물에 대해 갖는 일체의 권리를 보험자에게 이전하여 보험금의 전액을 청구하는 제도

[출제유형] 2023년 제27회
해상손해의 종류 중 물적 손해에 해당하지 않는 것은?
① 보험목적물의 완전한 파손 또는 멸실
② 보험목적물의 일부에 발생하는 손해로서 피보험자 단독으로 입은 손해
❸ 보험목적물에 해상위험이 발생한 경우 손해방지의무를 이행하기 위해 지출되는 비용
④ 보험목적물이 공동의 안전을 위하여 희생되었을 때 이해관계자들이 공동으로 분담하는 손해
⑤ 선박의 수리비가 수리 후의 선박 가액을 초과하는 경우

1 해상손해의 개념

구 분	내 용
정 의	해상손해는 보험의 목적인 적하, 선박 또는 운임 등에 해상위험이 발생함으로서 보험의 목적이 멸실, 손상되거나 점유를 상실함으로써 생기는 피보험자의 재산상의 불이익
종 류	• 담보위험과 손해의 인과관계에 따라 : 직접손해와 간접손해 • 손해의 정도에 따라 : 전손과 분손 • 손해의 성격에 따라 : 공동해손과 단독해손 • 피보험이익의 종류에 따라 : 물적 손해(전손, 분손), 비용손해, 책임손해

2 전 손

구 분	내 용
현실전손 (Actual Total Loss)	• 해상보험의 목적물이 현실적으로 전멸되거나 그 손해 정도가 상품가치를 완전히 상실해서 회복할 수 없는 경우(예 화재로 인한 선박의 전소, 해수로 인해 굳어버린 시멘트 등) • 선박 등이 상당한 기간 동안 행방불명이 되어 보험목적물의 점유권이 상실된 경우 • 현실전손의 경우 위부 통지를 할 필요가 없음
추정전손 (Constructive Loss)	• 화물의 전멸이 추정되는 경위의 손해 • 추정전손이 있을 경우 피보험자는 그 손해를 분손으로 처리할 수 있고, 보험의 목적물을 보험자에게 위부하여 그 손해를 현실전손으로 준하여 처리할 수 있음 • 위부의 통지를 정당하게 행하면 피보험자의 권리는 보험자가 위부의 승낙을 거부한다고 해도 피해를 입지 않음

현실전손의 예

화물의 현실전손	선박의 현실전손으로 인한 화물의 전손, 화물의 투하, 화물의 매각, 화물인도의 과실
선박의 현실전손	선박의 침몰, 선박의 좌초, 선박의 화재, 선박의 행방불명
운임의 현실전손	화물의 전손, 선박의 전손 및 항해불능

추정전손의 예

화물의 추정전손	화물의 소유권 박탈, 화물의 손상
선박의 추정전손	선박의 소유권 박탈, 선박의 손상

3 분손

구분	내용

단독해손
(Particular Average)
	보험목적물이 일부 멸실되거나 손상되어 그 손해를 피보험자가 단독으로 부담하는 손해
	• 적하품 단독해손
	  – 악천후에 의한 선박에 해수의 유입
	  – 선박의 장애물과 접촉
	  – 화재에 의한 화물의 분손
	  – 악천후에 의한 화물의 파손과 누손에 의한 손해
	• 선박의 단독해손
	  – 악천후에 의한 해수의 유입으로 갑판이 유실되어 선체에 입힌 손해
	  – 선내 화재로 인한 선박장비의 멸실과 선체에 미친 손해

공동해손
(General Average)
	• 개념 : 항해단체(선박, 화물 및 운임 중 둘 이상)에 공동위험이 발생한 경우 그 위험을 피하거나 경감하기 위하여 선체나 장비 및 화물의 일부를 희생시키는 것
	• 성립요건
	
	┌─────────┬──┐
	│ 이례성 │ 공동해손행위로 발생하는 선체, 장비, 화물 등의 희생손실이나 비용손실은 이례적일 것 │
	│ 임의성 │ 공동해손행위는 어떤 목적을 가지고 자발적으로 이루어질 것(우연히 일어나는 행위는 인정 ×) │
	│ 합리성 │ 공동해손행위와 그에 기인한 손해와 비용은 모두 합리적일 것(선박이나 적하에 대한 불합리한 행위는 인정 ×) │
	│ 위험의 현실성 │ 위험이 현재 절박하게 닥쳐오는 위험이나 이미 발생한 위험일 것 │
	│ 위험의 공통성 │ 현실적인 위험은 해상사업에 관련되는 모든 단체에 위협적일 것(어느 한 당사자의 위험은 인정 ×) │
	└─────────┴──┘
	
	• 적격범위
	  – 공동해손희생손해 : 공동의 안전을 위하여 희생된 보험목적물(예 선체, 장비, 화물 등)의 전부 또는 일부를 희생시킴으로써 발생한 손실
	  – 공동해손비용손해 : 구조비, 피난항 비용, 임시수리비, 자금조달비용 등
	
	> There is a general average act when, and only when, any extraordinary sacrifice or expenditure is intentionally and reasonably made or incurred for the common safety for the purpose of preserving from the peril the property involved in a common maritime adventure.
	
	공동해손행위는 공동의 항해 사업에 관련된 재산을 위험으로부터 보존할 목적으로 공동의 안전을 위하여 고의적이고 합리적으로 이례적인 희생 또는 비용을 행하거나 지출한 경우에 한하여 성립한다.

요크-앤트워프규칙(York-Antwerp Rules)
공동해손이 발생한 경우 손해 및 비용의 처리를 위해 사용되는 국제규칙으로, 공동해손에 관한 국제적 통일규정이 필요하게 되어 1890년에 제정되었다.

[출제유형] 2021년 제25회

위부(Abandonment)에 관한 설명으로 옳지 않은 것은?

① 위부의 통지는 피보험자가 손해를 추정전손으로 처리하겠다는 의사표시이다.
② 위부는 피보험자가 잔존물에 대한 모든 권리를 보험자에게 이전하고 전손보험금을 청구하는 행위이다.
③ 피보험자의 위부통지를 보험자가 수락하게 되면 잔존물에 대한 일체의 권리는 보험자에게 이전된다.
④ 피보험자가 위부통지를 하지 않으면 손해는 분손으로 처리된다.
❺ 보험목적물이 전멸하여 보험자가 회수할 잔존물이 없더라도 위부를 통지하여야 한다.

[출제유형] 2017년 제21회

해상손해에 관한 설명으로 옳지 않은 것은?

① 현실전손은 보험의 목적인 화물이 현실적으로 전멸한 상태로서, 예를 들면 화재로 인한 선박의 전소, 해수로 인해 고체로 변한 시멘트 등과 같이 보험의 목적이 멸실되어 상품의 가치가 완전히 없어진 것을 말한다.
❷ 추정전손은 현실전손이 아니나 정당한 위부의 통지 없이 피보험자가 보험자에게 전손에 대한 보험금을 청구함으로써 현실전손으로 전환되는 것이다.
③ 공동해손이 성립되기 위해서는 선박과 화물에 동시에 위험이 존재하여야 한다. 따라서 어느 한 쪽 이해당사자의 안전을 위한 비용지출은 공동해손 비용이 아니다.
④ 공동해손으로 인정되기 위해서는 그 공동해손 행위가 합리적이어야 하며, 선박이나 적하에 대한 불합리한 행위는 공동해손으로 인정되지 않는다.
⑤ 단독해손은 보험의 목적이 일부 멸실되거나 손상된 부분적인 손해에 대하여 손해를 입은 당사자가 단독으로 부담하는 손해이다.

➕ PLUS
구조비(Salvage Charge)
해난에 봉착한 재산에 발생할 가능성이 있는 손해를 방지하기 위하여 자발적으로 화물을 구조한 자에게 해상법에 의하여 지불하는 보수

[출제유형] 2022년 제26회
Marine Insurance Act(1906)에서 비용손해에 관한 설명으로 옳은 것은?

① 특별비용은 공동해손과 손해방지비용을 모두 포함한 비용을 말한다.
② 제3자나 보험자가 손해방지행위를 했다면 그 비용은 손해방지비용으로 보상될 수 있다.
③ 특별비용은 보험조건에 상관없이 정당하게 지출된 경우 보험자로부터 보상받을 수 있다.
④ 보험자의 담보위험 여부에 상관없이 발생한 손해를 방지하기 위해 지출한 구조비는 보상받을 수 있다.
❺ 보험목적물의 안전과 보존을 위하여 구조계약을 체결했을 경우 발생하는 비용은 특별비용으로 보상될 수 있다.

[출제유형] 2024년 제28회
Marine Insurance Act(1906)에 규정된 용어의 설명이다. ( )에 들어갈 용어로 옳은 것은?

( ) is a policy which describes the insurance in general terms, and leaves the name of the ship or ships and other particulars to be defined by subsequent declaration. The subsequent declaration or declarations may be made by indorsement on the policy, or in other customary manner.

① A valued policy
❷ A floating policy
③ A fixed policy
④ An open policy
⑤ An unvalued policy

4 비용손해

구 분	내 용
손해방지비용 (Sue and Labour Charge)	• 위험 발생가능성이 있는 경우에 보험목적물에 손해 방지 또는 경감을 위하여 피보험자 또는 그 사용인 및 대리인이 지출한 비용 • 특약이 없어도 당연히 보험자가 부담하는 것이 원칙 • 피보험자의 손해방지 및 경감의무 : 손해보험에서는 피보험자들로 하여금 보험목적물의 손해방지를 위하여 최선의 노력을 기울이도록 의무화함
구조비 (Salvage)	• 구조비란 구조자가 구조계약과는 상관없이 해상법상으로 회수할 수 있는 비용 • 구조행위의 대상 : 선박, 의장용구, 화물, 난파물, 운임 등과 화물에는 표류화물, 투하화물, 부표를 달아 투하한 화물 등이 포함
특별비용 (Particular Charge)	보험목적물의 안전 또는 보존을 위해 피보험자에 의하여 또는 피보험자를 위하여 소요되는 비용으로서 공동해손비용과 구조료 이외의 비용
손해조사비용 (Survey Fee)	손해가 발생하였을 경우 손해사정인에 의하여 손해의 원인 및 정도를 조사하는 데 소요되는 비용

MIA[Marine Insurance Act, 1906(영국해상보험법)]의 선명미상보험증권 규정
선명미상보험증권(A floating policy) : 보험계약에 관한 개괄적인 조건을 기술한 후 선박의 명칭과 그 밖의 항목은 추후 확정통지에 의해 확정되게 하는 보험증권으로, 추후 확정통지는 보험증권의 배서나 통상적인 방식으로 할 수 있음

A floating policy is a policy which describes the insurance in general terms, and leaves the name of the ship or ships and other particulars to be defined by subsequent declaration. The subsequent declaration or declarations may be made by indorsement on the policy, or in other customary manner.

PART 3 국제물류론 / Chapter 04 국제해상보험

핵심테마 19 해상보험약관

1 구 협회적하약관

구 분	내 용
구 성	구 약관은 S. G. Policy와 ICC약관이 합쳐져서 하나의 보험증권을 구성
보험자 담보위험	S. G. Policy상의 담보위험과 협회적하보험약관의 제5조인 담보위험약관에 따라 결정
제5조의 약정사항에 따른 분류	• 분손부담보조건(FPA조건) : 단독해손부담보조건이므로 S. G. Policy상의 담보위험으로 야기된 손해 중 현실전손, 추정전손, 공동해손 및 비용손해를 보상하나, 단독해손은 원칙적으로 보상하지 않음 • 분손담보조건(WA조건) : 보험자가 보통의 항해에 있어서 입는 보통 해상손해의 전부를 담보하는 보험조건 • 전위험담보조건(A/R조건) : All Risks 담보조건이라도 '외부적 사고' 및 '우발적 사고'가 가져오는 위험에 의한 손해(화물의 멸실·손상 또는 비용)에 해당하지 않는 손해는 담보하지 않음

2 신 협회적하약관

구 분		내 용
ICC(A)		포괄담보방식을 취하고 있으며, 이 조건의 보험자는 제4조, 5조, 6조 및 제7조의 면책위험을 제외하고 피보험목적물에 발생한 멸실, 손상 또는 비용 일체를 담보
	일반면책위험 (제4조)	• 피보험자의 고의적인 비행에 기인한 멸실·손상 또는 비용 • 보험목적의 통상의 누손, 중량 또는 용적상의 통상의 손실 및 통상의 자연소모 • 보험목적의 포장 또는 준비의 불완전 또는 부적합으로 인하여 발생한 멸실·손상 또는 비용 • 보험목적의 고유의 하자 또는 성질로 인하여 발생한 멸실·손상 또는 비용 • 지연이 피보험위험으로 인하여 발생된 경우일지라도 지연을 근인으로 하여 발생한 멸실·손상 또는 비용 • 본선의 소유자, 관리자, 용선자 또는 운항자의 지불 불능 또는 재정상의 채무불이행으로부터 생긴 멸실·손상 또는 비용 • 원자력 또는 핵의 분열 및 융합, 또는 이와 유사한 반응, 방사능이나 방사성물질을 응용한 무기의 사용으로 인하여 발생한 멸실·손상 또는 비용
	불내항 및 부적합면책위험 (제5조)	• 본선 또는 부선의 불내항 또는 피보험목적물의 안전운송에 부적당한 물품 • 합법적이지 못한 물품
	전쟁면책위험 (제6조)	• 전쟁, 내란, 혁명, 반역, 반란 등으로 인한 국내전투 또는 교전국에 의한 적대행위 • 포획, 나포, 억지 또는 억류와 이러한 행위 결과 • 유기된 기뢰, 어뢰, 폭탄, 기타 전쟁무기에 의한 발생
	동맹파업면책위험 (제7조)	• 동맹파업, 직장폐쇄, 노동쟁의, 폭동 또는 소요에 가담한 자에 의한 발생

[출제유형] 2019년 제23회

Institute Cargo Clause(A)(2009) 제4조 일반면책조항에 해당하지 않는 것은?

① 보험목적의 통상적인 누손, 통상적인 중량손 또는 용적손 또는 자연소모
② 보험목적의 고유의 하자 또는 성질로 인하여 발생한 멸실, 손상 또는 비용
③ 피보험자의 고의의 불법행위에 기인하는 멸실, 손상 또는 비용
❹ 피보험자가 본선의 소유자, 관리자, 용선자 또는 운항자의 파산 또는 재정상의 궁핍한 사정을 알지 못한 상태에서 부보하고 이 계약기간 중에 발생한 멸실, 손상 또는 비용
⑤ 원자력 또는 핵의 분열 및/또는 융합 또는 기타 이와 유사한 반응 또는 방사능이나 방사성물질을 응용한 무기 또는 장치의 사용으로 인하여 직접 또는 간접적으로 발생한 멸실, 손상 또는 비용

[출제유형] 2022년 제26회

ICC(A)(2009)의 면책위험에 해당하지 않는 것은?

① 보험목적물의 고유의 하자 또는 성질로 인하여 발생한 손상
② 포획, 나포, 강류, 억지 또는 억류(해적행위 제외) 및 이러한 행위의 결과로 발생한 손상
③ 피보험자가 피보험목적물을 적재할 때 알고 있는 선박 또는 부선의 불감항으로 생긴 손상
④ 동맹파업자, 직장폐쇄노동자 또는 노동쟁의, 소요 또는 폭동에 가담한 자에 의하여 발생한 손상
❺ 피보험목적물 또는 그 일부에 대한 어떠한 자의 불법행위에 의한 고의적인 손상 또는 고의적인 파괴

[출제유형]　　　　　　　2020년 제24회

ICC(C)(2009)에서 담보되는 손해는?

❶ 피난항에서의 화물의 양하(discharge)로 인한 손해
② 지진 또는 낙뢰에 인한 손해
③ 갑판유실로 인한 손해
④ 본선, 부선 또는 보관장소에 해수 또는 하천수의 유입으로 인한 손해
⑤ 선박 또는 부선의 불내항(unseaworthiness)으로 인한 손해

[출제유형]　　　　　　　2024년 제28회

Institute Cargo Clause(C)(2009)에서 담보하는 위험이 아닌 것은?

① 화재·폭발
② 본선·부선의 좌초·교사·침몰·전복
③ 육상운송용구의 전복·탈선
❹ 포장이나 준비의 불충분 또는 부적합으로 인한 손해
⑤ 피난항에서 화물의 양하

구분	내용		
ICC(A)	동맹파업면책위험 (제7조)	• 동맹파업, 직장폐쇄, 노동쟁의, 폭동 또는 소요의 결과 • 테러리스트 또는 정치적 동기에 의해 행동하는 자에 의한 손해		
ICC(B)	열거담보방식을 택하고 있으며, 이 약관은 제4, 5, 6 및 7조에 규정된 면책위험을 제외하고, 제1조에 열거된 위험에 의한 손해는 면책비율에 관계없이 담보 • 화재 또는 폭발 • 선박 또는 부선의 좌초, 침몰, 교사(Grounding) 또는 전복 • 육상운송용구의 전복 또는 탈선 • 선박, 부선 또는 운송용구와 물 이외의 다른 물질과의 충돌 또는 접촉 • 피난항에서의 화물의 하역 • 지진, 낙뢰, 화산의 분화 • 공동해손희생 손해 • 투하 또는 파도에 의한 갑판상의 유실 • 선박, 부선, 선창, 운송용구, 컨테이너, 지게차 또는 보관 장소에 해수 또는 호수, 강물의 유입 • 선적 또는 하역 작업 중의 해수면으로 낙하하여 멸실되거나 추락하여 발생된 포장 1개당 전손		
ICC(C)	• 열거 담보방식을 취하고 있으며, 제4, 5, 6조 및 제7조에 규정된 면책위험을 제외하고, 제1조에 열거된 위험에 의한 손해는 면책비율과 관계없이 담보 • ICC(C)는 ICC(B)에서 열거된 위험 가운데 지진, 화산의 분화, 낙뢰·갑판유실, 선박, 부선, 선창, 운송용구, 컨테이너, 지게차 또는 보관장소에 해수 또는 호수, 강물의 유입, 추락손 등은 담보되지 않음		

협회적하약관 A, B, C 담보위험 및 면책사항 비교

구분	내용	(A)	(B)	(C)
담보 위험	1. 화재, 폭발	O	O	O
	2. 선박의 좌초, 교사, 침몰, 전복	O	O	O
	3. 육상운송도구의 전복, 탈선	O	O	O
	4. 선박과 물 이외 타 물체와의 충돌, 접촉	O	O	O
	5. 피난항에서의 화물의 양하	O	O	O
	6. 지진, 분화, 낙뢰	O	O	×
	7. 공동해손희생	O	O	O
	8. 투하	O	O	O
	9. 갑판유실	O	O	×
	10. 선박 및 보관장소에서 해수, 하천수 유입	O	O	×
	11. 선적, 하역작업 중 바다에 떨어지거나 갑판에 추락한 포장 당 전손	O	O	×
	12. 상기 이외의 보험목적에 멸실 또는 손상을 발생시키는 일체의 위험	O	×	×
	13. 공동해손, 구조비(면책사항에 관련된 것은 제외)	O	O	O
	14. 쌍방과실충돌	O	O	O
면책 사항	1. 피보험자의 고의적인 위법행위	×	×	×
	2. 통상의 누손, 중량, 용적의 통상의 감소, 자연소모	×	×	×
	3. 포장, 준비의 불완전	×	×	×
	4. 보험목적의 고유의 하자, 성질	×	×	×
	5. 선박, 부선의 불내항, 선박, 부선, 운송용구, 컨테이너, 리프트밴의 부적합	×	×	×
	6. 지연	×	×	×
	7. 선주, 관리자, 용선자, 운항자의 파산, 재정상의 채무불이행	×	×	×
	8. 모든 또는 개개인의 악의가 있는 행위로 인하여 전체 또는 일부의 의도적인 손상, 파괴	O	×	×
	9. 원자핵분열 또는 원자핵융합 또는 동종의 반응 또는 방사능 또는 방사능물질을 이용한 병기의 사용에 의하여 발생한 멸실·손상 또는 비용	×	×	×

3 기타 부가 및 특별약관

① 부가약관

구 분	내 용
도난발하불착위험 (Theft, Pilferage & Non-Delivery)	도난, 좀도둑, 분실을 원인으로 한 포장 전체의 불착
투하 및 갑판유실위험 (JWOB : Jettison and/or Washing Overboard)	• 원목, 차량, 생동물 등은 갑판에 적재되는 경우가 있는데, 갑판상에 적재된 화물이 투하되거나 풍랑으로 유실되었을 때의 손해 • 원목의 경우 적하보험에 부보할 때에는 FPA+JWOB 조건으로 부보하는 것이 바람직하다.
우담수손 (Rain and/or Fresh Water Damage)	빗물·담수로 인한 손해를 담보하는 조건(WA조건하에서 Sea Water Damage는 보상되지만, Rain and Fresh Water Damage는 보상 안 됨)
타 화물과의 접촉위험 (Contact with Oil and/or Other Cargo)	기름, 니토, 산 등의 주로 선내의 청소 불충분으로 인한 오손 및 타 화물과의 접촉으로 인한 손해 담보
파손(Breakage)	파손으로 발생한 손해를 담보하는 조건
누손·중량부족위험 (Leakage and/or Shortage)	보험가입 화물의 누손, 화물의 수량, 중량 부족으로 인한 손해를 담보하는 조건으로 벌크화물에 주로 많이 발생
한습손, 열손위험 (Sweat and/or Heating)	선창, 컨테이너 내벽에 응결한 수분에 접촉함으로써 일어난 손해(Ship's Sweat), 직접 화물의 표면에 응결한 수분에 의한 손해(Cargo Sweat) 및 이상온도의 상승에 의하여 화물이 입은 손해(Heat Damage)를 담보하는 조건
갈고리에 의한 손해 (Hook and Hole)	하역작업 중 갈고리에 의한 손해를 담보하는 조건으로 섬유품, 잡화 등에 추가로 담보
곡손위험 (Denting and/or Bending)	접촉이나 충격이 심해서 화물의 표면이나 내부가 구부러지는 손해
오염위험 (Contamination)	잡물 및 타 화물과의 혼합이나 타 화물과의 접촉으로 발생하는 외견상의 더러움, 흠 및 악취의 흡착으로 인한 손해를 담보하는 조건
서식·충식위험 (Rate and/or Vermin)	곡물, 소맥분, 죽제품 등의 화물이 운송 도중 쥐나 곤충에 의한 손해를 담보하는 조건
곰팡이손위험 (Mildew and Mould)	습도의 증가로 곰팡이 및 기타 미생물에 의한 손해를 담보하는 조건
녹손위험(Rust)	기계류, 철물 등의 화물이 습도의 증가로 녹이 스는 경우 또는 해수, 담수, 빗물 등으로 녹이 스는 경우도 있는데 이러한 손해를 담보하는 조건

[출제유형] 2014년 제18회

해상보험에 관한 설명으로 옳지 않은 것은?

① 해상적하보험에는 구협회적하약관(Old Institute Cargo Clause)과 신협회적하약관(New Institute Cargo Clause) 등이 있다.
② 소손해 면책약관(Franchise)은 경미하게 발생한 손해에 대하여는 보험자가 보상하지 않도록 규정한 특별약관이다.
③ 담보위험(Risks Covered)이란 보험자가 부담하는 위험으로, 당해 위험으로 발생한 손해에 대하여 보험자가 보상하기로 약속하는 위험을 말한다.
❹ 피보험이익(Insurable Interest)이란 피보험자가 실제로 보험에 가입한 금액으로 손해발생 시 보험자가 부담하는 보상책임의 최고액을 말한다.
⑤ 공동해손(General Average)이란 보험목적물이 공동의 안전을 위하여 희생되었을 때, 이해관계자가 공동으로 그 손해액을 분담하는 손해를 말한다.

[출제유형] 2018년 제22회

해상보험에서 적하보험 부가조건으로 옳지 않은 것은?

① TPND
② JWOB
③ RFWD
④ Sweat & Heating
❺ Refrigerating Machinery

② 기타 특별약관

구 분	내 용
원산지 손해약관 (Country Damage Clause)	수입면화의 원산지 손해를 담보하는 약관
기계류수선 특별약관 (Special Replacement Clause)	기계를 보험의 목적으로 하는 모든 계약에 첨부되어 있는 약관
냉동기관약관 (Refrigerating Machinery Clause)	주로 육류 및 생선 등이 운송 동안에 냉동기의 고장 및 파열에 연유해서 생기는 모든 멸실이나 손상을 담보
생동물약관 (Livestock Clause)	생동물의 사망을 담보하는 약관으로, 검역소에서 30일 한도로 담보, 최종목적지의 수화주에게 인도될 때까지와 도착 후 7일 동안에 발생된 사망위험까지 담보
상표약관 (Label Clause)	캔, 통조림, 병통조림, 술 등 라벨이 붙은 화물에는 원칙적으로 이 약관이 첨부
갑판적 약관 (On Deck Clause)	• 위험요소가 큰 갑판적 화물에 적용하는 특별약관 • 발화성 액체, 독가스 등의 위험화물, 원목, 철강재, 격리운송 동물과 식물에 적용
소손해 면책약관 (Franchise)	경미하게 발생한 손해에 대하여는 보험자가 보상하지 않도록 규정한 특별약관

핵심테마 20 항공화물운송장의 법적 성질

1 항공화물운송장의 법적 성질 구분

구 분	내 용
유통성	• 항공화물운송장은 선하증권과 달리 양도성이나 유통성을 갖고 있지 않음 • 항공화물운송장에는 'Non Negotiable'라고 표시되어 있으며 유통이 금지된 '비유통증권'으로 발행 • 운송장의 원본 1 : 항공사용으로서 항공사가 운송계약의 증거로 보관하는 것일 뿐, 유통 목적의 유가증권이 아님 • 운송장의 원본 2 : 수화인용으로서 화물과 함께 도착지에 보내져서 항공사가 수화인에게 교부하는 것으로 유통의 목적이 아님 • 운송장의 원본 3 : 송화인용으로서 도착지에서 수화인이 항공사에게 화물의 인도를 청구할 때 원본의 제시를 필요로 하지 않지만, 송화인의 화물처분권에는 효력을 미침 • 항공화물운송장에 유가증권 자격을 부여하지 않는 이유는 항공화물이 신속하게 운송되어 수화인에게 전달하기 위함이며, 해상화물은 장시간 수송되므로 상품의 매매거래를 신속하게 하기 위하여 증권 자체를 매매의 대상으로 인정하는 것
지시증권	항공화물운송장상의 지시증권은 송화인이 운송인에게 운송계약의 이행에 필요한 세부사항을 항공화물운송장을 통하여 지시하는 의미
처분권 (Right of Disposition)	• 송화인의 처분권 : 송화인에게는 처분권이 인정, 수화인은 극히 제한된 처분권만 인정(불완전한 처분증권) • 수화인의 처분권 : 항공운송에 있어서 수화인의 처분권은 계약상의 청구권(증권상 처분권 ×)

증거증권	• 항공화물운송장은 단순한 증거증권 내지 화물수령증이므로 항공화물운송장 외의 다른 문서로써 운송계약의 내용을 입증해야 함(재산권 ×, 유통성 ×, 유가증권 ×)
	• 증거증권의 의미
	  - 항공운송계약이 존재한다는 사실
	  - 운송인이 운송을 위해 화물을 인수하였다는 사실
	  - 화물운송조건에 관한 증거
	• 항공화물운송장이 화물을 수령하였다는 증거이므로 일단 운송장에 서명이 된 후에는 화물을 수령하지 않음에 대한 거증책임은 운송인에게 있음

면책증권	항공화물운송장은 면책증권이므로 정당한 증권소지자에게 화물을 인도하면 그 책임을 면함
요식증권	• 항공화물운송장의 작성이 항공화물운송계약의 성립요건은 아니므로, 운송장 기재에 결함이 있더라도 그 자체가 무효가 되는 것이 아니라, 기재의 책임이 있는 당사자가 그에 따른 불이익을 받음 • 실무적으로는 대부분의 항공사가 IATA 표준항공화물운송장을 이용하지만 꼭 사용해야 하는 것은 아니며, 표준운송장을 수정·변경하여 사용하더라도 항공화물운송장의 법적 성질은 변하지 않음

[출제유형] 2022년 제26회

항공화물운송장에 관한 설명으로 옳지 않은 것은?

① 송화인은 항공화물운송장 원본 3통을 1조로 작성하여 화물과 함께 운송인에게 교부하여야 한다.
② 제1원본(녹색)에는 운송인용이라고 기재하고 송화인이 서명하여야 한다.
③ 제2원본(적색)에는 수화인용이라고 기재하고 송화인 및 운송인이 서명한 후 화물과 함께 도착지에 송부하여야 한다.
④ 제3원본(청색)에는 송화인용이라고 기재하고 운송인이 서명하여 화물을 인수한 후 송화인에게 교부하여야 한다.
❺ 송화인은 항공화물운송장에 기재된 화물의 명세·신고가 정확하다는 것에 대해 그 항공화물운송장을 누가 작성했든 책임을 질 필요가 없다.

[출제유형] 2022년 제26회

항공화물운송장과 선하증권을 비교한 표이다. ( )에 들어갈 내용을 순서대로 나열한 것은?

구 분	항공화물운송장	선하증권
주요 기능	화물수취증	유가증권
유통 여부	(ㄱ)	유통성
발행 형식	(ㄴ)	지시식 (무기명식)
작성 주체	송화인	(ㄷ)

① ㄱ : 유통성 ㄴ : 기명식
   ㄷ : 송화인
② ㄱ : 유통성 ㄴ : 기명식
   ㄷ : 운송인
③ ㄱ : 비유통성 ㄴ : 지시식
   ㄷ : 송화인
④ ㄱ : 비유통성 ㄴ : 지시식
   ㄷ : 운송인
❺ ㄱ : 비유통성 ㄴ : 기명식
   ㄷ : 운송인

[출제유형] 2023년 제27회

항공화물운송의 특성에 관한 설명으로 옳지 않은 것은?

① 대부분 야간에 운송이 집중된다.
② 신속성을 바탕으로 정시서비스가 가능하다.
❸ 여객보다 계절에 따른 운송 수요의 탄력성이 크다.
④ 화물추적, 특수화물의 안정성, 보험이나 클레임에 대한 서비스가 우수하다.
⑤ 적하를 위하여 숙련된 지상 작업이 필요하다.

2 항공화물운송의 특성

① 적시성
   ㉠ 항공운송이 가지는 최대의 장점인 신속성을 바탕으로 정시서비스(On-Time Operation Service)가 가능하고 야간의 운행으로 화물 인도(Over Night Delivery)가 가능하다.
   ㉡ 화물을 저녁 때까지 집하하여 탑재한 다음, 다음날 아침에 수화인에게 인도할 수 있어 긴급화물이나 부패성 화물의 운송에 가장 적합한 운송수단이다.
② 비계절성 : 항공화물은 여객보다 계절적인 영향을 적게 받는다(단, 꽃, 패션 제품, 크리스마스 상품 등 계절적 유행 상품은 예외).
③ 서비스의 완벽성 : 화주는 집하·인도·화물추적의 용이성, 특수 취급이 필요한 위험물품과 귀중품 등의 안전성, 기타 보험이나 클레임 업무의 편리성 등을 요구하는데 이에 대한 서비스가 타 운송보다 월등히 우수하다.
④ 지상 작업의 필요성 : 항공화물은 공항에서의 지상 작업이 필요하며, 항공화물의 적하를 위해서 숙련된 작업이 요구된다.

3 항공운송 운임 요율

① 일반화물요율(GCR : General Cargo Rate) : 모든 항공화물 운송 요금의 산정 시 기본이 되며 다음의 SCR 및 Class Rate의 적용을 받지 않는 모든 화물 운송에 적용하는 요율이다.

최저운임(Minimum Rate)	• 한 건의 화물운송에 적용할 수 있는 가장 적은 운임, 즉 화물의 중량 운임이나 용적운임이 최저운임보다 낮은 경우 적용되는 운임 • 요율표에 'M'으로 표시
기본요율(Normal Rate)	• 모든 화물의 요금에 기준이 되는 요율로 45kg 미만에 적용 • 요율표에 'N'으로 표시
중량단계별 할인요율 (Chargeable Weight)	• 45kg 이상의 경우 무게에 따라 다른 요율이 적용되며, 중량이 많아짐에 따라 낮은 요율이 적용 • 운항구역 또는 구역 간에 대하여 45kg 미만, 100kg, 200kg, 300kg, 500kg 이상의 각종 중량단계별로 운임을 설정하며, 일반적으로 중량단계가 높아짐에 따라 운임률 절감

② 특정품목 할인요율(SCR : Specific Commodity Rate)
   ㉠ 특정의 대형화물에 대해서 운송 구간 및 최저중량을 지정하여 적용하는 할인운임이다.
   ㉡ 화물 운송의 유형상, 특정 구간에서의 동종품목의 반복적 운송에 대하여 수요 제고를 목적으로 특정품목에 GCR보다 낮은 요율을 설정한 요율이다.
③ 품목분류 요율(CCR : Commodity Classification Rate)
   ㉠ 특정품목에 관하여 적용하는 할인 또는 할증운임률이다.
      • 할인운임(R) : 신문, 잡지, 정기간행물, 서류, 카탈로그, 비(非)동반 수하물 등
      • 할증운임(S) : 금, 보석, 화폐, 증권, 자동차, 생동물 등
   ㉡ 특정지역 간 또는 특정지역 내에서만 적용되는 경우도 있다.

④ 종가운임(Valuation Charge)
  ㉠ 화물의 가격을 기준으로 일정률을 운임으로 부과하는 방식이다.
  ㉡ 항공화물운송장에 화물의 실제 가격을 신고하면 화물운송사고가 발생했을 때 손해배상을 받는데, 이때 화물 가액의 일정 비율로부터 종가 요금이 가산되므로 결국 종가운임은 손해배상과 직접적인 관련이 있는 요금방식이다.

⑤ 단위탑재용기 요금(BUC : Bulk Unitization Charge)
  ㉠ 파렛트, 컨테이너 등 단위탑재용기(ULD)별 중량을 기준으로 요금을 미리 정해놓고 부과하는 방식이다.
  ㉡ 귀중품, 동물, 사체 및 IATA 위험물 규칙에 있는 제한 품목을 제외하고 모든 화물의 운송에 적용된다.
  ㉢ ULD 타입별로 한계중량을 설정한 후 요금을 책정해 지불하게 하는 요금방식이다.
  ㉣ BUC는 탑재용기의 형태 및 크기에 따라 상이하게 적용한다.
  ㉤ 단위탑재용기의 단위 운임은 기본운임과 초과 중량 요율로 구성되며 기본운임 초과 시 화물의 중량과 한계중량의 차액에 1kg당 요율로 표시된 초과 중량 요율을 곱한 운임을 기본운임에 가산하여 전체운임으로 하게 된다.

⑥ 항공화물 부대운임

Disbursement fee (입체지불수수료)	• 송하인 또는 그 대리인이 선지급한 비용으로 수하인이 부담하는 육상운송료, 보관료, 통관수수료 등을 말함 • 운송인은 송하인 요구에 따라 AWB를 통해 수하인에게 징수
Charges collect fee (착지불수수료)	항공화물운송장상 운임과 종가요금을 수하인이 납부하도록 기재된 화물에 대하여 그 두 가지를 더한 금액에서 일정한 비율에 해당하는 금액을 징수
Pick up service charge(픽업수수료)	화주가 지정한 장소에서 화물을 Pick-up하여 올 때 발생하는 차량 운송비

[출제유형] 2023년 제27회

항공화물운송에서 단위탑재용기 요금(BUC)의 사용 제한 품목이 아닌 것은?

① 유 해
② 귀중화물
③ 위험물품
❹ 중량화물
⑤ 살아있는 동물

[출제유형] 2024년 제28회

다음 설명에 해당하는 항공화물 부대운임은?

송하인 또는 그 대리인이 선지급한 비용으로 수하인이 부담하는 육상운송료, 보관료, 통관수수료 등을 말하며, 운송인은 송하인의 요구에 따라 AWB를 통해 수하인에게 징수한다.

❶ Disbursement fee
② Dangerous goods handling fee
③ Charges collect fee
④ Handling charge
⑤ Pick up service charge

핵심테마 21 국제항공기구와 국제조약

[출제유형] 2024년 제28회

항공운송 관련 국제규범으로 옳은 것을 모두 고른 것은?

ㄱ. Guatemala Protocol
ㄴ. CIM
ㄷ. CMR
ㄹ. Montreal Agreement

① ㄱ, ㄴ
② ㄱ, ㄷ
❸ ㄱ, ㄹ
④ ㄴ, ㄷ
⑤ ㄴ, ㄹ

[출제유형] 2023년 제27회

국제민간항공기구(ICAO)에 관한 설명으로 옳지 않은 것은?

① 1944년에 결의된 Chicago Conference를 기초로 하고 있다.
❷ 회원국의 항공사 대표들이 참석하는 국제연합(UN) 산하의 전문기관이다.
③ 국제항공법 회의에서 초안한 국제항공법을 의결한다.
④ 국제 민간항공의 안전 확보와 항공시설 및 기술 발전 등을 목적으로 하고 있다.
⑤ 항공기 사고 조사 및 방지, 국제 항공운송의 간편화 등의 업무를 하고 있다.

1 주요 국제항공기구와 국제조약

구 분	내 용
국제항공운송협회 (IATA)	• 세계항공운송에 관한 각종 절차와 규정을 심의하고 제정·결정하는 순수 민간의 국제협력단체로, 캐나다 몬트리올과 스위스 제네바에 본부를 둠 • 설립 목적 : 운임, 운항, 정비, 정산업무 등 상업적·기술적 활동 • 주요 활동 : 국제민간항공기구 등 관련기관과 협력, 국제항공운임을 결정, 항공기 양식 통일, 연대운임 청산, 일정한 서비스 제공 등
국제민간항공기구 (ICAO)	• 국제연합(UN) 산하의 전문기구로 국제항공운송에 필요한 원칙과 기술 및 안전에 대해 연구하며 캐나다의 몬트리올에 본부를 둠 • 제2차 세계대전 때 민간항공기의 발전에 따라서 1944년 국제민간항공조약(통칭 시카고 조약)에 근거해 1947년 4월 4일에 발족 • 설립 목적 : 국제민간항공에 관한 원칙을 제정하고 기술을 개발하여 항공분야 발달에 기여 • 주요 활동 - 총회, 이사회, 사무국과 보조기관이 되는 복수의 위원회로 구성되며, 위원회에서는 국제민간항공에서의 항공관제, 불법간섭의 방지, 월경방법에 관한 표준과 추천하는 방법 심의 - 시카고 조약을 비준하는 각국의 운수 안전 당국의 준거가 되는, 항공기 사고 조사에 관한 조약을 정함 - 국제항공법 의결
국제운송주선인협회연맹 (FIATA)	• 국가별 대리점협회와 개별 대리점으로 구성된 기구로서 1926년 비엔나에서 국제적인 대리업의 확장에 따른 제반 문제점을 다루기 위해 설립 • 설립목적 : 대리점업의 이익을 국제적으로 보호하여 대리점조직과 연관업체들의 협조관계를 유지함
바르샤바 협약 (Warsaw Convention)	• 제1차 세계대전 이후 급속도로 발달한 항공운송이 국제적으로 운영되고, 이에 따라 국제적 적용법규와 여객이나 운송인에 대한 최소한의 보장이 요청됨에 따라 1929년 10월 바르샤바(Warsaw)의 제2회 국제항공법회의에서 체결된 협약 • 정식 명칭은 국제항공운송에 있어서의 일부규칙의 통일에 관한 협약(Convention for The Unification of Rules Relating to Int'l Carriage by Air : Warsaw Convention) • 국제항공운송인의 민사책임에 관한 통일법을 제정하여 동 사건에 대한 각국법의 충돌을 방지하고 국제항공인의 책임을 일정하게 제한하여 국제 민간항공운송업의 발전을 도모한 최초의 국제규범
헤이그 의정서 (Hague Protocol)	• 바르샤바협약 체결 이후 항공 산업 발전과 항공기 자체의 안전도가 많이 증대되어 조약체결의 목적인 항공산업을 보호해야 할 필요성이 크게 줄어듦 • 1955년 9월 헤이그에서 열린 국제항공사협의회에서 1929년 10월 바르샤바협약의 내용을 일부 수정한 의정서

몬트리올 협정 (Montreal Agreement)	• 국제항공운송협회(IATA)는 여객의 책임한도에 불만을 가진 미국 정부와 1966년 5월 4일 몬트리올에서 협정을 가짐 • 몬트리올 협정은 모든 국제운송 승객, 수하물 혹은 짐으로 비행기에 의해 운송되는 것으로서 보상에 대해 적용 • 공중 운송을 수행하는 비행기에 의해 운반되는 무료 운송에도 동일하게 적용
과다라하라 협약 (Guadalajara Convention)	• 운송인의 종류로는 여객·화주와 운송계약을 체결한 계약운송인과 실제로 운송의 일부 또는 전부를 담당하는 실제 운송인으로 구분 • 실제 운송인이 운송을 담당을 하는 경우 누구에게 협약을 적용하는가에 대하여 1961년 맥시코의 과다라하라에서 개최된 외교회의에서 '계약담당자가 아닌 운송인이 이행한 국제항공운송과 관련 일부규칙의 통일을 위한 바르샤바 협약을 보충협약'으로 채택
과테말라 의정서 (Guatemala Protocol)	1965년 7월 국제민간항공기구(ICAO) 총회에서 개정된 바르샤바 협약상 운송인의 책임한도액을 재개정할 필요성이 제기된 후 ICAO의 법률위원회에서 초안한 내용을 1971년에 과테말라 외교회의에서 통과시킨 의정서
몬트리올 협약 (Montreal Convention)	항공운송 관련 국제협정을 통합하기 위해 1999년 ICAO 국제항공법회의에서 채택되어 2003년에 발효된 국제조약

바르샤바 협약과 헤이그 의정서의 이의신청기간

구 분	바르샤바 협약	헤이그 의정서
화물 훼손의 경우	7일 이내	14일 이내
화물 연착의 경우	14일 이내	21일 이내

헤이그 의정서와 몬트리올 협정의 차이
• 위탁수화물, 화물의 책임한도액의 경우 차이는 없으나, 여객의 경우 헤이그 의정서는 1인당 US$ 20,000인데 비해 몬트리올 협정은 US$ 75,000(소송비용 포함)
• 항공운송인의 책임에 대하여는 바르샤바 협약 및 헤이그 의정서는 과실책임주의를 원칙으로 하고, 몬트리올 협정은 절대주의를 원칙으로 하고 있으며, 여객운송에 관한 규정만을 두고 있고 화물운송은 바르샤바 협약이 그대로 적용

[출제유형] 2023년 제27회

항공운송 관련 국제협정을 통합하기 위해 1999년 ICAO 국제항공법 회의에서 채택되어 2003년에 발효된 국제조약은?

① Hague Protocol
② Guadalajara Convention
③ Guatemala Protocol
❹ Montreal Convention
⑤ Montreal Agreement

[출제유형] 2017년 제21회

다음에서 설명하는 항공운송 관련 국제 규범은?

• 제1차 세계대전 후 급속도로 발달한 항공운송이 국제적인 교통수단으로 이용되고 국제적으로 적용할 법규 및 여객이나 운송인에게도 최소한의 보장이 요청됨에 따라 1929년 체결되었다.
• 국제항공운송인의 민사책임에 관한 통일법을 제정하여 동일사건에 대한 각국법의 충돌을 방지하고 국제항공운송인의 책임을 일정한도로 제한하여 국제민간항공운송업의 발전에 그 목적을 둔 최초의 국제규범이다.

① 함부르크 규칙
② 몬트리올 협정
❸ 바르샤바 조약
④ 로테르담 규칙
⑤ 과다라하라 조약

PART 3 국제물류론 / Chapter 06 컨테이너운송

핵심테마 22 컨테이너화물운송과 국제협약

[출제유형] 2024년 제28회

다음 설명에 해당하는 컨테이너는?

정장의류 및 실크·밍크 등의 고급의류를 옷걸이에 걸어 구겨지지 않게 운송하여 다림질(ironing)을 하지 않고 진열·판매할 수 있다.

① Solid Bulk Container
② Liquid Bulk Container
③ Open Top Container
④ Insulated Container
❺ Garment Container

[출제유형] 2023년 제27회

다음 설명에 해당하는 컨테이너는?

기계류, 철강 제품, 판유리 등의 중량화물이나 장척화물을, 크레인을 사용하여 컨테이너의 위쪽으로부터 적재 및 하역할 수 있는 컨테이너로, 천장은 캔버스 재질의 덮개를 사용하여 방수 기능이 있음

① Dry container
❷ Open top container
③ Flat rack container
④ Solid bulk container
⑤ Hanger container

1 컨테이너의 종류

① 컨테이너의 크기별 분류
   ㉠ 해상운송에서 주로 사용되는 컨테이너는 20FT(20' × 8' × 8'6''), 40FT(40' × 8' × 8'6''), 40FT High Cubic(40' × 8' × 9'6'') 등이 있다.
   ㉡ 국제적으로 유통되는 컨테이너는 국제표준기구(ISO : International Organization for Standardization)의 표준규격 사용을 권고한다.
   ㉢ 20FT 컨테이너, 40FT 컨테이너는 물동량의 산출을 위한 표준적인 단위이며, 이는 컨테이너 선박 적재능력의 표시 기준이다.
   ㉣ 화물을 적입한 컨테이너 총중량 – 컨테이너 자체 중량 = 컨테이너에 적재할 수 있는 화물의 최대중량
   ㉤ ISO 기준 컨테이너의 최대적재중량은 20FT 컨테이너가 24톤, 40FT가 30톤이나 이는 단지 컨테이너 제작 시 내구성을 규정한 것이다.
   ㉥ 우리나라는 도로법상 과적 차량 단속기준으로 20FT는 17.5톤, 40FT는 20.0톤까지 적재할 수 있도록 제한한다.

② 일반용도에 따른 분류
   ㉠ 건화물 컨테이너(Dry Container) : 온도조절이 필요 없는 일반 잡화를 적부하여 운송하는 컨테이너로 밀폐식으로 제작되었다.
   ㉡ 통풍 컨테이너(Ventilated Container) : 과일, 채소, 식물 등의 수송 시에 호흡작용을 돕기 위해 측면에 통풍구멍을 낸 컨테이너이다.
   ㉢ 서멀 컨테이너(Thermal Container) : 냉동 또는 보냉이 필요한 물품의 운송에 활용되는 컨테이너이다.
     • 냉동(Reefer) 컨테이너 : 육류, 어류 등 냉장·냉동식품을 운송하기 위해 이용되는 컨테이너
     • 보냉 컨테이너 : 과일, 채소 등의 수송 시 온도상승을 방지하기 위해 제작된 컨테이너
     • 단열 컨테이너(Insulated Container) : 과일, 채소 등의 선도유지에 적절한 단열구조를 갖춘 컨테이너로, 통상 드라이아이스 등을 냉매로 사용하는 보냉 컨테이너

③ 특수용도에 따른 분류
   ㉠ 분체 산화물 컨테이너(Solid Bulk Container) : 곡물, 사료, 밀가루 등과 같은 가루 상태의 살화물의 운반에 사용되는 컨테이너이다.
   ㉡ 액체 산화물 컨테이너(Liquid Bulk Container) : 액체 상태의 화물을 운반하는 탱크로 된 컨테이너로서 유조 형태이다.

ⓒ 오픈 탑 컨테이너(Open Top Container) : 건화물 컨테이너의 지붕과 측면, 상부가 개방되어 상부에서 작업이 가능하도록 제작된 컨테이너로 중량이 큰 물품이나 장착 화물을 크레인으로 하역하는 데 편리하다.
ⓓ 하드 탑 컨테이너(Hard Top Container) : Open Top Container와 비슷하지만, 캔버스 덮개를 방수가 되는 패널로 대체한 컨테이너이다.
ⓔ 사이드 오픈 컨테이너(Side Open Container) : 컨테이너의 후미 부분만 개방할 수 있던 기존 컨테이너와 달리 측면을 개방할 수 있도록 만든 컨테이너이다.
ⓕ 하이드 컨테이너(Hide Container) : 동물의 피혁 등과 같이 악취가 나는 화물을 운송하기 위해 통풍장치를 설치한 컨테이너이다.
ⓖ 의류 운송용 컨테이너(Garment Container) : 정장의류 및 실크·밍크 등 고급의류를 옷걸이에 걸어 구겨지지 않게 운송하여 다림질(ironing)하지 않고 진열·판매할 수 있도록 한 컨테이너이다.

2 컨테이너운송의 형태

① 컨테이너화물은 물품의 양이 1개의 컨테이너에 가득 채워지는 경우(FCL : Full Container Load)에는 화주의 창고나 공장에서 화주의 책임하에 직접 적입하여 컨테이너 야적장(CY : Container Yard)으로 운송되며 본선에 적재된다.
② 물품의 양이 1개의 컨테이너에 미달하는 경우(LCL : Less Container Load)에는 화주의 창고나 공장으로부터 컨테이너화물장치장(CFS : Container Freight Station)에 운반된다. 그곳에서 목적지별로 다른 화물과 함께 컨테이너에 혼재되어 CY로 보내면 본선에 적재된다.
   ㉠ CY/CY(FCL/FCL)
      • 수출업자의 창고(공장)에서부터 수입업자의 창고까지 컨테이너에 의한 일관수송 형태로 수송되며, 운송 도중 컨테이너의 개폐 없이 수송
      • 운송의 3대 원칙인 신속성, 안전성, 경제성을 최대한으로 충족시켜 컨테이너의 목적을 완전하게 달성시키는 운송 형태
   ㉡ CFS/CFS(LCL/LCL)
      • 선적항의 CFS에서 목적항의 CFS까지 컨테이너에 의해서 운송되는 가장 기본적인 운송 방법
      • 여러 화주의 소량 컨테이너화물(LCL)을 CFS에서 혼재(Consolidation)하여 선적하고 목적지의 CFS에서 컨테이너를 개봉하여 화물을 분류 후 여러 수입업자에게 인도하는 방법
      • 이런 혼재 업무는 프레이트 포워더들이 행하기 때문에 이를 Forwarder's Consolidation이라 함
      • Pier to Pier 또는 LCL/LCL 운송이라고도 부르며 운송인이 여러 화주의 화물을 컨테이너로 운송하여 목적항의 컨테이너화물장치장(CFS)에서 여러 수화인에게 화물을 인도하는 방법
      • CFS/CFS 방식은 송화인과 수화인이 여러 사람으로 구성되며, 운송인은 선적항과 목적항 간의 해당 해상운임만 징수하고, 운송책임도 선적항 CFS에서 목적항 CFS까지로 함

[출제유형] 2024년 제28회

컨테이너 운송의 특성에 관한 설명으로 옳지 않은 것은?

① 컨테이너의 유휴 등 고가 설비의 효율적 활용이 쉽지 않다.
② 컨테이너의 용량이 커서 소량화물의 경우 혼재를 해야 하는 불편이 있다.
③ 모든 화물을 컨테이너화 할 수 없는 단점을 가지고 있다.
④ 신속하고 안전한 화물의 환적이 가능하며, 하역의 기계화로 시간과 비용을 절감할 수 있다.
❺ 컨테이너화에는 선사직원 및 항만노무자의 교육·훈련 등에 있어 장기간의 노력과 투자가 필요하지 않다.

[출제유형] 2024년 제28회

컨테이너 화물운송에 관한 설명으로 옳지 않은 것은?

① 편리한 화물취급, 신속한 운송 등의 이점이 있다.
② 하역의 기계화로 하역비를 절감할 수 있다.
③ CY(Container Yard)는 컨테이너를 인수, 인도 및 보관하는 장소로 Apron, CFS 등을 포함한다.
④ CY/CY는 컨테이너의 장점을 최대로 살릴 수 있는 운송 형태로 door to door 서비스가 가능하다.
❺ CY/CFS는 선적지에서 수출업자가 LCL 화물로 선적하여 목적지 항만의 CFS에서 화물을 분류하여 수입업자에게 인도한다.

ⓒ CFS/CY(LCL/FCL)
- 운송인이 지정한 선적항의 CFS로부터 목적지의 CY까지 컨테이너에 의해 운송되는 형태
- 운송인이 여러 송화인(수출업자)들로부터 화물을 CFS에서 집하하여 목적지의 수입업자 창고 또는 공장까지 운송하는 것으로 Buyer's Consolidation이라 함
- CFS/CY 방식은 CFS/CFS에서 발전한 운송 방법으로서, 현재 우리나라에서 많이 이용
- 대규모 수입업자가 여러 송화인의 각 LCL 화물을 인수하여 일시에 자기 지정 창고까지 운송하고자 하는 경우에 이용

ⓔ CY/CFS(FCL/LCL)
- 선적항의 CY에서 목적항의 CFS까지 컨테이너에 의해서 운송되는 방법
- 선적지에서 수출업자가 FCL 화물로 선적하고, 목적지의 CFS에서 컨테이너를 개봉하여 화물을 분류한 후 여러 수입업자에게 인도
- 한 수출업자가 수입국의 여러 수입업자에게 일시에 화물을 운송하고자 할 때 많이 이용

3 컨테이너화물의 하역 절차에 필요한 서류

① Shipping Request(선적요청서) : 선적을 담당하는 사람에게 선적의 사용을 예약하기 위해 발송하는 서류
② Booking Note(선복예약서) : 선박회사가 해상운송계약에 의한 운송을 인수하고 그 증거로서 선박회사가 발급하는 서류
③ Shipping Order(선적지시서) : 화주가 선박에 화물 선적을 위하여 선사로부터 발급받는 서류
④ Arrival Notice(화물도착통지서) : 운송 계약조건에 따라 운수업체가 화물의 도착을 수입자에게 알리는 통지서
⑤ Delivery Order(화물인도지시서) : 물품의 보관자에 대해 그 물품을 증권의 정당한 소지인에게 인도해야 하는 것을 지시하는 대표적인 증서
⑥ Mate's Receipt(본선수취증) : 기재된 상태대로 화물을 수령하였음을 인정하는 증서

4 컨테이너화물운송 관련 주요 국제협약

구 분	내 용
CCC협약(Customs Convention on Container, 컨테이너 통관 협약)	1956년 유럽경제위원회의 채택으로 생겨난 것으로 컨테이너 자체가 관세선, 즉 국경을 통과할 때 관세 및 통관방법 등을 협약해야 할 필요성으로 만들어진 협약
TIR협약	• CCC협약이 컨테이너 자체의 수출입에 관한 관세법상의 특례를 설정한 협약인데 반하여, TIR통관협약(Customs convention on the international transport of goods under cover to TIR carnets)은 컨테이너 속에 내장된 화물이 특정 국가를 통하여 도로운송차량으로 목적지까지 수송함에 따른 관세법상의 특례를 규정 • TIR협약의 주요 내용은 체약국은 도로운송차량에 의하여 컨테이너에 적입되고 봉인되어 운송되는 화물에 대해서는 일정한 조건하에 경유지 세관에서의 수입세나 수출세의 납부 또는 공탁의 면제나 경유지에서 원칙적으로 세관검사를 면제함

[출제유형] 2023년 제27회

컨테이너화물의 하역 절차에 필요한 서류를 모두 고른 것은?

ㄱ. Shipping Request
ㄴ. Booking Note
ㄷ. Shipping Order
ㄹ. Arrival Notice
ㅁ. Delivery Order
ㅂ. Mate's Receipt

① ㄱ, ㄴ
② ㄱ, ㄷ
③ ㄷ, ㄹ
④ ㄹ, ㅁ
❺ ㄱ, ㄴ, ㄷ, ㄹ, ㅁ, ㅂ

[출제유형] 2023년 제27회

다음 설명에 해당하는 컨테이너 화물운송과 관련된 국제협약은?

컨테이너의 구조상 안전요건을 국제적으로 통일하기 위하여 1972년에 UN(국제연합)과 IMO(국제해사기구)가 공동으로 채택한 국제협약

① ITI(Customs Convention on the International Transit of Goods, 1971)
② CCC(Customs Convention on Container, 1956)
❸ CSC(International Convention for Safe Container, 1972)
④ TIR(Transport International Routiere, 1959)
⑤ MIA(Marine Insurance Act, 1906)

신CCC협약과 신TIR협약	• CCC협약과 TIR협약은 1950년대에 만들어진 협약이므로, 1960년대 후반부터 국제운송체제가 비약적으로 발전하여 개정의 필요성 제기 • 기존의 CCC협약과 TIR협약에 유럽경제위원회가 새롭게 결의한 내용을 포함하여 각각 1975년과 1978년에 발효 • 우리나라는 1981년 10월에 국회의 비준동의를 받음
ITI협약(국제통과화물에 관한 통관 협약)	• 관세협력위원회가 1971년 육·해·공을 포함하는 국제운송에 관련된 통관조약인 'Custom Convention on the International Transit of Goods'를 채택 • TIR협약이 컨테이너 도로운송에만 적용되는 데 비하여 이 협약은 육·해·공의 모든 수송수단까지를 포함
컨테이너안전협약(CSC)	• UN이 IMO(국제해사기구)와 협동으로 1972년에 채택한 '안전한 컨테이너를 위한 국제협약(International Convention for Safe Containers)' • CSC협약의 목적은 컨테이너의 취급, 적취 및 수송에 있어서 컨테이너의 구조상의 안전요건을 국제적으로 공통화하는 것
10 + 2rule	미국으로 향하는 화물에 대해 보안 강화를 위하여 선적지로부터 출항 24시간 전, 미국세관에 수입업자와 운송업자가 신고해야 할 각각의 사항들을 전자적으로 전송하도록 한 제도
CSI & C-TPAT	• 2001년 미국에서 발생한 9·11 테러사건으로 물류부분에서도 안전·보안의 중요성 대두 • 2002년부터 미국 관세청이 국토안보정책의 일환으로 컨테이너 보안협정인 CSI(Container Security Initiative)를 추진해 왔으며, 테러방지를 위한 민관협력프로그램인 C-TPAT(Customs-Trade Partnership Against Terrorism)를 시행 • C-TPAT : 국제운송 전체의 보안성과 안전성을 제고하여 테러 위협에 대항하기 위해 미국 관세청이 만든 임의참가 형식의 보안프로그램으로 미국으로 화물을 수출하는 모든 제조업자, 화주, 선사 등에게 화물의 공급사슬 전반에 걸쳐 보안성을 확보하도록 하는 것
선박 및 항만시설 보안규칙(ISPS)	선박과 항만시설에 대한 국제보안코드(International Code for the Security of Ships and of Port Facilities)로서 주요 내용은 선박 보안, 회사의 의무, 당사국 정부의 책임, 항만 시설 보안, 선박의 심사 및 증서 발급에 관한 사항 등
종합인증우수업체(AEO : Authorized Economic Operator) 제도	• 9·11테러 이후 통관이 지연되자 세계관세기구(WCO)에서 도입한 것으로 세관에서 일정기준을 갖춘 수출기업의 통관을 간소화해주는 제도 • 세계적인 물류보안 강화 조치로 인한 무역원활화를 저해하는 문제점을 해소하고자 각국 세관이 수출업자, 수입업자, 제조업자, 관세사, 운송사, 창고업자, 하역업자 등을 대상으로 적정성 여부를 심사하여 우수업체로 공인해 줌으로써 통관상의 혜택을 부여하는 제도
세이프 프레임워크 (SAFE Framework)	9·11테러 이후 세계관세기구(WCO)에서 채택된 것으로 세관에서 정한 일정 기준을 충족하여 물류안전에 관한 공인인증을 받는 사업자의 통관절차를 간소화하여 공정무역을 촉진하며, 위험이 높은 부분은 통관을 엄격히 시행하는 것이 주 내용
Trade Act of 2002 Final Rule	해상뿐만 아니라 항공, 철도, 트럭 등의 운송수단을 통해 미국으로 수입되는 화물에 대한 정보를 미국 관세청(세관)에 제출하도록 규정
24-Hour Rule	• 해상운송인과 NVOCC(Non-Vessel Operating Common Carrier)로 하여금 미국으로 향하는 컨테이너가 선박에 적재되기 전에 화물에 대한 세부 정보를 미국 관세청에 제출하게 함으로써 화물 정보를 분석하여 잠재적 테러 위험을 확인할 수 있게 하는 제도 • Container Security Initiative 후속 조치의 하나로 시행됨

[출제유형]   2024년 제28회

다음 설명에 해당하는 국제물류 보안제도는?

> 해상뿐만 아니라 항공, 철도, 트럭 등의 운송수단을 통해 미국으로 수입되는 화물에 대한 정보를 미국 관세청(세관)에 제출하게 하는 규정으로, 이 규정을 통하여 항공, 철도, 트럭운송을 통한 화물에 대한 사전정보도 확보할 수 있게 되었다.

① CSI
② 24-Hour Rule
❸ Trade Act of 2002 Final Rule
④ ISPS Code
⑤ C-TPAT

[출제유형]   2024년 제28회

다음 ( )에 들어갈 용어로 옳은 것은?

> ( )란 세계관세기구의 수출입 공급망 안전관리 기준 또는 이와 동등한 기준을 준수하여 자국 세관으로부터 인증을 받은 국제수출입공급망의 개별당사자를 의미한다.

① Authorized Supplier
❷ Authorized Economic Operator
③ Authorized Consignor
④ Authorized Manufacturer
⑤ Authorized Consignee

⊕ PLUS

ISO 28000(물류보안경영시스템)

• 공급사슬 전반에 걸친 보안을 보장하기 위하여 제조업자뿐만 아니라 창고보관업자, 운송업자, 서비스업자 등 공급사슬에 참여하는 모든 조직의 보안 사항을 심사하여 인증하는 제도이다.
• 보안 심사 내용은 일반사항, 보안경영방침, 보안위험평가 및 기획·실행·운영, 점검 및 시정조치, 경영검토 그리고 지속적인 개선 등 6가지가 있다.

핵심테마 23 복합운송인의 유형과 책임체계

PART 3 국제물류론 / Chapter 07 국제복합운송과 국제택배

[출제유형] 2024년 제28회

복합운송증권(FIATA FBL)의 이면약관 내용으로 옳은 것은?

① 운송주선인의 책임 : 인도일 경과 후 연속일수 60일 이내에 인도되지 않을 경우 손해배상 청구자는 물품이 멸실된 것으로 간주한다.
② 물품의 명세 : 증권표면에 기재된 모든 사항에 대한 정확성은 운송주선인이 책임을 진다.
❸ 불법행위에 대한 적용 : 계약이행과 관련하여 운송주선인을 상대로 한 불법행위를 포함한 모든 손해배상청구에 적용한다.
④ 운송주선인의 책임 : 운송주선인의 이행보조자를 상대로 제기된 경우에는 이 약관이 적용되지 않는다.
⑤ 제소기한 : 수하인은 물품이 멸실된 것으로 간주할 수 있는 권리를 가지게 된 날로부터 3개월 이내에 소송을 제기하지 아니하고 다른 방법에 의해 명확히 합의되지 않는 한 운송주선인은 모든 책임으로부터 면제된다.

1 복합운송(Multimodal Transport)의 의의

① 복합운송의 개념
  ㉠ 복합운송이라는 용어는 1929년 바르샤바 협약에서 출발하여, 1956년 4월 해륙 복합운송용 컨테이너가 개발되면서 실질적인 개념으로 발전하였다.
  ㉡ 복합운송 전에는 통운송(Through Transport)이나 승계 운송(Successive Transport)의 개념으로 이해되고, 운송계약이 체결되었다.
  ㉢ 복합운송은 물품을 어느 한 국가의 지점에서 수탁하여 다른 국가의 인도지점까지 최소 두 가지 이상의 운송 방식에 의하여 이루어지는 운송이다.
  ㉣ 복합운송은 컨테이너를 이용하여 '문전 인수로부터 문전 인도까지(Door to Door)'의 일관 운송이 가능하다.
  ㉤ 복합운송과 통운송은 복수의 운송수단이 개입된다는 점에서 서로 같으나 이질적인 운송수단이 동원된다는 점이 다르다.

② 복합운송의 요건
  ㉠ 하나의 운송계약
   • 운송에 대한 전 책임이 복합운송인에게 집중되기 때문에 송화인은 복합운송인을 상대로 계약을 체결한다.
   • 복합운송인이 운송의무를 이행하기 위하여 각 구간 운송인과 체결하는 하청 운송계약은 복합운송계약과는 무관하므로 송화인과도 무관하다.
  ㉡ 하나의 책임 주체 : 복합운송은 운송(전체 운송 또는 부분운송 등)의 이행 여부와 관계없이 복합운송인이 전체 운송에 대한 책임을 지는 것이 특징이다.
  ㉢ 단일의 운임 : 복합운송은 운송의 대가로 구간별 분할 운임이 아닌 전 운송 구간에 대한 단일운임으로 한다.
  ㉣ 운송수단의 다양성
   • 복합운송은 서로 다른 여러 운송수단에 의해 이행되어야 한다.
   • 운송수단이 각각 다른 법적인 규제를 받아야 한다(예 우리 상법의 경우 도로, 철도, 내수 운송에 모두 육상운송법이 적용될 경우는 복합운송 ×).
   • 다양한 운송수단의 이용이 반드시 계약상 명시되어야 하는 것은 아니고, 운송의 제반 여건상 여러 운송수단이 이용되면 복합운송에 해당한다.
  ㉤ 복합운송증권의 발행 : 복합운송계약의 성립 요건으로 학자 대부분은 복합운송인 운송의무의 증권화 견해를 취하고 있으며, 유통성이 있는 증권 발행을 해야 한다고 본다.

> **복합운송증권(FIATA FBL)의 이면약관 내용**
> - 운송주선인의 책임 : 인도일 경과 후 연속일수 90일 이내에 인도되지 않을 경우 손해배상 청구자는 물품이 멸실된 것으로 간주한다.
> - 물품의 명세 : 증권표면에 기재된 모든 사항에 대한 정확성은 운송주선인이 책임지지 않는다.
> - 불법행위에 대한 적용 : 계약이행과 관련하여 운송주선인을 상대로 한 불법행위를 포함한 모든 손해배상청구에 적용한다.
> - 운송주선인의 책임 : 운송주선인의 이행보조자를 상대로 제기된 경우에도 이 약관이 적용된다.
> - 제소기한 : 수하인은 물품이 멸실된 것으로 간주할 수 있는 권리를 가지게 된 날로부터 9개월 이내에 소송을 제기하지 아니하고 다른 방법에 의해 명확히 합의되지 않는 한 운송주선인은 모든 책임으로부터 면제된다.

③ 해공(Sea & Air) 복합운송 서비스의 장점
  ㉠ 화주는 해상운송 기간을 단축하여 경쟁력을 높일 수 있다.
  ㉡ 전(全)구간 해상운송보다 수송기간이 짧고, 전(全)구간 항공운송보다 운임이 저렴하다.
  ㉢ 해상운송에 비해 수송기간이 짧아 재고비용이 절감되며 자본비용도 낮출 수 있다.
  ㉣ 생산일정과 수입상의 창고 및 시장 상황에 맞춰 적시(JIT)납품을 결정할 수 있게 되어 기업의 물류관리 측면에서 융통성이 많아지게 된다.

2 복합운송 관련 국제규칙

① UN국제물품복합운송조약(1980)
  ㉠ UN조약은 손해발생구간이 판명된 때에는 국내법, 국제조약 또는 본 조약상의 책임한도액 중 가장 높은 금액으로 하고, 불명손해에 대해서는 해상구간이 포함되면 함부르크 규칙의 110%를, 해상구간이 포함되지 않으면 8.33SDR/ha(CMR)을 적용하기로 규정하였다.
  ㉡ UN조약은 복합운송에서 발생한 물품의 손해에 대하여 단일운송계약을 지배하는 국제조약에 비해 매우 엄격한 책임을 운송인에게 부과하며, 그 손해 발생에 대하여 복합운송인이 과실이 없음을 입증하지 못하면 책임을 면할 수 없다.
  ㉢ UN조약은 물품의 멸실・훼손에 대한 복합운송인의 책임제한에 관해 포장물 또는 적재단위당 920SDR과 1kg당 2.75SDR로 산정하여 헤이그규칙보다도 10% 높은데, 이는 비스비규칙 이후의 계속적인 인플레이션이 반영된 것이다.
  ㉣ 복합운송인의 책임체계는 절충식 책임체계를 따르고 있다.
  ㉤ 복합운송인의 책임기간은 화물을 인수한 때부터 인도할 때까지로 한다.
  ㉥ 적용화물(Goods)이란 송하인에 의해 공급된 경우에는 컨테이너, 파렛트 또는 유사한 운송용구와 포장용구를 포함한다.
  ㉦ 송하인은 위험물에 관하여 적절한 방법으로 위험성이 있다는 표식(mark)을 하거나 꼬리표(label)를 붙여야 한다.
  ㉧ 법적 절차 또는 중재 절차가 2년 내 제기되지 않으면 어떠한 소송도 무효가 된다.

② UNCTAD/ICC 복합운송증권규칙
  ㉠ UNCTAD/ICC 합동위원회가 헤이그규칙, 헤이그-비스비규칙, 복합운송증권통일규칙 등을 기초로 1991년 11월 파리의 ICC이사회에서 제정한 것으로, 복합운송계약의 관습적인 일부분만을 적용한다.

[출제유형] 2024년 제28회

해공(Sea & Air)복합운송 서비스의 장점에 관한 설명으로 옳지 않은 것은?

① 화주는 해상운송 기간을 단축하여 경쟁력을 높일 수 있다.
② 전(全)구간 해상운송보다 수송기간이 짧고, 전(全)구간 항공운송보다 운임이 저렴하다.
③ 해상운송에 비해 수송기간이 짧아 재고비용이 절감되며 자본비용도 낮출 수 있다.
❹ 항공사가 운송장(Through B/L)을 발행하게 되면 항공사는 함부르크조약으로 책임을 지기 때문에 화주에게 유리하다.
⑤ 생산일정과 수입상의 창고 및 시장 상황에 맞춰 적시(JIT)납품을 결정할 수 있게 되어 기업의 물류관리 측면에서 융통성이 많아지게 된다.

[출제유형] 2024년 제28회

UN국제물품복합운송조약(1980)에 관한 설명으로 옳지 않은 것은?

① 복합운송인의 책임체계는 절충식 책임체계를 따르고 있다.
② 복합운송인의 책임기간은 화물을 인수한 때부터 인도할 때까지로 한다.
❸ 적용화물(Goods)이란 송하인에 의해 공급된 경우에는 컨테이너, 파렛트 또는 유사한 운송용구와 포장용구를 포함하지 않는다.
④ 송하인은 위험물에 관하여 적절한 방법으로 위험성이 있다는 표식(mark)을 하거나 꼬리표(label)를 붙여야 한다.
⑤ 법적 절차 또는 중재 절차가 2년 내에 제기되지 않으면 어떠한 소송도 무효가 된다.

ⓒ 복합운송인은 복합운송증권을 발행하고 전 운송구간에 대해서 책임을 지며, Modified Uniform System을 채택하여 손해발행구간이 판명된 경우와 판명되지 않은 경우를 구분하여 규제한다.
ⓒ 복합운송서류란 복합운송계약을 증빙하는 서류이며, 유통성 또는 비유통성 서식으로 발행할 수 있다고 규정하고 있다.

3 복합운송인의 정의

① 복합운송인은 이종 및 동종 수송 수단을 조합하여 수송하는 운송인으로서, TCM조약안에서는 CTO(Combined Transport Operator), 유엔조약에서는 MTO(Multimodal Transport Operator), 미국에서는 ITO(Intermodal Transport Operator)라고 한다.
② TCM조약
   ㉠ 복합운송증권 발행
   ㉡ 화물의 수령으로부터 인도까지 전 구간에 걸쳐 자기의 이름으로 운송을 이행
   ㉢ 그 운송에 대하여 조약에 규정된 책임을 부담
   ㉣ 복합운송증권에 기명한 자 또는 정당하게 배서한 증권의 소지인에게 화물의 인도를 확실히 하기 위하여 필요한 모든 조치를 다 하는 자
③ UN 국제물품복합운송조약 : 복합운송인이란 스스로 또는 대리인을 통해서 운송계약을 체결하고 송화인이나 운송인의 대리인이 아닌 주체(하청운송인이 아님)로서 계약의 이행에 대해 책임지는 자를 말한다.
④ 복합운송인은 자기의 명의와 계산으로 화주를 상대로 복합운송계약을 체결한 계약당사자일 뿐만 아니라, 운송 전반을 계획하며 운송 기간 중 여러 운송 구간을 적절히 연결하고 통괄하여 운송이 원활하게 이루어지도록 조정하고 감독하는 지위에 있는 자를 말한다.

[출제유형] 2023년 제27회

국제복합운송인에 관한 설명이다. ( ) 에 들어갈 용어를 올바르게 나열한 것은?

○ (ㄱ)는 자신이 직접 운송수단을 보유하고 복합운송인으로서 역할을 수행하는 운송인
○ (ㄴ)는 해상운송에서 선박을 직접 소유하지 않으면서 해상운송인에 대하여 화주의 입장, 화주에게는 운송인의 입장에서 운송을 수행하는 자

❶ ㄱ : Actual carrier
   ㄴ : NVOCC
② ㄱ : Contracting carrier
   ㄴ : NVOCC
③ ㄱ : NVOCC
   ㄴ : Ocean freight forwarder
④ ㄱ : Actual carrier
   ㄴ : VOCC
⑤ ㄱ : Contracting carrier
   ㄴ : VOCC

4 복합운송인의 유형

구 분	내 용
실제운송인형 (Actual Carrier)	• UNCTAD/ICC 복합운송증권규칙 제2조·제3조에서는 실제운송인을 '복합운송인과 동일인 여부와 상관없이 실제로 운송의 전부 또는 일부를 이행하거나 또는 그 이행을 인수하는 자'로 규정 • 직접 운송수단을 보유하고 있는 선박회사, 항공회사, 철도회사 등
계약운송인 (Contracting Carrier)	• 운송수단(예 선박, 항공기, 화차, 트럭 등)을 보유하지 않으면서도 실제 운송인처럼 운송주체자로서의 기능과 책임 등을 수행 • International Freight Forwarder, Ocean Freight Forwarder, Aircargo Freight Forwarder, 통관업자 등이 있음
무선박운송인 (NVOCC)형	• 1984년 해운법 제3조 제17항은 NVOCC(Non-Vessel Operating Common Carrier)란 해상운송에 있어서 자기 스스로 선박을 직접 운항하지 않으면서 해상운송인에 대해서는 화주의 입장이 되는 것 • 프레이트 포워더형 복합운송인을 법적으로 실체화시킨 개념은 1963년 미국 FMC General Order임

5 복합운송인의 책임체계

구 분	내 용

이종책임체계
(Network Liability System)
	• 화주에 대해 운송계약의 체결자인 복합운송인이 전 운송구간에 걸쳐서 책임을 지지만 그 책임은 운송구간 고유의 원칙에 따르는 것을 의미
	  - 해상운송 구간 : 헤이그 규칙 또는 헤이그-비스비 규칙
	  - 항공운송 구간 : 바르샤바 협약
	  - 도로운송 구간 : 도로화물운송조약(CMR) 또는 각국의 일반화물자동차 운송약관
	  - 철도운송 구간 : 철도화물운송조약(CIM)
	• 손해발생 구간이 확인되지 않은 경우 운송구간이 가장 긴 해상운송 구간에서 발생한 것으로 간주하여 헤이그 규칙 또는 헤이그-비스비 규칙 등의 별도로 정해진 기본책임 적용

단일책임체계 (Uniform Liability System)	• 화주에 대해 운송계약의 체결자인 복합운송인이 전 운송구간에 걸쳐서 전적으로 동일 내용의 책임을 부담하는 책임체계 • 운송품의 손해가 복합운송인이 화물을 인수한 운송구간에서 발생한 경우 운송구간과 운송수단을 불문하고 동일한 운송 원칙에 따라 책임을 부담
변형 통합책임체계 (Modified Uniform Liability System)	• 단일책임체계와 이종책임체계의 절충방식 • UN 국제물품복합운송협약에서는 손해발생구간의 확인여부에 관계없이 동일한 책임원칙을 적용하지만, 손해발생구간 책임한도액이 UN 협약의 책임한도액보다 높을 경우는 높은 한도액을 적용

> **복합운송인의 책임원칙**
> • 무과실책임(Liability without Negligence)원칙 : 운송인의 과실 여부에 불문하고 배상책임을 지는 원칙으로 불가항력, 화물 고유의 성질, 통상의 소모 또는 누손 등으로 인한 손해에 대해서는 면책을 인정
> • 과실책임(Liability for Negligence)원칙 : 선량한 관리자로서 복합운송인의 적절한 주의의무를 다하지 못한 경우 화물에 발생한 손해에 대해서만 책임을 지는 것
> • 엄격책임(Strict Liability)원칙 : 불가항력 등의 면책을 인정하지 않으며, 화물 손해에 대한 절대적 책임을 지는 것

[출제유형] 2023년 제27회

복합운송인의 책임 및 책임체계에 관한 설명으로 옳지 않은 것은?

① 단일책임체계(uniform liability system)는 복합운송인이 운송물의 손해에 대하여 사고 발생 구간과 관계없이 동일한 기준으로 책임을 지는 체계이다.
❷ 무과실책임(liability without negligence)은 복합운송인의 과실 여부와 면책사유를 불문하고 운송 기간에 발생한 모든 손해의 결과를 책임지는 원칙이다.
③ 이종책임체계(network liability system)는 손해 발생 구간이 확인된 경우 해당 구간의 국내법 및 국제조약이 적용되는 체계이다.
④ 과실책임(liability for negligence)은 복합운송인이 선량한 관리자로서 적절한 주의의무를 다하지 못한 손해에 대하여 책임지는 원칙이다.
⑤ 절충식책임체계(modified uniform liability system)는 단일책임체계와 이종책임체계를 절충하는 방식으로 UN 국제복합운송 조약이 채택한 책임체계이다.

6 복합운송경로

① MLB(Mini Land Bridge)
　㉠ 1972년, Seatrain이 찰스턴을 거쳐 유럽에서 캘리포니아로의 MLB 수송을 개시하였고, 이 수송의 귀항로를 이용해서 극동에서 미국 동쪽 해안으로 화물을 운반한 것이 미국과 극동 간의 복합운수송의 발단이 되었다.
　㉡ 극동 아시아에서 미국의 서부 연안까지 해상운송이 이루어지고 미국 서해안에서 철도에 환적된 다음 미국 대서양 연안 및 걸프 지역 항만까지 운송하는 복합운송 서비스이다.
　㉢ 수송시스템을 실현하기 위해서 Seatrain사는 2개의 철도회사와 낮은 운임계약을 맺고 MLB 수송을 시작하였다.

[출제유형] 2023년 제27회

다음에서 설명하는 복합운송경로는?

극동에서 선적된 화물을 파나마 운하를 경유하여 북미 동안 또는 US 걸프만 항구까지 해상운송을 한 후 내륙지역까지 철도나 트럭으로 운송하는 복합운송 방식

① Micro Land Bridge
② Overland Common Point
③ Mini Land Bridge
④ Canada Land Bridge
❺ Reverse Interior Point Intermodal

ⓔ 1984년 미 해운법의 발효와 컨테이너선의 선복 과잉에 의한 선사 간의 과당경쟁, 부가가치 운송 서비스의 요구에 대해 정기선사가 국제종합 물류관리를 목표로 하여 미국 내륙까지의 일관수송 체제의 구축에 힘을 기울였고, 선사의 정요일 서비스에 부합되는 유닛열차 서비스(Unit Train Service)의 확립과 경제 효율이 높은 이단 적재 열차(DST : Double Stack Train)의 개발은 선사에 의한 복합운송을 더욱 촉진했다.

② IPI(Interior Point Intermodal)
  ㉠ MLB가 Port to Port 운송인 데 비하여 IPI는 미국 내륙지점으로부터 최소한 2개의 운송수단을 이용한 일관된 복합운송 서비스이다.
  ㉡ MLB가 미 동안(東岸)으로의 해상운송 서비스로 한정됐지만, IPI는 내륙 지점까지를 목적지로 하는 복합일관 운송이다.
  ㉢ IPI는 선사 자신이 내륙까지의 B/L을 발급하고 철도에서 트럭으로의 연결, 최종목적지로의 인도까지 모두 선사가 수배한다.
  ㉣ 최근에는 화주 문전(Door)까지 운송을 수배하는 Store Delivery Service도 수행한다.

③ RIPI(Reversed Interior Point Intermodal) : 극동 아시아를 출항하여 파나마 운하를 거쳐 미국 동안(東岸) 또는 걸프 지역의 항까지 해상 운송한 후 그곳에서 미국의 내륙지역(중계지 경유 포함)까지 철도나 트럭으로 복합운송하는 방식이다.

④ ALB(American Land Bridge)
  ㉠ 1972년에 Seatrain사가 개발한 루트로 극동에서 미국을 거쳐 유럽으로 운송하는 경로이다.
  ㉡ 그 후 1978년에 Sea-Land, 1980년에는 APL, 1982년에 Lykes Lines가 참가하고, 특히 Sea-Land와 APL은 미국 내에서의 이단 적재 컨테이너 전용 열차(DST : Double Stack Train)에 의한 Intermodal System을 완비하여 서비스를 수행한다.

⑤ SLB(Siberian Land Bridge)
  ㉠ 시베리아를 육상 가교(Land Bridge)로 하여 극동 아시아, 동남아, 호주 등과 유럽 대륙, 스칸디나비아반도를 연결하는 복합운송 형태이다.
  ㉡ SLB는 부산~보스토치니(Vostochny) 사이를 컨테이너선으로 해상수송하고, 시베리아철도의 컨테이너 전용 열차(Block Train)로 러시아의 유럽국경 역까지 운송한 후 철도, 트럭, 선박 등을 이용하여 유럽지역으로 컨테이너화물을 복합일관 운송하는 것이다.

⑥ CLB(Canadian Land Bridge)
  ㉠ 1979년 일본의 포워더에 의해서 개발된 루트로 극동에서 캐나다를 거쳐 유럽으로 운송하는 경로이다. ALB가 선사 주도인 반면 CLB는 포워더 주도형의 서비스이다.
  ㉡ SLB, ALB와 같이 구주 운임동맹의 관할권 외에 있고 태평양, 대서양항로의 해상운임에 대해서도 동맹 운임(Tariff)의 적용 외에 있으므로 한때는 상당수의 구주 운임동맹의 계약화주도 이용했지만, 세계적인 선복 과잉과 맹외선사(Outsides)의 급격한 진출로 해상운임이 하락한 데 반해, CLB는 여러 차례의 환적에 의한 운송비 상승으로 최근 이용률은 하락하였다.

계속 갈망하라. 언제나 우직하게.

– 스티브 잡스 –

PART 04
보관하역론

1 보관물류론
핵심테마 01 보관의 기능과 원칙
핵심테마 02 운영형태에 따른 창고의 분류
핵심테마 03 창고의 기본설계
핵심테마 04 물류센터
핵심테마 05 물류단지시설

2 물류센터 설계 및 운영전략
핵심테마 06 배송센터의 설계
핵심테마 07 입지결정을 위한 기법
핵심테마 08 보관시스템
핵심테마 09 보관기기(랙)
핵심테마 10 자동화 창고
핵심테마 11 창고관리시스템

3 재고관리
핵심테마 12 집중구매와 분산구매
핵심테마 13 재고관리의 개요
핵심테마 14 재고모형
핵심테마 15 재고관리기법

4 자재관리
핵심테마 16 수요예측기법
핵심테마 17 자재관리기법

5 일반하역론
핵심테마 18 하역의 개요
핵심테마 19 하역합리화

6 운반·보관 하역기기
핵심테마 20 파렛트
핵심테마 21 컨테이너의 분류
핵심테마 22 지게차
핵심테마 23 크레인
핵심테마 24 컨베이어
핵심테마 25 오더피킹시스템과 분류시스템

7 물류장소별 하역작업과 유닛로드 시스템
핵심테마 26 철도역과 항만의 하역방식
핵심테마 27 항공의 컨테이너 하역방식
핵심테마 28 일관파렛트화와 파렛트 풀 시스템

8 포장물류론
핵심테마 29 포장물류의 개요
핵심테마 30 포장기법
핵심테마 31 화인표시방법

과목별 출제빈도 그래프

	출제영역	2020	2021	2022	2023	2024	합계
제1장 14.5%	보관물류론	7	4	2	9	7	29
제2장 24%	물류센터 설계 및 운영전략	9	10	13	8	8	48
제3장 12.5%	재고관리	5	4	6	5	5	25
제4장 7.5%	자재관리	4	4	2	2	3	15
제5장 11%	일반하역론	4	4	5	5	4	22
제6장 12%	운반·보관 하역기기	3	5	6	4	6	24
제7장 13.5%	물류장소별 하역작업과 유닛로드시스템	6	7	4	4	6	27
제8장 5%	포장물류론	2	2	2	3	1	10
	합계(문항 수)	40	40	40	40	40	200

PART 04

보관하역론

최신 출제경향 및 합격전략

○ 2024년에는 2023년에 비해 영역별로 1문제 내지 2문제 정도의 출제비중 차이를 보였다.

○ 계산문제로는 S/R 장비의 평균가동률, 지수평활법을 이용한 판매예측량, 경제적생산량(EPQ) 등 총 3문제가 출제되었는데 특히 지수평활법을 이용한 판매예측량은 빈번하게 출제되고 있기 때문에 관련 공식을 반드시 익혀두어야 한다.

01 보관의 기능과 원칙

PART 4 보관하역론 / Chapter 01 보관물류론

[출제유형] 2023년 제27회

보관의 기능으로 옳지 않은 것은?

❶ 물품의 거리적·장소적 효용 창출 기능
② 물품의 분류와 혼재 기능
③ 물품의 보존과 관리 기능
④ 수송과 배송의 연계 기능
⑤ 고객서비스 신속 대응 기능

1 보관의 기능

구 분	내 용
고객서비스의 최전선 기능	고객의 주문에 대해 효율적인 재고관리를 하여 신속·정확하게 주문품을 인도한다.
운송과 배송 간의 윤활유 기능	공장에서 수송된 대량 로트를 소량 로트로 나누어 배송하는 중간기지의 역할을 한다.
생산과 판매 간의 조정 또는 완충 기능	재고관리 기능을 통해 생산과 판매 사이에서 발생하는 시간적·공간적인 갭을 메꿔준다.
유통가공 기능	검사, 집산, 분류, 조합, 검사의 장소적 기능 등도 수행한다.
제품의 물리적 보존과 관리 기능	제품을 물리적으로 보존하고 관리하는 기능을 수행한다.

[출제유형] 2024년 제28회

보관의 원칙에 관한 설명으로 옳지 않은 것은?

❶ 네트워크 보관의 원칙 : 입출고 빈도에 따라 보관할 물품의 위치를 달리하는 원칙으로 빈도가 높은 물품은 출입구 가까운 위치에 보관한다.
② 중량특성 보관의 원칙 : 물품의 중량에 따라 보관 위치를 결정하는 원칙으로 중량이 무거울수록 하층부에 보관한다.
③ 위치표시 보관의 원칙 : 보관된 물품의 장소와 선반 번호의 위치를 표시하여 작업 효율성을 높이는 원칙으로 입출고 시 불필요한 작업이나 실수를 줄일 수 있다.
④ 유사성 보관의 원칙 : 유사품은 가까운 장소에 모아서 보관하는 원칙으로 관리효율 향상을 기대할 수 있다.
⑤ 통로대면 보관의 원칙 : 입출고 용이성 및 보관의 효율성을 위해 물품을 가능한 통로에 접하여 보관하는 것으로 화물의 원활한 흐름과 활성화를 위한 원칙이다.

2 보관의 원칙

구 분	내 용
통로대면의 원칙	물품의 입·출고를 용이하게 하고 효율적으로 보관하기 위해 통로면에 보관하는 것이다.
높이쌓기의 원칙	물품을 고층으로 적재하는 것으로 평적보다 파렛트 등을 이용하여 용적효율을 향상시키는 것이다.
선입선출의 원칙	FIFO(First In First Out)란 먼저 보관한 물품을 먼저 출고하는 것이다(상품형식변경이 잦은 것, 상품수명주기가 짧은 것, 파손·감모가 생기기 쉬운 것).
회전대응의 원칙	보관할 물품의 장소를 회전정도에 따라 정하는 것으로 입·출하 빈도의 정도에 따라 보관장소를 결정하는 것이다.
동일·유사자재 관리의 원칙	동일품종은 동일장소에 보관하고, 유사품은 근처 가까운 장소에 보관해야 한다는 것이다.
중량특성의 원칙	중량에 따라 보관장소나 높낮이를 결정해야 한다는 것이다.
형상특성의 원칙	형상에 따라 보관방법을 변경하며 형상특성에 부응하여 보관하는 것이다.
보관 위치 명확화의 원칙	보관품의 장소와 선반번호 등의 위치를 표시함으로써 업무의 효율화를 증대시킬 수 있다는 원칙이다.
명료성의 원칙	시각적으로 보관품을 용이하게 식별할 수 있도록 보관하는 것이다.
네트워크보관의 원칙	관련 품목을 한 장소에 모아서 보관하는 것이다.

보관방식의 최근 추세
- 단순 저장기능 중심에서 라벨링, 재포장 등 유통지원 기능이 강화되고 있다.
- 수요변동의 폭이 큰 물품에 대해 안전재고 수준을 높이고 있다.
- 운영효율성을 향상시키기 위해 물류정보시스템의 사용이 증가하고 있다.
- 다품종 소량화, 소량 다빈도화, 리드타임 단축 등 시장환경 변화에 신속하게 대응해야 한다.

02 운영형태에 따른 창고의 분류

1 자가창고

자가창고는 직접 소유하고 자기의 물품을 보관하기 위한 창고를 말한다. 자가창고는 창고의 입지, 시설, 장비를 자사의 물류시스템에 적합하도록 설계·운영할 수 있다. 임대창고와 비교할 때 보다 효율적인 관리가 가능하고 높은 유연성을 가지는 장점이 있다. 특히 수요가 안정적인 경우나 특수한 창고보관기술을 필요로 하는 경우에는 그 장점을 극대화 할 수 있다.

2 영업창고

영업창고란 다른 사람이 기탁한 물품을 보관하고, 그 대가로 보관료를 받는 창고를 말한다. 자가창고와 마찬가지로 화물인도, 보관, 선적, 그리고 보관과 관련된 서비스를 제공한다. 영업창고의 창고료는 보관료와 하역료로 구성되어 있다.

자가창고와 영업창고의 장단점

구 분	자가창고	영업창고
장 점	• 기계에 의한 합리화 및 생산화 가능 • 기업에서 취급하는 상품에 알맞은 최적의 보관 • 하역설비의 설계 가능 • 노하우 축적 가능 • 수주 및 출하의 일관화	• 필요로 하는 공간을 언제 어디서든지 이용 가능 • 전문업자로서의 전문적 관리 운용 • 설비투자가 불필요함 • 보상제도의 확립(파손 시) • 비용, 지출의 명확화
단 점	• 토지구입 및 설비투자 비용 등과 창고 규모의 고정적 배치에 의한 인건비, 관리비 부담 • 계절변동에 비탄력적 • 재고품의 관리가 소홀해짐	• 시설변경의 탄력성이 적음 • 토탈시스템과의 연결이 약함 • 치밀한 고객서비스가 어려움 • 자가 목적에 맞는 창고 설계가 어려움

3 리스창고

구 분	내 용
개 념	기업이 보관공간을 리스하는 것은 영업창고의 단기적 임대와 자가창고의 장기적 계약 사이의 중간적인 선택을 나타낸다.
장 점	• 낮은 임대요금으로 보관공간을 확보할 수 있다. • 임대기간에 따라 사용자가 보관공간이나 그와 관련된 제반운영을 직접 통제할 수 있다.
단 점	임대계약을 통해 특정 기간 동안 공간 임대료를 지불할 것을 보증하기 때문에 영업창고처럼 시장환경의 변화에 따라 보관장소를 탄력적으로 옮기는 것이 불가능하다.

[출제유형] 2023년 제27회

창고의 기능에 관한 설명으로 옳지 않은 것은?

① 물품을 안전하게 보관하거나 현상을 유지하는 역할을 수행한다.
② 물품의 생산과 소비의 시간적 간격을 조절하여 시간가치를 창출한다.
③ 물품의 수요와 공급을 조정하여 가격 안정을 도모하는 역할을 수행한다.
❹ 물품을 한 장소에서 다른 장소로 이동시키는 물리적 행위를 통해 장소적 효용을 창출한다.
⑤ 창고에 물품을 보관하여 안전재고를 확보함으로써 품절을 방지하여 기업 신용을 증대시킨다.

[출제유형] 2024년 제28회

창고에 관한 설명으로 옳지 않은 것은?

① 야적창고 : 물품을 노지에 보관하는 창고
② 수면창고 : 하천이나 해수면을 이용하여 물품을 보관하는 창고
❸ 리스창고 : 자기의 화물을 보관하기 위해 설치한 창고
④ 위험물창고 : 고압가스 및 유독성 물질 등을 보관하는 창고
⑤ 영업창고 : 타인의 화물을 보관하는 창고

[출제유형] 2024년 제28회

창고의 기능으로 옳은 것은 모두 몇 개인가?

○ 품질 특성이나 영업 전략에 따른 보관 기능
○ 품절을 예방하는 기능
○ 포장, 라벨 부착, 검품 등의 기능
○ 운송기능과의 연계 기능

① 0개　　② 1개
③ 2개　　④ 3개
❺ 4개

[출제유형] 2023년 제27회

창고 유형과 특징에 관한 설명으로 옳지 않은 것은?

① 자가창고는 창고의 입지, 시설, 장비를 자사의 물류시스템에 적합하도록 설계, 운영할 수 있다.
❷ 영업창고 이용자는 초기에 창고건설 및 설비투자와 관련하여 고정비용이 발생한다.
③ 임대창고는 시장환경의 변화에 따라 보관장소를 탄력적으로 운영하기 어렵다.
④ 유통창고는 생산된 제품의 집하 및 배송 기능을 갖춘 창고로 화물의 보관, 가공, 재포장 등의 활동을 수행한다.
⑤ 보세창고는 관세법에 근거하여 세관장의 허가를 얻어 수출입화물을 취급하는 창고를 의미한다.

4 자동창고

구 분	내 용
의 의	생산량 급증 등으로 인한 보관수단의 합리화와 원가절감 및 경비절감 효과로 인한 작업능률 향상으로 기업이윤에 기여한다.
목 적	• 유통비 절감 • 신속한 업무처리 • 재고관리 기능의 개선을 통한 수익성 개선
필요성	• 인건비의 급상승 및 인력확보의 어려움 • 물적 유통의 급증 • 생산・유통 시스템의 효율화와 생력화 • 제조부문의 자동화에 따른 물류부문의 자동화 및 기계화에 대한 요구 • 토지사용의 효율성 증대에 대한 필요성 증가
구비요건	• 적은 토지면적과 공간에 보다 많은 물품을 저장할 수 있어야 한다. • 상품의 보호가 철저해야 한다. • 입출고관리가 용이해야 한다. • 컴퓨터에 의한 원격제어가 가능해야 한다. • 로케이션(Location)을 편리하게 관리할 수 있어야 한다. • 창고관리 및 운영이 편리해야 한다. • 시설비 및 유지비가 적게 들어야 한다. • 작업환경이 양호해야 한다.

자동창고의 종류		
일반 형태별 분류	빌딩랙	랙을 구조물로 하여 지붕과 외벽을 만든 빌딩으로 대형 자동창고에 주로 이용하며, 시설비가 절약된다.
	고정랙	기존 창고에 고정식으로 랙을 설치하여 자동창고로 이용하므로 증설, 변경이 용이하다.
	회전랙	랙 자체가 회전하여 신속하게 물품을 입・출고하는 방식으로 수평식과 수직식이 있다.
보관 형태별 분류	파렛트형	화물을 파렛트 단위로 입・출고하는 방식으로 스태커크레인에 의해 파렛트를 이동시키며, 용적 효율이 낮다.
	버켓형	파렛트와 같은 유형으로 가볍고 소형인 의약품, 전자부품, 화장품 저장에 유용하다.
	디프라인형	파렛트형, 버켓형의 변형으로 랙의 폭을 넓혀 단위공간에 여러 개의 파렛트나 버켓을 저장한다.
배치 형식에 따른 분류	U-Turn형	랙에 대하여 같은 방향에서 입・출고가 이루어지는 창고이다.
	One-Way형	랙과 랙 사이의 입・출고 구역이 달라 크레인의 입고와 출고방향이 다른 형태이다.

핵심테마

03 창고의 기본설계

PART 4 보관하역론 / Chapter 01 보관물류론

1 창고 내 물류설계

창고 내 물류흐름에 따라 창고는 저장중심형과 집배중심형으로 구분된다. 창고 내에서 물류의 흐름은 일반적으로 입고장 → 격납장 → 분배장 → 포장장 → 출고장의 순서이다.

① 저장중심형 창고
  ㉠ 물품을 비교적 장기간 저장하는 창고로 재고회전율이 떨어지며, 집배중심형 창고에 비해 많은 자금을 필요로 하고 보관된 물품의 품질이 훼손될 위험성도 가지고 있다.
  ㉡ 생산이나 매입이 단기간에 이루어지는 데 반해서 출고는 장기간(곡물류)에 걸쳐 행해지는 경우가 대부분이며, 때로는 공급이 장기간에 이루어지고 출고는 단기간에 이루어지는 경우도 있다.

② 격납장의 유형

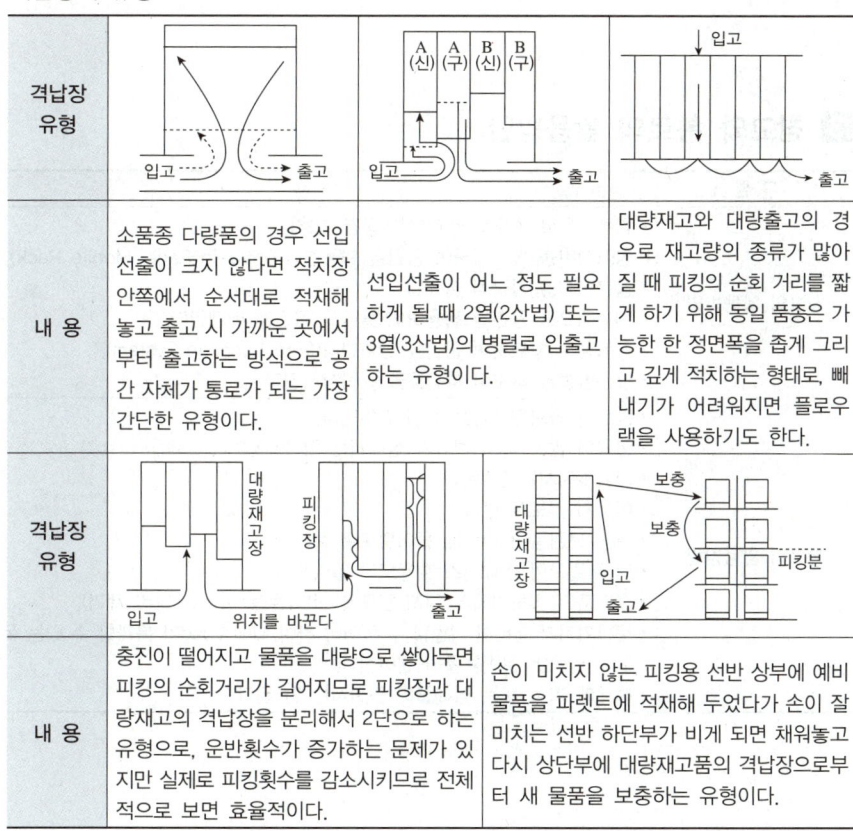

[출제유형] 2018년 제22회

다음 그림에 해당하는 저장 중심형 창고 내 흐름 유형에 관한 설명으로 옳은 것은?

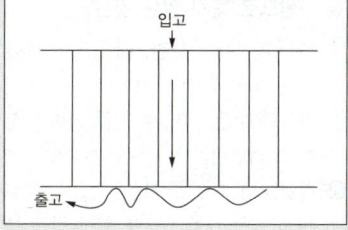

❶ 재고 종류가 많아질 때, 피킹 순회거리를 짧게 하기 위해 동일품목을 폭은 좁게, 깊이는 깊게 적치하는 유형
② 선입선출이 많지 않은 소품종다량품의 경우, 적치장 안쪽에서 순서대로 적치해놓고 출고 시 가까운 곳에서부터 출고하는 유형
③ 선입선출이 필요하게 될 때, 2열 또는 3열의 병렬로 정리하여 입·출고하는 유형
④ 물품을 대량으로 쌓아두면 피킹의 순회거리가 길어지므로 피킹장과 격납장을 분리하여 2단으로 적치하는 유형
⑤ 피킹용 선반 상단부에 예비물품을 파렛트로 적치해두었다가, 선반 하단부가 비게 되면 상단부의 파렛트를 하단부로 옮겨놓고 상단부에 새 파렛트를 보충하는 유형

[출제유형] 2020년 제24회

창고설계의 기본원칙이 아닌 것은?

① 직진성의 원칙
② 모듈화의 원칙
③ 역행교차 회피의 원칙
④ 물품 취급 횟수 최소화의 원칙
❺ 물품이동 간 고저간격 최대화의 원칙

[출제유형] 2024년 제28회

물류센터 규모 및 내부 설계 시 고려해야 할 사항으로 옳지 않은 것은?

① 입출고, 피킹, 보관, 배송 등에 관한 운영 특성을 고려한다.
② 자동화 수준, 설비 종류 등 설비 특성을 고려한다.
❸ 화물보험 가입 용이성, 신용장 개설 편의성 등 보험·금융 회사 접근 특성을 고려한다.
④ 주문건수, 주문빈도, 주문크기 등의 주문 특성을 고려한다.
⑤ 화물의 크기, 무게, 가격 등 화물 특성을 고려한다.

2 창고 레이아웃의 기본원리

① 물품, 통로, 운반기기 및 사람 등의 흐름방향에 있어 항상 직진성에 중점을 두어야 한다.
② 물품, 운반기기 및 사람의 역행교차는 피해야 한다.
③ 물품의 취급횟수를 줄여야 한다.
④ 물품의 흐름과정에서 높낮이 차이의 크기와 횟수를 감소시켜야 한다.
⑤ 화차, 운반기기, 랙, 통로입구 및 기둥 간격의 모듈화를 시도하고, 여분의 공간을 감소시키기 위해서는 디멘션(Dimension)의 배수관계를 잘 고려해야 한다.

> **창고 내 시설 및 물류동선 배치 레이아웃의 기본원칙**
> • 직진성의 원칙 : 물품, 통로, 운반기기 및 사람 등의 흐름방향을 곧바로 흐르도록 하는 것을 말한다.
> • 역행교차 없애기 원칙 : 물품, 운반기기 및 사람의 흐름배치는 서로 교차하거나 역주행이 되지 않도록 하는 것을 말한다.
> • 취급 횟수 최소화의 원칙 : 보관효율을 높이기 위하여 임시보관 취급과 같은 동작이나 업무를 줄이는 것을 말한다.
> • 물품 이동 간 고저 간격 축소의 원칙 : 물품의 흐름 과정에서 높낮이 차이의 크기와 횟수를 감소시켜야 한다는 것을 말한다.
> • 모듈화의 원칙 : 물류동선의 패턴, 복도 및 랙 방향 등의 설계를 통해 작업 및 보관 효율을 높이는 것을 말한다.

3 창고와 통로의 활용방안

구 분	내 용
창고의 활용방안	• 입체적으로 쌓도록 한다(상부공간 활용). • 창고설비를 최적화하여 공간을 활용한다(Drive-in Rack, Mobile Rack). • 통로면적을 가급적 줄인다. • 계획적으로 공간을 활용하여 불필요 공간을 배제한다. • 융통성을 발휘하여 공간을 절약한다(Free Location System). • 구분방법을 바꾸어 추진효율을 향상시킨다.
통로의 활용방안	• 통로가 좁으면 작업능률이 떨어진다. • 굴곡이 많고 폭의 변화가 심해서는 안 된다. • 미끄러워서는 안 된다. • 어둡지 않도록 한다. • 모든 보관품이 한눈에 들어오도록 한다. • 너무 넓으면 스페이스 활용도가 떨어진다. • 출고품의 집하거리가 길지 않도록 한다(물품 이동의 낭비 제거). • 운반기기가 충분히 작업할 수 있어야 하며, Unit Load가 통과할 수 있는 폭이 되지 않으면 운반능률이 떨어진다. • 통로에 기둥 또는 장애물이 있어서는 안 된다.

핵심테마 04 물류센터

PART 4 보관하역론 / Chapter 01 보관물류론

1 물류센터의 개요

구 분	내 용
개 념	• 물류센터는 넓은 의미로는 대규모의 물류단지에 복합터미널과 같이 자동화된 시설을 갖추고 운영되는 거대하고 방대한 단지를 말한다. • 운영형태에 따라 물류센터, 물류거점(Stock Point)센터, 배송센터, 데포(Depot) 등으로 불리고 있다. • 다품종 대량의 물품을 공급받아 분류, 보관, 포장, 유통가공, 정보처리 등을 수행하여 다수의 수요자에게 적기에 배송하기 위한 시설이라고 할 수 있다.
목적 및 역할	• 물품 수급조절의 완충적인 기능을 수행하는 중심지 역할 • 배송기지로서 운송비의 절감을 위한 교량적인 역할(교차수송방지, 납품 트럭의 혼잡방지 등) • 재고집약에 의한 적정재고의 유지와 판매거점의 구입활동을 집약함으로써 거래를 유리하게 함 • 판매정보의 조기파악 후 조달 및 생산계획의 반영 및 신속·정확한 배송에 의한 고객서비스 향상 • 상·물 분리에 의한 물류효율화와 보관 및 하역을 포함한 관리 효율의 향상 및 작업의 생력화
기 능	• 신속한 배송체제 구축에 의한 기업의 판매력 강화 • 원활한 입출고를 위한 오더피킹 및 수급조절기능 • 공장과 물류센터 간 대량·정형적인 계획수송이 가능하여 수송비 절감효과 • 물류센터 정보망을 통해 신속·정확한 재고파악이 가능하며 과잉재고 및 재고 편재를 방지 • 상류기능과 물류기능의 명확한 분리로 중복·교차수송을 방지 • 물류센터를 판매거점화 함으로써 제조업체의 직판체제 확립, 유통경로의 단축, 유통의 간소화 및 비용절감 • 환적, 보관, 분류, 유통 가공, 조립, 포장 기능
물류센터 설계 시 고려요인	• 입하능력 　　　　　　　　• 출하시간 • 물품 취급횟수 　　　　　　• 보관면적
물류센터 건립단계	• 입지분석단계 : 지역분석, 시장분석, 정책 및 환경 분석, SWOT 분석을 수행 • 기능분석단계 : 취급 물품의 특성을 감안하여 물류센터기능을 분석 • 투자효과분석단계 : 시설 규모 및 운영 방식, 경제적 측면의 투자 타당성을 분석 • 기본설계단계 : 물동량계획·동선계획·운영계획과 배치도 설계 등을 수행 • 상세설계단계 : 구체적인 레이아웃과 작업방식, 물류비용 정산방법을 설계 • 시공운영단계 : 토목과 건축 시공이 이루어지고 테스트와 보완 후 운영

> **물류센터 KPI(Key Performance Indicator)**
> • 환경 KPI : CO_2 절감 등 환경측면의 공헌도를 관리하기 위한 지표
> • 생산성 KPI : 작업인력과 시간당 생산성을 파악하여 작업을 개선하기 위한 지표
> • 납기 KPI : 수주부터 납품까지의 기간을 측정하여 리드타임을 감소시키기 위한 지표
> • 비용 KPI : 작업마다 비용을 파악하여 물류센터의 물류비용을 감소시키기 위한 지표

[출제유형] 2023년 제27회

물류센터의 규모 결정에 영향을 미치는 요인을 모두 고른 것은?

> ㄱ. 자재취급시스템의 형태
> ㄴ. 통로요구조건
> ㄷ. 재고배치
> ㄹ. 현재 및 미래의 제품 출하량
> ㅁ. 사무실 공간

① ㄱ, ㄹ
② ㄷ, ㄹ, ㅁ
③ ㄱ, ㄴ, ㄷ, ㄹ
④ ㄱ, ㄴ, ㄷ, ㅁ
❺ ㄱ, ㄴ, ㄷ, ㄹ, ㅁ

[출제유형] 2023년 제27회

물류센터 구조와 설비 결정 요소에 관한 설명으로 옳지 않은 것은?

① 운영특성은 입고, 보관, 피킹, 배송 방법을 반영한다.
② 물품특성은 제품의 크기, 무게, 가격을 반영한다.
❸ 주문특성은 재고정책, 고객서비스 목표, 투자 및 운영 비용을 반영한다.
④ 환경특성은 지리적 위치, 입지 제약, 환경 제약을 반영한다.
⑤ 설비특성은 설비종류, 자동화 수준을 반영한다.

[출제유형] 2021년 제25회

물류센터의 기능을 모두 고른 것은?

> ㄱ. 조립 및 유통 가공
> ㄴ. 상품의 보호를 위한 포장
> ㄷ. 입출고를 원활하게 하기 위한 오더피킹

① ㄱ
② ㄴ
③ ㄱ, ㄴ
④ ㄴ, ㄷ
❺ ㄱ, ㄴ, ㄷ

핵심테마 05

물류단지시설

PART 4 보관하역론 / Chapter 01 보관물류론

[출제유형] 2024년 제28회

물류센터 운영에 관한 설명으로 옳지 않은 것은?
① 상품의 리드타임 단축을 통해 고객만족도를 높일 수 있다.
❷ 각각의 공장에서 소비지까지 제품을 개별 수송하므로 손상, 분실, 오배송이 감소한다.
③ 적절한 재고량을 유지하면서 고객니즈에 부합하는 서비스를 제공한다.
④ 물류센터 수가 증가하면 총 안전재고량과 납기준수율이 모두 증가한다.
⑤ 물류센터 운영 전에 비해 상대적으로 공차율이 감소한다.

1 물류단지

구 분	내 용
개 념	물류단지시설과 지원시설을 집단적으로 설치·육성하기 위하여 관련법에 따라 지정·개발하는 일단의 토지를 말한다.
구조결정 요소	• 제품특성 : 크기, 무게, 가격, 용량, 포장 등 • 주문특성 : 주문 수, 주문의 크기와 빈도, 처리속도 등 • 관리특성 : 재고정책, 고객서비스 목표, 투자 및 운영비용 등 • 환경특성 : 지리적 위치, 입지제약, 환경제약 등 • 설비특성 : 설비종류, 운영방안, 자동화 수준 등 • 운영특성 : 입고방법, 보관방법, 피킹방법, 배송방법 등
주요업무	• 입고 : 수주, 발주, 입하, 포장해체, 입고검수 • 재고 : 분류, Location 관리, 재고보충, 실재고관리 • 출고 : 출하 지시, 피킹, 분류, 품질검사, 수배송, 포장 • 지원 : 재고실사, 실적관리, 반품관리, 재고통제, 물품추적, 통계관리

2 배송센터

구 분	내 용
개 념	• 관할지역 내의 소매점 및 소비자에 대한 배송기능을 주로 하는 물류거점으로 물류센터보다 소규모이고 기능이 단순하다. 보통 집배송센터 또는 집배센터라고 한다. • 배송센터는 도매업, 대량 소매업, 슈퍼, 편의점 등이 매일 상품의 집배와 배송을 동일장소에서 실시한다는 데 착안하여 나온 명칭으로 유사한 용어로는 유통센터(Commercial Distribution Center)가 있다. • 배송센터는 협의로 개별기업의 배송센터를 지칭하기도 하고, 광의로는 복합물류터미널과 같은 대규모 유통업무단지 자체를 지칭한다.
일반적 기능	• 보 관　　　　　　• 타이밍 조정 • 분 류　　　　　　• 수배송 • 정보센터　　　　　• 판매촉진 • 부가가치창출
구축의 이점	• 수송비 절감　　　　• 교차수송 방지 • 배송서비스율 향상　• 납품작업 합리화 • 상물분리 실시

3 공동집배송센터

구 분	내 용
개 념	• 유사한 업종의 제품유통을 위해서 대규모 단지를 조성하고, 도매·검수·포장 등과 같은 가공기능과 정보처리시설 등을 갖추어 체계적으로 공동관리하는 물류단지이다(예 가락동 농수산물시장, 노량진 수산시장 등). • 여러 유통사업자 또는 제조업자가 공동으로 사용할 수 있도록 집배송시설 및 부대업무시설이 설치되어 있는 지역 및 시설물이다.
기 능	공동구매에서 오는 대량구매와 계획매입으로 인한 구매력의 향상으로 수익의 증대와 공급조절을 통한 가격의 급등락을 방지하는 기능이 있다.
필요성	• 관련법상의 제약과 높은 지가(地價)로 개별업체의 적정입지 확보가 곤란하다. • 토지효율 및 투자효율 극대화의 필요성 때문이다. • 일괄매입 및 일괄조성으로 단지조성의 능률화, 도시기능의 순화 등이 필요하다.
도입효과	• 물류비절감의 효과 : 공동집배송은 다수업체가 배송센터를 한 곳의 대단위 단지에 집결시킴으로써 배송물량의 지역별·업체별 계획배송 및 혼재배송에 의해 차량 적재율의 증가, 횟수의 감소 및 운송거리의 단축을 통하여 물류비를 절감시키는 효과를 가져온다. • 공간효용의 극대화 : 공동집배송은 작업을 공동으로 수행하므로 상품 흐름의 원활화, 인력의 공동활용, 공간효용의 극대화를 기대할 수 있다. • 토지효율 및 투자효율을 높일 수 있다.

4 복합물류터미널

구 분	내 용
개 념	우리나라의 복합물류터미널은 물류시설의 개발 및 운영에 관한 법률에 근거하며, 화물의 집하, 하역, 분류, 포장, 보관 또는 통관에 필요한 시설을 갖춘 화물유통의 중심장소로서 두 종류 이상 운송수단 간의 연계수송을 할 수 있는 규모와 시설을 갖춘 물류터미널이다.
역 할	• 창고단지, 유통가공시설, 물류사업자의 업무용 시설 등을 결합하여 종합물류기지 역할을 수행한다. • 환적기능 위주로 운영되며, 화물의 보관업무까지도 수행한다.
주요 시설	복합물류터미널은 물류터미널(화물취급장, 화물자동차 정류장), 창고, 배송센터, 물류정보센터, 수송수단 간 연계시설 및 각종 공공 편의시설, ICD시설(CY 및 CFS)이 한 곳에 집적된 종합적 물류거점을 의미한다.

5 ICD(Inland Container Depot)

구 분	내 용
개 념	공장단지와 수출지 항만과의 사이를 연결하여 화물의 유통을 신속·원활히 하기 위한 대규모 물류단지이다.
기 능	내륙통관기지로서의 ICD는 항만 내에서 이루어져야 할 본선작업과 마샬링기능을 제외한 장치보관기능, 집하분류기능, 수출 컨테이너화물에 대한 통관기능 등 전통적인 항만의 기능과 서비스 일부를 수행함으로써 신속한 화물유통을 가능하게 하고 있다.

[출제유형] 2023년 제27회

공동집배송단지의 도입 효과에 관한 설명으로 옳은 것을 모두 고른 것은?

ㄱ. 배송물량을 통합하여 계획 배송함으로써 차량의 적재 효율을 높일 수 있다.
ㄴ. 혼합배송이 가능하여 차량의 공차율이 증가한다.
ㄷ. 공동집배송단지를 사용하는 업체들의 공동 참여를 통해 대량 구매 및 계획 매입이 가능하다.
ㄹ. 보관 수요를 통합 관리함으로써 업체별 보관 공간 및 관리 비용이 증가한다.
ㅁ. 물류 작업의 공동화를 통해 물류비 절감 효과가 있다.

① ㄱ, ㄴ, ㄹ   ② ㄱ, ㄴ, ㅁ
❸ ㄱ, ㄷ, ㅁ   ④ ㄴ, ㄷ, ㄹ
⑤ ㄷ, ㄹ, ㅁ

[출제유형] 2024년 제28회

복합물류터미널에 관한 설명으로 옳지 않은 것은?

① 두 종류 이상의 운송수단을 연계할 수 있는 규모 및 시설을 갖춘 화물터미널이다.
❷ 보관기능 위주로 운영되는 물류시설로 환적물량은 취급하지 않는다.
③ 조립·가공 등의 기능을 수행하기 위한 유통가공 시설을 보유할 수 있다.
④ 배송센터 기능과 더불어 화물정보센터의 기능도 수행한다.
⑤ 화물의 집화·하역 및 이와 관련된 분류·포장 등에 필요한 기능을 갖춘 물류시설이다.

[출제유형] 2023년 제27회

물류단지시설에 관한 설명으로 옳지 않은 것은?

① 물류터미널은 화물의 집하, 하역, 분류, 포장, 보관, 가공, 조립 등의 기능을 갖춘 시설이다.
② 공동집배송센터는 참여업체들이 공동으로 사용할 수 있도록 집배송 시설 및 부대업무 시설이 설치되어 있다.
③ 지정보세구역은 지정장치장 및 세관 검사장이 있다.
④ 특허보세구역은 보세창고, 보세공장, 보세건설장, 보세판매장, 보세전시장이 있다.
❺ 배송센터는 장치보관, 수출입 통관, 선박의 적하 및 양하기능을 수행하는 육상운송수단과의 연계 지원시설이다.

[출제유형] 2022년 제26회

ICD(Inland Container Depot)에 관한 설명으로 옳지 않은 것은?

① 항만지역과 비교하여 창고 보관 시설용 토지 취득이 쉽다.
❷ 화물의 소단위화로 운송의 비효율이 발생한다.
③ 다양한 교통수단의 높은 연계성이 입지조건의 하나이다.
④ 통관의 신속화로 통관비가 절감된다.
⑤ 통관검사 후 재포장이 필요한 경우 ICD 자체 보유 포장시설을 이용할 수 있다.

구분	내용
장 점	• 시설비 절감 : 항만지역과 비교하여 창고・보관시설용 토지 취득이 쉽고 시설비가 절감되어 창고보관료가 저렴하다. • 운송비 절감 : 화물의 대단위화에 따른 운송효율의 향상과 교통혼잡 회피로 운송비가 절감된다. • 노동생산성 향상 : 노동력의 안정적 확보와 기계화로 노동생산성이 향상된다. • 포장비 절감 : 통관검사 후 재포장의 용이함으로 포장비가 절감된다. • 통관비 절감 : 통관의 신속화로 통관비가 절감된다.

6 스톡 포인트(SP : Stock Point)

① 보통 재고품의 보관거점으로서 상품의 배송거점인 동시에 예상수요에 대한 보관거점을 의미한다.
② 배송센터와 비교하면 정태적 의미의 유통창고를 말하며 우리나라와 일본은 하치장이라 부른다.
③ 물품보관에 주력하는 보관장소이며 제조업체들이 원료나 완성품, 폐기물을 쌓아 두는 경우가 많다.
④ 유통업체인 경우 배송시키기 위한 전 단계로 재고품을 비축하거나 다음 단계의 배송센터로 상품을 이전시키기 위해 일시 보관하는 곳이다.

7 데포(DP : Depot)

SP(스톡 포인트)보다 작은 국내용 2차 창고, 또는 수출상품을 집화・분류・수송하기 위한 내륙 CFS를 데포라 하며 단말배송소라고도 한다. 화물체류시간은 짧다.
① 수송을 효율적으로 하기 위해서 갖추어진 집배중계 및 배송처
② 컨테이너가 CY에 반입되기 전에 야적된 상태에서 컨테이너를 적재시킨 장소
③ 생산지에서 소비지까지 배송할 때 각지의 데포까지는 하나로 통합하여 수송
④ 수송비의 절감과 고객서비스의 향상에 기여

8 항만지역의 보관시설

구 분	내 용

보세구역	• 개념 : 보세구역은 효율적인 화물관리와 관세행정의 필요성에 의하여 세관장이 지정하거나 특허한 장소로서, 사내창고나 물류센터에서 출고된 수출품의 선적을 위해 거치게 되는 곳이다.
	• 구 분
	  – 지정보세구역 : 국가 또는 지방자치단체 등의 공공시설이나 장소 등의 일정구역을 세관장이 지정하고 물품장치기간은 6개월 범위 안에서 관세청장이 정하며 내국화물의 경우 세관장의 허가로 10일 이내 반출할 수 있다. 지정장치장과 세관검사장이 있다.
	  – 특허보세구역 : 일반 개인이 신청을 하면 세관장이 특허해 주는 보세구역을 말한다. 여기에는 특허보세창고, 보세공장, 보세건설장, 보세전시장, 보세판매장 등이 있다.
	  – 종합보세구역 : 동일 장소에서 기존 특허보세구역의 모든 기능, 즉 장치, 보관, 제조, 가공, 전시, 판매를 복합적으로 수행할 수 있다.

보세구역	• 기 능 – 관세채권의 확보 – 통관질서의 확립 – 세관업무의 효율화 – 수출 및 산업지원
CY/CFS	• CY(Container Yard) : 수출입용 컨테이너를 보관·취급하는 장소로 공컨테이너 또는 풀컨테이너에 이를 넘겨주고 넘겨받아 보관할 수 있는 넓은 장소를 말한다. 넓게는 CFS, Marshalling Yard(부두의 선적대기장), Apron, 샤시, 트랙터 장치장까지도 포함한다. • CFS(Container Freight Station) : LCL 화물을 모아서 FCL 화물로 만드는 LCL 화물 정거장으로 부두 외부에도 위치할 수 있다. • CY와 CFS의 차이점은 FCL 화물은 CFS를 거치지 않고 직접 CY로 운송하는 데 비해, LCL 화물은 먼저 CFS로 모여 혼재된 후 FCL로 형성되어 CY로 운송한다는 것이다.

[출제유형] 2023년 제27회

다음에서 설명하는 물류시설은?

ㄱ. LCL 화물을 특정 장소에 집적하였다가 목적지별로 선별하여 하나의 컨테이너에 적입하는 장소
ㄴ. 복수의 운송수단 간 연계를 할 수 있는 규모 및 시설을 갖춘 장소
ㄷ. 재고품의 임시보관거점으로 상품의 배송거점인 동시에 예상 수요에 대한 보관 장소

① ㄱ : CY   ㄴ : 복합물류터미널
   ㄷ : 스톡 포인트
② ㄱ : CY   ㄴ : 복합물류터미널
   ㄷ : 데포
❸ ㄱ : CFS   ㄴ : 복합물류터미널
   ㄷ : 스톡 포인트
④ ㄱ : CFS   ㄴ : 공동집배송단지
   ㄷ : 스톡 포인트
⑤ ㄱ : CFS   ㄴ : 공동집배송단지
   ㄷ : 데포

[출제유형] 2024년 제28회

물류시설의 설명으로 옳은 것은?

❶ 스마트물류센터 : 첨단물류설비, 운영시스템 등을 도입하여 저비용, 고효율, 친환경성 등에서 우수한 성능을 발휘할 수 있는 물류창고
② 농수산물종합유통센터 : 농수산물의 출하경로를 다원화하고 물류비용을 절감하기 위한 물류시설로 농수산물의 수집, 포장, 가공, 보관, 수송, 판매기능과 함께 통관 기능도 수행
③ ICD(Inland Container Depot) : 장치보관, 집화분류, 통관 기능과 함께 마샬링(marshalling), 본선 선적 및 양하 기능도 수행
④ CY(Container Yard) : 컨테이너에 LCL(Less than Container Load) 화물을 넣고 꺼내는 작업을 하는 시설과 장소
⑤ 도시첨단물류단지 : 수출입 통관업무, 집하, 분류 기능을 수행하며, 트럭회사, 포워더(forwarder) 등을 유치하여 운영하므로 내륙 항만이라고도 부름

06 배송센터의 설계

[출제유형] 2024년 제28회

기존 물류센터에서 크로스도킹(cross docking)을 도입할 때, 이에 관한 설명으로 옳지 않은 것은?

① 기계설비 보강과 정보기술도입 등 추가 투자가 필요할 수 있다.
❷ 물류센터의 재고 회전율이 감소한다.
③ 물류센터의 재고수준이 감소한다.
④ 장기적으로 물류센터의 물리적 저장 공간을 줄일 수 있다.
⑤ 입고되는 품목의 출하지가 알려져 있는 경우에 더 효과적이다.

[출제유형] 2020년 제24회

크로스도킹(Cross Docking)에 관한 설명으로 옳지 않은 것은?

① 물류센터를 화물의 흐름 중심으로 운영할 수 있다.
❷ 물류센터의 재고관리비용은 낮추면서 재고수준을 증가시킬 수 있다.
③ 배송리드타임을 줄일 수 있어서 공급사슬 효율성을 높일 수 있다.
④ 기본적으로 즉시 출고될 물량을 입고하여 보관하지 않고 출고하는 방식으로 운영한다.
⑤ 공급업체가 미리 분류·포장하는 기포장방식과 물류센터에서 분류·출고하는 중간 처리방식으로 운영한다.

1 배송센터의 설계 개요

구 분	내 용
배송센터의 기본계획	• 배송센터의 부지, 건물의 형식·규모·구조, 운반과 보관방식 및 작업의 흐름 등을 결정하고 취급품의 특징에 따라 운영방식과 보관방식의 조합 중에서 가장 효율적인 시설과 적합한 기기를 선택하여야 한다. • 상품의 특성에 따라 차량의 크기와 대수, 주차공간, 부대작업 공간과 이용기기의 선정, 작업과 시설배치의 적합성을 위한 레이아웃 등을 결정한다. • 구체적인 건설과 설비를 위한 각종 건축법과 소방법 등의 법적 규제와 주변 여건을 조사한 다음 서비스의 레벨, 소요자금, 작업비용 등에 대한 종합적인 평가를 수행하여 최종적인 결정을 한다.
배송센터의 설계방향	• 운반·핸들링을 위한 용기의 크기와 형상 • 하역 기기 및 보관 기기 설비의 사양 • 보관·운반 핸들링을 위한 보조 기기의 결정 • 특수 차량과 적재를 위한 보조 기기 • 작업장 내 설비와 기기의 레이아웃 • 상품별 보관공간의 결정과 작업원의 배치와 운용방안 • 사무처리와 정보처리시설, 부대시설의 결정

2 크로스도킹(Cross Docking)에 의한 관리

구 분	내 용
크로스도킹의 개념	크로스도킹은 창고나 물류센터로 입고되는 상품을 보관하는 것이 아니라 즉시 배송할 준비를 하는 물류시스템이다.
크로스도킹의 유형	• 파렛트 크로스도킹(Pallet Cross Docking) : 한 종류의 상품이 적재된 파렛트별로 입고되고 소매점포로 직접 배송되는 형태로, 가장 단순한 형태의 크로스도킹이며, 양이 아주 많은 상품에 적합하다. • 케이스 크로스도킹(Case Cross Docking) : 한 종류의 상품이 적재된 파렛트 단위로 소매업체의 물류센터로 입고되고, 입고된 상품은 각각의 소매점포별로 주문수량에 따라 피킹되며, 파렛트에 남은 상품은 다음 납품을 위해 잠시 보관하게 된다. • 사전 분류된 파렛트 크로스도킹 : 사전에 제조업체가 상품을 피킹 및 분류하여 납품할 각각의 점포별로 파렛트에 적재해 배송하는 형태이다. 제조업체가 각각의 점포별 주문사항에 대한 정보를 사전에 알고 있어야 하므로 제조업체에 추가적인 비용을 발생시킨다.
크로스도킹의 효과	• 기본적으로 즉시 출고될 물량을 입고하여 보관하지 않고 출고하는 방식으로 운영되기 때문에 물류센터의 물리적 공간을 감소시킬 수 있다. • 물류센터를 화물의 흐름 중심으로 운영하고, 상품의 유통을 위한 경유지로 사용할 수 있다. • 배송리드타임을 줄일 수 있어서 공급사슬 효율성을 높이고, 공급사슬 전체 내의 저장 공간을 감소시킬 수 있다. • 물류센터의 회전율과 상품공급의 용이성을 증가시킨다. • 재고수준을 감소시켜 물류센터의 무재고를 달성할 수 있다.

07 입지결정을 위한 기법

PART 4 보관하역론 / Chapter 02 물류센터 설계 및 운영전략

1 총비용 비교법

각 대안별로 관리비용을 산출하고, 총비용이 최소가 되는 대안을 선택하여 입지를 결정하는 방법이다. 아래 〈표〉에서 A, B, C, D 지역 중 총비용이 최소가 되는 A지역을 창고 위치로 결정한다.

지역별 관리비용과 총비용

(단위 : 천원)

비용 \ 지역별	A지역	B지역	C지역	D지역
창고건설비	2,500	3,000	3,500	4,000
하역비	500	400	400	500
수송비	700	1,000	800	1,000
재고유지비	100	150	250	150
세금	20	30	50	40
합계	3,820	4,580	5,000	5,690

[출제유형] 2023년 제27회

물류단지의 단일설비입지 결정 방법에 관한 설명으로 옳지 않은 것은?
① 입지요인으로 수송비를 고려한다.
② 총 운송비용을 최소화하기 위한 입지결정 방법이다.
③ 공급지와 수요지의 위치와 반입, 반출 물량이 주어진다.
④ 총 운송비용은 거리에 비례해서 증가하는 것으로 가정한다.
❺ 시장경쟁력, 재고통합효과, 설비를 고려하는 동적 입지모형이다.

2 손익분기 도표법

일정한 물동량, 즉 입고량 또는 출고량을 전제로 하여 고정비와 변동비의 합을 비교하여 물동량에 따른 총비용이 최소가 되는 대안을 선택하는 방법이다.

지역별 고정비와 변동비

(단위 : 천원)

구 분		A지역	B지역	C지역
고정비	연간 자본비용	4,000	5,000	3,600
	연간 연료·동력비	100	200	250
	연간 수용비	20	50	50
	연간 세금	230	250	250
	소 계	4,350	5,500	4,150
변동비	톤당 하역비	30	40	30
	톤당 재고비	60	70	70
	톤당 수송비	10	20	20
	소 계	100	130	120

[출제유형] 2023년 제27회

다음에서 설명한 물류단지의 입지결정 방법은?

○ 일정한 물동량(입고량 또는 출고량)의 고정비와 변동비를 산출한다.
○ 물동량에 따른 총비용을 비교하여 대안을 선택하는 방법이다.

① 체크리스트법
② 톤-킬로법
③ 무게 중심법
❹ 손익분기 도표법
⑤ 브라운 & 깁슨법

[출제유형] 2024년 제28회

물류거점 입지선정 방법에 관한 설명으로 옳지 않은 것은?

① 요인평정법(가중점수법)은 접근성, 지역환경, 노동력 등의 입지요인별로 가중치를 부여하고 가중치를 고려한 요인별 평가점수를 통해 입지후보지를 선택하는 방법이다.
② 브라운&깁슨법은 입지에 영향을 주는 요인을 필수적 요인, 객관적 요인, 주관적 요인으로 구분하여 평가하는 방법이다.
③ 총비용 비교법은 입지거점 대안별로 예상비용을 산출하고, 총비용이 최소가 되는 대안을 선택하는 방법이다.
④ 손익분기 도표법은 예상 물동량에 대한 고정비와 변동비를 산출하고 그 합을 비교하여 물동량에 따른 총비용이 최소가 되는 대안을 선택하는 방법이다.
❺ 톤-킬로법은 물동량의 무게와 거리를 고려한 방법으로 입지 제약, 환경 제약 등의 주관적 요인을 반영할 수 있는 방법이다.

⊕ PLUS

요인평정법(Factor Rating Method)
고려되는 입지 요인별 가중치를 고려한 요인평정 결과(= 가중치 × 평점)를 활용하는 방법으로서 입지 요인을 평가자의 주관으로 평점이 가능하다.

톤·kg법
각 수요처와 배송센터까지의 거리와 수요처까지의 운송량에 대하여 운송수량(톤) × 거리(km)에 의해 평가하여 그 총계가 가장 적은 곳에 배송센터를 설치하는 방법이다.

체크리스트법
입지요인에 대한 평점을 부여하여 종합점수가 가장 높은 지역을 물류단지 입지로 선택하는 방법이다.

3 무게중심법

① 공급지 및 수요지의 위치가 고정되어 있고 각 공급지로부터 단일의 물류센터로 반입되는 물량과 그 물류센터로부터 각 수요지로 반출되는 물량이 정해져 있을 때, 물류센터로 반입 및 반출되는 각 지점과 물류센터와의 거리에 거리당 운임과 물동량을 곱하면, 각 지점과 물류센터 간의 수송비를 산출할 수 있다.
② ①의 계산을 모든 지점들에 대해서 적용하여 합산하면 총 수송비가 결정되고 그 합이 최소가 되는 지점을 구하는 것이 무게중심법이다.
③ 두 지점 간의 물자 이동이 직선거리를 따라 이루어진다면, 단일 물류센터의 최적입지는 입지를 나타내는 좌표에 대한 두 개의 방정식을 통해서 구할 수 있는데, 이것을 최적 무게중심법이라고 한다.

무게중심법 문제풀이 (2024년 출제)

문제 다음은 각 수요지의 수요량과 위치좌표를 나타낸 것이다. 무게중심법에 의한 신규 배송센터의 최적의 입지좌표는? (단, 배송센터로의 공급은 고려하지 않음)

구 분	X좌표	Y좌표	수요량(톤/월)
수요지 1	20	40	200
수요지 2	60	20	100
수요지 3	80	50	200
수요지 4	120	100	500

① X : 52 Y : 40
② X : 72 Y : 52
③ X : 80 Y : 72
❹ X : 86 Y : 70
⑤ X : 92 Y : 86

풀이 무게중심법에 따른 입지 좌표

$$X = \frac{200 \times 20 + 100 \times 60 + 200 \times 80 + 500 \times 120}{200 + 100 + 200 + 500} = 86$$

$$Y = \frac{200 \times 40 + 100 \times 20 + 200 \times 50 + 500 \times 100}{200 + 100 + 200 + 500} = 70$$

4 양&질적 요인 분석법(Brown-Gibson Model)

입지결정에 있어서 양적 요인과 질적 요인을 함께 고려할 수 있는 복수공장의 입지분석 모형이 1972년 브라운과 깁슨에 의해 제시되었다. 요인 평가 기준은 다음과 같다.

① 필수적 기준(Critical Criteria) : 특정 시스템의 장소적 적합성 판정 시의 필수적 기준
   (예 맥주공장 – 수질, 수량 / 연탄공장 – 석탄)
② 객관적 기준(Objective Criteria) : 화폐가치로 평가될 수 있는 경제적 기준
   (예 인건비, 원재료비, 용수비, 세금 등)
③ 주관적 기준(Subjective Criteria) : 평가자의 주관에 의해 판가름되는 기준
   (예 근로자의 성실성, 지역주민의 민심 등)

핵심테마 08 보관시스템

1 보관품목의 배치 – ABC 관리방법

물류센터에서 취급하는 상품의 종류는 다종다양하여 재고관리가 매우 복잡하다. 이들 상품들을 일일이 관리하는 것은 거의 불가능하므로 상품의 중요도나 가치를 중심으로 품목을 분류해서 적절한 관리시스템을 적용할 필요가 있다.

구 분	내 용
ABC 분석의 개념	통계적 방법에 의해 관리해야 할 대상을 A그룹, B그룹, C그룹으로 나누고, 먼저 A그룹을 최중점 관리대상으로 선정하여 관리노력을 집중함으로써 관리효과를 높이려는 분석방법이다.
ABC 분석의 분류	소수대형매출상품의 집단을 A그룹, 다수소형매출상품의 집단을 C그룹, 그 중간적 성격을 갖는 그룹을 B그룹으로 분류한다. • A그룹 : 정밀한 재고관리시스템을 적용하여 수시로 재고를 파악하고 보충해야 하므로 발주간격이 짧은 정기발주시스템을 이용하는 것이 일반적이다. 중소기업에서와 같이 자금사정이 원활하지 못한 경우에는 필요할 때 필요량만을 보충 발주하는 경우도 있다. • B그룹 : A그룹에 비하여 수량 또는 매출액이 비교적 적고, 품종은 다소 많으므로 발주점 방식에 의한 정량발주시스템을 적용하는 것이 일반적이다. • C그룹 : 품종이 다양하고 각각의 수량 또는 매출액은 극히 적어서 C그룹은 전체의 매출액의 10% 이하인 경우가 많다. 정량발주시스템의 변형인 투빈시스템을 적용하는 경우가 많고, 수량이 더 적은 경우에는 아예 관리를 하지 않거나 재고를 두지 않고 있다가 필요시 필요한 수량만큼 구매하는 JIT(Just In Time) 방식을 적용하기도 한다.
ABC 분석의 방법	• 품목별로 수량 또는 매출액을 산출한다. • ABC 분석표에 수량 또는 금액이 큰 순서대로 기입한다. • 품목순으로 수량 또는 매출액의 백분율을 기입한다. • 누계백분율을 기입한다. • 각 품목을 가로축(X축)에 놓고 수량 또는 매출액의 백분율을 세로축(Y축)에 놓아 막대 그래프를 만든다. • 각 품목별 누계백분율을 세로축에 놓고 각 점을 선으로 잇는다. 이 선이 파렛트 곡선이다. • 끝으로 이들을 분류기준에 따라 ABC 3등급으로 분류한다.

> ABC 분석에 의한 품목 배치
> • 입출고가 동일한 장소인 경우 : 출고구 근처부터 A품목, B품목, C품목의 순으로 배치
> • 입출고가 다른 경우 : 입출하의 긴급도 및 우선도가 높은 순서로 배치하되 출하우선으로 배치하고, 출고구에 가까운 쪽에 회전이 높은 그룹을 배치

[출제유형] 2019년 제23회

재고관리에서 재고 품목수와 매출액에 따라 품목을 특정 그룹별로 구분하여 집중적으로 관리한다면 업무 효율화가 보다 더 용이하다는 전제로 기업에서 보편적으로 사용되고 있는 분석기법은?

❶ ABC분석
② PQ분석
③ DEA분석
④ VE분석
⑤ AHP분석

[출제유형]   2021년 제25회

시중에서 유통되는 '콜라'의 물류특성(보관점수는 적고, 보관수량과 회전수는 많음)을 아래 그림의 보관유형으로 나타낼 때 순서대로 옳게 나타낸 것은?

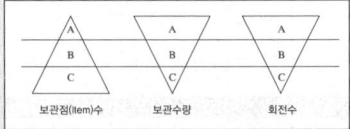

❶ A - A - A
② A - B - C
③ C - A - A
④ C - B - A
⑤ C - C - C

[출제유형]   2024년 제28회

보관품목수, 보관수량, 회전율에 따른 보관유형을 올바르게 표시한 것은?

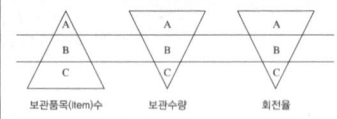

○ ㄱ : 보관품목수는 매우 적지만 보관수량이 매우 많고 회전율이 매우 높은 특징을 갖는다.
○ ㄴ : 보관품목수와 보관수량이 매우 많고, 회전율이 매우 높으며, 관리가 복잡하여 자동화 방식이 적합하다.

① ㄱ : A-A-A ㄴ : C-C-A
❷ ㄱ : A-A-A ㄴ : C-A-A
③ ㄱ : A-C-C ㄴ : C-C-A
④ ㄱ : C-A-A ㄴ : A-C-C
⑤ ㄱ : C-A-A ㄴ : A-C-A

2 보관하역시스템의 형태별 분류

구 분	내 용

파렛트 보관 형태	• A-A-A(맥주, 청량음료, 사탕, 시멘트) : 입출고가 빠른 물품으로 보관설비는 플로우 랙과 대차랙을 많이 이용하며, 단시간에 대량처리가 가능하여 편리하다.
	• A-A-C(불량제품, 계절변동형 제품) : 고정설비인 유닛형 랙이나 플로우 랙을 이용한다.
	• A-C-A : 회전률만 높은 제품. 보관기능이 미약하여 자동화·기계화되지 않았지만 주로 임시출고-피킹-재출고에 많이 이용된다.
	• A-C-C : 보관품목수, 보관수량, 회전율이 모두 적어 파렛트를 직접 쌓을 수 있어서 하역기기에 포크만 부착되어 있으면 가능하다.
	• B-B-B : 일반적 형태로 설비가 간단하여 이동이 편리하고 레이아웃의 변경도 용이하다. 포니스태커 시스템과 제트 랙 시스템을 이용한다.
	• C-A-A : 보관품목수, 보관수량이 많고 회전율이 높으며 관리가 매우 복잡한 형태이다.
	  - 고층 랙과 모노레일 스태커크레인의 조합을 통해 리모트 컨트롤과 컴퓨터 컨트롤 방식을 사용한다.
	  - I형 배치, U형 배치, L형 배치, I형 변형배치, U형 변형배치가 있다.
	• C-A-C : 고층 랙에 모노레일 스태커크레인을 이용하며 선회식 크레인, 파렛트 직접 쌓기 및 트래버스 방식 등도 이용된다.
	• C-C-A : 보관은 주로 고층 랙을 사용하며, 패키지 단위의 오더피킹 머신 또는 모노레일 스태커에서 수동 피킹을 할 때도 있다.
	• C-C-C : 관리가 어려운 방식으로서 파렛트를 직접 쌓는 것이 유리하며, 이동식 랙 시스템을 주로 이용한다.

골판지 케이스 보관 형태	• A-A-A : 플로우 랙과 파렛트 직접 쌓기로 보관한다. • A-A-C : 데크형 랙을 사용하며, 계절변동형 제품을 보관한다. • A-C-A : 플로우 랙이나 보관 컨베이어를 이용하여 자동화한다. • A-C-C : 가벼운 랙을 사용하며, 경사 랙에 끈을 달아서 보관한다. • B-B-B : 고정배치를 하여 배치번호를 이용하며, 하역기기는 포크리프트와 랙을 조합하여 사용한다. • C-A-A, C-A-C : 고층 랙에 모노레일 스태커크레인을 이용한다. • C-C-A : A-C-A와 동일한 시스템을 사용하고, 투 플로우 시스템을 이용하며, 평면 스페이스를 넓게 잡는다. • C-C-C : 경량 랙이나 이동 랙 시스템을 이용한다.

보관기능의 향상을 위한 설계방안
• H/W방안
  - 창고 내 상부공간을 활용 : Rack의 높이를 높이거나 적층 Rack을 설치
  - 통로가 불필요한 저장 : 드라이브인 랙 및 이동 랙을 이용
  - 입체적 저장 : 고층 랙을 이용
• S/W방안
  - 통로면적을 축소 : 드라이브 랙 등을 설치한 후 통로면적을 조정
  - 수납설비 내 불필요 공간배제 : 부품박스, 파렛트 등의 크기를 고려한 보관설치 및 배치의 설계
  - Free Location System 선택

핵심테마 09 보관기기(랙)

PART 4 보관하역론 / Chapter 02 물류센터 설계 및 운영전략

1 랙(Rack)의 개념

① 명칭 : 보관설비인 랙은 그 용어가 크게 세 가지로 불리고 있다. 한국산업규격에서는 '래크'로, 공업진흥청의 『물류표준화를 위한 물류관련용어의 통일화 방안 연구』에서는 '선반'으로, 업계에서는 대체적으로 '랙'이라고 한다.
② KS A 1708(1988)에는 래크라 하여 "기둥과 선반으로 구성되는 산업용 물품의 보관용구의 총칭"이라 정의하고 있으며, KS A 0013(1989)에서는 "물품을 보관하기 위해 사용하는 기둥과 선반으로 구성된 구조물을 말한다"라고 규정하고 있다.
③ 랙은 창고 등에서 보관을 효율적으로 하기 위해 기둥과 선반으로 구성된 보관설비라고 정의할 수 있다.

2 적재하중 기준 랙의 구분

① 중량급 랙 : 한 선반당 적재하중이 500kg을 초과하는 랙
② 중간급 랙 : 한 선반당 적재하중이 500kg 이하인 랙
③ 경량급 랙 : 한 선반당 적재하중이 150kg 이하인 랙

3 랙의 종류와 특성

구 분	내 용
파렛트 랙 (Pallet Rack)	• 파렛트에 쌓아올린 물품의 보관에 이용되는 랙이다. • 범용성이 있는 형태이며 화물의 종류가 여러 가지라도 유연하게 보관이 가능하다. • 용적효율이 낮다. • 바닥면적 활용이 비효율적이다.
드라이브인 랙 (Drive-in Rack)	• 파렛트에 적재된 물품의 보관에 이용되고 한쪽에 출입구를 두며 지게차를 이용하여 실어 나르는 데 사용하는 랙이다. • Load Beam을 제거하여 포크리프트가 랙 안으로 진입할 수 있도록 한 것으로 포크리프트 통로면적이 절감되며 보관효율이 높은 편이다. • 소품종 다량 또는 로트(Lot)단위로 입출고될 수 있는 화물과 계절적인 수요가 있는 화물의 보관에 경제적인 랙이다. • 랙 내부에 가드레일을 설치하여 지게차와 랙의 충돌을 방지하도록 하고 있다. • 양쪽에 출입구를 두면 드라이브스루 랙(Drive Through Rack)이 된다.
적층 랙 (Mezzanine Rack)	• 천정이 높은 단층창고 등의 경우, 현재 사용하고 있는 높이에서 천장까지의 사이를 이용하기 위해 설치한 보관장소이다. • 통로와 선반을 다층식으로 겹쳐 쌓은 랙이다. • 상면면적효율과 공간활용이 좋다. • 입출고 작업과 재고관리가 용이하다. • 최소의 통로로 최대로 높게 쌓을 수 있어 경제적이다.

[출제유형] 2018년 제22회

물류센터 설계 시에는 랙(Rack)의 1개 선반당 적재하중기준을 고려해야 한다. 이 기준에 맞게 화물을 적재한 것은?

	중량 랙	중간 랙	경량 랙
①	700kg	400kg	180kg
❷	600kg	350kg	140kg
③	500kg	200kg	160kg
④	400kg	300kg	200kg
⑤	300kg	200kg	170kg

[출제유형] 2023년 제27회

모빌 랙(Mobile Rack)에 관한 설명으로 옳지 않은 것은?

❶ 파렛트가 랙 내에서 경사면을 이용하여 이동하는 방식으로 선입선출이 요구되는 제품에 적합하다.
② 필요한 통로만을 열어 사용하고 불필요한 통로를 최대한 제거하기 때문에 면적효율이 높다.
③ 바닥면의 효과적인 사용과 용적 효율이 높다.
④ 공간 효율이 높기 때문에 작업공간이 넓어지고 물품보관이 용이하다.
⑤ 동시작업을 위한 복수통로의 설정이 가능하여 작업효율이 증대된다.

[출제유형] 2022년 제26회

보관 설비에 관한 설명으로 옳지 않은 것은?

① 캔틸레버 랙(Cantilever Rack) : 긴 철재나 목재의 보관에 효율적인 랙이다.
② 드라이브 인 랙(Drive in Rack) : 지게차가 한쪽 방향에서 2개 이상의 깊이로 된 랙으로 들어가 화물을 보관 및 반출할 수 있다.
❸ 파렛트 랙(Pallet Rack) : 파렛트 화물을 한쪽 방향에서 넣으면 중력에 의해 미끄러져 인출할 때는 반대방향에서 화물을 반출할 수 있다.
④ 적층 랙(Mezzanine Rack) : 천장이 높은 창고에서 저장 공간을 복층구조로 설치하여 공간 활용도가 높다.
⑤ 캐러셀(Carousel) : 랙 자체를 회전시켜 저장 및 반출하는 장치이다.

[출제유형] 2024년 제28회

적층랙(mezzanine rack)에 관한 설명으로 옳은 것은?

❶ 천장이 높은 단층창고 등에서 창고의 화물적재 높이와 천장 사이 공간을 활용하는 데 효과적이다.
② 직선으로 수평 이동하는 랙이며, 도서관 등에서 통로면적을 절약하는 데 효과적이다.
③ 선입선출의 목적으로 격납 부분에 롤러, 휠 등을 장착하여 반입과 반출이 반대방향에서 이루어진다.
④ 랙 자체가 수평 또는 수직방향으로 회전하여 저장 위치가 지정된 입출고 장소로 이동 가능한 랙이며, 가벼운 다품종 소량품에 많이 적용된다.
⑤ 파이프, 목재 등의 장척물 보관에 적합하도록 랙 구조물에 암(arm)이 설치되어 있다.

구분	내용
유동 랙 (Flow Rack)	• 랙 구조물과 경사진 롤러를 결속시킨 형태의 랙 시스템으로서 플로우 랙이라고 한다. • 화물의 중력에 의하여 입고 측에서 출고 측으로 롤러를 타고 스스로 흘러 들어가는 방식으로 입출고가 자유로운 랙이다. • 제품의 선입선출에 매우 용이하며, 입고와 출고가 완전히 분리되어 작업효율이 향상된다. • 재고관리가 쉽고 화물의 파손을 방지할 수 있으며, 다품종 소량의 물품보관에 적합하다.
슬라이딩 랙 (Sliding Rack)	• 선반이 앞 방향 또는 앞뒤 방향으로 꺼내지는 기구를 가진 랙이다. • 파렛트가 랙 내에서 경사면을 이용하여 이동하는 방식이다. • 한쪽에서 입고하고 다른 한쪽에서 출고되는 이상적인 선입선출 방법이다. • 상면 면적효율이나 용적효율도 양호하다. • 다품종 소량에는 부적합하며 랙 설치비용이 많이 든다.
이동 랙 (Mobile Rack)	• 레일 등을 이용하여 직선적으로 수평 이동되는 랙으로서 수동식, 전동식, 수압식, 핸들식 등이 있다. • 필요한 통로만을 열어 사용하고 불필요한 통로를 최대한 제거하기 때문에 면적효율이 높다. • 바닥면의 효과적인 사용과 용적 효율이 높다. • 공간 효율이 높기 때문에 작업공간이 넓어지고 물품보관이 용이하다. • 동시작업을 위한 복수통로의 설정이 가능하여 작업효율이 증대된다.
암 랙 (Arm Rack)	• 외팔지주거리 구조로 된 랙으로 외팔걸이 랙(Cantilever Rack)이라고도 한다. • 기본 프레임에 암(Arm, 외팔걸이)을 결착하여 화물을 보관하는 랙이다. • 장척물의 보관에 적합하며 전면에 기둥이 없으므로 공간 낭비 없이 화물을 보관할 수 있다.
회전 랙 (Carousel Rack)	• 캐러셀이란 순환 또는 회전을 의미하며, 회전 랙이란 피킹 시 피커를 고정하고 랙 자체가 회전하는 형태를 말한다. • 사람은 고정되어 있고 물품이 피커의 장소로 이동하여 피킹하는 형태의 랙이다. • 수평 또는 수직으로 순환하여 소정의 입출고 장소로 이동이 가능하다.
하이스택 랙 (High Stack Rack)	• 좁은 통로에 높게 적재했기 때문에 바닥면의 효과적인 사용과 공간활용이 좋고, 입출고도 임의적으로 할 수 있으며, 재고관리도 용이한 편이다. • 최소의 통로를 최대로 높게 쌓을 수 있어 경제적이다. • 상품을 대량으로 취급하는 경우 건물의 층고에 여유가 있으면 하이스택 랙을 설치하는 것이 바람직하다.
특수 랙	타이어, 유리 등 형태가 특수한 것 또는 조심스럽게 다루어야 하는 물품의 전용 보관 랙이다.

4 랙(Rack) 관리의 3가지 방법

구분	내용
픽스트 로케이션 (Fixed Location)	• 보관장소가 정해져 있다(창고수납률 저해). • 회전율이 높은 물품에 적합하다.
프리 로케이션 (Free Location)	• 보관장소가 정해져 있지 않다. • 자동창고시스템에 많이 이용한다.
존드 프리 로케이션 (Zoned Free Location)	• 일정범위를 한정하며 보관구역을 정해둔다. • 일정범위 내에서는 프리 로케이션을 채택한다.

핵심테마 10 자동화 창고 (Automated Warehouse)

PART 4 보관하역론 / Chapter 02 물류센터 설계 및 운영전략

1 자동화 창고의 개념과 기능

구 분	내 용
개 념	• 자동화 창고는 자동창고라고도 하며, 입체적인 형태이므로 입체 자동창고라고도 한다. 자동창고는 일반적으로 생산공정이나 물적 유통시스템 중에서 일시적으로 부품이나 제품·상품을 보관할 목적으로 화물의 취급단위인 파렛트나 버켓 등의 입고·보관·관리를 자동적으로 행하는 창고이다. • 자동창고는 입체적으로 배치된 수십에서 수만 개의 랙에 파렛트 등을 스태커크레인에 의해 자동적으로 입출고하는 기능을 가진 창고를 말한다. 자동화 창고는 협소한 토지를 효율적으로 활용하고, 다품종 소량생산이나 소량 다빈도 배송에 효과적으로 대응하기 위하여 추진되고 있다. • 자동화 창고 설계 시 사전에 조사해야 할 항목에는 취급 화물의 중량·사이즈·형상, 그리고 창고 내 취급단위(Unit Load), 평균 및 피크 시의 보관량과 입출고량 등이다. • 간이자동화창고는 기존 건물을 개조하고 적은 투자로 랙을 설치하여 제한적인 자동창고의 효과를 볼 수 있는데, 유닛랙이 여기에 해당한다.
기 능	• 보관 효율의 증대 • 선별 작업의 자동화 • 정보의 즉시 파악 • 피킹 및 반송기기의 자동화와 컴퓨터 제어를 통하여 입출고 기능의 효율화·생력화 • 인원의 절감 효과 • Free Location의 보관방식을 통하여 보관능력의 향상은 물론 시스템의 유연성을 제공 • 생산라인과의 동기성, 적정재고, 작업준비를 위한 부품 공급기능

2 자동화 창고의 장점과 도입 시 유의점

구 분	내 용
장 점	• 자동화시스템으로 운영되므로 생산성과 효율성을 개선하여 시간 및 인력을 절감 • 화물의 위치관리가 용이 • 고단적재가 가능하여 단위면적당 보관효율 향상 • 원하는 화물을 자유롭게 반출 가능 • 하역의 자동화 • 단위화·규격화된 물품 보관으로 효율적·합리적인 재고관리 가능
유의점	• 자동화 목적의 확인 • 자동보관을 위한 물품의 치수, 포장, 중량을 단위화할 수 있는가를 확인 • 장기적 관점에서 적합성을 검토 • 설비투자에 자금이 소요되므로 시설자금 조달에서의 문제점 점검 • 보관보다는 흐름에 중점을 두고 설계 • 수작업의 최소화 • 다른 자동화 창고의 무조건 모방 지양

[출제유형] 2020년 제24회
자동화 창고에 관한 설명으로 옳지 않은 것은?

① 단위화 및 규격화된 물품 보관으로 효율적인 재고관리가 가능하다.
❷ 물류의 흐름보다는 보관에 중점을 두고 설계해야 한다.
③ 고단적재가 가능하여 단위면적당 보관효율이 좋다.
④ 자동화시스템으로 운영되므로 생산성과 효율성을 개선할 수 있다.
⑤ 설비투자에 자금이 소요되므로 신중한 준비와 계획이 필요하다.

[출제유형] 2019년 제23회
자동화창고에서 물품의 보관위치를 결정하는 방식에 관한 설명으로 옳지 않은 것은?

① 지정위치보관방식은 일반적으로 전체 보관소요 공간을 많이 차지한다.
② 지정위치보관방식은 일반적으로 품목별 보관소요 공간과 단위시간당 평균 입출고 횟수를 고려하여 보관위치를 사전 지정하여 운영한다.
③ 임의위치보관방식은 일반적으로 전체 보관소요 공간을 적게 차지한다.
④ 등급별보관방식은 보관품목의 입출고 빈도 등을 기준으로 등급을 설정하고, 동일 등급 내에서는 임의보관하는 방식으로 보관위치를 결정한다.
❺ 근거리우선보관방식은 지정위치보관방식의 대표적 유형이다.

⊕ PLUS

단일명령(Single Command) 방식
1회 운행으로 저장 또는 반출 중 한 가지만 수행하는 방식이다.

이중명령(Dual Command) 방식
1회 운행으로 저장과 반출을 동시에 수행하는 방식이다.

[출제유형] 2020년 제24회

4가지 제품을 보관하는 창고의 기간별 저장소요공간이 다음 표와 같을 때, (ㄱ) 임의위치저장(Randomized Storage)방식과 (ㄴ) 지정위치저장(Dedicated Storage)방식으로 각각 산정된 창고의 저장소요공간은?

기 간	제품별 저장공간			
	A	B	C	D
1월	27	21	16	16
2월	14	15	20	17
3월	19	12	13	23
4월	15	19	11	20
5월	18	22	18	19

① (ㄱ) 74 (ㄴ) 92
② (ㄱ) 80 (ㄴ) 80
③ (ㄱ) 80 (ㄴ) 86
❹ (ㄱ) 80 (ㄴ) 92
⑤ (ㄱ) 92 (ㄴ) 80

[출제유형] 2024년 제28회

창고의 저장위치 할당 방법에 관한 설명으로 옳지 않은 것은?

① 임의저장(randomized storage)방식은 저장위치를 임의로 결정한다.
② 지정위치저장(dedicated storage)방식은 품목별 입출고 빈도수를 고려하여 저장 위치를 지정한다.
③ 지정위치저장(dedicated storage)방식의 저장공간이 임의저장 방식의 저장 공간보다 크거나 같다.
❹ 등급별저장(class-based storage)방식은 보관품목의 단위당 경제적 가치를 기준으로 등급을 설정한다.
⑤ 등급별저장(class-based storage)방식에서 동일 등급 내에서의 저장위치는 임의저장방식으로 결정된다.

3 자동화 창고의 보관방식

① 임의위치저장(Randomized Storage)방식 : 각 기간별 저장공간의 합산이 최대인 값으로 산출된다.
② 지정위치저장(Dedicated Storage)방식 : 각 제품별 최대 저장공간의 합산으로 산출된다.

임의위치저장방식과 지정위치저장방식의 저장소요공간 계산
문제 4가지 제품(A~D)을 보관하는 창고의 기간별 파렛트 저장소요공간이 다음 표와 같다. 현재 지정위치저장(Dedicated storage)방식으로 창고의 저장소요공간을 산정하였다. 만약, 임의위치저장(Randomized storage)방식으로 산정한다면 창고의 저장소요공간은 지정위치저장방식의 산정값에 비해 어떻게 변하는가? (단, 소수점 셋째자리에서 반올림한다.)

기 간	제품별 파렛트 수(개)			
	A	B	C	D
1월	16	18	17	22
2월	15	15	20	18
3월	19	13	15	23
4월	17	20	16	21
5월	18	22	18	19

❶ 8% 감소
② 5% 감소
③ 변화 없음
④ 5% 증가
⑤ 9% 증가

풀이
• 임의위치저장방식 : 임의로 저장 위치를 정하므로, 각 기간별 저장소요공간 중 5월에 최대 77(= 18 + 22 + 18 + 19)로 산출된다.
• 지정위치저장방식 : 특정위치에 할당되므로 각 제품별 최대 저장소요공간을 계산하면,
19(A : 3월) + 22(B : 5월) + 20(C : 2월) + 23(D : 3월) = 84
따라서 임의위치저장방식과 지정위치저장방식의 차이는 84 − 77 = 7
$\frac{7}{84}$ × 100 = 0.083 ≒ 8%이므로 8% 감소하였다.

4 자동화 창고의 구성요소

구 분	내 용
랙(Rack)	보관품을 버켓 또는 파렛트에 담아 저장하는 선반을 고층화시킨 철구조물이다. 빌딩 랙과 유닛 랙 등이 있다.
스태커크레인	랙과 랙 사이를 왕복하면서 보관품을 입출고시키는 핵심기기라고 할 수 있다. 랙에 화물을 입출고시키는 크레인의 일종으로 밑에 주행레일이 있고 위에 가이드레일이 있는 통로 안에서 주행장치로 주행하며 승강장치와 포크장치를 이용하여 입출고작업을 한다.
트래버서(Traverser)	화물을 지정된 입출고 지점까지 수평으로 이동시키는 장치이다.
무인반송차(AGV : Automatic Guided Vehicle)	고정경로를 유도방식에 의해 이동하며 무인으로 물품을 운반 및 이동, 적재하는 운반장치이다.
파렛트(Pallet)	화물의 보관, 운반을 효율적으로 행하기 위한 받침대이다.
컨베이어(Conveyer)	보관품을 입하하거나 출고할 때 작업장으로부터 랙까지 연결시켜주는 반송장치를 말한다.
DPS (Digital Picking System)	상품 랙에 부착된 표시기에 피킹수량을 디지털로 표시하여 별도의 리스트 없이 누구나 신속하고 정확하게 피킹할 수 있는 시스템이다.

핵심테마 11 창고관리시스템 (WMS : Warehouse Management System)

1 창고관리시스템의 개념과 목적

구 분	내 용
개 념	• 제품이 입고되어 적재되는 것으로부터 선택되어 출하되는 모든 작업 과정과 그 과정상에서 발생되는 물류 데이터를 자동적으로 처리하는 시스템이다. • WMS는 화물의 입출고관리, 재고관리, 보관위치관리시스템, 출고지시시스템과 피킹시스템(Digital Picking System, Digital Picker System, Auto Picking System), 택배 Interface System 등으로 구성되어 있다. • 물류센터를 효과적으로 운영하기 위해 자동화, 정보화, 지능화가 요구되고 있으며, 컴퓨터 통합관리창고의 등장과 정보기술의 발달로 창고관리시스템(WMS)이 등장하게 되었다.
목 적	• 정확한 재고수량관리 및 재고금액의 자동적 계산 • 재고의 실시간 확인관리 • 보관면적의 효율성 극대화 • 피킹작업의 효율적 수행과 정확도 향상 • 선입선출의 정확한 실시 • 포장작업의 정확도 및 효율성 향상 • 다른 물류시스템과의 효율적인 연계 및 ERP와의 연계

2 창고관리시스템의 Sub(하위)시스템

① 입출고관리 및 재고관리시스템 : 창고관리시스템의 가장 기본적인 시스템으로서 상품의 입고와 출고 수량이 재고관리시스템에 실시간으로 업데이트된다. 또한 상품의 가격이 입력되면 회계처리기준에 따라 재고의 금액 및 평균단가, 출고상품(재료 및 자재)의 단가 등도 자동으로 제공해 준다.

② 보관위치관리시스템 : 창고의 보관위치관리시스템은 크게 두 가지 형태로 구분하여 시스템이 달라진다.

구 분	내 용
Fixed위치관리	• 지정된 랙이나 보관구역에 지정된 상품만 보관될 수 있는 방법으로서 해당 구역에는 항상 동일한 상품이 보관된다. • 기본적으로 어느 위치에 어떤 상품을 보관할 것인지를 컴퓨터 시뮬레이션을 통하여 지정해 준다(보관의 원칙에 입각하여 시뮬레이션을 함). • 상품입고 또는 출고 시 보관위치를 작업지시서에 기록하여 신속하고 정확하게 보관위치로 이동할 수 있도록 한다.
프리로케이션 (Free Location)관리	• 랙이나 보관구역에 보관될 상품을 지정하지 않고 빈 공간이 발생하면 언제나 어떤 상품이든지 보관하는 방법으로서 보관공간을 최대한 활용하기 위한 방법이다. • 빈 공간이 어디이고 어떤 상품을 어디에 보관할 것인지, 어느 공간에 어떤 상품이 보관되어 있는지, 어느 공간에 있는 어떤 상품 몇 개를 출고시킬 것인지를 관리하기 위해서는 정보시스템이 없으면 곤란하다.

[출제유형] 2023년 제27회

창고관리시스템(WMS : Warehouse Management System)의 특성에 관한 설명으로 옳지 않은 것은?

① 창고 내의 랙(Rack)과 셀(Cell)별 재고를 실시간으로 관리할 수 있다.
② 정확한 위치정보를 기반으로 창고 내 피킹, 포장작업 등을 지원하여 효율적인 물류작업이 가능하다.
③ 입고 후 창고에 재고를 보관할 때, 보관의 원칙에 따라 최적의 장소를 선정하여 저장할 수 있다.
④ 창고 내 물동량의 증감에 따라 작업자의 인력계획을 수립하며 모니터링 기능도 지원한다.
❺ 고객주문내역상의 운송수단을 고려한 최적의 경로를 설정하여 비용과 시간을 절감하도록 지원한다.

[출제유형] 2021년 제25회

창고관리시스템(WMS)을 자체 개발이 아닌, 기성제품(패키지)을 구매할 경우 고려해야 할 요인이 아닌 것은?

① 커스터마이징(customizing) 용이성
❷ 기성제품(패키지)의 개발 배경
③ 초기투자비용
④ 기존 자사물류정보시스템과의 연계성
⑤ 유지보수비용

[출제유형] 2024년 제28회

창고관리시스템(WMS : Warehouse Management System)에 관한 설명으로 옳지 않은 것은?

❶ 화물파손에 대한 위험성이 높아진다.
② 운송수단과의 연계가 쉬워진다.
③ 피킹, 출하의 효율성이 높아진다.
④ 입하, 검품 등이 용이해진다.
⑤ 창고 내의 화물 로케이션관리가 용이해진다.

[출제유형] 2023년 제27회

DPS(Digital Picking System)와 DAS(Digital Assorting System)의 특성에 관한 설명으로 옳지 않은 것은?

① DPS는 피킹 대상 품목 수를 디지털 기기로 표시하여 피킹하도록 지원하는 시스템이다.
② DAS는 분배된 물품의 순서에 따라 작업자에게 분류정보를 제공하여 신속한 분배를 지원하는 시스템이다.
③ DPS는 작동방식에 따라 대차식, 구동 컨베이어식, 무구동 컨베이어식으로 구분할 수 있다.
❹ 멀티 릴레이 DAS는 주문 단위로 출하박스를 투입하여 피킹하는 방식으로 작업자의 이동이 최소화된다.
⑤ 멀티 다품종 DAS는 많은 고객에게 배송하기 위한 분배 과정을 지원하는 방식으로 합포장을 할 때 적합하다.

③ 출고관리시스템

구 분	내 용
DPS (Digital Picking System)	피킹 대상품목 수를 디지털 기기로 표시하여 피킹하도록 지원하는 시스템이다. 랙이나 보관구역에 Light Module이라는 신호장치가 설치되어 출고시킬 화물이 보관된 지역을 알려줌과 동시에 출고화물이 몇 개인지를 알려준다. 또한 바코드스캐너와 연결되거나 지정된 수량에 대한 피킹이 완료되면 신호를 꺼서 통제소에 피킹완료 여부를 알려준다. 작동방식에 따라 대차식, 구동 컨베이어식, 무구동 컨베이어식으로 구분할 수 있다.
DAS (Digital Assort System)	출고시킬 상품 전체를 일정한 장소에 피킹해 놓고(포장작업장) 출고처(수하인)별 박스에 다수의 상품을 투입할 때 상품의 종류(품목)와 수량을 정보시스템에 의하여 지시해 주고 정확한 수량이 투입될 수 있도록 도와주는 시스템을 말한다. 멀티 릴레이 DAS는 입고수량을 1차를 통로별, 2차를 점포별로 분배하는 방식으로 냉장·신선식품의 통과형 물류단지 또는 도시락, 가공 생산하는 물류센터에 적합하다. 멀티 다품종 DAS는 많은 고객에게 배송하기 위한 분배 과정을 지원하는 방식으로 합포장을 할 때 적합하다.
Auto Picking System	랙에 보관될 상품을 자동적재장치(일반적으로 스태커라고 함)를 이용하여 자동적으로 보관하거나 출고시키는 시스템으로서 자동창고에 적용하는 시스템이며 일반적으로 프리로케이션관리를 한다.
전자피킹카트 시스템	피킹카트에 컴퓨터가 설치되어 출하처(수하인)별 출하상품의 종류와 상품의 수, 보관위치 등을 작업자에게 알려주어 적정한 피킹순서에 따라 정확한 상품 및 수량을 피킹할 수 있도록 한다. 특히 피킹을 하여 지정된 박스에 투입하면서 바코드 스캐닝을 실시하면 피킹의 정확도를 100% 수준까지 끌어올릴 수 있다.
운송장 발행시스템	피킹 및 포장이 완료되면 운송장이나 거래명세서가 발행되며 배송 및 운송 시 배달증빙으로 사용할 수 있도록 한다.
택배와의 연계	화물이 택배를 이용하여 출고될 때 택배회사의 정보시스템과 연동하여 운송장을 발행하고 출고시킴으로서 택배회사의 화물추적정보(배달관련 정보)를 자사의 정보시스템에서 바로 확인할 수 있다.
반품관리시스템	출고된 상품에 하자가 발생하거나 판매되지 못하여 반품회수 또는 반송이 되는 상품을 그 사유와 재판매 가능여부 등에 따라 재고량에 업데이트하거나 폐기처분하는 등의 관리가 이루어지도록 한다.

창고관리시스템 도입 시 효과
- 재고 정확도, 공간·설비 활용도가 높아진다.
- 서류작업이 사라져 업무량이 감소하고, 입고와 피킹에 필요한 시간과 작업인원을 크게 줄일 수 있다.
- 상품의 재고율을 적정상태에서 유지시킬 수 있다.
- 다른 물류시스템과의 효율적인 연계 및 ERP와의 연계 등의 효과가 있다.
- 입고관리, 출고관리, 재고관리 등의 업무를 효율적으로 지원한다.
- 재고 투명성을 높여 공급사슬의 효율을 높여준다.

창고관리시스템(WMS)을 자체 개발이 아닌, 기성제품(패키지)을 구매할 경우 고려해야 할 요인
- 커스터마이징(customizing) 용이성
- 초기투자비용
- 기존 자사 물류정보시스템과의 연계성
- 유지보수비용

PART 4 보관하역론 / Chapter 03 재고관리

12 집중구매와 분산구매

1 집중구매

구 분	내 용
정 의	집중구매란 본사에서 자재를 집중적으로 구매하는 방법이다.
집중구매 품목	• 금액중요도가 높은 품목 • 전사적 공통품목 및 표준품목 • 대량으로 사용되는 품목 • 수입자재 등 구매절차가 까다로운 품목 • 수요량, 수요빈도가 높은 품목 • 구매량에 따라 가격차가 있는 품목
집중구매의 장점	• 대량집중구입으로 하여 구입수량이 채워지기까지의 가격, 거래조건이 유리해진다. • 본사, 사업소(공장)에서 사용하는 공통의 자재를 정리하여 관리함으로써 표준화·단순화가 이루어지기 쉽고, 재고량을 절감하는 데 도움이 된다. • 수입자재 등 절차가 복잡한 것은 중앙에 통합하여 집중구매하는 것이 유리하다. • 구입절차를 통일하기 쉽다. • 구입품의 발주, 독촉, 감사, 수입, 지급 등의 일련의 구매업무를 정리하여 한꺼번에 할 수 있기 때문에 구매비용이 절감된다. • 구매기술의 개발과 적용이 쉬워지고 유리한 구매를 하기 쉽다.
집중구매의 단점	• 구입절차가 번잡하게 되어 구입에서 입하까지의 시간이 걸리고, 또 본사와 공장 사이의 사무 처리에 시간이 걸리는 일이 많다. • 사업소(공장)에서는 구매의 자주성이 없어지고 수속이 복잡하게 된다. • 긴급한 경우에는 시간을 맞출 수 없을 때가 많다. • 사업소의 재고상황을 알아내기 어렵다. • 납입업자가 사업소보다 먼 곳에 있는 경우 납입일수, 운임 등으로 손이 많이 가게 된다.

계약처의 선정방법
• 입찰에 의한 방법(일반 경쟁방식) : 일정한 자격을 가진 불특정 다수인의 입찰 희망자를 경쟁에 참가토록 하는 방법으로서 미리 정한 제한가격(예정가격)의 범위 내에서 가장 유리한 가격으로 입찰한 자를 선정하여 계약을 체결하는 방법이다.
• 지명 경쟁에 의한 방법 : 기술력, 신용 등에 있어서 적당하다고 인정하는 특정 다수의 경쟁참가자를 지명하여 입찰하게 하는 방법이다. 다만 입찰업체 지명기준에 대한 논란 등의 특혜 의혹·오해 소지가 많다.
• 제한 경쟁에 의한 방법 : 계약의 목적, 성질 등에 비추어 필요한 경우 입찰참가자의 자격을 일정한 기준에 의하여 제한하는 방법으로 실적제한·지역제한 등의 형태가 있다.
• 협의에 의한 방법 : 물품이나 용역계약에 있어서 계약의 특수성, 긴급성, 기타 국가안보목적 등의 이유로 필요하다고 인정되는 경우에 사용되는 방법이다.
• 수의계약에 의한 방법 : 구매담당자가 특정한 업자와의 계약이 유리하다고 판단될 경우 경쟁적인 방법에 의하지 않고 계약내용을 이행할 자격을 갖춘 특정인과 계약을 체결하는 방법으로 기술·품질·구조·가격·납기 등에서 현저하게 유리할 때, 긴급구매, 기밀을 요할 때, 소액구매, 추가구매의 경우 주로 이용한다.

[출제유형] 2020년 제24회
구매방식에 관한 설명으로 옳지 않은 것은?
① 집중구매방식은 일반적으로 대량구매가 이루어지기 때문에 가격 및 거래조건이 유리하다.
② 분산구매방식은 사업장별 구매가 가능하여 각 사업장의 다양한 요구를 반영하기 쉽다.
❸ 집중구매방식은 구매절차 표준화가 용이하며, 자재의 긴급조달에 유리하다.
④ 분산구매방식은 주로 사무용 소모품과 같이 구매지역에 따라 가격 차이가 없는 품목의 구매에 이용된다.
⑤ 집중구매방식은 절차가 복잡한 수입물자 구매 등에 이용된다.

[출제유형] 2021년 제25회
구매방식에 관한 설명으로 옳은 것은?
① 분산구매방식은 본사의 공통품목을 일괄적으로 구매하기에 적합하다.
② 집중구매방식은 분산구매방식보다 사업장별 독립적 구매가 가능하다.
③ 분산구매방식은 구매량에 따라 가격차가 큰 품목의 대량 구매에 적합하다.
❹ 집중구매방식은 수요량이 많은 품목에 적합하다.
⑤ 분산구매방식은 집중구매방식보다 대량 구매가 이루어지기 때문에 가격 및 거래조건이 유리하다.

[출제유형] 2024년 제28회

집중구매방식과 분산구매방식의 비교 설명으로 옳지 않은 것은?

① 집중구매방식은 대량구매가 가능하며, 가격과 거래조건이 유리하다.
② 집중구매방식은 구입 절차를 표준화하기 쉽다.
③ 집중구매방식은 공통자재의 표준화, 단순화가 가능하다.
④ 분산구매방식은 구매요청 사업장의 특수한 요구가 반영되기 쉽다.
❺ 분산구매방식은 긴급수요에 대처하기 불리하다.

[출제유형] 2019년 제23회

집중구매와 분산구매를 비교한 것으로 옳지 않은 것은?

① 집중구매는 수요량이 큰 품목에 적합하다.
② 집중구매는 자재의 긴급조달이 어렵다.
③ 분산구매는 구입경비가 많이 든다.
❹ 분산구매는 구매량에 따라 가격할인이 가능한 품목에 적합하다.
⑤ 분산구매는 구매절차가 간편하다.

[출제유형] 2022년 제26회

분산구매방식과 비교한 집중구매방식(Centralized Purchasing Method)에 관한 설명으로 옳은 것은?

❶ 일반적으로 대량 구매가 이루어지기 때문에 수요량이 많은 품목에 적합하다.
② 사업장별 다양한 요구를 반영하여 구매하기에 용이하다.
③ 사업장별 독립적 구매에 유리하나 수량할인이 있는 품목에는 불리하다.
④ 전사적으로 집중구매하기 때문에 가격 및 거래조건이 불리하다.
⑤ 구매절차의 표준화가 가능하여 긴급조달이 필요한 자재의 구매에 유리하다.

2 분산구매

구 분	내 용
정 의	본사 외의 여러 군데의 사업소(공장, 지점)에서 개별 구매하는 방법이다.
분산구매품목	• 시장성품목 • 구매지역에 따라 가격의 차이가 없는 품목 • 소량·소액품목 • 사무용 소모품 및 수리부속품
분산구매의 장점	• 자주적 구매가 가능하다. • 사업장의 특수한 요구가 채워지게 된다. • 긴급수요에 유리하다. • 구매절차가 간단하고 비교적 단기간으로 끝난다. • 계원이 공장의 생산공정을 잘 알고 있기 때문에 일을 진행시키는 데 유리하다. • 구매선이 사업소에서 가까운 곳에 있는 경우 운임 등이 저렴해지고 납입의 서비스에 유리하다. • 사업소와 그 소재지의 관계가 좋아진다.
분산구매의 단점	• 본사의 방침과 다른 자재의 주문이 있게 된다. • 일괄구입에 비해 구입경비가 많이 들고 구입단가가 높아지는 것이 통례이다. • 재료시장에서 거리가 먼 공장에서는 적정한 재료를 구입하기 어렵다. • 제조 측면을 주체로 한 구입방법이 채용되는 경우가 많기 때문에 원가의식이 낮아질 수 있다.

집중구매와 분산구매의 비교

구 분	장 점	단 점
집중구매	• 대량구매로 가격과 거래조건이 유리함 • 공통자재의 표준화, 단순화가 가능하고 재고를 줄임 • 자재수입 등 복잡한 구매에 유리함 • 구입절차를 표준화하여 구매비용이 절감됨 • 시장조사나 거래처조사, 구매효과의 측정 등에 유리함	• 각 공장 내 구매의 자주성이 없고 수속이 복잡함 • 자재의 긴급조달, 각 공장의 재고상황 파악이 어려움 • 구매절차가 복잡하고 사무처리에 시간이 걸림 • 납품업자가 멀리 떨어져 있는 경우 조달기간과 운임이 증가됨
분산구매	• 자주적 구매가 가능하고 사업장 특수요구가 반영됨 • 긴급수요의 경우 유리함 • 구매수속의 신속함 • 납품업자가 공장과 가까운 거리에 있을 때 유리함	• 본사방침과 다른 자재를 구입할 경우가 발생 • 구입경비가 많이 들고 구입단가가 비쌈 • 구입처와 멀리 떨어진 공장은 적절한 자재 구입이 불가능 • 원가의식이 낮아질 수 있음

핵심테마 13 PART 4 보관하역론 / Chapter 03 재고관리

재고관리의 개요

1 재고관리의 기능

구 분	내 용
수급적합 기능	품절로 인한 판매기회의 상실을 방지하기 위한 기능으로 생산과 판매의 완충이라는 재고 본래의 기능을 수행하는 것을 말한다.
생산의 계획·평준화 기능	재고를 통해 수요의 변동을 완충하는 것으로, 주문이 불규칙적이고 비정기적인 경우 재고를 통해 계획적인 생산의 실시와 조업도의 평준화를 유지하게 하는 기능으로 제조원가의 안정과 가격인하에도 기여한다.
경제적 발주 기능	발주정책의 수립 시 재고관련 비용을 최소화하는 경제적 발주량 또는 로트량을 구하고, 이것을 발주정책에 이용함으로써 긴급발주 등에 따른 추가의 비용을 방지 및 최소화하는 기능을 말한다.
수송합리화 기능	재고의 공간적 배치와 관련된 기능으로 어떠한 재고를 어떠한 보관 장소에 보관할 것인가에 따라 수송의 합리화가 결정되며, 이것을 재고의 수송합리화 기능이라고 한다. 물류거점별로 소비자의 요구에 부응하는 형태별 분류와 배송을 가능하게 해주는 기능을 말한다.
유통가공 기능	다양한 소비자의 요구에 대처하기 위해 제조과정에서 모든 것을 충족시키는 것이 아니고, 유통과정에서 일부의 조립과 포장 등의 기능을 담당하는 것을 말한다.

2 재고관리시스템의 구성

구 분	내 용
재고관리시스템의 기본 모형	• 정량발주법 : 발주시기는 일정하지 않지만 발주량은 정해져 있다. • 정기발주법 : 발주시기는 일정하여 정기적이지만 발주량은 일정하지 않다.
서비스율	고객에 대한 서비스율을 100%로 유지하기 위해서는 모든 상품의 재고를 충분히 보유해야 한다. 그럴 경우는 보관비, 관리비, 인건비 등 막대한 재고유지비용이 들어 총재고비용은 증가할 수밖에 없다. 그러므로 기업측면에서 고객에게 제공하여야 할 적정 서비스율을 결정하여야 한다. 서비스율은 다음과 같은 관계로 나타낸다. 이것은 수요를 얼마나 충족시켰는가를 나타내는 것이다. • 서비스율 = 출하량(액)/수주량(액) × 100 = 납기 내 납품량(액)/수주량(액) × 100 ※ 납품량 = 주문량 - 결품, 불량수량 • 백오더율(Back Order)은 (1-서비스율)로서 납기 내에 납품되지 못한 주문에 대한 결품비율이다.
재고회전율	• 개념 : 재고회전율이란 재고의 평균 회전 속도라 말할 수 있다. 재고자산에 투자한 자금을 신속하게 회수하여 재투자하였는가를 측정하여 보다 적은 자본으로 이익의 증대를 도모하고자 함이 그 목적이다. 즉, 동일한 금액의 자본을 투자하여도 자본의 회수 기간이 짧을수록 재투자에 대한 이익이 증대되는 것이며, 이와 같은 이론은 재고자산에도 적용되는 것이다.

[출제유형] 2019년 제23회
물류 측면에서 재고관리의 기능이 아닌 것은?
① 수급적합기능
② 생산의 계획·평준화기능
③ 경제적 발주기능
④ 운송합리화 기능
❺ 제조·가공기능

[출제유형] 2024년 제28회
재고관리의 목표가 아닌 것은?
① 서비스율 증대
❷ 백오더(back order)율 증대
③ 재고회전율 증대
④ 재고품의 손상률 감소
⑤ 보관비용 감소

⊕ PLUS
재고 보유의 역할
• 고객 요구납기에 신속하게 대응한다.
• 가격인상, 물량변동, 납기변경, 기계고장, 불량, 결근 등 대내·외적 여건 변동에 따른 충격을 흡수한다.
• 평준화된 생산량을 부하시킴으로써 생산계획을 효율적으로 운영할 수 있고, 경제적인 생산 로트(Lot)로 비용절감이 가능하다.
• 공급자의 배달지연 가능성에 대비하여 판매기회를 놓치는 것을 미연에 방지한다.

[출제유형]　　　2020년 제24회

안전재고에 관한 설명으로 옳지 않은 것은?

① 안전재고는 품절예방, 납기준수 및 고객서비스 향상을 위해 필요하다.
② 안전재고 수준을 높이면 재고유지비의 부담이 커진다.
③ 공급업자가 제품을 납품하는 조달기간이 길어지면 안전재고량이 증가하게 된다.
❹ 고객수요가 임의의 확률분포를 따를 때 수요변동의 표준편차가 작아지면 제품의 안전재고량이 증가한다.
⑤ 수요와 고객서비스를 고려하여 적정 수준의 안전재고를 유지하면 재고비용이 과다하게 소요되는 것을 막을 수 있다.

[출제유형]　　　2023년 제27회

재고관리 지표에 관한 설명으로 옳지 않은 것은?

① 서비스율은 전체 수주량에 대한 납기 내 납품량의 비율을 나타낸다.
② 백오더율은 전체 수주량에 대한 납기 내 결품량의 비율을 나타낸다.
③ 재고회전율은 연간 매출액을 평균재고액으로 나눈 비율을 나타낸다.
④ 재고회전기간은 수요대상 기간을 재고 회전율로 나눈 값이다.
❺ 평균재고액은 기말재고액에서 기초재고액을 뺀 값이다.

재고회전율	• 재고량과 회전율 : 재고량과 회전율은 서로 반비례한다. 즉, 회전율이 높으면 품절 현상을 초래할 위험이 있으며, 회전율이 낮으면 불필요하게 과다한 재고량을 보유함으로써 보관비용의 증대를 초래하게 된다. • 수요량과 회전율 : 수요량은 서로 정비례 관계가 성립된다. 수요량이 적을 때에는 재고보충을 중단시키고, 수요량이 급격하게 증가할 때에는 재고보충을 증가시켜 적정재고 회전율에 도달할 수 있도록 회전율 향상에 노력하여야 한다. • 재고회전율 산정방법 $$재고회전율(R) = 총매출액(S)/평균재고액(I) = 출고량/평균재고량$$ • 재고회전기간의 산정방법 : 재고를 모두 소진하는 데 걸리는 시간이다. 수요대상기간은 일반적으로 1년을 기준으로 하며 일수로 환산할 때는 360일을 기준으로 한다. $$재고회전기간(P) = 수요대상기간(T)/재고회전율(R)$$ • 적정재고 수준 : 수요를 가장 경제적으로 충족시킬 수 있는 재고량이라고 요약할 수 있다. 즉, 계속적인 공급과 경제적인 확보라는 이질적인 성격을 지니고 있는 자재관리의 궁극적인 목표를 균형 있게 유지시키기 위한 재고 수준을 말하는 것이다. 적정재고 수준을 산식으로 나타내면 다음과 같다. $$적정재고 = 운영재고 + 안전재고$$
안전재고량	• 수요는 확정적으로 발생하고, 부품공급업자가 부품을 납품하는 데 소요되는 기간(조달기간)이 확률적으로 변할 때, 조달기간의 평균이 길어지더라도 조달기간에 대한 편차가 같다면 부품공급업자와 생산공장 사이의 안전재고량은 변동이 없다. • 안전재고량은 안전계수와 수요의 표준편차에 비례한다. $$안전재고량 = 안전계수(k) \times 수요의\ 표준편차(S) \times \sqrt{조달기간(리드타임)}$$ • 고객의 수요가 확률적으로 변동한다고 할 때, 수요변동의 분산이 작아지면 완제품에 대한 안전재고량은 감소한다. • 생산자의 생산수량의 변동폭이 작아지면 부품공급업자와 생산공장 사이의 안전재고량은 감소한다. • 부품공급업자가 부품을 납품하는 데 소요되는 기간의 분산이 작아지면 부품공급업자와 생산공장 사이의 안전재고량은 감소하고, 분산이 커지면 안전재고량은 증가한다.

재고목표관리 시스템 계산공식

• Back Order(BO)율 = 결품량/요구량 × 100

• 재고회전율 = $\dfrac{(일정기간의)\ 매출액\ 또는\ 출고량}{평균재고액\ 또는\ 재고량}$

• 평균재고량(액) = $\dfrac{기초재고량(액) + 기말재고량(액)}{2}$

• 재고일수 = $\dfrac{현재\ 재고수량(금액)}{월평균출하량(금액)} \times 30일$

• 안전재고량 = 안전계수(k) × 수요의 표준편차(S) × $\sqrt{조달기간(리드타임)}$

핵심테마 14 재고모형

PART 4 보관하역론 / Chapter 03 재고관리

1 경제적 주문량(EOQ) 모형

구 분	내 용
EOQ 모형의 정의	경제적 발주란 자재부문에서 예측된 수요량을 통해 일정기간 중에 필요한 소요량이 예측되어 확정되면 이를 몇 번으로 나누어서 조달하는 것이 재고관리 비용을 최소화하는 발주량인지를 결정하는 것이다. 이때 1회 발주량을 경제적 발주량, 즉 EOQ(Economic Order Quantity)라고 한다.
EOQ 모형의 장점	• 즉각적인 서비스 제공 • 자금의 유휴화 방지 • 저장공간의 효율적인 사용 • 행정업무의 간소화 • 수송력의 적절한 사용
EOQ 모형의 전제 조건	• 단일품목에 대해서만 고려한다. • 주문량은 전부 동시에 도착한다. • 연간수요량은 알려져 있다. • 수요는 일정하며 연속적이다. • 주문량이 다량일 경우에도 할인이 인정되지 않는다. • 조달기간이 일정하다. • 재고부족현상이 일어나지 않는다. • 재고유지비는 평균재고량에 비례한다(단위당 재고유지비용 일정).
EOQ의 순서와 방법	• 연간 소요량의 예측 • 발주빈도의 산출 • 조달비용의 결정 • 보관비용의 산출 • 발주량의 증감과 단가변동관계 분석 • 발주량과 조달소요시간의 분석
EOQ 공식	$$EOQ = \sqrt{\frac{2SD}{H}}$$ • S : 1회 생산준비비용(발주비용 또는 주문비용) • D : 연간 수요량 • H : 연간 단위당 재고유지비(자재구매단가 × 재고유지비율)

> **경제적 주문량 모형 관련 주요 계산공식 정리**
> • 재주문점(ROP) = (리드타임 × 1일 평균소요량) + 안전재고
> • 안전재고 = 안전계수 × 조달기간 동안 수요의 표준편차 × $\sqrt{조달기간}$
> • 연간 단위당 재고유지비 = 단가 × 연간 재고유지비율
> • 연간 최적 주문횟수 = 연간 수요량/EOQ
> • 주문주기일 = 365일/주문횟수
> • 연간 주문비용 = 연간 주문횟수 × 1회 주문비용 = (D/Q) × S
> • 연간 총비용 = 연간 재고유지비용 + 연간 주문비용 = (Q/2) × H + (D/Q) × S

[출제유형] 2024년 제28회

경제적주문량(EOQ) 모형의 전제조건(가정)이 아닌 것은?

① 주문비용과 단가는 주문량에 관계없이 일정하다.
❷ 재고유지비용은 주문량에 반비례한다.
③ 단일 품목이며, 주문량은 한번에 입고된다.
④ 리드타임(lead time)은 일정하다.
⑤ 재고부족은 허용되지 않는다.

[출제유형] 2021년 제25회

S업체는 경제적주문량(EOQ : Economic Order Quantity)모형을 이용하여 발주량을 결정하고자 한다. 아래와 같이 연간 수요량이 60% 증가하고, 연간단위당 재고유지비용이 20% 감소한다고 할 때, 증감하기 전과 비교하여 EOQ는 얼마나 변동되는가? (단, $\sqrt{2}=1.414$, $\sqrt{3}=1.732$, $\sqrt{5}=2.236$이며, 계산한 값은 소수점 첫째자리에서 반올림한다.)

○ 연간 수요량 : 4,000개
○ 1회 주문비용 : 400원
○ 연간 단위당 재고유지비용 : 75원

① 14% 증가
② 24% 증가
❸ 41% 증가
④ 73% 증가
⑤ 124% 증가

[출제유형] 2023년 제27회

K 기업의 A제품 생산을 위해 소모되는 B부품의 연간 수요량이 20,000개이고 주문비용이 80,000원, 단위당 단가가 4,000원, 재고유지비율이 20%이라고 할 때, 경제적 주문량(EOQ)은?

❶ 2,000개 ② 4,000개
③ 6,000개 ④ 8,000개
⑤ 10,000개

[출제유형] 2022년 제26회

제품 B를 취급하는 K물류센터는 경제적 주문량(EOQ)에 따라 재고를 관리하고 있다. 재고관리에 관한 자료가 아래와 같을 때 (ㄱ) 연간 총 재고비용과 (ㄴ) 연간 발주횟수는 각각 얼마인가? (단, 총 재고비용은 재고유지비용과 주문비용만을 고려한다.)

○ 연간 수요량 : 90,000개
○ 제품 단가 : 80,000원
○ 제품당 연간 재고유지비용 : 제품 단가의 25%
○ 1회 주문비용 : 160,000원

① ㄱ : 12,000,000원 ㄴ : 75회
② ㄱ : 12,000,000원 ㄴ : 90회
③ ㄱ : 18,000,000원 ㄴ : 75회
④ ㄱ : 18,000,000원 ㄴ : 90회
❺ ㄱ : 24,000,000원 ㄴ : 75회

[출제유형] 2022년 제26회

경제적 주문량(EOQ) 모형에 관한 설명으로 옳은 것은?

① 주문량이 커질수록 할인율이 높아지기 때문에 가능한 많은 주문량을 설정하는 것이 유리하다.
❷ 조달기간이 일정하며, 주문량은 전량 일시에 입고된다.
③ 재고유지비용은 평균재고량에 반비례한다.
④ 재고부족에 대응하기 위한 안전재고가 필요하다.
⑤ 수요가 불확실하기 때문에 주문량과 주문간격이 달라진다.

2 경제적 생산량(EPQ : Economic Production Quantity) 모형

구 분	내 용
EPQ 모형의 정의	EOQ 모형에서는 주문량이 한 번에 모두 도착하는 것을 전제로 하였다. 그러나 기업이 공장에서 어떤 품목을 생산하면서 동시에 소비하는 경우에 재고는 한 번에 확보되는 것이 아니라 일정한 생산기간 동안 점진적으로 쌓이게 되는데, 이러한 경우 비용을 최소화하는 주문량을 경제적 생산량이라 한다.
EPQ 모형의 가정	• 준비비는 생산량의 크기와 관계없이 로트마다 일정하다. • 재고유지비는 생산량의 크기에 정비례하여 발생한다. • 생산단가는 생산량의 크기와 관계없이 일정하다. • 수요량과 생산율이 일정한 확정적 모델이다. 단, 생산율(p)은 수요율(d)보다 크다. • 생산품은 생산기간 중에 점진적으로 생산·입고된다. 출고(소비)는 기간에 계속된다.
EPQ 공식	$Q_p = \sqrt{\dfrac{2SD}{H} \cdot \dfrac{p}{p-d}}$ • p : 1일 생산율 • d : 1일 수요율(사용률)

경제적 생산량 모형 관련 주요 계산공식 정리
• 연간 생산능력 = 일일 생산량 × 연간 작업일수
• 연간 관리비용 = 단위당 재고유지비용 × 평균재고량
• 생산주기 = 경제적 생산량/일 사용량
• 생산기간 = 경제적 생산량/일 생산량

경제적 생산량(EPQ) 문제 풀이 (2024년 출제)

문제 A제품의 재고관리 환경이 EPQ(Economic Production Quantity) 가정과 일치하며, A의 연간 수요량이 2700톤, 하루 생산량이 12톤, 일일 소비량이 9톤이다. A제품의 생산가동 준비비용(setup cost)은 1회당 400,000원이고, 톤당 연간 재고유지비용이 13,500원이라고 할 때, 경제적 생산량(EPQ)은?

① 400톤 ② 500톤
③ 600톤 ④ 700톤
⑤ 800톤

풀이 경제적 생산량(EPQ)
$= EOQ \times \sqrt{\dfrac{p}{p-d}}$

• $EOQ = \sqrt{\dfrac{2 \times 2,700 \times 400,000}{13,500}}$
$= \sqrt{160,000} = 400$

• $EPQ = 400 \times \sqrt{\dfrac{12}{(12-9)}} = 800$

15 재고관리기법

PART 4 보관하역론 / Chapter 03 재고관리

1 정량발주법(Fixed Order Quantity System)

구 분	내 용
정량발주법의 개념	• 발주점법 또는 정량발주시스템은 재고량이 일정한 재고수준, 즉 발주점까지 내려가면 일정량을 주문하여 재고관리하는 경제적 발주량 주문방식이다. • 발주점에 도착한 품목만을 자동적으로 발주하면 되기 때문에 관리하기가 매우 쉽고 초보자도 발주 업무를 수행할 수 있다. • 발주점 발주로트를 고정화시키면 관리가 확실해진다. • 수량관리를 철저히 하고 재고조사 시점에서 차이를 조정하면 주문량이 일정하기 때문에 수입, 검품, 보관, 불출 등이 용이하고 작업 비용이 저렴하다. • 경제로트 사이즈를 이용할 수 있기 때문에 재고비용을 최소화할 수 있다. • 관리가 쉽고, 확실하기 때문에 다품목의 관리가 가능하다.
정량발주의 적용	• 로트 보충의 경우 • 수요예측이 어려운 경우 • 품목이 많고 관리하기 어려운 경우 • 수요량의 합계로서는 수요가 안정되어 있는 경우 • 소비 예정량의 계산이 복잡하고 계산의 확실성이 애매한 경우 • 현물관리가 나쁘고 재고차이가 심한 경우 • 주문과 생산이 그다지 관계가 없는 경우 • 주문이 납입자 또는 자사의 생산능력의 일부밖에는 차지하지 않는 경우 • 저가의 상품
재주문점	• 수요와 조달기간이 일정한 경우 $$ROP = 일일 \ 수요량 \times 조달기간$$ • 수요와 조달기간이 다양한 경우 $$ROP = 조달기간 \ 동안의 \ 평균수요 + 안전재고$$ $$= (일일 \ 평균수요량 \times 조달기간) + (표준편차 \times \sqrt{조달기간} \times 안전계수)$$

정량유지방식
• 정량유지방식은 예비품 방식이라고도 하며 출고가 불규칙하고 수요가 불안정하며 불출빈도가 적은 특수품이나 보전용 예비품 등에 적용된다.
• 발주량 = 기준발주량 + (발주점 − 재고잔량)

[출제유형] 2024년 제28회

재고관리시스템에 관한 설명으로 옳지 않은 것은?

① 정량발주시스템 : 연속적으로 재고 수준을 검토하므로 연속점검시스템(continuous review system)이라고도 한다.
② 정량발주시스템 : 주문량이 일정하므로 Q시스템이라고도 한다.
③ 정기발주시스템 : 재고수준 파악과 발주를 정기적으로 하고, 재고가 목표 수준에 도달하도록 발주량을 정한다.
❹ 정기발주시스템 : 통상 정량발주시스템에 비하여 적은 안전재고량을 갖는다.
⑤ 기준재고시스템 : 일명 s − S재고시스템이라고 하며 보유재고량이 s보다 적어지면 최대재고량인 S에 도달하도록 발주량을 정한다.

[출제유형] 2022년 제26회

C도매상의 제품판매정보가 아래와 같을 때 최적의 재주문점은? (단, 소수점 첫째자리에서 반올림한다.)

○ 연간수요 : 14,000 Box
○ 서비스 수 : 90%, Z(0.90) = 1.282
○ 제품 판매량의 표준편차 : 20
○ 제품 조달기간 : 9일
○ 연간 판매일 : 350일

① 77
② 360
③ 386
❹ 437
⑤ 590

[출제유형] 2019년 제23회

K사에서 30일이 지난 후 철도차량 정비품 A의 1일 수요의 표준편차와 조달기간을 조사해 보니 이전보다 표준편차는 8에서 4로 감소되었고, 조달기간은 4일에서 9일로 증가되었다. 정비품 A의 안전재고수준은 어떻게 변동되는가? (단, 다른 조건은 동일하다.)

① 기존대비 75% 감소
❷ 기존대비 25% 감소
③ 변동 없음
④ 기존대비 25% 증가
⑤ 기존대비 75% 증가

[출제유형] 2023년 제27회

재주문점의 주문관리 기법이 아닌 것은?

① 정량발주법
❷ 델파이법
③ Two-Bin법
④ 기준재고법
⑤ 정기발주법

2 정기발주법

구 분	내 용
정기발주법의 개념	• 주문기간의 사이가 일정하고 주문량을 변동한다. • 재고수준을 계속적으로 관찰하는 것이 아닌 정기적으로 재고량을 파악하고 최대재고수준을 결정하여 부족한 부분만큼 주문한다. • 정기주문의 경우에 안전재고수준은 정량주문의 경우보다 더 높다. • 수요가 일정한 재고에 대하여 특히 유용하다. • 많은 안전재고 유지에 따른 재고유지 비용이 높다.
정기발주의 적용	• 설계변경이 많거나 유행을 타는 것 • 처리량이 불규칙하게 변하는 경우, 정확한 구입 • 고가의 상품이나 예산을 세울 필요가 있는 품목 • 소비량이 큰 주요 원자재 등의 품목 • 운용의 형식이 획일적이고 개개의 품목 특성에 의한 재고관리가 쉬운 것

정기발주방식과 정량발주방식의 비교

구 분	정기발주방식	정량발주방식
소비금액	고가의 물품	저가의 물품
재고유지수준	더 많은 안전재고 유지	일정량 재고 유지
수요예측	특히 필요	과거의 실적이 있으면 수요의 기준이 됨
발주시기	일 정	일정하지 않음
수주량	변경 가능	고 정
품목수	적을수록 좋음	많아도 좋음
표준성	표준보다 전용부품이 좋음	표준인 편이 좋음

3 Two-Bin시스템

① 가장 오래된 관리기법으로 가격이 저렴하고 사용빈도가 높으며 조달기간이 짧은 자재(資材)에 주로 적용한다.
② 두 개의 Bin을 이용하여 재고를 관리하는데, Bin-1의 재고가 발주점에 도달하면 발주를 한다.
③ Bin-1의 재고를 사용한 후, Bin-2의 재고를 사용하며, Bin-2의 재고가 발주점에 도달하면 다시 발주가 이루어지는 반복과정이다.
④ 보통 Bin이 비워지는 시점이 발주점이 되며, Bin의 양이 경제적 발주량이 된다.

기준재고시스템

• 기업에서 가장 일반적으로 이용되는 재고관리시스템으로 S-S재고시스템 또는 Mini-Max재고시스템 등으로 불리기도 하는데 이 시스템은 정량재고시스템과 정기재고시스템의 혼합방식으로 두 시스템의 장점을 유지하도록 고안된 것이다.
• 기준재고시스템을 취하면 주문의 횟수는 줄어들게 되고 주문량이 다소 많아지게 되는데 많은 안전재고를 갖게 된다는 점이 이 시스템의 약점이다.
• 기준재고시스템에서는 조사시점에서만 재고상태를 파악하게 되므로 수요가 재고조사 직후 갑자기 증가할 경우 다음 조사시점까지 파악될 수 없게 되는 것이다.

4 ABC 분석기법

구 분	내 용
개 념	관리품목수가 많은 경우 유용하게 사용되는 기법으로, 경제학자 파레토는 인구의 20%가 총 자산의 80%를 가지고 있음을 발견하였는데, 이를 파레토 법칙이라고 부른다. 이 파레토 법칙을 이용한 재고관리가 ABC 분석기법이다.
분 류	• A등급 : 전체 품목의 10~20%를 차지하며, 매출의 70~80%를 차지하는 품목 (중점 관리) • B등급 : 전체 품목의 30~40%를 차지하며, 매출의 15~20%를 차지하는 품목 (그룹 관리) • C등급 : 전체 품목의 40~50%를 차지하며, 매출의 5~10%를 차지하는 품목 (샘플 관리)
분석절차	• 모든 제품들의 단가와 월평균 판매량을 나열한다. • 각 제품의 단가와 월평균 판매량을 곱하여 월판매액을 계산한다. • 월판매액이 큰 순서로 제품들을 열거한다. • 월판매액의 합계액, 즉 총판매액을 계산한다. • 총판매액의 누적값을 구한다. • 누적판매액을 총판매액으로 나누어 누적판매율을 계산한다.

> 활동기준원가계산(ABC : Activity Based Costing)
> • 서비스 다양화에 맞추어 보다 정확한 코스트를 파악하려는 원가계산 기법이다.
> • 물류활동의 실태를 물류 원가에 반영하는 것을 목적으로 하고 있다.
> • 물류활동 또는 작업내용으로 구분하고, 이 활동마다 단가를 산정하여 물류서비스 코스트를 산출한다.

[출제유형] 2020년 제24회

ABC(Activity Based Costing)에 관한 설명으로 옳지 않은 것을 모두 고른 것은?

> ㄱ. 재고의 입출고가 활발한 상품을 파악하여 중점적으로 관리하기 위한 기법이다.
> ㄴ. 서비스 다양화에 맞추어 보다 정확한 코스트를 파악하려는 원가계산 기법이다.
> ㄷ. 물류활동의 실태를 물류 원가에 반영하는 것을 목적으로 하고 있다.
> ㄹ. 물류활동 또는 작업내용으로 구분하고, 이 활동마다 단가를 산정하여 물류서비스 코스트를 산출한다.
> ㅁ. 품목수가 적으나 매출액 구성비가 높은 상품을 A그룹, 품목수는 많으나 매출액 구성비가 낮은 상품을 C그룹으로 관리한다.

❶ ㄱ, ㅁ   ② ㄱ, ㄷ, ㄹ
③ ㄱ, ㄷ, ㅁ   ④ ㄴ, ㄷ, ㅁ
⑤ ㄴ, ㄹ, ㅁ

5 재고피라미드 분석

① 재고의 구성을 움직임이 일어나지 않은 기간별로 구분하여 도표화하는 것이다.
② 재고의 구성을 연령별로 도표화하여 나타냄으로써 재고의 운용상태를 쉽게 파악할 수 있도록 하고, 재고자산에 대한 경각심을 일깨워주기도 한다.
③ 간편하고 일목요연하게 나타낼 수 있어서 유용한 기법이며 잉여재고자산에 대한 정책을 수립하는 데 이용된다.
④ 재고가 안정적일 때는 피라미드 모양을 나타내지만, 재고의 운용이 극도로 불안정하면 역삼각형을 나타낸다.

핵심테마 16 **수요예측기법**

1 정성적 예측기법

정성적 방법은 과거 시장자료가 존재하지 않거나 존재하더라도 이에 대한 수리적 모형화가 불가능한 상황에서, 일반 소비자의 선호도 혹은 전문가의 지식과 의견을 바탕으로 미래의 수요를 예측하는 기법이다.

구 분	내 용
델파이기법 (Delphi Method)	전문가들의 예측치 및 견해를 우편을 통하여 수집·정리하여 다시 배포하고 회수하는 과정의 반복으로 일치된 예측치를 획득하는 방법
소비자조사법 (구매의도조사법)	특정 제품에 대한 소비자의 선호나 구매의사를 직접 조사하여 미래의 수요를 예측하는 방법
판매원의견 통합법	자사의 소속된 판매원들로 하여금 각 담당지역의 판매예측을 산출하게 한 다음 이를 모두 합하여 회사 전체의 판매 예측액을 산출하는 방법
주관적 예측법· 전문가의견 통합법	예측한 특정 제품과 관련된 분야의 전문가(기술담당자, 마케팅 실무자, 관련 기관 전문가 등)의 의견을 수집, 분석, 종합, 정리하여 수요를 예측하는 방법
비교유추법	예측하고자 하는 제품의 과거 시장자료가 존재하지 않을 경우, 유사 제품의 수요패턴이나 보급 상황, 또는 선진국 사례와의 비교유추를 통하여 신제품의 미래수요를 예측하는 방법
시장실험법	몇몇 지역시장을 선정하여 실제로 제품을 판매하고 그 결과를 토대로 전체시장에서의 매출액을 추정하는 방법

2 정량적 예측기법

정량적 방법은 과거 시장자료에 대한 통계적 분석을 통하여 미래의 수요패턴을 예측하는 것이다.

구 분	내 용
시계열분석법	• 과거의 시계열 자료의 구조나 양상이 미래에도 지속될 것으로 보고, 예측기법을 적용하여 과거의 구조나 양상을 발견하고 이를 미래로 연장시켜 예측하는 방법 • 이동평균법, 지수평활법, 시계열분해법, 박스젠킨스법(Box-Jenkins Model) 등
인과형 분석	• 변수 간의 상호관계를 모형화하여 예측하는 기법 • 회귀모형(Regression Model), 계량경제모형(Econometrics Model), 투입-산출모형(Input-Output Model) 등 • 계량경제모형은 예측하고자 하는 시장수요와 이에 영향을 미칠 것으로 판단되는 경제변수들 간의 상호 관계를 수식화하여 회귀(Regression)하는 방법
성장곡선모형	시간에 대한 신제품의 누적 수요량의 궤적이 성장곡선과 유사한 완만한 S자형 곡선을 보인다는 경험적 사실에 근거하고 있는 모형
지수평활법	가장 최근 데이터에 가장 큰 가중치가 주어지고 시간이 지남에 따라 가중치가 기하학적으로 감소되는 가중치 이동 평균 예측 기법의 하나로, 가장 최근의 예측 데이터와 주요 판매 데이터 간의 차이에 적합한 평활 상수를 사용함으로써 과거의 데이터를 유지할 필요성을 갖지 않는다.

[출제유형] 2023년 제27회

수요예측 방법에 관한 설명으로 옳지 않은 것은?

① 정성적 수요예측방법은 시장조사법, 역사적 유추법 등이 있다.
② 정량적 수요예측방법은 단순이동평균법, 가중이동평균법, 지수평활법 등이 있다.
③ 가중이동평균법은 예측기간이 먼 과거일수록 낮은 가중치를 부여하고, 가까울수록 더 큰 가중치를 주어 예측하는 방법이다.
④ 시장조사법은 신제품 및 현재 시판중인 제품이 새로운 시장에 소개될 때 많이 활용된다.
❺ 지수평활법은 예측하고자 하는 기간의 직전 일정 기간의 시계열 평균값을 활용하여 산출하는 방법이다.

[출제유형] 2024년 제28회

시계열 분석법에 관한 설명으로 옳지 않은 것은?

① 시계열 분석법에는 이동평균법, 가중이동평균법, 지수평활법 등이 있다.
② 수준(level)은 추세, 계절적, 순환적, 무작위적 요인을 제외한 평균적 수요량을 의미한다.
③ 추세(trend)는 수요가 계속적으로 증가하거나 감소하는 경향을 말한다.
④ 계절적(seasonal) 요인은 수요의 변화가 규칙적으로 반복하는 현상을 말한다.
❺ 순환적(cyclical) 요인은 단기간에 발생하는 불규칙한 수요변화이다.

[출제유형] 2024년 제28회

6월의 판매 예측량은 110,000개이고, 실제 판매량은 100,000개이다. 지수평활법을 이용한 7월의 판매 예측량(개)은? (단, 평활상수(α)는 0.2를 사용한다.)

① 105,000
② 106,000
③ 107,000
❹ 108,000
⑤ 109,000

핵심테마 17 자재관리기법

PART 4 보관하역론 / Chapter 04 자재관리

1 JIT시스템

구 분	내 용
개 념	• 요구되는 부품을 요구되는 수량으로 요구되는 시기에 생산함으로써 모든 낭비적인 요소를 제거하려는 생산관리시스템이다. • 필요한 상품이 필요한 시기에 즉시 도착하기 때문에 재고의 유지가 필요 없거나 극소량의 재고를 유지함으로써 재고관리비용을 획기적으로 줄일 수 있는 시스템이다. • 일본(日本) 도요타자동차 회사에서 1970년대 중반 개발되어 사용되었다. • JIT시스템은 무재고, 동기화 생산, 린(Lean)생산방식, 재고 없는 생산, 필요한 만큼의 자재, 연속적 흐름생산 등 여러 가지 이름으로 알려져 있다.
특 성	• 다양한 기술의 융통성 있는 노동력 • 작업준비시간과 로트 크기를 최소화 • 안정된 일정계획에 따른 작업을 진행 • 적시에 무결점의 자재와 재공품을 조달 • 필요한 재고의 청구를 위해 간판시스템(청구식 발주시스템)을 이용 • 품질, 예방조치, 생산자의 상호 신뢰를 강조
목 표	• 제조준비시간의 단축과 수요변화에 대한 신속한 대응 • 재고투자의 극소화와 리드타임의 단축 • 자재취급노력의 경감 • 불량품의 최소화와 품질의 향상 • 생산성과 마케팅의 향상

2 JIT II

구 분	내 용
개 념	• JIT의 개념을 납품업체에서 유통업체까지의 전체가치사슬로 확장함으로써 공급사슬 전반에 걸쳐 재고수준을 낮추고 성과를 개선하기 위한 시스템이다. • JIT II 는 JIT와 기본적으로 같으나 발주회사의 제품설계단계부터 납품회사 직원이 설계에 참여하는 것이 두드러진 차이점이다.
공장주재대리인 (In-Plant Representative)	• 조립업체에 근무하면서 납품업체에 발주한다. • 완제품 설계업무에 관여하여 원가절감, 공정개선에 도움을 준다. • 납품업체, 하청업체의 생산일정을 관리한다.
장 점	• 구매인력의 절감 • 구매업무에 있어서 의사소통의 개선 • 자재비용의 절감 • 좋은 납품업체의 선정 • 판매유통비용의 절감 • 납품업체와 조립업체 간의 지속적 관계 • 구매관리 업무의 효율화

[출제유형] 2021년 제25회

JIT(Just In Time) 시스템에 관한 설명으로 옳은 것은?

① 한 작업자에게 업무가 할당되는 단일기능공 양성이 필수적이다.
② 효과적인 Push 시스템을 구현할 수 있다.
③ 비반복적 생산시스템에 적합하다.
❹ 불필요한 부품 및 재공품재고를 없애는 것을 목표로 한다.
⑤ 제조 준비 시간이 길어진다.

[출제유형] 2019년 제23회

JIT시스템의 도입 목표 및 효과가 아닌 것은?

① 제조준비시간의 단축
② 재고량의 감축
③ 리드타임의 단축
④ 불량품의 최소화
❺ 가격의 안정화

[출제유형] 2018년 제22회

JIT(Just In Time) 시스템의 특징에 해당하는 것을 모두 고른 것은?

ㄱ. JIT 시스템은 한 작업자에게 업무가 할당되는 단일기능공 양성이 필수적이다.
ㄴ. JIT 시스템은 소량다빈도 배송으로 운송비가 증가한다.
ㄷ. JIT 시스템은 수요변화에 탄력적인 대처가 가능하다.
ㄹ. JIT 시스템은 반복적인 생산에 적합하다.
ㅁ. JIT 시스템은 효과적으로 Push시스템을 구현한다.

① ㄱ, ㄴ, ㄷ ② ㄱ, ㄷ, ㄹ
③ ㄱ, ㄹ, ㅁ ❹ ㄴ, ㄷ, ㄹ
⑤ ㄴ, ㄹ, ㅁ

[출제유형] 2023년 제27회

다음 자재소요량 계획(MRP : Material Requirement Planning)에서 부품 X, Y의 순 소요량은?

○ 제품 K의 총 소요량 : 50개
○ 제품 K는 2개의 X 부품과 3개의 Y 부품으로 구성
○ X 부품 예정 입고량 : 10개, 가용재고 : 5개
○ Y 부품 예정 입고량 : 20개, 가용재고 : 없음

① X = 50개   Y = 50개
② X = 60개   Y = 80개
❸ X = 85개   Y = 130개
④ X = 100개 Y = 150개
⑤ X = 115개 Y = 170개

[출제유형] 2024년 제28회

MRP(Material Requirements Planning)에 관한 설명으로 옳지 않은 것은?

① MRP는 주생산계획을 기초로 완제품 생산에 필요한 자재 및 구성부품의 종류, 수량, 시기 등을 계획한다.
② MRP 시스템은 주생산계획, 자재명세서와 재고기록파일을 이용한다.
❸ MRP는 재고수준의 최대화를 목표로 한다.
④ MRP는 소요자재를 언제 발주할 것인지를 알려준다.
⑤ MRP를 확장하여 사업계획과 각 부문별 계획을 연결시키는 계획을 제조자원계획(manufacturing resource planning)이라고 부른다.

3 MRP(Material Requirements Planning) 시스템

구 분	내 용
개 념	• 제품의 생산수량 및 일정을 토대로 그 제품 생산에 필요한 원자재, 부분품, 공산품, 조립품 등의 소요량 및 소요시기를 역산해서 일종의 자재조달계획을 수립하고 일정관리를 겸하여 효율적인 재고관리를 모색하는 시스템이다. • 독립수요와 종속수요도 관리할 수 있도록 고안되었다.
주요 기능	• 필요한 물자를 언제, 얼마만큼의 수량을 발주할 것인가를 알려준다. • 발주 내지 제조지시를 하기에 앞서 경영자가 계획을 사전에 검토할 수 있다. • 언제 발주를 독촉하고 늦출 것인지를 알려준다. • 상황변화에 따라서 주문의 변경을 가능하게 한다. • 상황의 완급도에 따라 우선순위를 조절하여 자재조달 및 생산작업을 적절히 진행시킨다. • 능력계획에 도움을 준다.
주요 입력자료	• 주생산일정(MPS : Master Production Schedule) : 최종 품목을 언제, 얼마를 생산할 것인지에 대한 생산계획 • 자재명세서(BOM : Bill of Materials) : 체계적인 부품목록, 최종 품목을 생산하는 데 필요한 원자재, 부품, 중간조립품 등의 조립순서가 나타나 있는 것 • 재고기록파일(Inventory Records File) : 재고로 유지되고 있는 모든 품목의 상태에 대한 정보를 기록한 것 • 품목별, 업체별 Lead-Time 및 생산 Lot-Size와 MRP 프로그램 • 용량계획(Capacity Planning)의 목적은 주생산 일정의 타당성을 체크하는 것
장 점	• 종속수요품 각각에 대해서 수요예측을 별도로 행할 필요가 없음 • 공정품을 포함한 종속수요품의 평균재고 감소 • 부품 및 자재부족현상의 최소화 • 상황변화에 따른 생산일정 및 자재계획의 변경 용이 • 적절한 납기이행
운영상 고려점	• 일정계획과 MRP계획의 수정 • 안전재고 보유 • 발주 로트(Lot)의 크기 • 기록의 정확성 유지 문제 • 필요추가 부품 수 파악

독립수요와 종속수요 비교	
독립수요	종속수요
생산통제 밖에 있는 시장 조건에 의해 영향을 받기 때문에 생산과 독립적이다(완제품과 수리용 부품에 대한 수요는 독립적이다).	다른 품목의 수요와 관련되어 발생하며 시장에서 독립적으로 결정되지 않는다(어떤 제품이 부품과 조립으로 완성되었을 때 부품에 대한 수요는 최종제품의 수요에 의해 종속적으로 발생).
자동차수요 → 시장에 영향받음 (자동차수요 = 독립수요)	자동차 타이어 수요 → 자동차의 수요에 의해 결정됨 (자동차 타이어 수요 = 종속수요)
시장의 영향을 받는 형태	로트 단위로 생산이 계획되기 때문에 일정하고 반복적인 수요 형태
재고관리에 있어서 보충의 개념	재고관리에 있어서 소요의 개념

4 MRP Ⅱ(Manufacturing Resource Planning)

① MRP Ⅱ는 재고관리, 생산현장관리, 자재소요량관리 등의 생산자원계획과 통제과정에 있는 여러 기능들이 하나의 단일시스템에 통합되어 생산관련 자원투입의 최적화를 통한 생산성 향상을 목적으로 하는 시스템이다. MRP Ⅱ는 제조자원계획이라고도 불린다.
② MRP Ⅱ는 '제조자원이 한정되어 있다는 상황'을 생산계획의 수립에 반영할 수 있도록 한 시스템이며, 원가관리, 회계, 재고관리, 수주관리 등의 기능이 추가되거나 대폭 개선됨으로써 생산, 판매, 물류라는 3부분의 연계를 가능하게 한다.
③ MRP와의 차이점은 제조활동의 계획관리뿐만 아니라 재무와 마케팅에서의 계획과 관리를 포괄한 시스템으로 기업에서의 모든 자원을 관리하는 전사적 정보시스템으로 확장된다.
④ 생산·구매·마케팅·재무·기술부서의 경영자들이 이용하며, 전반적 사업계획에 의거 판매목표나 생산능력 및 현금흐름 제약을 인식시켜 준다.

JIT와 MRP시스템의 비교

구 분		JIT 시스템	MRP 시스템
재고 개념		소요개념(주문이나 요구에 대한)	소요개념(계획에 대한)
목표		낭비제거(최소의 재고)	계획수행(필요시 필요량 확보)
전략		요구(주문)에 따라가는 풀시스템	계획대로 추진하는 푸시시스템
관리방식		눈으로 보는 관리(간판방식)	컴퓨터 처리
수요변화적응		생산률, 잔업, 생산능력조절	자재소요계획(MRP) 갱신
생산시스템		생산 사이클타임 중심	MRP(주 일정계획) 중심
생산계획		안정된 MRP 필요	변경이 잦은 MRP 수용
계획 집행	생산 계획	생산칸반	작업전표·생산지령서
	자재 계획	인수(외주)칸반	발주서
계획 우선순위		평준화생산을 기초로 한 품목별 일차 적용	MRP에 기초한 필요 품목중심의 일정계획
통제 우선순위		칸반의 도착순	작업배정에 의거
발주(생산)로트		준비비 축소에 의한 소로트화	준비비 + 재고유지비의 경제적 로트
재고 수준		최소한의 재고	조달기간 중 재고
공급업자와의 관계		구성원 입장에서의 장기거래	경제적 구매위주의 거래
품 질		100% 양질추구, 품질문제는 현장에서 근원적으로 해결	약간의 불량은 인정, 품질문제는 품질담당요원에 의해 규명
적용분야		반복생산의 일정 및 재고관리	비반복생산의 재고관리 (업종제한 없음)

[출제유형] 2016년 제20회

MRP에 관한 설명으로 옳지 않은 것은?

① 배치(batch) 제품, 조립품 생산 등에 적합한 자재관리 기법이다.
② 주 구성요소는 MPS(Master Production Schedule), BOM(Bill of Materials), 재고기록철 등이다.
③ MRP Ⅱ로 확장되었다.
❹ MPS의 변경을 수용할 수 없다.
⑤ 완제품의 수요예측으로부터 시작된다.

[출제유형] 2016년 제20회

JIT와 MRP의 비교 설명으로 옳은 것은?

구 분	JIT	MRP
① 관리	계획에 의한 소요개념	주문이나 요구에 의한 소요개념
② 거래	경제적 구매위주의 거래	구성원 입장에서 장기 거래
❸ 목표	낭비 제거	계획 수행 시 필요량 확보
④ 통제순위	작업배정 순서	간판의 도착 순서
⑤ 시스템	Push 시스템	Pull 시스템

[출제유형] 2022년 제26회

JIT(Just In Time) 시스템에 관한 설명으로 옳지 않은 것은?

① 반복적인 생산에 적합하다.
② 효과적인 Pull 시스템을 구현할 수 있다.
③ 공급업체의 안정적인 자재공급과 엄격한 품질관리가 이루어져야 효과성을 높일 수 있다.
④ 제조준비시간 및 리드타임을 단축할 수 있다.
❺ 충분한 안전재고를 확보하여 품절에 대비하기 때문에 공급업체와 생산업체의 상호협력 없이도 시스템 운영이 가능하다.

핵심테마 18 하역의 개요

[출제유형] 2024년 제28회

하역에 관한 설명으로 옳은 것은?
① 물류센터 내에서 물품의 짧은 거리 이동은 하역의 범위에 포함되지 않는다.
② 하역은 운송 수단에 실려 있는 물품을 꺼내는 일만을 의미하며, 정돈이나 분류는 하역의 범위에 포함되지 않는다.
❸ 배송 속도가 중요한 전자상거래 시대에 하역의 중요성이 더욱 부각되고 있다.
④ 하역작업의 생산성을 향상시키기 위해 인력 하역 비중이 늘어나는 추세이다.
⑤ 하역작업의 혁신을 위해 물류센터 장비의 기계화와 무인화를 늦게 도입해야 한다.

[출제유형] 2023년 제27회

하역작업과 관련된 용어에 관한 설명으로 옳지 않은 것은?
① 디배닝(Devanning) : 컨테이너에서 화물을 내리는 작업
② 래싱(Lashing) : 운송수단에 실린 화물이 움직이지 않도록 화물을 고정시키는 작업
③ 피킹(Picking) : 보관 장소에서 화물을 꺼내는 작업
④ 소팅(Sorting) : 화물을 품종별, 발송지별, 고객별로 분류하는 작업
❺ 스태킹(Stacking) : 화물이 손상, 파손되지 않도록 화물의 밑바닥이나 틈 사이에 물건을 깔거나 끼우는 작업

1 하역의 의의

구 분	내 용
개 념	• 물품의 운송 및 보관과 관련된 운반기구나 설비에 화물을 싣고 내리는 것과 운반하고, 쌓아 넣고, 꺼내고, 나누고, 상품구색을 갖추는 등의 작업 및 이에 부수적인 작업을 총칭한다. • 하역은 각종 운송기관 즉 자동차, 철도화차, 선박, 항공기 등에서 화물의 상·하차작업, 운송기관 상호 간의 중계작업 그리고 창고의 입출고작업 등 그 범위가 매우 넓다. • 하역의 범위에 있어 협의의 하역은 사내하역만을 의미하나 광의의 의미로서는 수출기업의 수출품 선적을 위한 항만하역까지도 포함한다.
하역활동	보관을 위한 입출고, 적재·적하, 물품나누기 등
하역의 기능	• 수송과 보관을 연결시켜주는 기능 • 화물에 대한 시간적 효용과 장소적 효용 창출을 지원 • 각종 수송기관에서 화물의 상하차 작업 또는 수송기관 상호 간의 중계작업 • 내용물의 보호를 위한 포장물류에 영향
하역의 작업별 내용	• 적재작업 : 화물을 일정 장소로부터 운송기관의 설비나 창고 등 보관시설의 보관장소에 옮겨 놓는 작업 • 하차작업 : 적재작업의 반대작업 • 피킹작업 : 보관장소에서 물품을 꺼내는 작업 • 분류작업 : 품종별·행선지별·고객별로 묶어 분류하는 작업 • 반송작업 : 화물을 수평·수직 경사면으로 움직이는 작업 • 이송작업 : 설비·거리·비용면에서의 화물의 이동작업
하역의 합리화	• 경제성 : 연결을 위한 시간·장소를 고려하여 시간을 단축한다. • 중력이용 : 고체는 중력의 법칙에 따라 위에서 아래로 이동하는 것이 경제적이다. • 기계화 : 노동환경의 개선과 함께 기계화를 고려한다. • 일괄작업화 : 하역작업공정의 균형과 시간을 생각하여 정체되지 않게 한다. • 유닛화 : 취급단위를 크게 하여 작업능률을 향상시킨다. • 시스템화 : 개개의 활동은 종합적인 관점에서 시너지효과를 창출하여야 한다. • 정보화 : 화물정보시스템 등과 연결하여 효율성을 제고한다.

2 하역에 관한 용어

구 분	내 용
적 하	물품을 수송기기 등으로 싣고 내리는 것으로, 컨테이너에 물건을 싣는 것을 Vanning, 내리는 것을 Devanning이라고 한다.
적 부	창고 등 보관시설의 소정장소에 이동된 물품을 소정의 위치에 여러 가지 형태로 쌓는 작업
반 출	물품을 보관장소에서 꺼내는 작업
분 류	물품을 품목별·발송지별·고객별 등으로 나누는 것

운반	• 공장과 창고 내에서 물품을 비교적 짧은 거리로 이동시키는 것을 말한다. • 운반은 생산, 유통, 소비 등 어느 경우에도 수반되며 점차 하역과 운반을 합쳐서 운반관리라는 개념이 도입되고 있다. • 과거에는 주로 구내 운반에만 사용되는 용어였으나 현재에는 국외와 창고 내의 작업과 포장까지 포함하여 하역의 일부로 해석되고 있다.
정리정돈	출하할 물품을 운송기기에 즉시 적입할 수 있도록 정리정돈하는 작업
스태킹(Stacking)	하역작업 중 물품 또는 포장화물을 규칙적으로 쌓아 올리는 작업
더니징(Dunnaging)	수송기기에 실려진 화물이 손상, 파손되지 않게 마무리하는 작업
래싱(Lashing)	운송기기에 실려진 화물을 움직이지 않도록 줄로 묶는 작업
배닝(Vanning)	컨테이너에 물품을 실어 넣는 작업
디배닝(Devanning)	컨테이너로부터 화물을 내리는 작업

> 하역의 6요소
> 적하(싣고 내리는 것), 운반, 적재(쌓는 것), 반출(Picking), 분류(Sorting), 정돈

3 하역의 분류

구 분	내 용
하역장소에 의한 분류	• 납품하역 : 물류거점으로 가지고 온 것을 차에서 내려서 받아들이는 작업 • 운반하역 : 물류거점 내에서의 이동 • 납품구색하역 : 출하를 위해서 상품구색을 갖추는 작업 • 출하하역 : 수배송을 위하여 차량에 적재하는 작업
작업의 주체에 의한 분류	• 인력하역 : 사람의 손에 의한 하역 또는 간단한 보조기구를 사람이 사용하는 하역 • 기계하역 : 컨베이어나 지게차 등의 기기를 사용하는 하역 • 자동하역 : 기계나 컴퓨터가 중심이 되어 이루어지는 하역
하역기기에 의한 분류	• 연속운반방식 : 컨베이어 등 • 일괄운반방식 : 포크리프트 트럭 등 • 보조 하역기기 : 겹사다리 등 • 시스템화된 하역기기 : 자동분류기 등 • 차량이나 시설의 일부가 되는 하역기기 : 독 레벨러(Dock Leveller) 또는 돌리(Dolly) 등
운송수단에 의한 분류	• 트럭하역 • 화차하역 • 선박하역 • 항공기하역
화물형태에 의한 분류	• 개별하역 : 상자, 대(袋) 등 포장형태의 하역 또는 대형화물의 명칭을 사용하는 하역 • 유닛로드하역 : 파렛트, 컨테이너 등 유닛(Unit)화하기 위해 사용된 기재의 명칭, 또는 집합포장 등의 상태를 가리키는 하역 • 무포장 화물하역 : 분립체, 액체 등 물품을 수송수단, 화물탑재설비 또는 저장설비에 직접 적재, 입출고하는 하역
시설(장소)에 따른 분류	• 자가용시설 하역 : 공장, 자가용 창고, 배송센터 등 화물의 출하·수하시설 장소에서의 하역 • 사업용 물류시설 하역 : 복합(트럭)터미널, 항만, 공항, 보세창고, 역 등에서의 하역

[출제유형] 2023년 제27회

하역시스템에 관한 설명으로 옳지 않은 것은?

① 물품을 자동차에 상하차하고 창고에서 상하좌우로 운반하거나 입고 또는 반출하는 시스템이다.
❷ 필요한 원재료·반제품·제품 등의 최적 보유량을 계획하고 조직하고 통제하는 기능을 한다.
③ 하역작업 장소에 따라 사내하역, 항만하역, 항공하역시스템 등으로 구분할 수 있다.
④ 하역시스템의 기계화 및 자동화는 하역작업환경을 개선하는 데 기여할 수 있다.
⑤ 효율적인 하역시스템 설계 및 구축을 통해 에너지 및 자원을 절약할 수 있다.

[출제유형] 2023년 제27회

하역기기에 관한 설명으로 옳은 것은?

① 탑 핸들러(Top Handler) : 본선과 터미널 간 액체화물 이송 작업 시 연결되는 육상터미널 측 이송장비
② 로딩 암(Loading Arm) : 부두에서 본선으로 석탄, 광석의 벌크화물을 선적하는 데 사용하는 장비
③ 돌리(Dolly) : 해상 컨테이너를 적재하거나 다른 장소로 이송, 반출하는 데 사용하는 장비
❹ 호퍼(Hopper) : 원료나 연료, 화물을 컨베이어나 기계로 이송하는 깔때기 모양의 장비
⑤ 스트래들 캐리어(Straddle Carrier) : 부두의 안벽에 설치되어 선박에 컨테이너를 선적하거나 하역하는 데 사용하는 장비

핵심테마 19

하역합리화

PART 4 보관하역론 / Chapter 05 일반하역론

[출제유형] 2023년 제27회

하역합리화의 기본 원칙에 관한 설명으로 옳지 않은 것은?

① 하역작업의 이동거리를 최소화한다.
② 불필요한 하역작업을 줄인다.
❸ 운반활성지수를 최소화한다.
④ 화물을 중량 또는 용적으로 단위화한다.
⑤ 파손과 오손, 분실을 최소화한다.

[출제유형] 2024년 제28회

하역의 원칙이 아닌 것은?

① 경제성 원칙
② 이동거리 최소화 원칙
❸ 동일성 원칙
④ 단위화 원칙
⑤ 운반 활성화 원칙

1 하역합리화의 8대 원칙

구 분	내 용
하역의 경제성 원칙 (하역 운반의 생략 원칙)	하역작업의 횟수감소(0에 근접), 화물의 파손·오손·분실의 최소화, 하역작업의 대상인 중량 × 이동거리(ton·km)의 최소화, 하역투자의 최소화 등을 목적으로 하는 원칙
이동거리(시간) 최소화의 원칙	이동량 × 이동거리(시간)의 값을 최소화하는 원칙
운반 활성화 원칙	운반활성지수를 최대화로 지향하는 원칙으로서 관련작업과 조합하여 전체적인 활성화를 능률적으로 운용하는 것을 목적으로 하는 원칙
단위화 원칙(Unit화 원칙)	화물을 유닛화하여 파렛트 및 컨테이너와 조합함으로써 화물의 손상·파손·분실을 없애고 하역작업을 능률화 또는 합리화하는 원칙
기계화 원칙	인력작업을 기계화 작업으로 대체함으로써 효율성을 높이는 원칙
인터페이스(Interface)의 원칙	하역작업 공정 간의 계면 또는 접점을 원활히 하는 원칙으로, 창고에서 파렛트(Pallet) 단위로 반출시킨 화물을 트럭에 싣는 경우 인력에만 의존하지 않고 자동적재장치(Dock Leveller 등)를 사용하여 트럭에 싣는 것
중력이용 원칙	힘은 중력의 법칙에 따라 위에서 아래로 움직이는 것이 경제적이므로, 경사면을 이용한 플로우 랙(Flow Rack)과 같이 중력의 원리를 이용하는 원칙
시스템화 원칙	개개의 하역 활동을 유기체적인 활동으로 간주하는 원칙으로, 종합적인 관점에서 보았을 때 시스템 전체의 균형을 고려하여 시너지(Synergy) 효과를 올리는 것

하역 기계화의 필요성
- 중량화물
- 많은 인적 노력이 요구되는 화물
- 액체 및 분립체 등 인력으로 취급하기 곤란한 화물
- 인력으로 시간을 맞추기 어려운 화물
- 대량 해상운송화물
- 작업장의 위치가 높고 낮음으로 인하여 상하차작업이 곤란한 화물
- 인적 접근이 곤란하거나 수동화하기 어려운 화물
- 유해하거나 위험한 화물
- 혹서·혹한기의 작업장

하역기기의 선정기준
- 화물의 특성 : 입자분포·비중·성상 등(비포장물), 형상·크기·중량 등(포장물)
- 작업환경의 특성 : 전용·공용·자사용 작업창고의 구분 등
- 작업의 특성 : 작업량, 계절변동의 유동성, 취급품목의 종류, 운반거리 및 범위, 통로의 크기, 수송기관의 종류
- 경제성(채산성) : 복수의 대체안 작성
- 하역기기 특성 : 안전성, 신뢰성, 성능, 탄력성, 기동성, 재생에너지성, 소음, 공해

2 하역합리화의 보조원칙

구 분	내 용
유닛로드 원칙	취급화물을 한 개씩 취급하지 않고 일정한 중량과 용적의 표준량으로 단위화하여 수송 도중에 그 형태와 양이 허물어지지 않도록 하역하는 수송방법의 원칙
흐름유지의 원칙	거액의 자본금을 고정적으로 투자한 기계의 회전이나 운반의 흐름을 중지시키는 것은 가능한 방지하고 항상 회전하고 있는 상태를 유지함으로써 자금이 회전할 수 있도록 하는 원칙
취급균형의 원칙	하역작업의 어느 한 과정에 지나친 작업부하가 걸리거나 병목현상이 생기지 않도록 전 과정에 작업량을 고르게 배분해야 한다는 원칙
흐름의 원칙	하역 작업의 흐름과정에서 정체 지점이 발생하면 물류의 중단과 재이동에 따른 불필요한 하역작업이 이루어져 비경제적이므로 연속적인 물류의 흐름을 유지해야 한다는 원칙
설비계획의 원칙	기계나 설비의 배치와 통로의 이용방법 등 레이아웃을 적절히 설계하여 불필요한 반송설비의 사용을 줄임으로써 하역을 합리화해야 한다는 원칙
표준화의 원칙	작업방법, 설비, 치수 등을 표준화함으로써 각 부문 간이나 공정상호 간의 운반설비를 공동으로 이용할 수 있고 작업도 단순화되어 하역의 효율성이 크게 증가될 수 있다는 원칙
사중체감의 원칙	유임하중(Pay Load)에 대한 사중(Dead Weight)의 비율을 줄여서 운임효율을 높이는 원칙
수평직선의 원칙	운반의 흐름이 교차, 지그재그, 왕복흐름일 경우 동선의 낭비 및 운반이 혼잡하므로 하역 작업의 흐름을 운반거리가 짧은 직선으로 유지하는 원칙
운반속도의 원칙	하역물품에 불필요한 중량이나 용적이 발생하지 않도록 쓸모없는 과대포장이나 내용물을 줄여 낭비를 없애도록 하는 원칙
탄력성의 원칙	하역기기나 설비를 다양한 하역작업에 맞추어 탄력성 있게 이용하도록 하는 원칙
공간활용의 원칙	하역과 관련된 공간의 활용 측면에서는 평면적인 공간뿐만 아니라 입체적인 공간도 활용해야 한다는 원칙
최소취급의 원칙	하역작업의 필요를 근본적으로 최소화한다는 원칙으로, 물품을 임시로 방치해 둠으로 인해 나중에 다시 재이동을 해야 하거나, 로케이션관리를 잘못하여 물품을 재정돈하기 위해 이동하는 등 불필요한 물품의 취급을 최소화하는 원칙
안전의 원칙	하역작업환경의 안전성을 높임으로써 작업 능률의 향상 및 그에 따른 비용절감의 효과를 올릴 수 있는 원칙
예방정비의 원칙	운반설비나 기기는 항상 사전에 정비하여 고장을 미리 예방해야 한다는 원칙
폐기의 원칙	하역기기나 설비는 일정한 내구연수가 있으므로 사용기간이 지나고 나면 폐기해야 한다는 원칙

활성지수

물건을 놓아둔 상태	활성지수
바닥에 낱개의 상태로 놓여있을 때	0
상자 속에 들어있을 때	1
파렛트나 스키드(Skid) 위에 놓여있을 때	2
대차 위에 놓여있을 때	3
컨베이어 위에 놓여있을 때	4

[출제유형] 2024년 제28회

〈보기〉의 화물 상태별 운반활성지수를 모두 합한 것은?

○ 물류센터에 입고된 화물을 컨베이어벨트 위에 놓아두었다.
○ 물류센터에 입고된 화물을 바닥에 놓아두었다.
○ 물류센터에 입고된 화물을 대차에 실어두었다.
○ 물류센터에 입고된 여러 화물을 한 개의 상자로 재포장하였다.

① 4 ② 5
③ 6 ④ 7
❺ 8

[출제유형] 2023년 제27회

하역의 표준화에 관한 설명으로 옳지 않은 것은?

❶ 생산의 마지막 단계로 치수, 강도, 재질, 기법 등의 표준화로 구성된다.
② 운송, 보관, 포장, 정보 등 물류활동 간의 상호 호환성과 연계성을 고려하여 추진되어야 한다.
③ 환경과 안전을 고려하여야 한다.
④ 유닛로드 시스템에 적합한 하역·운반 장비의 표준화가 필요하다.
⑤ 표준규격을 만들고 일관성 있게 추진되어야 한다.

[출제유형] 2021년 제25회

하역합리화의 수평직선 원칙에 해당하는 것은?

① 하역기기를 탄력적으로 운영하여야 한다.
❷ 운반의 혼잡을 초래하는 요인을 제거하여 하역작업의 톤·킬로를 최소화하여야 한다.
③ 불필요한 물품의 취급을 최소화하여야 한다.
④ 하역작업을 표준화하여 효율성을 추구하여야 한다.
⑤ 복잡한 시설과 하역체계를 단순화하여야 한다.

PART 4 보관하역론 / Chapter 06 운반·보관 하역기기

핵심테마 20 파렛트

[출제유형] 2020년 제24회

표준 파렛트 T-11형과 T-12형의 치수(가로 및 세로규격)를 옳게 나열한 것은?

① T-11형 : 800mm × 1,100mm
  T-12형 : 1,000mm × 1,100mm
② T-11형 : 1,000mm × 1,100mm
  T-12형 : 1,100mm × 1,100mm
③ T-11형 : 1,000mm × 1,100mm
  T-12형 : 1,000mm × 1,200mm
❹ T-11형 : 1,100mm × 1,100mm
  T-12형 : 1,000mm × 1,200mm
⑤ T-11형 : 1,100mm × 1,100mm
  T-12형 : 1,100mm × 1,200mm

[출제유형] 2018년 제22회

파렛트에 관한 설명으로 옳지 않은 것은?

① 파렛트는 국제표준규격이 정해져 있다.
② 파렛트는 물류합리화의 시발점이 되고 있다.
③ 파렛트를 물류활동의 모든 과정에 사용하여 작업효율을 향상시키는 것을 일관파렛트화(Palletization)라고 한다.
④ 파렛트는 단위적재시스템의 대표적인 용기로 운송, 보관, 하역 등의 효율을 증대시키는 데 적합하다.
❺ 우리나라 국가표준(KS) 운송용 파렛트에는 T-11형이 있으며, 이는 미국과 유럽의 표준 파렛트와도 동일한 규격이다.

1 표준파렛트 규격

① **국내 표준파렛트 규격** : 국내 파렛트 분야의 표준화는 1973년 일관수송용 파렛트(KS A2155)의 국가규격 제정을 시작으로 하여 1993년에 7개 종류로 개정되었다. 일관수송용 표준파렛트인 T-11형을 트럭과 컨테이너 등 수송장비들의 적재함 안쪽치수에 따라 파렛트의 2열 적재에 가장 적합한 규격이라고 규정하여, 물류기기·장비 간 호환성과 연계성의 물류합리화를 위한 T-11형 표준파렛트 보급을 더욱 확산시켜 나가고 있다.

국내 파렛트 관련 KS 규격	
일관수송용 파렛트	국내용 파렛트
• 1,100mm × 1,100mm(T-11형) (높이 1,440 적재하중 1톤)	• 800mm × 1,100mm • 900mm × 1,100mm • 1,100mm × 1,300mm • 1,100mm × 1,400mm • 1,200mm × 800mm • 1,200mm × 1,000mm(T-12형)

② **국제 표준파렛트 규격(ISO 6780)**

정사각형(단위 : mm)	직사각형(단위 : mm)
• 1,140 × 1,140(호주) • 1,100 × 1,100(아시아, 태평양, 한국) • 1,067(42") × 1,067(42")	• 1,200 × 800(유럽) • 1,200 × 1,000(한국, 독일, 네덜란드) • 1,219(48") × 1,016(40")(미국)

③ **파렛트 적재율** : 어떤 운송 수단의 짐칸에 실을 수 있는 짐의 분량에 대하여 실제 실은 짐의 비율 또는 적재 정량에 대하여 실지(實地)로 실은 짐의 비율을 의미한다.

파렛트 적재율 구하기

문제1 제품상자의 크기가 가로 40cm, 세로 35cm, 높이 30cm이다. 이를 KSA표준규격 1,100mm × 1,100mm의 파렛트에 7상자 적재하면 파렛트 평면적에 대한 적재율은 얼마인가?

풀이
적재율 = (400 × 350 × 7)/(1,100 × 1,100) = 81%

문제2 1,100mm × 1,100mm 표준파렛트에 가로 300mm, 세로 200mm, 높이 50mm의 박스를 적재하려고 한다. 1단 적재만 가능하다고 할 때, 최대 몇 개의 상자를 적재할 수 있는가? (단, 적재 높이는 150mm를 유지해야 한다)

풀이
$$\frac{파렛트\ 가로(mm) \times 파렛트\ 세로(mm)}{박스\ 가로(mm) \times 박스\ 세로(mm)} = \frac{1,100 \times 1,100}{300 \times 200} = \frac{1,210,000}{60,000} = 20.17$$

따라서 최대 20개 적재가 가능하다.

2 파렛트의 종류

① 형태별 파렛트의 종류

구 분	내 용
단면형	적재판이 일면에만 있는 파렛트
양면형	적재판이 2면 있는 파렛트
2방향 차입식	차입구의 방향이 2방향
4방향 차입식	차입구의 방향이 4방향
한쪽 날개형·양쪽 날개형	날개의 유무에 따라 구분하는데 편면 및 이면의 날개 부착 여부에 따라 구분

② 재질 및 용도에 따른 분류

구 분	내 용
목재 파렛트	가격이 저렴하고 가벼워서 사용이 편리하지만 파손되기 쉽고 습기에 약하다.
합판제 파렛트	처리가공에 따라 난연성, 방부성, 방충성을 부여할 수 있으며, 적재하역 때 손상을 방지하고 기타 접착방법이 가능하다.
철제 파렛트	• 목재 파렛트와 더불어 최근 수요가 급속히 신장되고 있으며 강도, 내구성, 조형의 자립성 등이 강하여 중량물 하역에 많이 사용된다. • 보수가 어렵고 중량이 무거우며, 하역 시 미끄러지기 쉽다는 단점이 있다.
알루미늄제 파렛트	가볍고 가공성이 좋지만 가격이 비싸다.
지제(종이) 파렛트	1회 사용하고 폐기하는 파렛트로 강도가 약하다.
플라스틱 파렛트	가볍고 색채도 아름다우며, 적재나 하역 시 많이 이용된다.
롤 파렛트	파렛트 바닥면에 바퀴가 달려 있어 자체적으로 밀어서 움직일 수 있다.
시트 파렛트	목재나 플라스틱으로 제작된 1회용 파렛트로 가격이 저렴하고 가벼우나 하역을 위하여 Push-Pull 장치를 부착한 포크리프트가 필요하다.
스키드 파렛트	포크리프트나 핸드리프트로 하역할 수 있도록 만들어진 단면형 파렛트이다.
사일로 파렛트	주로 분말, 압축화물 처리에 사용되는데 측면이 밀폐되어 있고 뚜껑이 있으며 하부에 개폐장치가 있는 상자형 파렛트이다.
탱크 파렛트	주로 오일, 액체, 유류 운반 및 적재용으로 사용된다.

3 파렛트 하역의 장점

① 작업시간의 단축으로 인한 하역작업의 효율화로 인건비 절감
② 하역의 단순화로 인한 수송효율의 향상으로 수송비 절감
③ 제한된 공간을 최대한 이용
④ 수송기구의 회전기간 단축
⑤ 재고 조사의 편의성
⑥ 창고의 환경개선
⑦ 도난과 파손의 감소
⑧ 단위포장으로 포장 용적 감소 및 과잉포장 방지
⑨ 제 서류의 간소화
⑩ 화물의 적재효율 향상
⑪ 제품에 미치는 습기의 방지
⑫ 여러 가지 형태의 수송수단에 적응성이 큼

[출제유형] 2024년 제28회

파렛트에 관한 설명으로 옳지 않은 것은?

① 롤(roll) 파렛트는 바닥면에 바퀴가 장착되어 밀어서 움직일 수 있다.
② 항공 파렛트는 화물을 탑재 후 항공기의 화물적재공간을 고려하여 망(net)이나 띠(strap)로 묶을 수 있다.
③ 파렛트는 운송, 보관, 하역 등의 효율을 증대시키는 데 적합하다.
④ 시트(sheet) 파렛트는 푸시풀(push-pull) 장치를 부착한 장비에 의해 하역되는 시트 모양의 파렛트이다.
❺ 사일로(silo) 파렛트는 액체를 담는 용도로 사용되며 밀폐를 위한 뚜껑이 있다.

⊕ PLUS
국가별 파렛트 표준규격
- 한국 : 1,100mm × 1,100mm
- 일본 : 1,100mm × 1,100mm
- 영국 : 800mm × 1,200mm (유럽표준규격)
- 미국 : 1,219mm × 1,016mm

⊕ PLUS
하역작업의 기계화 정도
하역작업의 기계화 정도는 약 56.7%로 나머지는 인력작업에 의존하고 있기 때문에 인력의존도가 높은 분야이다.

핵심테마 21 컨테이너의 분류

PART 4 보관하역론 / Chapter 06 운반 · 보관 하역기기

[출제유형] 2020년 제24회

표준 파렛트 T-11형을 ISO 규격의 20피트(feet) 해상컨테이너에 2단으로 적입할 경우, 컨테이너 내에 적입할 수 있는 최대 파렛트 수량은?

① 10개
② 14개
③ 16개
④ 18개
❺ 20개

[출제유형] 2017년 제21회

표준파렛트 T11(1,100mm × 1,100mm)의 적재 수량으로 옳지 않은 것은?

① 20피트 컨테이너에 1단적 적입하는 경우 8개를 적재할 수 있다.
② 20피트 컨테이너에 2단적 적입하는 경우 20개까지 적재할 수 있다.
③ 40피트 컨테이너에 1단적 적입하는 경우 16개를 적재할 수 있다.
④ 40피트 컨테이너에 2단적 적입하는 경우 40개를 적재할 수 있다.
⑤ 45피트 컨테이너에 2단적 적입하는 경우 45개까지 적재할 수 있다.

[출제유형] 2020년 제24회

다음에서 설명하는 컨테이너 종류로 옳은 것은?

> 과일, 채소 등의 선도유지에 적절한 단열구조를 갖춘 컨테이너로, 통상 드라이아이스 등을 냉매로 사용하는 보냉 컨테이너

① Liquid Bulk Container
② Hard Top Container
③ Side Open Container
❹ Insulated Container
⑤ Skeleton Container

1 크기에 따른 분류

구 분	폭	높 이	길 이
20피트 컨테이너	2.4m	2.6m	6m
40피트 컨테이너	2.4m	2.6m	12m
45피트 컨테이너	2.4m	2.6m	13m

2 용도에 따른 분류

구 분	내 용
일반용도 컨테이너 (Dry Container)	일반화물 수송을 주목적으로 한 컨테이너로 적어도 1개 이상의 끝 벽에 문이 있으며 강성이 있는 6면체로 구성된 비바람 기밀구조인 컨테이너이다. 지붕 또는 옆벽에 강성이 있는 개폐장치가 있어도 좋다.
통기 · 환기 컨테이너 (Ventilated Container)	통풍을 필요로 하는 수분성 화물, 생피 등을 수송하는 컨테이너
드라이 벌크 컨테이너 (Dry Bulk Container, Solid Bulk Container)	사료, 곡물 등 분립체 등의 벌크화물을 수송하는 컨테이너로 천장에 적부용 해치가 있고 아랫부분에 꺼내는 문이 있다.
특정 화물컨테이너	가축용 컨테이너(Pen Container, Live Stock Container), 자동차용 컨테이너
서멀 컨테이너 (Thermal Container)	특수화물, 즉 온도관리를 필요로 하는 화물의 수송을 주목적으로 한 컨테이너(냉동컨테이너, 단열컨테이너, Insulated and Ventilated Container, 가열컨테이너)
오픈 톱 컨테이너 (Open Top Container)	파이프와 같이 길이가 긴 장척화물, 중량물, 기계류 등을 수송하기 위한 컨테이너로 화물을 컨테이너 윗부분으로 넣거나 하역 가능
플랫폼 컨테이너 (Platform Container)	기둥이나 벽이 없고 모서리 쇠와 바닥만으로 구성된 컨테이너로 중량물이나 부피가 큰 화물을 운송하기 위한 컨테이너
사이드 오픈 컨테이너 (Side Open Container)	옆면이 개방되는 컨테이너
플랫 랙 컨테이너 (Flat Rack Container)	목재, 승용차, 기계류 등과 같은 중량화물을 운송하기 위한 컨테이너로 지붕과 벽을 제거하고 기둥과 버팀대만 두어 전후좌우 및 쌍방에서 하역 가능
탱크 컨테이너 (Tank Container)	식용유, 술, 장류 등의 식품 및 유류, 화공약품 등과 같은 액체상태의 화물을 운송하기 위하여 특별히 고안하여 만들어진 컨테이너로 드럼형 탱크를 장착
행잉 가먼트(Hanging Garment, Hanger Container)	가죽 또는 모피와 같은 의류를 운송하기 위한 컨테이너
단열컨테이너 (Insulated Container)	과일, 채소 등의 선도유지에 적절한 단열구조를 갖춘 컨테이너로, 통상 드라이아이스 등을 냉매로 사용하는 보냉 컨테이너

핵심테마 22 지게차

PART 4 보관하역론 / Chapter 06 운반·보관 하역기기

1 지게차의 유형

구 분	내 용
카운터 밸런스형 (Counter Balance)	포크 등 승강 장치를 차체 앞에 설치한 형상으로 하중능력은 0.5톤~30톤까지 다양하며 동력으로는 내연식과 전동식 두 가지가 있다.
스트래들 리치형 (Straddle Reach)	차체 전방에 주행차량이 붙은 2개의 아웃리거(Outrigger)를 수평으로 매달아 그 안에 포크가 전후로 움직이는 구조로 랙 포크형 무인 지게차도 이 유형의 일종으로 본다.
사이드 포크형 (Side Fork)	포크의 승강 장치를 차체의 옆쪽에 설치한 것으로서 하역할 때는 차체 측면으로 아웃리거를 대서 차체 폭 방향으로 포크 승강 장치를 접근시켜 화물을 승강한다.

〈▲ 카운터 밸런스형〉   〈▲ 스트래들 리치형〉   〈▲ 사이드 포크형〉

2 지게차의 종류

구 분	내 용
카운터밸런스 포크리프트	포크 및 상하 이동 마스트를 차체 전방에 갖추고 차체 후방에 카운터웨이트를 설치한 포크리프트를 말하며 현재 가장 널리 이용되고 있다.
스트래들 포크리프트	차체 전방으로 뻗어 나온 주행이 가능한 아웃리거에 의하여 차체의 안정을 유지하고 또한 포크가 양쪽의 아웃리거 사이에 내려지는 포크리프트이다.
파렛트 스태킹 트럭	차체 전방으로 뻗어 나온 주행 가능한 아웃리거에 의해 차체의 안정을 유지하고 또한 포크가 아웃리거 위로 뻗어있는 형태의 포크리프트이다.
사이드 포크리프트 트럭	포크와 이것을 승강시키는 마스트를 차체 옆쪽에 설치한 것으로서 하역할 때는 차체 측면으로 아웃리거를 대서 차체 측면 방향으로 포크 승강장치를 접근시켜 화물을 승강한다.
리치 포크리프트 트럭	마스트 또는 포크가 전후로 이동할 수 있는 포크리프트로 포크에 가위형 부착물을 갖고 있어서 4피트 이상 내뻗는 것이 가능하다. 2파렛트 깊이로 적재함으로써 통로공간을 50% 정도 줄일 수 있다.
오더피킹 트럭	하역장치와 함께 움직이는 운전대에서 운전자가 조종하는 포크리프트로 랙창고에 사용되며 포크면의 높이에 운전대를 설치하여 임의의 높이에서 작업자가 작업을 할 수 있다.

PLUS
워키(Walkie)형과 3방향 작동형
- 워키형 : 작업자의 탑승설비가 없고, 작업자가 지게차를 가동시킨 상태에서 걸어 다니며 작업을 하는 형태로 주로 소형 작업장에서 이용
- 3방향 작동형 : 포크와 캐리지의 회전이 가능하므로 진행방향의 변경 없이 작업 가능

[출제유형] 2022년 제26회
포크리프트(지게차)에 관한 설명으로 옳은 것은?
① 스트래들(Straddle)형은 전방이 아닌 차체의 측면에 포크와 마스트가 장착된 지게차이다.
② 디젤엔진식은 유해 배기가스와 소음이 적어 실내작업에 적합한 환경친화형 장비이다.
③ 워키(Walkie)형은 스프레더를 장착하고 항만 컨테이너 야드 등 주로 넓은 공간에서 사용된다.
❹ 3방향 작동형은 포크와 캐리지의 회전이 가능하므로 진행방향의 변경 없이 작업할 수 있다.
⑤ 사이드 포크형은 차체전방에 아웃리거를 설치하고 그 사이에 포크를 위치시켜 안정성을 향상시킨 지게차이다.

[출제유형] 2022년 제26회

항만하역기기 중 컨테이너 터미널에서 사용하는 하역기기가 아닌 것은?

① 리치 스태커(Reach Stacker)
② 야드 트랙터(Yard Tractor)
③ 트랜스퍼 크레인(Transfer Crane)
④ 탑 핸들러(Top Handler)
❺ 호퍼(Hopper)

[출제유형] 2021년 제25회

하역장비에 관한 설명으로 옳지 않은 것은?

① 언로우더(Unloader) : 철광석, 석탄 및 석회석과 같은 벌크(Bulk) 화물을 하역하는 데 사용된다.
② 톱 핸들러(Top Handler) : 공(empty) 컨테이너를 적치하는 데 사용된다.
❸ 스트래들 캐리어(Straddle Carrier) : 부두의 안벽에 설치되어 선박에 컨테이너를 선적하거나 하역하는 데 사용된다.
④ 트랜스퍼 크레인(Transfer Crane) : 컨테이너를 적재하거나 다른 장소로 이송 및 반출하는 데 사용된다.
⑤ 천장 크레인(Overhead Travelling Crane) : 크레인 본체가 천장을 주행하며 화물을 상하로 들어 올려 수평 이동하는 데 사용된다.

탑 핸들러	카운터 밸런스형의 일종으로 컨테이너 모서리쇠를 잡는 스프레더(Spreader) 또는 체결 고리가 달린 팔과 마스트를 갖추고 야드 내의 공컨테이너(Empty Container)를 적치 또는 하역하는 장비로서 대형지게차와 유사하다.
리치 스태커	대형지게차에 유압식 지브크레인이 설치된 형상이다. 크레인 끝에 스프레더가 장착되어 컨테이너 운반 및 하역에 사용된다.

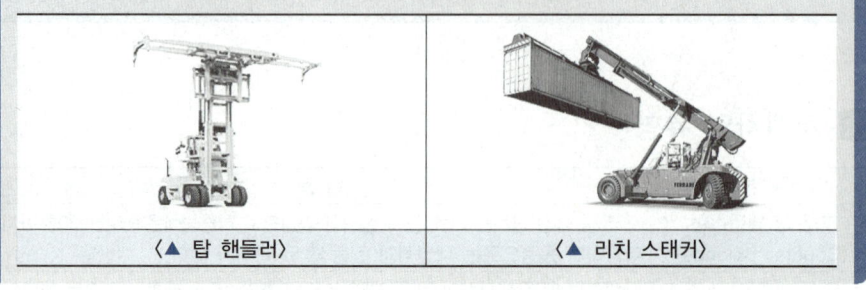

〈▲ 탑 핸들러〉　　〈▲ 리치 스태커〉

3 어태치먼트(Attachment)

어태치먼트란 포크리프트의 하역장치에 추가 또는 대체하여 통상 이외의 작업에 맞도록 보통 포크와 교환하는 부속장치이다.

구 분	내 용
포 크	• 파렛트 포크 : 한 장의 평판 모양 • 멀티플 포크 : 3개 이상의 포크 • 칼집포크 : 포크를 삽입해서 사용 • 룰러붙이 칼집포크 : 칼집포크 윗면에 룰러를 줄지어서 붙인 것
장 치	• 램(Ram) : 화물의 구멍에 삽입하여 사용하는 막대모양의 부속장치 • 크래인 암(Crane Arm) : 크레인 작업을 하기 위한 부속장치 • 힌지드 포크(Hinged Fork) : 백 레스트와 별도로 포크를 상하방향으로 기울일 수 있는 부속장치 • 덤핑 포크(Dumping Fork) : 백 레스트와 함께 포크를 상하방향으로 기울일 수 있는 부속장치 • 리치 포크(Reach Fork) : 포크가 마스트에 대하여 전후로 이동할 수 있는 부속장치 • 푸셔(Pusher) : 포크 위의 화물을 밀어내기 위한 부속장치 • 클램프(Clamp) : 화물을 사이에 끼우는 부속장치(Grab)로 원통형 드럼 하역 • 회전 클램프(Rotating Clamp) : 수직면 내에서 회전할 수 있는 장치를 가진 클램프(Clamp : 집게) • 로드 스테빌라이저(Load Stabilizer) : 포크 위의 화물을 누르는 장치 • 퍼니스 차저(Furnace Charger) : 원료를 밀어넣거나 원료용해에 사용하는 부속장치 • 훅(Hook) : 포크 또는 램 등에 부착하여 화물을 달아 올리기 위한 부속장치 • 사이드 쉬프터(Side Shifter) : 핑거 바 등을 가로 방향으로 이동할 수 있는 부속장치 • 포크 포지셔너(Fork Positioner) : 포크의 간격을 조정할 수 있는 부속장치 • 스프레더(Spreader) : 컨테이너 등을 달아 올리기 위한 부속장치

〈▲ 램〉　　〈▲ 힌지드 포크〉　　〈▲ 로드 스태빌라이저〉

핵심테마 23 크레인

1 크레인의 개념

① 크레인(Crane)은 화물을 동력 또는 인력에 의하여 달아 올리고, 상하 전후 및 좌우로 운반하는 기계로서 포크리프트가 도입되기 전에 많이 사용되었던 대표적인 하역기계이다.
② 컨테이너 크레인(Container Crane)은 Quayside Crane, Quayside Gantry Crane 또는 Gantry Crane(GC)이라고 불리고 있으나, 우리나라 KS 규격으로 표시된 이름은 컨테이너 크레인(C/C : Container Crane)이다.
③ 컨테이너 크레인은 격자구조의 Boom이 있는 Box Girder의 전형적인 A-Frame으로 선박과 부두 사이로 컨테이너를 싣고 부리는 가장 핵심적인 하역장비이며, 부두의 모든 운영과 표시를 상징하는 것이다.
④ 컨테이너의 선박 및 하역속도는 선박의 취급속도와 부두 전체 화물의 처리능력의 한계를 결정하기도 한다.

> **컨테이너 크레인 용어**
> - 아웃리치(Out-reach) : 스프레더가 바다 쪽으로 최대로 진행되었을 때, 바다 측 레일의 중심에서 스프레더 중심까지의 거리
> - 백리치(Back-reach) : 트롤리가 육지 측으로 최대로 나갔을 때, 육지 측 레일의 중심에서 스프레더 중심까지의 거리
> - 호이스트(Hoist) : 스프레더가 최대로 올라갔을 때 지상에서 스프레더 컨테이너 코너 구멍 접촉면까지의 거리
> - 헤드블록(Head Block) : 스프레더를 달아매는 리프팅 빔으로서 아래 면에는 스프레더 소켓을 잡는 수동식 연결핀이 있으며 윗면은 스프레더 급전용 케이블이 연결되어 있는 것
> - 타이다운(Tie-down) : 수송 중에 적하물이 움직이는 것을 방지하기 위하여 밧줄, 케이블 또는 기타 수단으로 적하물을 운반기에 고정시키거나 잡아매는 것

2 크레인 작업의 장·단점

구 분	내 용
장 점	• 위쪽 빈 공간을 이용하여 운반하므로 화물운반을 위한 통로가 불필요하다. • 화물의 형상에 제약을 받지 않는다. • 화물의 방향전환이 자유로워 장방형의 화물취급에 편리하고 조립작업 등에 적합하다. • 노면의 영향을 받지 않고 대용량의 기계사용이 가능하다. • 원격조정이 가능하여 고열이나 위험한 장소에서도 사용 가능하다. • 고지대에 올리거나 기다란 팔을 이용하여 높은 장소에 이적 가능하다.
단 점	• 와이어나 체인을 걸 때 일손이 많이 필요하다. • 천정 크레인이나 다리형 크레인의 경우 주행거리가 멀어 계속적인 작업이 곤란하며, 와이어를 걸 때 대기시간이 발생한다.

[출제유형] 2020년 제24회

컨테이너터미널에서 사용되는 컨테이너 크레인에 관한 설명으로 옳지 않은 것은?

① 아웃리치(Out-reach)란 스프레더가 바다 쪽으로 최대로 진행되었을 때, 바다 측 레일의 중심에서 스프레더 중심까지의 거리를 말한다.
② 백리치(Back-reach)란 트롤리가 육지 측으로 최대로 나갔을 때, 육지 측 레일의 중심에서 스프레더 중심까지의 거리를 말한다.
③ 호이스트(Hoist)란 스프레더가 최대로 올라갔을 때 지상에서 스프레더 컨테이너 코너 구멍 접촉면까지의 거리를 말한다.
❹ 타이다운(Tie-down)이란 크레인이 넘어졌을 때의 육지 측 레일의 중심에서 붐 상단까지의 거리를 말한다.
⑤ 헤드블록(Head Block)이란 스프레더를 달아매는 리프팅 빔으로서 아래면에는 스프레더 소켓을 잡는 수동식 연결핀이 있으며 윗면은 스프레더 급전용 케이블이 연결되어 있다.

[출제유형] 2019년 제22회

다음 중 Lift on-Lift off 방식의 하역기기가 아닌 것은?

① 지브 크레인(Jib Crane)
② 천장 크레인(Overhead Travelling Crane)
❸ 슬랫 크레인(Slat Crane)
④ 케이블 크레인(Cable Crane)
⑤ 컨테이너 크레인(Container Crane)

[출제유형] 2024년 제28회

다음 설명에 모두 해당하는 장비는?

○ 화물을 보관하는 선반(rack)과 선반 사이의 통로(aisle)에서 수직과 수평으로 동시에 움직일 수 있는 장비
○ 컴퓨터를 활용하여 화물을 저장(storage), 반출(retrieval)하는 장비

❶ 스태커 크레인(stacker crane)
② 데릭(derrick)
③ 도크 레벨러(dock leveller)
④ 리프트 게이트(lift gate)
⑤ 야드 갠트리 크레인(yard gantry crane)

[출제유형] 2018년 제22회

아래 하역기기에 관한 설명으로 옳지 않은 것은?

① Gantry Crane 또는 Container Crane으로 불린다.
② 컨테이너 터미널 내의 하역기기 중 가장 크다.
❸ 타이어로 된 바퀴가 설치되어 있어 컨테이너 터미널 내 자유로운 이동이 가능하다.
④ 컨테이너의 본선 작업에 사용되는 하역 장비이다.
⑤ 컨테이너 선박의 대형화에 따라 아웃리치(Outreach)가 길어지는 추세이다.

구분	내용
단점	• 작업범위의 한정에 따른 장소제한과 작업범위 밖으로 운반 시 별도 하역기기가 필요하다. • 크레인 설치를 위해 견고한 구조물이 필요하다. • 화물을 달아 옮기는 경우 위험하며, 와이어 로프의 움직임으로 화물이 무너질 가능성이 있다. • 설비변경에 대한 탄력성이 적다.

3 크레인의 종류

구분	내용	
지브크레인 (Jib Crane)	지브의 끝에서 화물을 매달아 올리는 지브붙이 크레인으로 항만이나 선박에 부착하여 화물 및 해치를 운반하는 데 이용하는 기기이다. 고정식과 주행식이 있으며, 아파트 등의 건설공사에도 많이 쓰이고 수평방향으로 더 넓은 범위 안에서 작업할 수 있다.	⟨▲ 지브크레인⟩
지주크레인 (Mobile Crane)	지브크레인에 차륜, 크로울러를 구비하여 레일에 의하지 않고 스스로 주행할 수 있는 지브붙이 크레인, 차륜식(트럭)과 크로울러식이 있다.	⟨▲ 지주크레인⟩
천정크레인	고가 주행궤도를 따라 주행하는 거더에 트롤리를 가진 크레인으로, 호이스트식 천정크레인, 로우프 트롤리식 천정크레인, 특수 천정크레인 등이 있다.	⟨▲ 천정크레인⟩
케이블크레인	서로 마주보는 탑 사이에 건 로우프를 궤도로 하여 트롤리가 가로 주행하는 크레인으로, 고정크레인과 주행크레인이 있다.	⟨▲ 케이블크레인⟩
갠트리크레인 (Gantry Crane)	레일 위를 주행하는 다리를 가진 거더에 트롤리 또는 지브붙이 크레인을 가진 크레인이다. 즉, 양끝에 주행용 다리를 부착하여 지상의 레일 위를 주행하게 하는 크레인으로 주로 옥외에서 사용하고 역이나 항만에서 화물을 적·양하하는 데 이용된다. 특히 항만에서는 안벽을 따라 설치된 레일 위를 주행하면서 선박에 컨테이너를 적재하거나 하역하는 데 사용되는 대표적인 하역기기이다.	⟨▲ 갠트리크레인⟩
언로더 (Unloader)	양륙 전용의 크레인으로 호퍼, 피더, 컨베이어 등을 가진 것이다. 선박에서 화물을 적재할 때 전용으로 사용하는 크레인이다.	⟨▲ 언로더⟩
데릭(Derrick)	상단이 지지된 마스트를 가지며 마스트 또는 부움(Boom) 위 끝에서 화물을 달아 올리는 지브붙이 크레인이다.	⟨▲ 데릭⟩
교형크레인	컨테이너의 정렬 및 적재 시 사용되는 크레인으로 궤도(Rail)에 설치되거나 타이어가 부착되어 있으며 스팬이 길게 걸쳐 있다.	⟨▲ 교형크레인⟩
트랜스퍼크레인	갠트리크레인으로 하역을 마친 뒤 컨테이너는 야드라는 곳으로 이동하게 되는데, 이때 컨테이너 장치장에 컨테이너를 내리거나 올려주는 기능을 하며 화물을 보관하기 위해 사용된다. 컨테이너 전용부두에서 사용되는 하역 장비이다.	

핵심테마 24 컨베이어

PART 4 보관하역론 / Chapter 06 운반·보관 하역기기

1 컨베이어(Conveyer)의 개요

① 개념
  ㉠ 컨베이어는 화물을 연속적으로 운반하는 기계로서, 화물의 형상, 용도에 따라 각종 컨베이어가 개발되고 있다. 컨베이어 작업은 비교적 간단한 하역작업이나 짧은 거리의 이동, 고정된 장소에서 컨베이어 양단에서의 하역의 기계화 및 자동화를 포함할 수 있는 경우에 사용되고 있다.
  ㉡ 종류 : 벨트 컨베이어, 롤러 컨베이어, 체인 컨베이어, 플로어 컨베이어, 스크루 컨베이어, 유체 컨베이어, 휠 컨베이어, 슬랫 컨베이어, 토우 컨베이어, 뉴매틱 컨베이어, 레들러 컨베이어, 플라이트 컨베이어 등

② 장·단점

장 점	단 점
• 좁은 장소에서 작업이 가능	• 속도 제한으로 하역작업시간이 소요됨
• 노면에 상관없이 설치가 가능	• 양단에 인력이 필요
• 중력을 이용한 운반이 가능	• 화물의 형상이 다른 경우 부적당함
• 원격조정이나 자동제어가 가능	• 기동성이 적음
• 포장 안 된 물품도 운반이 가능	• 높이 쌓기에 부적당함
• 운반거리의 장단이 작업능률에 영향을 주지 않음	• 사용방법에 탄력성이 없음
• 다른 기기와 연계하여 사용이 가능	• 단시간에 대량화물의 운반이 불가능함
• 자동운반으로 운반인력이 불필요함	• 일단 설치 시 라인이동이 곤란함
• 라인 중에서도 검사 및 작업이 가능	• 고장 시 라인 전체가 정지하고 작업의 흐름에 영향을 미침

2 컨베이어의 종류

구 분	내 용
벨트 컨베이어	프레임의 양 끝에 설치한 풀리에 벨트를 엔드리스(Endless)로 감아 걸고 그 위에 화물을 싣고 운반하는 컨베이어로 댐이나 대형토공에서 시멘트, 골재, 토사의 운반 및 소규모 공사의 정력운반에 사용된다.
체인 컨베이어	엔드리스를 감아 걸은 체인에 의하여 또는 체인에 슬랫(Slat), 버켓(Bucket) 등을 부착하여 화물을 운반하는 컨베이어로 시멘트, 골재, 토사의 운반에 사용된다.
슬라이드 컨베이어 (Sliding Chain Conveyor)	어태치먼트를 부착하지 않은 1줄 또는 여러 줄의 체인 위에 직접 화물을 얹고 운반하는 체인 컨베이어이다.
플랫탑 컨베이어 (Plat Top Conveyor)	체인에 윗면이 평평한 어태치먼트를 붙인 체인 컨베이어이다.

[출제유형] 2024년 제28회

하역에 활용되는 장비에 관한 설명으로 옳지 않은 것은?

① AGV(Automated Guided Vehicle)는 화물의 이동을 위해 지정된 장소까지 자동 주행할 수 있는 장비이다.
② 사이드 포크형 지게차는 차체의 측면에 포크와 마스트가 장착된 지게차이다.
③ 카운터 밸런스형 지게차는 포크와 마스트를 전방에 장착하고 후방에 웨이트를 설치한 지게차이다.
❹ 트롤리 컨베이어는 로울러 또는 휠을 배열하여 화물을 운반하는 컨베이어이다.
⑤ 벨트 컨베이어는 연속적으로 움직이는 벨트를 사용하여 화물을 운반하는 컨베이어이다.

[출제유형] 2018년 제22회

컨베이어에 관한 설명으로 옳지 않은 것은?

① 벨트(Belt) 컨베이어 : 연속적으로 움직이는 벨트를 사용하여 벨트 위에 화물을 싣고 운반하는 기기
② 롤러(Roller) 컨베이어 : 롤러 및 휠을 운반 방향으로 병렬시켜 화물을 운반하는 기기
③ 진동(Vibrating) 컨베이어 : 철판의 진동을 통해 부품 등을 운반하는 기기
④ 스크루(Screw) 컨베이어 : 스크루 상에 철판을 삽입하고 이를 회전시켜 액체화물 종류를 운반하는 기기
❺ 플로우(Flow) 컨베이어 : 파이프 속 공기나 물의 흐름을 이용하여 화물을 운반하는 기기

[출제유형] 2019년 제23회

전용부두에 접안하여 언로더(Unloader)나 그래브(Grab), 컨베이어벨트를 통해 야적장에 야적되며, 스태커(Stacker) 또는 리클레이머(Reclaimer), 트랙호퍼(Track Hopper) 등을 이용하여 상차 및 반출되는 화물은?

① 고 철
❷ 석탄 및 광석
③ 양회(시멘트)
④ 원 목
⑤ 철재 및 기계류

⊕ PLUS
체인 컨베이어 방식
- 슬랫 컨베이어(Slat Conveyor)
- 토우 컨베이어(Tow Conveyor)
- 트롤리 컨베이어(Trolley Conveyor)
- 에이프런 컨베이어(Apron Conveyor)

슬랫 컨베이어 (Slat Conveyor)	체인에 부착된 폭이 좁은 목재 또는 금속 슬랫(Slat, 엷은 널빤지)을 연속적으로 부착한 체인 컨베이어로 표면이 거칠어 벨트를 손상시킬 위험이 있는 무거운 물품들을 운반하는 데 흔히 사용된다.
에이프런 컨베이어 (Apron Conveyor)	여러 줄의 체인에 에이프런을 겹쳐서 연속적으로 부착한 체인 컨베이어이다.
팬 컨베이어 (Pan Conveyor)	에이프런 컨베이어의 에이프런 대신에 팬을 부착한 체인 컨베이어이다.
버켓 컨베이어 (Bucket Conveyor)	체인에 핀으로 지지된 버켓을 연속적으로 부착한 체인 컨베이어이다.
플로우 컨베이어 (Flow Conveyor, Continuous Stream Conveyor)	밀폐된 도랑 속을 특수한 모양의 어태치먼트를 부착한 체인에 의해 가루 입자 사이의 마찰을 이용하여 연속된 흐름으로 운반하는 체인 컨베이어로, 통상의 방법으로는 운반이 곤란한 물질을 운반하는 특수 체인 컨베이어이다.
트롤리 컨베이어 (Trolley Conveyor)	폐쇄형 천장 트랙에 동일 간격으로 매달려 있는 운반기에 화물을 탑재하여 운반하며, 가공, 조립, 포장, 보관작업 등에 사용되는 컨베이어이다.
토우 컨베이어 (Tow Conveyor)	체인에 대차의 토우핀을 거는 어태치먼트를 부착한 체인 컨베이어로서 대차를 끌고 갈 수 있다. 고정경로를 따라 대차를 끌며 다양한 제품을 운반할 수 있다.
롤러 컨베이어 (Roller Conveyor)	롤러 또는 휠(Wheel)을 많이 배열하여 그것으로 화물을 운반하는 컨베이어로 시멘트의 소이동에 사용한다.
스크루 컨베이어 (Screw Conveyor)	관 속의 화물을 스크루에 의하여 운반하는 컨베이어로 시멘트의 운반에 사용한다.
유체 컨베이어 (Fluid Conveyor)	관 속의 유체를 매체로 하여 화물을 운반하는 컨베이어로 시멘트의 운반에 사용한다.
공기 컨베이어 (Air Conveyor)	공기를 매체로 하는 유체 컨베이어로서 주로 분립체를 운반하는 데 이용한다.
엘리베이팅 컨베이어 (Elevating Conveyor)	급경사 또는 수직으로 화물을 운반하는 컨베이어로 시멘트, 골재의 운반에 사용한다.

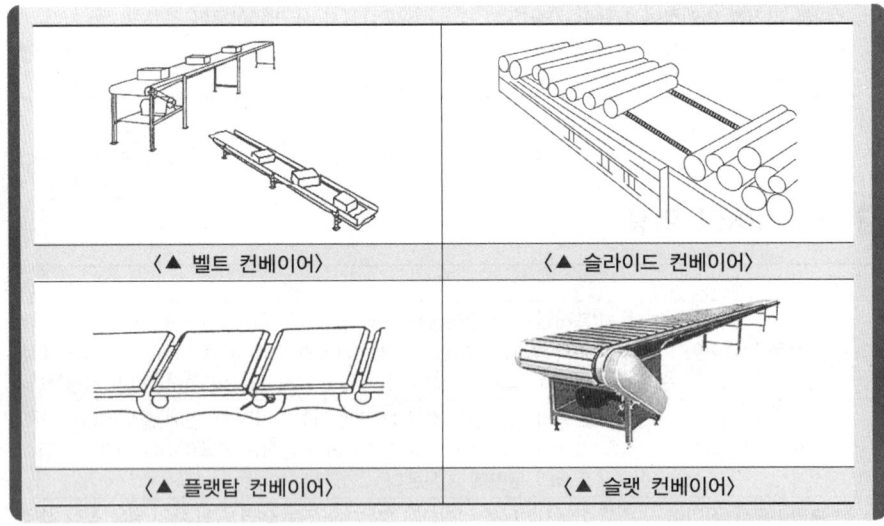

〈▲ 벨트 컨베이어〉 〈▲ 슬라이드 컨베이어〉
〈▲ 플랫탑 컨베이어〉 〈▲ 슬랫 컨베이어〉

핵심테마 25 오더피킹시스템과 분류시스템

PART 4 보관하역론 / Chapter 06 운반·보관 하역기기

1 피킹시스템(Picking System)

피킹이란 주문에 따라 제품을 보관하고 있는 물류센터의 보관설비로부터 선별하여 꺼내는 것을 말한다.

① 오더피킹시스템의 개념

오더피킹(Order Picking)이란 저장 중에 있는 창고의 재고에서 수주받은 물품을 주문별로 골라내어 출하를 하는 과정을 의미한다. 또한 오더피킹은 수주라고 하는 상적 활동의 일환으로서 상적 정보를 토대로 한 주문서, 출하전표, 납품확인서, 송장, 포장지시서 및 불출지시서 등의 정보처리와 불출지시서에 의해 불출된 물품의 흐름을 파악하는 것이다.

② 오더피킹의 방법

구 분	내 용
물품을 사람(피커)의 장소에 갖고 오게 하는 방법	회전선반이나 컨베이어시스템 등을 이용하여 물품이 사람 앞으로 도착하게 한다.
1인 1건 피킹	1인의 피커가 1건의 주문표로 요구되는 물품을 피킹한다.
릴레이 피킹	여러 사람의 피커가 각각 자기가 분담하는 종류나 선반의 작업범위를 정해 두고서 피킹전표 속에서 자기가 맡은 종류의 물품만을 피킹해서 릴레이식으로 다음의 피커에게 넘겨주는 방법이다.
존 피킹	릴레이 방법과 똑같이 여러 사람의 피커가 각각 자기가 분담하는 종류의 선반의 작업범위를 정해 두고서 피킹전표 속의 자기가 맡은 종류의 물품만을 피킹한다.
싱글 오더피킹	1건의 주문마다 물품의 피킹을 집계하는 방법으로 상기 1인 1건이나 릴레이 방법으로도 실시할 수 있다. 즉 주문처의 한 오더마다 주문상품(Item)을 집품하여 주문품의 품목을 갖추는 방법이다.
일괄 오더피킹	여러 건의 주문전표를 한데 모아 한꺼번에 피킹하므로 주문별로 분류할 필요가 있는 방법이다.
총량 오더피킹	하루의 주문전표를 한데 모아서 피킹하는 방법으로서 일괄 오더피킹 방법과 동일하다.
차량탑승피킹	사람이 운반기기에 탑승하여 개별 품목 단위로 피킹하는 방법으로 다품종 소량 피킹에 많이 이용하지만 찾는 시간, 찾아오는 시간, 꺼내는 시간 등 시간손실이 많아 불편한 방법이다. 단위공간 번호를 부여하고, 품명 대신 번호를 검색하여 위치를 표시하여 효율화할 수 있다.

표시장치
- 개념 : 피킹하는 물품이 있는 장소에 빨간램프를 켜서 거기에 물품을 몇 개 피킹할 것인가를 표시하는 장치로서 DPS가 대표적이다.
- 장점 : 표시방식의 장점은 피킹전표가 불필요하며 피킹의 순서 및 물품부족여부, 피킹한 물품의 송장, 기타 정보처리를 동시에 행할 수 있다. 또한 피커의 작업배분을 행할 수 있다.

[출제유형] 2021년 제25회

피킹 방식에 관한 설명으로 옳지 않은 것은?

① 디지털 피킹(Digital Picking) : 피킹 물품을 전표없이 피킹하는 방식으로 다품종 소량, 다빈도 피킹작업에 효과적이다.
❷ 차량탑승피킹 : 파렛트 단위로 피킹하는 유닛로드시스템(Unit Load System)이며, 피킹트럭에 탑승하여 피킹함으로써 보관시설의 공간활용도가 낮다.
③ 존 피킹(Zone Picking) : 여러 피커가 피킹 작업범위를 정해두고, 본인 담당구역의 물품을 골라서 피킹하는 방식이다.
④ 일괄피킹 : 여러 건의 주문을 모아서 일괄적으로 피킹하는 방식이다.
⑤ 릴레이 피킹(Relay Picking) : 피킹 전표에서 해당 피커가 담당하는 품목만을 피킹하고, 다음 피커에게 넘겨주는 방식이다.

[출제유형] 2021년 제25회

자동분류시스템에 관한 설명으로 옳지 않은 것은?

❶ 다이버터(Diverter) 방식은 팝업 방식에 비하여 구조가 상대적으로 복잡하다.
② 팝업(Pop-up) 방식은 여러 개의 롤러(Roller)나 휠(Wheel) 등을 이용하여 물품이 컨베이어의 특정 위치를 지나갈 때 그 물품을 들어 올려서 방향을 바꾸는 방식이다.
③ 다이버터(Diverter) 방식은 다이버터를 사용하여 물품이 이동할 때 가로막아 방향을 바꾸는 방식이다.
④ 트레이(Tray) 방식은 분류해야 할 물품이 담긴 트레이를 기울여서 물품의 위치를 아래로 떨어뜨리는 방식이다.
⑤ 슬라이딩슈(Sliding Shoe) 방식은 트레이 방식에 비하여 물품의 전환 흐름이 부드러워 상대적으로 물품의 손상 가능성이 낮다.

[출제유형] 2024년 제28회

분류(sorting)방식 중 동작에 의한 분류 방식이 아닌 것은?

① 밀어내는 방식
② 다이버트 방식
❸ 바코드 방식
④ 이송 방식
⑤ 틸트 방식

2 분류시스템(Sorting System)

① 개념 : 소팅이란 물류센터 등의 물류거점에서 화물을 목적지별로 분류하는 것을 말하며, 소팅시스템이란 소팅을 자동으로 하기 위해 관련된 반송 및 소팅을 하기 위한 설비시스템을 말한다.

② 종 류

구 분	내 용
팝업방식 소팅컨베이어 (Pop-up Type Sorting Conveyor)	컨베이어 반송면의 아랫방향에서 벨트, 롤러, 휠, 핀 등의 분기장치가 튀어나와 단위화물을 내보내는 방식의 소팅시스템이다.
틸팅방식 소팅컨베이어 (Tilting Type Sorting Conveyor)	레일을 주행하는 트레이, 슬라이드의 일부 등을 경사지게 하여 단위화물을 활강시키는 소팅컨베이어이다. 화물의 형상, 두께 등에 따라 폭넓게 대응하므로 각종 배송센터에서 이용되고 있으며 이 방식이 많이 쓰이는 곳은 신문사, 우체국, 통신판매 등이 있다.
밀어내기(Push) 소팅컨베이어	외부에 설치된 압출장치에서 단위화물을 컨베이어 외부로 압출하는 소팅컨베이어이다. 이 방식은 미국에서 가장 보편화된 기기로 알려져 있으며 시간당 처리능력은 2,000~3,000개 정도로 낮고 현재는 점차 사양화되고 있는 실정이다.
다이버터(Diverter)방식 소팅컨베이어	외부에 설치된 안내판을 회전시켜 반송 경로상에 가이드벽을 만들어 단위화물을 가이드벽을 따라 이동시키는 소팅컨베이어이다. 극히 얇은 물건 이외에는 화물 형상에 관계없이 분류가 가능하기 때문에 여러 종류의 화물을 처리하는 운송회사에서 주로 사용한다.
경사벨트식 소팅컨베이어	경사진 컨베이어의 측판을 개폐하고 단위화물을 활강시키는 소팅컨베이어이다.
크로스벨트방식 소팅컨베이어	레일을 주행하는 연속된 캐리어상의 소형벨트컨베이어를 레일과 교차하는 방향에 구동시켜 단위화물을 내보내는 소팅컨베이어이다. 주로 통신판매, 어패럴, 화장품, 의약품, 서적 등의 자동분류에 이용된다.
슬라이딩슈방식 소팅컨베이어	반송면에 튀어나온 기구를 넣어 단위화물을 함께 이동시키면서 압출하는 소팅컨베이어이다. 충격이 없어 정밀기기, 깨지기 쉬운 물건, 자루 포장물, 장척물 등이 분류대상화물이다.
연속컨베이어방식 소팅컨베이어	연속하는 컨베이어의 일부를 각 소팅방향으로 전환하여 단위화물을 내보내는 방식이다.
오버헤드방식 소팅컨베이어	오버헤드 컨베이어에서 단위화물을 분기 또는 낙하시키는 소팅컨베이어이다. 이 방식은 슈트, 코트와 같은 겉옷 의류를 행거에 걸어서 보관, 배송하고 고객별로 분류하는 데 이용된다.

> **디지털 피킹시스템(DPS : Digital Picking System)**
> 점포로부터 발주 Data를 센터의 상품 Rack에 부착된 표시기에 피킹수량을 Digital로 표시하여 별도의 리스트 없이 누구나 신속하고 정확하게 피킹할 수 있는 시스템이다.
> • 소형품목의 다빈도 피킹에 유용하다.
> • 컴퓨터가 정확한 Display를 자동으로 알려줌으로써 검색시간이 줄어든다.
> • 피킹의 신속성과 정확성을 통하여 작업생산성 향상과 서비스 향상을 도모할 수 있다.
> • 기대효과 : 피킹오류의 감소, 피킹생산성의 향상, 피킹시간의 단축, 피킹인원의 감소 등

핵심테마 26 철도역과 항만의 하역방식

1 철도역의 컨테이너 하역방식

① TOFC(Trailer On Flat Car) 방식
화물을 실은 대형 트레일러를 바로 화차에 실어 철도로 수송하는 방법이다.

피기백 방식	돼지가 새끼를 업은 모습과 같다고 하여 생긴 이름으로, 화물열차의 대차 위에 트레일러나 트럭을 컨테이너 등의 화물과 함께 실어 운송하는 방법이다. 화물 적재단위가 클 경우 편리하나 하대가 평판으로 되어 있어 세로방향의 홈과 피기 패커(Piggy Packer) 등의 하역기계가 필요한 것이 단점이다.
캥거루 방식	장거리 정기노선에서 운송의 효율성을 높이고 트럭에 의해서 지역 간의 집하 및 인도를 신속히 하고자 두 운송업체가 결합한 형태로, 정시인도와 열차배차의 규칙성, 하역기계의 불필요, 연료의 효율성 등의 장점이 있다. 트럭이나 트레일러의 바퀴가 화차 하대 밑으로 낙하되는 형태로 높이에 대한 제한이 있게 될 경우 유리하다. 비교적 화물취급단위가 작은 유럽에서 많이 이용된다.
프레이트라이너 방식	영국 국철이 개발한 정기적 급행 컨테이너 열차로 대형컨테이너를 적재하고 터미널 사이를 고속의 고정편성으로 정기적으로 운행하는 화물 컨테이너운송을 의미한다. 공로운송과 철도를 포함한 일관요율을 적용한다.

② COFC(Container On Flat Car) 방식
컨테이너만을 화차에 싣는 방식으로 대량의 컨테이너를 신속히 취급한다. 국내에서 일반적으로 많이 이용하며, 철도의 화차대(Flat Car), 즉 컨테이너 전용 화차에 적재하여 수송하는 형태를 말한다.

지게차에 의한 방식	가로-세로 이동방식이라고도 하며, 탑 핸들러(Top Handle), 리치 스태커, 지게차를 이용하는 방식이다.
매달아 싣는 방식	트랜스퍼 크레인 또는 일반 크레인을 이용하여 컨테이너를 신속히 처리하는 방식이다.
플랙시 밴	트럭이 화물열차에 대해 직각으로 후진하여 무개화차에 컨테이너를 바로 싣는다. 화차에는 회전판(Turn Table)이 달려 있어 컨테이너를 90° 회전시켜 고정시키는 데 상당한 기동성을 발휘할 수 있다.

> **TOFC와 COFC의 비교**
> - COFC는 여러 단으로 적재가 가능하여 적재효율이 TOFC보다 높고 보편화되어 있는 방식이다.
> - TOFC는 다단 적재는 불가능하지만 컨테이너를 적재한 트레일러 자체를 화차에 싣게 되므로 하역 장비와 시간이 절약된다는 특징이 있다.

[출제유형] 2023년 제27회

다음에서 설명하는 항만하역 작업방식은?

> 선측이나 선미의 경사판을 거쳐 견인차를 이용하여 수평으로 적재, 양륙하는 방식으로 페리(Ferry) 선박에서 전통적으로 사용해 온 방식이다.

① LO – LO(Lift on – Lift off) 방식
❷ RO – RO(Roll on – Roll off) 방식
③ FO – FO(Float on – Float off) 방식
④ FI – FO(Free in – Free out) 방식
⑤ LASH(Lighter Aboard Ship) 방식

[출제유형] 2023년 제27회

철도하역 방식에 관한 설명으로 옳지 않은 것은?

① TOFC(Trailer on Flat Car) 방식 : 컨테이너가 적재된 트레일러를 철도화차 위에 적재하여 운송하는 방식
② COFC(Container on Flat Car) 방식 : 철도화차 위에 컨테이너만을 적재하여 운송하는 방식
③ Piggy Back 방식 : 화물열차의 대차 위에 트레일러나 트럭을 컨테이너 등의 화물과 함께 실어 운송하는 방식
④ Kangaroo 방식 : 철도화차에 트레일러 차량의 바퀴가 들어갈 수 있는 홈이 있어 적재높이를 낮게 하여 운송할 수 있는 방식
❺ Freight Liner 방식 : 트럭이 화물열차에 대해 직각으로 후진하여 무개화차에 컨테이너를 바로 실어 운송하는 방식

[출제유형] 2023년 제27회

유닛로드 시스템(Unit Load System)의 장점에 관한 설명으로 옳지 않은 것은?

① 상·하역 또는 보관 시에 기계화된 물류작업으로 인건비를 절감할 수 있다.
② 운송차량의 적재함과 창고 랙을 표준화된 단위규격을 사용하여 적재공간의 효율성을 향상시킨다.
③ 운송과정 중 수작업을 최소화하여 파손 및 분실을 방지할 수 있다.
❹ 하역기기 등에 관한 고정투자비용이 발생하지 않기 때문에 대규모 자본투자가 필요 없다.
⑤ 단위 포장용기의 사용으로 포장업무가 단순해지고 포장비가 절감된다.

[출제유형] 2024년 제28회

유닛로드시스템(ULS)에 관한 설명으로 옳지 않은 것은?

❶ 유닛로드시스템으로 운송의 편의성이 떨어졌고, 트럭 회전율 또한 감소하였다.
② 유닛로드시스템으로 하역의 기계화가 촉진되고 보관효율이 향상되었다.
③ 유닛로드시스템으로 재고파악이 용이해졌다.
④ 유닛로드시스템이란 컨테이너나 파렛트 1개분으로 화물을 단위화하여 이 단위를 유지하는 것을 말한다.
⑤ 빈 파렛트나 빈 컨테이너 회수가 원활하지 못하면 운송 및 하역 작업이 지연될 수 있다.

2 항만하역

① 항만하역기기

재래선 하역설비	화물을 운반하는 하역용구, 해치 및 마스트와 데릭 등으로 구성되며, 지브 크레인, 선상의 갠트리 크레인 사용
육상 하역설비	육상의 일반 또는 전용선 하역설비로 그랩, 슈터, 벨트컨베이어, 칙산 등
컨테이너 하역설비	컨테이너 전용부두의 장비로 갠트리 크레인, 트랜스퍼 크레인, 스트래들 캐리어, 야드 트랙터, 윈치 크레인, 포크리프트 등이 장비되어 있음

② 항만하역작업

선내작업	• 양하 : 본선 내의 화물을 부선 내 또는 부두 위에 내려놓고 후크(Hook)를 풀기 전까지의 작업 • 적하 : 부선 내 부두 위의 후크가 걸린 화물을 본선 내에 적재하기까지의 작업
부선양적작업	• 부선양륙작업 : 안벽(Quay)에 계류된 부선에 적재 화물을 양륙하여 운반구 위에 운송 가능한 상태로 적치하기까지의 작업 • 부선적재작업 : 운반구에 적재된 화물을 내려 안벽에 계류되어 있는 부선에 운송 가능한 상태로 적재하기까지의 작업
육상작업	• 상차 : 선내작업이 완료된 화물을 후크를 푼 다음 운반구 위에 운송 가능한 상태로 적재하기까지의 작업 • 하차 : 운반구 위에 적재되어 있는 화물을 내려서 본선 측에 적치, 선내작업이 이루어질 수 있도록 하기까지의 작업 • 출고상차 : 창고 또는 야적장에 적치되어 있는 화물을 출고하여 운반구 위에 운송 가능한 상태로 적재하기까지의 작업 • 하차출고 : 운반구 위에 적재되어 있는 화물을 내려서 창고나 야적장에 보관 가능한 상태로 적치하기까지의 작업
예부선 운송작업	• 본선 선측 물양장 작업 : 본선 선측에 계류된 부선에 운송 가능한 상태로 적재된 화물을 운송하여 물양장에 계류하기까지의 작업 • 물양장 작업 : 물양장에 계류된 부선에 운송 가능한 상태로 적재된 화물을 운송하여 물양장에 계류하기까지의 작업 • 일괄 작업 : 전용부두에 설치된 특수장치에 의하여 선박에서 창고나 야적장까지의 하역작업, 일반부두에서의 선내작업, 이송작업 및 창고나 야드에 적재되기까지의 과정이 연속적으로 이루어지는 작업

품목별 하역작업	• 일반 잡화 : 규격화물 하역은 본선 데릭의 카고 폴 끈에 달린 후크에 규격화물을 쌓은 슬링을 걸어서 선내에 적양하고, 정량화물 하역은 규격화물과 동일하나, 중량 50kg 이하 소중량은 인력에 의하여, 50kg 이상 대중량은 포크리프트에 의함
	• 살화물(Bulk Cargo) : 포장하지 않고 그대로 적양하는 곡류, 석탄, 소금, 광석, 비료, 목재, 원유, 시멘트 등이며 특수 설비를 갖춘 전용부두에서 주로 하역함
	  - 양곡하역 : 전용양곡 사일로가 설치되어 공기흡입장치(언로더)에 의해 화물을 흡입하여 컨베이어벨트에 연결한 후 직접 사일로에 저장
	  - 석탄 및 광석하역 : 언로더, 그랩에 의하여 컨베이어시스템을 통해 야적장에 야적되고, 스태커, 리클레머, 트럭 호퍼를 이용하여 상차되어 반출
	  - 고철하역 : 육상 크레인을 설치하고 크레인 끈에 자석을 부착하여 하역하며, 고철은 크기 및 중량이 다양하기 때문에 하역 초기부터 엑스카베이터를 투입하여 자석에 고철이 많이 붙을 수 있도록 장치

품목별 하역작업	• 특수화물 : 화물 자체의 특수한 성질로 하역 시 특별한 취급과 주의 필요 - 냉동화물 : 냉동차에 직상차되어 냉동창고에 보관 - 중량화물 : 기관차, 자동차 등은 헤비 데릭을 장치한 특수선박이나 육상의 용량이 큰 크레인을 동원하여 하역 - 용적화물 : 단위화물의 용적이 크거나 특히 긴 장척화물로서 갑판이나 기타의 장소에 적부하는 화물 • 컨테이너 : 전용부두 내 CY/CFS에서 나온 컨테이너는 마샬링 야드에서 선적 대기 후 선내작업하고, 일반 부두는 CY/CFS가 없기 때문에 Off-Dock CY에 반입 후 직상차되어 부두의 크레인을 통하여 선내작업이 이루어짐

③ 컨테이너 터미널의 하역방식

샤시 방식	• 항만 내에서 컨테이너 크레인(C/C)과 도로용 컨테이너 운송차량인 로드트랙터와 로드샤시(R/T + R/C)를 이용하여 화물을 처리하는 방식 • 주로 화물 취급량이 적은 소규모 항만, 컨테이너 야드 면적이 넓은 미국의 일부 항만에서 사용 • 하역 시에는 로드트랙터와 로드샤시(R/T + R/C)를 이용하여 안벽의 컨테이너크레인으로부터 컨테이너를 적재하여 컨테이너 야드에 장치·보관 또는 직접 외부로 반출하고 선적 시에는 하역 시와 역순으로 외부에서 반입한 컨테이너를 적재상태로 야드에 보관하였다가 선박이 입항하면 선적스케줄에 따라 선적 • 별도의 야드장비가 필요 없어 비교적 단순하나 컨테이너를 적재상태로 보관할 많은 수량의 로드 샤시가 필요하고 비어있는 상태의 샤시 보관장소도 별도로 필요함
스트래들 캐리어 방식	스트래들 캐리어를 이용하여 안벽과 컨테이너 야드 간 컨테이너를 직접 운송하거나 야드에서 외부 반·출입 차량과의 컨테이너 적·하차 작업을 수행하며 컨테이너 야드에서는 컨테이너를 길이방향 한 줄로 2~3단 적재보관하고 부두 외부로 반·출입 시에는 도로 운송용 차량(R/T + R/C)을 이용하는 컨테이너 하역시스템
트랜스테이너 방식	야드의 샤시에 탑재한 컨테이너를 마샬링야드에 이동시켜 트랜스퍼 크레인으로 장치하는 방식으로, 자동화가 가능하고 좁은 면적의 야드를 가진 터미널에 가장 적합하며, 국내에서 주로 사용하는 방식
혼합 방식	수입컨테이너를 이동할 때는 스트래들 캐리어 방식을 이용하고 수출컨테이너를 야드에서 선측까지 운반할 때는 트랜스테이너 방식을 이용하여 작업의 효율성을 높이고자 하는 방식

[출제유형] 2024년 제28회

물류모듈화를 위해 파렛트화 된 화물과 정합성을 고려할 필요가 없는 것은?

① 랙(rack)
❷ 해상용 갠트리 크레인(gantry crane)
③ 파렛트 트럭
④ 컨테이너(container)
⑤ 운반승강기

[출제유형] 2024년 제28회

아래 설명에 해당하는 것은?

○ 컨테이너터미널에 설치되어 있으며, 안벽을 따라 폭이 약 30 ~ 50m 정도로 포장된 공간
○ 야드트럭과 컨테이너크레인의 하역작업에 필요한 공간

① 잔교(pier)
② CFS(Container Freight Station)
❸ 에이프런(apron)
④ 컨테이너 야드(container yard)
⑤ 컨트롤센터(control center)

핵심테마 27 항공의 컨테이너 하역방식

PART 4 보관하역론 / Chapter 07 물류장소별 하역작업과 유닛로드시스템

[출제유형] 2021년 제25회

항공운송에서 사용되는 하역장비에 관한 설명으로 옳지 않은 것은?

① 리프트로더(Lift Loader) : 파렛트를 항공기 적재공간 밑바닥 높이까지 들어 올려 기내에 탑재하기 위한 기기이다.
② 소터(Sorter) : 비교적 소형화물을 행선지별, 인도지별로 구분하는 장치로서 통상 컨베이어와 제어장치 등으로 구성된다.
③ 돌리(Dolly) : 파렛트를 운반하기 위한 차대로서 자체 기동력은 없고 Tug Car에 연결되어 사용된다.
④ 트랜스포터(Transporter) : 항공기에서 내린 ULD(Unit Load Device)를 터미널까지 수평 이동하는 데 사용하는 장비이다.
❺ 컨투어게이지(Contour Gauge) : 파렛트에 적재가 끝난 후 적재된 파렛트의 무게를 계량하기 위하여 트레일러에 조립시켜 놓은 장치이다.

[출제유형] 2024년 제28회

항공하역 장비에 해당하는 것을 모두 고른 것은?

ㄱ. 이글루(igloo)
ㄴ. 리치스태커(reach stacker)
ㄷ. 트랜스포터(transporter)
ㄹ. 탑 핸들러(top handler)
ㅁ. 돌리(dolly)
ㅂ. 스트래들 캐리어(straddle carrier)

① ㄱ, ㄴ, ㄷ ② ㄱ, ㄴ, ㄹ
③ ㄱ, ㄷ, ㄹ ❹ ㄱ, ㄷ, ㅁ
⑤ ㄱ, ㄷ, ㅂ

1 항공화물의 하역장비

① 파렛트 적재용 장비

구 분	내 용
파렛트 스케일 (Pallet Scale)	파렛트에 적재가 끝난 후 파렛트를 계량하기 위하여 계량기를 랙 또는 트레일러에 조립시켜 놓은 계량장치
파렛트 트레일러	돌리(Dolly)라고도 하며 파렛트를 올려놓고 운반하기 위한 차대로서 사방에 파렛트가 미끄러지지 않도록 스토퍼(Stopper)를 부착하고 있다. 트레일러는 롤러베드로 전후 방향으로만 움직일 수 있으며 자체의 기동력이 없고 Tug Car에 연결되어 사용
트랜스포터 (Transporter)	하역작업이 완료된 단위적재용기를 터미널에서 항공기까지 수평 이동에 사용하는 장비로서 파렛트를 올려놓은 차량에 엔진을 장착하여 자주식으로 운행되는 차량
리프트 로더 (Lift Loader)	파렛트를 항공기 화물실 밑바닥 높이까지 들어 올려 기내에 탑재하기 위한 기기
파렛트 랙(Pallet Rack)	파렛트를 올려놓는 판, 즉 파렛트 설치 장소
컨투어 게이지 (Contour Gauge)	파렛트에 적재된 화물의 윤곽을 정리하기 위한 스케일(Scale)과 같은 것
Self-Propelled Conveyor	낱개 단위로 탑재 하역하는 장비
터그 카(Tug Car)	Dolly를 연결하여 이동하는 차량으로 Tractor라고도 함

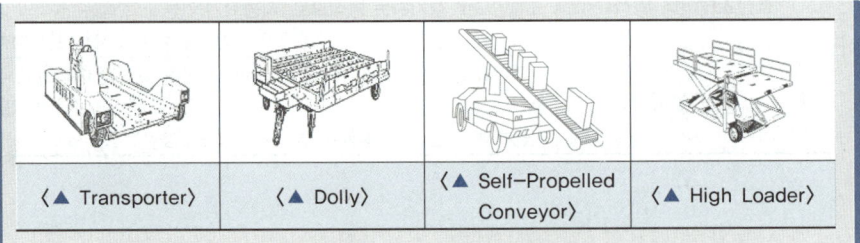

⟨▲ Transporter⟩ ⟨▲ Dolly⟩ ⟨▲ Self-Propelled Conveyor⟩ ⟨▲ High Loader⟩

② 터미널 장비

구 분	내 용
스태커	화물의 입체장치방식으로서 1.0m × 1.5m × 1.2m 크기의 화물보관상자를 수용하는 고층의 거대한 선반 배열과 이 선반 사이를 왕복, 상하로 움직이는 기중기로 구성된 장치로 화물의 소재를 관리한다.
도어 카트 (Door Cart)	비교적 소형의 화물을 터미널 내로 운반하기 위한 운반기기로 체인이나 전동장치에 의하여 정해진 코스를 왕복 운행한다.
소터(Sorter)	비교적 소형의 화물을 선행지별·인도지별로 구분하는 장치로 벨트 컨베이어나 롤러 컨베이어 등과 제어장치를 합쳐서 조립한 기기이다.
오더 피커 (Order Picker)	소형의 화물을 선반 위에 정리하여 보관하고, 크레인 등에 작업원이 타고 화물의 반·출입 작업을 신속하게 하는 시스템이다.

핵심테마 28. 일관파렛트화와 파렛트 풀 시스템

PART 4 보관하역론 / Chapter 07 물류장소별 하역작업과 유닛로드시스템

1 일관파렛트화

구 분	내 용
개 념	• 발송지로부터 최종 도착지까지 파렛트에 적재된 화물을 운송, 보관, 하역하는 물류활동 과정 중 이를 환적하지 않고 이동시키는 것을 말한다. 이러한 일관파렛트화에 의한 화물수송은 스웨덴에서 처음으로 실시되어 스웨덴 방식으로도 불린다. • 지금까지의 물류활동은 대부분 보관이나 하역을 위한 파렛트 사용이 많았지만 효과적인 파렛트 운용을 위해서는 일관파렛트화가 기본적으로 전제되어야 한다. 이러한 일관파렛트화는 생산자에서부터 소비자에게 이르기까지 유닛화된 화물이 일관해서 흐를 수 있는 유닛로드시스템의 기본이 되는 것이다.
장 점	• 제한된 공간을 최대한 이용할 수 있어 보관능력이 향상된다. • 파렛트 자체의 체적 및 중량만큼 적재량이 줄어들며, 적재가 신속하여 차량의 회전율을 높일 수 있다. • 작업대기시간을 단축시켜 수송장비의 운행효율이 향상된다. • 상하차작업의 표준화·기계화로 인해 노동인력 및 노동시간을 감축할 수 있다. • 물류현장에서 하역작업의 혼잡을 줄일 수 있다. • 창고에서 물품의 운반관리를 용이하게 수행할 수 있다. • 파렛트에 적합한 운송수단의 사용으로 파손 및 손실을 줄일 수 있다.

2 파렛트 풀 시스템(Pallet Pool System)

구 분	내 용
개 념	파렛트의 규격을 표준화하여 상호교환성을 확보한 후 이를 서로 풀(Pool)로 연결하여 공동화함으로써 기업의 물류를 합리화하는 시스템이다.
선결조건	• 파렛트 규격 표준화·통일화 • 표준 파렛트에 대한 포장 모듈화 • 화물붕괴방지책 • 거래단위의 Unit화
특 징	• 일관 수송 후 공파렛트 회수문제를 해결(회송 불필요) • 최소한의 파렛트로 업종·업계를 넘어서 일관수송이 가능 • 최소한의 파렛트로 물동량 변동에 따른 파렛트의 수요조정이 가능 • 공파렛트의 관리가 불필요 • 통일된 표준 파렛트로 관리가 불필요 • 전국적인 네트워크(Network)로 1매 단위의 회수도 가능 • 파렛트의 보수가 불필요 • 파렛트 필요시 언제, 어디서나 이용가능 • 고품질의 파렛트로 기업 이미지 향상
운영방식	• 즉시교환방식(유럽방식) : 유럽 각국의 국영철도에서 송화주가 국철에 Pallet Load 형태로 운송하면, 국철에서는 이와 동수의 파렛트로 교환하는 방식 • 렌탈(Rental)방식(한국, 일본, 호주 등) : 파렛트 풀 회사에서 일정규격의 파렛트를 필요에 따라 임대해 주는 방식 • 교환리스병용(영국) : 교환방식과 렌탈방식의 결점을 보완한 방식으로 관리 운영상 어려움이 많아 활성화되지 못함 • 대차결제방식(스웨덴) : 교환방식의 단점을 개선하여 현장에서 즉시 교환하지 않고 일정시간 내에 국철역에 동수로 반환

[출제유형]   2024년 제28회

일관 파렛트화의 장점으로 옳지 않은 것은?

❶ 운반활성지수 감소
② 화물 도난과 파손의 감소
③ 물품검수 용이
④ 하역작업 능률 향상
⑤ 하역시간의 단축

[출제유형]   2024년 제28회

다음 설명에 모두 해당하는 파렛트 풀 (pool) 시스템은?

○ 송하인이 화물을 파렛트에 적재한 후 이를 운송회사에 운송 위탁하고, 운송회사는 같은 수량의 빈 파렛트를 송하인에게 지급한다.
○ 운송회사는 위탁받은 화물을 파렛트 상태로 수하인에게 운송한다. 수하인은 파렛트 상태로 화물을 수령하고, 같은 수량의 빈 파렛트를 운송회사에 지급한다.
○ 이 방식을 이용한 송하인, 수하인, 운송회사는 동일한 규격의 파렛트를 미리 보유하고 있어야 한다.
○ 이 방식은 같은 수의 파렛트를 동시에 교환해야 하기 때문에 파렛트의 규격 통일이 선행되어야 한다.

❶ 교환방식
② 리스·렌탈방식
③ 교환·리스병용방식
④ 대차결제방식
⑤ 교환·대차결제병용방식

핵심테마 29 포장물류의 개요

PART 4 보관하역론 / Chapter 08 포장물류론

[출제유형] 2019년 제23회

포장에 관한 설명으로 옳지 않은 것은?
① 포장 디자인의 3요소는 선, 형, 색채이다.
② 상업포장의 기본 기능은 판매촉진기능이다.
③ 완충포장은 외부로부터 전달되는 힘과 충격으로부터 상품의 내·외부를 보호하기 위함이다.
④ 포장합리화의 시스템화 및 단위화 원칙은 물류의 모든 활동이 유기적으로 연결되도록 시스템화하며, 포장화물의 단위화를 통해 포장의 합리화를 추구하는 것이다.
❺ 적정포장의 목적은 상품의 품질보전, 취급의 편의성 등 포장 물류 본연의 기능 최대화이므로 포장비용은 중요한 고려 사항이 아니다.

[출제유형] 2018년 제22회

포장에 관한 설명으로 옳지 않은 것은?
① 포장의 간소화로 포장비를 절감할 수 있다.
② 포장은 생산의 마지막 단계이며, 물류의 시작단계에 해당된다.
③ 한국산업표준(KS)에 따르면 포장은 낱포장(Item packaging), 속포장(Inner packaging), 겉포장(Outer packaging)으로 분류된다.
❹ 상업포장은 상품의 파손을 방지하고, 물류비를 절감하는 데 초점을 두고 있다.
⑤ 반강성포장(Semi-rigid packaging)의 포장재료는 골판지상자, 접음상자, 플라스틱 보틀 등이다.

1 포장의 분류

구 분		내 용
한국공업규격(KS)에 의한 분류	낱포장(단위포장)	물품 개개의 포장
	속포장(내부포장)	개별포장 물품을 묶어 단위화하거나 중간용기에 넣는 것
	겉포장(외부포장)	물품을 용기에 넣거나 묶어 외부에 기호 등을 표시한 상태
공업포장과 상업포장	공업포장	• 보호기능이 제1의 목적 • 보호기능을 만족시키는 범위 내에서 적정포장 중요
	상업포장	• 판매촉진기능이 제1의 목적 • 판매를 촉진시킨다면 포장비용의 상승도 무방
포장재료 재질에 따른 분류	강성포장	금속, 유리 등의 강성재료를 이용한 포장
	반강성포장	플라스틱병 등 반강성 용기를 이용한 포장
	유연포장	플라스틱 필름, 종이 등 유연성 있는 재료를 이용한 포장
중량에 의한 분류	경포장(輕包裝)	내용물의 중량이 50kg 미만의 것
	중포장(中包裝)	내용물의 중량이 50~200kg의 것
	중포장(重包裝)	내용물의 중량이 200kg을 초과하는 것
포장 방법별 분류	방수포장	물이 스며들지 못하게 한다.
	방습포장	습기가 차지 않도록 한다.
	방청포장	녹 발생 방지
	완충포장	충격으로 인한 물품의 파손을 방지
	진공포장	포장 내부를 진공상태로 한 후 밀봉
	압축포장	상품을 압축하여 용적을 줄임
	가스치환포장	포장용기 내의 공기를 모두 제거한 후 그 대신 인위적으로 산소, 질소, 이산화탄소 등을 채워 넣어 포장하는 방식으로, 가스충전포장 기술로는 일반적으로 3가지(노즐식, 챔버식, 가스플래쉬 충전)가 있다.
발송 목적지별 포장	국내포장	상업포장(소비자포장)이 중요
	수출포장	공업포장이 중요
내용 상태별 분류		액체포장, 분체포장, 입체포장 등 포장된 물품의 상태에 의한 분류방법
내용품별 분류		식품포장, 의약품포장, 위험물포장 등 내용품에 따른 분류방법

적정포장과 과잉·과대포장
적정포장(Appropriate (Right) Packaging)은 합리적이며 공정하고 경제적인 포장을 말한다. 공업포장에서는 유통과정에 있어서 진동, 충격, 압축, 수분, 온·습도 등으로 물품에 파손, 손상 등이 생겨서 그 가치 및 상태의 저하를 가져오지 않도록 하는 유통조건에 적합한 합리적인 보호를 이루도록 한 포장을 뜻하며, 상업포장에서는 과대, 과잉 및 거품포장을 시정함과 동시에 결함포장을 없애기 위한 그 설계상 보호성, 안전성, 단위, 표시, 용적, 포장비, 폐기물처리 등을 배려한 포장을 뜻한다.

2 포장의 기능

구 분	내 용
보호성	상품 본래의 품질보존과 외력으로부터의 품질보호의 의미 → 공업포장의 본질은 내용물을 보호하는 기능이며, 품질유지를 위해서는 불가결한 요소
정량성(하역성)	물품을 일정한 단위로 정리하는 기능 → 파렛트, 컨테이너, 트럭, 화차, 기타 운송기관과의 관계를 고려하여 표준규격에 맞게 하역이 이루어질 수 있도록 하여야 한다.
표시성	화물취급 및 분류에 필요한 사항을 포장에 인쇄·라벨 등으로 표시함으로써 하역활동을 용이하게 하는 것을 의미 → 하역의 자동화와 컨베이어 및 분류기 등의 채택이 용이하며, 액체, 입체 등 표시가 어려운 것은 포장하여 표시하기 쉽도록 하여야 한다.
작업성(효율성)	포장작업의 기계화, 시스템화, 자동화 현상이 두드러지며, 그에 따라 재료도 복합재료의 사용이 늘어나고 포장공정에서도 일관 작업 및 자동화 작업이 이루어지고 있다.
편리성	물품의 이용·진열을 용이하게 하고, 수송·하역·보관작업이 용이하도록 해야 한다. 화물취급의 편리·수송·하역·보관에 적절한 형상 유지, 생산 시 사용이 편리할 것, 이동이 간단히 이루어질 수 있을 것, 비용이 저렴할 것, 진열이 간단하고 진열효과가 높을 것, 사용 용기의 재사용 가능, 설명서·서비스물품·팜플렛 등의 첨부 등이 특징이다.
수송성	하역작업이 원활하고 능률적으로 이루어질 수 있도록 포장되어야 하며, 수송포장을 보다 큰 단위로 종합한 유닛로드 형태로 이루어지는 것이 바람직하다.
사회성	포장재료·용기의 내용물에 대한 안전성이 점검되어야 하며, 포장의 공해문제와 재활용의 문제가 있다.
판매촉진성	판매의욕을 환기시킴과 동시에 광고성이 많이 주어지는 것이 좋다.
경제성	포장은 물류를 위해 필요한 최소한도의 적정포장을 통하여 비용을 최소할 수 있도록 체적의 최소화, 중량의 감소화, 수량의 축소화, 대량화물의 일관화가 이루어지도록 하여야 한다.

> **포장의 중요성**
> - 작업면 : 포장공정과정에 따라서 포장작업의 능률과 포장물류비가 크게 좌우되므로, 포장의 규격화된 표준화와 자동화가 중요하다.
> - 보관면 : 품질의 보호를 위해서 적절한 강도, 밀폐성, 형상을 만족시키는 포장이 필요하다.
> - 수송면 : 수송 중 품질이 저하되지 않도록 포장의 강도, 밀폐, 통기, 보온, 완충, 방습, 방청 등이 유지되어야 한다.
> - 하역 및 장내운반 : 하역작업을 경제적으로 진행하기 위해서는 취급을 견디낼 수 있는 강도와 하역에 적당한 중량·크기·형상·쌓기를 행하는 데 있어서 안정이 유지될 수 있는 표준화가 필요하다.

[출제유형] 2023년 제27회

포장에 관한 설명으로 옳지 않은 것은?
① 소비자들의 관심을 유발시키는 판매물류의 시작이다.
② 물품의 가치를 높이거나 보호한다.
❸ 공업포장은 물품 개개의 단위포장으로 판매촉진이 주목적이다.
④ 겉포장은 화물 외부의 포장을 말한다.
⑤ 기능에 따라 공업포장과 상업포장으로 분류한다.

포장의 원칙
- 표준화의 원칙
- 재질 변경의 원칙
- 단위화의 원칙
- 집중화의 원칙

[출제유형] 2024년 제28회

다음 중 포장의 기능이 아닌 것은?
① 판매촉진성
② 표시성
❸ 상품 수요 예측의 정확성
④ 취급의 편리성
⑤ 보호성

핵심테마 30 포장기법

[출제유형] 2022년 제26회
주요 포장기법 중 금속의 부식을 방지하기 위한 포장 기술은?
❶ 방청 포장   ② 방수 포장
③ 방습 포장   ④ 진공 포장
⑤ 완충 포장

[출제유형] 2022년 제26회
포장 결속 방법으로 옳지 않은 것은?
① 밴드결속 – 플라스틱, 나일론, 금속 등의 재질로 된 밴드를 사용한다.
② 꺾쇠 물림쇠 – 주로 칸막이 상자 등에서 상자가 고정되도록 사용하는 방법이다.
③ 테이핑 – 용기의 견고성을 유지하기 위해 접착테이프를 사용한다.
④ 대형 골판지 상자 – 작은 부품 등을 꾸러미로 묶지 않고 담을 때 사용한다.
❺ 슬리브 – 열수축성 플라스틱 필름을 화물에 씌우고 터널을 통과시킬 때 가열하여 필름을 수축시키는 방법이다.

1 포장기법의 종류

구 분	내 용
방습포장기법	물류과정에서 습기가 상품에 스며들지 않도록 방지하는 포장기법이다.
녹방지포장기법	물류과정에서 금속제품은 녹슬 우려가 있으므로 이를 방지할 목적으로 녹의 생성을 조장하는 산소, 습기 등이 금속과 접촉하지 못하도록 하는 것이다.
완충포장기법	물품이 물류과정에서 파손되는 주원인인 운송 중 진동이나 하역의 충격 등으로 인한 외력이 가해지지 않도록 완충처리를 하여 파손이 발생하는 것을 막는 방법이다.
집합포장기법	하역, 수송, 보관 등의 각 단계에서는 복수의 물품 또는 수송 포장을 한데 모은 집합체를 취급하며, 이들 집합체가 충분히 보호될 수 있도록 하는 것이다.
가스치환포장	밀봉포장 용기에서 공기를 빼고 대신에 질소, 이산화탄소 같은 불활성 가스로 치환하여 물품의 변질 등을 방지하는 것을 목적으로 하는 포장방법이다.

2 집합포장방법

구 분	내 용
밴드결속방법	종이, 플라스틱, 나일론, 금속밴드 등을 사용한다.
테이핑(Taping)	용기의 견고성을 유지하기 위해서 접착테이프를 사용한다.
슬리브(Sleeve)	종이나 필름천을 이용하여 수직으로 4면을 감거나 싸는 방법이다.
꺾쇠·물림쇠	주로 칸막이 상자 등에 채용하는 방법이다.
틀	주로 수평이동을 위·아래의 틀로 고정하는 방법이다.
대형 골판지 상자	작은 부품 등을 꾸러미로 묶지 않고 담을 때 사용한다.
쉬링크(Shrink) 포장	열수축성 플라스틱 필름을 파렛트 화물에 씌우고 쉬링크 터널을 통과시킬 때 가열하여 필름을 수축시켜 파렛트와 밀착시키는 방법이다.
스트레치 포장	스트레치 포장기를 사용하여 플라스틱 필름을 화물에 감아서 움직이지 않게 하는 방법으로, 쉬링크 방식과는 달리 열처리를 행하지 않고 통기성은 없다.
접 착	접착제로서는 풀(도포와 점적방법)이나 접착테이프를 이용한다.

포장기법의 기본요건
- 내용품 유출방지 : 포장공정에서부터 소비되는 시점까지 그 안의 내용물을 안전하게 보관하고 있어야 한다.
- 보호 및 보관 : 기계적 혹은 환경적(기후) 손상에 대하여 제품을 보호해야 한다.
- 커뮤니케이션 : 모든 소매용 포장제품은 각 제품에 해당하는 정보를 제공(포장의 개봉, 조립방법 등 취급 보관상의 주의사항)해야 한다.
- 기계적 성질 : 대부분의 소매용 포장제품과 수송용 포장들은 기계에 의해 직접 충전, 밀봉, 교합되므로 다량의 제품포장은 거의 중단 없이 이루어져야 재료의 낭비를 줄일 수 있다.
- 편의성 및 사용 : 소매용 포장에 있어서 편의성이라 함은 개봉이 쉽고 사용, 재활용이 용이함을 일컫는다.

3 집합포장에서 파렛트화물 적재 패턴

구 분	내 용	
블록형 적재	물건을 홀수단과 짝수단 모두 같은 방향으로 적재하는 패턴으로 봉적재라고도 한다. 이 방법은 각각의 종1열이 독립한 '봉'이 되어 나열한 것과 같은 것으로 상단의 붕괴가 쉽게 나타나기 때문에 이를 방지하기 위해서 밴드를 걸고 스트레치 포장을 실시하는 경우가 많다.	〈블록형〉 〈홀수 단〉 〈짝수 단〉
교호열 적재	한단에는 블록형 적재와 같은 모양과 방향으로 물건을 나열하고, 다음 단에는 90° 방향을 바꾸어 홀수단과 짝수단을 교차적으로 적재하는 것이다.	〈교호열〉 〈홀수 단〉 〈짝수 단〉
벽돌형 적재	한 단을 화물의 종방향과 횡방향으로 조합하여 적재하고, 다음 단은 그 방향을 180° 바꾸어 홀수단과 짝수단을 교차적으로 적재한다. 정방형 파렛트에 적재할 수 있는 패턴으로 주로 포대형태의 적재패턴이 많이 이용된다.	〈벽돌형〉 〈홀수 단〉 〈짝수 단〉
핀홀 적재	파렛트 중앙부에 공간을 만드는 형태로 이 공간을 감싸듯 풍차형으로 화물을 적재하는 패턴이다. 홀수단과 짝수단의 방향을 바꾸어 적재한다.	〈핀홀(핀휠)〉 〈홀수 단〉 〈짝수 단〉
스플릿 적재	벽돌 적재를 하는 경우에 화물과 파렛트의 치수가 일치하지 않는 경우 물건 사이에 부분적으로 공간을 만드는 패턴이다.	〈스플릿〉 〈홀수 단〉 〈짝수 단〉

> **집합포장의 기본요건**
> - 보호기능을 지닐 것 : 물류기능인 하역, 수송 및 보관의 각 단계에 있어서 집합체가 무너지지 않을 정도의 충분한 보호성, 다시 말하면 적재된 화물의 붕괴방지의 수단과 방법이 포장측면에서 이루어져야 한다.
> - 기계·기기로의 취급이 용이할 것 : 수송 기간이나 보관 설비에의 하역 작업과 취급이 용이할 수 있도록 지게차나 크레인 등 하역 기계·기구의 사용에 적합하여야 한다.
> - 설계 단계에서부터 물류를 고려할 것 : 복수의 물품이나 수송포장을 파렛트 등의 위에 적재한다는 사고방식이 아니라 포장을 설계 시부터 집합체로서 한다는 방법을 채용한다.
> - 설계상의 기본 조건 : 수송기간 및 보관·설비 등의 적재 공간으로 인하여 집합포장의 용적과 중량에는 제약이 따른다.

PLUS

장방형(직사각형) 파렛트에는 주로 블록 쌓기, 벽돌 쌓기 및 스플릿 쌓기 방식이 적용되며, 정방형(정사각형) 파렛트에는 블록 쌓기, 교호열 쌓기, 핀홀 쌓기 및 스플릿 쌓기 방식이 적용된다.

[출제유형] 2023년 제27회

파렛트의 화물적재방법에 관한 설명으로 옳은 것은?

① 블록쌓기는 맨 아래에서 상단까지 일렬로 쌓는 방법으로 작업효율성이 높고 무너질 염려가 없어 안정성이 높다.
② 교호열쌓기는 짝수층과 홀수층을 180도 회전시켜 쌓는 방식으로 화물의 규격이 일정하지 않아도 적용이 가능한 방식이다.
❸ 벽돌쌓기는 벽돌을 쌓듯이 가로와 세로를 조합하여 1단을 쌓고 홀수층과 짝수층을 180도 회전시켜 쌓는 방식이다.
④ 핀휠(Pinwheel)쌓기는 비규격화물이나 정방형 파렛트가 아닌 경우에 이용하는 방식으로 다양한 화물의 적재에 이용된다.
⑤ 스플릿(Split)쌓기는 중앙에 공간을 두고 풍차형으로 쌓는 방식으로 적재효율이 높고 안정적인 적재방식이다.

31 화인표시방법

PART 4 보관하역론 / Chapter 08 포장물류론

[출제유형] 2023년 제27회

화인(Shipping Mark)에 관한 설명으로 옳지 않은 것은?

① 기본화인, 정보화인, 취급주의 화인으로 구성되며, 포장화물의 외장에 표시한다.
② 주화인 표시(Main Mark)는 타 상품과 식별을 용이하게 하는 기호이다.
❸ 부화인 표시(Counter Mark)는 유통업자나 수입 대행사의 약호를 표시하는 기호이다.
④ 품질 표시(Quality Mark)는 내용물품의 품질이나 등급을 표시하는 기호이다.
⑤ 취급주의 표시(Care Mark)는 내용물품의 취급, 운송, 적재요령을 나타내는 기호이다.

[출제유형] 2021년 제25회

화인(Mark)에 관한 설명으로 옳은 것을 모두 고른 것은?

ㄱ. 주화인(Main Mark) : 다른 화물과의 식별을 용이하게 하기 위하여 외장에 특정의 기호(Symbol)를 표시
ㄴ. 포장번호(Case Number) : 주화인만으로 다른 화물과 식별이 어려울 때 생산자 또는 공급자의 약자를 보조적으로 표시
ㄷ. 항구표시(Port Mark) : 선적과 양하 작업이 용이하도록 도착항을 표시
ㄹ. 원산지표시(Origin Mark) : 당해 물품의 원자재까지 모두 원산지를 표시

① ㄱ, ㄴ ❷ ㄱ, ㄷ
③ ㄴ, ㄷ ④ ㄴ, ㄹ
⑤ ㄷ, ㄹ

1 화인표시의 종류

구 분	내 용
품질표시	내용품의 품질이나 등급 등을 표시하여 송하인과 수하인 당사자만이 알 수 있도록 하기 위하여 사용하는 마크로서 주마크의 위쪽이나 밑에 기재하게 된다.
수량표시	두 개 이상의 많은 수량인 경우 한 개씩 순서에 따라 포장에 번호를 붙여야 한다.
목적지표시	내용품이 최종 도착하게 되는 목적지를 표시하는 것으로 선박운송이 되는 경우 항구명을 기재하게 된다.
부표시	내용물품의 직접 생산자나 혹은 수출대행사 등이 붙이는 기호로서 주마크의 위쪽이나 밑쪽에 기재하게 되나 기재되지 않는 경우도 있다.
주의표시	내용품의 성격, 품질, 형상 등에 따라 취급상의 주의를 표시하는 것이며 문자나 그림으로 붉은색을 사용하여 표시하게 된다.
주표시	화인 중 가장 중요한 표시로서 타 상품과 식별을 용이하게 하는 기호이다. 이것은 송하인이나 수하인을 표시하는 특정한 기호(회사의 상호 등)에 대표문자를 넣어 만드는 것이 통례이다.
원산지표시	정상적인 절차에 의해 선적되는 모든 수출품은 관세법규의 규정에 따라 원산지명을 표시하도록 되어 있다. 즉, 대미 수출품인 경우에는 미국 관세법규에 따라 원산국(Country of Origin)을 식별하기 쉬운 장소에 영어로 표시함을 의무화하고 있다.

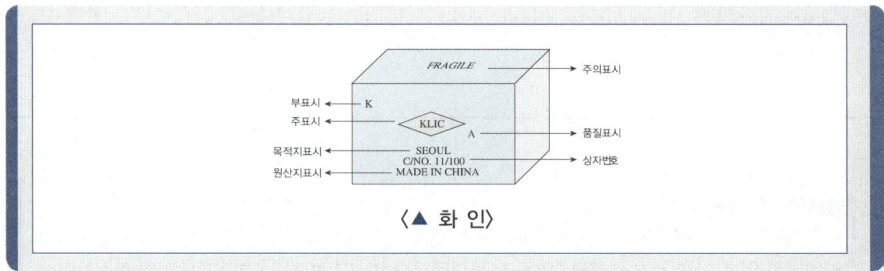

〈▲ 화 인〉

2 화인표시 방법

구 분	내 용
스티커(Sticker)	못으로 박거나 혹은 특정 방법에 의하여 고착시키는 것을 말한다.
스탬핑(또는 프린트)	화인할 장소에 고무인이나 프레스기 등을 사용하여 찍는 것을 말한다.
태그(Tag)	종이나 직포 또는 양철, 알루미늄, 플라스틱판 등에 일정한 표시내용을 기재한 다음 다시 철사나 기타 다른 적절한 방법으로 상품에 매는 방법이다.
레이블링(Labelling)	견고한 종이나 직포에 필요한 표시를 미리 인쇄해 두었다가 일정한 장소에 붙이는 것을 말한다.
스텐실(Stencil)	기름기가 많은 두꺼운 종이나 셀룰로이드판, 플라스틱판, 알루미늄판 등의 시트(Sheet)에 글자를 파두었다가 잉크나 페인트 등을 붓이나 스프레이를 사용하여 칠하는 방법을 말한다.
카빙(또는 엠보싱)	직접 내용상품에 쇠로 된 인각을 찍거나 주물의 경우 주물을 주입할 때 미리 화인을 해두어 제품완성 시 화인이 나타나도록 하는 방법이다.

3 일반화물의 취급표시(KS A 1008)

번호	표시	호칭 : 표시내용 및 위치	번호	표시	호칭 : 표시내용 및 위치
1		깨지는 것(FRAGILE) : 깨지기 쉬우므로 주의하여 취급할 것을 표시한다.	10		불안정(UNSTABLE) : 쓰러지기 쉬운 화물임을 표시한다.
2		취급주의(HANDLE WITH CARE) : 충격을 주지 않도록 조심스레 취급할 것을 표시한다.	11		굴림 금지(DO NOT ROLL) : 굴려서는 안 됨을 표시한다.
3		갈고리 금지(USE NO HOOKS/DO NOT PUNCTURE) : 갈고리를 사용하여서는 안 된다는 것을 표시한다.	12		손수레 삽입금지(NO HAND TRUCK HERE) : 손수레를 끼워서는 안 되는 부위를 표시한다.
4		위(THIS WAY UP) : 화물의 올바른 윗 방향을 표시하여 반대 가로쌓기를 하지 않을 것을 표시한다. 포장화물의 옆면 또는 끝면의 위쪽 구석에 가까운 다른 면의 2곳 이상에 표시한다.	13		위쌓기 제한(STACKING LIMITATION) : 위에 쌓을 수 있는 최대무게를 표시한다. 표지의 상부에는 최대 허용무게를 수치로 표시한다.
5		직사일광 열차폐(PROTECT FROM HEAT) : 직사일광 및 열로부터 차폐하는 것을 표시한다.	14		쌓는 단수 제한 (LAYERS LIMIT) : 겹쳐쌓을 수 있는 총단수를 표시한다. 표지 위의 수치는 최대 허용 겹쳐쌓기 총단수 10단 쌓기의 보기를 표시한다.
6		방사원 방호(PROTECT FROM RADIOACTIVE SOURCES) : 방사원에서 격리 또는 방사선을 방지하는 것을 표시한다.	15		온도제한(TEMPERATURE LIMITATIONS) : 허용되는 온도범위 또는 최저 최고온도를 표시한다. 다음과 같이 (1)은 허용되는 온도범위를 (2)는 최저 허용온도치를, (3)은 최고 허용온도치를 표시한다.
7		거는 위치(SLING HERE) : 슬링을 거는 위치를 표시한다. 상대하는 2면 각각에 표시한다.	16		화기 엄금(KEEP AWAY FROM FIRE) : 타기 쉬우므로 화기를 접근시켜서는 안 된다는 것을 표시한다.
8		젖음 방지(KEEP DRY) : 물이 새지 않도록 보호할 것을 표시한다.	기 타		밟지 마시오
9		무게중심 위치(CENTER OF GRAVITY) : 화물의 무게중심 위치를 표시한다. 표지는 표시보기와 같이 무게중심의 위치가 쉽게 보이도록 필요한 면에 표시한다.	기 타		찍힘주의

[출제유형] 2023년 제27회

화인(Shipping Mark)의 표시방법에 관한 설명으로 옳은 것을 모두 고른 것은?

ㄱ. 스티커(Sticker)는 주물을 주입할 때 미리 화인을 해두는 방법으로 금속제품, 기계류 등에 사용된다.
ㄴ. 스텐실(Stencil)은 화인할 부분을 고무인이나 프레스기 등을 사용하여 찍는 방법이다.
ㄷ. 태그(Tag)는 종이나 플라스틱판 등에 일정한 표시 내용을 기재한 다음 철사나 끈으로 매는 방법으로 의류, 잡화류 등에 사용된다.
ㄹ. 라벨링(Labeling)은 종이나 직포에 미리 인쇄해 두었다가 일정한 위치에 붙이는 방법이다.

① ㄱ, ㄴ   ② ㄱ, ㄷ
③ ㄴ, ㄷ   ④ ㄴ, ㄹ
❺ ㄷ, ㄹ

[출제유형] 2018년 제22회

다음의 화물 취급표시가 의미하는 것은?

① Stacking Limitation
② Protect from Heat
③ Unstable
❹ Center of Gravity
⑤ Do Not Roll

PART 05
물류관련법규

1 물류정책기본법
- 핵심테마 01 총 칙
- 핵심테마 02 물류정책의 종합·조정
- 핵심테마 03 물류정책위원회
- 핵심테마 04 물류체계의 효율화
- 핵심테마 05 물류산업의 경쟁력 강화
- 핵심테마 06 국제물류주선업
- 핵심테마 07 물류인력의 양성
- 핵심테마 08 물류의 선진화 및 국제화
- 핵심테마 09 보칙 및 벌칙

2 물류시설의 개발 및 운영에 관한 법률
- 핵심테마 10 총 칙
- 핵심테마 11 물류시설개발종합계획의 수립
- 핵심테마 12 물류터미널사업
- 핵심테마 13 물류창고업
- 핵심테마 14 물류단지의 개발 및 운영
- 핵심테마 15 보칙 및 벌칙

3 화물자동차 운수사업법
- 핵심테마 16 총 칙
- 핵심테마 17 화물자동차 운송사업
- 핵심테마 18 화물자동차 운송주선사업
- 핵심테마 19 화물자동차 운송가맹사업·화물정보망
- 핵심테마 20 적재물배상보험등의 가입 등
- 핵심테마 21 경영의 합리화
- 핵심테마 22 자가용 화물자동차의 사용
- 핵심테마 23 보칙 및 벌칙

4 유통산업발전법
- 핵심테마 24 총 칙
- 핵심테마 25 유통산업발전계획 등
- 핵심테마 26 대규모점포등
- 핵심테마 27 유통산업의 경쟁력 강화
- 핵심테마 28 유통기능의 효율화
- 핵심테마 29 상거래질서의 확립
- 핵심테마 30 보칙 및 벌칙

5 항만운송사업법
- 핵심테마 31 총 칙
- 핵심테마 32 항만운송(관련)사업
- 핵심테마 33 보 칙

6 철도사업법
- 핵심테마 34 철도사업의 관리
- 핵심테마 35 철도서비스 향상 및 전용철도
- 핵심테마 36 국유철도시설의 활용·지원 등

7 농수산물 유통 및 가격안정에 관한 법률
- 핵심테마 37 농수산물의 생산조정 및 출하조절
- 핵심테마 38 농수산물도매시장
- 핵심테마 39 민영농수산물도매시장 등
- 핵심테마 40 농수산물 유통기구의 정비 등

과목별 출제빈도 그래프

출제영역		2020	2021	2022	2023	2024	합계
제1장	물류정책기본법	8	8	8	8	8	40
제2장	물류시설의 개발 및 운영에 관한 법률	8	8	8	8	8	40
제3장	화물자동차 운수사업법	10	10	10	10	10	50
제4장	유통산업발전법	5	5	5	5	5	25
제5장	항만운송사업법	3	3	3	3	3	15
제6장	철도사업법	4	4	4	4	4	20
제7장	농수산물 유통 및 가격안정에 관한 법률	2	2	2	2	2	10
합계(문항 수)		40	40	40	40	40	200

- 제1장: 20%
- 제2장: 20%
- 제3장: 25%
- 제4장: 12.5%
- 제5장: 7.5%
- 제6장: 10%
- 제7장: 5%

01 총칙

[출제유형] 2021년 제25회

물류정책기본법상 화주의 수요에 따라 유상으로 물류활동을 영위하는 것을 업으로 하는 물류사업으로 명시되지 않은 것은?

❶ 물류장비의 폐기물을 처리하는 물류서비스업
② 물류터미널을 운영하는 물류시설운영업
③ 물류컨설팅의 업무를 하는 물류서비스업
④ 파이프라인을 통하여 화물을 운송하는 화물운송업
⑤ 창고를 운영하는 물류시설운영업

[출제유형] 2017년 제21회

다음은 「물류정책기본법」의 규정 내용이다. ( )에 들어갈 수 있는 것으로 옳지 않은 것은?

제2조(정의) ① 이 법에서 사용하는 용어의 정의는 다음과 같다.
1. "물류(物流)"란 재화가 공급자로부터 조달·생산되어 수요자에게 전달되거나 소비자로부터 회수되어 폐기될 때까지 이루어지는 운송·보관·하역(荷役) 등과 이에 부가되어 가치를 창출하는 ( ) 등을 말한다.

① 분류   ② 수리
❸ 체계   ④ 상표부착
⑤ 정보통신

1 목적

이 법은 물류체계의 효율화, 물류산업의 경쟁력 강화 및 물류의 선진화·국제화를 위하여 국내외 물류정책·계획의 수립·시행 및 지원에 관한 기본적인 사항을 정함으로써 국민경제의 발전에 이바지함을 목적으로 한다.

2 용어의 정의

구분	내용
물류	재화가 공급자로부터 조달·생산되어 수요자에게 전달되거나 소비자로부터 회수되어 폐기될 때까지 이루어지는 운송·보관·하역(荷役) 등과 이에 부가되어 가치를 창출하는 가공·조립·분류·수리·포장·상표부착·판매·정보통신 등을 말한다.
물류사업	화주의 수요에 따라 유상으로 물류활동을 영위하는 것을 업으로 하는 것으로 다음의 사업을 말한다. ㉠ 화물운송업 : 자동차·철도차량·선박·항공기 또는 파이프라인 등의 운송수단을 통한 화물운송 ㉡ 물류시설운영업 : 물류터미널이나 창고 등의 물류시설 운영 ㉢ 물류서비스업 : 화물운송의 주선(周旋), 물류장비의 임대, 물류정보의 처리 또는 물류컨설팅 등의 업무수행 ㉣ 종합물류서비스업 : ㉠부터 ㉢까지의 물류사업을 종합적·복합적으로 영위하는 업
물류체계	효율적인 물류활동을 위하여 시설·장비·정보·조직 및 인력 등이 서로 유기적으로 기능을 발휘할 수 있도록 연계된 집합체를 말한다.
물류시설	물류에 필요한 다음의 시설을 말한다. ㉠ 화물의 운송·보관·하역을 위한 시설 ㉡ 화물의 운송·보관·하역 등에 부가되는 가공·조립·분류·수리·포장·상표부착·판매·정보통신 등을 위한 시설 ㉢ 물류의 공동화·자동화 및 정보화를 위한 시설 ㉣ ㉠부터 ㉢까지의 시설이 모여 있는 물류터미널 및 물류단지
물류공동화	㉠ 물류기업이나 화주기업들이 물류활동의 효율성을 높이기 위하여 물류에 필요한 시설·장비·인력·조직·정보망 등을 공동으로 이용하는 것을 말한다. ㉡ 다만, 「독점규제 및 공정거래에 관한 법률」에서 정한 부당한 공동행위의 금지 및 사업자단체의 금지행위에 해당하는 경우를 제외한다(공정거래위원회의 인가를 받은 경우는 제외함).
물류표준	「산업표준화법」에 따른 한국산업표준(KS) 중 물류활동과 관련된 것을 말한다.
물류표준화	원활한 물류를 위하여 다음의 각 사항을 물류표준으로 통일하고 단순화하는 것을 말한다. ㉠ 시설 및 장비의 종류·형상·치수 및 구조 ㉡ 포장의 종류·형상·치수·구조 및 방법 ㉢ 물류용어, 물류회계 및 물류 관련 전자문서 등 물류체계의 효율화에 필요한 사항

PART 05

물류관련법규

최신 출제경향 및 합격전략

- 법규과목은 각 영역별로 출제비중이 정해져 있으며, 관련 시행령이나 시행규칙을 알아야 풀 수 있는 문제도 출제되는 편이기 때문에 수험생들이 가장 어려워하는 과목이다.
- 먼저 기출문제를 풀어보면서 어떤 방식으로 문제가 출제되는지 유형을 파악한 후에 세부적인 내용을 암기하는 방향으로 학습하는 것이 가장 효율적이다.
- 출제비중이 높은 물류정책기본법, 물류시설의 개발 및 운영에 관한 법률, 화물자동차 운수사업법 세 영역은 중점적으로 공부해야 하며, 나머지 영역은 기출문제를 중심으로 중요한 부분을 선별적으로 학습하여 시간을 절약하는 전략이 필요하다.

구분	내용
단위물류정보망	기능별 또는 지역별로 관련 행정기관, 물류기업 및 그 거래처를 연결하는 일련의 물류정보체계를 말한다.
제3자물류	화주가 그와 대통령령(영 제2조)으로 정하는 특수관계에 있지 아니한 물류기업에 물류활동의 일부 또는 전부를 위탁하는 것을 말한다.
국제물류주선업	타인의 수요에 따라 자기의 명의와 계산으로 타인의 물류시설・장비 등을 이용하여 수출입화물의 물류를 주선하는 사업을 말한다.
물류관리사	물류관리에 관한 전문지식을 가진 자로서 물류관리사 자격시험에 합격하여 자격을 취득한 자를 말한다.
물류보안	공항・항만과 물류시설에 폭발물, 무기류 등 위해물품을 은닉・반입하는 행위와 물류에 필요한 시설・장비・인력・조직・정보망 및 화물 등에 위해를 가할 목적으로 행하여지는 불법행위를 사전에 방지하기 위한 조치를 말한다.
국가물류정보화 사업	국가, 지방자치단체 및 물류 관련 기관이 정보통신기술과 정보가공기술을 이용하여 물류관련 정보를 생산・수집・가공・축적・연계・활용하는 물류정보화사업을 말한다.

3 물류정책의 기본이념과 책무 등

구분	내용	
물류정책의 기본이념	물류정책은 물류가 국가 경제활동의 중요한 원동력임을 인식하고, 신속・정확하면서도 편리하고 안전한 물류활동을 촉진하며, 정부의 물류 관련 정책이 서로 조화롭게 연계되도록 하여 물류산업이 체계적으로 발전하게 하는 것이다.	
각 주체별 책무	국가 및 지방자치단체	• 국가는 물류활동을 원활히 하고 물류체계의 효율성을 높이기 위하여 국가 전체의 물류와 관련된 정책 및 계획을 수립하고 시행하여야 한다. • 국가는 물류산업이 건전하고 고르게 발전할 수 있도록 육성하여야 한다. • 지방자치단체는 국가의 물류정책 및 계획과 조화를 이루면서 지역적 특성을 고려하여 지역물류에 관한 정책 및 계획을 수립하고 시행하여야 한다.
	물류기업・화주	물류기업 및 화주는 물류사업을 원활히 하고 물류체계의 효율성을 증진시키기 위하여 노력하고, 국가 또는 지방자치단체의 물류정책 및 계획의 수립・시행에 적극 협력하여야 한다.

다른 법률과의 관계(법 제6조)
• 물류에 관한 다른 법률을 제정하거나 개정하는 경우에는 물류정책기본법의 목적과 물류정책의 기본이념에 맞도록 하여야 한다.
• 「물류정책기본법」에 규정된 것 외의 물류시설의 개발 및 운영, 물류사업의 관리와 육성 등에 관하여는 따로 법률로 정한다.

[출제유형] 2017년 제21회

물류정책기본법령상 국제물류주선업에 관한 설명으로 옳지 않은 것은?

❶ 국제물류주선업이란 타인의 수요에 따라 타인의 명의와 계산으로 타인의 물류시설・장비 등을 이용하여 수출입화물의 물류를 주선하는 사업을 말한다.
② 국제물류주선업을 경영하려는 자는 국토교통부령으로 정하는 바에 따라 시・도지사에게 등록하여야 한다.
③ 국제물류주선업의 등록을 하려는 법인은 3억원 이상의 자본금을 보유하고 그 밖에 대통령령으로 정하는 기준을 충족하여야 한다.
④ 법인인 국제물류주선업자가 등록한 사항 중 임원의 성명을 변경하려는 경우에는 국토교통부령으로 정하는 바에 따라 변경등록을 하여야 한다.
⑤ 국제물류주선업자가 다른 사람에게 등록증을 대여한 경우 시・도지사는 그 등록을 취소하여야 한다.

핵심테마 02 물류정책의 종합 · 조정

[출제유형] 2023년 제27회
물류정책기본법상 물류현황조사에 관한 설명으로 옳지 않은 것은?

① 국토교통부장관은 물류에 관한 정책의 수립을 위하여 필요하다고 판단될 때에는 관계 행정기관의 장과 미리 협의한 후 물동량의 발생현황과 이동경로 등에 관하여 조사할 수 있다.
❷ 국토교통부장관은 물류현황조사를 위한 조사지침을 작성하려는 경우에는 미리 시·도지사와 협의하여야 한다.
③ 도지사는 지역물류에 관한 정책의 수립을 위하여 필요한 경우에는 해당 행정구역의 물동량 현황과 이동경로, 물류시설·장비의 현황과 이용실태 등에 관하여 조사할 수 있다.
④ 해양수산부장관은 물류현황조사를 효율적으로 수행하기 위하여 필요한 경우에는 물류현황조사의 전부 또는 일부를 전문기관으로 하여금 수행하게 할 수 있다.
⑤ 도지사는 관할 군의 군수에게 지역물류현황조사를 요청하는 경우에는 효율적인 지역물류현황조사를 위하여 조사의 시기, 종류 및 방법 등에 관하여 해당 도의 조례로 정하는 바에 따라 조사지침을 작성하여 통보할 수 있다.

1 물류현황조사 및 물류현황조사지침

구 분	내 용
물류현황조사	• 국토교통부장관 또는 해양수산부장관은 물류에 관한 정책 또는 계획의 수립·변경을 위하여 필요하다고 판단될 때에는 관계 행정기관의 장과 미리 협의한 후 물동량의 발생현황과 이동경로, 물류시설·장비의 현황과 이용실태, 물류인력과 물류체계의 현황, 물류비, 물류산업과 국제물류의 현황 등에 관하여 조사할 수 있다. • 이 경우 「국가통합교통체계효율화법」에 따른 국가교통조사와 중복되지 아니하도록 하여야 한다. • 국토교통부장관 또는 해양수산부장관은 다음의 자에게 물류현황조사에 필요한 자료의 제출을 요청하거나 그 일부에 대하여 직접 조사하도록 요청할 수 있다. 이 경우 협조를 요청받은 자는 특별한 사정이 없으면 요청에 따라야 한다. ㉠ 관계 중앙행정기관의 장 ㉡ 특별시장·광역시장·특별자치시장·도지사 및 특별자치도지사(시·도지사) ㉢ 물류기업 및 이 법에 따라 지원을 받는 기업·단체 등 • 국토교통부장관 또는 해양수산부장관은 물류현황조사를 효율적으로 수행하기 위하여 필요한 경우에는 물류현황조사의 전부 또는 일부를 전문기관으로 하여금 수행하게 할 수 있다. • 국토교통부장관 또는 해양수산부장관은 물류현황조사의 결과에 따라 물류비 등 물류지표를 설정하여 물류정책의 수립 및 평가에 활용할 수 있다.
물류현황조사 지침	• 국토교통부장관은 물류현황조사를 요청하는 경우에는 효율적인 물류현황조사를 위하여 조사의 시기, 종류 및 방법 등에 관하여 대통령령(영 제4조)으로 정하는 바에 따라 조사지침을 작성하여 통보할 수 있다. • 조사지침 작성의 협의 : 국토교통부장관은 지침을 작성하려는 경우에는 미리 관계 중앙행정기관의 장과 협의하여야 한다.

2 국가물류계획의 수립 및 시행

구 분	내 용
주체 및 기간	국토교통부장관 및 해양수산부장관은 국가물류정책의 기본방향을 설정하는 10년 단위의 국가물류기본계획을 5년마다 공동으로 수립하여야 한다.
포함사항	국가물류기본계획에는 다음의 사항이 포함되어야 한다. ㉠ 국내외 물류환경의 변화와 전망 ㉡ 국가물류정책의 목표와 전략 및 단계별 추진계획 ㉢ 국가물류정보화사업에 관한 사항 ㉣ 운송·보관·하역·포장 등 물류기능별 물류정책 및 도로·철도·해운·항공 등 운송수단별 물류정책의 종합·조정에 관한 사항 ㉤ 물류시설·장비의 수급·배치 및 투자 우선 순위에 관한 사항 ㉥ 연계물류체계의 구축과 개선에 관한 사항 ㉦ 물류 표준화·공동화 등 물류체계의 효율화에 관한 사항 ㉧ 물류보안에 관한 사항 ㉨ 물류산업의 경쟁력 강화에 관한 사항 ㉩ 물류인력의 양성 및 물류기술의 개발에 관한 사항

포함사항	㉢ 국제물류의 촉진·지원에 관한 사항 ㉣ 환경친화적 물류활동의 촉진·지원에 관한 사항 ㉤ 그 밖에 물류체계의 개선을 위하여 필요한 사항
자료제출요청 등	• 국토교통부장관 및 해양수산부장관은 관계 중앙행정기관의 장, 시·도지사, 물류기업 및 이 법에 따라 지원을 받는 기업·단체 등에 대하여 국가물류기본계획의 수립·변경을 위한 관련 기초 자료의 제출을 요청할 수 있다. • 이 경우 협조를 요청받은 자는 특별한 사정이 없는 한 이에 따라야 한다.
수립 및 변경	국토교통부장관 및 해양수산부장관은 국가물류기본계획을 수립하거나 대통령령(영 제5조)으로 정하는 중요한 사항을 변경하려는 경우에는 관계 중앙행정기관의 장 및 시·도지사와 협의한 후 국가물류정책위원회의 심의를 거쳐야 한다.
고시·통보	국토교통부장관은 국가물류기본계획을 수립하거나 변경한 때에는 이를 관보에 고시하고, 관계 중앙행정기관의 장 및 시·도지사에게 통보하여야 한다.

> **국가물류기본계획의 중요한 사항의 변경(영 제5조)**
> 국가물류정책위원회의 심의를 거쳐야 하는 "대통령령으로 정하는 중요한 사항"이란 다음의 어느 하나에 해당하는 사항을 말한다. 다만, 제2호부터 제4호까지의 사항이 「국토기본법」에 따른 국토종합계획, 「국가통합교통체계효율화법」에 따른 국가기간교통망계획이나 「물류시설의 개발 및 운영에 관한 법률」에 따른 물류시설개발종합계획 등 국가물류기본계획과 관련된 다른 계획의 변경으로 인한 사항을 반영하는 내용일 경우는 제외한다.
> 1. 국가물류정책의 목표와 주요 추진전략에 관한 사항
> 2. 물류시설·장비의 투자 우선 순위에 관한 사항
> 3. 국제물류의 촉진·지원에 관한 기본적인 사항
> 4. 그 밖에 국가물류정책위원회의 심의가 필요하다고 인정하는 사항
>
> **다른 계획과의 관계(법 제12조)**
> • 국가물류기본계획은 「국토기본법」에 따라 수립된 국토종합계획 및 「국가통합교통체계효율화법」에 따라 수립된 국가기간교통망계획과 조화를 이루어야 한다.
> • 국가물류기본계획은 다른 법령에 따라 수립되는 물류에 관한 계획에 우선하며 그 계획의 기본이 된다.

3 연도별시행계획의 수립

구 분	내 용
주체 및 기간	국토교통부장관 및 해양수산부장관은 국가물류기본계획을 시행하기 위하여 연도별시행계획을 매년 공동으로 수립하여야 한다.
자료제출요청 등	국토교통부장관 및 해양수산부장관은 관계 중앙행정기관의 장, 시·도지사, 물류기업 및 이 법에 따라 지원을 받는 기업·단체 등에 대하여 연도별시행계획의 수립·변경을 위한 관련 기초 자료의 제출을 요청할 수 있다.

> **연도별시행계획의 수립 등(영 제6조)**
> • 국토교통부장관 및 해양수산부장관은 국가물류기본계획의 연도별시행계획을 수립하려는 경우에는 미리 관계 중앙행정기관의 장, 특별시장·광역시장·특별자치시장·도지사 및 특별자치도지사와 협의한 후 물류정책분과위원회의 심의를 거쳐야 한다.
> • 국토교통부장관은 수립된 연도별시행계획을 관계 행정기관의 장에게 통보하여야 하며, 관계 행정기관의 장은 연도별시행계획의 원활한 시행을 위하여 적극 협조하여야 한다.
> • 관계 행정기관의 장은 전년도의 연도별시행계획의 추진실적과 해당 연도의 시행계획을 매년 2월 말까지 국토교통부장관 및 해양수산부장관에게 제출하여야 한다.

[출제유형] 2023년 제27회

물류정책기본법상 물류계획의 수립에 관한 설명으로 옳지 않은 것은?

① 국토교통부장관 및 해양수산부장관은 국가물류정책의 기본방향을 설정하는 10년 단위의 국가물류기본계획을 5년마다 공동으로 수립하여야 한다.
② 국가물류기본계획에는 국가물류정보화사업에 관한 사항이 포함되어야 한다.
③ 국토교통부장관은 국가물류기본계획을 수립하거나 변경한 때에는 이를 관보에 고시하고, 관계 중앙행정기관의 장 및 시·도지사에게 통보하여야 한다.
❹ 특별시장 및 광역시장은 지역물류정책의 기본방향을 설정하는 5년 단위의 지역물류기본계획을 3년마다 수립하여야 한다.
⑤ 지역물류기본계획은 국가물류기본계획에 배치되지 아니하여야 한다.

[출제유형] 2022년 제26회

물류정책기본법상 물류계획에 관한 설명으로 옳지 않은 것은?

① 특별시장 및 광역시장은 지역물류정책의 기본방향을 설정하는 10년 단위의 지역물류기본계획을 5년마다 수립하여야 한다.
② 국가물류기본계획에는 국가물류정보화사업에 관한 사항이 포함되어야 한다.
③ 국가물류기본계획은 「국토기본법」에 따라 수립된 국토종합계획 및 「국가통합교통체계효율화법」에 따라 수립된 국가기간교통망계획과 조화를 이루어야 한다.
④ 지역물류기본계획은 국가물류기본계획에 배치되지 아니하여야 한다.
❺ 해양수산부장관은 국가물류기본계획을 수립한 때에는 이를 관보에 고시하여야 한다.

03 물류정책위원회

PART 5 물류관련법규 / Chapter 01 물류정책기본법

[출제유형] 2024년 제28회

물류정책기본법령상 물류정책위원회에 관한 설명으로 옳지 않은 것은?

① 물류보안에 관한 중요 정책 사항은 국가물류정책위원회의 심의·조정 사항에 포함된다.
② 국가물류정책위원회의 분과위원회가 국가물류정책위원회에서 위임한 사항을 심의·조정한 때에는 분과위원회의 심의·조정을 국가물류정책위원회의 심의·조정으로 본다.
③ 국가물류정책위원회에 둘 수 있는 전문위원회는 녹색물류전문위원회와 생활물류전문위원회이다.
❹ 지역물류정책에 관한 주요 사항을 심의하기 위하여 국토교통부장관 소속으로 지역물류정책위원회를 둘 수 있다.
⑤ 지역물류정책위원회는 위원장을 포함한 20명 이내의 위원으로 구성한다.

[출제유형] 2019년 제23회

물류정책기본법령상 국가물류정책위원회 위원의 해촉사유에 해당하지 않는 것은?

① 심신쇠약 등으로 직무를 수행할 수 없게 된 경우
❷ 직무와 관련 없는 비위사실이 있는 경우
③ 직무태만으로 인하여 위원으로 적합하지 아니하다고 인정되는 경우
④ 품위손상으로 인하여 위원으로 적합하지 아니하다고 인정되는 경우
⑤ 위원 스스로 직무를 수행하는 것이 곤란하다고 의사를 밝히는 경우

1 국가물류정책위원회의 설치 및 기능

구 분	내 용
설 치	국가물류정책에 관한 주요 사항을 심의하기 위하여 국토교통부장관 소속으로 국가물류정책위원회를 둔다.
기 능	국가물류정책위원회는 다음의 사항을 심의·조정한다. ㉠ 국가물류체계의 효율화에 관한 중요 정책 사항 ㉡ 물류시설의 종합적인 개발계획의 수립에 관한 사항 ㉢ 물류산업의 육성·발전에 관한 중요 정책 사항 ㉣ 물류보안에 관한 중요 정책 사항 ㉤ 국제물류의 촉진·지원에 관한 중요 정책 사항 ㉥ 이 법 또는 다른 법률에서 국가물류정책위원회의 심의를 거치도록 한 사항 ㉦ 그 밖에 국가물류체계 및 물류산업에 관한 중요한 사항으로서 위원장이 회의에 부치는 사항

2 국가물류정책위원회의 구성 등

구 분	내 용
인 원	국가물류정책위원회는 위원장을 포함한 23명 이내의 위원으로 구성한다.
위원장 및 위원	국가물류정책위원회의 위원장은 국토교통부장관이 되고, 위원은 다음의 자가 된다. ㉠ 기획재정부, 과학기술정보통신부, 교육부, 외교부, 농림축산식품부, 산업통상자원부, 고용노동부, 국토교통부, 해양수산부, 중소벤처기업부, 국가정보원 및 관세청의 고위공무원단에 속하는 공무원 또는 이에 상당하는 공무원 중에서 해당 기관의 장이 지명하는 자 각 1명 ㉡ 물류 관련 분야에 관한 전문지식 및 경험이 풍부한 자 중에서 위원장이 위촉하는 10명 이내의 자
위원의 임기	공무원이 아닌 위원의 임기는 2년으로 하되, 연임할 수 있다.

국가물류정책위원회 위원의 지명철회 또는 해촉사유(영 제10조의2)

① 지명의 철회 : 국가물류정책위원회 위원을 지명한 자는 위원이 다음 각 호의 어느 하나에 해당하는 경우에는 그 지명을 철회할 수 있다.
  1. 심신쇠약 등으로 직무를 수행할 수 없게 된 경우
  2. 직무와 관련된 비위사실이 있는 경우
  3. 직무태만, 품위손상이나 그 밖의 사유로 인하여 위원으로 적합하지 아니하다고 인정되는 경우
  4. 위원 스스로 직무를 수행하는 것이 곤란하다고 의사를 밝히는 경우
② 해촉(解囑) : 위원회의 위원장(국토교통부장관)은 국가물류정책위원회 위원이 ① 각 호의 어느 하나에 해당하는 경우에는 해당 위원을 해촉할 수 있다.

PART 5 물류관련법규 / Chapter 01 물류정책기본법

04 물류체계의 효율화

1 물류시설·장비의 확충 등

구 분	내 용
물류시설· 장비 확충	• 확충의 권고 및 행정적·재정적 지원 : 국토교통부장관·해양수산부장관 또는 산업통상자원부장관은 효율적인 물류활동을 위하여 필요한 물류시설 및 장비를 확충할 것을 물류기업에 권고할 수 있으며, 이에 필요한 행정적·재정적 지원을 할 수 있다. • 필요한 지원의 요청 : 국토교통부장관·해양수산부장관 또는 산업통상자원부장관은 물류시설 및 장비를 원활하게 확충하기 위하여 필요하다고 인정되는 경우 관계 행정기관의 장에게 필요한 지원을 요청할 수 있다.
물류시설 간 연계와 조화	국가, 지방자치단체, 대통령령(영 제17조)으로 정하는 물류 관련 기관 및 물류기업 등이 새로운 물류시설을 건설하거나 기존 물류시설을 정비할 때에는 다음의 사항을 고려하여야 한다. • 주요 물류거점시설 및 운송수단과의 연계성 • 주변 물류시설과의 기능중복 여부 • 대통령령(영 제17조)으로 정하는 공항·항만 또는 산업단지의 경우 적정한 규모 및 기능을 가진 배후 물류시설 부지의 확보 여부

물류 공동화·자동화 촉진(법 제23조)
① 물류공동화를 위한 지원 : 국토교통부장관·해양수산부장관·산업통상자원부장관 또는 시·도지사는 물류공동화를 추진하는 물류기업이나 화주기업 또는 물류 관련 단체에 대하여 예산의 범위에서 필요한 자금을 지원할 수 있다.
② 화주기업 대상 공동추진의 권고 및 우선적 지원 : 국토교통부장관·해양수산부장관·산업통상자원부장관 또는 시·도지사는 화주기업이 물류공동화를 추진하는 경우에는 물류기업이나 물류 관련 단체와 공동으로 추진하도록 권고할 수 있으며, 권고를 이행하는 경우에 우선적으로 ①의 지원을 할 수 있다.
③ 국토교통부장관·해양수산부장관·산업통상자원부장관 또는 시·도지사는 물류기업이 다음의 어느 하나에 해당하는 경우 우선적으로 자금의 지원을 할 수 있다.
  1. 「클라우드컴퓨팅 발전 및 이용자 보호에 관한 법률」에 따른 클라우드컴퓨팅 등 정보통신기술을 활용하여 물류공동화를 추진하는 경우
  2. 농수산물 및 식품, 의약품, 그 밖에 첨단전자 부품 등을 정온물류하기 위하여 물류공동화를 추진하는 경우
④ 시범지역의 운영 : 국토교통부장관·해양수산부장관·산업통상자원부장관 또는 시·도지사는 물류공동화를 확산하기 위하여 필요한 경우에는 시범지역을 지정하거나 시범사업을 선정하여 운영할 수 있다.
⑤ 물류기업 대상 물류자동화를 위한 지원 : 국토교통부장관·해양수산부장관 또는 산업통상자원부장관은 물류기업이 물류자동화를 위하여 물류시설 및 장비를 확충하거나 교체하려는 경우에는 필요한 자금을 지원할 수 있다.

[출제유형] 2024년 제28회

물류정책기본법상 물류체계의 효율화에 관한 설명으로 옳지 않은 것은?

① 국토교통부장관·해양수산부장관 또는 산업통상자원부장관은 효율적인 물류활동을 위하여 필요한 물류시설 및 장비를 확충할 것을 물류기업에 권고할 수 있다.
② 국토교통부장관·해양수산부장관·산업통상자원부장관 또는 시·도지사는 물류공동화를 추진하는 물류기업이나 화주기업 또는 물류 관련 단체에 대하여 예산의 범위에서 필요한 자금을 지원할 수 있다.
③ 국토교통부장관·해양수산부장관 또는 산업통상자원부장관은 물류기업이 물류자동화를 위하여 물류시설 및 장비를 확충하거나 교체하려는 경우에는 필요한 자금을 지원할 수 있다.
❹ 국토교통부장관 또는 해양수산부장관은 물류표준화에 관한 업무를 효과적으로 추진하기 위하여 필요하다고 인정하는 경우에는 통계청장에게 「산업표준화법」에 따른 한국산업표준의 제정·개정 또는 폐지를 요청하여야 한다.
⑤ 국토교통부장관·해양수산부장관·산업통상자원부장관 또는 관세청장은 물류정보화를 통한 물류체계의 효율화를 위하여 필요한 시책을 강구하여야 한다.

[출제유형] 2023년 제27회

물류정책기본법령상 물류회계의 표준화를 위한 기업물류비 산정지침에 포함되어야 하는 사항으로 명시되지 않은 것은?

① 물류비 관련 용어 및 개념에 대한 정의
❷ 우수물류기업 선정을 위한 프로그램 개발비의 상한
③ 영역별·기능별 및 자가·위탁별 물류비의 분류
④ 물류비의 계산 기준 및 계산 방법
⑤ 물류비 계산서의 표준 서식

[출제유형] 2017년 제21회

「물류정책기본법」상 물류기업에 대하여 물류정보화에 관련된 프로그램의 개발 비용의 일부를 지원할 수 있는 자가 아닌 것은? (단, 권한위임·위탁에 관한 규정은 고려하지 않음)

① 국토교통부장관
② 해양수산부장관
③ 산업통상자원부장관
❹ 시·도지사
⑤ 관세청장

⊕ PLUS

위험물질운송안전관리센터의 감시가 필요한 위험물질 운송차량의 최대 적재량 기준(규칙 제2조의2 제2항)

- 「위험물안전관리법」 제2조 제1항 제1호에 따른 위험물을 운송하는 차량: 10,000리터 이상
- 「폐기물관리법」 제2조 제4호에 따른 지정폐기물을 운송하는 차량: 10,000킬로그램 이상
- 「화학물질관리법」 제2조 제7호에 따른 유해화학물질을 운송하는 차량: 5,000킬로그램 이상
- 「고압가스 안전관리법 시행규칙」 제2조 제1항 제1호에 따른 가연성가스를 운송하는 차량: 6,000킬로그램 이상
- 「고압가스 안전관리법 시행규칙」 제2조 제1항 제2호에 따른 독성가스를 운송하는 차량: 2,000킬로그램 이상

2 물류표준화

구 분	내 용
물류표준의 보급 촉진 등	• 물류표준화 규정의 제정·개정 또는 폐지: 국토교통부장관 또는 해양수산부장관은 물류표준화에 관한 업무를 효과적으로 추진하기 위하여 필요하다고 인정하는 경우에는 산업통상자원부장관에게 「산업표준화법」에 따른 한국산업표준의 제정·개정 또는 폐지를 요청할 수 있다. • 물류표준장비의 제조·사용 및 포장의 요청 및 권고: 국토교통부장관·해양수산부장관 또는 산업통상자원부장관은 물류표준의 보급을 촉진하기 위하여 필요한 경우에는 관계 행정기관, 「공공기관의 운영에 관한 법률」에 따른 공공기관, 물류기업, 물류에 관련된 장비의 사용자 및 제조업자에게 물류표준에 맞는 장비(물류표준장비)를 제조·사용하게 하거나 물류표준에 맞는 규격으로 포장을 하도록 요청하거나 권고할 수 있다.
물류표준장비의 사용자 등에 대한 우대조치	• 우대조치의 요청 및 권고: 국토교통부장관·해양수산부장관 또는 산업통상자원부장관은 관계 행정기관, 공공기관 및 물류기업 등에게 물류표준장비의 사용자 또는 물류표준에 맞는 규격으로 재화를 포장하는 자에 대하여 운임·하역료·보관료의 할인 및 우선구매 등의 우대조치를 할 것을 요청하거나 권고할 수 있다. • 재정지원: 국토교통부장관·해양수산부장관 또는 산업통상자원부장관은 물류표준장비의 보급 확대를 위하여 물류기업, 물류표준장비의 사용자 또는 물류표준에 맞는 규격으로 재화를 포장하는 자 등에 대하여 소요자금의 융자 등 필요한 재정지원을 할 수 있다.
물류회계의 표준화	• 기업물류비 산정지침 작성·고시: 국토교통부장관은 해양수산부장관 및 산업통상자원부장관과 협의하여 물류기업 및 화주기업의 물류비 산정기준 및 방법 등을 표준화하기 위하여 대통령령(영 제18조)으로 정하는 기준에 따라 기업물류비 산정지침을 작성하여 고시하여야 한다. • 물류비관리권고: 국토교통부장관은 물류기업 및 화주기업이 기업물류비 산정지침에 따라 물류비를 관리하도록 권고할 수 있다. • 행정적·재정적 지원: 국토교통부장관은 해양수산부장관 및 산업통상자원부장관과 협의하여 기업물류비 산정지침에 따라 물류비를 계산·관리하는 물류기업 및 화주기업에 대하여는 필요한 행정적·재정적 지원을 할 수 있다.

> 기업물류비 산정지침(영 제18조)
> 기업물류비 산정지침에는 다음 각 호의 사항이 포함되어야 한다.
> 1. 물류비 관련 용어 및 개념에 대한 정의
> 2. 영역별·기능별 및 자가·위탁별 물류비의 분류
> 3. 물류비의 계산 기준 및 계산 방법
> 4. 물류비 계산서의 표준 서식

3 물류정보화

구 분	내 용
물류정보화의 촉진	• 필요한 시책의 강구: 국토교통부장관·해양수산부장관·산업통상자원부장관 또는 관세청장은 물류정보화를 통한 물류체계의 효율화를 위하여 필요한 시책을 강구하여야 한다. • 개발·운용비용의 지원: 국토교통부장관·해양수산부장관·산업통상자원부장관 또는 관세청장은 물류정보화를 촉진하기 위하여 필요한 경우에는 예산의 범위에서 물류기업 또는 물류 관련 단체에 대하여 물류정보화에 관련된 설비 또는 프로그램의 개발·운용비용의 일부를 지원할 수 있다.

단위물류정보망의 구축	• 구축·운영 : 관계 행정기관 및 물류 관련 기관은 소관 물류정보의 수집·분석·가공 및 유통 등을 촉진하기 위하여 필요한 때에는 단위물류정보망을 구축·운영할 수 있다. 이 경우 관계 행정기관은 전담기관을 지정하여 단위물류정보망을 구축·운영할 수 있다. • 예산지원 : 관계 행정기관이 전담기관을 지정하여 단위물류정보망을 구축·운영하는 경우에는 소요비용의 전부 또는 일부를 예산의 범위에서 지원할 수 있다. • 연계체계구축 : 단위물류정보망을 구축하는 행정기관 및 물류 관련 기관은 소관 단위물류정보망과 국가물류통합정보센터 또는 다른 단위물류정보망 간의 연계체계를 구축하여야 한다. • 연계 요청 : 단위물류정보망을 운영하고 있는 관계 행정기관 및 물류 관련 기관은 국가물류통합정보센터 및 다른 단위물류정보망을 운영하고 있는 행정기관 또는 물류 관련 기관이 연계를 요청하는 경우에는 상호 협의를 거쳐 특별한 사정이 없으면 이에 협조하여야 한다. • 연계 또는 연계체계 조정 요청 : 단위물류정보망을 구축·운영하는 관계 행정기관의 장은 국가물류통합정보센터 또는 단위물류정보망 간의 연계체계를 구축하기 위하여 필요한 때에는 국토교통부장관과 협의를 거쳐 물류시설분과위원회에 국가물류통합정보센터와의 연계 또는 단위물류정보망 간의 연계체계의 조정을 요청할 수 있다. • 전담기관의 지정 : 관계 행정기관은 대통령령(영 제20조 제5항)으로 정하는 공공기관 또는 물류정보의 수집·분석·가공·유통과 관련한 적절한 시설장비와 인력을 갖춘 자 중에서 단위물류정보망 전담기관을 지정한다. • 전담기관의 지정 기준 : 단위물류정보망 전담기관의 지정에 필요한 시설장비와 인력 등의 기준과 지정절차는 대통령령(영 제20조 제6항)으로 정한다.

[출제유형] 2023년 제27회

물류정책기본법령상 단위물류정보망 전담기관으로 지정될 수 없는 것은? (단, 고시는 고려하지 않음)

❶ 「한국자산관리공사 설립 등에 관한 법률」에 따른 한국자산관리공사
② 「인천국제공항공사법」에 따른 인천국제공항공사
③ 「한국공항공사법」에 따른 한국공항공사
④ 「한국도로공사법」에 따른 한국도로공사
⑤ 「항만공사법」에 따른 항만공사

단위물류정보망 전담기관의 지정(영 제20조 제5항 및 제6항)

대통령령으로 정하는 공공기관(제5항)

1. 「인천국제공항공사법」에 따른 인천국제공항공사
2. 「한국공항공사법」에 따른 한국공항공사
3. 「한국도로공사법」에 따른 한국도로공사
4. 「한국철도공사법」에 따른 한국철도공사
5. 「한국토지주택공사법」에 따른 한국토지주택공사
6. 「항만공사법」에 따른 항만공사
7. 그 밖에 국토교통부장관이 지정하여 고시하는 공공기관

공공기관이 아닌 자의 시설장비와 인력 등 기준(제6항)

법 제28조 제7항에 따라 공공기관이 아닌 자로서 단위물류정보망 전담기관으로 지정받을 수 있는 자의 시설장비와 인력 등의 기준은 다음 각 호와 같다

1. 다음 각 목의 시설장비를 갖출 것
   가. 물류정보 및 이와 관련된 전자문서의 송신·수신·중계 및 보관 시설장비
   나. 단위물류정보망을 안전하게 운영하기 위한 보호 시설장비
   다. 단위물류정보망의 정보시스템 관리 및 복제·저장 시설장비
   라. 단위물류정보망에 보관된 물류정보와 전자문서의 송신·수신의 일자·시각 및 자취 등을 기록·관리하는 시설장비
   마. 다른 단위물류정보망 및 국가물류통합정보센터와의 정보연계에 필요한 시설장비

2. 다음 각 목의 인력을 보유할 것
   가. 「국가기술자격법」에 따른 정보통신기사·정보처리기사 또는 전자계산기조직응용기사 이상의 국가기술자격이나 이와 동등한 자격이 있다고 국토교통부장관이 정하여 고시하는 사람 2명 이상
   나. 「국가기술자격법」에 따른 정보통신분야(기술·기능 분야)에서 3년 이상 근무한 경력이 있는 사람 1명 이상

3. 자본금이 2억원 이상인 「상법」에 따른 주식회사일 것

⊕ PLUS

전담기관의 지정 취소

전담기관을 지정하여 단위물류정보망을 구축·운영하는 관계 행정기관은 단위물류정보망 전담기관이 다음 각 호의 어느 하나에 해당하는 경우에는 그 지정을 취소할 수 있다. 다만, 제1호에 해당하는 경우에는 지정을 취소하여야 한다.

1. 거짓이나 그 밖의 부정한 방법으로 지정을 받은 경우
2. 시설장비와 인력 등의 지정기준에 미달하게 된 경우

[출제유형] 2023년 제27회

물류정책기본법령상 국가물류통합정보센터의 운영자로 지정될 수 없는 자는?

① 중앙행정기관
② 「한국토지주택공사법」에 따른 한국토지주택공사
③ 「과학기술분야 정부출연연구기관 등의 설립·운영 및 육성에 관한 법률」에 따른 정부출연연구기관
❹ 자본금 1억원인 「상법」상 주식회사
⑤ 「물류정책기본법」에 따라 설립된 물류관련협회

[출제유형] 2024년 제28회

물류정책기본법령상 국가물류통합정보센터에 관한 설명으로 옳지 않은 것은?

① 국토교통부장관은 국가물류통합정보센터를 설치·운영할 수 있다.
② 국토교통부장관은 자본금 2억원 이상, 업무능력 등 대통령령으로 정하는 기준과 자격을 갖춘 「상법」상의 주식회사를 국가물류통합정보센터의 운영자로 지정할 수 있다.
❸ 국토교통부장관은 국가물류통합정보센터운영자를 지정하려는 경우에는 미리 물류정책분과위원회의 심의를 거쳐 신청방법 등을 정하여 30일 이상 관보 또는 인터넷 홈페이지에 이를 공고하여야 한다.
④ 국토교통부장관은 국가물류통합정보센터운영자가 국가물류통합데이터베이스의 물류정보를 영리를 목적으로 사용한 경우에는 그 지정을 취소할 수 있다.
⑤ 국토교통부장관은 해양수산부장관·산업통상자원부장관 및 관세청장과 협의하여 국가물류통합정보센터운영자에게 필요한 지원을 할 수 있다.

4 국가물류통합정보센터의 설치·운영

구 분	내 용
설치 주체	국토교통부장관은 국가물류통합데이터베이스를 구축하고 물류정보를 가공·축적·제공하기 위한 통합정보체계를 갖추기 위하여 국가물류통합정보센터를 설치·운영할 수 있다.

운영자 지정	국토교통부장관은 다음의 어느 하나에 해당하는 자를 국가물류통합정보센터의 운영자로 지정할 수 있다.
	• 중앙행정기관
	• 대통령령(영 제22조 제5항)으로 정하는 공공기관
	
	1. 「인천국제공항공사법」에 따른 인천국제공항공사
	2. 「한국공항공사법」에 따른 한국공항공사
	3. 「한국도로공사법」에 따른 한국도로공사
	4. 「한국철도공사법」에 따른 한국철도공사
	5. 「한국토지주택공사법」에 따른 한국토지주택공사
	6. 「항만공사법」에 따른 항만공사
	7. 그 밖에 국토교통부장관이 지정하여 고시하는 공공기관
	
	• 정부출연연구기관
	• 물류관련협회
	• 그 밖에 자본금 2억원 이상, 업무능력 등 대통령령(영 제22조 제6항)으로 정하는 기준과 자격을 갖춘 「상법」상의 주식회사
	
	1. 자본금이 2억원 이상일 것
	2. 다음 각 목의 시설장비를 갖출 것
	  가. 물류정보 및 이와 관련된 전자문서의 송신·수신·중계 및 보관 시설장비
	  나. 국가물류통합정보센터를 안전하게 운영하기 위한 보호 시설장비
	  다. 국가물류통합정보센터의 정보시스템 관리 및 복제·저장 시설장비
	  라. 국가물류통합정보센터에 보관된 물류정보와 전자문서의 송신·수신의 일자·시각 및 자취 등을 기록·관리하는 시설장비
	  마. 단위물류정보망 및 외국의 물류정보망과의 정보연계에 필요한 시설장비
	3. 다음 각 목의 인력을 보유할 것
	  가. 물류관리사 1명 이상
	  나. 「국가기술자격법」에 따른 정보통신기사·정보처리기사 또는 전자계산기조직응용기사 이상의 국가기술자격이나 이와 동등한 자격이 있다고 국토교통부장관이 정하여 고시하는 사람 1명 이상
	  다. 「국가기술자격법」에 따른 정보통신분야(기술·기능 분야)에서 3년 이상 근무한 경력이 있는 사람 1명 이상
	  라. 물류정보의 처리·보관 및 전송 등을 위한 표준전자문서의 개발 또는 전자문서의 송신·수신 및 중계방식과 관련된 기술분야에서 3년 이상 근무한 경력이 있는 사람 1명 이상
	  마. 국가물류통합정보센터의 시스템을 운영하고, 국가물류통합정보센터가 제공하는 물류정보의 이용자에 대한 상담이 가능한 전문요원 1명 이상

필요한 지원	국토교통부장관은 해양수산부장관·산업통상자원부장관 및 관세청장과 협의하여 국가물류통합정보센터의 효율적인 운영을 위하여 지정된 자(국가물류통합정보센터운영자)에게 필요한 지원을 할 수 있다.
공 고	국토교통부장관은 국가물류통합정보센터의 전부 또는 일부를 운영하는 자를 지정하려는 경우에는 미리 물류시설분과위원회의 심의를 거쳐 신청방법 등을 정하여 30일 이상 관보 또는 인터넷 홈페이지에 이를 공고하여야 한다.
신 청	국가물류통합정보센터운영자로 지정받으려는 자는 공고가 있는 때에 국토교통부령으로 정하는 지정신청서에 첨부서류를 갖추어 국토교통부장관에게 제출하여야 한다.

지정의 취소 등

국토교통부장관은 국가물류통합정보센터운영자가 다음에 해당하는 경우에는 그 지정을 취소할 수 있다. 다만 ①에 해당하는 경우에는 지정을 취소하여야 한다.
① 거짓이나 그 밖의 부정한 방법으로 지정을 받은 경우
② 지정기준에 미달하게 된 경우
③ 국가물류통합정보센터운영자가 국가물류통합데이터베이스의 물류정보를 영리를 목적으로 사용한 경우

5 전자문서의 이용 등

구 분	내 용
전자문서의 이용·개발	• 전자문서 이용 : 물류기업, 물류 관련 기관 및 물류 관련 단체가 대통령령으로 정하는 물류에 관한 업무를 전자문서로 처리하려는 경우에는 국토교통부령으로 정하는 전자문서를 이용하여야 한다. • 표준전자문서의 개발·보급계획 수립 : 국토교통부장관은 해양수산부장관 및 산업통상자원부장관과 협의하여 표준전자문서의 개발·보급계획을 수립하여야 한다.
전자문서 및 물류정보의 보안	• 누구든지 단위물류정보망 또는 전자문서를 위작 또는 변작(變作)하거나 위작 또는 변작된 전자문서를 행사하여서는 아니 된다. • 누구든지 국가물류통합정보센터 또는 단위물류정보망에서 처리·보관 또는 전송되는 물류정보를 훼손하거나 그 비밀을 침해·도용 또는 누설하여서는 아니 된다. • 국가물류통합정보센터운영자 또는 단위물류정보망 전담기관은 전자문서 및 정보처리장치의 파일에 기록되어 있는 물류정보를 대통령령으로 정하는 기간(→ 2년) 동안 보관하여야 한다. • 국가물류통합정보센터운영자 또는 단위물류정보망 전담기관은 전자문서 및 물류정보의 보안에 필요한 보호조치를 강구하여야 한다. • 누구든지 불법 또는 부당한 방법으로 보호조치를 침해하거나 훼손하여서는 아니 된다.
전자문서 및 물류정보의 공개	• 국가물류통합정보센터운영자 또는 단위물류정보망 전담기관은 <u>대통령령(영 제26조 제1항)으로 정하는 경우를 제외하고는</u> 전자문서 또는 물류정보를 공개하여서는 아니 된다(비공개 원칙). 　"대통령령으로 정하는 경우"란 국가의 안전보장에 위해가 없고 기업의 영업비밀을 침해하지 아니하는 경우로서 다음 각 호의 어느 하나에 해당하는 경우를 말한다(예외적 공개사유). 　1. 관계 중앙행정기관 또는 지방자치단체가 행정목적상의 필요에 따라 신청하는 경우 　2. 수사기관이 수사목적상의 필요에 따라 신청하는 경우 　3. 법원의 제출명령에 따른 경우 　4. 다른 법률에 따라 공개하도록 되어 있는 경우 　5. 그 밖에 국가물류통합정보센터운영자 또는 단위물류정보망 전담기관의 요청에 따라 국토교통부장관이 공개할 필요가 있다고 인정하는 경우 • 국가물류통합정보센터운영자 또는 단위물류정보망 전담기관이 전자문서 또는 물류정보를 공개하려는 때에는 미리 <u>대통령령(영 제26조 제3항)으로 정하는 이해관계인</u>의 동의를 받아야 한다. 　"대통령령으로 정하는 이해관계인"이란 공개하려는 전자문서 또는 물류정보에 대하여 직접적인 이해관계를 가진 자를 말한다.

국가 물류보안 시책의 수립 및 지원 등

① 국가 물류보안 시책의 수립 및 지원 : 국토교통부장관은 관계 중앙행정기관의 장과 협의하여 국가 물류보안 수준을 향상시키기 위하여 물류보안 관련 제도 및 물류보안 기술의 표준을 마련하는 등 국가 물류보안 시책을 수립·시행하여야 하며, 물류기업 또는 화주기업이 다음의 어느 하나에 해당하는 활동을 하는 경우에는 행정적·재정적 지원을 할 수 있다.
  • 물류보안 관련 시설·장비의 개발·도입
  • 물류보안 관련 제도·표준 등 국가 물류보안 시책의 준수
  • 물류보안 관련 교육 및 프로그램의 운영
  • 물류보안 관련 시설·장비의 유지·관리
  • 물류보안 사고 발생에 따른 사후복구조치
  • 그 밖에 국토교통부장관이 정하여 고시하는 활동
② 물류보안 관련 국제협력 증진 : 국토교통부장관은 관계 중앙행정기관의 장과 협의하여 물류보안 관련 국제협력의 증진을 위한 시책을 수립·시행하여야 한다. 물류보안 관련 국제협력을 위한 외국 및 국제기구와의 물류보안 관련 공동연구, 전문인력의 상호파견, 물류보안 기술개발 정보의 공유 등 물류보안 관련 국제협력을 위하여 필요한 사항은 대통령령(영 제26조의3)으로 정한다.

[출제유형]　2024년 제28회

물류정책기본법령상 국가물류통합정보센터운영자 또는 단위물류정보망 전담기관이 보관하는 전자문서 및 정보처리장치의 파일에 기록되어 있는 물류정보의 보관기간은?

① 1년　❷ 2년
③ 3년　④ 4년
⑤ 5년

[출제유형]　2018년 제22회

물류정책기본법령상 전자문서 및 물류정보에 관한 설명으로 옳은 것은?

① 단위물류정보망 또는 전자문서를 변작(變作)하려는 자는 국토교통부장관의 허가를 받아야 한다.
② 국가물류통합정보센터운영자 또는 단위물류정보망 전담기관은 전자문서 및 물류정보를 3년간 보관하여야 한다.
❸ 국토교통부장관은 해양수산부장관 및 산업통상자원부장관과 협의하여 표준전자문서의 개발·보급계획을 수립하여야 한다.
④ 국가물류통합정보센터운영자는 어떠한 경우에도 전자문서를 공개하여서는 아니 된다.
⑤ 단위물류정보망 전담기관은 물류정보에 대하여 직접적인 이해관계를 가진 자가 동의하는 경우에는 언제든지 물류정보를 공개할 수 있다.

05 물류산업의 경쟁력 강화

PART 5 물류관련법규 / Chapter 01 물류정책기본법

[출제유형] 2024년 제28회

물류정책기본법령상 우수물류기업의 인증에 관한 설명으로 옳지 않은 것은?

① 국토교통부장관 및 해양수산부장관은 물류기업의 육성과 물류산업 발전을 위하여 소관 물류기업을 각각 우수물류기업으로 인증할 수 있다.
② 우수물류기업의 인증은 물류사업별로 운영할 수 있다.
❸ 국토교통부장관 또는 해양수산부장관은 인증우수물류기업이 해당 요건을 유지하는지에 대하여 국토교통부와 해양수산부의 공동부령으로 정하는 바에 따라 2년마다 점검하여야 한다.
④ 국토교통부장관 또는 해양수산부장관은 소관 인증우수물류기업이 물류사업으로 인하여 공정거래위원회로부터 시정조치를 받은 경우에는 그 인증을 취소할 수 있다.
⑤ 국토교통부장관 및 해양수산부장관은 우수물류기업의 인증과 관련하여 우수물류기업 인증심사 대행기관을 공동으로 지정하여 인증신청의 접수를 하게 할 수 있다.

1 우수물류기업의 인증

구 분	내 용
인증기관	국토교통부장관 및 해양수산부장관은 물류기업의 육성과 물류산업 발전을 위하여 소관 물류기업을 각각 우수물류기업으로 인증할 수 있다.
사업별 운영	우수물류기업의 인증은 물류사업별로 운영할 수 있으며, 각 사업별 인증의 주체와 대상 등에 필요한 사항은 대통령령(영 제27조의4, 별표 1의2)으로 정한다.

사업별 우수물류기업 인증의 주체와 대상(영 별표1의2)

물류사업	인증대상 물류기업	인증주체
1. 화물운송업	화물자동차운송기업	국토교통부장관
2. 물류시설운영업	물류창고기업	국토교통부장관 또는 해양수산부장관 (「항만법」에 따른 항만구역에 있는 창고를 운영하는 기업의 경우만 해당함)
3. 물류서비스업	가. 국제물류주선기업	국토교통부장관
	나. 화물정보망기업	국토교통부장관
4. 종합물류서비스업	종합물류서비스기업	국토교통부장관·해양수산부장관 공동

점 검	국토교통부장관 또는 해양수산부장관은 우수물류기업으로 인증을 받은 자(인증우수물류기업)가 인증 요건을 유지하는지의 여부를 대통령령(영 제28조)으로 정하는 바에 따라 점검할 수 있다. **인증우수물류기업에 대한 점검(영 제28조)** ① 국토교통부장관 또는 해양수산부장관은 우수물류기업으로 인증을 받은 자(인증우수물류기업)가 인증요건을 유지하는지에 대하여 국토교통부와 해양수산부의 공동부령으로 정하는 바에 따라 3년마다 점검하여야 한다. ② 국토교통부장관 또는 해양수산부장관은 인증우수물류기업이 인증요건을 유지하지 못한다고 판단되는 경우에는 공동부령으로 정하는 바에 따라 별도의 점검을 할 수 있다. ③ 국토교통부장관 또는 해양수산부장관은 공동부령으로 정하는 바에 따라 우수물류기업 인증심사 대행기관으로 하여금 점검을 하게 할 수 있다.

> **제3자물류의 촉진**
> ① 시책의 수립·시행 : 국토교통부장관은 해양수산부장관 및 산업통상자원부장관과 협의하여 화주기업과 물류기업의 제3자물류 촉진을 위한 시책을 수립·시행하고 지원하여야 한다.
> ② 행정적·재정적 지원 : 국토교통부장관은 해양수산부장관 및 산업통상자원부장관과 협의하여 화주기업 또는 물류기업이 다음의 어느 하나에 해당하는 활동을 하는 때에는 행정적·재정적 지원을 할 수 있다.
>   ㉠ 제3자물류를 활용하기 위한 목적으로 화주기업이 물류시설을 매각·처분하거나 물류기업이 물류시설을 인수·확충하려는 경우
>   ㉡ 제3자물류를 활용하기 위한 목적으로 물류컨설팅을 받으려는 경우
>   ㉢ 그 밖에 제3자물류 촉진을 위하여 필요하다고 인정하는 경우
> ③ 홍보 : 국토교통부장관은 해양수산부장관 및 산업통상자원부장관과 협의하여 제3자물류 활용을 촉진하기 위하여 제3자물류 활용의 우수사례를 발굴하고 홍보할 수 있다.

2 우수물류기업 인증의 취소 등

구 분		내 용
인증의 취소	취소의 사유	국토교통부장관 또는 해양수산부장관은 소관 인증우수물류기업이 다음 각 호의 어느 하나에 해당하는 경우에는 그 인증을 취소할 수 있다. 다만, 제1호에 해당하는 때에는 인증을 취소하여야 한다. 1. 거짓이나 그 밖의 부정한 방법으로 인증을 받은 경우 2. 물류사업으로 인하여 공정거래위원회로부터 시정조치 또는 과징금 부과 처분을 받은 경우 3. 인증우수물류기업 요건 유지 점검을 정당한 사유 없이 3회 이상 거부한 경우 4. 인증우수물류기업의 인증기준에 맞지 아니하게 된 경우 5. 다른 사람에게 자기 성명 또는 상호를 사용해 영업을 하게 하거나 인증서를 대여한 때
	취소의 효과	인증우수물류기업은 우수물류기업의 인증이 취소된 경우에는 인증서를 반납하고, 인증마크의 사용을 중지하여야 한다.
인증심사 대행기관	기관의 업무	국토교통부장관 및 해양수산부장관은 우수물류기업의 인증과 관련하여 우수물류기업 인증심사 대행기관(이하 "심사대행기관"이라 함)을 공동으로 지정하여 다음 각 호의 업무를 하게 할 수 있다. 1. 인증신청의 접수 2. 인증요건에 맞는지에 대한 심사 3. 인증요건 유지여부에 대한 점검의 대행 4. 그 밖에 인증업무를 원활히 수행하기 위하여 대통령령으로 정하는 지원업무
	기관의 지정	심사대행기관은 대통령령으로 정하는 바에 따라 다음의 어느 하나에 해당하는 기관 중에서 지정한다. • 공공기관 • 정부출연연구기관
	협조의 요청	심사대행기관의 장은 업무를 수행할 때 필요한 경우에는 관계 행정기관 또는 관련 있는 기관에 협조를 요청할 수 있다.
	조직 및 운영	심사대행기관의 조직 및 운영 등에 필요한 사항은 공동부령으로 정한다.
	지도·감독 운영비 지원	국토교통부장관 및 해양수산부장관은 심사대행기관을 지도·감독하고, 그 운영비의 일부를 지원할 수 있다.
	지정의 취소	국토교통부장관 및 해양수산부장관은 심사대행기관이 다음 각 호의 어느 하나에 해당하는 경우에는 공동으로 그 지정을 취소할 수 있다. 다만, 제1호에 해당하는 경우에는 지정을 취소하여야 한다. 1. 거짓 또는 부정한 방법으로 지정을 받은 경우 2. 고의 또는 중대한 과실로 인증 기준 및 절차를 위반한 경우 3. 정당한 사유 없이 인증업무를 거부한 경우
인증서와 인증마크		① 국토교통부장관 또는 해양수산부장관은 소관 인증우수물류기업에 대하여 인증서를 교부하고, 인증을 나타내는 표시(인증마크)를 제정하여 인증우수물류기업이 사용하게 할 수 있다. ② 인증마크의 도안 및 표시방법 등에 대하여는 공동부령으로 정하는 바에 따라 국토교통부장관 및 해양수산부장관이 공동으로 정하여 고시한다. ③ 인증우수물류기업이 아닌 자는 거짓의 인증마크를 제작·사용하거나 그 밖의 방법으로 인증우수물류기업임을 사칭하여서는 아니 된다.
대상기업의 지원		국가·지방자치단체 또는 공공기관은 인증우수물류기업 또는 우수녹색물류실천기업에 대하여 대통령령(영 제30조)으로 정하는 바에 따라 행정적·재정적 지원을 할 수 있다.

[출제유형] 2023년 제27회

물류정책기본법상 국토교통부장관 또는 해양수산부장관이 소관 인증우수물류기업의 인증을 취소하여야 하는 경우는?

❶ 거짓이나 그 밖의 부정한 방법으로 인증을 받은 경우
② 물류사업으로 인하여 공정거래위원회로부터 과징금 부과 처분을 받은 경우
③ 인증요건의 유지여부 점검을 정당한 사유 없이 3회 이상 거부한 경우
④ 우수물류기업의 인증기준에 맞지 아니하게 된 경우
⑤ 다른 사람에게 자기의 성명 또는 상호를 사용하여 영업을 하게 하거나 인증서를 대여한 때

[출제유형] 2018년 제22회

물류정책기본법령상 우수물류기업의 인증에 관한 설명으로 옳지 않은 것은?

① 국토교통부장관 및 해양수산부장관은 소관 물류기업을 각각 우수물류기업으로 인증할 수 있다.
② 우수물류기업 선정을 위한 인증의 기준·절차·방법 등에 필요한 사항은 국토교통부와 해양수산부의 공동부령으로 정한다.
③ 국토교통부장관 또는 해양수산부장관은 인증우수물류기업이 인증요건을 유지하는지에 대하여 공동부령으로 정하는 바에 따라 점검하여야 한다.
❹ 인증우수물류기업 인증마크의 도안 및 표시방법은 국토교통부장관의 동의를 얻어 산업통상자원부장관이 정하여 고시한다.
⑤ 국가·지방자치단체 또는 공공기관은 인증우수물류기업에 대하여 재정적 지원을 할 수 있다.

핵심테마 06 국제물류주선업

[출제유형] 2024년 제28회

물류정책기본법상 국제물류주선업의 등록에 관한 설명이다. ( )에 들어갈 내용을 바르게 나열한 것은?

- 국제물류주선업을 경영하려는 자는 국토교통부령으로 정하는 바에 따라 (ㄱ)에게 등록하여야 한다.
- 국제물류주선업의 등록을 하려는 자는 (ㄴ) 이상의 자본금(법인이 아닌 경우에는 6억원 이상의 자산평가액을 말한다)을 보유하고 그 밖에 대통령령으로 정하는 기준을 충족하여야 한다.

❶ ㄱ : 시·도지사
　 ㄴ : 3억원
② ㄱ : 시·도지사
　 ㄴ : 4억원
③ ㄱ : 국토교통부장관
　 ㄴ : 3억원
④ ㄱ : 국토교통부장관
　 ㄴ : 4억원
⑤ ㄱ : 국토교통부장관
　 ㄴ : 5억원

1 국제물류주선업의 등록

구 분	내 용
등록신청	• 국제물류주선업을 경영하려는 자는 국토교통부령으로 정하는 바에 따라 시·도지사에게 등록하여야 한다. • 등록신청서에는 다음의 서류(전자문서를 포함)를 첨부하여야 하며, 첨부할 서류는 신청일 전 1개월 이내에 발행되거나 작성된 것이어야 한다. ㉠ 등록 기준에 적합함을 증명하는 서류 ㉡ 자기 명의로 발행할 한글 또는 영문으로 작성된 선하증권 및 항공화물운송장의 양식·약관에 관한 서류 ㉢ 신청인이 외국인(법인인 경우에는 임원이 외국인인 경우를 말함) 등록 결격사유의 어느 하나에 해당하지 아니함을 확인할 수 있는 서류 ㉣ 외국인투자기업인 경우에는 「외국인투자 촉진법」에 따른 외국인투자를 증명할 수 있는 서류
변경등록	• 국제물류주선업을 등록한 자가 등록한 사항 중 국토교통부령으로 정하는 중요한 사항을 변경하려는 경우에는 국토교통부령(규칙 제7조)으로 정하는 바에 따라 변경등록을 하여야 한다. "국토교통부령으로 정하는 중요한 사항"을 변경하려는 경우란 다음 각 호의 어느 하나에 해당하는 경우를 말한다. 1. 다음 각 목의 어느 하나에 해당하는 사항을 변경하려는 경우 　가. 상 호 　나. 성명(법인인 경우 임원의 성명) 및 주민등록번호(법인인 경우 법인등록번호) 　다. 주사무소 소재지 　라. 국적 또는 소속 국가명 2. 자본금 또는 자산평가액이 감소되는 경우 • 이 경우 그 변경사유가 발생한 날부터 60일 이내에 국제물류주선업 등록·변경등록 신청서에 변경 사실을 증명하는 서류를 첨부하여 시·도지사에게 제출하여야 한다.
등록 기준	등록을 하려는 자는 법인인 경우에는 3억원 이상의 자본금, 법인이 아닌 경우에는 6억원 이상의 자산평가액을 보유하고, 그 밖에 대통령령(영 제30조의2)으로 정하는 기준을 충족하여야 한다. "대통령령으로 정하는 기준"이란 다음 각 호의 어느 하나에 해당하는 경우를 제외하고는 1억원 이상의 보증보험에 가입하여야 하는 것을 말한다. 1. 자본금 또는 자산평가액이 10억원 이상인 경우 2. 컨테이너장치장을 소유하고 있는 경우 3. 「은행법」에 따른 은행으로부터 1억원 이상의 지급보증을 받은 경우 4. 1억원 이상의 화물배상책임보험에 가입한 경우
신고의무	국제물류주선업자는 등록 기준에 관한 사항을 3년이 경과할 때마다 국토교통부령으로 정하는 바에 따라 신고하여야 한다.

국제물류주선업 등록의 결격사유
다음의 어느 하나에 해당하는 자는 국제물류주선업의 등록을 할 수 없으며, 외국인 또는 외국의 법령에 따라 설립된 법인의 경우에는 해당 국가의 법령에 따라 다음의 어느 하나에 해당하는 경우에도 또한 같다.
① 피성년후견인 또는 피한정후견인

② 「물류정책기본법」, 「화물자동차 운수사업법」, 「항공사업법」, 「항공안전법」, 「공항시설법」 또는 「해운법」을 위반하여 금고 이상의 실형을 선고받고 그 집행이 종료(집행이 종료된 것으로 보는 경우를 포함한다)되거나 집행이 면제된 날부터 2년이 지나지 아니한 자
③ 「물류정책기본법」, 「화물자동차 운수사업법」, 「항공사업법」, 「항공안전법」, 「공항시설법」 또는 「해운법」을 위반하여 금고 이상의 형의 집행유예를 선고받고 그 유예기간 중에 있는 자
④ 「물류정책기본법」, 「화물자동차 운수사업법」, 「항공사업법」, 「항공안전법」, 「공항시설법」 또는 「해운법」을 위반하여 벌금형을 선고받고 2년이 지나지 아니한 자
⑤ 등록이 취소(①에 해당하여 등록이 취소된 경우는 제외)된 후 2년이 지나지 아니한 자
⑥ 법인으로서 대표자가 ①부터 ⑤까지의 어느 하나에 해당하는 경우
⑦ 법인으로서 대표자가 아닌 임원 중에 ②부터 ⑤까지의 어느 하나에 해당하는 사람이 있는 경우

[출제유형]   2019년 제23회

물류정책기본법상 국제물류주선업의 등록을 할 수 있는 자는?

① 피한정후견인
② 「물류정책기본법」을 위반하여 금고 이상의 실형을 선고받고 그 집행이 종료되거나 집행이 면제된 날부터 2년이 지나지 아니한 자
❸ 「유통산업발전법」을 위반하여 금고 이상의 형의 집행유예를 선고받고 그 유예기간 중에 있는 자
④ 「화물자동차 운수사업법」을 위반하여 벌금형을 선고받고 2년이 지나지 아니한 자
⑤ 대표자가 피성년후견인인 법인

2 사업의 승계 및 등록의 취소

구 분		내 용
사업의 승계	승계사유	국제물류주선업자가 그 사업을 양도하거나 사망한 때 또는 법인이 합병한 때에는 그 양수인·상속인 또는 합병 후 존속하는 법인이나 합병으로 설립되는 법인은 국제물류주선업의 등록에 따른 권리·의무를 승계한다.
	신고기관	국제물류주선업의 등록에 따른 권리·의무를 승계한 자는 국토교통부령으로 정하는 바에 따라 시·도지사에게 신고하여야 한다. 국제물류주선업의 양도·양수를 신고하려는 자는 양도·양수 신고서(전자문서 포함)를, 상속을 신고하려는 자는 상속신고서를, 국제물류주선업자인 법인의 합병을 신고하려는 자는 법인합병신고서를 그 권리·의무를 승계한 날부터 30일 이내에 시·도지사에게 제출하여야 한다.
	결격사유	사업의 승계를 받은 자의 결격사유에 관하여는 국제물류주선업 등록의 결격사유 규정을 준용한다.
등록의 취소		시·도지사는 국제물류주선업자가 다음 각 호의 어느 하나에 해당하는 경우에는 등록을 취소하거나 6개월 이내의 기간을 정하여 사업의 전부 또는 일부의 정지를 명할 수 있다. 다만, 제1호·제4호·제5호에 해당하는 경우에는 등록을 취소하여야 한다. 1. 거짓이나 그 밖의 부정한 방법으로 등록을 한 경우 2. 등록 기준에 못 미치게 된 경우 3. 등록 기준에 관한 신고를 하지 아니하거나 거짓으로 신고한 경우 4. 등록의 결격사유(사업승계의 결격사유를 포함)중 어느 하나에 해당하게 된 경우. 다만, 그 지위를 승계받은 상속인이 등록의 결격사유 규정 제1호부터 제5호까지의 어느 하나에 해당하는 경우에 상속일부터 3개월 이내에 그 사업을 다른 사람에게 양도한 경우와 법인(합병 후 존속하는 법인 또는 합병으로 설립되는 법인을 포함)이 동 규정 제6호 또는 제7호에 해당하는 경우에 그 사유가 발생한 날(법인이 합병하는 경우에는 합병일을 말함)부터 3개월 이내에 해당 임원을 개임한 경우에는 그러하지 아니하다. 5. 등록증 대여 등의 금지 규정(법 제66조)을 위반하여 다른 사람에게 자기의 성명 또는 상호를 사용하여 영업을 하게 하거나 등록증을 대여한 경우

[출제유형]   2022년 제26회

물류정책기본법령상 국제물류주선업에 관한 설명으로 옳은 것은?

① 컨테이너장치장을 소유하고 있는 자가 국제물류주선업을 등록하려는 경우 1억원 이상의 보증보험에 가입하여야 한다.
② 국제물류주선업을 경영하려는 자는 해양수산부장관에게 등록하여야 한다.
③ 국제물류주선업자는 등록기준에 관한 사항을 5년이 경과할 때마다 신고하여야 한다.
❹ 국제물류주선업자가 그 사업을 양도한 때에는 그 양수인은 국제물류주선업의 등록에 따른 권리·의무를 승계한다.
⑤ 해양수산부장관은 국제물류주선업자의 폐업 사실을 확인하기 위하여 필요한 경우에는 국세청장에게 폐업에 관한 과세정보의 제공을 요청할 수 있다.

사업의 휴업·폐업 관련 정보의 제공 요청
시·도지사는 국제물류주선업자의 휴업·폐업 사실을 확인하기 위하여 필요한 경우에는 관할 세무관서의 장에게 대통령령(영 제31조)으로 정하는 바에 따라 휴업·폐업에 관한 과세정보의 제공을 요청할 수 있다. 이 경우 요청을 받은 세무관서의 장은 정당한 사유가 없으면 그 요청에 따라야 한다.

07 물류인력의 양성

[출제유형] 2022년 제26회

물류정책기본법령상 물류인력의 양성 및 물류관리사에 관한 설명으로 옳지 않은 것은?

❶ 「대한무역투자진흥공사법」에 따른 대한무역투자진흥공사는 물류연수기관이 될 수 없다.
② 물류관리사는 물류활동과 관련하여 전문지식이 필요한 사항에 대하여 계획·조사·연구·진단 및 평가 또는 이에 관한 상담·자문, 그 밖에 물류관리에 필요한 직무를 수행한다.
③ 국토교통부장관은 물류관리사를 고용한 물류관련 사업자에 대하여 다른 사업자보다 우선하여 행정적·재정적 지원을 할 수 있다.
④ 물류관리사는 다른 사람에게 자격증을 대여하여서는 아니된다.
⑤ 물류관리사 자격의 취소를 하려면 청문을 하여야 한다.

[출제유형] 2024년 제28회

물류정책기본법령상 물류관련협회 및 민·관 합동 물류지원센터에 관한 설명으로 옳지 않은 것은?

① 국토교통부장관 또는 해양수산부장관은 물류관련협회 설립의 인가권자이다.
② 물류관련협회는 법인으로 한다.
③ 물류관련협회는 해당 사업의 진흥·발전에 필요한 통계의 작성·관리와 외국자료의 수집·조사·연구사업을 수행한다.
④ 국토교통부장관·해양수산부장관·산업통상자원부장관 및 대통령령으로 정하는 물류관련협회 및 물류관련 전문기관·단체는 공동으로 물류지원센터를 설치·운영할 수 있다.
❺ 민·관 합동 물류지원센터의 장은 3년마다 사업계획을 수립한다.

1 물류인력 및 물류관리사

구 분	내 용
사업의 종류	국토교통부장관·해양수산부장관 또는 시·도지사는 대통령령으로 정하는 물류분야의 기능인력 및 전문인력을 양성하기 위하여 다음의 사업을 할 수 있다. ㉠ 화주기업 및 물류기업에 종사하는 물류인력의 역량강화를 위한 교육·연수 ㉡ 물류체계 효율화 및 국제물류 활성화를 위한 선진기법, 교육프로그램 및 교육교재의 개발·보급 ㉢ 외국 물류대학의 국내유치활동 지원 및 국내대학과 외국대학 간의 물류교육 프로그램의 공동 개발활동 지원 ㉣ 물류시설의 운영과 물류장비의 조작을 담당하는 기능인력의 양성·교육 ㉤ 그 밖에 신규 물류인력 양성, 물류관리사 재교육 또는 외국인 물류인력 교육을 위하여 필요한 사업
경비의 지원	국토교통부장관·해양수산부장관 또는 시·도지사는 다음에 해당하는 자가 각 부문에 해당하는 사업을 하는 경우에는 예산의 범위에서 사업수행에 필요한 경비의 전부나 일부를 지원할 수 있다. ㉠ 정부출연연구기관 ㉡ 「고등교육법」 또는 「경제자유구역 및 제주국제자유도시의 외국교육기관 설립·운영에 관한 특별법」에 따라 설립된 대학이나 대학원 ㉢ 그 밖에 국토교통부령(규칙 제11조) 또는 해양수산부령으로 정하는 물류연수기관
물류관리사의 직무	물류활동과 관련하여 전문지식이 필요한 사항에 대해 계획·조사·연구·진단 및 평가 또는 이에 관한 상담·자문, 그 밖에 물류관리에 필요한 직무를 수행한다.
물류관리사의 자격의 취소	국토교통부장관은 물류관리사가 다음에 해당하는 때에는 그 자격을 취소하여야 한다. ㉠ 자격을 부정한 방법으로 취득한 때 ㉡ 다른 사람에게 자기의 성명을 사용하여 영업을 하게 하거나 자격증을 대여한 때 ㉢ 물류관리사의 성명의 사용이나 물류관리사 자격증 대여를 알선한 때

2 물류관련 단체

구 분	내 용
물류관련협회	• 물류기업, 화주기업, 그 밖에 물류활동과 관련된 자는 물류체계를 효율화하고 업계의 건전한 발전 및 공동이익을 도모하기 위하여 필요할 경우 물류관련협회를 설립할 수 있다. • 물류관련협회를 설립하려는 경우에는 해당 협회의 회원이 될 자격이 있는 기업 100개 이상이 발기인으로 정관을 작성하여 해당 협회의 회원이 될 자격이 있는 기업 200개 이상이 참여한 창립총회의 의결을 거친 후 소관에 따라 국토교통부장관 또는 해양수산부장관의 설립인가를 받아야 한다. • 물류관련협회는 설립인가를 받아 설립등기를 함으로써 성립한다. • 물류관련협회는 법인으로 한다.
민·관 합동 물류지원센터	국토교통부장관·해양수산부장관·산업통상자원부장관 및 물류관련협회 및 물류관련 전문기관·단체는 공동으로 물류체계 효율화를 통한 국가경쟁력을 강화하고 국제물류사업을 효과적으로 추진하기 위하여 물류지원센터를 설치·운영할 수 있다.

핵심테마 08 물류의 선진화 및 국제화

1 물류 관련 연구개발

구 분		내 용
물류 관련 신기술·기법의 연구개발 및 보급 촉진	시책마련	국토교통부장관·해양수산부장관 또는 시·도지사는 첨단화물운송체계·클라우드컴퓨팅·무선주파수인식 및 정온(定溫)물류 등 물류 관련 신기술·기법의 연구개발 및 이를 통한 첨단 물류시설·장비·운송수단의 보급·촉진을 위한 시책을 마련하여야 한다.
	지 원	• 국토교통부장관·해양수산부장관 또는 시·도지사는 물류기업이 다음의 활동을 하는 경우에는 이에 필요한 행정적·재정적 지원을 할 수 있다. 1. 물류신기술을 연구개발하는 경우 2. 기존 물류시설·장비·운송수단을 첨단물류시설등으로 전환하거나 첨단물류시설등을 새롭게 도입하는 경우 3. 그 밖에 물류신기술 및 첨단물류시설등의 개발·보급을 위하여 대통령령으로 정하는 사항 • 국토교통부장관 또는 해양수산부장관은 물류신기술·첨단물류시설등 중 성능 또는 품질이 우수하다고 인정되는 경우 우수한 물류신기술·첨단물류시설등으로 지정하여 이의 보급·활용에 필요한 행정적·재정적 지원을 할 수 있다.
물류 관련 연구기관 및 단체의 육성		• 연구기관 및 단체 지도·육성 : 국토교통부장관·해양수산부장관 또는 시·도지사는 물류 관련 기술의 진흥 및 물류신기술의 연구개발을 위하여 관련 연구기관 및 단체를 지도·육성하여야 한다. • 투자 및 출연의 권고 : 국토교통부장관·해양수산부장관 또는 시·도지사는 물류 관련 기술의 진흥 및 물류신기술의 연구개발을 위하여 필요하다고 인정하는 경우에는 공공기관 등으로 하여금 물류기술의 연구·개발에 투자하게 하거나 연구기관 및 단체에 출연하도록 권고할 수 있다. • 물류분야에 대한 포상 : 국토교통부장관·해양수산부장관 또는 시·도지사는 물류분야의 연구나 물류기술의 진흥 등에 현저한 기여를 했다고 인정되는 공공기관·물류기업 또는 개인 등에게 포상할 수 있다.

2 환경친화적 물류

구 분		내 용
환경친화적 물류의 촉진	시책마련	국토교통부장관·해양수산부장관 또는 시·도지사는 물류활동이 환경친화적으로 추진될 수 있도록 관련 시책을 마련하여야 한다.
	지 원	국토교통부장관·해양수산부장관 또는 시·도지사는 물류기업, 화주기업 또는 「화물자동차 운수사업법」에 따른 개인 운송사업자가 환경친화적 물류활동을 위하여 다음의 활동을 하는 경우에는 행정적·재정적 지원을 할 수 있다.

[출제유형] 2024년 제28회
물류정책기본법상 환경친화적 물류의 촉진에 관한 설명으로 옳지 않은 것은?

① 국토교통부장관·해양수산부장관 또는 시·도지사는 물류활동이 환경친화적으로 추진될 수 있도록 관련 시책을 마련하여야 한다.
② 국토교통부장관·해양수산부장관 또는 시·도지사는 물류기업 및 화주기업에 대하여 환경친화적인 운송수단으로의 전환을 권고하고 지원할 수 있다.
③ 국토교통부장관은 환경친화적 물류활동을 모범적으로 하는 물류기업과 화주기업을 우수기업으로 지정할 수 있다.
❹ 국토교통부장관은 우수녹색물류실천기업 지정심사대행기관이 고의 또는 중대한 과실로 지정기준 및 절차를 위반한 경우에는 그 지정을 취소하여야 한다.
⑤ 우수녹색물류실천기업 지정심사대행기관은 공공기관 또는 정부출연연구기관 중에서 지정한다.

[출제유형] 2022년 제26회

물류정책기본법령상 국토교통부장관이 행정적·재정적 지원을 할 수 있는 환경친화적 물류활동을 위하여 하는 활동에 해당하는 것을 모두 고른 것은?

ㄱ. 환경친화적인 운송수단 또는 포장재료의 사용
ㄴ. 기존 물류장비를 환경친화적인 물류장비로 변경
ㄷ. 환경친화적인 물류시스템의 도입 및 개발
ㄹ. 물류활동에 따른 폐기물 감량

① ㄱ, ㄷ
② ㄱ, ㄹ
③ ㄴ, ㄷ
④ ㄴ, ㄷ, ㄹ
❺ ㄱ, ㄴ, ㄷ, ㄹ

[출제유형] 2018년 제22회

물류정책기본법령상 환경친화적 운송수단으로의 전환촉진에 관한 설명으로 옳지 않은 것은?

❶ 시장·군수는 국토교통부장관의 승인을 받아 물류기업 및 화주기업에 대하여 환경친화적 운송수단으로의 전환을 권고하고 지원할 수 있다.
② 화물자동차·철도차량·선박·항공기 등의 배출가스를 저감하기 위하여 시설·장비투자를 하는 경우 환경친화적 운송수단으로의 전환의 지원대상이 될 수 있다.
③ 환경친화적인 연료를 사용하는 운송수단으로 전환하기 위하여 시설·장비투자를 하는 경우 환경친화적 운송수단으로의 전환의 지원대상이 될 수 있다.
④ 환경친화적 운송수단으로의 전환에 필요한 자금의 보조·융자 및 융자알선은 환경친화적 운송수단으로의 전환의 지원내용에 해당한다.
⑤ 환경친화적 운송수단으로의 전환에 필요한 교육, 컨설팅 및 정보의 제공은 환경친화적 운송수단으로의 전환의 지원내용에 해당한다.

환경친화적 물류의 촉진	지원	1. 환경친화적인 운송수단 또는 포장재료의 사용 2. 기존 물류시설·장비·운송수단을 환경친화적인 물류시설·장비·운송수단으로 변경 3. 그 밖에 대통령령(영 제47조)으로 정하는 환경친화적 물류활동 "그 밖에 대통령령으로 정하는 환경친화적 물류활동"이란 다음 각 호의 활동을 말한다. 1. 환경친화적인 물류시스템의 도입 및 개발 2. 물류활동에 따른 폐기물 감량 3. 그 밖에 물류자원을 절약하고 재활용하는 활동으로서 국토교통부장관 및 해양수산부장관이 정하여 고시하는 사항
	지역물류에 반영	시·도지사는 위의 정한 조치를 하려는 경우에는 중복을 방지하기 위하여 미리 국토교통부장관 및 해양수산부장관과 협의하고, 그 내용을 지역물류기본계획과 지역물류시행계획에 반영하여야 한다.
환경친화적 운송수단으로의 전환촉진		• 국토교통부장관·해양수산부장관 또는 시·도지사는 물류기업 및 화주기업에 대하여 환경친화적인 운송수단으로의 전환을 권고하고 지원할 수 있으며, 지원대상의 세부적인 기준 및 지원내용에 필요한 사항은 대통령령(영 제48조)으로 정한다. ① 지원대상 1. 화물자동차·철도차량·선박·항공기 등의 배출가스를 저감하거나 배출가스를 저감할 수 있는 운송수단으로 전환하는 경우 및 이를 위한 시설·장비투자를 하는 경우 2. 환경친화적인 연료를 사용하는 운송수단으로 전환하는 경우 및 이를 위한 시설·장비투자를 하는 경우 ② 지원내용 1. 환경친화적 운송수단으로의 전환에 필요한 자금의 보조·융자 및 융자 알선 2. 환경친화적 운송수단으로의 전환에 필요한 교육, 컨설팅 및 정보의 제공 3. 그 밖에 환경친화적 운송수단으로의 전환을 지원하기 위하여 국토교통부장관이 해양수산부장관 및 관계 행정기관의 장과 협의하여 고시하는 사항 • 시·도지사는 위의 조치를 하려는 경우에는 중복을 방지하기 위하여 미리 국토교통부장관 및 해양수산부장관과 협의하고, 그 내용을 지역물류기본계획과 지역물류시행계획에 반영하여야 한다.
환경친화적 물류활동 우수기업의 지정	지정	• 국토교통부장관은 환경친화적 물류활동을 모범적으로 하는 물류기업과 화주기업을 우수기업으로 지정할 수 있다. • 우수기업으로 지정받으려는 자는 환경친화적 물류활동의 실적 등 국토교통부령으로 정하는 지정기준을 충족하여야 한다. • 국토교통부장관은 우수녹색물류실천기업이 요건을 유지하는지에 대하여 국토교통부령으로 정하는 바에 따라 점검을 할 수 있다. • 우수녹색물류실천기업의 지정 절차 및 방법 등에 필요한 사항은 국토교통부령으로 정한다.
	지정표시	• 국토교통부장관은 우수녹색물류실천기업에 지정증을 발급하고, 지정을 나타내는 표시(지정표시)를 정하여 우수녹색물류실천기업이 사용하게 할 수 있다. • 지정표시의 도안 및 표시 방법 등에 대해서는 국토교통부장관이 정하여 고시한다. • 우수녹색물류실천기업이 아닌 자는 지정표시나 이와 유사한 표시를 하여서는 아니 된다.
	지정취소	• 국토교통부장관은 우수녹색물류실천기업이 다음 각 호의 어느 하나에 해당하는 경우에는 그 지정을 취소할 수 있다. 다만, 제1호에 해당할 때에는 지정을 취소하여야 한다. 1. 거짓이나 그 밖의 부정한 방법으로 지정을 받은 경우 2. 지정요건을 충족하지 아니하게 된 경우 3. 지정요건 유지 여부에 대한 점검을 정당한 사유 없이 3회 이상 거부한 경우 • 우수녹색물류실천기업은 지정이 취소된 경우에는 지정증을 반납하고, 지정표시의 사용을 중지하여야 한다.

3 국제물류의 촉진 및 지원

구 분		내 용
국제물류사업의 촉진 및 지원	시책마련	국토교통부장관·해양수산부장관 또는 시·도지사는 국제물류협력체계 구축, 국내 물류기업의 해외진출, 해외 물류기업의 유치 및 환적(換積)화물의 유치 등 국제물류 촉진을 위한 시책을 마련하여야 한다.
	지 원	• 국토교통부장관·해양수산부장관 또는 시·도지사는 대통령령으로 정하는 물류기업 또는 관련 전문기관·단체가 추진하는 다음의 국제물류사업에 대하여 행정적인 지원 또는 예산의 범위에서 필요한 경비의 전부나 일부를 지원할 수 있다. 1. 물류 관련 정보·기술·인력의 국제교류 2. 물류 관련 국제 표준화, 공동조사, 연구 및 기술협력 3. 물류 관련 국제학술대회, 국제박람회 등의 개최 4. 해외 물류시장의 조사·분석 및 수집정보의 체계적인 배분 5. 국가간 물류활동을 촉진하기 위한 지원기구의 설립 6. 외국 물류기업의 유치 7. 국내 물류기업의 해외 물류기업 인수 및 해외 물류 인프라 구축 8. 그 밖에 국제물류사업의 촉진 및 지원을 위하여 필요하다고 인정되는 사항 • 국토교통부장관·해양수산부장관 또는 시·도지사는 물류기업 및 국제물류 관련 기관·단체의 국제물류활동을 촉진하기 위하여 필요한 행정적·재정적 지원을 할 수 있다.
	심 의	국토교통부장관 및 해양수산부장관은 범정부차원의 지원이 필요한 국가 간 물류협력체의 구성 또는 정부 간 협정의 체결 등에 관하여는 미리 국가물류정책위원회의 심의를 거쳐야 한다.
	사전 협의	시·도지사는 위의 정한 조치를 하려는 경우에는 중복을 방지하기 위하여 미리 국토교통부장관 및 해양수산부장관과 협의하고, 그 내용을 지역물류기본계획과 지역물류시행계획에 반영하여야 한다.
공동투자유치 활동		• 공동투자유치 활동수행 : 국토교통부장관·해양수산부장관 또는 시·도지사는 물류시설에 외국인투자기업 및 환적화물을 효과적으로 유치하기 위하여 필요한 경우에는 해당 물류시설관리자(공항·항만 등 물류시설의 소유권 또는 개별 법령에 따른 관리·운영권을 인정받은 자를 말함) 또는 국제물류 관련 기관·단체와 공동으로 투자유치 활동을 수행할 수 있다. • 공동투자 유치활동에 대한 협조 : 물류시설관리자와 국제물류 관련 기관·단체는 공동투자 유치활동에 대하여 특별한 사유가 없는 한 적극 협조하여야 한다. • 관련 기관·단체에 협조 요청 : 국토교통부장관·해양수산부장관 또는 시·도지사는 효율적인 투자유치를 위하여 필요하다고 인정되는 경우에는 재외공관 등 관계 행정기관 및 「대한무역투자진흥공사법」에 따른 대한무역투자진흥공사 등 관련 기관·단체에 협조를 요청할 수 있다.

투자유치활동 평가		• 투자유치활동 평가 : 국토교통부장관 및 해양수산부장관은 물류시설관리자의 외국인투자기업 및 환적화물에 대한 적극적인 유치활동을 촉진하기 위하여 필요한 경우에는 해당 물류시설관리자의 투자유치활동에 대한 평가를 할 수 있다.
		• 그 밖의 필요한 사항 : 투자유치활동의 평가대상기관, 평가방법 및 평가결과의 반영 등에 관한 사항은 대통령령(영 제50조)으로 정한다.
		
		투자유치활동의 평가대상기관 등(영 제50조 제1항 및 제4항)
		① 국토교통부장관 및 해양수산부장관은 다음 각 호의 물류시설에 대한 소유권 또는 관리·운영권을 인정받은 자에 대하여 투자유치활동에 대한 평가를 할 수 있다.
		  1. 「공항시설법」에 따른 공항 중 국제공항 및 그 배후지에 위치한 물류시설
		  2. 「항만법」에 따른 무역항 및 그 배후지에 위치한 물류시설
		④ 국토교통부장관 및 해양수산부장관은 평가대상기관에 대하여 그 평가결과에 따라 행정적·재정적 지원을 달리 할 수 있다.

[출제유형]　　　　　2018년 제22회

「물류정책기본법」상 국제물류사업의 촉진 및 지원에 관한 조문의 일부이다. ( )에 들어갈 내용을 바르게 나열한 것은?

• 국토교통부장관·해양수산부장관 또는 시·도지사는 (ㄱ), 국내 물류기업의 해외진출, 해외 물류기업의 유치 및 (ㄴ)의 유치 등 국제물류 촉진을 위한 시책을 마련하여야 한다.
• 국토교통부장관 및 해양수산부장관은 범정부차원의 지원이 필요한 국가 간 물류협력체의 구성 또는 정부 간 협정의 체결 등에 관하여는 미리 (ㄷ)의 심의를 거쳐야 한다.

① ㄱ : 국제물류협력체계 구축
　 ㄴ : 국제물류사업
　 ㄷ : 국가물류정책위원회
❷ ㄱ : 국제물류협력체계 구축
　 ㄴ : 환적(換積)화물
　 ㄷ : 국가물류정책위원회
③ ㄱ : 국제물류협력체계 구축
　 ㄴ : 환적(換積)화물
　 ㄷ : 국무회의
④ ㄱ : 물류 관련 국제표준화
　 ㄴ : 환적(換積)화물
　 ㄷ : 국가물류정책위원회
⑤ ㄱ : 물류 관련 국제표준화
　 ㄴ : 국제물류사업
　 ㄷ : 국무회의

09 보칙 및 벌칙

PART 5 물류관련법규 / Chapter 01 물류정책기본법

[출제유형] 2020년 제24회

물류정책기본법에 따른 행정업무 및 조치에 관한 설명으로 옳지 않은 것은?

① 국토교통부장관·해양수산부장관 및 산업통상자원부장관의 업무소관이 중복되는 경우에는 서로 협의하여 업무소관을 조정한다.
② 국제물류주선업자에게 사업의 정지를 명하여야 하는 경우로서 그 사업의 정지가 해당 사업의 이용자 등에게 심한 불편을 주는 경우에는 그 사업정지처분을 갈음하여 1천만원 이하의 과징금을 부과할 수 있다.
❸ 과징금을 기한 내에 납부하지 아니한 때에는 시·도지사는 「지방재정법」에 따라 징수한다.
④ 국제물류주선업자에 대한 등록을 취소하려면 청문을 하여야 한다.
⑤ 이 법에 따라 업무를 수행하는 위험물질운송단속원은 「형법」 제129조부터 제132조까지의 규정에 따른 벌칙의 적용에서는 공무원으로 본다.

[출제유형] 2017년 제21회

「물류정책기본법」상 청문을 실시하여야 하는 처분으로 옳지 않은 것은?

① 물류관리사 자격의 취소
② 인증우수물류기업에 대한 인증의 취소
❸ 국제물류주선업자에 대한 사업의 전부 정지
④ 지정심사대행기관의 지정취소
⑤ 우수녹색물류실천기업의 지정취소

1 보 칙

구 분	내 용
업무소관의 조정	이 법에 따른 국토교통부장관·해양수산부장관 및 산업통상자원부장관의 업무소관이 중복되는 경우에는 서로 협의하여 업무소관을 조정한다.
등록증 대여 등의 금지	인증우수물류기업·국제물류주선업자 및 우수녹색물류실천기업은 다른 사람에게 자기의 성명 또는 상호를 사용하여 사업을 하게 하거나 그 인증서·등록증 또는 지정증을 대여하여서는 아니된다.
과징금	• 과징금의 부과 요건 : 시·도지사는 국제물류주선업자에게 사업의 정지를 명하여야 하는 경우로서 그 사업의 정지가 해당 사업의 이용자 등에게 심한 불편을 주는 경우에는 그 사업정지 처분을 갈음하여 1천만원 이하의 과징금을 부과할 수 있다. 과징금 부과 통지를 받은 자는 통지를 받은 날부터 20일 이내에 시·도지사가 정하는 수납기관에 과징금을 내야 한다. • 그 밖의 필요한 사항 : 과징금을 부과하는 위반행위의 종별 및 그 정도에 따른 과징금의 금액, 그 밖에 필요한 사항은 대통령령으로 정한다. 1. 과징금을 부과하는 위반행위의 종별과 과징금의 금액은 다음과 같다. | 위반행위 | 과징금 금액 2차위반 | 과징금 금액 3차위반 | |---|---|---| | 1. 국제물류주선업의 등록 기준에 못 미치게 된 경우 | 100만원 | 200만원 | | 2. 국제물류주선업 등록 기준에 관한 사항의 신고의무 위반하여 신고를 하지 않거나 거짓으로 신고한 경우 | 100만원 | 200만원 | ※ 비고 : 위반행위의 횟수는 국토교통부령으로 정하는 처분기준에 따른 위반행위의 횟수 산정 기준에 따른다. 2. 시·도지사는 국제물류주선업자의 사업규모, 사업지역의 특수성, 위반행위의 정도 및 횟수 등을 고려하여 과징금의 금액의 2분의 1의 범위에서 이를 늘리거나 줄일 수 있다. 이 경우 과징금을 늘리더라도 과징금의 총액은 1천만원을 초과할 수 없다. • 과징금 미납 시 처리 : 과징금을 기한 내에 납부하지 아니한 때에는 시·도지사는 「지방행정제재·부과금의 징수 등에 관한 법률」에 따라 징수한다.
청문	국토교통부장관, 해양수산부장관, 시·도지사 및 행정기관은 다음 각 호의 어느 하나에 해당하는 취소를 하려면 청문을 하여야 한다. 1. 단위물류정보망 전담기관에 대한 지정의 취소 2. 국가물류통합정보센터운영자에 대한 지정의 취소 3. 인증우수물류기업에 대한 인증의 취소 4. 심사대행기관 지정의 취소 5. 국제물류주선업자에 대한 등록의 취소 6. 물류관리사 자격의 취소 7. 우수녹색물류실천기업의 지정취소 8. 지정심사대행기관의 지정취소

구분	내용
벌칙 적용에서의 공무원 의제	이 법에 따라 업무를 수행하는 다음의 어느 하나에 해당하는 자는「형법」제129조부터 제132조까지(수뢰·사전수뢰, 제3자뇌물제공, 수뢰후부정처사·사후수뢰, 알선수뢰)의 규정에 따른 벌칙의 적용에서는 공무원으로 본다. ① 위험물질운송안전관리센터의 업무를 대행하는 한국교통안전공단의 임직원 ② 위험물질운송단속원 ③ 우수물류기업 인증심사 대행기관의 임직원 ④ 우수녹색물류실천기업 지정심사대행기관의 임직원

2 벌칙

구분	내용	
벌칙규정	전자문서를 위작 또는 변작하거나 그 사정을 알면서 위작 또는 변작된 전자문서를 행사한 자(미수범 본죄에 준해 처벌)	10년 이하의 징역 또는 1억원 이하의 벌금
	국가물류통합정보센터 또는 단위물류정보망에 의하여 처리·보관 또는 전송되는 물류정보를 훼손하거나 그 비밀을 침해·도용 또는 누설한 자	5년 이하의 징역 또는 5천만원 이하의 벌금
	국가물류통합정보센터 또는 단위물류정보망의 보호조치를 침해하거나 훼손한 자	3년 이하의 징역 또는 3천만원 이하의 벌금
	① 위험물질운송안전관리센터의 운영에 필요한 정보를 목적 외의 용도로 사용한 자 ② 전자문서 또는 물류정보를 대통령령으로 정하는 기간(→ 2년) 동안 보관하지 아니한 자 ③ 국제물류주선업의 등록을 하지 아니하고 국제물류주선업을 경영한 자 ④ 자신의 성명을 사용하여 사업을 하게 하거나 물류관리사 자격증을 대여한 자 ⑤ 물류관리사로부터 그 성명을 빌려 사업을 하거나 물류관리사 자격증을 대여받은 자 또는 이를 알선한 자	1년 이하의 징역 또는 1천만원 이하의 벌금
	① 거짓의 인증마크를 제작·사용하거나 그 밖의 방법으로 인증받은 기업임을 사칭한 자 ② 전자문서 또는 물류정보를 공개한 자	3천만원 이하의 벌금
	① 위험물질 운송차량의 운행중지 명령에 따르지 아니한 자 ② 분쟁조정 권고를 위한 자료 제출 및 보고를 하지 아니하거나 거짓으로 한 자 ③ 분쟁조정 권고를 위한 조사를 거부·방해 또는 기피한 자 ④ 우수녹색물류실천기업 지정을 받지 아니하고 지정표시 또는 이와 유사한 표시를 사용한 자 ⑤ 성명 또는 상호를 다른 사람에게 사용하게 하거나 인증서·등록증 또는 지정증을 대여한 자	1천만원 이하의 벌금
과태료	다음의 어느 하나에 해당하는 자에게는 200만원 이하의 과태료를 부과한다. 1. 물류현황조사, 국가물류기본계획의 수립·변경(연도별시행계획의 수립·변경에서 준용하는 경우를 포함) 또는 지역물류기본계획의 수립·변경(지역물류시행계획의 수립·변경에서 준용하는 경우를 포함)에 따른 자료를 제출하지 아니하거나 거짓의 자료를 제출한 자(제7조 제2항 제3호, 제11조 제3항 제3호 및 제15조 제1항 제3호에 해당하는 자에 한정) 1의2. 국제물류주선업의 변경등록을 하지 아니한 자 2. 국제물류주선업자의 사업승계 신고를 하지 아니한 자 3. 우수물류기업의 인증이 취소된 경우 규정을 위반하여 인증마크를 계속 사용한 자 4. 우수녹색물류실천기업의 지정이 취소된 경우 규정을 위반하여 지정표시를 계속 사용한 자 5. 단말장치를 장착하지 아니한 자 6. 단말장치를 점검·관리하지 아니하거나 단말장치의 작동을 유지하지 아니한 자 7. 운송계획정보를 입력하지 아니하거나 거짓으로 입력한 자 8. 정당한 사유 없이 출입·조사를 거부·방해 또는 기피한 자	

[출제유형] 2020년 제24회

물류정책기본법상 위반행위자에 대한 벌칙 혹은 과태료의 상한이 중한 것부터 경한 순서로 바르게 나열한 것은?

ㄱ. 국가물류통합정보센터 또는 단위물류정보망에 의하여 처리·보관 또는 전송되는 물류정보를 훼손한 자
ㄴ. 우수물류기업의 인증이 취소되었음에도 인증마크를 계속 사용한 자
ㄷ. 단말장치의 장착명령에 위반했음을 이유로 하여 내린 위험물 운송차량의 운행중지 명령에 따르지 아니한 자
ㄹ. 국제물류주선업의 등록을 하지 아니하고 국제물류주선업을 경영한 자

① ㄱ-ㄷ-ㄴ-ㄹ
❷ ㄱ-ㄹ-ㄷ-ㄴ
③ ㄷ-ㄱ-ㄹ-ㄴ
④ ㄹ-ㄱ-ㄴ-ㄷ
⑤ ㄹ-ㄷ-ㄴ-ㄱ

⊕ PLUS

양벌규정

법인의 대표자나 법인 또는 개인의 대리인, 사용인, 그 밖의 종업원이 그 법인 또는 개인의 업무에 관하여 제71조(벌칙)의 위반행위를 하면 그 행위자를 벌하는 외에 그 법인 또는 개인에게도 해당 조문의 벌금형을 과(科)한다. 다만, 법인 또는 개인이 그 위반행위를 방지하기 위하여 해당 업무에 관하여 상당한 주의와 감독을 게을리하지 아니한 경우에는 그러하지 아니하다.

핵심테마 10 총칙

PART 5 물류관련법규 / Chapter 02 물류시설의 개발 및 운영에 관한 법률

[출제유형] 2021년 제25회

물류시설의 개발 및 운영에 관한 법령상 용어의 설명으로 옳지 않은 것은?

❶ 「철도사업법」에 따른 철도사업자가 그 사업에 사용하는 화물운송·하역 및 보관 시설은 일반물류단지 안에 설치하더라도 일반물류단지시설에 해당하지 않는다.
② 「유통산업발전법」에 따른 공동집배송센터를 경영하는 사업은 물류터미널사업에서 제외된다.
③ 「주차장법」에 따른 주차장에서 자동차를 보관하는 사업은 물류창고업에서 제외된다.
④ 화물의 집화·하역과 관련된 가공·조립 시설의 전체 바닥면적 합계가 물류터미널의 전체 바닥면적 합계의 4분의 1을 넘는 경우에는 물류터미널에 해당하지 않는다.
⑤ 물류단지시설의 운영을 효율적으로 지원하기 위하여 물류단지 안에 설치되는 금융·보험·의료 시설은 지원시설에 해당된다.

➕ PLUS

스마트물류센터
첨단물류시설 및 설비, 운영시스템 등을 도입하여 저비용·고효율·안전성·친환경성 등에서 우수한 성능을 발휘할 수 있는 물류창고로서 국토교통부장관의 인증을 받은 물류창고

1 용어의 정의

구 분	내 용
물류시설	㉠ 화물의 운송·보관·하역을 위한 시설 ㉡ 화물의 운송·보관·하역과 관련된 가공·조립·분류·수리·포장·상표부착·판매·정보통신 등의 활동을 위한 시설 ㉢ 물류의 공동화·자동화 및 정보화를 위한 시설 ㉣ ㉠~㉢의 시설이 모여 있는 물류터미널 및 물류단지
물류터미널	화물의 집화·하역 및 이와 관련된 분류·포장·보관·가공·조립 또는 통관 등에 필요한 기능을 갖춘 시설물. 다만, 가공·조립 시설은 전체 바닥면적의 합계가 물류터미널의 전체 바닥면적 합계의 1/4 이하의 규모이어야 한다.
물류터미널사업	물류터미널을 경영하는 사업으로서 복합물류터미널사업과 일반물류터미널사업. 다만, 다음의 시설물을 경영하는 사업은 제외한다. ㉠ 「항만법」 규정에 의한 항만시설 중 항만구역 안에 있는 화물하역시설 및 화물보관·처리 시설 ㉡ 「공항시설법」 규정에 의한 공항시설 중 공항구역 안에 있는 화물운송을 위한 시설과 그 부대시설 및 지원시설 ㉢ 「철도사업법」에 따른 철도사업자가 그 사업에 사용하는 화물운송·하역 및 보관 시설 ㉣ 「유통산업발전법」 규정에 의한 집배송시설 및 공동집배송센터
복합물류터미널사업	두 종류 이상의 운송수단 간의 연계운송을 할 수 있는 규모 및 시설을 갖춘 물류터미널사업
일반물류터미널사업	물류터미널사업 중 복합물류터미널사업을 제외한 것
물류창고	화물의 저장·관리, 집화·배송 및 수급조정 등을 위한 보관시설(주문 수요를 예측하여 소형·경량 위주의 화물을 미리 보관하고 소비자의 주문에 대응하여 즉시 배송하기 위한 주문배송시설을 포함)·보관장소 또는 이와 관련된 하역·분류·포장·상표부착 등에 필요한 기능을 갖춘 시설
물류창고업	화주(貨主)의 수요에 따라 유상으로 물류창고에 화물을 보관하거나 이와 관련된 하역·분류·포장·상표부착 등을 하는 사업. 다만, 다음의 어느 하나에 해당하는 것은 제외한다. ㉠ 「주차장법」에 따른 주차장에서 자동차의 보관, 「자전거 이용 활성화에 관한 법률」에 따른 자전거 주차장에서 자전거의 보관 ㉡ 「철도사업법」에 따른 철도사업자가 여객의 수하물 또는 소화물을 보관하는 것 ㉢ 그 밖에 「위험물안전관리법」에 따른 위험물저장소에 보관하는 것 등 국토교통부와 해양수산부의 공동부령으로 정하는 것
물류단지	물류단지시설과 지원시설을 집단적으로 설치·육성하기 위하여 규정에 따라 지정·개발하는 일단의 토지 및 시설로서 도시첨단물류단지와 일반물류단지
	일반물류단지 : 물류단지 중 도시첨단물류단지를 제외한 것
	도시첨단물류단지 : 도시 내 물류를 지원하고 물류·유통산업 및 물류·유통과 관련된 산업의 육성과 개발을 촉진하려는 목적으로 도시첨단물류단지시설과 지원시설을 집단적으로 설치하기 위하여 「국토의 계획 및 이용에 관한 법률」에 따른 도시지역에 도시첨단물류단지의 지정 등에 따라 지정·개발하는 일단(一團)의 토지 및 시설

물류단지시설	일반물류단지시설과 도시첨단물류단지시설
일반 물류단지시설	화물의 운송·집화·하역·분류·포장·가공·조립·통관·보관·판매·정보처리 등을 위하여 일반물류단지 안에 설치되는 다음의 시설 ㉠ 물류터미널 및 창고 ㉡ 「유통산업발전법」 규정에 의한 대규모점포·전문상가단지·공동집배송센터 및 중소유통공동도매물류센터 ㉢ 「농수산물유통 및 가격안정에 관한 법률」 규정에 의한 농수산물도매시장·농수산물공판장 및 농수산물종합유통센터 ㉣ 「궤도운송법」에 따른 궤도사업을 경영하는 자가 그 사업에 사용하는 화물의 운송·하역 및 보관시설 ㉤ 「축산물위생관리법」의 규정에 의한 작업장 ㉥ 「농업협동조합법」·「수산업협동조합법」·「산림조합법」·「중소기업협동조합법」 또는 「협동조합 기본법」에 따른 조합 또는 그 중앙회(연합회 포함)가 설치하는 구매사업 또는 판매사업 관련 시설 ㉦ 「화물자동차 운수사업법」 규정에 의한 화물자동차운수사업에 이용되는 차고, 화물취급소, 그 밖에 화물의 처리를 위한 시설 ㉧ 「약사법」의 규정에 의한 의약품 도매상의 창고 및 영업소시설 ㉨ 그 밖에 물류기능을 가진 시설로서 대통령령(영 제2조 제2항)으로 정하는 시설 ㉩ ㉠부터 ㉨까지의 시설에 딸린 시설(지원시설의 ㉠ 또는 ㉡의 시설로서 ㉠부터 ㉨까지의 시설과 동일한 건축물에 설치되는 시설을 포함)
도시첨단 물류단지시설	도시 내 물류를 지원하고 물류·유통산업 및 물류·유통과 관련된 산업의 육성과 개발을 목적으로 도시첨단물류단지 안에 설치되는 다음의 시설 ㉠ 일반물류단지시설의 ㉠부터 ㉨까지의 시설 중에서 도시 내 물류·유통기능 증진을 위한 시설 ㉡ 「산업입지 및 개발에 관한 법률」에 따른 공장, 지식산업 관련 시설, 정보통신산업 관련 시설, 교육·연구시설 중 첨단산업과 관련된 시설로서 국토교통부령으로 정하는 물류·유통 관련 시설 ㉢ 그 밖에 도시 내 물류·유통기능 증진을 위한 시설로서 대통령령으로 정하는 시설 ㉣ ㉠부터 ㉢까지의 시설에 딸린 시설
지원시설	물류단지시설의 운영을 효율적으로 지원하기 위하여 물류단지 안에 설치되는 다음의 시설을 말한다. 다만, ㉠ 또는 ㉡의 시설로서 일반물류단지시설의 ㉠부터 ㉨까지의 시설과 동일한 건축물에 설치되는 시설은 제외한다. ㉠ 대통령령으로 정하는 가공·제조 시설 　• 「농수산물유통 및 가격안정에 관한 법률」에 따른 농수산물산지유통센터(축산물의 도축·가공·보관 등을 하는 축산물 종합처리시설을 포함) 　• 「산업집적활성화 및 공장설립에 관한 법률」에 따른 공장 　• 「수산식품산업의 육성 및 지원에 관한 법률」에 따른 수산가공품 생산공장 및 수산물가공업시설(냉동·냉장업 시설 및 선상가공업시설은 제외) 　• 그 밖에 물류기능을 가진 시설로서 국토교통부령으로 정하는 시설(→ 「양곡관리법」에 따라 농업협동조합 등이 설치하는 미곡의 건조·보관·가공시설) ㉡ 정보처리시설 ㉢ 금융·보험·의료·교육·연구·업무시설 ㉣ 물류단지의 종사자 및 이용자의 생활과 편의를 위한 시설 ㉤ 그 밖에 물류단지의 기능 증진을 위한 시설로서 대통령령으로 정하는 시설 　• 「건축법 시행령」에 따른 문화 및 집회시설 　• 입주기업체 및 지원기관에서 발생하는 폐기물 처리를 위한 시설(재활용시설을 포함) 　• 물류단지의 종사자 및 이용자의 주거를 위한 단독주택, 공동주택 등의 시설 　• 그 밖에 물류단지의 기능 증진을 위한 시설로서 국토교통부령으로 정하는 시설(→ 단독주택·공동주택·숙박시설·운동시설·위락시설 및 근린생활시설)
물류단지 개발사업	물류단지를 조성하기 위하여 시행하는 다음의 사업으로서 도시첨단물류단지개발사업과 일반물류단지개발사업을 말한다. ㉠ 물류단지시설 및 지원시설의 용지조성사업과 건축사업 ㉡ 도로·철도·궤도·항만 또는 공항 시설 등의 건설사업 ㉢ 전기·가스·용수 등의 공급시설과 전기통신설비의 건설사업 ㉣ 하수도, 폐기물처리시설, 그 밖의 환경오염방지시설 등의 건설사업 ㉤ 그 밖에 ㉠부터 ㉣까지의 사업에 딸린 사업

[출제유형] 2023년 제27회

물류시설의 개발 및 운영에 관한 법령상 일반물류단지시설에 해당할 수 없는 것은?
① 물류터미널 및 창고
❷ 「수산식품산업의 육성 및 지원에 관한 법률」에 따른 수산물가공업시설(냉동·냉장업 시설은 제외한다)
③ 「유통산업발전법」에 따른 전문상가단지
④ 「농수산물유통 및 가격안정에 관한 법률」에 따른 농수산물도매시장
⑤ 「자동차관리법」에 따른 자동차경매장

복합용지
도시첨단물류단지시설, 지원시설, 물류단지개발사업의 ㉡에서 ㉣까지의 시설을 하나의 용지에 전부 또는 일부 설치하기 위한 용지

물류단지개발사업의 구분
• 도시첨단물류단지개발사업 : 물류단지개발사업 중 도시첨단물류단지를 조성하기 위하여 시행하는 사업
• 일반물류단지개발사업 : 물류단지개발사업 중 도시첨단물류단지사업을 제외한 것

11 물류시설개발종합계획의 수립

[출제유형]　　　　　2024년 제28회

물류시설의 개발 및 운영에 관한 법률상 물류시설개발종합계획의 수립에 관한 설명으로 옳지 않은 것은?

① 국토교통부장관은 물류시설개발종합계획을 5년 단위로 수립하여야 한다.
❷ 연계물류시설은 물류터미널 및 물류단지 등 둘 이상의 단위물류시설 등이 함께 설치된 물류시설이다.
③ 물류시설의 기능개선 및 효율화에 관한 사항은 물류시설개발종합계획에 포함되어야 한다.
④ 물류시설개발종합계획의 수립은 「물류정책기본법」에 따른 물류시설분과위원회의 심의를 거쳐야 한다.
⑤ 국토교통부장관은 물류시설개발종합계획을 수립한 때에는 이를 관보에 고시하여야 한다.

[출제유형]　　　　　2022년 제26회

물류시설의 개발 및 운영에 관한 법률상 물류시설개발종합계획에 관한 설명으로 옳지 않은 것은?

① 국토교통부장관은 물류시설개발종합계획을 5년 단위로 수립하여야 한다.
② 국토교통부장관은 물류시설개발종합계획을 효율적으로 수립하기 위하여 필요하다고 인정하는 때에는 물류시설에 대하여 조사할 수 있다.
❸ 집적[클러스터(cluster)]물류시설은 창고 및 집배송센터 등 물류활동을 개별적으로 수행하는 최소 단위의 물류시설을 말한다.
④ 물류시설개발종합계획은 「물류정책기본법」에 따른 국가물류기본계획과 조화를 이루어야 한다.
⑤ 관계 중앙행정기관의 장은 필요한 경우 국토교통부장관에게 물류시설개발종합계획을 변경하도록 요청할 수 있다.

1 물류시설개발종합계획의 수립

구 분	내 용
주체 및 시기	국토교통부장관은 물류시설의 합리적 개발·배치 및 물류체계의 효율화 등을 위하여 물류시설의 개발에 관한 종합계획을 5년 단위로 수립하여야 한다.
수립 원칙 (고려사항)	물류시설개발종합계획은 물류시설을 다음의 기능별 분류에 따라 체계적으로 수립한다. 이 경우 다음의 물류시설의 기능이 서로 관련되어 있는 때에는 이를 고려하여 수립하여야 한다.

	단위물류시설	창고 및 집배송센터 등 물류활동을 개별적으로 수행하는 최소 단위의 물류시설
	집적[클러스터(Cluster)] 물류시설	물류터미널 및 물류단지 등 둘 이상의 단위물류시설 등이 함께 설치된 물류시설
	연계물류시설	물류시설 상호 간의 화물운송이 원활히 이루어지도록 제공되는 도로 및 철도 등 교통시설

포함사항	물류시설개발종합계획에는 다음 각 호의 사항이 포함되어야 한다. 1. 물류시설의 장래수요에 관한 사항 2. 물류시설의 공급정책 등에 관한 사항 3. 물류시설의 지정·개발에 관한 사항 4. 물류시설의 지역별·규모별·연도별 배치 및 우선 순위에 관한 사항 5. 물류시설의 기능개선 및 효율화에 관한 사항 6. 물류시설의 공동화·집단화에 관한 사항 7. 물류시설의 국내 및 국제 연계수송망 구축에 관한 사항 8. 물류시설의 환경보전·관리에 관한 사항 9. 도심지에 위치한 물류시설의 정비와 교외이전(郊外移轉)에 관한 사항 10. 용수·에너지·통신시설 등 기반시설에 관한 사항

2 물류시설개발종합계획의 수립절차

구 분	내 용
수립 및 변경	• 국토교통부장관은 물류시설개발종합계획을 수립하는 때에는 관계 행정기관의 장으로부터 소관별 계획을 제출받아 이를 기초로 물류시설개발종합계획안을 작성하여 특별시장·광역시장·특별자치시장·도지사 또는 특별자치도지사(이하 "시·도지사"라 함)의 의견을 듣고 관계 중앙행정기관의 장과 협의한 후 「물류정책기본법」의 물류시설분과위원회의 심의를 거쳐야 한다. • 물류시설개발종합계획 중 대통령령(영 제3조 제2항)으로 정하는 사항을 변경하려는 때에도 또한 같다. 　"대통령령으로 정하는 사항을 변경하려는 때"란 물류시설별 물류시설용지면적의 100분의 10 이상으로 물류시설의 수요·공급계획을 변경하려는 때를 말한다.

구분	내용
관보에 고시	국토교통부장관은 규정에 따라 물류시설개발종합계획을 수립하거나 변경한 때에는 이를 관보에 고시하여야 한다.
변경 요청	관계 중앙행정기관의 장은 필요한 경우 국토교통부장관에게 물류시설개발종합계획을 변경하도록 요청할 수 있다. 관계 중앙행정기관의 장은 물류시설개발종합계획의 변경을 요청할 때에는 국토교통부장관에게 다음 사항에 관한 서류를 제출하여야 한다. • 물류시설의 현황 • 자금조달계획 및 투자계획 • 그 밖에 국토교통부령(규칙 제3조)으로 정하는 사항 : 물류시설개발종합계획 주요 변경내용에 관한 대비표
자료 제출 또는 협조의 요청	국토교통부장관은 대통령령으로 정하는 바에 따라 관계 기관에 물류시설개발종합계획을 수립하거나 변경하는 데에 필요한 자료의 제출을 요구하거나 협조를 요청할 수 있으며, 그 요구나 요청을 받은 관계 기관은 정당한 사유가 없으면 이에 따라야 한다. 국토교통부장관은 물류시설개발종합계획의 수립 또는 변경에 필요한 자료의 요구나 협조를 요청할 때에는 그 자료 또는 협조의 내용과 제출기간을 명확히 하여야 한다.
물류시설의 조사	• 국토교통부장관은 물류시설개발종합계획을 효율적으로 수립하기 위하여 필요하다고 인정하는 때에는 물류시설에 대하여 조사할 수 있다. • 이 경우 물류시설의 조사에 관하여는 「물류정책기본법」 제7조(물류현황조사 규정)를 준용한다.

물류시설개발종합계획의 수립절차
소관별 계획 제출(관계 행정기관장) → 물류시설개발종합계획안 작성(국토교통부장관) → 의견청취(시·도지사) → 협의(관계 중앙행정기관장) → 심의(물류시설분과위원회) → (계획수립 또는 변경) 관보 고시

[출제유형] 2020년 제24회

물류시설의 개발 및 운영에 관한 법령상 물류시설개발종합계획의 수립에 관한 설명으로 옳은 것은?

① 국토교통부장관은 물류시설개발종합계획을 10년 단위로 수립하여야 한다.
② 물류시설개발종합계획에는 용수·에너지·통신시설 등 기반시설에 관한 사항이 포함되어야 하는 것은 아니다.
③ 국토교통부장관은 물류시설개발종합계획 중 물류시설별 물류시설용지 면적의 100분의 5 이상으로 물류시설의 수요·공급계획을 변경하려는 때에는 물류시설분과 위원회의 심의를 거쳐야 한다.
④ 국토교통부장관은 관계 기관에 물류시설개발종합계획을 수립하는 데에 필요한 자료의 제출을 요구할 수 있으나, 물류시설에 대하여 조사할 수는 없다.
❺ 관계 중앙행정기관의 장이 물류시설개발종합계획의 변경을 요청할 때에는 물류시설개발종합계획의 주요 변경내용에 관한 대비표를 국토교통부장관에게 제출하여야 한다.

3 물류시설개발종합계획과 다른 계획과의 관계

구분	내용
다른 계획과의 조화	물류시설개발종합계획은 「물류정책기본법」 규정에 의한 국가물류기본계획과 조화를 이루어야 한다.
상충·중복의 금지	국토교통부장관, 관계 중앙행정기관의 장 또는 시·도지사는 물류시설을 지정·개발하거나 인·허가를 할 때 이 법에 따라 수립된 물류시설개발종합계획과 상충되거나 중복되지 아니하도록 하여야 한다.
변경 및 조정의 요청	• 국토교통부장관, 관계 중앙행정기관의 장 또는 시·도지사는 다음 각 호의 어느 하나에 해당하는 경우에는 그 계획을 변경하도록 요청할 수 있다. 1. 다른 행정기관이 직접 지정·개발하려는 물류시설 개발계획이 물류시설개발종합계획과 상충되거나 중복된다고 인정하는 경우 2. 다른 행정기관이 인·허가를 하려는 물류시설 개발계획이 물류시설개발종합계획과 상충되거나 중복된다고 인정하는 경우 • 이 경우 조정이 필요하면 「물류정책기본법」에 따른 물류시설분과위원회에 조정을 요청할 수 있다.

핵심테마 12 물류터미널사업

[출제유형] 2023년 제27회

물류시설의 개발 및 운영에 관한 법령상 복합물류터미널사업의 등록에 관한 설명으로 옳지 않은 것은?

① 「지방공기업법」에 따른 지방공사는 복합물류터미널사업의 등록을 할 수 있다.
② 복합물류터미널사업의 등록을 위해 갖추어야 할 부지 면적의 기준은 3만 3천제곱미터 이상이다.
❸ 복합물류터미널사업 등록이 취소된 후 1년이 지나면 등록결격사유가 소멸한다.
❹ 국토교통부장관은 복합물류터미널사업의 변경등록신청을 받고 결격사유의 심사 후 신청내용이 적합하다고 인정할 때에는 지체없이 변경등록을 하여야 한다.
⑤ 복합물류터미널의 부지 및 설비의 배치를 표시한 축척 500분의 1 이상의 평면도는 복합물류터미널사업의 등록신청서에 첨부하여 국토교통부장관에게 제출하여야 할 서류이다.

1 복합물류터미널사업의 등록

구 분	내 용

등록기관	복합물류터미널사업을 경영하려는 자는 국토교통부령(규칙 제4조)으로 정하는 바에 따라 국토교통부장관에게 등록하여야 한다.
	
	복합물류터미널사업의 등록신청(규칙 제4조)
	복합물류터미널사업의 등록을 하려는 자는 등록신청서에 다음의 서류를 첨부하여 국토교통부장관에게 제출하여야 한다. 이 경우 국토교통부장관은 「전자정부법」에 따른 행정정보의 공동이용을 통하여 양수인의 법인 등기사항증명서(신청인이 법인인 경우만 해당)를 확인하여야 한다.
	• 등록 기준에 적합함을 증명하는 서류
	• 복합물류터미널의 부지 및 설비의 배치를 표시한 축척 500분의 1 이상의 평면도
	• 신청인(법인인 경우에는 그 임원)이 외국인인 경우에는 결격사유 중 어느 하나에 해당하지 아니함을 확인할 수 있는 서류
	  – 「외국공문서에 대한 인증의 요구를 폐지하는 협약」을 체결한 국가의 경우 : 해당 국가의 정부 그 밖에 권한 있는 기관이 발행한 서류이거나 공증인이 공증한 해당 외국인의 진술서로서 해당 국가의 아포스티유(Apostille) 확인서 발급권한이 있는 기관이 그 확인서를 발급한 서류
	  – 「외국공문서에 대한 인증의 요구를 폐지하는 협약」을 체결하지 않은 국가의 경우 : 해당 국가의 정부 그 밖에 권한 있는 기관이 발행한 서류이거나 공증인이 공증한 해당 외국인의 진술서로서 해당 국가에 주재하는 우리나라 영사가 확인한 서류
	• 신청인이 외국인투자기업인 경우에는 「외국인투자 촉진법」에 따른 외국인투자를 증명할 수 있는 서류

등록을 할 수 있는 자	복합물류터미널사업의 등록을 할 수 있는 자는 다음 어느 하나에 해당하는 자로 한다.
	1. 국가 또는 지방자치단체
	2. 「공공기관의 운영에 관한 법률」에 따른 공공기관 중 대통령령(영 제4조 제1항)으로 정하는 다음의 공공기관
	
	  • 「한국철도공사법」에 따른 한국철도공사
	  • 「한국토지주택공사법」에 따른 한국토지주택공사
	  • 「한국도로공사법」에 따른 한국도로공사
	  • 「한국수자원공사법」에 따른 한국수자원공사
	  • 「한국농어촌공사 및 농지관리기금법」에 따른 한국농어촌공사
	  • 「항만공사법」에 따른 항만공사
	
	3. 「지방공기업법」에 따른 지방공사
	4. 특별법에 따라 설립된 법인
	5. 「민법」 또는 「상법」에 따라 설립된 법인

등록 기준	등록을 하려는 자가 갖추어야 할 등록 기준은 다음 각 호와 같다. 1. 위치 : 복합물류터미널이 해당 지역 운송망 중심지에 위치해 다른 교통수단과 쉽게 연계될 것 2. 부지 면적 : 부지 면적이 3만3천제곱미터 이상일 것 3. 시설 : '주차장', '화물취급장', '창고 또는 배송센터'의 시설을 갖출 것 4. 타 계획과 배치 금지 : 물류시설개발종합계획 및 「물류정책기본법」에 따른 국가물류기본계획상의 물류터미널의 개발 및 정비계획 등에 배치되지 아니할 것
등록수리	국토교통부장관은 등록신청자가 등록신청을 하는 경우에는 다음 각 호의 어느 하나에 해당하는 경우를 제외하고는 등록을 해주어야 한다. 1. 등록신청자가 등록 기준을 갖추지 못한 경우 2. 등록의 결격사유에 해당하는 경우

복합물류터미널사업 등록의 결격사유

다음의 어느 하나에 해당하는 자는 복합물류터미널사업의 등록을 할 수 없다.

구분	내용
벌금형	이 법을 위반하여 벌금형 이상을 선고받은 후 2년이 지나지 아니한 자
등록취소	복합물류터미널사업 등록이 취소된 후 2년이 지나지 아니한 자
법인의 임원	법인으로서 그 임원 중에 위의 벌금형 또는 다음 어느 하나에 해당하는 자가 있는 경우 ㉠ 피성년후견인 또는 파산선고를 받고 복권되지 아니한 자 ㉡ 이 법을 위반하여 금고 이상의 실형을 선고받고 그 집행이 종료(집행이 종료된 것으로 보는 경우를 포함)되거나 집행이 면제된 날부터 2년이 지나지 아니한 자 ㉢ 이 법을 위반하여 금고 이상의 형의 집행유예를 선고받고 그 유예기간 중에 있는 자

등록증대여 등의 금지

복합물류터미널사업자는 다른 사람에게 자기의 성명 또는 상호를 사용하여 사업을 하게 하거나 그 등록증을 대여하여서는 아니 된다(→ 위반시 등록의 취소 및 1년 이하의 징역 또는 1천만원 이하의 벌금 부과대상이 된다).

2 복합물류터미널사업 공사시행의 인가

구분		내용
물류터미널 공사시행의 인가기관 등	인가대상	• 복합물류터미널사업자 : 복합물류터미널사업자는 건설하려는 물류터미널의 구조 및 설비 등에 관한 공사계획을 수립하여 국토교통부장관의 공사시행인가를 받아야 한다(강행규정). • 일반물류터미널사업을 경영하려는 자 : 일반물류터미널사업을 경영하려는 자는 물류터미널 건설에 관하여 필요한 경우 시·도지사의 공사시행인가를 받을 수 있다(임의규정).
	변경인가	인가받은 공사계획 중 대통령령(영 제5조 제2항)으로 정하는 사항을 변경하는 경우와 복합물류터미널사업자가「산업집적활성화 및 공장설립에 관한 법률」제2조에 따른 제조시설 및 그 부대시설과「유통산업발전법」제2조에 따른 대규모점포 및 준대규모점포의 매장과 그 매장에 포함되는 용역의 제공장소(이하 "점포등"이라 함)를 설치하는 경우에는 해당 인가권자의 변경인가를 받아야 한다. 위 규정에 따라 공사계획의 변경에 관한 인가를 받아야 하는 경우는 다음 각 호와 같다. 1. 공사의 기간을 변경하는 경우 2. 물류터미널의 부지 면적을 변경하는 경우(부지 면적의 10분의 1 이상을 변경하는 경우만 해당) 3. 물류터미널 안의 건축물의 연면적(하나의 건축물의 각 층의 바닥면적의 합계)을 변경하는 경우(연면적의 10분의 1 이상 변경하는 경우만 해당) 4. 물류터미널 안의 공공시설 중 도로·철도·광장·녹지나 그 밖에 국토교통부령으로 정하는 시설(주차장, 상수도, 하수도, 유수지, 운하, 부두, 오·폐수시설 및 공동구)을 변경하는 경우
의견수렴 및 협의		국토교통부장관 또는 시·도지사는 공사시행인가 또는 변경인가를 하려는 때에는 관할 특별자치시장·특별자치도지사·시장·군수 또는 구청장의 의견을 들어야 한다.
인가의 수리		국토교통부장관 또는 시·도지사는 공사계획이 국토교통부령(규칙 제9조)으로 정하는 구조 및 설비기준에 적합한 경우에는 인가를 하여야 한다.
인가등 사항의 고시		국토교통부장관 또는 시·도지사는 공사시행인가 또는 변경인가를 한 때에는 국토교통부령(규칙 제10조)으로 정하는 바에 따라 고시하여야 한다.

[출제유형] 2024년 제28회

물류시설의 개발 및 운영에 관한 법률상 복합물류터미널사업의 등록을 할 수 없는 결격사유에 해당하는 것은?

① 「물류시설의 개발 및 운영에 관한 법률」을 위반하여 벌금형을 선고받은 후 3년이 된 자
❷ 「물류시설의 개발 및 운영에 관한 법률」을 위반하여 금고형을 선고받은 후 1년이 된 자
③ 「물류시설의 개발 및 운영에 관한 법률」을 위반하여 징역형을 선고받은 후 2년 6개월이 된 자
④ 법인으로서 그 임원이 아닌 직원 중에 파산선고를 받고 복권되지 아니한 자가 있는 경우
⑤ 법인으로서 그 임원 중에 「물류시설의 개발 및 운영에 관한 법률」을 위반하여 금고형의 집행유예를 선고받고 그 유예기간 종료 후 1년이 된 자가 있는 경우

[출제유형] 2020년 제24회

물류시설의 개발 및 운영에 관한 법령상 물류터미널사업에 관한 설명으로 옳지 않은 것은?

① 「한국농어촌공사 및 농지관리기금법」에 따른 한국농어촌공사는 복합물류터미널사업의 등록을 할 수 있는 자에 해당한다.
❷ 일반물류터미널사업을 경영하려는 자는 물류터미널 건설에 관하여 필요한 경우 국토교통부장관의 공사시행인가를 받아야 한다.
③ 물류터미널 안의 공공시설 중 오·폐수시설 및 공동구를 변경하는 경우에는 인가권자의 변경인가를 받아야 한다.
④ 복합물류터미널사업자는 복합물류터미널사업의 일부를 휴업하려는 때에는 미리 국토교통부장관에게 신고하여야 하며, 그 휴업기간은 6개월을 초과할 수 없다.
⑤ 물류터미널을 건설하기 위한 부지 안에 있는 국가 또는 지방자치단체 소유의 토지로서 물류터미널 건설사업에 필요한 토지는 해당 물류터미널 건설사업 목적이 아닌 다른 목적으로 매각하거나 양도할 수 없다.

[출제유형] 2018년 제22회

물류시설의 개발 및 운영에 관한 법령상 사업의 휴업·폐업에 관한 설명으로 옳은 것은?

① 복합물류터미널사업자가 그 사업의 전부를 폐업하려는 때에는 국토교통부장관의 허가를 받아야 한다.
② 복합물류터미널사업자인 법인이 합병의 사유로 해산하는 경우에는 그 청산인은 미리 그 사실을 국토교통부장관에게 신고하여야 한다.
③ 복합물류터미널사업의 일부를 휴업하는 경우 그 휴업기간은 1년을 초과할 수 없다.
❹ 복합물류터미널사업자가 폐업하려는 때에는 미리 그 취지를 영업소나 그 밖에 일반 공중이 보기 쉬운 곳에 게시하여야 한다.
⑤ 복합물류터미널사업의 전부를 휴업하려는 자는 휴업하려는 날로부터 7일 이전에 신고서를 국토교통부장관에게 제출하여야 한다.

[출제유형] 2023년 제27회

물류시설의 개발 및 운영에 관한 법령상 복합물류터미널사업에 관한 설명으로 옳지 않은 것은?

① 복합물류터미널사업자가 그 사업을 양도한 때에는 그 양수인은 복합물류터미널사업의 등록에 따른 권리·의무를 승계한다.
② 국토교통부장관은 복합물류터미널사업의 등록에 따른 권리·의무의 승계신고를 받은 날부터 10일 이내에 신고수리 여부를 신고인에게 통지하여야 한다.
❸ 복합물류터미널사업자의 휴업기간은 3개월을 초과할 수 없다.
④ 복합물류터미널사업자인 법인의 합병 외의 사유에 따른 해산신고를 하려는 자는 해산신고서를 해산한 날부터 7일 이내에 국토교통부장관에게 제출하여야 한다.
⑤ 복합물류터미널사업자는 복합물류터미널사업의 전부 또는 일부를 휴업하거나 폐업하려는 때에는 미리 국토교통부장관에게 신고하여야 한다.

3 복합물류터미널 사업의 승계 및 휴업·폐업

구 분	내 용
사업의 승계	• 사업승계 : 복합물류터미널사업자가 그 사업을 양도하거나 법인이 합병한 때에는 그 양수인 또는 합병 후 존속하는 법인이나 합병에 의하여 설립되는 법인은 복합물류터미널사업의 등록에 따른 권리·의무를 승계한다. • 승계신고 : 복합물류터미널사업의 등록에 따른 권리·의무를 승계한 자는 국토교통부령으로 정하는 바에 따라 국토교통부장관에게 신고하여야 한다. 복합물류터미널사업의 양도·양수를 신고하려는 자는 양도·양수신고서(전자문서로 된 신고서를 포함)를, 복합물류터미널사업자인 법인의 합병신고를 하려는 자는 법인합병신고서(전자문서로 된 신고서를 포함)를 그 권리·의무의 승계일부터 30일 이내에 국토교통부장관에게 제출하여야 한다. • 신고수리 여부의 통지 : 국토교통부장관은 신고를 받은 날부터 10일 이내에 신고수리 여부를 신고인에게 통지하여야 한다. • 신고수리 기한의 연장 등 : 국토교통부장관이 정한 기간 내에 신고수리 여부 또는 민원 처리 관련 법령에 따른 처리기간의 연장을 신고인에게 통지하지 아니하면 그 기간(민원 처리 관련 법령에 따라 처리기간이 연장 또는 재연장된 경우에는 해당 처리기간을 말함)이 끝난 날의 다음 날에 신고를 수리한 것으로 본다. • 승계의 결격사유 : 사업을 승계한 자의 결격사유에 관하여는 이 법 등록의 결격사유 규정(제8조)을 준용한다.
사업의 휴업·폐업	• 휴업·폐업신고 : 복합물류터미널사업자는 복합물류터미널사업의 전부 또는 일부를 휴업하거나 폐업하려는 때에는 미리 국토교통부장관에게 신고하여야 한다. • 법인의 해산신고 : 복합물류터미널사업자인 법인이 합병 외의 사유로 해산한 경우에는 그 청산인(파산에 따라 해산한 경우에는 파산관재인을 말함)은 지체 없이 그 사실을 국토교통부장관에게 신고하여야 한다. 복합물류터미널사업의 휴업·폐업신고 또는 복합물류터미널사업자인 법인의 합병 외의 사유에 따른 해산신고를 하려는 자는 휴업·폐업 또는 해산신고서를 휴업·폐업 또는 해산한 날부터 7일 이내에 국토교통부장관에게 제출하여야 한다. • 휴업기한 : 휴업기간은 6개월을 초과할 수 없다. • 휴·폐업 사실의 사전 게시 : 복합물류터미널사업자가 사업의 전부 또는 일부를 휴업하거나 폐업하려는 때에는 미리 그 취지를 영업소나 그 밖에 일반 공중(公衆)이 보기 쉬운 곳에 게시하여야 한다.

등록의 취소 등

① 국토교통부장관은 복합물류터미널사업자가 다음 각 호의 어느 하나에 해당하는 때에는 그 등록을 취소하거나 6개월 이내의 기간을 정하여 사업의 정지를 명할 수 있다. 다만, 제1호·제4호·제7호 또는 제8호에 해당하는 때에는 등록을 취소하여야 한다.
1. 거짓이나 그 밖의 부정한 방법으로 등록을 한 때
2. 변경등록을 하지 아니하고 등록사항을 변경한 때
3. 등록 기준에 맞지 아니하게 된 때. 다만, 3개월 이내에 그 기준을 충족시킨 때에는 그러하지 아니하다.
4. 등록의 결격사유(법 제8조) 중 어느 하나에 해당하게 된 때. 다만, 법인 임원의 결격사유(같은 조 제3호)에 해당하는 경우로서 그 사유가 발생한 날부터 3개월 이내에 해당 임원을 개임(改任)한 경우에는 그러하지 아니하다.
5. 공사시행인가 또는 변경인가를 받지 아니하고 공사를 시행하거나 변경한 때
6. 사업의 전부 또는 일부를 휴업한 후 정당한 사유 없이 신고한 휴업기간이 지난 후에도 사업을 재개(再開)하지 아니한 때
7. 등록증대여 등의 금지 규정(법 제16조)을 위반하여 다른 사람에게 자기의 성명 또는 상호를 사용하여 사업을 하게 하거나 등록증을 대여한 때
8. 이 조에 따른 사업정지명령을 위반하여 그 사업정지기간 중에 영업을 한 때
② ①에 따른 처분의 기준 및 절차 등에 관한 사항은 국토교통부령으로 정한다.

과징금의 부과
① 과징금 부과 대상 : 국토교통부장관은 복합물류터미널사업자가 등록의 취소 등(제1호·제4호·제7호·제8호 제외)에 해당하여 사업의 정지를 명하여야 하는 경우로서 그 사업의 정지가 그 사업의 이용자 등에게 심한 불편을 주는 경우에는 그 사업정지처분을 갈음하여 5천만원 이하의 과징금을 부과할 수 있다.
② 그 밖에 필요한 사항 : 과징금을 부과하는 위반행위의 종류와 그 정도에 따른 과징금의 금액, 그 밖에 필요한 사항은 대통령령으로 정한다.
③ 과징금 미납 시 조치 : 국토교통부장관은 과징금을 내야 할 자가 납부기한까지 과징금을 내지 아니하면 대통령령으로 정하는 바에 따라 국세강제징수의 예에 따라 징수한다.

4 물류터미널 개발 및 활성화 지원

구 분	내 용

물류터미널 개발의 지원	• 사업의 지원 : 국가 또는 지방자치단체는 물류터미널사업자가 다음의 어느 하나에 해당하는 사업을 수행하는 경우에는 소요자금의 일부를 융자하거나 부지의 확보를 위한 지원을 할 수 있다.
	  1. 물류터미널의 건설
	  2. 물류터미널 위치의 변경
	  3. 물류터미널의 규모·구조 및 설비의 확충 또는 개선
	• 운영의 지원 : 국가 또는 지방자치단체는 물류터미널사업자가 설치한 물류터미널의 원활한 운영에 필요한 도로·철도·용수시설 등 대통령령(영 제12조의2)으로 정하는 다음 기반시설의 설치 또는 개량에 필요한 예산을 지원할 수 있다.
	  1. 「도로법」에 따른 도로
	  2. 「철도산업발전기본법」에 따른 철도
	  3. 「수도법」에 따른 수도시설
	  4. 「물환경보전법」에 따른 수질오염방지시설
	• 협조요청 등 : 국토교통부장관은 사업 또는 운영을 위하여 필요하다고 인정하는 경우에는 시·도지사에게 부지의 확보 및 도시·군계획시설의 설치 등에 관한 협조를 요청할 수 있다.

물류터미널의 활성화 지원	• 공사시행 변경인가 : 국토교통부장관 또는 시·도지사는 건설·운영 중인 물류터미널의 활성화를 위하여 필요한 경우 물류터미널에 「산업집적활성화 및 공장설립에 관한 법률」에 따른 제조시설 및 그 부대시설과 「유통산업발전법」에 따른 점포등의 설치를 포함하여 공사시행 변경인가를 할 수 있다. 다만, 일반물류터미널은 화물자동차 운행에 필요한 품목의 제조 또는 판매를 위한 시설의 설치에 한정한다.
	• 변경인가 시 준수사항 : 국토교통부장관 또는 시·도지사가 공사시행 변경인가를 하는 경우 다음 각 호의 사항을 준수하여야 한다.
	  1. 부지 면적 : 제조시설 및 그 부대시설과 점포등의 설치 면적 전체의 합계가 물류터미널 전체 부지 면적의 4분의 1 이하일 것
	  2. 사전 협의 : 주변의 상권 및 산업단지 수요와의 상호관계를 고려하기 위하여 공사시행인가 또는 변경인가를 하는 경우 복합물류터미널사업에 대하여 국토교통부장관은 관계 중앙행정기관의 장과 해당 물류터미널이 소재하는 시·도지사(특별자치시장을 포함)와 협의하고, 일반물류터미널사업에 대하여 시·도지사는 해당 물류터미널이 소재하는 시장·군수·구청장과 협의할 것
	  3. 사전 심의 : 복합물류터미널사업은 「국토의 계획 및 이용에 관한 법률」에 따른 중앙도시계획위원회, 일반물류터미널사업은 동법 규정에 따른 지방도시계획위원회의 심의를 받을 것

[출제유형] 2014년 제18회

물류시설의 개발 및 운영에 관한 법령상 물류터미널 개발의 지원에 관한 설명으로 옳은 것은?

① 국가 또는 지방자치단체는 물류터미널사업자가 물류터미널의 건설을 수행하는 경우에는 지분의 50% 이상을 확보하는 조건으로 소요자금의 일부를 지원할 수 있다.
❷ 국가 또는 지방자치단체는 물류터미널사업자가 설치한 물류터미널의 원활한 운영에 필요한 도로·철도·용수시설 등 대통령령으로 정하는 기반시설의 설치 또는 개량에 필요한 예산을 지원할 수 있다.
③ 국가 또는 지방자치단체는 물류터미널사업자가 물류터미널의 위치를 변경하고자 할 때 소요자금 전부의 예치를 조건으로 부지의 확보를 위한 행정지원을 할 수 있다.
④ 지방자치단체는 물류터미널사업자가 설치한 물류터미널의 원활한 운영에 필요한 도로·철도·용수시설 등 기반시설의 설치 또는 개량에 필요한 예산을 전액 부담하여야 한다.
⑤ 국토교통부장관은 사업의 필요에 의하여 부지확보 및 도시·군계획시설을 설치할 수 있다.

[출제유형] 2022년 제26회

물류시설의 개발 및 운영에 관한 법률상 국가 또는 지방자치단체는 물류터미널사업자가 설치한 물류터미널의 원활한 운영에 필요한 기반시설의 설치 또는 개량에 필요한 예산을 지원할 수 있다. 이러한 기반시설에 해당하지 않는 것은?

① 「도로법」 제2조 제1호에 따른 도로
② 「철도산업발전기본법」 제3조 제1호에 따른 철도
③ 「수도법」 제3조 제17호에 따른 수도시설
❹ 「국토의 계획 및 이용에 관한 법률 시행령」 제2조 제1항 제6호에 따른 보건위생시설 중 종합의료시설
⑤ 「물환경보전법」 제2조 제12호에 따른 수질오염방지시설

13 물류창고업

[출제유형]　　　　2023년 제27회

물류시설의 개발 및 운영에 관한 법령상 물류창고업의 등록에 관한 설명이다. ( )에 들어갈 내용은?

> 물류창고업의 등록을 한 자가 물류창고 면적의 (ㄱ) 이상을 증감하려는 경우에는 국토교통부와 해양수산부의 공동부령으로 정하는 바에 따라 변경등록의 사유가 발생한 날부터 (ㄴ)일 이내에 변경등록을 하여야 한다.

① ㄱ : 100분의 5　ㄴ : 10
② ㄱ : 100분의 5　ㄴ : 30
③ ㄱ : 100분의 10　ㄴ : 10
❹ ㄱ : 100분의 10　ㄴ : 30
⑤ ㄱ : 100분의 10　ㄴ : 60

⊕ PLUS

물류창고 내 시설의 내진설계 기준
국토교통부장관은 화물을 쌓아놓기 위한 선반 등 물류창고 내 시설에 대하여 내진설계(耐震設計) 기준을 정하는 등 지진에 따른 피해를 최소화하기 위하여 필요한 시책을 강구하여야 한다.

1 물류창고업의 등록

구 분	내 용
등록기관	다음의 어느 하나에 해당하는 물류창고를 소유 또는 임차하여 물류창고업을 경영하려는 자는 국토교통부와 해양수산부의 공동부령으로 정하는 바에 따라 국토교통부장관(「항만법」에 따른 항만구역은 제외), 해양수산부장관(「항만법」에 따른 항만구역 중 국가관리무역항 및 국가관리연안항 구역만 해당) 또는 시·도지사(「항만법」에 따른 항만구역 중 지방관리무역항 및 지방관리연안항 구역만 해당)에게 등록하여야 한다. 1. 보관시설 : 전체 바닥면적의 합계가 1천제곱미터 이상인 보관시설. 다만, 제2조 제5호의2(물류창고)에 따른 주문배송시설로서 「건축법」에 따른 제2종 근린생활시설을 설치하는 경우에는 본문의 바닥면적 기준을 적용하지 않음 2. 보관장소 : 전체면적의 합계가 4천500제곱미터 이상인 보관장소(보관시설이 차지하는 토지면적을 포함) ※ 하나의 필지를 기준으로 물류창고업을 등록하고자 하는 자가 직접 사용하는 면적만을 산정하되, 필지가 서로 연접한 경우에는 연접한 필지를 합산하여 산정함
변경등록	물류창고업의 등록을 한 자(이하 "물류창고업자"라 함)가 그 등록한 사항 중 대통령령(영 제12조의3)으로 정하는 다음의 사항을 변경하려는 경우에는 국토교통부와 해양수산부의 공동부령으로 정하는 바에 따라 변경등록의 사유가 발생한 날부터 30일 이내에 변경등록을 하여야 한다. 1. 물류창고업자의 성명(법인인 경우 그 대표자의 성명) 및 상호 2. 물류창고의 소재지 3. 물류창고 면적의 100분의 10 이상의 증감
등록 기준	물류창고의 구조, 설비 또는 입지기준 등 물류창고업의 등록 기준에 필요한 사항은 국토교통부와 해양수산부의 공동부령으로 정한다.
등록 또는 변경등록의 의제	• 물류창고를 갖추고 그 전부를 다음 각 호의 어느 하나의 용도로만 사용하며 해당 법률에 따라 해당 영업의 허가·변경허가를 받거나 등록·변경등록 또는 신고·변경신고를 한 때에는 물류창고업의 등록 또는 변경등록을 한 것으로 본다. 1. 「관세법」에 따른 보세창고의 설치·운영 2. 「화학물질관리법」에 따른 유해화학물질 보관·저장업 3. 「식품위생법」에 따른 식품보존업 중 식품냉동·냉장업, 「축산물 위생관리법」에 따른 축산물보관업 및 「수산식품산업의 육성 및 지원에 관한 법률」에 따른 수산물가공업 중 냉동·냉장업 • 위 어느 하나에 해당하는 영업의 현황을 관리하는 행정기관은 그 보관업의 허가·변경허가, 등록·변경등록 등으로 그 현황이 변경될 경우에는 국토교통부장관, 해양수산부장관 또는 시·도지사에게 통보하여야 한다.

2 스마트물류센터의 인증 등

구 분	내 용
스마트 물류센터의 인증	• 인증 및 유효기간 : 국토교통부장관은 스마트물류센터의 보급을 촉진하기 위하여 스마트물류센터를 인증할 수 있다. 이 경우 인증의 유효기간은 인증을 받은 날부터 3년으로 한다. • 인증기관의 지정 : 국토교통부장관은 스마트물류센터의 인증 및 점검업무를 수행하기 위하여 인증기관을 지정할 수 있다. • 인증신청 : 스마트물류센터의 인증을 받으려는 자는 인증기관에 신청하여야 한다. • 인증서 교부·인증마크 : 국토교통부장관은 스마트물류센터의 인증을 신청한 자가 그 인증을 받은 경우 국토교통부령으로 정하는 바에 따라 인증서를 교부하고, 인증을 나타내는 표시(이하 "인증마크"라 함)를 사용하게 할 수 있다. • 거짓인증·사칭의 금지 : 인증을 받지 않은 자는 거짓의 인증마크를 제작·사용하거나 스마트물류센터임을 사칭해서는 아니 된다. • 인증기준 유지 여부의 점검 : 국토교통부장관은 인증을 받은 자가 인증기준을 유지하는지 여부를 국토교통부령으로 정하는 바에 따라 점검할 수 있다. • 지정인증기관에 대한 감독 및 지원 : 국토교통부장관은 인증기관을 지도·감독하고, 인증 및 점검업무에 소요되는 비용의 일부를 지원할 수 있다.

인증의 취소	• 국토교통부장관은 스마트물류센터의 인증을 받은 자가 다음 각 호의 어느 하나에 해당하는 경우에는 대통령령으로 정하는 바에 따라 그 인증을 취소할 수 있다. 다만, 제1호에 해당하는 경우 그 인증을 취소하여야 한다.
	  1. 거짓이나 그 밖의 부정한 방법으로 인증을 받은 경우
	  2. 인증의 전제나 근거가 되는 중대한 사실이 변경된 경우
	  3. 인증기준 유지 여부에 대한 점검을 정당한 사유 없이 3회 이상 거부한 경우
	  4. 인증기준에 맞지 아니하게 된 경우
	  5. 인증받은 자가 인증서를 반납하는 경우
	• 스마트물류센터의 소유자 또는 대표자는 인증이 취소된 경우 인증서를 반납하고, 인증마크의 사용을 중지하여야 한다.

인증기관의 지정 취소	국토교통부장관은 지정된 인증기관이 다음 각 호의 어느 하나에 해당하면 인증기관의 지정을 취소하거나 1년 이내의 기간을 정하여 업무의 전부 또는 일부를 정지하도록 명할 수 있다. 다만, 제1호에 해당하는 경우에는 그 지정을 취소하여야 한다. 1. 거짓이나 부정한 방법으로 지정을 받은 경우 2. 지정 기준에 적합하지 아니하게 된 경우 3. 고의 또는 중대한 과실로 인증 기준 및 절차를 위반한 경우 4. 정당한 사유 없이 인증 및 점검업무를 거부한 경우 5. 정당한 사유 없이 지정받은 날부터 2년 이상 계속해 인증·점검업무를 수행하지 않은 경우 6. 그 밖에 인증기관으로서 업무를 수행할 수 없게 된 경우

[출제유형]   2021년 제25회

물류시설의 개발 및 운영에 관한 법령상 스마트물류센터에 관한 설명으로 옳은 것은?

① 국가 또는 지방자치단체는 스마트물류센터의 구축 및 운영에 필요한 자금의 대출 등으로 인한 금전채무의 보증한도, 보증료 등 보증조건을 우대할 수 있다.
② 스마트물류센터 인증의 유효기간은 인증을 받은 날부터 5년으로 한다.
③ 스마트물류센터 인증의 등급은 3등급으로 구분한다.
❹ 스마트물류센터 예비인증은 본(本)인증에 앞서 건축물 설계에 반영된 내용을 대상으로 한다.
⑤ 스마트물류센터임을 사칭한 자에게는 과태료를 부과한다.

[출제유형]   2024년 제28회

물류시설의 개발 및 운영에 관한 법령상 스마트물류센터의 인증에 관한 설명으로 옳은 것은?

① 스마트물류센터 인증은 국토교통부장관과 해양수산부장관이 공동으로 한다.
② 스마트물류센터 인증의 유효기간은 인증을 받은 날부터 5년으로 한다.
❸ 인증받은 자가 인증서를 반납하는 경우는 인증을 취소할 수 있는 사유에 해당한다.
④ 스마트물류센터 인증에 대한 정기 점검은 인증한 날을 기준으로 5년마다 한다.
⑤ 인증기관의 장은 점검 결과 스마트물류센터가 인증기준을 유지하고 있다고 판단하는 경우에는 인증의 유효기간을 5년의 범위 내에서 연장할 수 있다.

[출제유형] 2016년 제20회

물류시설의 개발 및 운영에 관한 법령상 물류창고업에 관한 설명으로 옳지 않은 것은?

❶ 국가는 물류창고업자가 물류창고업의 업종전환을 위한 국내동향 조사·연구를 하는 경우 자금의 일부를 보조 또는 융자할 수 있다.
② 국토교통부장관은 스마트물류센터의 보급을 촉진하기 위하여 스마트물류센터를 인증할 수 있다. 이 경우 인증의 유효기간은 인증을 받은 날부터 3년으로 한다.
③ 보조금 또는 융자금은 보조 또는 융자받은 목적 외의 용도로 사용하여서는 아니 된다.
④ 지방자치단체는 물류창고업자 및 관련 종사자에 대한 교육·훈련 사업을 위하여 필요하다고 인정하면 자금의 일부를 보조 또는 융자할 수 있다.
⑤ 스마트물류센터의 소유자 또는 대표자는 인증이 취소된 경우 인증서를 반납하고, 인증마크의 사용을 중지하여야 한다.

재정지원 등	• 자금 일부의 지원 : 국가 또는 지방자치단체는 물류창고업자 또는 그 사업자단체가 다음 각 호의 어느 하나에 해당하는 사업을 수행하는 경우로서 재정적 지원이 필요하다고 인정하면 자금의 일부를 보조 또는 융자할 수 있다. 1. 물류창고의 건설 2. 물류창고의 보수·개조 또는 개량 3. 물류장비의 투자 4. 물류창고 관련 기술의 개발 5. 그 밖에 물류창고업의 경영합리화를 위한 사항으로서 국토교통부령(규칙 제13조의10)으로 정하는 다음의 사항 　　1. 물류창고업의 경영구조 개선에 관한 사항 　　2. 물류창고 시설·장비의 효율적 개선에 관한 사항 　　3. 물류창고업자 및 관련 종사자에 대한 교육·훈련 　　4. 물류창고업의 국제동향에 대한 조사·연구 • 우선적 지원 : 국가·지방자치단체 또는 공공기관은 스마트물류센터에 대하여 공공기관 등이 운영하는 기금·자금의 우대 조치 등 대통령령으로 정하는 바에 따라 행정적·재정적으로 우선 지원할 수 있다.
보조금 등의 사용 등	• 자금의 목적 외 용도 사용금지 : 본 규정에 따른 보조금 또는 융자금 등은 보조 또는 융자받은 목적 외의 용도로 사용하여서는 아니 된다. • 자금의 반환 및 회수 : 국토교통부장관·해양수산부장관 또는 지방자치단체의 장은 다음 각 호의 어느 하나에 해당하는 경우 물류창고업자 또는 그 사업자단체에 보조금이나 융자금의 반환을 명하여야 하며 이에 따르지 아니하면 국세강제징수의 예 또는 「지방행정제재·부과금의 징수 등에 관한 법률」에 따라 회수할 수 있다. 1. 거짓이나 부정한 방법으로 보조금 또는 융자금을 교부받은 경우 2. 보조금 또는 융자금을 목적 외의 용도로 사용한 경우

핵심테마 14 물류단지의 개발 및 운영

PART 5 물류관련법규 / Chapter 02 물류시설의 개발 및 운영에 관한 법률

1 일반물류단지의 지정

구 분	내 용
사업 및 대상별 지정권자	일반물류단지는 다음의 구분에 따른 자가 지정한다. 1. 국토교통부장관 : 국가정책사업으로 물류단지를 개발하거나 물류단지 개발사업의 대상지역이 2개 이상의 특별시·광역시·특별자치시·도 또는 특별자치도(이하 "시·도"라 함)에 걸쳐 있는 경우 2. 시·도지사 : 제1호 외의 경우
지정·지정변경 절차	• 국토교통부장관에 의한 지정·지정변경 절차 : 국토교통부장관은 일반물류단지를 지정하려는 때에는 일반물류단지개발계획을 수립하여 관할 시·도지사 및 시장·군수·구청장의 의견을 듣고 관계 중앙행정기관의 장과 협의한 후 「물류정책기본법」상의 물류시설분과위원회의 심의를 거쳐야 한다. 일반물류단지개발계획 중 대통령령으로 정하는 중요 사항을 변경하려는 때에도 또한 같다. • 시·도지사에 의한 지정·지정변경 절차 : 시·도지사는 일반물류단지를 지정하려는 때에는 일반물류단지개발계획을 수립하여 관계 행정기관의 장과 협의한 후 「물류정책기본법」상의 지역물류정책위원회의 심의를 거쳐야 한다. 일반물류단지개발계획 중 대통령령으로 정하는 중요 사항을 변경하려는 때에도 또한 같다. 위 두 규정에서 "대통령령으로 정하는 중요 사항을 변경하려는 때"란 각각 다음 각 호의 어느 하나에 해당하는 변경을 하려는 때를 말한다(영 제13조 제2항). 1. 일반물류단지지정 면적의 변경(10분의 1 이상의 면적을 변경하는 경우만 해당) 2. 일반물류단지시설용지 면적의 변경(10분의 1 이상의 면적을 변경하는 경우만 해당) 또는 일반물류단지시설용지의 용도변경 3. 기반시설(구거를 포함)의 부지 면적의 변경(10분의 1 이상의 면적을 변경하는 경우만 해당) 또는 그 시설의 위치 변경 4. 일반물류단지개발사업 시행자의 변경

지정의 요청	• 관계 행정기관의 장과 법 제27조 제2항 제2호부터 제6호까지의 어느 하나에 해당하는 자는 일반물류단지의 지정이 필요하다고 인정하는 때에는 대상지역을 정하여 국토교통부장관 또는 시·도지사에게 일반물류단지의 지정을 요청할 수 있다.
	  2. 대통령령으로 정하는 공공기관(각 관계 설치 법령에 따른 한국토지주택공사, 한국도로공사, 한국수자원공사, 한국농어촌공사, 항만공사)
	  3. 「지방공기업법」에 따른 지방공사
	  4. 특별법에 따라 설립된 법인
	  5. 「민법」 또는 「상법」에 따라 설립된 법인
	  6. 물류단지 예정지역의 토지소유자 또는 그 토지소유자가 물류단지개발을 위하여 설립한 조합
	• 이 경우 중앙행정기관의 장 이외의 자는 일반물류단지개발계획안을 작성하여 제출하여야 한다.

일반물류단지개발계획의 포함사항
일반물류단지개발계획에는 다음 각 호의 사항이 포함되어야 한다. 다만, 일반물류단지개발계획을 수립할 때까지 제3호의 시행자가 확정되지 아니하였거나 제8호의 세부목록의 작성이 곤란한 경우에는 일반물류단지의 지정 후에 이를 일반물류단지개발계획에 포함시킬 수 있다.
1. 일반물류단지의 명칭·위치 및 면적
2. 일반물류단지의 지정목적

[출제유형] 2024년 제28회

물류시설의 개발 및 운영에 관한 법률상 물류단지의 개발 및 운영에 관한 설명으로 옳은 것은?

① 일반물류단지는 물류단지 개발사업의 대상지역이 2개 이상의 시·도에 걸쳐 있는 경우 시·도지사가 협의하여 지정한다.
② 시·도지사는 일반물류단지를 지정하려는 때에는 「물류정책기본법」에 따른 물류시설분과위원회의 심의를 거쳐야 한다.
③ 국토교통부장관은 시장·군수·구청장의 신청을 받아 도시첨단물류단지를 지정한다.
④ 「민법」에 따라 설립된 법인은 물류단지개발사업의 시행자로 지정받을 수 없다.
❺ 물류단지 안에서 토지분할을 하려는 자는 시장·군수·구청장의 허가를 받아야 한다.

⊕ PLUS
물류단지 실수요 검증
• 일반물류단지 또는 도시첨단물류단지를 지정하는 국토교통부장관 또는 시·도지사(물류단지지정권자)는 무분별한 물류단지 개발을 방지하고 국토의 효율적 이용을 위하여 물류단지 지정 전에 물류단지 실수요 검증을 실시하여야 한다.
• 이 경우 물류단지지정권자는 실수요 검증 대상사업에 대하여 관계 행정기관과 협의하여야 한다.

[출제유형] 2023년 제27회

물류시설의 개발 및 운영에 관한 법령상 물류단지 실수요 검증에 관한 설명으로 옳지 않은 것은?

① 물류단지지정권자는 실수요 검증을 실시하기 위하여 필요한 경우 실수요 검증위원회를 구성·운영할 수 있다.
② 도시첨단물류단지개발사업의 경우에는 실수요 검증을 실수요검증위원회의 자문으로 갈음할 수 있다.
③ 실수요검증위원회의 위원장 및 부위원장은 공무원이 아닌 위원 중에서 각각 호선(互選)한다.
④ 실수요검증위원회의 심의결과는 심의·의결을 마친 날부터 14일 이내에 물류단지 지정요청자등에게 서면으로 알려야 한다.
❺ 실수요검증위원회의 회의는 분기별로 2회 이상 개최하여야 한다.

물류단지개발지침의 포함사항
- 물류단지의 계획·체계적 개발 사항
- 물류단지의 지정·개발·지원 사항
- 「환경영향평가법」에 따른 전략환경영향평가, 소규모 환경영향평가·환경영향평가 등 환경보전에 관한 사항
- 지역 간 균형발전을 위해 고려할 사항
- 국가유산의 보존을 위하여 고려할 사항
- 토지가격 안정을 위해 필요한 사항
- 분양가격의 결정에 관한 사항
- 토지·시설 등의 공급에 관한 사항

주민 등의 의견청취
- 물류단지지정권자는 물류단지를 지정하려는 때에는 주민 및 관계 전문가의 의견을 들어야 하고 타당하다고 인정하는 때에는 그 의견을 반영하여야 한다. 다만, 국방상 기밀(機密)사항이거나 대통령령으로 정하는 경미한 사항인 경우에는 의견 청취를 생략할 수 있다.
- 주민 및 관계 전문가의 의견청취에 필요한 사항은 대통령령으로 정한다.

3. 일반물류단지개발사업의 시행자
4. 일반물류단지개발사업의 시행기간 및 시행방법
5. 토지이용계획 및 주요 기반시설계획
6. 주요 유치시설 및 그 설치기준에 관한 사항
7. 재원조달계획
8. 수용하거나 사용할 토지, 건축물, 그 밖의 물건이나 권리가 있는 경우에는 그 세부목록
9. 그 밖에 대통령령(영 제14조 제4항)으로 정하는 다음의 사항
  • 일반물류단지의 개발을 위한 주요시설의 지원계획
  • 환지의 필요성이 있는 경우 그 환지계획

2 도시첨단물류단지의 지정

구 분	내 용
지정권자	도시첨단물류단지는 국토교통부장관 또는 시·도지사가 다음 각 호의 어느 하나에 해당하는 지역에 지정하며, 시·도지사(특별자치도지사는 제외)가 지정하는 경우에는 시장·군수·구청장의 신청을 받아 지정할 수 있다. 1. 노후화된 일반물류터미널 부지 및 인근 지역 2. 노후화된 유통업무설비 부지 및 인근 지역 3. 그 밖에 국토교통부장관이 필요하다고 인정하는 지역
계획안의 제출	시장·군수·구청장은 시·도지사에게 도시첨단물류단지의 지정을 신청하려는 경우에는 도시첨단물류단지개발계획안을 작성하여 제출하여야 한다.
지정 절차 및 개발계획의 준용	• 도시첨단물류단지의 지정 절차 및 개발계획에 관하여는 일반물류단지의 지정 등에 관한 규정(법 제22조 제2항, 제3항, 제5항)을 준용한다. • 다만, 도시첨단물류단지개발계획에는 층별·시설별 용도, 바닥면적 등의 건축계획 및 복합용지이용계획(복합용지를 계획하는 경우에만 한정함)이 포함되어야 한다.
토지소유자 등의 동의	• 토지소유자 및 건축물 소유자의 동의 : 국토교통부장관 또는 시·도지사는 도시첨단물류단지를 지정하려면 도시첨단물류단지 예정지역 토지면적의 2분의 1 이상에 해당하는 토지소유자의 동의와 토지소유자 총수(그 지상권자를 포함하며, 1필지의 토지를 여러 명이 공유하는 경우 그 여러 명은 1인으로 봄) 및 건축물 소유자 총수(집합건물의 경우 각 구분소유자 각자를 1인의 소유자로 봄) 각 2분의 1 이상의 동의를 받아야 한다. • 동의자 수의 산정방법 : 동의자 수의 산정방법과 그 밖에 필요한 사항은 대통령령(영 제14조의3)으로 정한다.

3 물류단지개발지침

구 분	내 용
지침의 작성권자	국토교통부장관은 물류단지의 개발에 관한 기본지침(이하 "물류단지개발지침"이라 함)을 작성하여 관보에 고시하여야 한다.
지침의 작성·변경절차	• 국토교통부장관은 물류단지개발지침을 작성할 때에는 미리 시·도지사의 의견을 듣고 관계 중앙행정기관의 장과 협의한 후 「물류정책기본법」에 따른 물류시설분과위원회의 심의를 거쳐야 한다. • 물류단지개발지침을 변경할 때[국토교통부령으로 정하는 경미한 사항(토지가격의 안정을 위하여 필요한 사항)을 변경할 때는 제외함]에도 또한 같다.
지침의 작성 등	물류단지개발지침의 내용 및 작성 등에 관하여 필요한 사항은 대통령령(영 제15조)으로 정한다.

4 물류단지 안에서의 행위제한 등

구 분	내 용

허가가 필요한 행위	• 물류단지 안에서 건축물의 건축, 공작물의 설치, 토지의 형질변경, 토석의 채취, 토지분할, 물건을 쌓아놓는 행위 등 대통령령(영 제18조 제1항)으로 정하는 다음 각 호의 행위를 하려는 자는 시장·군수·구청장의 허가를 받아야 한다.
	  1. 건축물의 건축 등 : 「건축법」에 따른 건축물(가설건축물을 포함)의 건축, 대수선 또는 용도변경
	  2. 공작물의 설치 : 인공을 가하여 제작한 시설물(「건축법」에 따른 건축물은 제외)의 설치
	  3. 토지의 형질변경 : 절토(땅깎기)·성토(흙쌓기)·정지(흙고르기)·포장 등의 방법으로 토지의 형상을 변경하는 행위, 토지의 굴착 또는 공유수면의 매립
	  4. 토석의 채취 : 흙·모래·자갈·바위 등의 토석을 채취하는 행위. 다만, 토지의 형질변경을 목적으로 하는 것은 제3호에 따른다.
	  5. 토지분할
	  6. 물건을 쌓아놓는 행위 : 이동이 쉽지 아니한 물건을 1개월 이상 쌓아놓는 행위
	  7. 죽목의 벌채 및 식재(植栽)
	• 허가받은 사항을 변경하려는 때에도 또한 같다.

허가가 불필요한 행위	다음 각 호의 어느 하나에 해당하는 행위는 허가를 받지 아니하고 할 수 있다.
	1. 재해복구 또는 재난수습에 필요한 응급조치를 위하여 하는 행위
	2. 그 밖에 대통령령(영 제18조 제3항)으로 정하는 다음의 행위
	  제2호에서 "그 밖에 대통령령으로 정하는 행위"란 다음 각 호의 어느 하나에 해당하는 행위로서 「국토의 계획 및 이용에 관한 법률」에 따른 개발행위허가의 대상이 아닌 것을 말한다.
	  1. 농림수산물 생산에 직접 이용되는 것으로 국토교통부령으로 정하는 간이공작물 설치
	  2. 경작을 위한 토지의 형질변경
	  3. 물류단지의 개발에 지장을 주지 아니하고 자연경관을 손상하지 아니하는 범위에서의 토석의 채취
	  4. 물류단지에 존치하기로 결정된 대지 안에서 물건을 쌓아놓는 행위
	  5. 관상용 죽목의 임시 식재(경작지에서의 임시 식재는 제외함)

신고가 필요한 행위	위의 규정에 따라 허가를 받아야 하는 행위로서 물류단지의 지정 및 고시 당시 이미 관계 법령에 따라 행위허가를 받았거나 허가를 받을 필요가 없는 행위에 관하여 그 공사 또는 사업에 착수한 자는 대통령령으로 정하는 바에 따라 시장·군수·구청장에게 신고한 후 이를 계속 시행할 수 있다.
원상회복명령	시장·군수·구청장은 위의 허가규정을 위반한 자에게 원상회복을 명할 수 있다. 이 경우 명령을 받은 자가 그 의무를 이행하지 아니하면 시장·군수·구청장은 「행정대집행법」에 따라 대집행할 수 있다.

5 물류단지지정의 해제

구 분	내 용
기간경과로 인한 지정 해제	물류단지로 지정·고시된 날부터 대통령령으로 정하는 기간(5년) 이내에 그 물류단지의 전부 또는 일부에 대하여 물류단지개발실시계획의 승인을 신청하지 아니하면 그 기간이 지난 다음 날 해당 지역에 대한 물류단지의 지정이 해제된 것으로 본다.
지정권자에 의한 지정 해제	물류단지지정권자는 다음의 어느 하나에 해당하는 경우에는 대통령령으로 정하는 바에 따라 해당 지역에 대한 물류단지 지정의 전부 또는 일부를 해제할 수 있다. 1. 물류단지의 전부 또는 일부에 대한 개발 전망이 없게 된 경우 2. 개발이 완료된 물류단지가 준공(부분 준공을 포함)된 지 20년 이상된 것으로서 주변상황과 물류산업여건이 변화되어 물류단지재정비사업을 하더라도 물류단지 기능수행이 어려울 것으로 판단되는 경우
해제사실의 통보	물류단지의 지정이 해제된 것으로 보거나 해제된 경우 해당 물류단지지정권자는 그 사실을 관계 중앙행정기관의 장 및 시·도지사에게 통보하고 고시하여야 하며, 통보를 받은 시·도지사는 지체 없이 시장·군수·구청장으로 하여금 이를 14일 이상 일반인이 열람할 수 있도록 하여야 한다.

[출제유형] 2015년 제19회

물류시설의 개발 및 운영에 관한 법령상 물류단지에 관한 설명으로 옳지 않은 것은?

① 물류단지 개발사업의 대상지역이 2개 이상의 시·도에 걸쳐 있는 경우 국토교통부장관이 지정한다.
② 국토교통부장관은 물류단지의 개발에 관한 기본지침을 작성하여 관보에 고시하여야 한다.
③ 물류단지지정권자는 물류단지를 지정하려는 때에는 주민 및 관계 전문가의 의견을 들어야 하고 타당하다고 인정하는 때에는 그 의견을 반영하여야 한다. 다만, 국방상 기밀(機密)사항이거나 대통령령으로 정하는 경미한 사항인 경우에는 의견 청취를 생략할 수 있다.
④ 물류단지 안에서 재해복구 또는 재난수습에 필요한 응급조치를 위하여 토석의 채취행위를 하려는 자는 시장·군수·구청장의 허가를 받지 아니하고 토석의 채석행위를 할 수 있다.
❺ 물류단지로 지정·고시된 날부터 3년 이내에 그 물류단지의 전부 또는 일부에 대하여 물류단지개발실시계획의 승인을 신청하지 아니하면 그 기간이 지난 다음 날 해당 지역에 대한 물류단지의 지정이 해제된 것으로 본다.

[출제유형] 2014년 제18회

물류시설의 개발 및 운영에 관한 법령상 물류단지개발사업의 시행자로 지정받을 수 있는 자를 모두 고른 것은?

㉠ 국가 또는 지방자치단체
㉡ 「지방공기업법」에 따른 지방공사
㉢ 특별법에 따라 설립된 법인
㉣ 「민법」 또는 「상법」에 따라 설립된 법인
㉤ 시행에 충분한 자금을 확보한 자연인

① ㉠
② ㉠, ㉡
③ ㉠, ㉡, ㉢
❹ ㉠, ㉡, ㉢, ㉣
⑤ ㉠, ㉡, ㉢, ㉣, ㉤

[출제유형] 2019년 제23회

물류시설의 개발 및 운영에 관한 법령상 물류단지개발사업의 시행자에 대한 설명으로 옳지 않은 것은?

❶ 물류단지개발사업의 시행자로 지정받은 「민법」 또는 「상법」에 따라 설립된 법인은 사업대상 토지면적의 2분의 1 이상을 매입하여야 토지 등을 수용하거나 사용할 수 있다.
② 물류단지개발사업의 시행자는 물류단지개발실시계획을 수립하여 물류단지지정권자의 승인을 받아야 한다.
③ 물류단지지정권자가 물류단지개발사업의 시행자를 지정할 때에는 사업계획의 타당성 및 재원조달능력과 다른 법률에 따라 수립된 개발계획과의 관계 등을 고려하여야 한다.
④ 물류단지개발사업의 시행자는 물류단지개발사업 중 용수시설의 건설을 대통령령으로 정하는 바에 따라 지방자치단체에 위탁하여 시행할 수 있다.
⑤ 「한국도로공사법」에 따른 한국도로공사는 물류단지개발사업의 시행자로 지정 받을 수 있다.

[출제유형] 2020년 제24회

물류시설의 개발 및 운영에 관한 법령상 특별법에 따라 설립된 법인인 시행자가 물류단지개발사업의 시행으로 새로 공공시설을 설치한 경우에는 종래의 공공시설은 시행자에게 무상으로 귀속되고 새로 설치된 공공시설은 그 시설을 관리할 국가 또는 지방자치단체에 무상으로 귀속되는 바, 이러한 공공시설에 해당하지 않는 것은?

❶ 방풍설비 ② 공 원
③ 철 도   ④ 녹 지
⑤ 공동구

용도지역으로의 환원	• 물류단지의 지정으로 「국토의 계획 및 이용에 관한 법률」에 따른 용도지역이 변경·결정된 후 해당 물류단지의 지정이 해제된 경우에는 같은 법의 규정에도 불구하고 해당 물류단지에 대한 용도지역은 변경·결정되기 전의 용도지역으로 환원된 것으로 본다. 다만, 물류단지의 개발이 완료되어 물류단지의 지정이 해제된 경우에는 변경·결정되기 전의 용도지역으로 환원되지 아니한다. • 시장·군수·구청장은 용도지역이 환원된 경우에는 즉시 그 사실을 고시하여야 한다.

물류단지개발사업의 시행자로 지정받을 수 있는 자

물류단지개발사업을 시행하려는 자는 대통령령으로 정하는 바에 따라 물류단지지정권자로부터 시행자 지정을 받아야 한다. 이에 따라 물류단지개발사업의 시행자로 지정받을 수 있는 자는 다음 각 호의 자로 한다.
1. 국가 또는 지방자치단체
2. 대통령령으로 정하는 공공기관
   • 「한국토지주택공사법」에 따른 한국토지주택공사
   • 「한국도로공사법」에 따른 한국도로공사
   • 「한국수자원공사법」에 따른 한국수자원공사
   • 「한국농어촌공사 및 농지관리기금법」에 따른 한국농어촌공사
   • 「항만공사법」에 따른 항만공사
3. 「지방공기업법」에 따른 지방공사
4. 특별법에 따라 설립된 법인
5. 「민법」 또는 「상법」에 따라 설립된 법인

6 물류단지개발실시계획의 승인

구 분	내 용
실시계획의 승인	시행자는 대통령령으로 정하는 바에 따라 물류단지개발실시계획을 수립하여 물류단지지정권자의 승인을 받아야 한다. 승인을 받은 사항 중 대통령령(영 제22조 제3항)으로 정하는 중요 사항을 변경하려는 경우에도 또한 같다. 대통령령으로 정하는 중요한 사항이란 다음 각 호 외의 사항을 말한다. 1. 시행자의 주소 변경 2. 법인인 시행자의 대표자 변경 3. 사업시행지역의 변동이 없는 범위에서의 착오 등에 따른 시행면적의 정정 4. 사업시행 면적을 초과하지 아니하는 범위에서 사업을 분할하여 시행하는 경우의 면적 변경 5. 사업시행 면적의 100분의 10 범위에서의 면적의 감소 6. 사업비의 100분의 10 범위에서의 사업비의 증감 7. 「공간정보의 구축 및 관리 등에 관한 법률」에 따른 지적확정측량 결과에 따른 부지 면적 변경
실시계획의 포함사항	실시계획에는 개발한 토지·시설 등의 처분에 관한 사항이 포함되어야 한다.

사업의 위탁시행 및 토지등의 수용·사용
• 물류단지개발사업의 위탁시행 : 시행자는 물류단지개발사업 중 항만, 용수시설, 그 밖에 대통령령으로 정하는 공공시설의 건설과 공유수면의 매립에 관한 사항을 대통령령(영 제24조)으로 정하는 바에 따라 국가·지방자치단체 또는 대통령령으로 정하는 공공기관에 위탁하여 시행할 수 있다.
• 토지등의 수용·사용 : 시행자(제27조 제2항 제6호의 시행자는 제외)는 물류단지개발사업에 필요한 토지등을 수용하거나 사용할 수 있다. 다만, 「민법」 또는 「상법」 따라 설립된 법인이 물류단지개발사업의 시행자인 경우에는 사업대상 토지면적의 3분의 2 이상을 매입하여야 토지등을 수용하거나 사용할 수 있다.

7 공공시설 및 토지 등의 귀속

구 분	내 용
시설별 귀속 및 양도	• 제27조 제2항 제1호부터 제4호까지(국가 또는 지방자치단체, 대통령령으로 정하는 공공기관, 「지방공기업법」에 따른 지방공사, 특별법에 따라 설립된 법인)의 시행자가 물류단지개발사업의 시행으로 새로 공공시설을 설치하거나 기존의 공공시설에 대체되는 공공시설을 설치한 경우에는 「국유재산법」 및 「공유재산 및 물품 관리법」에도 불구하고 ㉠ 종래의 공공시설은 시행자에게 무상으로 귀속되고, ㉡ 새로 설치된 공공시설은 그 시설을 관리할 국가 또는 지방자치단체에 무상으로 귀속된다. • 제27조 제2항 제5호(「민법」 또는 「상법」에 따라 설립된 법인) 또는 제6호(물류단지 예정지역의 토지소유자 또는 그 토지소유자가 물류단지개발을 위하여 설립한 조합)의 시행자가 물류단지개발사업의 시행으로 새로 설치한 공공시설은 그 시설을 관리할 국가 또는 지방자치단체에 무상으로 귀속되고, 물류단지개발사업의 시행으로 인하여 용도가 폐지되는 국가 또는 지방자치단체 소유의 재산은 「국유재산법」 및 「공유재산 및 물품 관리법」에도 불구하고 새로 설치한 공공시설의 설치비용에 상당하는 범위에서 그 시행자에게 무상으로 양도할 수 있다.
의견수렴	물류단지지정권자는 공공시설의 귀속 및 양도에 관한 사항이 포함된 실시계획을 승인하려는 때에는 미리 그 공공시설을 관리하는 기관(이하 "관리청"이라 함)의 의견을 들어야 한다. 실시계획을 변경하려는 때에도 또한 같다.
귀속 및 양도의 완료시기	시행자는 국가 또는 지방자치단체에 귀속될 공공시설과 시행자에게 귀속되거나 양도될 재산의 종류와 토지의 세부목록을 그 물류단지개발사업의 준공 전에 관리청에 통지하여야 하며, 해당 공공시설과 재산은 그 사업이 준공되어 시행자에게 준공인가 통지를 한 때에 국가 또는 지방자치단체에 귀속되거나 시행자에게 귀속 또는 양도된 것으로 본다.
등기 증명서면	공공시설과 재산의 등기에 관하여는 물류단지개발사업의 실시계획승인서와 준공인가서로써 「부동산등기법」에 따른 등기원인을 증명하는 서면을 갈음할 수 있다.

공공시설의 범위(영 제26조)
공공시설은 「국토의 계획 및 이용에 관한 법률」에 따른 공공시설 중 다음의 시설을 말한다. 이때 "주차장"과 "운동장"은 국가 또는 지방자치단체가 설치한 것만 해당하고, "수도"는 한국수자원공사가 설치하는 수도의 경우에는 관로만 해당한다.
• 도 로   • 주차장   • 녹 지   • 수 도   • 유수지시설
• 공 원   • 철 도   • 운동장   • 하수도   • 구 거
• 광 장   • 하 천   • 공공공지 • 공동구

8 국·공유지의 처분제한

구 분	내 용
토지의 처분	물류단지 안에 있는 국가 또는 지방자치단체 소유의 토지로서 물류단지개발사업에 필요한 토지는 해당 물류단지개발사업 목적이 아닌 다른 목적으로 매각하거나 양도할 수 없다.
재산의 처분	물류단지 안에 있는 국가 또는 지방자치단체 소유의 재산은 「국유재산법」, 「공유재산 및 물품관리법」, 그 밖의 다른 법령에도 불구하고 시행자·입주기업체 또는 지원기관에게 수의계약으로 매각할 수 있다. 이 경우 그 재산의 용도폐지 및 매각에 관하여는 물류단지지정권자가 미리 관계 행정기관의 장과 협의하여야 한다.
협의등 조치기한	협의요청이 있은 때에는 관계 행정기관의 장은 그 요청을 받은 날부터 30일 이내에 용도폐지 및 매각, 그 밖에 필요한 조치를 하여야 한다.
불분명한 재산의 처리	시행자·입주기업체 또는 지원기관에게 매각하려는 재산 중 관리청이 불분명한 재산은 다른 법령에도 불구하고 기획재정부장관이 이를 관리하거나 처분한다.

[출제유형] 2018년 제22회

물류시설의 개발 및 운영에 관한 법령상 공공기관이 시행자로서 새로이 설치한 공공시설 중 그 시설을 관리할 국가 또는 지방자치단체에게 무상 귀속되는 시설로 옳은 것을 모두 고른 것은?

㉠ 한국토지주택공사가 설치하는 광장
㉡ 한국도로공사가 설치하는 주차장
㉢ 항만공사가 설치하는 운동장
㉣ 한국농어촌공사가 설치하는 녹지
㉤ 한국수자원공사가 설치하는 수도의 관로

① ㉠, ㉤
② ㉡, ㉢
❸ ㉠, ㉣, ㉤
④ ㉡, ㉢, ㉣, ㉤
⑤ ㉠, ㉡, ㉢, ㉣, ㉤

[출제유형] 2023년 제27회

물류시설의 개발 및 운영에 관한 법령상 물류단지개발특별회계 조성의 재원을 모두 고른 것은? (단, 조례는 고려하지 않음)

ㄱ. 차입금
ㄴ. 정부의 보조금
ㄷ. 해당 지방자치단체의 일반회계로부터의 전입금
ㄹ. 「지방세법」에 따라 부과·징수되는 재산세의 징수액 중 15퍼센트의 금액

① ㄱ, ㄴ
② ㄴ, ㄹ
③ ㄷ, ㄹ
❹ ㄱ, ㄴ, ㄷ
⑤ ㄱ, ㄴ, ㄷ, ㄹ

[출제유형] 2024년 제28회

물류시설의 개발 및 운영에 관한 법령상 이행강제금에 관한 설명으로 옳지 않은 것은?

① 이행강제금은 해당 토지·시설 등 재산가액(「감정평가 및 감정평가사에 관한 법률」에 따른 감정평가법인등의 감정평가액을 말함)의 100분의 20에 해당하는 금액으로 한다.
② 물류단지지정권자는 이행강제금을 부과하기 전에 이행강제금을 부과하고 징수한다는 뜻을 미리 문서로 알려야 한다.
❸ 물류단지지정권자는 의무가 있는 자가 그 의무를 이행한 경우에는 이미 부과된 이행강제금 처분을 취소하여야 한다.
④ 물류단지지정권자는 이행기간이 만료한 다음 날을 기준으로 하여 매년 1회 그 의무가 이행될 때까지 반복하여 이행강제금을 부과하고 징수할 수 있다.
⑤ 물류단지지정권자는 의무를 이행하지 아니한 자에 대하여 의무이행기간이 끝난 날부터 6개월이 경과한 날까지 그 의무를 이행할 것을 명하여야 한다.

⊕ PLUS
이행강제금
물류단지지정권자는 물류단지시설 등의 건설공사 착수 등의 의무가 있는 자가 그 의무를 이행한 경우에는 새로운 이행강제금의 부과를 중지하되, 이미 부과된 이행강제금은 징수하여야 한다.

물류단지개발사업의 비용
- 물류단지개발사업에 필요한 비용은 시행자가 부담한다.
- 물류단지에 필요한 전기시설·전기통신설비·가스공급시설 또는 지역난방시설은 대통령령으로 정하는 범위에서 해당 지역에 전기·전기통신·가스 또는 난방을 공급하는 자가 비용을 부담하여 설치하여야 한다. 다만, 물류단지개발사업의 시행자·입주기업·지방자치단체 등의 요청에 따라 전기간선시설(電氣幹線施設)을 땅 속에 설치하는 경우에는 전기를 공급하는 자와 땅 속에 설치할 것을 요청하는 자가 각각 100분의 50의 비율로 그 설치비용을 부담한다.

9 물류단지개발사업의 지원

구 분	내 용
비용의 일부 보조·융자	국가 또는 지방자치단체는 대통령령으로 정하는 바에 따라 다음의 물류단지개발사업에 필요한 비용의 일부를 보조하거나 융자할 수 있다. 1. 물류단지의 간선도로의 건설비 2. 물류단지의 녹지의 건설비 3. 이주대책사업비 4. 물류단지시설용지와 지원시설용지의 조성비 및 매입비 5. 용수공급시설·하수도 및 공공폐수처리시설의 건설비 6. 국가유산 조사비
우선적 지원시설	국가 또는 지방자치단체는 물류단지의 원활한 개발을 위하여 필요한 도로·철도·항만·용수시설 등 다음 기반시설의 설치를 우선적으로 지원하여야 한다. 1. 도로·철도 및 항만시설 2. 용수공급시설 및 통신시설 3. 하수도시설 및 폐기물처리시설 4. 물류단지 안의 공동구 5. 집단에너지공급시설 6. 그 밖에 물류단지개발을 위하여 특히 필요한 공공시설로서 국토교통부령(규칙 제20조)으로 정하는 시설로서 유수지 및 광장

물류단지개발특별회계의 설치 및 운용

설치 및 재원	시·도지사 또는 시장·군수는 물류단지개발사업을 촉진하기 위하여 지방자치단체에 물류단지개발특별회계를 설치할 수 있다. 특별회계는 다음의 재원으로 조성된다. • 해당 지방자치단체의 일반회계로부터의 전입금 • 정부의 보조금 • 과태료 규정(제67조)에 따라 부과·징수된 과태료 • 「개발이익환수에 관한 법률」에 따라 지방자치단체에 귀속되는 개발부담금 중 해당 지방자치단체의 조례로 정하는 비율의 금액 • 「국토의 계획 및 이용에 관한 법률」에 따라 행정청에 귀속된 공공시설의 처분으로 인하여 발생된 수익금 • 「지방세법」에 따라 부과·징수되는 재산세 징수액 중 대통령령으로 정하는 비율로 10퍼센트 금액. 다만, 해당 지방자치단체의 조례가 10퍼센트 이상으로 정하는 경우에는 그 비율의 금액 • 차입금 • 해당 특별회계자금의 융자회수금·이자수입금 및 그 밖의 수익금
운 용	특별회계의 설치 및 운용·관리에 필요한 사항은 대통령령(영 제32조)으로 정하는 기준에 따라 해당 지방자치단체의 조례로 정한다.

핵심테마 15 보칙 및 벌칙

1 보 칙

구 분	내 용

보고 등	① 국토교통부장관은 복합물류터미널사업자에게 복합물류터미널의 건설에 관해 필요한 보고를 하게 하거나 자료의 제출을 명할 수 있으며 소속 공무원에게 복합물류터미널의 건설에 관한 업무를 검사하게 할 수 있다.
	② 국토교통부장관, 해양수산부장관 또는 시·도지사는 물류창고업자에게 물류창고의 운영에 관하여 보고를 하게 하거나 자료의 제출을 명할 수 있으며 소속 공무원에게 물류창고의 운영에 관한 업무를 검사하게 할 수 있다. 다만, 다음(제21조의2 제4항) 각 호의 어느 하나에 해당하는 물류창고업을 경영하는 자는 제외한다.
	  1. 「관세법」에 따른 보세창고의 설치·운영
	  2. 「화학물질관리법」에 따른 유해화학물질 보관·저장업
	  3. 「식품위생법」에 따른 식품보존업 중 식품냉동·냉장업, 「축산물 위생관리법」에 따른 축산물보관업 및 「수산식품산업의 육성 및 지원에 관한 법률」에 따른 수산물가공업 중 냉동·냉장업
	③ 국토교통부장관 또는 시·도지사는 시행자에게 물류단지의 개발에 관하여 필요한 보고를 하게 하거나 자료의 제출을 명할 수 있으며 소속 공무원에게 물류단지의 개발에 관한 업무를 검사하게 할 수 있다.
	④ 국토교통부장관 또는 시·도지사는 물류단지 관리기관·입주기업체 및 지원기관에 물류단지의 관리에 관하여 필요한 보고를 하게 하거나 자료의 제출을 명할 수 있으며, 소속 공무원에게 물류단지의 관리에 관한 업무를 검사하게 할 수 있다.
	⑤ ①부터 ④까지의 규정에 따라 검사를 하는 공무원은 그 권한을 나타내는 증표를 지니고 이를 관계인에게 내보여야 한다.
	⑥ ⑤에 따른 증표에 필요한 사항은 국토교통부령으로 정한다.

청 문	국토교통부장관·해양수산부장관 또는 시·도지사는 다음 각 호의 어느 하나에 해당하는 경우에는 청문을 실시하여야 한다. 1. 복합물류터미널사업 등록의 취소 또는 물류창고업 등록의 취소 1의2. 스마트물류센터 인증의 취소 또는 스마트물류센터 인증기관 지정의 취소 2. 제52조의3 제1항에 따른 물류단지 시행자 지정·승인 또는 인가의 취소
수수료	다음에 해당하는 신청을 하려는 자는 국토교통부령으로 정하는 바에 따라 수수료를 내야 한다.

신청내용	금액(1건당)
1. 복합물류터미널사업의 등록 및 변경등록의 신청	20,000원
2. 물류터미널의 구조 및 설비 등에 관한 공사시행인가와 변경인가의 신청	15,000원
3. 물류창고업의 등록 및 변경등록	10,000원

수수료의 반환	국토교통부장관 또는 시·도지사는 다음의 어느 하나에 해당하는 경우에는 각 구분에 따라 수수료를 반환하여야 한다. • 수수료를 과오납(過誤納)한 경우 : 과오납한 금액의 전부 • 등록·인가 등을 하기 전에 신청인이 해당 등록·인가 등의 신청을 철회하는 경우 : 납부한 수수료의 전부

[출제유형] 2024년 제28회

물류시설의 개발 및 운영에 관한 법률상 다음 신청을 하려고 할 때 국토교통부령으로 정하는 바에 따라 수수료를 내야 하는 사항이 아닌 것은?

❶ 도시첨단물류단지의 지정의 신청
② 물류터미널의 구조 및 설비 등에 관한 공사시행인가의 신청
③ 물류창고업의 등록
④ 스마트물류센터 인증의 신청
⑤ 복합물류터미널사업의 등록신청

⊕ PLUS

스마트물류센터 인증 신청의 수수료 (1건당)
• 인증의 신청 : 3,000,000원
• 인증 재심사의 신청 : 1,500,000원
• 예비인증의 신청 : 3,000,000원

[출제유형] 2024년 제28회

물류시설의 개발 및 운영에 관한 법률상 형사벌의 대상이 되는 경우를 모두 고른 것은?

> ㄱ. 공사시행인가를 받지 아니하고 공사를 시행한 복합물류터미널사업자
> ㄴ. 인증을 받지 않고 스마트물류센터임을 사칭한 자
> ㄷ. 등록을 하지 아니하고 복합물류터미널사업을 경영한 자
> ㄹ. 다른 사람에게 등록증을 대여한 복합물류터미널사업자

① ㄱ, ㄴ
② ㄴ, ㄷ
③ ㄷ, ㄹ
④ ㄱ, ㄴ, ㄹ
❺ ㄱ, ㄴ, ㄷ, ㄹ

2 벌칙 및 과태료

구 분	내 용

벌 칙	① 다음 각 호의 어느 하나에 해당하는 자는 1년 이하의 징역 또는 1천만원 이하의 벌금에 처한다. 다만, 제7호에 해당하는 자로서 그 처분행위로 얻은 이익이 3천만원 이상인 경우에는 1년 이하의 징역 또는 그 이익에 상당하는 금액 이하의 벌금에 처한다.
	1. 등록을 하지 아니하고 복합물류터미널사업을 경영한 자
	2. 물류터미널의 공사시행인가 또는 변경인가를 받지 아니하고 공사를 시행한 자
	3. 성명 또는 상호를 다른 사람에게 사용하게 하거나 등록증을 대여한 복합물류터미널사업자 또는 물류창고업자
	4. 등록을 하지 아니하고 물류창고업을 경영한 자
	
	다만, 제21조의2 제4항 각 호의 어느 하나에 해당하는 물류창고업을 경영한 자는 제외한다.
	  1. 「관세법」에 따른 보세창고의 설치·운영
	  2. 「화학물질관리법」에 따른 유해화학물질 보관·저장업
	  3. 「식품위생법」에 따른 식품보존업 중 식품냉동·냉장업, 「축산물 위생관리법」에 따른 축산물보관업 및 「수산식품산업의 육성 및 지원에 관한 법률」에 따른 수산물가공업 중 냉동·냉장업
	
	5. 허가를 받지 아니하고 물류단지 안에서 건축물의 건축 등을 한 자
	6. 거짓이나 그 밖의 부정한 방법으로 물류단지개발 또는 재정비 사업의 시행자 또는 물류단지개발 또는 물류단지개발과 관련되는 사업에 대한 실시계획의 지정 또는 승인을 받은 자
	7. 개발한 토지·시설 등의 처분제한 규정을 위반하여 토지 또는 시설을 처분한 자
	② 거짓의 스마트물류센터 인증마크를 제작·사용하거나 스마트물류센터임을 사칭한 자는 3천만원 이하의 벌금에 처한다.

과태료	① 다음 어느 하나에 해당하는 자에게는 300만원 이하의 과태료를 부과한다. 1. 보고 또는 자료제출을 하지 아니하거나 거짓 보고 또는 거짓 자료를 제출한 자 2. 검사를 방해·거부한 자 ② 다음의 어느 하나에 해당하는 자에게는 200만원 이하의 과태료를 부과한다. 1. 승계의 신고를 하지 아니한 자 2. 취소된 인증마크를 계속 사용한 자 ③ ① 및 ②에 따른 과태료는 대통령령으로 정하는 바에 따라 국토교통부장관·해양수산부장관 또는 시·도지사가 부과·징수한다.

> **양벌규정**
> • 법인의 대표자나 법인 또는 개인의 대리인, 사용인, 그 밖의 종업원이 그 법인 또는 개인의 업무에 관하여 제65조의 위반행위를 하면 그 행위자를 벌하는 외에 그 법인 또는 개인에게도 해당 조문의 벌금형을 과(科)한다.
> • 다만, 법인 또는 개인이 그 위반행위를 방지하기 위하여 해당 업무에 관하여 상당한 주의와 감독을 게을리하지 아니한 경우에는 그러하지 아니하다.

PART 5 물류관련법규 / Chapter 03 화물자동차 운수사업법

16 총칙

1 용어의 정의

구 분	내 용

화물자동차	「자동차관리법」에 따른 화물자동차 및 특수자동차로서 국토교통부령(규칙 제3조)으로 정하는 자동차를 말한다.
	
	화물자동차의 정의
	"국토교통부령으로 정하는 자동차"란「자동차관리법 시행규칙」[별표 1]에 따른 일반형·덤프형·밴형 및 특수용도형 화물자동차와 견인형·구난형 및 특수용도형 특수자동차(「여객자동차 운송사업법」에 따라 자동차대여사업에 사용할 수 있는 자동차로서「자동차관리법 시행규칙」별표 1에 따른 경형 또는 소형 특수용도형 특수자동차 중 같은 규칙 제30조의2에 따른 캠핑용자동차는 제외)를 말한다. 이 경우 밴형 화물자동차는 다음 각 호의 요건을 모두 충족하는 구조이어야 한다.
	1. 물품적재장치의 바닥면적이 승차장치의 바닥면적보다 넓을 것
	2. 승차 정원이 3명 이하일 것. 다만, 다음 각 목의 어느 하나에 해당하는 경우는 예외로 한다.
	  가. 「경비업법」제4조 제1항에 따라 같은 법 제2조 제1호 나목의 호송경비업무 허가를 받은 경비업자의 호송용 차량
	  나. 2001년 11월 30일 전에 화물자동차 운송사업 등록을 한 6인승 밴형 화물자동차

화물자동차 운수사업	화물자동차 운송사업, 화물자동차 운송주선사업 및 화물자동차 운송가맹사업을 말한다.
화물자동차 운송사업	다른 사람의 요구에 응하여 화물자동차를 사용하여 화물을 유상으로 운송하는 사업. 이 경우 화주(貨主)가 화물자동차에 함께 탈 때의 화물은 중량, 용적, 형상 등이 여객자동차 운송사업용 자동차에 싣기 부적합한 것으로서 그 기준과 대상차량 등은 국토교통부령(규칙 제3조의2)으로 정한다. **화물의 기준 및 대상차량** ① 화물의 기준 • 화주 1명당 화물의 중량이 20킬로그램 이상일 것 • 화주 1명당 화물의 용적이 4만 세제곱센티미터 이상일 것 • 화물이 불결하거나 악취가 나는 농산물·수산물 또는 축산물, 혐오감을 주는 동물 또는 식물, 기계·기구류 등 공산품, 합판·각목 등 건축기자재, 폭발성·인화성 또는 부식성 물품 중 어느 하나에 해당하는 물품일 것 ② 대상차량 : 대상차량은 밴형 화물자동차로 한다.
화물자동차 운송주선사업	다른 사람의 요구에 응하여 유상으로 화물운송계약을 중개·대리하거나 화물자동차 운송사업 또는 화물자동차 운송가맹사업을 경영하는 자의 화물 운송수단을 이용하여 자기 명의와 계산으로 화물을 운송하는 사업을 말한다. ※ 자기의 화물 운송수단 이용 × ※ 화물이 이사화물인 경우에는 포장 및 보관 등 부대서비스를 함께 제공하는 사업을 포함
화물자동차 운송가맹사업	다른 사람의 요구에 응하여 자기 화물자동차를 사용하여 유상으로 화물을 운송하거나 화물정보망(인터넷 홈페이지 및 이동통신단말장치에서 사용되는 응용프로그램을 포함)을 통하여 소속 화물자동차 운송가맹점(운송사업자 및 화물자동차 운송사업의 경영의 일부를 위탁받은 사람인 운송가맹점만을 말함)에 의뢰하여 화물을 운송하게 하는 사업을 말한다. • 화물자동차 운송가맹사업자 : 화물자동차 운송가맹사업의 허가를 받은 자 • 화물자동차 운송가맹점 : 화물자동차 운송가맹사업자의 운송가맹점으로 가입한 자로서 다음 각 목의 어느 하나에 해당하는 자 가. 운송가맹사업자의 화물정보망을 이용하여 운송 화물을 배정받아 화물을 운송하는 운송사업자

[출제유형] 2023년 제27회

화물자동차 운수사업법상 화물자동차 운송주선사업에 관한 설명으로 옳은 것은?

① 운송주선사업자는 자기 명의로 다른 사람에게 화물자동차 운송주선사업을 경영하게 할 수 있다.
② 운송주선사업자는 화주로부터 중개 또는 대리를 의뢰받은 화물에 대하여 다른 운송주선사업자에게 수수료나 그 밖의 대가를 받고 중개 또는 대리를 의뢰할 수 있다.
❸ 운송가맹사업자의 화물운송계약을 중개·대리하는 운송주선사업자는 화물자동차 운송가맹점이 될 수 있다.
④ 국토교통부장관은 운수종사자의 집단적 화물운송 거부로 국가경제에 매우 심각한 위기를 초래할 우려가 있다고 인정할 만한 상당한 이유가 있으면 운송주선사업자에게 업무개시를 명할 수 있다.
⑤ 운송주선사업자는 공영차고지를 임대받아 운영할 수 있다.

[출제유형] 2017년 제21회

화물자동차 운수사업법령상 화물자동차 운수사업에 관한 설명으로 옳지 않은 것은?

① 화물자동차 운송사업이란 다른 사람의 요구에 응하여 화물자동차를 사용하여 화물을 유상으로 운송하는 사업을 말한다.
② 운수종사자란 화물자동차의 운전자, 화물의 운송 또는 운송주선에 관한 사무를 취급하는 사무원 및 이를 보조하는 보조원, 그 밖에 화물자동차 운수사업에 종사하는 자를 말한다.
③ 다른 사람의 요구에 응하여 유상으로 화물운송계약을 중개·대리하는 사업은 화물자동차 운송주선사업에 해당한다.
❹ 다른 사람의 요구에 응하여 화물자동차 운송가맹사업을 경영하는 자의 화물 운송수단을 이용하여 자기 명의와 계산으로 화물을 운송하는 사업은 화물자동차 운송가맹사업에 해당한다.
⑤ 화물자동차 운수사업이란 화물자동차 운송사업, 화물자동차 운송주선사업 및 화물자동차 운송가맹사업을 말한다.

[출제유형] 2024년 제28회

화물자동차 운수사업법령상 공영차고지 설치 대상 공공기관에 해당하지 않는 것은?

① 「인천국제공항공사법」에 따른 인천국제공항공사
② 「한국도로공사법」에 따른 한국도로공사
③ 「한국철도공사법」에 따른 한국철도공사
④ 「한국토지주택공사법」에 따른 한국토지주택공사
❺ 「한국가스공사법」에 따른 한국가스공사

화물자동차 운송가맹사업	나. 운송가맹사업자의 화물운송계약을 중개·대리하는 운송주선사업자 다. 운송가맹사업자의 화물정보망을 이용하여 운송 화물을 배정받아 화물을 운송하는 자로서 화물자동차 운송사업의 경영의 일부를 위탁받은 사람. 다만, 경영의 일부를 위탁한 운송사업자가 화물자동차 운송가맹점으로 가입한 경우는 제외
영업소	주사무소 외의 장소에서 다음 어느 하나에 해당하는 사업을 영위하는 곳을 말한다. 가. 화물자동차 운송사업의 허가를 받은 자 또는 화물자동차 운송가맹사업자가 화물자동차를 배치하여 그 지역의 화물을 운송하는 사업 나. 화물자동차 운송주선사업의 허가를 받은 자가 화물 운송을 주선하는 사업
운수종사자	화물자동차의 운전자, 화물의 운송 또는 운송주선에 관한 사무를 취급하는 사무원 및 이를 보조하는 보조원, 그 밖에 화물자동차 운수사업에 종사하는 자를 말한다.
공영차고지	화물자동차 운수사업에 제공되는 차고지로서 다음 각 목의 어느 하나에 해당하는 자가 설치한 것을 말한다. 가. 특별시장·광역시장·특별자치시장·도지사·특별자치도지사(이하 "시·도지사"라 함) 나. 시장·군수·구청장(자치구의 구청장을 말함) 다. 「공공기관의 운영에 관한 법률」에 따른 공공기관 중 대통령령으로 정하는 공공기관 　1. 「인천국제공항공사법」에 따른 인천국제공항공사 　2. 「한국공항공사법」에 따른 한국공항공사 　3. 「한국도로공사법」에 따른 한국도로공사 　4. 「한국철도공사법」에 따른 한국철도공사 　5. 「한국토지주택공사법」에 따른 한국토지주택공사 　6. 「항만공사법」에 따른 항만공사 라. 「지방공기업법」에 따른 지방공사
화물자동차 휴게소	화물자동차의 운전자가 화물의 운송 중 휴식을 취하거나 화물의 하역(荷役)을 위하여 대기할 수 있도록 「도로법」에 따른 도로 등 화물의 운송경로나 「물류시설의 개발 및 운영에 관한 법률」에 따른 물류시설 등 물류거점에 휴게시설과 차량의 주차·정비·주유(注油) 등 화물운송에 필요한 기능을 제공하기 위하여 건설하는 시설물
화물차주	화물을 직접 운송하는 자로서 다음 각 목의 어느 하나에 해당하는 자 가. 개인화물자동차 운송사업의 허가를 받은 자(이하 "개인 운송사업자"라 함) 나. 경영의 일부를 위탁받은 사람(이하 "위·수탁차주"라 함)
화물자동차 안전운송원가	화물차주에 대한 적정한 운임의 보장을 통하여 과로, 과속, 과적 운행을 방지하는 등 교통안전을 확보하기 위하여 화주, 운송사업자, 운송주선사업자 등이 화물운송의 운임을 산정할 때에 참고할 수 있는 운송원가로서 화물자동차 안전운임위원회의 심의·의결을 거쳐 국토교통부장관이 공표한 원가
화물자동차 안전운임	화물차주에 대한 적정한 운임의 보장을 통하여 과로, 과속, 과적 운행을 방지하는 등 교통안전을 확보하기 위하여 필요한 최소한의 운임으로서 화물자동차 안전운송원가에 적정 이윤을 더하여 화물자동차 안전운임위원회의 심의·의결을 거쳐 국토교통부장관이 공표한 운임을 말하며 다음 각 목으로 구분한다. 가. 화물자동차 안전운송운임 : 화주가 운송사업자, 운송주선사업자 및 운송가맹사업자(이하 "운수사업자"라 함) 또는 화물차주에게 지급하여야 하는 최소한의 운임 나. 화물자동차 안전위탁운임 : 운송사업자가 화물차주에게 지급해야 하는 최소한의 운임

화물자동차 운수사업 관할관청(규칙 제4조)

• 화물자동차 운수사업은 주사무소(법인이 아닌 경우에는 주소지를 말하되, 주소지 외의 장소에 사업장·공동사업장 또는 사무실을 마련하여 화물자동차 운수사업을 경영하는 경우에는 그 사업장·공동사업장 또는 사무실을 주사무소로 본다. 이하 같다) 소재지를 관할하는 시·도지사가 관장한다.
• 화물자동차 운수사업의 영업소 및 화물취급소와 영업소에 배치된 화물자동차는 위 규정에도 불구하고 그 소재지를 관할하는 시·도지사가 관장한다.
• 화물자동차 운수사업을 양도·양수하거나 법인을 합병할 때 둘 이상의 관할관청이 있는 경우에는 양수인 또는 합병으로 존속하거나 신설되는 법인의 주사무소 소재지를 관할하는 시·도지사가 관할관청이 된다.
• 화물운송 종사자격의 취소 또는 효력정지 처분은 처분 대상자의 주소지를 관할하는 시·도지사가 관장한다.

PART 5 물류관련법규 / Chapter 03 화물자동차 운수사업법

핵심테마 17 화물자동차 운송사업

1 화물자동차 운송사업의 허가 등

구 분	내 용
사업의 구분 및 허가권자	화물자동차 운송사업을 경영하려는 자는 각 호의 구분에 따라 국토교통부장관의 허가를 받아야 한다. 1. 일반화물자동차 운송사업 : 20대 이상의 범위에서 대통령령으로 정하는 대수(→ 20대) 이상의 화물자동차를 사용하여 화물을 운송하는 사업 2. 개인화물자동차 운송사업 : 화물자동차 1대를 사용하여 화물을 운송하는 사업으로서 대통령령으로 정하는 사업 ※ 별도의 사업허가를 받지 않아도 되는 경우 : 이 법 제29조 제1항에 따라 화물자동차 운송가맹사업의 허가를 받은 자는 위의 허가를 받지 아니한다.

사업의 변경허가 및 변경신고	• 화물자동차 운송사업의 허가를 받은 자(이하 "운송사업자"라 함)가 허가사항을 변경하려면 국토교통부령으로 정하는 바에 따라 국토교통부장관의 변경허가를 받아야 한다. 다만, 대통령령으로 정하는 다음의 경미한 사항을 변경하려면 국토교통부령으로 정하는 바에 따라 국토교통부장관에게 신고하여야 한다.
	  1. 상호의 변경
	  2. 대표자의 변경(법인인 경우만 해당)
	  3. 화물취급소의 설치 또는 폐지
	  4. 화물자동차의 대폐차(代廢車)
	  5. 주사무소·영업소 및 화물취급소의 이전. 다만, 주사무소의 경우 관할 관청의 행정구역 내에서의 이전만 해당한다.
	• 국토교통부장관은 위 단서에 따른 변경신고를 받은 날부터 3일 이내에 신고수리 여부를 신고인에게 통지하여야 한다.
	• 국토교통부장관이 정한 기간 내에 신고수리 여부 또는 민원 처리 관련 법령에 따른 처리기간의 연장 여부를 신고인에게 통지하지 아니하면 그 기간이 끝난 날의 다음 날에 신고를 수리한 것으로 본다.

허가 또는 증차를 수반하는 변경허가의 기준	국토교통부장관이 화물의 운송 수요를 고려하여 업종별로 고시하는 공급기준에 맞을 것(원칙). 다만, 다음에 해당하는 경우에는 제외한다(예외). 1. 6개월 이내로 기간을 한정하여 임시허가를 하는 경우 2. 임시허가 만료에 따라 허가를 신청하는 경우 3. 「환경친화적 자동차의 개발 및 보급 촉진에 관한 법률」에 따른 전기자동차 또는 수소전기자동차로서 국토교통부령으로 정하는 최대 적재량(1.5톤 미만을 말함) 이하인 화물자동차에 대하여 해당 차량과 그 경영을 다른 사람에게 위탁하지 아니하는 것을 조건으로 변경허가를 신청하는 경우
증차를 수반한 허가사항의 변경금지	운송사업자는 다음 어느 하나에 해당하면 증차를 수반하는 허가사항을 변경할 수 없다. • 개선명령을 받고 이를 이행하지 아니한 경우 • 감차(減車) 조치 명령을 받은 후 1년이 지나지 아니한 경우
신고기간 및 신고의무이행	• 운송사업자는 허가받은 날부터 5년의 범위에서 대통령령으로 정하는 기간(5년을 말함)마다 국토교통부령으로 정하는 바에 따라 허가기준에 관한 사항을 국토교통부장관에게 신고하여야 한다(운송주선업자와 운송가맹사업자도 또한 같다). • 신고가 신고서의 기재사항 및 첨부서류에 흠이 없고, 법령 등에 규정된 형식상의 요건을 충족하는 경우에는 신고서가 접수기관에 도달된 때에 신고 의무가 이행된 것으로 본다.

[출제유형] 2021년 제25회

화물자동차 운수사업법령상 화물자동차 운송사업의 허가에 관한 설명으로 옳지 않은 것은?

① 30대의 화물자동차를 사용하여 화물을 운송하는 사업을 경영하려는 자는 일반화물자동차 운송사업의 허가를 받아야 한다.
② 화물자동차 운송사업의 허가에는 조건을 붙일 수 있다.
❸ 화물자동차 운송사업자가 법인인 경우 대표자를 변경하려면 변경허가를 받아야 한다.
④ 화물자동차 운송사업자가 운송약관의 변경명령을 받고 이를 이행하지 아니한 경우 증차를 수반하는 허가사항을 변경할 수 없다.
⑤ 운송사업자가 사업정지처분을 받은 경우에는 주사무소를 이전하는 변경허가를 받을 수 없다.

⊕ PLUS

변경허가가 금지되는 경우
국토교통부장관은 운송사업자가 사업정지처분을 받은 경우에는 주사무소를 이전하는 변경허가를 하여서는 아니 된다.

주사무소 외 장소 상주(常住) 영업
운송사업자는 주사무소 외의 장소에서 상주하여 영업하려면 국토교통부령으로 정하는 바에 따라 국토교통부장관의 허가를 받아 영업소를 설치하여야 한다. 다만, 개인운송사업자의 경우에는 그러하지 아니하다.

[출제유형] 2024년 제28회

화물자동차 운수사업법령상 관할관청이 화물자동차 운송사업의 임시허가 신청을 받았을 때 확인해야 하는 사항이 아닌 것은?

① 화물자동차의 등록 여부
② 차고지 설치 여부 등 허가기준에 맞는지 여부
③ 화물운송 종사자격 보유 여부
❹ 화물운송사업자의 채권·채무 여부
⑤ 적재물배상보험등의 가입 여부

⊕ PLUS

임시허가 신청 등
- 화물자동차 운송사업의 임시허가를 받으려는 자는 화물자동차 운송사업 임시허가신청서를 관할관청에 제출하여야 한다.
- 화물자동차 운송사업 임시허가신청서에는 해지된 위·수탁계약의 위·수탁차주였음을 증명하는 서류, 주사무소의 위치를 적은 서류, 차고지 설치 확인서를 첨부하여야 한다.
- 관할관청이 임시허가 신청을 받았을 때는 화물자동차의 등록 여부, 차고지 설치 여부 등 허가기준에 맞는지 여부, 화물운송 종사자격 보유 여부, 적재물배상보험등의 가입 여부의 사항을 확인한 후 화물자동차 운송사업 임시허가증을 발급하여야 한다.
- 관할관청은 화물자동차 운송사업 임시허가증을 발급하였을 때에는 그 사실을 협회에 통지하고 화물자동차 운송사업 허가대장에 기록하여 관리하여야 한다.

구분	내용
임시 허가 등	• 국토교통부장관은 해지된 위·수탁계약의 위·수탁차주였던 자가 허가취소 또는 감차 조치가 있는 날부터 3개월 내에 화물자동차 운송사업의 허가를 신청하는 경우 6개월 이내로 기간을 한정하여 허가(임시허가)를 할 수 있다(원칙). 다만, 운송사업자의 허가취소 또는 감차 조치의 사유와 직접 관련이 있는 화물자동차의 위·수탁차주였던 자는 제외한다(예외). • 임시허가를 받은 자가 허가 기간 내에 다른 운송사업자와 위·수탁계약을 체결하지 못하고 임시허가 기간이 만료된 경우에는 3개월 내에 화물자동차 운송사업의 허가(임시허가 ×)를 신청할 수 있다.
조건 또는 기한	국토교통부장관은 화물자동차 운수사업의 질서를 확립하기 위하여 화물자동차 운송사업의 허가 또는 증차를 수반하는 변경허가에 조건 또는 기한을 붙일 수 있다.

화물자동차 운송사업의 결격사유
다음의 어느 하나에 해당하는 자는 화물자동차 운송사업의 허가를 받을 수 없다. 법인의 경우 그 임원 중 다음의 어느 하나에 해당하는 자가 있는 경우에도 또한 같다.
① 피성년후견인 또는 피한정후견인
② 파산선고를 받고 복권되지 아니한 자
③ 이 법을 위반하여 징역 이상의 실형을 선고받고 그 집행이 끝나거나(집행이 끝난 것으로 보는 경우를 포함) 집행이 면제된 날부터 2년이 지나지 아니한 자
④ 이 법을 위반하여 징역 이상의 형(刑)의 집행유예를 선고받고 그 유예기간 중에 있는 자
⑤ 화물자동차 운송사업 허가취소 규정(제19조 제1항 제1호 및 제2호는 제외)에 따라 허가가 취소(법인 임원이 위 결격사유의 ① 또는 ②에 해당하여 허가가 취소된 경우는 제외)된 후 2년이 지나지 아니한 자
⑥ 부정한 방법으로 화물자동차 운송사업 허가·변경허가를 받은 경우 등(제19조 제1항 제1호 또는 제2호)에 해당하여 허가가 취소된 후 5년이 지나지 아니한 자

2 운임 및 요금 등

구분	내용
운임 및 요금의 신고·변경신고	운송사업자는 운임과 요금을 정하여 미리 국토교통부장관에게 신고하여야 한다. 이를 변경하려는 때에도 또한 같다.
운임·요금 신고 의무자의 범위	운임과 요금을 신고하여야 하는 운송사업자의 범위는 대통령령(영 제4조)으로 정한다. 이에 따라 운임 및 요금을 신고하여야 하는 자는 다음의 어느 하나에 해당하는 운송사업자 또는 운송가맹사업자(화물자동차를 직접 소유한 운송가맹사업자만 해당)를 말한다. ㉠ 구난형 특수자동차를 사용하여 고장차량·사고차량 등을 운송하는 운송사업자 또는 운송가맹사업자 ㉡ 밴형 화물자동차를 사용하여 화주와 화물을 함께 운송하는 운송사업자 및 운송가맹사업자
운임·요금의 신고 수리	• 신고수리 여부의 통지 : 국토교통부장관은 신고 또는 변경신고를 받은 날부터 14일 이내에 신고수리 여부를 신고인에게 통지하여야 한다. • 신고수리 기한의 연장 등 : 국토교통부장관이 정한 기간 내에 신고수리 여부 또는 민원 처리 관련 법령에 따른 처리기간의 연장 여부를 신고인에게 통지하지 아니하면 그 기간이 끝난 날의 다음 날에 신고를 수리한 것으로 본다.
신고·변경신고의 대리	화물자동차 운송사업의 운임 및 요금을 신고하거나 변경신고할 때에는 운송사업 운임 및 요금신고서를 국토교통부장관에게 제출하여야 하며, 운임 및 요금의 신고 또는 변경신고는 이 법 제50조에 따른 '연합회'로 하여금 대리하게 할 수 있다.

3 운송약관

구 분	내 용
운송약관의 신고·변경신고	운송사업자는 운송약관을 정하여 국토교통부장관에게 신고하여야 한다. 이를 변경하려는 때에도 또한 같다.
운송약관의 신고 수리	• 신고수리 여부의 통지 : 국토교통부장관은 신고 또는 변경신고를 받은 날부터 3일 이내에 신고수리 여부를 신고인에게 통지하여야 한다. • 신고수리 기간의 연장 등 : 국토교통부장관이 정한 기간 내에 신고수리 여부 또는 민원 처리 관련 법령에 따른 처리기간의 연장 여부를 신고인에게 통지하지 아니하면 그 기간이 끝난 날의 다음 날에 신고를 수리한 것으로 본다.
표준약관의 권장	국토교통부장관은 협회 또는 연합회가 작성한 것으로서 「약관의 규제에 관한 법률」에 따라 공정거래위원회의 심사를 거친 화물운송에 관한 표준이 되는 약관(이하 "표준약관"이라 함)이 있으면 운송사업자에게 그 사용을 권장할 수 있다.
신고의 의제	운송사업자가 화물자동차 운송사업의 허가·변경허가를 받을 때에 표준약관의 사용에 동의하면 위 규정에 따라 신고한 것으로 본다.
신고·변경신고 의 대리	운송약관의 신고 또는 변경신고는 이 법 제48조에 따른 '협회'로 하여금 대리하게 할 수 있다(규칙 제16조 제4항).

4 운송사업자의 책임

구 분	내 용
손해배상 책임	화물의 멸실(滅失)·훼손(毀損) 또는 인도(引渡)의 지연(이하 "적재물사고"라 함)으로 발생한 운송사업자의 손해배상 책임에 관하여는 「상법」 제135조를 준용한다. 운송인은 자기 또는 운송주선인이나 사용인, 그 밖에 운송을 위하여 사용한 자가 운송물의 수령, 인도, 보관 및 운송에 관하여 주의를 게을리하지 아니하였음을 증명하지 아니하면 운송물의 멸실, 훼손 또는 연착으로 인한 손해를 배상할 책임이 있다(상법 제135조).
불인도시 효력	위 규정에 따라 손해배상 책임을 적용할 때 화물이 인도기한이 지난 후 3개월 이내에 인도되지 아니하면 그 화물은 멸실된 것으로 본다.
분쟁조정	• 국토교통부장관은 손해배상에 관하여 화주가 요청하면 국토교통부령으로 정하는 바에 따라 이에 관한 분쟁을 조정(調停)할 수 있다. 　　화주는 분쟁조정을 요청하려는 경우에는 국토교통부장관에게 분쟁조정 신청서를 제출하여야 한다(규칙 제17조). • 국토교통부장관은 화주가 분쟁조정을 요청하면 지체 없이 그 사실을 확인하고 손해내용을 조사한 후 조정안을 작성하여야 한다. • 당사자 쌍방이 조정안을 수락하면 당사자 간에 조정안과 동일한 합의가 성립된 것으로 본다. • 국토교통부장관은 분쟁조정 업무를 「소비자기본법」에 따른 한국소비자원 또는 소비자단체에 위탁할 수 있다.

화물자동차 운전자의 연령·운전경력 등의 요건(규칙 제18조)
화물자동차 운수사업의 운전업무에 종사할 수 있는 자(이하 "화물자동차 운전자"라 함)의 연령·운전경력 등의 요건은 다음과 같다.
• 화물자동차를 운전하기에 적합한 「도로교통법」 제80조에 따른 운전면허를 가지고 있을 것
• 20세 이상일 것
• 운전경력이 2년 이상일 것. 다만, 여객자동차 운수사업용 자동차 또는 화물자동차 운수사업용 자동차를 운전한 경력이 있는 경우에는 그 운전경력이 1년 이상이어야 한다.

[출제유형] 2022년 제26회

화물자동차 운수사업법상 화물자동차 운송사업의 허가를 받을 수 없는 자는?

① 「화물자동차 운수사업법」을 위반하여 징역 이상의 실형을 선고받고 그 집행이 면제된 날부터 3년이 지난 자
② 「화물자동차 운수사업법」을 위반하여 징역 이상의 형의 집행유예를 선고받고 그 유예기간이 종료된 후 1년이 지난 자
❸ 부정한 방법으로 화물자동차 운송사업의 허가를 받아 그 허가가 취소된 후 3년이 지난 자
④ 「화물자동차 운수사업법」 제11조에 따른 운송사업자의 준수사항을 위반하여 화물자동차 운송사업의 허가가 취소된 후 3년이 지난 자
⑤ 파산선고를 받고 복권된 자

⊕ PLUS

운송약관에 기재해야 하는 사항(규칙 제16조)
• 사업의 종류
• 운임 및 요금의 수수 또는 환급에 관한 사항
• 화물의 인도·인수·보관 및 취급에 관한 사항
• 운송책임이 시작되는 시기 및 끝나는 시기
• 손해배상 및 면책에 관한 사항
• 그 밖에 화물자동차 운송사업을 경영하는 데에 필요한 사항

[출제유형] 2023년 제27회

화물자동차 운수사업법상 화물의 멸실·훼손 또는 인도의 지연으로 발생한 운송사업자의 손해배상책임에 관한 설명으로 옳지 않은 것은?

❶ 손해배상 책임에 관하여 「상법」을 준용할 때 화물이 인도기한이 지난 후 1개월 이내에 인도되지 아니하면 그 화물은 멸실된 것으로 본다.
② 국토교통부장관은 화주가 요청하면 운송사업자의 손해배상 책임에 관한 분쟁을 조정할 수 있다.
③ 국토교통부장관은 화주가 분쟁조정을 요청하면 지체 없이 그 사실을 확인하고 손해내용을 조사한 후 조정안을 작성하여야 한다.
④ 화주와 운송사업자 쌍방이 조정안을 수락하면 당사자 간에 조정안과 동일한 합의가 성립된 것으로 본다.
⑤ 국토교통부장관은 분쟁조정 업무를 「소비자기본법」에 따라 등록한 소비자단체에 위탁할 수 있다.

[출제유형] 2023년 제27회

화물자동차 운수사업법령상 운송사업자의 직접운송의무에 관한 설명이다. ( )에 들어갈 내용은?(단, 사업기간은 1년 이상임)

- 일반화물자동차 운송사업자는 연간 운송계약 화물의 (ㄱ) 이상을 직접 운송하여야 한다.
- 운송사업자가 운송주선사업을 동시에 영위하는 경우에는 연간 운송계약 및 운송주선계약 화물의 (ㄴ) 이상을 직접 운송하여야 한다.

① ㄱ : 3분의 2
   ㄴ : 3분의 1
② ㄱ : 100분의 30
   ㄴ : 100분의 20
③ ㄱ : 100분의 30
   ㄴ : 100분의 30
④ ㄱ : 100분의 50
   ㄴ : 100분의 20
❺ ㄱ : 100분의 50
   ㄴ : 100분의 30

5 운송사업자의 직접운송 의무 등

구 분	내 용
운송사업자의 직접운송의 의무	• 국토교통부령으로 정하는 운송사업자(일반화물자동차 운송사업자를 말함)는 화주와 운송계약을 체결한 화물에 대하여 국토교통부령으로 정하는 비율(연간 운송계약 화물의 100분의 50) 이상을 해당 운송사업자에게 소속된 차량으로 직접 운송하여야 한다. • 운송사업자가 운송주선사업을 동시에 영위하는 경우에도 위의 직접운송 규정을 적용한다. 다만, 이 경우에는 해당 규정에도 불구하고, 연간 운송계약 및 운송주선계약 화물의 100분의 30 이상을 직접 운송하여야 한다.
직접운송화물 이외 화물에 대한 위탁의 금지	운송사업자는 직접 운송하는 화물 이외의 화물에 대하여 다른 운송사업자, 다른 운송사업자에게 소속된 위·수탁차주 외의 자에게 운송을 위탁하여서는 아니 된다.
위탁운송	다른 운송사업자나 운송주선사업자로부터 화물운송을 위탁받은 운송사업자와 운송가맹사업자로부터 화물운송을 위탁받은 운송사업자(운송가맹점인 운송사업자만 해당)는 해당 운송사업자에게 소속된 차량으로 직접 화물을 운송하여야 한다.
화물정보망을 이용한 운송의 위탁	• 운송사업자(다른 운송사업자나 운송주선사업자로부터 화물운송을 위탁받은 운송사업자를 포함)가 국토교통부령으로 정하는 바에 따라 운송가맹사업자의 화물정보망이나 「물류정책기본법」에 따라 인증받은 화물정보망을 이용하여 운송을 위탁하면 직접 운송한 것으로 본다. • 이에 따른 직접운송의 인정기준은 위탁운송 화물의 100분의 80에서 100분의 100의 범위에서 국토교통부장관이 정하여 고시하는 기준에 따른다.

운송사업자의 준수사항

1. 개인화물자동차 운송사업자의 경우 주사무소가 있는 특별시·광역시·특별자치시 또는 도와 이와 맞닿은 특별시·광역시·특별자치시 또는 도 외의 지역에 상주하여 화물자동차 운송사업을 경영하지 아니할 것
2. 밤샘주차(0~4시 사이에 하는 1시간 이상 주차)하는 경우에는 해당 운송사업자 및 다른 운송사업자 차고지, 공영차고지, 화물자동차 휴게소, 화물터미널, 그 밖에 지방자치단체의 조례로 정하는 시설 또는 장소에서만 할 것
3. 최대적재량 1.5톤 이하의 화물자동차는 주차장, 차고지 또는 지방자치단체의 조례로 정하는 시설 및 장소에서만 밤샘주차할 것
4. 신고한 운임 및 요금 또는 화주와 합의된 운임 및 요금이 아닌 부당한 운임 및 요금을 받지 아니할 것
5. 화주로부터 부당한 운임 및 요금의 환급을 요구받았을 때에는 환급할 것
6. 신고한 운송약관을 준수할 것
7. 사업용 화물자동차의 바깥쪽에 일반인이 알아보기 쉽도록 사업용 화물자동차임을 표시할 것
8. 화물자동차 운전자의 취업 현황 및 퇴직 현황을 보고하지 아니하거나 거짓으로 보고하지 아니할 것
9. 교통사고로 인한 손해배상을 위한 대인보험이나 공제사업에 가입하지 아니한 상태로 화물자동차를 운행하거나 그 가입이 실효된 상태로 화물자동차를 운행하지 아니할 것
10. 적재물배상보험등에 가입하지 아니한 상태로 화물자동차를 운행하거나 그 가입이 실효된 상태로 화물자동차를 운행하지 아니할 것
11. 화물자동차(13년 이상의 화물자동차 제외)를 정기검사 또는 자동차종합검사를 받지 않은 상태로 운행하거나 운행하게 하지 않을 것
12. 화물자동차 운전자에게 차 안에 화물운송 종사자격증명을 게시하고 운행하도록 할 것
13. 화물자동차 운전자에게 운행기록장치가 설치된 운송사업용 화물자동차를 그 장치 또는 기기가 정상적으로 작동되는 상태에서 운행하도록 할 것
14. 개인화물자동차 운송사업자는 자기 명의로 운송계약을 체결한 화물에 대하여 다른 운송사업자에게 수수료나 그 밖의 대가를 받고 그 운송을 위탁하거나 대행하게 하는 등 화물운송 질서를 문란하게 하는 행위를 하지 말 것
15. 사업 허가를 받은 자는 집화등 외의 운송을 하지 말 것

16. 구난형 특수자동차를 사용하여 고장·사고차량을 운송하는 운송사업자의 경우 고장·사고차량 소유자 또는 운전자의 의사에 반하여 구난을 지시하거나 구난하지 아니할 것
17. 구난형 특수자동차를 사용하여 고장·사고차량을 운송하는 운송사업자는 차량의 소유자 또는 운전자로부터 최종 목적지까지의 총 운임·요금에 대하여 구난동의를 받은 후 운송을 시작하고, 운수종사자로 하여금 운송하게 하는 경우에는 구난동의를 받은 후 운송을 시작하도록 지시할 것
18. 밴형 화물자동차를 사용하여 화주와 화물을 함께 운송하는 운송사업자는 운송을 시작하기 전에 화주에게 구두 또는 서면으로 총 운임·요금을 통지하거나 소속 운수종사자로 하여금 통지하도록 지시할 것
19. 휴게시간 없이 2시간 연속운전한 운수종사자에게 15분 이상의 휴게시간을 보장할 것
20. 화물자동차 운전자가 난폭운전을 하지 않도록 운행관리를 할 것
21. 밴형 화물자동차를 사용해 화주와 화물을 함께 운송하는 사업자는 일정한 장소에 오랜 시간 정차하여 화주를 호객하는 행위를 하거나 소속 운수종사자로 하여금 같은 행위를 하도록 지시하지 말 것
22. 위·수탁계약서에 명시된 금전 외의 금전을 위·수탁차주에게 요구하지 않을 것

6 화물자동차 운송사업의 양도와 양수 등

구 분	내 용
신고사항	• 양도·양수 신고 : 화물자동차 운송사업을 양도·양수하려는 경우에는 국토교통부령으로 정하는 바에 따라 양수인은 국토교통부장관에게 신고하여야 한다. • 법인의 합병 신고 : 운송사업자인 법인이 서로 합병하려는 경우(운송사업자인 법인이 운송사업자가 아닌 법인을 흡수 합병하는 경우는 제외)에는 국토교통부령으로 정하는 바에 따라 합병으로 존속하거나 신설되는 법인은 국토교통부장관에게 신고하여야 한다.
신고수리 등	• 신고수리 여부의 통지 : 국토교통부장관은 위 규정에 따른 신고를 받은 날부터 5일 이내에 신고수리 여부를 신고인에게 통지하여야 한다. • 신고수리 기한의 연장 등 : 국토교통부장관이 정한 기간 내에 신고수리 여부 또는 민원 처리 관련 법령에 따른 처리기간의 연장 여부를 신고인에게 통지하지 아니하면 그 기간이 끝난 날의 다음 날에 신고를 수리한 것으로 본다.
양도·양수 및 합병의 제한	국토교통부장관은 화물자동차의 지역 간 수급균형과 화물운송시장의 안정과 질서유지를 위하여 국토교통부령으로 정하는 바에 따라 화물자동차 운송사업의 양도·양수와 합병을 제한할 수 있다.
신고의 효력	• 양도·양수 및 합병 신고의 효력 : 양도·양수 및 합병 신고가 있으면 화물자동차 운송사업을 양수한 자는 화물자동차 운송사업을 양도한 자의 운송사업자로서의 지위를 승계(承繼)하며, 합병으로 설립되거나 존속되는 법인은 합병으로 소멸되는 법인의 운송사업자로서의 지위를 승계한다. • 위·수탁계약에 대한 신고의 효력 : 양도·양수 및 합병 신고가 있으면 화물자동차 운송사업을 양도한 자와 위·수탁계약을 체결한 위·수탁차주는 그 동일한 내용의 위·수탁계약을 화물자동차 운송사업을 양수한 자와 체결한 것으로 보며, 합병으로 소멸되는 법인과 위·수탁계약을 체결한 위·수탁차주는 그 동일한 내용의 위·수탁계약을 합병으로 존속하거나 신설되는 법인과 체결한 것으로 본다.
결격사유 규정의 준용	양수인, 합병으로 존속하거나 신설되는 법인의 결격사유에 관하여는 화물자동차 운송사업 허가의 결격사유 규정(제4조)을 준용한다.
양도가 금지되는 사업자	다음 각 호의 어느 하나에 해당하는 운송사업자는 그 사업을 양도할 수 없다. 1. 임시허가를 받은 화물자동차 운송사업자 2. 예외적 허가·증차를 수반하는 변경허가 대상 차량 규정(제3조 제7항 제1호 다목)에 따라 조건부로 화물자동차 운송사업의 허가 또는 변경허가를 받은 운송사업자

[출제유형] 2024년 제28회

화물자동차 운수사업법령상 운송사업자의 준수사항으로 옳지 않은 것은?

① 개인화물자동차 운송사업자는 주사무소가 있는 특별시·광역시·특별자치시 또는 도와 이와 맞닿은 특별시·광역시·특별자치시 또는 도 외의 지역에 상주하여 화물자동차 운송사업을 경영하지 아니하여야 한다.
❷ 밤샘주차하는 경우에는 화물자동차 휴게소에 주차할 수 없다.
③ 최대적재량 1.5톤 이하의 화물자동차의 경우에는 주차장, 차고지 또는 지방자치단체의 조례로 정하는 시설 및 장소에서만 밤샘주차하여야 한다.
④ 화주로부터 부당한 운임 및 요금의 환급을 요구받았을 때에는 환급하여야 한다.
⑤ 개인화물자동차 운송사업자는 자기 명의로 운송계약을 체결한 화물에 대하여 다른 운송사업자에게 수수료나 그 밖의 대가를 받고 그 운송을 위탁하거나 대행하게 할 수 없다.

[출제유형] 2014년 제18회

화물자동차 운수사업법령상 화물자동차 운송사업의 양도·양수, 합병 및 상속에 관한 설명으로 옳은 것을 모두 고른 것은?

㉠ 국토교통부장관은 화물자동차의 지역 간 수급균형과 화물운송시장의 안정과 질서유지를 위하여 화물자동차 운송사업의 양도·양수와 합병을 제한할 수 있다.
㉡ 화물자동차 운송사업의 상속인이 상속신고를 하면 피상속인이 사망한 날부터 신고한 날까지 피상속인에 대한 화물자동차 운송사업의 허가는 상속인에 대한 허가로 본다.
㉢ 화물자동차 운송사업을 양도·양수하려는 경우에는 국토교통부령으로 정하는 바에 따라 양도인은 국토교통부장관에게 신고하여야 한다.
㉣ 운송사업자인 법인들이 서로 합병하는 경우, 합병으로 설립되거나 존속되는 법인은 합병등기를 마친 때에 합병으로 소멸되는 법인의 운송사업자로서의 지위를 승계한다.

❶ ㉠, ㉡   ② ㉠, ㉢
③ ㉡, ㉢   ④ ㉡, ㉣
⑤ ㉢, ㉣

[출제유형] 2022년 제26회

화물자동차 운수사업법상 화물자동차 운송사업의 상속 및 그 신고에 관한 설명으로 옳은 것은?

① 운송사업자가 사망한 경우 상속인이 그 운송사업을 계속하려면 피상속인이 사망한 후 6개월 이내에 국토교통부장관에게 신고하여야 한다.
② 국토교통부장관은 신고를 받은 날부터 14일 이내에 신고수리 여부를 신고인에게 통지하여야 한다.
③ 국토교통부장관이 「화물자동차 운수사업법」에서 정한 기간 내에 신고수리 여부를 신고인에게 통지하지 아니하면 그 기간이 끝난 날에 신고를 수리한 것으로 본다.
❹ 상속인이 상속신고를 하면 피상속인이 사망한 날부터 신고한 날까지 피상속인에 대한 화물자동차 운송사업의 허가는 상속인에 대한 허가로 본다.
⑤ 상속인이 피상속인의 화물자동차 운송사업을 다른 사람에게 양도하려면 국토교통부장관의 승인을 받아야 한다.

[출제유형] 2019년 제23회

화물자동차 운수사업법령상 화물자동차 운송사업의 폐업에 관한 설명으로 옳지 않은 것은?

① 운송사업자가 화물자동차 운송사업의 전부를 폐업하려면 국토교통부령으로 정하는 바에 따라 미리 신고하여야 한다.
② 운송사업자가 화물자동차 운송사업의 전부를 폐업하려면 미리 그 취지를 영업소나 그 밖에 일반 공중(公衆)이 보기 쉬운 곳에 게시하여야 한다.
③ 운송사업자가 화물자동차 운송사업의 폐업신고를 한 경우 해당 화물자동차의 자동차등록증과 자동차등록번호판을 반납하여야 한다.
❹ 운송사업자가 화물자동차 운송사업의 폐업신고를 하는 경우 관할관청에 화물운송 종사자격증명을 반납하여야 한다.
⑤ 국토교통부장관은 화물자동차 운송사업의 전부폐업 신고에 관한 권한을 시·도지사에게 위임한다.

7 화물자동차 운송사업의 상속

구 분	내 용
신고의 기한	운송사업자가 사망한 경우 상속인이 그 화물자동차 운송사업을 계속하려면 피상속인이 사망한 후 90일 이내에 국토교통부장관에게 신고하여야 한다.
신고수리 등	• 상속 신고수리 여부의 통지 : 국토교통부장관은 상속 신고를 받은 날부터 5일 이내에 신고수리 여부를 신고인에게 통지하여야 한다. • 상속 수리기한의 연장 등 : 국토교통부장관이 정한 기간 내에 신고수리 여부 또는 민원 처리 관련 법령에 따른 처리기간의 연장 여부를 신고인에게 통지하지 아니하면 그 기간이 끝난 날의 다음 날에 신고를 수리한 것으로 본다.
신고의 효력	상속인이 상속 신고를 하면 피상속인이 사망한 날부터 신고한 날까지 피상속인에 대한 화물자동차 운송사업의 허가는 상속인에 대한 허가로 본다.
결격사유 규정의 준용	• 상속인의 결격사유에 관하여는 화물자동차 운송사업 허가의 결격사유 규정(제4조)을 준용한다. • 다만, 상속인이 피상속인의 사망일부터 3개월 이내에 그 화물자동차 운송사업을 다른 사람에게 양도하면 피상속인의 사망일부터 양도일까지 피상속인에 대한 화물자동차 운송사업의 허가는 상속인에 대한 허가로 본다.

8 화물자동차 운송사업의 휴업 및 폐업 신고

구 분	내 용
휴업·폐업의 사전 신고의무	• 운송사업자가 화물자동차 운송사업의 전부 또는 일부를 휴업하거나 화물자동차 운송사업의 전부를 폐업하려면 국토교통부령으로 정하는 바에 따라 미리 국토교통부장관에게 신고하여야 한다. • 신고가 신고서의 기재사항 및 첨부서류에 흠이 없고, 법령 등에 규정된 형식상의 요건을 충족하는 경우에는 신고서가 접수기관에 도달된 때에 신고 의무가 이행된 것으로 본다.
휴업 및 폐업 사실의 사전 게시	운송사업자가 화물자동차 운송사업의 전부 또는 일부를 휴업하거나 화물자동차 운송사업의 전부를 폐업하려면 미리 그 취지를 영업소나 그 밖에 일반 공중(公衆)이 보기 쉬운 곳에 게시하여야 한다.

화물운송 종사자격증명의 게시 등(규칙 제18조의10)
① 운송사업자는 화물자동차 운전자에게 화물운송 종사자격증명을 화물자동차 밖에서 쉽게 볼 수 있도록 운전석 앞 창의 오른쪽 위에 항상 게시하고 운행하도록 하여야 한다.
② 운송사업자는 다음 각 호의 어느 하나에 해당하는 경우에는 협회에 화물운송 종사자격증명을 반납하여야 한다.
 1. 퇴직한 화물자동차 운전자의 명단을 제출하는 경우
 2. 화물자동차 운송사업의 휴업 또는 폐업 신고를 하는 경우
③ 운송사업자는 다음 각 호의 어느 하나에 해당하는 경우에는 관할관청에 화물운송 종사자격증명을 반납하여야 한다.
 1. 사업의 양도 신고를 하는 경우
 2. 화물자동차 운전자의 화물운송 종사자격이 취소되거나 효력이 정지된 경우
④ 관할관청은 ③에 따라 화물운송 종사자격증명을 반납받았을 때에는 그 사실을 협회에 통지하여야 한다.

9 자동차 사용의 정지 등

구 분	내 용
자동차 사용의 정지 사유	운송사업자는 다음 각 호의 어느 하나에 해당하면 해당 화물자동차의 자동차등록증과 자동차등록번호판을 국토교통부장관에게 반납하여야 한다. 1. 화물자동차 운송사업의 휴업·폐업신고를 한 경우 2. 화물자동차 운송사업의 허가취소 또는 사업정지처분을 받은 경우 3. 감차를 목적으로 허가사항을 변경한 경우(감차 조치 명령에 따른 경우를 포함) 4. 임시허가 기간이 만료된 경우
자동차 사용의 정지 해제	국토교통부장관은 다음 각 호의 어느 하나에 해당하면 반납받은 자동차등록증과 자동차등록번호판을 해당 운송사업자에게 되돌려 주어야 한다. 1. 신고한 휴업기간이 끝난 때 2. 사업정지기간이 끝난 때 ※ 봉인(封印) : 자동차등록번호판을 되돌려 받은 운송사업자는 이를 해당 화물자동차에 달고 시·도지사의 봉인을 받아야 한다.

10 화물자동차 운송사업의 허가취소 등

구 분	내 용
허가의 절대적 취소사유	국토교통부장관은 운송사업자가 다음 어느 하나에 해당하면 그 허가를 취소하여야 한다. • 부정한 방법으로 허가를 받은 경우 • 화물자동차 운송사업 허가의 결격사유 규정(제4조) 각 호의 어느 하나에 해당하게 된 경우. 다만, 법인의 임원 중 결격사유의 어느 하나에 해당하는 자가 있는 경우에 3개월 이내에 그 임원을 개임(改任)하면 허가를 취소하지 아니한다. • 화물자동차 교통사고와 관련하여 거짓이나 그 밖의 부정한 방법으로 보험금을 청구하여 금고 이상의 형을 선고받고 그 형이 확정된 경우
허가의 임의적 취소사유 등	국토교통부장관은 운송사업자가 다음의 어느 하나에 해당하면 그 허가를 취소하거나 6개월 이내의 기간을 정하여 그 사업의 전부 또는 일부의 정지를 명령하거나 감차 조치를 명할 수 있다. • 허가를 받은 후 6개월간 운송실적이 국토교통부령으로 정하는 기준에 미달한 경우 "국토교통부령으로 정하는 기준"이란 국토교통부장관이 매년 고시하는 연간 시장평균운송매출액(화물자동차의 종류별 연평균 운송매출액의 합계액)의 100분의 5 이상에 해당하는 운송매출액을 말한다. • 부정한 방법으로 변경허가를 받거나, 변경허가를 받지 아니하고 허가사항을 변경한 경우 • 화물자동차 운송사업의 허가 또는 증차(增車)를 수반하는 변경허가의 기준을 충족하지 못하게 된 경우 • 5년마다 허가기준에 대한 신고를 하지 아니하였거나 거짓으로 신고한 경우 • 화물자동차 소유 대수가 2대 이상인 운송사업자가 영업소 설치 허가를 받지 아니하고 주사무소 외의 장소에서 상주하여 영업한 경우 • 화물자동차 운송사업의 허가 또는 증차를 수반하는 변경허가에 따른 조건 또는 기한을 위반한 경우 • 화물운송 종사자격이 없는 자에게 화물을 운송하게 한 경우 • 운송사업자의 준수사항을 위반한 경우 • 운송사업자의 직접운송 의무 등을 위반한 경우 • 1대의 화물자동차를 본인이 직접 운전하는 운송사업자, 운송사업자가 채용한 운수종사자 또는 위·수탁차주가 일정한 장소에 오랜 시간 정차하여 화주를 호객하는 행위를 위반하여 과태료 처분을 1년 동안 3회 이상 받은 경우 • 정당한 사유 없이 개선명령을 이행하지 아니한 경우 • 정당한 사유 없이 업무개시명령을 이행하지 아니한 경우 • 임시허가받은 운송사업자가 위반하여 사업을 양도한 경우 • 이 조에 따른 사업정지처분 또는 감차 조치 명령을 위반한 경우

[출제유형] 2016년 제20회

화물자동차 운수사업법령상 화물자동차 운송사업의 허가를 반드시 취소해야 하는 사유로 옳은 것은?
① 화물자동차 교통사고와 관련하여 거짓이나 그 밖의 부정한 방법으로 보험금을 청구하여 벌금형을 선고받고 그 형이 확정된 경우
❷ 법인이 아닌 화물운송사업자가 이 법을 위반하여 징역 이상의 실형을 선고받고 그 집행이 끝나거나(집행이 끝난 것으로 보는 경우를 포함한다) 집행이 면제된 날부터 2년이 지나지 아니한 경우
③ 법인의 임원 중 파산선고를 받고 복권되지 아니한 자가 있는 때에 3개월 이내에 그 임원을 개임한 경우
④ 부정한 방법으로 변경허가를 받거나 변경허가를 받지 아니하고 허가사항을 변경한 경우
⑤ 중대한 교통사고 또는 빈번한 교통사고로 1명 이상의 사상자를 발생하게 한 경우

 PLUS

과징금의 부과
국토교통부장관은 운송사업자가 허가취소 등 규정의 어느 하나에 해당하여 사업정지처분을 하여야 하는 경우(요건 ❶)로서 그 사업정지처분이 해당 화물자동차 운송사업의 이용자에게 심한 불편을 주거나 그 밖에 공익을 해칠 우려(요건 ❷)가 있으면 대통령령으로 정하는 바에 따라 사업정지처분을 갈음하여 2천만원 이하의 과징금을 부과·징수할 수 있다.

허가의 임의적 취소사유 등	• 중대한 교통사고 또는 빈번한 교통사고로 1명 이상의 사상자를 발생하게 한 경우 • 보조금의 지급 정지 등 규정(법 제44조의2 제1항)에 따라 보조금의 지급이 정지된 자가 그 날부터 5년 이내에 다시 같은 항 각 호의 어느 하나에 해당하게 된 경우 • 실적신고 및 관리를 하지 아니하였거나 거짓으로 신고한 경우 • 실적신고 기준을 충족하지 못하게 된 경우 • 화물자동차 교통사고와 관련하여 거짓이나 그 밖의 부정한 방법으로 보험금을 청구하여 금고 이상의 형을 선고받고 그 형이 확정된 경우 • 13년 이상의 화물자동차를 정기검사 또는 자동차종합검사를 받지 아니한 상태로 운행하거나 운행하게 한 경우

청문
국토교통부장관은 다음 어느 하나에 해당하는 처분을 하려면 청문을 하여야 한다.
• 화물자동차 운송사업의 허가 취소
• 화물운송 종사자격의 취소
• 화물자동차 운송주선사업의 허가 취소
• 화물자동차 운송가맹사업의 허가 취소

핵심테마 18 화물자동차 운송주선사업

PART 5 물류관련법규 / Chapter 03 화물자동차 운수사업법

1 화물자동차 운송주선사업의 허가 등

구 분	내 용
운송주선사업의 허가권자 등	운송주선사업을 경영하려는 자는 국토교통부령으로 정하는 바에 따라 국토교통부장관의 허가를 받아야 한다. 다만, 화물자동차 운송가맹사업의 허가를 받은 자는 허가를 받지 아니한다. 화물자동차 운송주선사업의 허가를 받으려는 자는 화물자동차 운송주선사업 허가신청서를 관할관청에 제출하여야 하며, 허가신청서에는 주사무소·영업소 및 화물취급소의 명칭·위치 및 규모를 적은 서류를 첨부하여야 한다. 이 경우 관할관청은 「전자정부법」에 따른 행정정보의 공동이용을 통하여 법인 등기사항증명서(신청인이 법인인 경우만 해당함)를 확인하여야 한다.(규칙 제34조)
허가사항의 변경신고 등	• 화물자동차 운송주선사업의 허가를 받은 자(이하 "운송주선사업자"라 함)가 허가사항을 변경하려면 국토교통부령으로 정하는 바에 따라 국토교통부장관에게 변경신고하여야 한다. • 국토교통부장관은 허가사항의 변경신고를 받은 날부터 5일 이내에 신고수리 여부를 신고인에게 통지하여야 한다. • 국토교통부장관이 정한 기간 내에 신고수리 여부 또는 민원 처리 관련 법령에 따른 처리기간의 연장 여부를 신고인에게 통지하지 아니하면 그 기간이 끝난 날의 다음 날에 신고를 수리한 것으로 본다.

허가기준에 관한 사항	• 화물자동차 운송주선사업의 허가기준은 다음과 같다.
	  1. 국토교통부장관이 화물 운송주선 수요를 고려하여 고시하는 공급기준에 맞을 것
	  2. 사무실 면적 등 국토교통부령(규칙 제38조 별표4)으로 정하는 기준에 맞을 것
	
	화물자동차 운송주선사업의 허가기준
	
	| 항목 | 허가기준 |
	|---|---|
	| 사무실 | 영업에 필요한 면적. 다만, 관리사무소 등 부대시설이 설치된 민영 노외주차장을 소유하거나 그 사용계약을 체결한 경우에는 사무실을 확보한 것으로 본다. |
	
	• 운송주선사업자의 허가기준에 관한 사항의 신고에 관하여는 법 제3조 제9항을 준용한다. 이에 따라 운송주선사업자는 허가받은 날부터 5년의 범위에서 대통령령으로 정하는 기간 5년마다 국토교통부령으로 정하는 바에 따라 허가기준에 관한 사항을 국토교통부장관에게 신고하여야 한다.

영업소의 설치	운송주선사업자는 주사무소 외의 장소에서 상주하여 영업하려면 국토교통부령으로 정하는 바에 따라 국토교통부장관의 허가를 받아 영업소를 설치하여야 한다.

2 운송주선사업자의 준수사항

구 분	내 용
재계약의 금지	운송주선사업자는 자기의 명의로 운송계약을 체결한 화물에 대하여 그 계약금액 중 일부를 제외한 나머지 금액으로 다른 운송주선사업자와 재계약하여 이를 운송하도록 하여서는 아니 된다. 다만, 화물운송을 효율적으로 수행할 수 있도록 위·수탁차주나 개인 운송사업자에게 화물운송을 직접 위탁하기 위하여 다른 운송주선사업자에게 중개 또는 대리를 의뢰하는 때에는 그러하지 아니하다.

[출제유형] 2024년 제28회

화물자동차 운수사업법령상 화물자동차 운송주선사업에 관한 설명으로 옳지 않은 것은?

❶ 국토교통부장관은 화물자동차 운송주선사업의 허가사항 변경신고를 받은 경우 그 신고를 받은 날부터 7일 이내에 신고수리 여부를 신고인에게 통지하여야 한다.
② 운송주선사업자는 자기 명의로 다른 사람에게 화물자동차 운송주선사업을 경영하게 할 수 없다.
③ 관할관청은 화물자동차 운송주선사업 허가증을 발급하였을 때에는 그 사실을 협회에 통지하고 화물자동차 운송주선사업 허가대장에 기록하여 관리하여야 한다.
④ 화물자동차 운송주선사업 허가대장은 전자적 처리가 불가능한 특별한 사유가 없으면 전자적 처리가 가능한 방법으로 작성하여 관리하여야 한다.
⑤ 관할관청은 운송주선사업자가 허가기준을 충족하지 못한 사실을 적발하였을 때에는 특별한 사유가 없으면 적발한 날부터 30일 이내에 처분을 하여야 한다.

⊕ PLUS

운송주선사업자의 명의이용 금지
운송주선사업자는 자기 명의로 다른 사람에게 화물자동차 운송주선사업을 경영하게 할 수 없다.

> **PLUS**
> **재계약 등으로 보지 않는 행위**
> 운송주선사업자가 운송가맹사업자에게 화물의 운송을 주선하는 행위는 재계약·중개 또는 대리로 보지 아니한다.

중개 또는 대리의 금지	운송주선사업자는 화주로부터 중개 또는 대리를 의뢰받은 화물에 대하여 다른 운송주선사업자에게 수수료나 그 밖의 대가를 받고 중개 또는 대리를 의뢰하여서는 아니 된다.
운송주선약관의 포함사항	운송주선사업자는 제28조에 따라 준용하여 신고하는 운송주선약관에 중개·대리 서비스의 수수료 부과 기준 등 국토교통부령으로 정하는 사항을 포함하여야 한다.
거짓 통보 또는 기준을 위반한 주선행위의 금지	운송주선사업자는 운송사업자에게 화물의 종류·무게 및 부피 등을 거짓으로 통보하거나 「도로법」·「도로교통법」에 따른 기준을 위반하는 화물의 운송을 주선하여서는 아니 된다.
그 밖의 준수사항 등	위에서 규정한 사항 외에 화물운송질서의 확립 및 화주의 편의를 위하여 운송주선사업자가 지켜야 할 사항은 국토교통부령(규칙 제38조의3)으로 다음과 같이 정한다. **운송주선사업자의 준수사항** 화물운송 질서의 확립 및 화주의 편의를 위하여 운송주선사업자가 준수하여야 할 사항은 다음 각 호와 같다. 1. 신고한 운송주선약관을 준수할 것 2. 적재물배상보험 등에 가입한 상태에서 운송주선사업을 영위할 것 3. 자가용 화물자동차의 소유자 또는 사용자에게 화물운송을 주선하지 아니할 것 4. 허가증에 기재된 상호만 사용할 것 5. 운송주선사업자가 이사화물운송을 주선하는 경우 화물운송을 시작하기 전에 다음 각 목의 사항이 포함된 견적서 또는 계약서(전자문서를 포함한다)를 화주에게 발급할 것. 다만, 화주가 견적서 또는 계약서의 발급을 원하지 아니하는 경우는 제외한다. 　가. 운송주선사업자의 성명 및 연락처 　나. 화주의 성명 및 연락처 　다. 화물의 인수 및 인도 일시, 출발지 및 도착지 　라. 화물의 종류, 수량 　마. 운송 화물자동차의 종류 및 대수, 작업인원, 포장 및 정리 여부, 장비사용 내역 　바. 운임 및 그 세부내역(포장 및 보관 등 부대서비스 이용 시 해당 부대서비스의 내용 및 가격을 포함한다) 6. 운송주선사업자가 이사화물 운송을 주선하는 경우에 포장 및 운송 등 이사 과정에서 화물의 멸실, 훼손 또는 연착에 대한 사고확인서를 발급할 것(화물의 멸실, 훼손 또는 연착에 대하여 사업자가 고의 또는 과실이 없음을 증명하지 못한 경우로 한정한다)

[출제유형] 2021년 제25회

화물자동차 운수사업법상 화물자동차 운송주선사업의 허가를 반드시 취소하여야 하는 경우를 모두 고른 것은?

ㄱ. 화물자동차 운송주선사업의 허가 기준을 충족하지 못하게 된 경우
ㄴ. 거짓이나 그 밖의 부정한 방법으로 운송주선사업 허가를 받은 경우
ㄷ. 화물자동차 운수사업법 제27조(화물자동차 운송주선사업의 허가취소 등)에 따른 사업정지명령을 위반하여 그 사업정지기간 중에 사업을 한 경우

① ㄱ 　② ㄷ
③ ㄱ, ㄴ 　❹ ㄴ, ㄷ
⑤ ㄱ, ㄴ, ㄷ

화물자동차 운송주선사업의 허가취소 등
국토교통부장관은 운송주선사업자가 다음 각 호의 어느 하나에 해당하면 그 허가를 취소하거나 6개월 이내의 기간을 정하여 그 사업의 정지를 명할 수 있다. 다만, ❶·❷ 및 ⓫의 경우에는 그 허가를 취소하여야 한다.
❶ 본 규정에서 준용하는 허가의 결격사유(법 제4조) 각 호의 어느 하나에 해당하게 된 경우. 다만, 법인의 임원 중 결격사유에 해당하는 자가 있는 경우 3개월 이내에 그 임원을 개임한 경우에는 취소하지 아니한다.
❷ 거짓이나 그 밖의 부정한 방법으로 화물자동차 운송주선사업의 허가를 받은 경우
③ 화물자동차 운송주선사업의 허가기준을 충족하지 못하게 된 경우
④ 허가기준에 관한 사항의 신고를 하지 아니하거나 거짓으로 신고한 경우
⑤ 영업소 설치 허가를 받지 아니하고 주사무소 외의 장소에서 상주하여 영업한 경우
⑥ 운송주선사업자의 명의이용 금지 의무를 위반한 경우
⑦ 운송주선사업자의 준수사항을 위반한 경우
⑧ 본 규정에서 준용하는 법 제11조(같은 조 제3항·제4항·제7항·제14항부터 제18항까지 및 제20항부터 제24항까지는 제외)에 따른 준수사항을 위반한 경우
⑨ 본 규정에서 준용하는 법 제13조(같은 조 제2호 및 제5호부터 제7호까지는 제외)에 따른 개선명령을 이행하지 아니한 경우
⑩ 실적 신고를 하지 아니하였거나 거짓으로 신고한 경우
⓫ 이 조에 따른 사업정지명령을 위반하여 그 사업정지기간 중에 사업을 한 경우

PART 5 물류관련법규 / Chapter 03 화물자동차 운수사업법

핵심테마 19 화물자동차 운송가맹사업·화물정보망

1 화물자동차 운송가맹사업의 허가 등

구 분	내 용
운송가맹사업의 허가권자 등	• 화물자동차 운송가맹사업을 경영하려는 자는 국토교통부령으로 정하는 바에 따라 국토교통부장관에게 허가를 받아야 한다. • 본 규정에 따라 화물자동차 운송가맹사업의 허가를 받은 자는 이 법에 따른 화물자동차 운송사업 또는 운송주선사업에 대한 별도의 허가를 받지 아니한다.
허가사항의 변경 허가 및 신고 등	• 허가를 받은 운송가맹사업자는 허가사항을 변경하려면 국토교통부령으로 정하는 바에 따라 국토교통부장관의 변경허가를 받아야 한다. 다만, 대통령령(영 제9조의2)으로 정하는 다음의 경미한 사항을 변경하려면 국토교통부령으로 정하는 바에 따라 국토교통부장관에게 신고하여야 한다. 1. 대표자의 변경(법인인 경우만 해당) 2. 화물취급소의 설치 및 폐지 3. 화물자동차의 대폐차(화물자동차를 직접 소유한 운송가맹사업자만 해당) 4. 주사무소·영업소 및 화물취급소의 이전 5. 화물자동차 운송가맹계약의 체결 또는 해제·해지 • 국토교통부장관은 허가·변경허가의 신청을 받거나 변경신고를 받은 날부터 20일 이내에 허가 또는 신고수리 여부를 신청인에게 통지하여야 한다. • 국토교통부장관이 정한 기간 내에 허가 또는 신고수리 여부나 민원 처리 관련 법령에 따른 처리기간의 연장 여부를 신청인에게 통지하지 아니하면 그 기간이 끝난 날의 다음 날에 허가 또는 신고수리를 한 것으로 본다.
허가기준에 관한 사항	• 화물자동차 운송가맹사업의 허가 또는 증차를 수반하는 변경허가의 기준은 다음과 같다. 1. 국토교통부장관이 화물의 운송수요를 고려하여 고시하는 공급기준에 맞을 것 2. 화물자동차의 대수(운송가맹점이 보유하는 화물자동차의 대수를 포함), 운송시설, 그 밖에 국토교통부령(규칙 제41조의7 별표5)으로 정하는 기준에 맞을 것 **화물자동차 운송가맹사업의 허가기준** | 항 목	허가기준
허가기준 대수	50대 이상(운송가맹점이 소유하는 화물자동차 대수를 포함하되, 8개 이상의 시·도에 각각 5대 이상 분포되어야 한다)
사무실 및 영업소	영업에 필요한 면적
최저보유차고면적	화물자동차 1대당 그 화물자동차의 길이와 너비를 곱한 면적(화물자동차를 직접 소유하는 경우만 해당)
화물자동차의 종류	규칙 제3조에 따른 화물자동차(화물자동차를 직접 소유하는 경우만 해당)
그 밖의 운송시설	화물정보망을 갖출 것 | • 운송가맹사업자는 허가받은 날부터 5년의 범위에서 5년마다 국토교통부령으로 정하는 바에 따라 허가기준에 관한 사항을 국토교통부장관에게 신고하여야 한다.
영업소의 설치	운송가맹사업자는 주사무소 외의 장소에서 상주하여 영업하려면 국토교통부령으로 정하는 바에 따라 국토교통부장관의 허가를 받아 영업소를 설치하여야 한다.

[출제유형] 2016년 제20회

화물자동차 운수사업법령상 화물자동차 운송가맹사업자가 허가받은 사항을 변경하는 경우 변경허가를 받지 않고 국토교통부장관에게 신고하는 경미한 사항에 해당하는 것을 모두 고른 것은?

㉠ 법인인 경우 대표자의 변경
㉡ 운송가맹사업자가 직접 소유한 화물자동차의 대폐차
㉢ 주사무소·영업소 및 화물취급소의 이전
㉣ 화물자동차의 증차

① ㉠, ㉡
② ㉡, ㉢
❸ ㉠, ㉡, ㉢
④ ㉠, ㉢, ㉣
⑤ ㉡, ㉢, ㉣

[출제유형] 2023년 제27회

화물자동차 운수사업법상 화물자동차 운송가맹사업에 관한 설명으로 옳지 않은 것은?

❶ 다른 사람의 요구에 응하여 자기 화물자동차를 사용하여 유상으로 화물을 운송하는 사업은 화물자동차 운송가맹사업에 해당하지 않는다.
② 화물자동차 운송가맹사업의 허가를 받은 자는 화물자동차 운송주선사업의 허가를 받지 아니한다.
③ 화물자동차 운송가맹사업의 허가를 받은 자는 화물자동차 운송사업의 허가를 받지 아니한다.
④ 운송가맹사업자는 적재물배상 책임보험 또는 공제에 가입하여야 한다.
⑤ 운송가맹사업자의 화물정보망은 운송사업자가 다른 운송사업자나 다른 운송사업자에게 소속된 위·수탁차주에게 화물운송을 위탁하는 경우에도 이용될 수 있다.

2 운송가맹사업자 및 운송가맹점의 역할 등

구 분	내 용
운송가맹사업자의 역할	운송가맹사업자는 화물자동차 운송가맹사업의 원활한 수행을 위하여 다음 각 호의 사항을 성실히 이행하여야 한다. 1. 운송가맹사업자의 직접운송물량과 운송가맹점의 운송물량의 공정한 배정 2. 효율적인 운송기법의 개발과 보급 3. 화물의 원활한 운송을 위한 화물정보망의 설치·운영
운송가맹점의 역할	운송가맹점은 화물자동차 운송가맹사업의 원활한 수행을 위하여 다음 각 호의 사항을 성실히 이행하여야 한다. 1. 운송가맹사업자가 정한 기준에 맞는 운송서비스의 제공(운송사업자 및 위·수탁차주인 운송가맹점만 해당) 2. 화물의 원활한 운송을 위한 차량 위치의 통지(운송사업자 및 위·수탁차주인 운송가맹점만 해당) 3. 운송가맹사업자에 대한 운송화물의 확보·공급(운송주선사업자인 운송가맹점만 해당)

화물자동차 운송가맹사업의 허가취소 등

국토교통부장관은 운송가맹사업자가 다음 각 호의 어느 하나에 해당하면 그 허가를 취소하거나 6개월 이내의 기간을 정하여 그 사업의 전부 또는 일부의 정지를 명하거나 감차 조치를 명할 수 있다. 다만, ❶ 및 ❹의 경우에는 그 허가를 취소하여야 한다.
❶ 본 규정에서 준용하는 결격사유(법 제4조)의 어느 하나에 해당하게 된 경우. 다만, 법인의 임원 중 결격사유의 어느 하나에 해당하는 자가 있는 경우 3개월 이내에 그 임원을 개임하면 취소하지 아니한다.
② 화물운송 종사자격이 없는 자에게 화물을 운송하게 한 경우
③ 업무개시 명령을 정당한 사유 없이 이행하지 아니한 경우
❹ 거짓이나 그 밖의 부정한 방법으로 허가를 받은 경우
⑤ 거짓이나 그 밖의 부정한 방법으로 변경허가를 받은 경우
⑥ 허가 또는 증차를 수반하는 변경허가의 기준을 충족하지 못하게 된 경우
⑦ 운송가맹사업자의 허가기준에 관한 사항의 신고를 하지 아니하였거나 거짓으로 신고한 경우
⑧ 영업소 설치허가를 받지 아니하고 주사무소 외의 장소에서 상주하여 영업한 경우
⑨ 정당한 사유 없이 개선명령을 이행하지 아니한 경우
⑩ 운송가맹사업자의 준수사항 및 명의이용 금지(소속 운송가맹점에 자기의 영업표지를 사용하게 하는 경우는 제외)를 위반한 경우
⑪ 「가맹사업거래의 공정화에 관한 법률」 제7조(정보공개서의 제공의무 등), 제9조(허위·과장된 정보제공 등의 금지), 제10조(가맹금의 반환), 제11조(가맹계약서의 기재사항 등)와 제13조(가맹계약의 갱신 등) 및 제14조(가맹계약해지의 제한)를 위반한 경우(개선명령을 받은 경우는 제외)
⑫ 이 조에 따른 사업정지명령 또는 감차 조치 명령을 위반한 경우
⑬ 중대한 교통사고 또는 빈번한 교통사고로 1명 이상의 사상자를 발생하게 한 경우
⑭ 보조금 지급이 정지된 자가 그 날부터 5년 이내에 다시 보조금지급정지 사유의 어느 하나에 해당하게 된 경우
⑮ 실적 신고를 하지 아니하였거나 거짓으로 신고한 경우
⑯ 차령 13년 이상의 화물자동차를 「자동차관리법」에 따른 정기검사 또는 같은 법에 따른 자동차종합검사를 받지 아니한 상태로 운행하거나 운행하게 한 경우

화물정보망 등의 이용

① 운송사업자가 다른 운송사업자나 다른 운송사업자에게 소속된 위·수탁차주에게 화물운송을 위탁하는 경우에는 운송가맹사업자의 화물정보망이나 「물류정책기본법」에 따라 인증받은 화물정보망을 이용할 수 있다.
② 운송주선사업자가 운송사업자나 위·수탁차주에게 화물운송을 위탁하는 경우에는 운송가맹사업자의 화물정보망이나 「물류정책기본법」에 따라 인증받은 화물정보망을 이용할 수 있다.

⊕ PLUS

운송가맹업자에 대한 개선명령
국토교통부장관은 안전운행의 확보, 운송질서의 확립 및 화주의 편의를 도모하기 위하여 필요하다고 인정하면 운송가맹사업자에게 다음의 사항을 명할 수 있다.
- 운송약관의 변경
- 화물자동차의 구조변경 및 운송시설의 개선
- 화물의 안전운송을 위한 조치
- 「가맹사업거래의 공정화에 관한 법률」에 따른 정보공개서의 제공의무 등, 가맹금의 반환, 가맹계약서의 기재사항 등, 가맹계약의 갱신 등의 통지
- 적재물배상보험등과 「자동차손해배상 보장법」에 따라 운송가맹사업자가 의무적으로 가입하여야 하는 보험·공제의 가입
- 그 밖에 화물자동차 운송가맹사업의 개선을 위하여 필요한 사항으로서 대통령령으로 정하는 사항

[출제유형] 2024년 제28회

화물자동차 운수사업법령상 화물자동차 운송가맹사업 등에 관한 설명으로 옳지 않은 것은?
① 운송사업자가 국토교통부령으로 정하는 바에 따라 운송가맹사업자의 화물정보망을 이용하여 운송을 위탁하면 직접 운송한 것으로 본다.
❷ 국토교통부장관은 운송가맹사업자가 거짓이나 그 밖의 부정한 방법으로 화물자동차 운송가맹사업 허가를 받은 경우 6개월 이내의 기간을 정하여 그 사업의 전부 또는 일부의 정지를 명할 수 있다.
③ 화물취급소의 설치 및 폐지는 운송가맹사업자의 허가사항 변경신고의 대상이다.
④ 운송사업자가 다른 운송사업자나 다른 운송사업자에게 소속된 위·수탁차주에게 화물운송을 위탁하는 경우에는 운송가맹사업자의 화물정보망을 이용할 수 있다.
⑤ 감차 조치, 사업 전부정지 또는 사업 일부정지의 대상이 되는 화물자동차가 2대 이상인 경우에는 화물운송에 미치는 영향을 고려하여 해당 처분을 분할하여 집행할 수 있다.

PART 5 물류관련법규 / Chapter 03 화물자동차 운수사업법

핵심테마 20 적재물배상보험등의 가입 등

1 적재물배상보험등의 의무 가입

구 분	내 용
적재물배상 보험등의 의무 가입	다음의 어느 하나에 해당하는 자는 제7조 제1항에 따른 손해배상 책임을 이행하기 위하여 대통령령(영 제9조의7)으로 정하는 바에 따라 적재물배상 책임보험 또는 공제(이하 "적재물배상보험등"이라 함)에 가입하여야 한다. • 최대 적재량이 5톤 이상이거나 총 중량이 10톤 이상인 화물자동차 중 국토교통부령(규칙 제41조의13 제1항)으로 정하는 화물자동차를 소유하고 있는 운송사업자 "국토교통부령으로 정하는 화물자동차"란 규칙 제3조에 따른 화물자동차 중 일반형·밴형 및 특수용도형 화물자동차와 견인형 특수자동차를 말한다. 다만, 다음 각 호의 어느 하나에 해당하는 화물자동차는 제외한다. 1. 건축폐기물·쓰레기 등 경제적 가치가 없는 화물을 운송하는 차량으로서 국토교통부장관이 정하여 고시하는 화물자동차 2. 「대기환경보전법」에 따른 배출가스저감장치를 차체에 부착함에 따라 총중량이 10톤 이상이 된 화물자동차 중 최대 적재량이 5톤 미만인 화물자동차 3. 특수용도형 화물자동차 중 「자동차관리법」에 따른 피견인자동차 • 국토교통부령으로 정하는 화물(이사화물을 말함)을 취급하는 운송주선사업자 • 운송가맹사업자
적재물배상 책임보험 등의 가입 범위	적재물배상 책임보험 또는 공제에 가입하려는 자는 다음의 구분에 따라 사고 건당 2천만원(운송주선사업자가 이사화물운송만을 주선하는 경우에는 500만원 이상) 이상의 금액을 지급할 책임을 지는 적재물배상보험등에 가입하여야 한다.
	운송사업자	각 화물자동차별로 가입
	운송주선사업자	각 사업자별로 가입
	운송가맹사업자	화물자동차를 직접 소유한 자는 각 화물자동차별 및 각 사업자별로, 그 외의 자는 각 사업자별로 가입

[출제유형] 2024년 제28회

화물자동차 운수사업법상 적재물배상보험등의 의무 가입에 관한 설명이다. ( )에 들어갈 내용을 바르게 나열한 것은?

최대 적재량이 (ㄱ)톤 이상이거나 총 중량이 (ㄴ)톤 이상인 화물자동차 중 국토교통부령으로 정하는 화물자동차를 소유하고 있는 운송사업자는 적재물 사고로 발생한 손해배상 책임을 이행하기 위하여 대통령령으로 정하는 바에 따라 적재물배상 책임보험 또는 공제에 가입하여야 한다.

① ㄱ : 2.5 ㄴ : 2.5
② ㄱ : 2.5 ㄴ : 5
③ ㄱ : 2.5 ㄴ : 7
④ ㄱ : 3   ㄴ : 5
❺ ㄱ : 5   ㄴ : 10

2 적재물배상보험등 계약의 체결 의무

구 분	내 용
책임보험계약등 계약의 체결 의무	「보험업법」에 따른 보험회사(적재물배상책임 공제사업을 하는 자를 포함. 이하 "보험회사등"이라 함)는 적재물배상보험등에 가입하여야 하는 자(이하 "보험등 의무가입자"라 함)가 적재물배상보험등에 가입하려고 하면 대통령령으로 정하는 사유가 있는 경우 외에는 적재물배상보험등의 계약(이하 "책임보험계약등"이라 함)의 체결을 거부할 수 없다.
책임보험계약등 다수 공동 계약	보험등 의무가입자가 적재물사고를 일으킬 개연성이 높은 경우 등 국토교통부령(규칙 제41조의14)으로 정하는 사유에 해당하면 위 규정에도 불구하고 다수의 보험회사 등이 공동으로 책임보험계약등을 체결할 수 있다.

[출제유형] 2014년 제18회

화물자동차 운수사업법령상 다수의 보험회사 또는 적재물배상책임 공제사업을 하는 자가 공동으로 적재물배상 책임보험 또는 공제를 체결할 수 있는 사유에 해당하는 것을 모두 고른 것은?

㉠ 운송사업자의 화물자동차 운전자가 그 운송사업자의 사업용 화물자동차를 운전하여 과거 2년 동안 「도로교통법」에 따른 무면허운전 등의 금지를 2회 이상 위반한 경력이 있는 경우
㉡ 운송사업자의 화물자동차 운전자가 그 운송사업자의 사업용 화물자동차를 운전하여 과거 2년 동안 「도로교통법」에 따른 술에 취한 상태에서의 운전금지를 1회 이상 위반한 경력이 있는 경우
㉢ 운송사업자의 화물자동차 운전자가 그 운송사업자의 사업용 화물자동차를 운전하여 과거 2년 동안 「도로교통법」에 따른 사고발생 시 조치의무를 2회 이상 위반한 경력이 있는 경우
㉣ 운송사업자의 화물자동차 운전자가 그 운송사업자의 사업용 화물자동차를 운전하여 과거 2년 동안 「도로교통법」에 따른 위험방지 등의 조치의무를 2회 이상 위반한 경력이 있는 경우
㉤ 보험회사가 「보험업법」에 따라 허가를 받거나 신고한 적재물배상보험요율과 책임준비금 산출기준에 따라 손해배상책임을 담보하는 것이 현저히 곤란하다고 판단한 경우

① ㉠, ㉡, ㉢
② ㉠, ㉢, ㉣
❸ ㉠, ㉢, ㉤
④ ㉡, ㉣, ㉤
⑤ ㉢, ㉣, ㉤

책임보험계약등을 공동으로 체결할 수 있는 경우(규칙 제41조의14)
"국토교통부령으로 정하는 사유"란 법 제36조 제1항에 따른 보험등 의무가입자가 다음 각 호의 어느 하나에 해당하는 경우를 말한다.
1. 운송사업자의 화물자동차 운전자가 그 운송사업자의 사업용 화물자동차를 운전하여 과거 2년 동안 다음 각 목의 어느 하나에 해당하는 사항을 2회 이상 위반한 경력이 있는 경우
   가. 「도로교통법」에 따른 무면허운전 등의 금지
   나. 「도로교통법」에 따른 술에 취한 상태에서의 (음주)운전금지
   다. 「도로교통법」에 따른 사고발생 시 조치의무
2. 보험회사가 「보험업법」에 따라 허가를 받거나 신고한 적재물배상보험요율과 책임준비금 산출기준에 따라 손해배상책임을 담보하는 것이 현저히 곤란하다고 판단한 경우

3 책임보험계약등의 해제 등

구 분	내 용
책임보험계약등의 해제	보험등 의무가입자 및 보험회사등은 다음의 어느 하나에 해당하는 경우 외에는 책임보험계약등의 전부 또는 일부를 해제하거나 해지하여서는 아니 된다. • 화물자동차 운송사업의 허가사항이 변경(감차만을 말함)된 경우 • 화물자동차 운송사업(운송주선사업 및 운송가맹사업에서 준용하는 경우를 포함)을 휴업하거나 폐업한 경우 • 화물자동차 운송사업의 허가가 취소되거나 감차 조치 명령을 받은 경우 • 화물자동차 운송주선사업의 허가가 취소된 경우 • 화물자동차 운송가맹사업의 허가사항이 변경(감차만을 말함)된 경우 • 화물자동차 운송가맹사업의 허가가 취소되거나 감차 조치 명령을 받은 경우 • 적재물배상보험등에 이중으로 가입되어 하나의 책임보험계약등을 해제하거나 해지하려는 경우 • 보험회사등이 파산 등의 사유로 영업을 계속할 수 없는 경우 • 그 밖에 위의 규정에 준하는 경우로서 대통령령으로 정하는 경우
책임보험계약등의 계약 종료일 통지 등	• 계약 종료일의 통지 : 보험회사등은 자기와 책임보험계약등을 체결하고 있는 보험등 의무가입자에게 그 계약종료일 30일 전까지 그 계약이 끝난다는 사실을 알려야 한다. • 새로운 계약을 체결하지 않는 경우 : 보험회사등은 자기와 책임보험계약등을 체결한 보험등 의무가입자가 그 계약이 끝난 후 새로운 계약을 체결하지 아니하면 그 사실을 지체 없이 국토교통부장관에게 알려야 한다. • 통지의 방법・절차 : 위 규정에 따른 통지의 방법・절차에 필요한 사항은 국토교통부령(규칙 제41조의15)으로 정한다.

책임보험계약등의 계약 종료사실 통지(규칙 제41조의15)
① 보험회사등은 자기와 책임보험계약등을 체결하고 있는 자에게 계약기간이 종료된다는 사실을 해당 계약 종료일 30일 전과 10일 전에 각각 통지하여야 한다.
② 통지에는 계약기간이 종료된 후 적재물배상보험등에 가입하지 아니하는 경우에는 500만원 이하의 과태료가 부과된다는 사실에 관한 안내가 포함되어야 한다.
③ 보험회사등이 관할관청에 알리는 내용에는 적재물배상보험등에 가입하여야 하는 운수사업자의 상호・성명 및 주민등록번호(법인인 경우에는 법인명칭・대표자 및 법인등록번호를 말함)와 자동차등록번호가 포함되어야 한다.

핵심테마 PART 5 물류관련법규 / Chapter 03 화물자동차 운수사업법

21 경영의 합리화

1 경영의 위탁

구 분	내 용
경영의 일부 위탁	운송사업자는 화물자동차 운송사업의 효율적인 수행을 위하여 필요하면 다른 사람(운송사업자를 제외한 개인)에게 차량과 그 경영의 일부를 위탁하거나 차량을 현물출자한 사람에게 그 경영의 일부를 위탁할 수 있다.
경영위탁의 제한	국토교통부장관은 화물운송시장의 질서유지 및 운송사업자의 운송서비스 향상을 유도하기 위하여 필요한 경우 경영의 위탁을 제한할 수 있다.
위·수탁계약의 체결 등	• 운송사업자와 위·수탁차주는 대등한 입장에서 합의에 따라 공정하게 위·수탁계약을 체결하고, 신의에 따라 성실하게 계약을 이행하여야 한다. • 계약의 당사자는 그 계약을 체결하는 경우 차량소유자·계약기간, 그 밖에 국토교통부령(규칙 제41조의16)으로 정하는 사항을 계약서에 명시하여야 하며, 서명날인한 계약서를 서로 교부하여 보관하여야 한다. 이 경우 국토교통부장관은 건전한 거래질서의 확립과 공정한 계약의 정착을 위하여 표준 위·수탁계약서를 고시하여야 하고, 이를 우선적으로 사용하도록 권고할 수 있다. • 위·수탁계약의 기간은 2년 이상으로 하여야 한다.
분쟁조정 협의회의 설치·운영	시·도지사는 위·수탁계약의 체결·이행으로 발생하는 분쟁의 해결을 지원하기 위하여 대통령령(영 제9조의9)으로 정하는 바에 따라 화물운송사업분쟁조정협의회를 설치·운영할 수 있다. 화물운송사업분쟁조정협의회의 심의·조정 사항 1. 운송사업자와 경영의 일부를 위탁받은 사람(이하 "위·수탁차주"라 한다) 간 금전지급에 관한 분쟁 2. 운송사업자와 위·수탁차주 간 차량의 소유권에 관한 분쟁 3. 운송사업자와 위·수탁차주 간 차량의 대폐차에 관한 분쟁 4. 운송사업자와 위·수탁차주 간 화물자동차 운송사업의 양도 및 양수에 관한 분쟁 5. 그 밖에 분쟁의 성격·빈도 및 중요성 등을 고려하여 국토교통부장관이 정하여 고시하는 사항에 관한 분쟁
불공정 계약의 한정 무효	위·수탁계약의 내용이 당사자 일방에게 현저하게 불공정한 경우로서 다음의 어느 하나에 해당하는 경우에는 그 부분에 한정하여 무효로 한다. • 운송계약의 형태·내용 등 관련된 모든 사정에 비추어 계약체결 당시 예상하기 어려운 내용에 대하여 상대방에게 책임을 떠넘기는 경우 • 계약내용에 대하여 구체적인 정함이 없거나 당사자 간 이견이 있는 경우 계약내용을 일방의 의사에 따라 정함으로써 상대방의 정당한 이익을 침해한 경우 • 계약불이행에 따른 당사자의 손해배상책임을 과도하게 경감하거나 가중하여 정함으로써 상대방의 정당한 이익을 침해한 경우 • 「민법」및 이 법 등 관계 법령에서 인정하고 있는 상대방의 권리를 상당한 이유 없이 배제하거나 제한하는 경우 • 그 밖에 위·수탁계약의 내용 중 일부가 당사자 일방에게 현저하게 불공정하여 해당 부분을 무효로 할 필요가 있는 경우로서 대통령령으로 정하는 경우

[출제유형] 2023년 제27회

화물자동차 운수사업법령상 경영의 위탁 및 위·수탁계약에 관한 설명으로 옳지 않은 것은?

❶ 운송사업자는 화물자동차 운송사업의 효율적인 수행을 위하여 필요하면 다른 운송사업자에게 차량과 그 경영의 일부를 위탁할 수 있다.
② 국토교통부장관이 경영의 위탁을 제한하려는 경우 화물자동차 운송사업의 허가에 조건을 붙이는 방식으로 할 수 있다.
③ 위·수탁계약의 기간은 2년 이상으로 하여야 한다.
④ 위·수탁계약을 체결하는 경우 계약의 당사자는 양도·양수에 관한 사항을 계약서에 명시하여야 한다.
⑤ 위·수탁차주가 계약기간 동안 화물운송 종사자격의 효력 정지 처분을 받았다면 운송사업자는 위·수탁차주의 위·수탁계약 갱신 요구를 거절할 수 있다.

PLUS

위·수탁계약의 실태조사 등
• 국토교통부장관 또는 시·도지사는 매년 1회 이상 정기적으로 위·수탁계약서의 작성 여부에 대한 실태조사를 할 수 있다.
• 국토교통부장관 또는 시·도지사는 위·수탁계약의 당사자에게 계약과 관련된 자료를 요청할 수 있다. 이 경우 자료를 요청받은 계약의 당사자는 특별한 사정이 없으면 요청에 따라야 한다.

[출제유형] 2024년 제28회

화물자동차 운수사업법상 위·수탁계약의 갱신에 관한 설명이다. ( )에 들어갈 내용을 바르게 나열한 것은?

> 운송사업자가 위·수탁계약기간 만료 전 (ㄱ)일부터 (ㄴ)일까지 사이에 위·수탁차주에게 계약조건의 변경에 대한 통지나 위·수탁계약을 갱신하지 아니한다는 사실의 통지를 서면으로 하지 아니한 경우에는 계약만료 전의 위·수탁계약과 같은 조건으로 다시 위·수탁계약을 체결한 것으로 본다. 다만, 위·수탁차주가 계약이 만료되는 날부터 30일 전까지 이의를 제기하거나 운송사업자나 위·수탁차주에게 천재지변이나 그 밖에 대통령령으로 정하는 부득이한 사유가 있는 경우에는 그러하지 아니하다.

① ㄱ : 150 ㄴ : 20
② ㄱ : 150 ㄴ : 30
❸ ㄱ : 150 ㄴ : 60
④ ㄱ : 180 ㄴ : 60
⑤ ㄱ : 180 ㄴ : 90

[출제유형] 2021년 제25회

화물자동차 운수사업법상 위·수탁계약의 해지 등에 관한 조문의 일부이다. ( )에 들어갈 숫자를 바르게 나열한 것은?

> 운송사업자는 위·수탁계약을 해지하려는 경우에는 위·수탁차주에게 (ㄱ)개월 이상의 유예기간을 두고 계약의 위반 사실을 구체적으로 밝히고 이를 시정하지 아니하면 그 계약을 해지한다는 사실을 서면으로 (ㄴ)회 이상 통지하여야 한다. 다만, 대통령령으로 정하는 바에 따라 위·수탁계약을 지속하기 어려운 중대한 사유가 있는 경우에는 그러하지 아니하다.

① ㄱ : 1 ㄴ : 1
❷ ㄱ : 2 ㄴ : 2
③ ㄱ : 2 ㄴ : 3
④ ㄱ : 3 ㄴ : 2
⑤ ㄱ : 3 ㄴ : 3

2 위·수탁계약의 갱신

구 분	내 용
계약기간 갱신 요구 및 거절 등	운송사업자는 위·수탁차주가 위·수탁계약기간 만료 전 150일부터 60일까지 사이에 위·수탁계약의 갱신을 요구하는 때에는 다음의 어느 하나에 해당하는 경우를 제외하고는 이를 거절할 수 없다. 1. 최초 위·수탁계약기간을 포함한 전체 위·수탁계약기간이 6년 이하인 경우로서 다음 각 목의 어느 하나에 해당하는 경우 　가. 위·수탁차주가 거짓이나 그 밖의 부정한 방법으로 위·수탁계약을 체결한 경우 　나. 그 밖에 운송사업자가 위·수탁계약을 갱신하기 어려운 중대한 사유로서 대통령령(영 제9조의10)으로 정하는 다음의 사유에 해당하는 경우 　　• 위·수탁차주가 계약기간 동안 법 제12조에 따른 운수종사자의 준수사항을 위반하여 처벌 또는 과태료 처분을 받은 경우 　　• 위·수탁차주가 계약기간 동안 화물운송 종사자격의 취소 처분을 받은 경우 　　• 다음 각 목의 어느 하나에 해당하는 운송사업자의 요청 또는 지도·감독을 위·수탁차주가 정당한 사유 없이 따르지 아니한 경우 　　　가. 화물자동차 운송사업 허가기준에 관한 사항의 신고에 필요한 자료의 제출 요청 　　　나. 운송사업자의 운수종사자 준수사항 이행의 지도·감독 2. 최초 위·수탁계약기간을 포함한 전체 위·수탁계약기간이 6년을 초과하는 경우로서 다음 각 목의 어느 하나에 해당하는 경우 　가. 제1호 각 목의 어느 하나에 해당하는 경우 　나. 위·수탁차주가 운송사업자에게 지급하기로 한 위·수탁계약상의 월지급액(월 2회 이상 지급하는 것으로 계약한 경우에는 해당 월에 지급하기로 한 금액의 합을 말함)을 6회 이상 지급하지 아니한 경우(위·수탁계약상의 월지급액이 같은 업종의 통상적인 월지급액보다 뚜렷하게 높은 경우는 제외) 　다. 표준 위·수탁계약서에 기재된 계약 조건을 위·수탁차주가 준수하지 아니한 경우 　라. 그 밖에 운송사업자가 운송사업의 경영을 정상적으로 유지하기 어려운 사유로서 대통령령으로 정하는 사유(운송사업의 전부를 폐업하는 경우)에 해당하는 경우
계약기간 갱신 거절의 통지	• 운송사업자가 갱신 요구를 거절하는 경우에는 그 요구를 받은 날부터 15일 이내에 위·수탁차주에게 거절 사유를 적어 서면으로 통지하여야 한다. • 운송사업자가 거절 통지를 하지 아니하거나 위·수탁계약기간 만료 전 150일부터 60일까지 사이에 위·수탁차주에게 계약 조건의 변경에 대한 통지나 위·수탁계약을 갱신하지 아니한다는 사실의 통지를 서면으로 하지 아니한 경우에는 계약만료 전의 위·수탁계약과 같은 조건으로 다시 위·수탁계약을 체결한 것으로 본다. 다만, 위·수탁차주가 계약이 만료되는 날부터 30일 전까지 이의를 제기하거나 운송사업자나 위·수탁차주에게 천재지변이나 그 밖에 대통령령으로 정하는 다음의 부득이한 사유가 있는 경우에는 그러하지 아니하다. 　1. 운송사업자가 사고·질병 등 일신상의 사유로 위·수탁계약의 갱신에 관한 의사표시를 할 수 없는 경우 　2. 위·수탁차주의 소재 불명이나 국외 이주 등으로 운송사업자가 위·수탁차주에게 위·수탁계약의 갱신에 관한 의사표시를 할 수 없는 경우

3 위·수탁계약의 해지

구 분	내 용
위·수탁계약의 해지 절차	• 운송사업자는 위·수탁계약을 해지하려는 경우에는 위·수탁차주에게 2개월 이상의 유예기간을 두고 계약의 위반 사실을 구체적으로 밝히고 이를 시정하지 아니하면 그 계약을 해지한다는 사실을 서면으로 2회 이상 통지하여야 한다. 다만, 대통령령(영 제9조의11)으로 정하는 바에 따라 위·수탁계약을 지속하기 어려운 다음과 같은 중대한 사유가 있는 경우에는 그러하지 아니하다.

구분	내용
위·수탁계약의 해지 절차	1. 위·수탁차주가 화물운송 종사자격을 갖추지 아니한 경우 2. 위·수탁차주가 계약기간 동안 운수종사자의 준수사항을 위반하여 처벌 또는 과태료 처분을 받은 경우 3. 위·수탁차주가 계약기간 동안 화물운송 종사자격의 취소 처분을 받은 경우 4. 위·수탁차주가 사고·질병 또는 국외 이주 등 일신상의 사유로 더 이상 위탁받은 운송사업을 경영할 수 없게 된 경우 • 위 규정에 따른 절차를 거치지 아니한 위·수탁계약의 해지는 그 효력이 없다.
계약해지로 의제되는 경우	운송사업자가 다음의 어느 하나에 해당하는 사유로 허가취소 또는 감차 조치(위·수탁차주의 화물자동차가 감차 조치 대상이 된 경우에만 해당)를 받은 경우 해당 운송사업자와 위·수탁차주의 위·수탁계약은 해지된 것으로 본다. • 부정한 방법으로 허가를 받은 경우 • 부정한 방법으로 변경허가를 받거나, 변경허가를 받지 않고 허가사항을 변경한 경우 • 화물자동차 운송사업의 허가 또는 증차를 수반하는 변경허가의 기준을 충족하지 못하게 된 경우 • 결격사유(제4조)의 어느 하나에 해당하게 된 경우. 다만, 법인의 임원 중 결격사유의 어느 하나에 해당하는 자가 있는 경우에 3개월 이내에 그 임원을 개임(改任)하면 허가를 취소하지 아니한다. • 그 밖에 운송사업자의 귀책사유(위·수탁차주의 고의에 의해 허가취소·감차 조치될 수 있는 경우는 제외)로 허가취소·감차 조치되는 경우로서 대통령령으로 정하는 경우

경영 지도
국토교통부장관 또는 시·도지사는 화물자동차 운수사업의 경영개선 또는 운송서비스의 향상을 위하여 다음의 어느 하나에 해당하는 경우 운수사업자를 지도할 수 있다.
• 운수사업자의 준수사항에 대한 지도가 필요한 경우
• 과로, 과속, 과적 운행의 예방 등 안전한 수송을 위한 지도가 필요한 경우
• 그 밖에 화물자동차의 운송에 따른 안전 확보 및 운송서비스 향상에 필요한 경우

PLUS

위·수탁차주에 대한 지원
국토교통부장관 또는 연합회는 해지된 위·수탁계약의 위·수탁차주였던 자가 다른 운송사업자와 위·수탁계약을 체결할 수 있도록 지원하여야 한다. 이 경우 해당 위·수탁차주였던 자와 위·수탁계약을 체결한 운송사업자는 위·수탁계약의 체결을 명목으로 부당한 금전지급을 요구하여서는 아니 된다.

4 재정지원

구분	내용
보조·융자 대상 사업	국가는 지방자치단체, 「공공기관의 운영에 관한 법률」에 따른 공공기관 중 대통령령으로 정하는 공공기관, 「지방공기업법」에 따른 지방공사, 사업자단체 또는 운수사업자가 다음의 어느 하나에 해당하는 사업을 수행하는 경우로서 재정적 지원이 필요하다고 인정되면 대통령령으로 정하는 바에 따라 소요자금의 일부를 보조하거나 융자할 수 있다. • 공동차고지 및 공영차고지 건설 • 화물자동차 운수사업의 정보화 • 낡은 차량의 대체 • 연료비가 절감되거나 환경친화적인 화물자동차 등으로의 전환 및 이를 위한 시설·장비의 투자 • 화물자동차 휴게소의 건설 • 화물자동차 운수사업의 서비스 향상을 위한 시설·장비의 확충과 개선 • 그 밖에 화물자동차 운수사업의 경영합리화를 위한 사항으로서 국토교통부령(규칙 제43조)으로 정하는 다음의 사항 "국토교통부령으로 정하는 사항"이란 화물자동차의 감차 및 그 밖에 긴급한 공익적 목적을 위하여 일시적으로 화물운송에 대체 사용된 차량에 대한 피해의 보상을 말한다.

[출제유형]　　　　　2024년 제28회

화물자동차 운수사업법상 운수사업자 등이 국가로부터 재정지원을 받을 수 있는 사업에 해당하지 않는 것은?

① 공동차고지 및 공영차고지 건설
② 화물자동차 운수사업의 정보화
③ 낡은 차량의 대체
④ 화물자동차 휴게소의 건설
❺ 화물자동차 운수사업에 대한 홍보

[출제유형] 2022년 제26회

화물자동차 운수사업법령상 화물자동차 휴게소에 관한 설명으로 옳은 것은?

① 국토교통부장관은 휴게소 종합계획을 10년 단위로 수립하여야 한다.
❷ 국토교통부장관은 휴게소 종합계획을 수립하는 경우 미리 시·도지사의 의견을 듣고 관계 중앙행정기관의 장과 협의하여야 한다.
③ 「한국공항공사법」에 따른 한국공항공사는 화물자동차 휴게소 건설사업을 할 수 있는 공공기관에 해당하지 않는다.
④ 휴게소 건설사업 시행자는 그 건설계획을 수립하면 이를 공고하고, 관계 서류의 사본을 10일 이상 일반인이 열람할 수 있도록 하여야 한다.
⑤ 「항만법」에 따른 항만이 위치한 지역으로서 화물자동차의 일일 평균 왕복 교통량이 1만5천대인 지역은 화물자동차 휴게소의 건설 대상지역에 해당하지 않는다.

[출제유형] 2024년 제28회

화물자동차 운수사업법령상 공제조합에 관한 설명으로 옳지 않은 것은?

① 공제조합을 설립하려면 공제조합의 조합원 자격이 있는 자의 10분의 1 이상이 발기하고, 조합원 자격이 있는 자 200인 이상의 동의를 받아 창립총회에서 정관을 작성한 후 국토교통부장관에게 인가를 신청하여야 한다.
② 공제조합은 공제사업에 관한 사항을 심의·의결하고 그 업무집행을 감독하기 위하여 운영위원회를 둔다.
③ 국토교통부장관은 운송사업자로 구성된 협회 등이 각각 연합회를 설립하는 경우, 연합회(연합회가 설립되지 아니한 경우에는 그 업종을 말함) 별로 하나의 공제조합만을 인가하여야 한다.
❹ 연합회가 공제사업을 하는 경우의 운영위원회 위원은 시·도별 협회의 대표 전원을 포함하여 25명 이내로 한다.
⑤ 공제조합은 결산기마다 그 사업의 종류에 따라 공제금에 충당하기 위한 책임준비금 및 지급준비금을 계상하고 이를 적립하여야 한다.

구분	내용
유류(油類) 인상액 등 보조	특별시장·광역시장·특별자치시장·특별자치도지사·시장 또는 군수(광역시의 군수를 포함)는 운송사업자, 운송가맹사업자 및 화물자동차 운송사업을 위탁받은 자(이하 "운송사업자등"이라 함)에게 유류(油類)에 부과되는 다음 각 호의 세액 등의 인상액에 상당하는 금액의 전부 또는 일부를 대통령령으로 정하는 바에 따라 보조할 수 있다. 1. 교육세법 등 관계 법령에 따라 경유에 각각 부과되는 교육세, 교통·에너지·환경세, 자동차세 2. 개별소비세법 등 관계 법령에 따라 석유가스 중 부탄에 각각 부과되는 개별소비세·교육세·부과금

보조금의 지급 정지 등

특별시장·광역시장·특별자치시장·특별자치도지사·시장 또는 군수는 운송사업자등이 다음의 어느 하나에 해당하면 대통령령으로 정하는 바에 따라 5년의 범위에서 보조금의 지급을 정지하여야 한다.
- 석유판매업자, 액화석유가스 충전사업자 또는 수소판매사업자(이하 "주유업자등"이라 함)로부터 세금계산서를 거짓으로 발급받아 보조금을 지급받은 경우
- 주유업자등으로부터 유류 또는 수소의 구매를 가장하거나 실제 구매금액을 초과하여 신용카드, 직불카드, 선불카드 등으로서 보조금의 신청에 사용되는 카드(이하 "유류구매카드"라 함)로 거래를 하거나 이를 대행하게 하여 보조금을 지급받은 경우
- 화물자동차 운수사업이 아닌 다른 목적에 사용한 유류분 또는 수소 구매분에 대하여 보조금을 지급받은 경우
- 다른 운송사업자등이 구입한 유류 또는 수소 사용량을 자기가 사용한 것으로 위장하여 보조금을 지급받은 경우
- 대통령령으로 정하는 사항을 위반하여 거짓이나 부정한 방법으로 보조금을 지급받은 경우
- 소명서 및 증거자료의 제출요구에 따르지 아니하거나, 같은 항에 따른 검사나 조사를 거부·기피 또는 방해한 경우

5 공영차고지의 설치 및 화물자동차 휴게소의 확충

구분	내용
공영차고지의 설치	• 공영차고지의 설치 의무자는 공영차고지를 설치하여 직접 운영하거나 사업자단체, 운송사업자, 운송가맹사업자, 운송사업자로 구성된 협동조합에게 임대(운영의 위탁을 포함)할 수 있다. • 공영차고지를 설치한 자(이하 "차고지설치자"라 함)는 공영차고지를 설치하려면 공영차고지의 설치·운영계획을 수립하여야 한다. • 시·도지사를 제외한 차고지설치자가 설치·운영계획을 수립하는 경우에는 미리 시·도지사의 인가를 받아야 한다. 인가받은 계획을 변경하려는 경우에도 또한 같다. • 차고지설치자는 설치·운영계획을 수립·변경하거나 인가·변경인가를 받은 때에는 이를 공보에 고시하거나 일간신문 등에 게재하여야 한다.
화물자동차 휴게소의 확충	• 국토교통부장관은 화물자동차 운전자의 근로 여건을 개선하고 화물의 원활한 운송을 도모하기 위하여 운송경로 및 주요 물류거점에 화물자동차 휴게소를 확충하기 위한 종합계획(이하 "휴게소 종합계획"이라 함)을 5년 단위로 수립하여야 한다. • 국토교통부장관은 휴게소 종합계획을 수립하거나 화물자동차 휴게소의 계획적 공급에 관한 사항, 화물자동차 휴게소의 연도별·지역별 배치에 관한 사항을 변경하려는 경우 미리 시·도지사의 의견을 듣고 관계 중앙행정기관의 장과 협의하여야 한다.

공제조합
- 공제조합을 설립하려면 공제조합의 조합원 자격이 있는 자의 10분의 1 이상이 발기하고, 조합원 자격이 있는 자 200인 이상의 동의를 받아 창립총회에서 정관을 작성한 후 국토교통부장관에게 인가를 신청하여야 한다.
- 공제조합은 공제사업에 관한 사항을 심의·의결하고 그 업무집행을 감독하기 위하여 운영위원회를 둔다.
  ② 운영위원회 위원은 조합원, 운수사업·금융·보험·회계·법률 분야 전문가, 관계 공무원 및 그 밖에 화물자동차 운수사업 관련 이해관계자로 구성하되, 그 수는 25명 이내로 한다. 다만, 연합회가 공제사업을 하는 경우의 운영위원회 위원은 시·도별 협회의 대표 전원을 포함하여 37명 이내로 한다.
- 국토교통부장관은 연합회(연합회가 설립되지 아니한 경우에는 그 업종)별로 하나의 공제조합만을 인가하여야 한다.

핵심테마 22 자가용 화물자동차의 사용

PART 5 물류관련법규 / Chapter 03 화물자동차 운수사업법

[출제유형] 2022년 제26회

화물자동차 운수사업법령상 자가용 화물자동차에 관한 설명으로 옳지 않은 것은?

❶ 자가용 화물자동차로서 대통령령으로 정하는 화물자동차로 사용하려는 자는 국토교통부령으로 정하는 기준에 따라 시·도지사의 허가를 받아야 한다.
② 천재지변으로 인하여 수송력 공급을 긴급히 증가시킬 필요가 있는 경우, 자가용 화물자동차의 소유자는 시·도지사의 허가를 받으면 자가용 화물자동차를 유상으로 화물운송용으로 임대할 수 있다.
③ 자가용 화물자동차를 사용하여 화물자동차 운송사업을 경영한 경우 시·도지사는 6개월 이내의 기간을 정하여 그 자동차의 사용을 제한하거나 금지할 수 있다.
④ 자가용 화물자동차의 소유자가 자가용 화물자동차를 사용하여 화물자동차 운송사업을 경영하였음을 이유로 시·도지사가 사용을 금지한 자가용 화물자동차의 소유자는 해당 화물자동차의 자동차등록증과 자동차등록번호판을 반납하여야 한다.
⑤ 「화물자동차 운수사업법」을 위반하여 자가용 화물자동차를 유상으로 화물운송용으로 제공한 자는 형벌 부과 대상이다.

1 자가용 화물자동차 사용신고

구 분	내 용

사용신고 대상 및 신고기관	• 화물자동차 운송사업과 화물자동차 운송가맹사업에 이용되지 아니하고 자가용으로 사용되는 화물자동차(이하 "자가용 화물자동차"라 함)로서 대통령령으로 정하는 다음의 어느 하나에 해당하는 화물자동차로 사용하려는 자는 국토교통부령(규칙 제48조)으로 정하는 사항을 시·도지사에게 신고하여야 한다. 신고한 사항을 변경하려는 때에도 또한 같다.
	  1. 국토교통부령(규칙 제48조 제1항 및 별표 1)으로 정하는 특수자동차
	  2. 특수자동차를 제외한 화물자동차로서 최대 적재량이 2.5톤 이상인 화물자동차
	• 시·도지사는 자가용 화물자동차 사용신고 또는 변경신고를 받은 날부터 10일 이내에 신고수리 여부를 신고인에게 통지하여야 한다.
	• 시·도지사가 정한 기간 내에 신고수리 여부 또는 민원 처리 관련 법령에 따른 처리기간의 연장 여부를 신고인에게 통지하지 아니하면 그 기간이 끝난 날의 다음 날에 신고를 수리한 것으로 본다.

사용신고 절차	• 자가용 화물자동차의 사용을 신고하려는 자는 「자동차관리법」에 따라 자동차등록을 신청할 때에 자가용 화물자동차 사용신고서를 차고시설 소재지를 관할하는 시·도지사에게 제출(전자문서에 의한 제출을 포함)하여야 한다. • 자가용 화물자동차 사용신고서에는 차고시설(임대 차고를 포함)을 확보하였음을 증명하는 서류를 첨부하여야 한다. • 시·도지사는 자가용 화물자동차의 사용에 관한 신고를 받으면 신고 내용을 확인한 후 신고확인증을 발급하여야 하며, 자가용 화물자동차의 소유자는 그 자가용 화물자동차에 신고확인증을 갖추어 두고 운행하여야 한다. • 신고확인증을 발급받은 자는 차고시설을 변경하였을 때에는 변경한 날부터 10일 이내에 변경신고서를 시·도지사에게 제출하여야 한다.

2 유상운송의 금지

구 분	내 용

유상운송의 금지 원칙 및 예외	• 자가용 화물자동차의 소유자 또는 사용자는 자가용 화물자동차를 유상(그 자동차의 운행에 필요한 경비 포함)으로 화물운송용으로 제공 또는 임대하여서는 아니 된다.
	• 다만, 국토교통부령으로 정하는 다음의 사유에 해당되는 경우로서 시·도지사의 허가를 받으면 화물운송용으로 제공하거나 임대할 수 있다.
	  1. 천재지변이나 이에 준하는 비상사태로 인하여 수송력 공급을 긴급히 증가시킬 필요가 있는 경우
	  2. 사업용 화물자동차·철도 등 화물운송수단의 운행이 불가능하여 이를 일시적으로 대체하기 위한 수송력 공급이 긴급히 필요한 경우
	  3. 「농어업경영체 육성 및 지원에 관한 법률」에 따라 설립된 영농조합법인이 그 사업을 위하여 화물자동차를 직접 소유·운영하는 경우

유상운송 허가조건 등	• 시·도지사는 영농조합법인에 대하여 자가용 화물자동차의 유상운송을 허가하려는 경우에는 다음의 조건을 붙여야 한다.
	  1. 자동차의 운행으로 사람이 사망하거나 부상한 경우의 손해배상책임을 보장하는 보험에 계속 가입할 것
	  2. 차량안전점검과 정비를 철저히 하고 각종 교통 관련 법규를 성실히 준수할 것

구분	내용
유상운송 허가조건 등	• 영농조합법인이 소유하는 자가용 화물자동차에 대한 유상운송 허가기간은 3년 이내로 하여야 한다. • 시·도지사는 영농조합법인의 신청에 의하여 유상운송 허가기간의 연장을 허가할 수 있다. 이 경우 영농조합법인은 허가기간 만료일 30일 전까지 시·도지사에게 유상운송 허가기간의 연장을 신청하여야 한다.

3 차량충당조건

구분	내용
차량충당조건 원칙 및 예외	화물자동차 운송사업 및 화물자동차 운송가맹사업의 신규등록, 증차 또는 대폐차(代廢車 : 차령이 만료된 차량 등을 다른 차량으로 대체하는 것을 말함)에 충당되는 화물자동차는 차령이 3년의 범위에서 대통령령(영 제13조)으로 정하는 연한 이내여야 한다. 다만, 국토교통부령으로 정하는 차량은 차량충당조건을 달리 할 수 있다. 화물자동차 운송사업 및 화물자동차 운송가맹사업에 충당되는 화물자동차는 차령 3년 이내의 차량으로 하며, 이에 따른 차령의 기산일은 「자동차관리법 시행령」 제3조에 따른다. 1. 제작연도에 등록된 자동차 : 최초의 신규등록일 2. 제작연도에 등록되지 아니한 자동차 : 제작연도의 말일
그 밖의 필요한 사항 등	대폐차의 대상, 기한, 절차 및 방법 등에 필요한 사항은 국토교통부령(규칙 제52조의3)으로 정한다.

대폐차의 대상 및 절차 등
① 대폐차의 대상·기한·절차·범위 및 주기는 다음 각 호의 구분에 따른다.
  1. 대상 : 동일한 용도의 화물자동차(공급이 허용되는 경우만 해당한다)로 할 것. 이 경우 해당 화물자동차의 세부유형 및 최대적재량 등에 관하여는 국토교통부장관이 정하여 고시한다.
  2. 기한 : 대폐차 변경신고를 한 날부터 15일 이내에 대폐차할 것. 다만, 국토교통부장관이 정하여 고시하는 부득이한 사유가 있는 경우에는 6개월 이내에 대폐차할 수 있다.
  3. 절차 : 대폐차를 완료한 경우에는 협회에 통지할 것
  4. 범위 : 개인화물자동차 운송사업의 대폐차의 범위는 「자동차관리법」에 따른 화물자동차로서 다음 각 목의 구분에 따를 것. 이 경우 대폐차 범위의 세부기준에 관하여는 국토교통부장관이 정하여 고시한다.
    가. 개인 소형 : 최대 적재량 1.5톤 이하인 차량. 다만, 화물자동차 운송사업의 허가를 받은 자로서 국토교통부장관이 고시로 정하는 자가 대폐차하려는 경우에는 최대 적재량 2.5톤 이하인 차량
    나. 개인 중형 : 최대 적재량 1.5톤 초과 16톤 이하인 차량(개인 소형에 포함되는 최대 적재량 1.5톤 초과 2.5톤 이하인 차량은 제외)
    다. 개인 대형 : 최대 적재량 16톤 초과인 차량
    라. 전기자동차 또는 수소전기자동차인 화물자동차 : 제한 없음
  5. 주기 : 최대적재량 또는 총중량을 늘리는 대폐차는 직전에 최대적재량 또는 총중량을 늘리는 대폐차를 한 날로부터 국토교통부장관이 정하여 고시하는 기간이 지난 후에 할 것
② ①에도 불구하고 운송사업자가 법률 제7100호 「화물자동차 운수사업법 일부개정법률」 부칙 제3조 제2항에 따른 허가로 인하여 대폐차하고자 하는 경우에는 국토교통부장관이 별도로 정하여 고시하는 바에 따른다.
③ ① 및 ②에서 규정한 사항 외에 대폐차의 절차 및 방법 등에 관하여 필요한 세부사항은 국토교통부장관이 정하여 고시한다.

[출제유형] 2020년 제24회

화물자동차 운수사업법령상 자가용 화물자동차의 사용에 관한 설명으로 옳은 것은?

❶ 특수자동차를 제외한 화물자동차로서 최대 적재량이 2.5톤 이상인 자가용 화물자동차는 사용신고대상이다.
② 자가용 화물자동차를 사용하여 화물자동차 운송사업을 경영한 경우 국토교통부장관은 6개월 이내의 기간을 정하여 그 자동차의 사용을 제한하거나 금지할 수 있다.
③ 이 법을 위반하여 자가용 화물자동차를 유상으로 화물운송용으로 제공하거나 임대한 자에게는 1천만원 이하의 과태료를 부과한다.
④ 시·도지사는 자가용 화물자동차를 무상으로 화물운송용으로 제공한 자를 수사기관에 신고한 자에 대하여 대통령령으로 정하는 바에 따라 포상금을 지급할 수 있다.
⑤ 자가용 화물자동차로서 대통령령으로 정하는 화물자동차로 사용하려는 자는 국토교통부령으로 정하는 기준에 따라 시·도지사의 허가를 받아야 한다.

⊕ PLUS

자가용 화물자동차 사용의 제한 또는 금지

• 시·도지사는 자가용 화물자동차의 소유자 또는 사용자가 다음 각 호의 어느 하나에 해당하면 6개월 이내의 기간을 정하여 그 자동차의 사용을 제한하거나 금지할 수 있다.
  1. 자가용 화물자동차를 사용하여 화물자동차 운송사업을 경영한 경우
  2. 자가용 화물자동차의 소유자가 시·도지사의 허가를 받지 아니하고 자가용 화물자동차를 유상으로 운송에 제공하거나 임대한 경우
• 시·도지사가 자가용 화물자동차의 사용을 금지한 경우에는 법 제20조(자동차 사용의 정지)를 준용한다.

핵심테마 23 보칙 및 벌칙

PART 5 물류관련법규 / Chapter 03 화물자동차 운수사업법

[출제유형] 2024년 제28회

화물자동차 운수사업법령상 운수종사자 교육에 관한 설명으로 옳지 않은 것은?

① 관할관청은 운수종사자 교육을 실시하는 때에는 운수종사자 교육계획을 수립하여 운수사업자에게 교육을 시작하기 1개월 전까지 통지하여야 한다.
② 운전적성정밀검사 중 특별검사 대상자인 운수종사자 교육의 교육시간은 8시간으로 한다.
③ 「물류정책기본법」에 따라 이동통신단말장치를 장착해야 하는 위험물질 운송차량을 운전하는 사람에 대한 교육시간은 8시간으로 한다.
❹ 운수종사자 교육을 실시할 때에 교육방법 및 절차 등 교육 실시에 필요한 사항은 한국교통안전공단 이사장이 정한다.
⑤ 지정된 운수종사자 연수기관은 운수종사자 교육 현황을 매달 20일까지 시·도지사에게 제출하여야 한다.

⊕ PLUS

운수종사자 교육
① 관할관청은 운수종사자 교육을 실시하는 때에는 운수종사자 교육계획을 수립하여 운수사업자에게 교육을 시작하기 1개월 전까지 통지하여야 한다.
② 운수종사자 교육의 교육시간은 4시간으로 한다. 다만, 운수종사자 준수사항을 위반하여 벌칙 또는 과태료 부과처분을 받은 사람, 특별검사 대상자, 이동통신단말장치를 장착해야 하는 위험물질 운송차량을 운전하는 사람의 교육시간은 8시간으로 한다.

1 보 칙

구 분	내 용
권한의 위임	• 국토교통부장관 본래의 권한 : 국토교통부장관은 이 법에 따른 권한의 일부를 대통령령(영 제14조)으로 정하는 바에 따라 시·도지사에게 위임할 수 있다. • 권한 일부의 재위임 : 시·도지사는 국토교통부장관으로부터 위임받은 권한의 일부를 국토교통부장관의 승인을 받아 시장·군수 또는 구청장에게 재위임할 수 있다. • 시·도지사 본래의 권한 : 시·도지사는 이 법에 따른 권한의 일부를 시·도의 조례로 정하는 바에 따라 시장·군수 또는 구청장에게 위임할 수 있다.

2 벌 칙

구 분	내 용	
벌칙규정	• 적재된 화물이 떨어지지 아니하도록 국토교통부령으로 정하는 기준 및 방법에 따라 덮개·포장·고정장치 등 필요한 조치를 하지 아니하여 사람을 상해(傷害) 또는 사망에 이르게 한 운송사업자 • 적재된 화물이 떨어지지 아니하도록 국토교통부령으로 정하는 기준 및 방법에 따라 덮개·포장·고정장치 등 필요한 조치를 하지 아니하고 화물자동차를 운행하여 사람을 상해(傷害) 또는 사망에 이르게 한 운수종사자	5년 이하의 징역 또는 2천만원 이하의 벌금
	• 정당한 사유 없이 업무개시 명령을 거부한 자 • 거짓이나 부정한 방법으로 제43조 제2항 또는 제3항에 따른 보조금을 교부받은 자 • 제44조의2 제1항 제1호부터 제5호까지의 어느 하나에 해당하는 행위에 가담하였거나 이를 공모한 주유업자등	3년 이하의 징역 또는 3천만원 이하의 벌금
	① 화물자동차 운송사업의 허가를 받지 아니하거나 거짓이나 그 밖의 부정한 방법으로 허가를 받고 화물자동차 운송사업을 경영한 자 ② 화주와 운수사업자·화물차주가 운임 지급과 관련하여 서로 부정한 금품을 주고받은 자 ③ 운송사업자의 준수사항 중 고장 및 사고차량 등 화물의 운송과 관련하여 자동차관리사업자와 부정한 금품을 주고 받은 운송사업자 ④ 운송사업자의 준수사항 중 고장 및 사고차량 등 화물의 운송과 관련하여 자동차관리사업자와 부정한 금품을 주고 받은 운수종사자 ⑤ 차량등록번호판의 부착·교체 및 봉인 신청 등에 따른 개선명령을 이행하지 아니한 자 ⑥ 임시사업 등 사업의 양도를 금지하는 규정(제16조 제9항)을 위반하여 양도한 자 ⑦ 화물자동차 운송주선사업의 허가를 받지 아니하거나 거짓이나 그 밖의 부정한 방법으로 허가를 받고 화물자동차 운송주선사업을 경영한 자	2년 이하의 징역 또는 2천만원 이하의 벌금

벌칙규정	⑧ 명의이용의 금지 의무를 위반한 자 ⑨ 화물자동차 운송가맹사업의 허가를 받지 아니하거나 거짓이나 그 밖의 부정한 방법으로 허가를 받고 화물자동차 운송가맹사업을 경영한 자 ⑩ 화물운송실적관리시스템의 정보를 변경, 삭제하거나 그 밖의 방법으로 이용할 수 없게 한 자 또는 권한 없이 정보를 검색, 복제하거나 그 밖의 방법으로 이용한 자 ⑫ 직무와 관련하여 알게 된 화물운송실적관리자료를 다른 사람에게 제공 또는 누설하거나 그 목적 외의 용도로 사용한 자 ⑬ 자가용 화물자동차를 유상으로 화물운송용으로 제공하거나 임대한 자	2년 이하의 징역 또는 2천만원 이하의 벌금
	① 다른 사람에게 자신의 화물운송 종사자격증을 빌려 준 사람 ② 다른 사람의 화물운송 종사자격증을 빌린 사람 ③ 위의 ①과 ②의 행위를 알선한 사람	1년 이하의 징역 또는 1천만원 이하의 벌금
과태료	• 국토교통부장관이 공표한 화물자동차 안전운임보다 적은 운임을 지급한 자 • 공제조합업무의 개선명령을 따르지 아니한 자 • 공제조합 임직원에 대한 징계·해임의 요구에 따르지 아니하거나 시정명령을 따르지 아니한 자	1천만원 이하의 과태료
	• 허가사항 변경신고를 하지 아니한 자 • 운임 및 요금에 관한 신고를 하지 아니한 자 • 운송약관의 신고를 하지 아니한 자 • 화물운송 종사자격증을 받지 않고 화물자동차 운수사업의 운전 업무에 종사한 자 • 거짓이나 그 밖의 부정한 방법으로 화물운송 종사자격을 취득한 자 • 화물자동차 운전자 채용 기록의 관리를 위반한 자 • 화물자동차 운전자의 교통안전 기록·관리에 있어서 자료를 제공하지 아니하거나 거짓으로 제공한 자 • 운송사업자 준수사항(제11조 제3항 및 제4항은 제외하며, 제28조 및 제33조에서 준용하는 경우를 포함)을 위반한 운송사업자 • 운수종사자 준수사항(제12조 제1항 제4호는 제외하며, 제28조 및 제33조에서 준용하는 경우를 포함)을 위반한 운수종사자 • 정당한 사유 없이 운행 중인 화물자동차에 대한 조사를 거부·방해 또는 기피한 자 • 개선명령을 이행하지 아니한 운송사업자(제28조에서 준용하는 경우를 포함) • 화물자동차 운수사업의 양도·양수, 합병 또는 상속의 신고를 하지 아니한 자 • 휴업·폐업신고를 하지 아니한 자 • 자동차등록증 또는 자동차등록번호판을 반납하지 아니한 자 • 허가사항 변경신고를 하지 아니한 자 • 운송주선사업자의 준수사항을 위반한 운송주선사업자 • 운송주선사업자의 준수사항을 위반한 국제물류주선업자 • 화물자동차 운송가맹사업의 허가사항 변경신고를 하지 아니한 자 • 개선명령을 이행하지 아니한 운송가맹사업자 • 적재물배상보험등에 가입하지 아니한 자 • 책임보험계약의 체결을 거부한 보험회사등 • 책임보험계약등을 해제하거나 해지한 보험등 의무가입자 또는 보험회사등	500만원 이하의 과태료 (제1호부터 27호까지)

③ 운수종사자 교육은 교육을 실시하는 해의 전년도 10월 31일을 기준으로 「도로교통법」에 따른 무사고·무벌점 기간이 10년 미만인 운수종사자를 대상으로 한다. 다만, 교육을 실시하는 해에 운전업무 종사자격 등에 따른 교육이나 「위험물안전관리법」에 따른 안전교육을 이수한 운수종사자는 제외한다.
④ 교육을 실시할 때에 교육방법 및 절차 등 교육 실시에 필요한 사항은 관할관청이 정한다.
⑤ 지정된 운수종사자 연수기관은 운수종사자 교육 현황을 매달 20일까지 시·도지사에게 제출하여야 하며, 시·도지사는 이를 분기별로 취합하여 매 분기의 다음 달 10일까지 국토교통부장관에게 제출하거나 화물자동차 운전자의 교통안전 관리전산망에 입력해야 한다.

[출제유형] 2017년 제21회

화물자동차 운수사업법상 운송사업자의 운임·요금, 운송약관에 관하여 (   )에 들어갈 내용으로 옳은 것은?

○ 국토교통부장관은 운송사업자로부터 운임과 요금에 대한 신고 또는 변경신고를 받은 날부터 (㉠) 이내에 신고수리 여부를 신고인에게 통지하여야 한다.
○ 국토교통부장관은 운송사업자로부터 운송약관에 대한 신고 또는 변경신고를 받은 날부터 (㉡) 이내에 신고수리 여부를 신고인에게 통지하여야 한다.
○ 운송약관의 신고를 하지 아니한 자에게는 (㉢) 이하의 과태료를 부과한다.

❶ ㉠ 14일 ㉡ 3일 ㉢ 500만원
② ㉠ 21일 ㉡ 3일 ㉢ 1,000만원
③ ㉠ 14일 ㉡ 5일 ㉢ 500만원
④ ㉠ 21일 ㉡ 5일 ㉢ 1,000만원
⑤ ㉠ 30일 ㉡ 7일 ㉢ 1,000만원

핵심테마 24 총칙

PART 5 물류관련법규 / Chapter 04 유통산업발전법

[출제유형] 2023년 제27회

유통산업발전법상 용어의 정의에 관한 설명으로 옳지 않은 것은?

① "임시시장"이란 다수의 수요자와 공급자가 일정한 기간 동안 상품을 매매하거나 용역을 제공하는 일정한 장소를 말한다.
❷ "상점가"란 같은 업종을 경영하는 여러 도매업자 또는 소매업자가 일정 지역에 점포 및 부대시설 등을 집단으로 설치하여 만든 상가단지를 말한다.
③ "무점포판매"란 상시 운영되는 매장을 가진 점포를 두지 아니하고 상품을 판매하는 것으로서 산업통상자원부령으로 정하는 것을 말한다.
④ "물류설비"란 화물의 수송·포장·하역·운반과 이를 관리하는 물류정보 처리활동에 사용되는 물품·기계·장치 등의 설비를 말한다.
⑤ "공동집배송센터"란 여러 유통사업자 또는 제조업자가 공동으로 사용할 수 있도록 집배송시설 및 부대업무시설이 설치되어 있는 지역 및 시설물을 말한다.

1 용어의 정의

구 분	내 용
매 장	상품의 판매와 이를 지원하는 용역의 제공에 직접 사용되는 장소. 이 경우 매장에 포함되는 용역의 제공 장소의 범위는 대통령령(영 제2조)으로 정한다. **용역제공장소의 범위** 매장에 포함되는 용역의 제공 장소는 다음 어느 하나에 해당하는 시설이 설치되는 장소로 한다. 1. 「건축법 시행령」 별표 1 제3호 나목부터 마목까지의 규정에 따른 제1종 근린생활시설 2. 같은 표 제4호에 따른 제2종 근린생활시설 3. 같은 표 제5호에 따른 문화 및 집회시설 4. 같은 표 제13호에 따른 운동시설 5. 같은 표 제14호 나목에 따른 일반업무시설(오피스텔은 제외)
대규모점포	다음의 요건을 모두 갖춘 매장을 보유한 점포의 집단으로서 [별표]에 규정된 것 • 하나 또는 대통령령으로 정하는 둘 이상의 연접되어 있는 건물 안에 하나 또는 여러 개로 나누어 설치되는 매장일 것 • 상시 운영되는 매장일 것 • 매장면적의 합계가 3천제곱미터 이상일 것 ○ "대통령령으로 정하는 둘 이상의 연접되어 있는 건물"이란 건물 간의 가장 가까운 거리가 50미터 이내이고 소비자가 통행할 수 있는 지하도 또는 지상통로가 설치되어 있어 하나의 대규모점포로 기능할 수 있는 것을 말한다. ○ 매장면적 산정 시 「집합건물의 소유 및 관리에 관한 법률」이 적용되는 건물 내의 매장과 바로 접한 공유부분인 복도가 있는 경우에는 그 복도의 면적을 포함한다. • 대규모점포의 종류에는 대형마트, 전문점, 백화점, 쇼핑센터, 복합쇼핑몰 등이 있으며, 이 중 대형마트는 대통령령으로 정하는 용역의 제공장소를 제외한 매장면적의 합계가 3천제곱미터 이상인 점포의 집단으로서 식품·가전 및 생활용품을 중심으로 점원의 도움 없이 소비자에게 소매하는 점포의 집단을 말한다.
체인사업	같은 업종의 여러 소매점포를 직영(자기가 소유하거나 임차한 매장에서 자기의 책임과 계산하에 직접 매장을 운영하는 것을 말함)하거나 같은 업종의 여러 소매점포에 대하여 계속적으로 경영을 지도하고 상품·원재료 또는 용역을 공급하는 다음 각 목의 어느 하나에 해당하는 사업 • 직영점형 체인사업 : 체인본부가 주로 소매점포를 직영하되, 가맹계약을 체결한 일부 소매점포(이하 이 호에서 "가맹점"이라 함)에 대하여 상품의 공급 및 경영지도를 계속하는 형태의 체인사업 • 프랜차이즈형 체인사업 : 독자적인 상품 또는 판매·경영 기법을 개발한 체인본부가 상호·판매방법·매장운영 및 광고방법 등을 결정하고, 가맹점으로 하여금 그 결정과 지도에 따라 운영하도록 하는 형태의 체인사업 • 임의가맹점형 체인사업 : 체인본부의 계속적인 경영지도 및 체인본부와 가맹점 간의 협업에 의하여 가맹점의 취급품목·영업방식 등의 표준화사업과 공동구매·공동판매·공동시설활용 등 공동사업을 수행하는 형태의 체인사업 • 조합형 체인사업 : 같은 업종의 소매점들이 「중소기업협동조합법」에 따른 중소기업협동조합, 「협동조합 기본법」에 따른 협동조합, 협동조합연합회, 사회적협동조합 또는 사회적협동조합연합회를 설립하여 공동구매·공동판매·공동시설활용 등 사업을 수행하는 형태의 체인사업

기타 유통산업발전법상 용어의 정의

- 상점가 : 일정 범위의 가로 또는 지하도에 대통령령으로 정하는 수 이상의 도매점포·소매점포 또는 용역점포가 밀집하여 있는 지구
- 임시시장 : 다수의 수요자와 공급자가 일정한 기간 동안 상품을 매매하거나 용역을 제공하는 일정한 장소
- 무점포판매 : 상시 운영되는 매장을 가진 점포를 두지 아니하고 상품을 판매하는 것으로서 산업통상자원부령으로 정하는 것
- 물류설비 : 화물의 수송·포장·하역·운반과 이를 관리하는 물류정보처리활동에 사용되는 물품·기계·장치 등의 설비
- 공동집배송센터 : 여러 유통사업자 또는 제조업자가 공동으로 사용할 수 있도록 집배송시설 및 부대업무시설이 설치되어 있는 지역 및 시설물
- 유통산업 : 농산물·임산물·축산물·수산물(가공물 및 조리물을 포함) 및 공산품의 도매·소매 및 이를 경영하기 위한 보관·배송·포장과 이와 관련된 정보·용역의 제공 등을 목적으로 하는 산업
- 전문상가단지 : 같은 업종을 경영하는 여러 도매업자 또는 소매업자가 일정 지역에 점포 및 부대시설 등을 집단으로 설치하여 만든 상가단지

[출제유형] 2021년 제25회

유통산업발전법상 정의에 관한 설명이다. ( )에 들어갈 내용을 바르게 나열한 것은?

- (ㄱ) : 다수의 수요자와 공급자가 일정한 기간 동안 상품을 매매하거나 용역을 제공하는 일정한 장소
- (ㄴ) 체인사업 : 체인본부의 계속적인 경영지도 및 체인본부와 가맹점 간의 협업에 의하여 가맹점의 취급품목·영업방식 등의 표준화사업과 공동구매·공동판매·공동시설활용 등 공동사업을 수행하는 형태의 체인사업

① ㄱ : 상점가　ㄴ : 조합형
② ㄱ : 상점가　ㄴ : 임의가맹점형
③ ㄱ : 임시시장　ㄴ : 조합형
❹ ㄱ : 임시시장　ㄴ : 임의가맹점형
⑤ ㄱ : 임시시장　ㄴ : 프랜차이즈형

[출제유형] 2019년 제23회

유통산업발전법령상 용어의 정의에 관한 설명으로 옳지 않은 것은?

❶ "프랜차이즈형 체인사업"이란 체인본부의 계속적인 경영지도 및 체인본부와 가맹점 간의 협업에 의하여 가맹점의 취급품목·영업방식 등의 표준화사업과 공동구매·공동판매·공동시설활용 등 공동사업을 수행하는 형태의 체인사업을 말한다.
② "유통산업"이란 농산물·임산물·축산물·수산물(가공물 및 조리물을 포함한다) 및 공산품의 도매·소매 및 이를 경영하기 위한 보관·배송·포장과 이와 관련된 정보·용역의 제공 등을 목적으로 하는 산업을 말한다.
③ "임시시장"이란 다수(多數)의 수요자와 공급자가 일정한 기간 동안 상품을 매매하거나 용역을 제공하는 일정한 장소를 말한다.
④ "전문상가단지"란 같은 업종을 경영하는 여러 도매업자 또는 소매업자가 일정지역에 점포 및 부대시설 등을 집단으로 설치하여 만든 상가단지를 말한다.
⑤ "무점포판매"란 상시 운영되는 매장을 가진 점포를 두지 아니하고 상품을 판매하는 것으로서 다단계판매, 전화권유판매, 카탈로그판매, 텔레비전 홈쇼핑 등에 해당하는 것을 말한다.

25 유통산업발전계획 등

PART 5 물류관련법규 / Chapter 04 유통산업발전법

PLUS

적용 배제
다음의 시장·사업장 및 매장에 대하여는 이 법을 적용하지 아니한다.
1. 「농수산물 유통 및 가격안정에 관한 법률」에 따른 농수산물도매시장·농수산물공판장·민영농수산물도매시장 및 농수산물종합유통센터
2. 「축산법」에 따른 가축시장

[출제유형] 2023년 제27회

유통산업발전법의 적용이 배제되는 시장·사업장 및 매장을 모두 고른 것은?

ㄱ. 「농수산물 유통 및 가격안정에 관한 법률」에 따른 농수산물공판장
ㄴ. 「농수산물 유통 및 가격안정에 관한 법률」에 따른 민영농수산물도매시장
ㄷ. 「농수산물 유통 및 가격안정에 관한 법률」에 따른 농수산물종합유통센터
ㄹ. 「축산법」에 따른 가축시장

① ㄹ
② ㄱ, ㄷ
③ ㄴ, ㄹ
④ ㄱ, ㄴ, ㄷ
❺ ㄱ, ㄴ, ㄷ, ㄹ

1 기본계획의 수립·시행 등

구 분	내 용
기본계획의 수립·시행	산업통상자원부장관은 유통산업의 발전을 위하여 5년마다 유통산업발전기본계획을 관계 중앙행정기관의 장과 협의를 거쳐 세우고 시행하여야 한다.
기본계획 포함사항	• 유통산업 발전의 기본방향 • 유통산업의 국내외 여건 변화 전망 • 유통산업의 현황 및 평가 • 유통산업의 지역별·종류별 발전 방안 • 산업별·지역별 유통기능의 효율화·고도화 방안 • 유통전문인력·부지 및 시설 등의 수급(需給) 변화에 대한 전망 • 중소유통기업의 구조개선 및 경쟁력 강화 방안 • 대규모점포와 중소유통기업 및 중소제조업체 간 건전한 상거래질서의 유지 방안 • 그 밖에 유통산업 규제완화 및 제도개선 등 유통산업발전 촉진을 위해 필요한 사항
자료제출 등	• 자료의 제출 요청 : 산업통상자원부장관은 기본계획을 세우기 위하여 필요하다고 인정하는 경우에는 관계 중앙행정기관의 장에게 필요한 자료를 요청할 수 있다. 이 경우 자료를 요청받은 관계 중앙행정기관의 장은 특별한 사정이 없으면 요청에 따라야 한다. • 기본계획의 통지 : 산업통상자원부장관은 기본계획을 특별시장·광역시장·특별자치시장·도지사·특별자치도지사(이하 "시·도지사"라 함)에게 알려야 한다.

2 시행계획의 수립·시행 등

구 분	내 용
시행계획의 수립·시행	산업통상자원부장관은 기본계획에 따라 매년 유통산업발전시행계획을 관계 중앙행정기관의 장과 협의를 거쳐 세워야 한다.
자료제출 등	• 자료의 제출 요청 : 산업통상자원부장관은 시행계획을 세우기 위하여 필요하다고 인정하는 경우에는 관계 중앙행정기관의 장에게 필요한 자료를 요청할 수 있다. 이 경우 자료를 요청받은 관계 중앙행정기관의 장은 특별한 사정이 없으면 요청에 따라야 한다. • 시행계획의 시행 및 재원확보 : 산업통상자원부장관 및 관계 중앙행정기관의 장은 시행계획 중 소관 사항을 시행하고 이에 필요한 재원을 확보하기 위하여 노력하여야 한다. • 시행계획의 통지 : 산업통상자원부장관은 시행계획을 시·도지사에게 알려야 한다.

기본계획 등의 수립을 위한 자료의 제출요청 등(영 제6조)
• 산업통상자원부장관은 관계 중앙행정기관의 장에게 유통산업발전기본계획의 수립을 위하여 필요한 자료를 해당 기본계획 개시연도의 전년도 10월 말일까지 제출하여 줄 것을 요청할 수 있다.

- 관계 중앙행정기관의 장은 시행계획의 집행실적을 다음 연도 2월 말일까지 산업통상자원부장관에게 제출하여야 한다.
- 산업통상자원부장관은 관계 중앙행정기관의 장에게 유통산업발전시행계획의 수립을 위하여, 유통산업발전시책의 기본방향, 사업주체 및 내용, 필요한 자금과 그 조달방안, 사업의 시행방법, 그 밖에 시행계획의 수립에 필요한 사항 등 필요한 사항이 포함된 자료를 매년 3월 말일까지 제출하여 줄 것을 요청할 수 있다.

[출제유형] 2021년 제25회

유통산업발전법령상 유통산업발전계획에 관한 설명으로 옳은 것은?

① 산업통상자원부장관은 10년마다 유통산업발전기본계획을 수립하여야 한다.
② 유통산업발전기본계획에는 유통산업의 지역별·종류별 발전방안이 포함되지 않아도 된다.
③ 시·도지사는 유통산업발전기본계획에 따라 2년마다 유통산업발전시행계획을 수립하여야 한다.
④ 시·도지사는 유통산업발전시행계획의 집행실적을 다음 연도 1월 말일까지 산업통상자원부장관에게 제출하여야 한다.
❺ 지역별 유통산업발전시행계획은 유통전문인력·부지 및 시설 등의 수급방안을 포함하여야 한다.

3 지방자치단체의 사업시행 등

구 분	내 용
지역별 시행계획의 수립·시행	시·도지사는 기본계획 및 시행계획에 따라 다음의 사항을 포함하는 지역별 시행계획을 세우고 시행하여야 한다. 이 경우 시·도지사(특별자치시장은 제외)는 미리 시장(「제주특별자치도 설치 및 국제자유도시 조성을 위한 특별법」에 따른 행정시장을 포함)·군수·구청장(자치구의 구청장)의 의견을 들어야 한다. • 지역유통산업 발전의 기본방향 • 지역유통산업의 여건 변화 전망 • 지역유통산업의 현황 및 평가 • 지역유통산업의 종류별 발전 방안 • 지역유통기능의 효율화·고도화 방안 • 유통전문인력·부지 및 시설 등의 수급 방안 • 지역중소유통기업의 구조개선 및 경쟁력 강화 방안 • 그 밖에 지역유통산업의 규제완화 및 제도개선 등 지역유통산업의 발전을 촉진하기 위하여 필요한 사항
필요한 조치의 요청	관계 중앙행정기관의 장은 유통산업의 발전을 위하여 필요하다고 인정하는 경우에는 시·도지사 또는 시장·군수·구청장에게 시행계획의 시행에 필요한 조치를 할 것을 요청할 수 있다.

[출제유형] 2016년 제20회

유통산업발전법령상 시·도지사가 유통산업발전 기본계획 및 시행계획에 따라 수립·시행하는 지역별 시행계획에 포함되어야 할 사항이 아닌 것은?

① 지역유통산업 발전의 기본방향
② 지역유통산업의 종류별 발전 방안
③ 지역유통기능의 효율화·고도화 방안
④ 유통전문인력·부지 및 시설 등의 수급 방안
❺ 대규모점포와 지역 중소유통기업 및 중소제조업체 사이의 건전한 상거래질서의 유지 방안

4 유통산업의 실태조사

구 분		내 용
유통산업의 실태조사		산업통상자원부장관은 기본계획 및 시행계획 등을 효율적으로 수립·추진하기 위하여 유통산업에 대한 실태조사를 할 수 있다.
유통산업 실태조사의 범위 및 구분	범 위	유통산업 실태조사의 범위는 다음과 같다. • 대규모점포, 무점포판매 및 도·소매점포의 현황, 영업환경, 물품구매, 영업실태 및 사업체 특성 등에 관한 사항 • 지역별·업태별 유통기능효율화를 위한 물류표준화·정보화 및 물류공동화에 관한 사항 • 그 밖에 산업통상자원부장관이 유통산업발전 정책수립을 위하여 실태조사가 필요하다고 인정하는 사항
	구 분	산업통상자원부장관은 실태조사를 다음의 구분에 따라 실시한다. • 정기조사 : 유통산업에 관한 계획 및 정책수립과 집행에 활용하기 위하여 3년마다 실시하는 조사 • 수시조사 : 산업통상자원부장관이 기본계획 및 시행계획 등의 효율적인 수립을 위하여 필요하다고 인정하는 경우 특정 업태 및 부문 등을 대상으로 실시하는 조사

[출제유형] 2024년 제28회

유통산업발전법령상 유통업상생발전협의회(이하 '협의회'라 함)에 관한 설명으로 옳지 않은 것은?

① 대규모점포 및 준대규모점포와 지역중소유통기업의 균형발전을 협의하기 위하여 특별자치시장·시장·군수·구청장 소속으로 협의회를 둔다.
❷ 협의회의 회의는 재적위원 과반수의 출석으로 개의하고, 출석위원 3분의 2 이상의 찬성으로 의결한다.
③ 회장은 회의를 소집하려는 경우에는 긴급한 경우나 부득이한 사유가 있는 경우를 제외하고 회의개최일 5일 전까지 회의의 날짜·시간·장소 및 심의 안건을 각 위원에게 통지하여야 한다.
④ 협의회의 사무를 처리하기 위하여 간사 1명을 두되, 간사는 유통업무를 담당하는 공무원으로 한다.
⑤ 협의회는 대형유통기업과 지역중소유통기업의 균형발전을 촉진하기 위하여 대규모점포 및 준대규모점포에 대한 영업시간의 제한 등에 관한 사항에 대해 특별자치시장·시장·군수·구청장에게 의견을 제시할 수 있다.

[출제유형] 2020년 제24회

유통산업발전법령상 유통업상생발전협의회(이하 "협의회"라 함)에 관한 설명으로 옳은 것은?

① 협의회는 회장 1명을 포함한 9명 이내의 위원으로 구성한다.
② 해당 지역의 대·중소유통 협력업체·납품업체 등 이해관계자는 협의회의 위원이 될 수 없다.
③ 협의회 위원의 임기는 3년으로 한다.
④ 협의회의 회의는 재적위원 3분의 1 이상의 출석으로 개의하고, 출석위원 과반수 이상의 찬성으로 의결한다.
❺ 협의회는 분기별로 1회 이상 개최하는 것을 원칙으로 한다.

5 유통업상생발전협의회

구 분	내 용
협의회의 설치	• 대규모점포 및 준대규모점포(이하 "대규모점포등"이라 함)와 지역중소유통기업의 균형발전을 협의하기 위하여 특별자치시장·시장·군수·구청장 소속으로 유통업상생발전협의회(이하 "협의회"라 함)를 둔다. • 협의회 구성 및 운영 등에 필요한 사항은 산업통상자원부령(규칙 제4조의2 및 제4조의3)으로 정한다.

협의회의 구성	협의회 구성 등에 필요한 사항은 산업통상자원부령(규칙 제4조의2)으로 다음과 같이 정한다.
	① 협의회의 구성 : 유통업상생발전협의회는 성별 및 분야별 대표성 등을 고려하여 회장 1명을 포함한 11명 이내의 위원으로 구성한다.
	② 협의회의 회장 및 위원 : 회장은 부시장(특별자치시의 경우 행정부시장을 말함)·부군수·부구청장이 되고, 위원은 특별자치시장·시장(제주 행정시장을 포함)·군수·구청장(자치구의 구청장)이 임명하거나 위촉하는 다음 각 호의 자가 된다.
	  1. 해당 지역에 대규모점포등을 개설하였거나 개설하려는 대형유통기업의 대표 3명
	  2. 해당 지역의 전통시장, 슈퍼마켓, 상가 등 중소유통기업의 대표 3명
	  3. 다음 각 목의 어느 하나에 해당하는 자
	    가. 해당 지역의 소비자단체의 대표 또는 주민단체의 대표
	    나. 해당 지역의 유통산업분야에 관한 학식과 경험이 풍부한 자
	    다. 그 밖에 대·중소유통 협력업체·납품업체·농어업인 등 이해관계자
	  4. 해당 특별자치시·시·군·구의 유통업무를 담당하는 과장급 공무원
	③ 위원의 임기 : 위원의 임기는 2년으로 한다.
	④ 위원의 해촉 사유 : 특별자치시장·시장·군수·구청장은 ② 제1호부터 제3호까지의 위원이 다음 각 호의 어느 하나에 해당하는 경우에는 해당 위원을 해촉(解囑)할 수 있다.
	  1. 금고 이상의 형을 선고받은 경우
	  2. 직무와 관련된 비위사실이 있는 경우
	  3. 위원이 6개월 이상 장기 출타 또는 심신장애로 인하여 직무를 수행하기 어려운 경우
	  4. 직무태만, 품위 손상 또는 그 밖의 사유로 인하여 위원으로 적합하지 아니하다고 인정되는 경우
	⑤ 그 밖의 사항 : ①부터 ④까지에서 규정한 사항 외에 협의회의 구성 등에 필요한 사항은 협의회의 의결을 거쳐 회장이 정한다.

협의회의 운영	① 의결정족수 : 협의회의 회의는 재적위원 3분의 2 이상의 출석으로 개의하고, 출석위원 3분의 2 이상의 찬성으로 의결한다.
	② 회의의 소집 : 회장은 회의를 소집하려는 경우에는 회의 개최일 5일 전까지 회의의 날짜·시간·장소 및 심의 안건을 각 위원에게 통지하여야 한다. 다만, 긴급한 경우나 부득이한 사유가 있는 경우에는 그러하지 아니하다.
	③ 사무처리 : 협의회의 사무를 처리하기 위하여 간사 1명을 두되, 간사는 유통업무를 담당하는 공무원으로 한다.
	④ 회의 개최 주기 : 협의회는 분기별로 1회 이상 개최하는 것을 원칙으로 하되, 회장은 필요에 따라 그 개최 주기를 달리할 수 있다.
	⑤ 의견 제시 : 협의회는 대형유통기업과 지역중소유통기업의 균형발전을 촉진하기 위하여 다음 각 호의 사항에 대해 특별자치시장·시장·군수·구청장에게 의견을 제시할 수 있다.
	  1. 대형유통기업과 지역중소유통기업 간의 상생협력촉진을 위한 지역별 시책의 수립에 관한 사항
	  1의2. 상권영향평가서 및 지역협력계획서 검토에 관한 사항
	  2. 대규모점포등에 대한 영업시간의 제한 등에 관한 사항
	  3. 전통상업보존구역의 지정 등에 관한 사항
	  4. 그 밖에 대·중소유통기업 간의 상생협력촉진, 공동조사연구, 지역유통산업 발전, 전통시장 또는 전통상점가 보존을 위한 협력 및 지원에 관한 사항
	⑥ 그 밖의 사항 : ①부터 ⑤까지에서 규정한 사항 외에 협의회의 운영 등에 필요한 사항은 협의회의 의결을 거쳐 회장이 정한다.

핵심테마 26 대규모점포등

PART 5 물류관련법규 / Chapter 04 유통산업발전법

1 대규모점포등의 개설등록 및 변경등록

구 분	내 용
개설 및 변경 등록기관	대규모점포를 개설하거나 전통상업보존구역에 준대규모점포를 개설하려는 자는 영업을 시작하기 전에 산업통상자원부령(규칙 제5조)으로 정하는 바에 따라 상권영향평가서 및 지역협력계획서를 첨부하여 특별자치시장·시장·군수·구청장에게 등록하여야 한다. 등록한 내용을 변경하려는 경우에도 또한 같다.
첨부서류 제출 기한 및 보완 요청	특별자치시장·시장·군수·구청장은 제출받은 상권영향평가서 및 지역협력계획서가 미진하다고 판단하는 경우에는 제출받은 날부터 대통령령(영 제6조의5)으로 정하는 기간(30일을 말함, 이 경우 토요일 및 공휴일은 산입하지 아니한다) 내에 그 사유를 명시하여 보완을 요청할 수 있다.
등록 제한 및 조건	• 특별자치시장·시장·군수·구청장은 개설등록 또는 변경등록[점포의 소재지를 변경하거나 매장면적이 개설등록(매장면적을 변경등록한 경우에는 변경등록) 당시의 매장면적보다 10분의 1 이상 증가하는 경우로 한정]을 하려는 대규모점포등의 위치가 전통상업보존구역에 있을 때에는 등록을 제한하거나 조건을 붙일 수 있다. • 등록 제한 및 조건에 관한 세부 사항은 해당 지방자치단체의 조례로 정한다.
등록신청 등 사실의 통보 등	• 특별자치시장·시장·군수·구청장은 개설등록 또는 변경등록하려는 점포의 소재지로부터 산업통상자원부령으로 정하는 거리 이내의 범위 일부가 인접 특별자치시·시·군·구(자치구를 말함)에 속하여 있는 경우 인접지역의 특별자치시장·시장·군수·구청장에게 개설등록 또는 변경등록을 신청 받은 사실을 통보하여야 한다. • 신청 사실을 통보받은 인접지역의 특별자치시장·시장·군수·구청장은 신청 사실을 통보받은 날로부터 20일 이내에 개설등록 또는 변경등록에 대한 의견을 제시할 수 있다.

[출제유형] 2022년 제26회

유통산업발전법령상 대규모점포의 등록에 관한 설명으로 옳은 것을 모두 고른 것은?

> ㄱ. 전통상업보존구역에 대규모점포를 개설하려는 자는 상권영향평가서 및 지역협력계획서를 첨부하여 시·도지사에게 등록하여야 한다.
> ㄴ. 대규모점포의 매장면적이 개설등록 당시의 매장면적보다 20분의 1 이 증가한 경우 변경등록을 하여야 한다.
> ㄷ. 매장이 분양된 대규모점포에서는 매장면적의 2분의 1 이상을 직영하는 자가 있는 경우에는 그 직영하는 자가 대규모점포등개설자의 업무를 수행한다.

① ㄱ ❷ ㄷ
③ ㄱ, ㄴ ④ ㄴ, ㄷ
⑤ ㄱ, ㄴ, ㄷ

대규모점포등 허가등의 의제
1. 「영화 및 비디오물의 진흥에 관한 법률」에 따른 비디오물제작업·비디오물배급업, 「게임산업진흥에 관한 법률」에 따른 게임제작업·게임배급업·게임제공업 또는 「음악산업진흥에 관한 법률」에 따른 음반·음악영상물제작업 및 음반·음악영상물배급업의 신고 또는 등록
2. 「담배사업법」에 따른 소매인의 지정
3. 「식품위생법」에 따른 식품의 제조업·가공업·판매업 또는 식품접객업의 허가 또는 신고로서 대통령령으로 정하는 것
4. 「식품위생법」에 따른 집단급식소 설치·운영의 신고
5. 「관광진흥법」에 따른 테마파크업의 신고
6. 「평생교육법」에 따른 평생교육시설 설치의 신고
7. 「체육시설의 설치·이용에 관한 법률」에 따른 체육시설업의 신고
8. 「전자상거래 등에서의 소비자보호에 관한 법률」에 따른 통신판매업자의 신고
9. 「공연법」에 따른 공연장의 등록
10. 「옥외광고물 등의 관리와 옥외광고산업 진흥에 관한 법률」에 따른 광고물 또는 게시시설의 허가 또는 신고
11. 「외국환거래법」에 따른 외국환업무의 등록
12. 「주류 면허 등에 관한 법률」에 따른 주류 판매업면허 승계의 신고

[출제유형] 2024년 제28회

유통산업발전법상 대규모점포등을 등록하는 경우 의제되는 허가등에 해당하지 않는 것은?

① 「담배사업법」에 따른 소매인의 지정
② 「식품위생법」에 따른 집단급식소 설치·운영의 신고
❸ 「대기환경보전법」에 따른 배출시설 설치의 허가 또는 신고
④ 「평생교육법」에 따른 평생교육시설 설치의 신고
⑤ 「외국환거래법」에 따른 외국환업무의 등록

[출제유형] 2020년 제24회

유통산업발전법상 대규모점포의 등록 결격사유가 있는 자로 옳지 않은 것은?

① 미성년자
② 피성년후견인
❸ 파산선고를 받고 복권된 후 3개월이 지난 자
④ 이 법을 위반하여 징역의 실형을 선고받고 그 집행이 면제된 날부터 6개월이 지난 자
⑤ 이 법을 위반하여 징역형의 집행유예 선고를 받고 유예기간 중에 있는 자

[출제유형] 2023년 제27회

유통산업발전법상 대규모점포등에 관한 설명으로 옳은 것은?

① 대규모점포를 개설하려는 자는 영업을 개시하기 30일 전까지 개설 지역 및 시기 등을 포함한 개설계획을 예고하여야 한다.
② 유통산업발전법을 위반하여 징역의 실형을 선고받고 그 집행이 면제된 날부터 6월이 지난 사람은 대규모점포등의 등록을 할 수 있다.
③ 대형마트의 영업시간을 제한하는 경우 조례로 달리 정하지 않는 한 오전 0시부터 오전 11시까지의 범위에서 영업시간을 제한할 수 있다.
❹ 대규모점포등관리자는 대규모점포등의 관리 또는 사용에 관하여 입점상인의 3분의2 이상의 동의를 얻어 관리규정을 제정하여야 한다.
⑤ 대규모점포등개설자가 대규모점포등을 폐업하려는 경우에는 특별자치시장·시장·군수·구청장의 허가를 받아야 한다.

PLUS

대규모점포등개설자의 업무
• 상거래질서의 확립
• 소비자의 안전유지와 소비자 및 인근 지역주민의 피해·불만의 신속한 처리
• 그 밖에 대규모점포등을 유지·관리하기 위하여 필요한 업무

---

13. 「축산물 위생관리법」에 따른 축산물판매업의 신고
14. 「물환경보전법」에 따른 배출시설 설치의 허가 또는 신고
15. 「폐기물관리법」에 따른 사업장폐기물배출자의 신고
16. 「약사법」에 따른 약국 개설의 등록
17. 「의료기사 등에 관한 법률」에 따른 안경업소개설의 등록

대규모점포등 등록의 결격사유
다음 각 호의 어느 하나에 해당하는 자는 대규모점포등의 등록을 할 수 없다.
1. 피성년후견인 또는 미성년자
2. 파산선고를 받고 복권되지 아니한 자
3. 유통산업발전법을 위반하여 징역의 실형을 선고받고 그 집행이 끝나거나(집행이 끝난 것으로 보는 경우를 포함) 집행이 면제된 날부터 1년이 지나지 아니한 사람
4. 유통산업발전법을 위반하여 징역형의 집행유예선고를 받고 그 유예기간 중에 있는 사람
5. 등록이 취소(제10조 제1호 또는 제2호에 해당하여 등록이 취소된 경우는 제외)된 후 1년이 지나지 아니한 자
6. 대표자가 제1호부터 제5호까지의 어느 하나에 해당하는 법인

2 대규모점포등에 대한 등록의 취소 등

구 분	내 용
등록취소의 사유	특별자치시장·시장·군수·구청장은 대규모점포등의 개설등록을 한 자가 다음의 어느 하나에 해당하는 경우에는 그 등록을 취소하여야 한다. 이 경우 특별자치시장·시장·군수·구청장은 제9조에 따라 허가 등으로 의제되는 사항에 대하여는 해당사항과 관련되는 행정기관의 장에게 등록의 취소에 관한 사항을 지체 없이 알려야 한다. • 대규모점포등개설자가 정당한 사유 없이 1년 이내에 영업을 시작하지 아니한 경우. 이 경우 대규모점포등의 건축에 정상적으로 소요되는 기간은 산입하지 아니한다. • 대규모점포등의 영업을 정당한 사유 없이 1년 이상 계속하여 휴업한 경우 • 등록의 결격사유에 해당하게 된 경우 • 대규모점포등의 개설등록 및 변경등록의 조건(법 제8조 제3항)을 이행하지 아니한 경우
등록취소의 유예	다음 어느 하나에 해당하는 경우에는 대표자가 결격사유에 해당하게 된 날 또는 상속을 개시한 날부터 6개월이 지난 날까지는 등록의 취소규정을 적용하지 아니한다. • 법인의 대표자가 결격사유에 해당하게 된 경우 • 대규모점포등개설자의 지위를 승계한 상속인이 결격사유에 해당하는 경우

3 대규모점포등에 대한 영업시간의 제한 등

구 분	내 용
영업시간 제한등 목적 및 대상	• 특별자치시장·시장·군수·구청장은 건전한 유통질서 확립, 근로자의 건강권 및 대규모점포등과 중소유통업의 상생발전(相生發展)을 위하여 필요하다고 인정하는 경우 대형마트(대규모점포에 개설된 점포로서 대형마트의 요건을 갖춘 점포를 포함)와 준대규모점포에 대하여 영업시간 제한을 명하거나 의무휴업일을 지정하여 의무휴업을 명할 수 있다. • 다만, 연간 총매출액 중 「농수산물 유통 및 가격안정에 관한 법률」에 따른 농수산물의 매출액 비중이 55퍼센트 이상인 대규모점포등으로서 해당 지방자치단체의 조례로 정하는 대규모점포등에 대하여는 그러하지 아니하다.
영업시간의 제한 범위	특별자치시장·시장·군수·구청장은 오전 0시부터 오전 10시까지의 범위에서 영업시간을 제한할 수 있다.

구분	내용
의무휴업일의 지정	특별자치시장·시장·군수·구청장은 매월 이틀을 의무휴업일로 지정하여야 한다. 이 경우 의무휴업일은 공휴일 중에서 지정하되, 이해당사자와 합의를 거쳐 공휴일이 아닌 날을 의무휴업일로 지정할 수 있다.
그 밖의 필요한 사항	위 규정에 따른 영업시간 제한 및 의무휴업일 지정에 필요한 사항은 해당 지방자치단체의 조례로 정한다.

4 관리규정

구분	내용
관리규정의 제정	• 규모점포등관리자는 대규모점포등의 관리 또는 사용에 관하여 입점상인의 3분의 2 이상의 동의를 얻어 관리규정을 제정하여야 하며 관리규정에 따라 대규모점포등을 관리하여야 한다. • 관리규정을 제정하려는 대규모점포등관리자는 신고를 한 날부터 3개월 이내에 표준관리규정을 참조하여 관리규정을 제정하여야 한다.
표준관리규정	• 관리규정을 제정·개정하는 방법 등에 필요한 사항은 대통령령으로 정한다. • 시·도지사는 이 법을 적용받는 대규모점포등의 효율적이고 공정한 관리를 위하여 대통령령으로 정하는 바에 따라 표준관리규정을 마련하여 보급하여야 한다.

5 대규모점포등개설자의 지위승계 등

구분	내용

지위의 승계	• 다음 각 호의 어느 하나에 해당하는 자는 종전의 대규모점포등개설자의 지위를 승계한다.
	  1. 대규모점포등개설자가 사망한 경우 그 상속인
	  2. 대규모점포등개설자가 대규모점포등을 양도한 경우 그 양수인
	  3. 법인인 대규모점포등개설자가 다른 법인과 합병한 경우 합병 후 존속하는 법인이나 합병으로 설립되는 법인
	• 지위를 승계한 자에 대하여는 제10조(등록의 결격사유)를 준용한다.

휴업·폐업 신고	대규모점포등개설자(제12조 제3항에 따라 신고한 자를 포함)가 대규모점포등을 휴업하거나 폐업하려는 경우에는 산업통상자원부령(규칙 제6조의2)으로 정하는 바에 따라 특별자치시장·시장·군수·구청장에게 신고를 하여야 한다. **대규모점포등의 휴업 등의 신고 등** ① 대규모점포등의 개설등록을 한 자 또는 대규모점포등관리자가 대규모점포등의 영업을 휴업하거나 폐업하려는 때에는 대규모점포등휴업·폐업신고서를 특별자치시장·시장·군수 또는 구청장에게 제출하여야 한다. ② 특별자치시장·시장·군수 또는 구청장은 ①에 따른 신고사항을 대규모점포등개설(변경)등록관리대장에 기록·관리하되, 대규모점포 안에 위치하는 준대규모점포의 영업을 휴업하거나 폐업하려는 신고가 있는 경우에는 해당 대규모점포의 대규모점포등개설(변경)등록관리대장에도 그 사실을 덧붙여 적어야 한다.

[출제유형] 2016년 제20회

유통산업발전법령상 대규모점포등개설자의 지위승계에 관한 설명으로 옳지 않은 것을 모두 고른 것은?

> ㉠ 대규모점포등개설자가 사망한 경우 그 상속인이 종전의 대규모점포등개설자의 지위를 승계한다.
> ㉡ 대규모점포등개설자가 대규모점포등을 양도한 경우 그 양수인이 종전의 대규모점포등개설자의 지위를 승계한다.
> ㉢ 대규모점포등개설자가 사망한 경우 그 상속인이 파산선고를 받고 복권되지 않은 자인 경우에는 그 지위를 승계할 수 없다.
> ㉣ 대규모점포등개설자의 지위를 승계한 상속인이 피성년후견인 또는 미성년자인 경우에는 상속 후 1개월이 지난 후 그 등록을 취소한다.
> ㉤ 법인인 대규모점포등개설자가 다른 법인과 합병한 경우 합병 이후에 존속되는 법인은 합병으로 소멸되는 법인의 지위를 승계하지 못하고 신규로 설립된 법인만이 지위를 승계한다.

① ㉠, ㉡, ㉢
② ㉠, ㉣, ㉤
③ ㉡, ㉢, ㉤
④ ㉡, ㉢, ㉤
❺ ㉢, ㉣, ㉤

전통상업보존구역의 지정	• 특별자치시장・시장・군수・구청장은 지역 유통산업의 전통과 역사를 보존하기 위하여 「전통시장 및 상점가 육성을 위한 특별법」에 따른 전통시장이나 중소벤처기업부장관이 정하는 전통상점가(이하 "전통시장등"이라 함)의 경계로부터 1킬로미터 이내의 범위에서 해당 지방자치단체의 조례로 정하는 지역을 전통상업보존구역으로 지정할 수 있다. • 전통상업보존구역을 지정하려는 특별자치시장・시장・군수・구청장은 관할구역 전통시장등의 경계로부터 1킬로미터 이내의 범위 일부가 인접 특별자치시・시・군・구에 속해 있는 경우에는 인접지역의 특별자치시장・시장・군수・구청장에게 해당 지역을 전통상업보존구역으로 지정할 것을 요청할 수 있다. • 요청을 받은 인접지역의 특별자치시장・시장・군수・구청장은 요청한 특별자치시장・시장・군수・구청장과 협의하여 해당 지역을 전통상업보존구역으로 지정하여야 한다. • 전통상업보존구역의 범위, 지정 절차 및 지정 취소 등에 관하여 필요한 사항은 해당 지방자치단체의 조례로 정한다.
영업정지	특별자치시장・시장・군수・구청장은 다음의 어느 하나에 해당하는 경우에는 1개월 이내의 기간을 정하여 영업의 정지를 명할 수 있다. • 영업시간 제한 명령을 1년 이내에 3회 이상 위반하여 영업제한시간에 영업을 한 자, 또는 지정된 의무휴업 명령을 1년 이내에 3회 이상 위반하여 의무휴업일에 영업을 한 자. 이 경우 각각의 명령위반의 횟수는 합산한다. • 이 조에 따른 영업정지 명령을 위반하여 영업정지기간 중 영업을 한 자
임시시장의 개설 등	• 임시시장의 개설방법・시설기준과 그 밖에 임시시장의 운영・관리에 관한 사항은 특별자치시・시・군・구의 조례로 정한다. • 지방자치단체의 장은 임시시장의 활성화를 위하여 임시시장을 체계적으로 육성・지원하여야 한다.

핵심테마 27 유통산업의 경쟁력 강화

PART 5 물류관련법규 / Chapter 04 유통산업발전법

1 중소유통공동도매물류센터에 대한 지원

구 분	내 용
지원대상 등	산업통상자원부장관, 중소벤처기업부장관 또는 지방자치단체의 장은 「중소기업기본법」에 따른 중소기업자 중 대통령령으로 정하는 소매업자 50인 또는 도매업자 10인 이상의 자(이하 "중소유통기업자단체"라 함)가 공동으로 중소유통기업의 경쟁력 향상을 위하여 다음의 사업을 하는 물류센터(이하 "중소유통공동도매물류센터"라 함)를 건립하거나 운영하는 경우에는 필요한 행정적·재정적 지원을 할 수 있다. • 상품의 보관·배송·포장 등 공동물류사업 • 상품의 전시 • 유통·물류정보시스템을 이용한 정보의 수집·가공·제공 • 중소유통공동도매물류센터를 이용하는 중소유통기업의 서비스능력 향상을 위한 교육 및 연수 • 그 밖에 중소유통공동도매물류센터 운영의 고도화를 위하여 산업통상자원부장관이 필요하다고 인정하여 공정거래위원회와 협의를 거친 사업
운영의 위탁	지방자치단체의 장은 중소유통공동도매물류센터를 건립하여 다음의 단체 또는 법인에 그 운영을 위탁할 수 있다. • 중소유통기업자단체 • 중소유통공동도매물류센터를 운영하기 위하여 지방자치단체와 중소유통기업자단체가 출자하여 설립한 법인
유지·관리 등 비용의 충당	지방자치단체가 중소유통공동도매물류센터를 건립하여 운영을 위탁하는 경우에는 운영주체와 협의하여 해당 중소유통공동도매물류센터의 매출액의 1천분의 5 이내에서 시설 및 장비의 이용료를 징수하여 시설물 및 장비의 유지·관리 등에 드는 비용에 충당할 수 있다.
그 밖의 필요한 사항	중소유통공동도매물류센터의 건립, 운영 및 관리 등에 필요한 사항은 중소벤처기업부장관이 정하여 고시한다.

[출제유형] 2020년 제24회
유통산업발전법상 중소유통공동도매물류센터에 대한 지원에 관한 설명이다. ( )에 들어갈 수 있는 내용을 바르게 나열한 것은?

○ (㉠)은 「중소기업기본법」 제2조에 따른 중소기업자 중 대통령령으로 정하는 소매업자 50인 또는 도매업자 10인이 공동으로 중소유통기업의 경쟁력 향상을 위하여 상품의 보관·배송·포장 등 공동물류사업 등을 하는 물류센터를 건립하거나 운영하는 경우에는 필요한 행정적·재정적 지원을 할 수 있다.
○ 중소유통공동도매물류센터의 건립, 운영 및 관리 등에 필요한 사항은 (㉡)이 정하여 고시한다.

① ㉠ 기획재정부장관
  ㉡ 산업통상자원부장관
② ㉠ 산업통상자원부장관
  ㉡ 지방자치단체의 장
❸ ㉠ 지방자치단체의 장
  ㉡ 중소벤처기업부장관
④ ㉠ 중소벤처기업부장관
  ㉡ 기획재정부장관
⑤ ㉠ 기획재정부장관
  ㉡ 중소벤처기업부장관

2 상점가진흥조합

구 분	내 용
상점가진흥조합의 결성	① 상점가에서 도매업·소매업·용역업이나 그 밖의 영업을 하는 자는 해당 상점가의 진흥을 위하여 상점가진흥조합을 결성할 수 있다. ② 상점가진흥조합의 조합원이 될 수 있는 자는 ①의 자로서 「중소기업기본법」에 따른 중소기업자에 해당하는 자로 한다.
결성 요건	상점가진흥조합은 조합원의 자격이 있는 자의 3분의 2 이상의 동의를 받아 결성한다. 다만, 조합원의 자격이 있는 자 중 같은 업종을 경영하는 자가 2분의 1 이상인 경우에는 그 같은 업종을 경영하는 자의 5분의 3 이상의 동의를 받아 결성할 수 있다.
설 립	상점가진흥조합은 협동조합 또는 사업조합으로 설립한다.
구역중복의 금지	상점가진흥조합의 구역은 다른 상점가진흥조합의 구역과 중복되어서는 아니 된다.

[출제유형] 2023년 제27회

유통산업발전법상 유통산업의 경쟁력 강화에 관한 설명으로 옳은 것은?

❶ 체인사업자는 체인점포의 경영을 개선하기 위하여 유통관리사의 고용 촉진을 추진하여야 한다.
② 지방자치단체의 장은 자신이 건립한 중소유통공동도매물류센터의 운영을 중소유통기업자단체에 위탁할 수 없다.
③ 상점가진흥조합은 협동조합으로 설립하여야 하고 사업조합의 형식으로는 설립할 수 없다.
④ 지방자치단체의 장은 상점가진흥조합이 조합원의 판매촉진을 위한 공동사업을 하는 경우에는 필요한 자금을 지원할 수 없다.
⑤ 상점가진흥조합의 구역은 다른 상점가 진흥조합 구역의 5분의 1 이하의 범위에서 그 다른 상점가 진흥조합의 구역과 중복되어 지정할 수 있다.

[출제유형] 2022년 제26회

유통산업발전법상 유통산업의 경쟁력 강화에 관한 설명으로 옳은 것은?

① 산업통상자원부장관은 「중소기업기본법」 제2조에 따른 중소기업자 중 대통령령으로 정하는 소매업자 30인이 공동으로 중소유통공동도매물류센터를 건립하는 경우 필요한 행정적·재정적 지원을 할 수 있다.
② 산업통상자원부장관은 중소유통공동도매물류센터를 건립하여 중소유통기업자단체에 그 운영을 위탁할 수 있다.
❸ 지방자치단체의 장은 상점가진흥조합이 주차장·휴게소 등 공공시설의 설치 사업을 하는 경우에는 예산의 범위에서 필요한 자금을 지원할 수 있다.
④ 상점가진흥조합은 조합원의 자격이 있는 자의 과반수의 동의를 받아 결성한다.
⑤ 상점가진흥조합의 조합원은 상점가에서 도매업·소매업·용역업이나 그 밖의 영업을 하는 모든 자로 한다.

상점가진흥조합에 대한 지원	지방자치단체의 장은 상점가진흥조합이 다음의 사업을 하는 경우에는 예산의 범위에서 필요한 자금을 지원할 수 있다. • 점포시설의 표준화 및 현대화 • 상품의 매매·보관·수송·검사 등을 위한 공동시설의 설치 • 주차장·휴게소 등 공공시설의 설치 • 조합원의 판매촉진을 위한 공동사업 • 가격표시 등 상거래질서의 확립 • 조합원과 그 종사자의 자질향상을 위한 연수사업 및 정보제공 • 그 밖에 지방자치단체의 장이 상점가 진흥을 위하여 필요하다고 인정하는 사업

전문상가단지 건립의 지원 등
① 산업통상자원부장관, 관계 중앙행정기관의 장 또는 지방자치단체의 장은 다음 각 호의 어느 하나에 해당하는 자가 전문상가단지를 세우려는 경우에는 필요한 행정적·재정적 지원을 할 수 있다.
  1. 도매업자 또는 소매업자로 구성되는 「중소기업협동조합법」에 규정된 협동조합·사업협동조합·협동조합연합회 또는 중소기업중앙회로서 산업통상자원부령(규칙 제8조 제1항)으로 정하는 기준에 해당하는 자

  > 산업통상자원부령으로 정하는 기준에 해당하는 자란 다음의 요건을 갖춘 자를 말한다.
  > • 5천제곱미터 이상의 부지를 확보하고 있을 것
  > • 단지 내에 입주하는 조합원이 50인 이상일 것

  2. 제1호에 해당하는 자와 신탁계약을 체결한 「자본시장과 금융투자업에 관한 법률」에 따른 신탁업자로서 자본금 또는 연간 매출액이 산업통상자원부령(규칙 제8조 제2항)으로 정하는 금액(100억원) 이상인 자
② 지원을 받으려는 자는 전문상가단지 조성사업계획을 작성하여 산업통상자원부장관, 관계 중앙행정기관의 장 또는 지방자치단체의 장에게 제출하여야 한다.

❸ 유통산업발전기반의 조성

구 분	내 용
유통정보화 시책	• 산업통상자원부장관은 유통정보화의 촉진 및 유통부문의 전자거래기반을 넓히기 위하여 다음 각 호의 사항이 포함된 유통정보화시책을 세우고 시행하여야 한다. 1. 유통표준코드의 보급 2. 유통표준전자문서의 보급 3. 판매시점 정보관리시스템의 보급 4. 점포관리의 효율화를 위한 재고관리시스템·매장관리시스템 등의 보급 5. 상품의 전자적 거래를 위한 전자장터 등의 시스템의 구축 및 보급 6. 다수의 유통·물류기업 간 기업정보시스템 연동을 위한 시스템의 구축 및 보급 7. 유통·물류의 효율적 관리를 위한 무선주파수 인식시스템 적용 및 실용화 촉진 8. 유통정보 또는 유통정보시스템의 표준화 촉진 9. 그 밖에 유통정보화를 촉진하기 위하여 필요하다고 인정되는 사항(상품의 전자적 거래를 위한 전자장터 등의 시스템의 구축, 다수의 유통물류기업 간 기업정보시스템의 연동을 위한 시스템의 구축) • 산업통상자원부장관은 유통정보화에 관한 시책을 세우기 위하여 필요하다고 인정하는 경우에는 과학기술정보통신부장관에게 유통정보화서비스를 제공하는 전기통신사업자에 관한 자료를 요청할 수 있다. • 산업통상자원부장관은 유통사업자·제조업자 또는 유통 관련 단체가 위의 사업을 추진하는 경우에는 예산의 범위에서 필요한 자금을 지원할 수 있다.
보안 등	누구든지 유통표준전자문서를 위작 또는 변작하거나 위작 또는 변작된 전자문서를 사용하거나 유통시켜서는 아니 된다.

구 분	내 용
보안 등	유통정보화서비스를 제공하는 자는 유통표준전자문서 또는 컴퓨터 등 정보처리조직의 파일에 기록된 유통정보를 공개하여서는 아니 된다. 다만, 국가의 안전보장에 위해(危害)가 없고 타인의 비밀을 침해할 우려가 없는 정보로서 대통령령(영 제8조)으로 정하는 다음의 것은 그러하지 아니하다. 1. 관계 행정기관의 장, 특별시장·광역시장·도지사 또는 특별자치도지사가 행정목적상 필요에 의하여 신청하는 정보 2. 수사기관이 수사목적상 필요에 의하여 신청하는 정보 3. 법원이 제출을 명하는 정보

4 유통전문인력의 양성

구 분	내 용		
유통전문인력 양성사업의 시행	산업통상자원부장관 또는 중소벤처기업부장관은 유통전문인력을 양성하기 위하여 다음의 사업을 할 수 있다. • 유통산업에 종사하는 사람의 자질 향상을 위한 교육·연수 • 유통산업에 종사하려는 사람의 취업·재취업 또는 창업의 촉진을 위한 교육·연수 • 선진유통기법의 개발·보급 • 그 밖에 유통전문인력을 양성하기 위하여 필요하다고 인정되는 사업		
양성사업의 지원 및 대상	산업통상자원부장관 또는 중소벤처기업부장관은 정부출연연구기관·대학원·유통연수기관이 유통전문인력 양성사업을 하는 경우에는 예산의 범위에서 그 사업에 필요한 경비의 전부 또는 일부를 지원할 수 있다.		
유통연수기관 및 지정기준	유통연수기관은 대한상공회의소, 한국생산성본부, 유통인력 양성을 위한 대통령령(영 제9조의2)으로 정하는 시설·인력 및 연수 실적의 기준에 적합한 법인으로서 산업통상자원부장관이 지정하는 기관		
	유통연수기관의 지정기준		
	시설기준	강의실 면적(100㎡ 이상), 사무실 면적(16㎡ 이상), 휴게실 면적(10㎡ 이상)	
	강사기준	전임강사(1명), 시간강사(3명 이상)	
	연수실적	지정신청일 기준으로 1년 이내에 2회(1회당 20시간 이상) 이상의 유통연수강좌를 실시한 실적이 있을 것	
지정유통연수기관의 지정절차	유통연수기관으로 지정을 받으려는 자는 유통연수기관지정신청서에 법률로 정한 서류를 갖추어 산업통상자원부장관에게 제출하여야 한다.		
지정 취소·정지 사유 등	• 산업통상자원부장관은 지정유통연수기관이 제1호에 해당하는 경우에는 그 지정을 취소하여야 하고, 제2호에 해당하는 경우에는 그 지정을 취소하거나 3개월 이내의 기간을 정하여 지정의 효력을 정지할 수 있다. 1. 거짓이나 그 밖의 부정한 방법으로 지정받은 경우 2. 지정기준에 적합하지 아니한 경우 • 지정유통연수기관이 해산되는 경우 해당 기관의 장은 산업통상자원부령으로 정하는 바에 따라 산업통상자원부장관에게 통보하여야 한다.		

[출제유형] 2024년 제28회

유통산업발전법령상 지정유통연수기관의 지정기준으로 옳은 것을 모두 고른 것은?

ㄱ. 사무실면적: 16㎡ 이상
ㄴ. 강의실 면적: 50㎡ 이상
ㄷ. 휴게실 면적: 7㎡ 이상
ㄹ. 연수실적: 지정신청일 기준으로 1년 이내에 2회(1회당 20시간 이상) 이상의 유통연수강좌를 실시한 실적이 있을 것

① ㄱ, ㄴ
❷ ㄱ, ㄹ
③ ㄴ, ㄷ
④ ㄴ, ㄷ, ㄹ
⑤ ㄱ, ㄴ, ㄷ, ㄹ

⊕ PLUS

유통산업의 국제화 촉진
산업통상자원부장관은 유통사업자 또는 유통사업자단체가 다음 각 호의 사업을 추진하는 경우에는 예산의 범위에서 필요한 경비의 전부 또는 일부를 지원할 수 있다.
1. 유통 관련 정보·기술·인력의 국제교류
2. 유통 관련 국제 표준화·공동조사·연구·기술 협력
3. 유통 관련 국제학술대회·국제박람회 등의 개최
4. 해외유통시장의 조사·분석 및 수집정보의 체계적인 유통
5. 해외유통시장에 공동으로 진출하기 위한 공동구매·공동판매망의 구축 등 공동협력사업
6. 그 밖에 유통산업의 국제화를 위하여 필요하다고 인정되는 사업

핵심테마

28 유통기능의 효율화

PART 5 물류관련법규 / Chapter 04 유통산업발전법

PLUS

유통기능 효율화 시책
산업통상자원부장관은 유통기능을 효율화하기 위하여 다음의 사항에 관한 시책을 마련하여야 한다.
- 물류표준화의 촉진
- 물류정보화 기반의 확충
- 물류공동화의 촉진
- 물류기능의 외부 위탁 촉진
- 물류기술·기법 고도화 및 선진화
- 집배송시설·공동집배송센터의 확충 및 효율적 배치
- 그 밖에 유통기능 효율화를 촉진하기 위해 필요하다고 인정되는 사항

[출제유형]   2023년 제27회

유통산업발전법령상 공동집배송센터에 관한 설명으로 옳지 않은 것은?

① 산업통상자원부장관은 공동집배송센터를 지정하거나 변경지정하려면 미리 관계 중앙행정기관의 장과 협의하여야 한다.
② 공동집배송센터사업자가 신탁계약을 체결하여 공동집배송센터를 신탁개발하는 경우 신탁계약을 체결한 신탁업자는 공동집배송센터사업자의 지위를 승계한다.
❸ 공업지역 내에서 부지면적이 2만제곱미터이고, 집배송시설면적이 1만제곱미터인 지역 및 시설물은 공동집배송센터로 지정할 수 없다.
④ 산업통상자원부장관은 공동집배송센터의 시공후 공사가 6월 이상 중단된 경우에는 공동집배송센터의 지정을 취소할 수 있다.
⑤ 공동집배송센터의 지정을 추천받고자 하는 자는 공동집배송센터지정신청서에 부지매입관련 서류를 첨부하여 시·도지사에게 제출하여야 한다.

1 공동집배송센터의 지정 등

구 분	내 용
공동집배송센터의 지정	산업통상자원부장관은 물류공동화를 촉진하기 위하여 필요한 경우에는 시·도지사의 추천을 받아 부지 면적, 시설 면적 및 유통시설로의 접근성 등 산업통상자원부령(규칙 제19조)으로 정하는 다음의 요건에 해당하는 지역 및 시설물을 공동집배송센터로 지정할 수 있다. "산업통상자원부령으로 정하는 요건"이라 함은 다음 각 호의 요건을 말한다. 1. 부지면적이 3만제곱미터 이상(상업지역 또는 공업지역의 경우에는 2만제곱미터 이상)이고, 집배송시설면적이 1만제곱미터 이상일 것 2. 도시 내 유통시설로의 접근성이 우수하여 집배송기능이 효율적으로 이루어질 수 있는 지역 및 시설물
공동집배송센터의 지정 추천 신청	• 공동집배송센터의 지정을 받으려는 자는 산업통상자원부령(규칙 제20조)으로 정하는 바에 따라 공동집배송센터의 조성·운영에 관한 사업계획을 첨부하여 시·도지사에게 공동집배송센터 지정 추천을 신청하여야 한다. • 추천 신청을 받은 시·도지사는 그 사업의 타당성 등을 검토한 결과 해당 지역 집배송체계의 효율화를 위하여 필요하다고 인정하는 경우에는 추천 사유서와 산업통상자원부령으로 정하는 서류를 산업통상자원부장관에게 제출하여야 한다.
공동집배송센터의 변경지정	• 지정받은 공동집배송센터를 조성·운영하려는 자(이하 "공동집배송센터사업자"라 함)는 지정받은 사항 중 산업통상자원부령(규칙 제21조)으로 정하는 중요 사항을 변경하려면 산업통상자원부장관의 변경지정을 받아야 한다. "산업통상자원부령으로 정하는 중요 사항"이라 함은 다음 어느 하나에 해당하는 사항을 말한다. 1. 공동집배송센터의 배치계획 및 [별표 6] 제1호에 해당하는 주요시설 2. 공동집배송센터사업자 • 변경지정을 받고자 하는 자는 공동집배송센터변경지정신청서에 변경사실을 증명하는 서류 및 공동집배송센터지정서를 첨부하여 산업통상자원부장관에게 제출하여야 한다.
지정 사실의 고시	산업통상자원부장관은 공동집배송센터를 지정하였을 때에는 산업통상자원부령(규칙 제22조)으로 정하는 바에 따라 고시하여야 한다.
공동집배송센터의 설치	공동집배송센터사업자는 산업통상자원부령(규칙 제23조)으로 정하는 시설기준(별표 6) 및 운영기준(별표 7)에 따라 공동집배송센터를 설치하고 운영하여야 한다.

공동집배송센터의 시설기준(규칙 제23조 제1항 [별표6])

주요시설 (제1호)	주요시설은 다음에 해당하는 집배송시설을 갖추어야 하며, 그 연면적이 공동집배송센터 전체 연면적의 100분의 50 이상이 되도록 하여야 한다. • 보관·하역시설 : 창고·하역장 또는 이와 유사한 것, 화물적치용 건조물 또는 이와 유사한 것, 보관·하역 관련 물류자동화설비 • 분류·포장 및 가공시설 : 공장(제조에 사용되는 시설을 제외) 또는 이와 유사한 것, 분류·포장 관련 물류자동화설비 • 수송·배송시설 : 상품의 입하·출하시설 또는 이와 유사한 시설, 수송·배송 관련 물류자동화설비

구분	내용
주요시설 (제1호)	• 정보 및 주문처리시설 : 전자주문시스템(EOS), 전자문서교환(EDI), 판매시점관리시스템(POS) 등 집배송시설 이용 상품의 흐름 및 거래업체 간 상품의 주문, 수주·발주 활동을 자동적으로 파악·처리할 수 있는 정보화 시설
부대시설 (제2호)	부대시설은 집배송시설의 기능을 원활히 하기 위한 다음에 해당하는 시설이 우선적으로 설치·운영되도록 노력하여야 한다. • 소매점 및 휴게음식점, 전시장, 도매시장, 소매시장, 상점, 일반업무시설, 그 밖의 후생복리시설 • 일반음식점, 휴게음식점, 금융업소, 사무소, 부동산중개업소, 결혼상담소 등 소개업소, 출판사, 제조업소, 수리점, 세탁소 또는 이와 유사한 것

공동집배송센터의 신탁개발
• 공동집배송센터사업자는 「자본시장과 금융투자업에 관한 법률」에 따른 신탁업자와 신탁계약을 체결하여 공동집배송센터를 신탁개발할 수 있다.
• 신탁계약을 체결한 신탁업자는 공동집배송센터사업자의 지위를 승계한다. 이 경우 공동집배송센터사업자는 계약체결일부터 14일 이내에 신탁계약서 사본을 산업통상자원부장관에게 제출하여야 한다.

2 시정명령 및 지정취소

구분	내용
시정명령	산업통상자원부장관은 공동집배송센터의 지정요건 및 시설·운영 기준에 미달하는 경우에는 산업통상자원부령으로 정하는 바에 따라 공동집배송센터사업자에 대하여 시정명령을 할 수 있다.

지정취소	산업통상자원부장관은 다음의 어느 하나에 해당하는 경우에는 공동집배송센터 지정을 취소할 수 있다. 다만, 제1호에 해당하는 경우에는 그 지정을 취소하여야 한다.
	1. 거짓이나 그 밖의 부정한 방법으로 공동집배송센터의 지정을 받은 경우
	2. 공동집배송센터의 지정을 받은 날부터 정당한 사유 없이 3년 이내에 시공을 하지 아니하는 경우
	3. 산업통상자원부장관의 시정명령을 이행하지 아니하는 경우
	4. 공동집배송센터사업자의 파산 등 대통령령(영 제15조)으로 정하는 다음의 사유로 정상적인 사업추진이 곤란하다고 인정되는 경우
	  • 공동집배송센터사업자가 파산한 경우
	  • 공동집배송센터사업자인 법인, 조합 등이 해산된 경우
	  • 공동집배송센터의 시공 후 공사가 6월 이상 중단된 경우
	  • 공동집배송센터의 지정을 받은 날부터 5년 이내에 준공되지 아니한 경우

공동집배송센터 개발촉진지구의 지정 등
시·도지사는 집배송시설의 집단적 설치를 촉진하고 집배송시설의 효율적 배치를 위하여 공동집배송센터 개발촉진지구(이하 "촉진지구"라 함)의 지정을 산업통상자원부장관에게 요청할 수 있다.

촉진지구의
지정요건
	1. 부지의 면적이 10만제곱미터 이상일 것
	2. 집배송시설 또는 공동집배송센터가 2 이상 설치되어 있을 것
	3. 다음의 어느 하나에 해당하는 지역일 것
	  가. 「외국인투자 촉진법」에 따른 외국인투자지역
	  나. 「자유무역지역의 지정 및 운영에 관한 법률」에 따른 자유무역지역
	  다. 「경제자유구역의 지정 및 운영에 관한 특별법」에 따른 경제자유구역
	  라. 「물류시설의 개발 및 운영에 관한 법률」에 따른 물류단지
	  마. 「산업입지 및 개발에 관한 법률」에 따른 국가산업단지, 일반산업단지 및 도시첨단산업단지
	  바. 「항공법」에 따른 공항 및 배후지
	  사. 「항만법」에 따른 항만 및 배후지

[출제유형] 2022년 제26회

유통산업발전법상 공동집배송센터에 관한 설명으로 옳은 것은?

① 시·도지사는 물류공동화를 촉진하기 위하여 필요한 경우에는 시장·군수·구청장의 추천을 받아 산업통상자원부령으로 정하는 요건에 해당하는 지역 및 시설물을 공동집배송센터로 지정할 수 있다.
② 공동집배송센터사업자는 지정받은 사항 중 산업통상자원부령으로 정하는 중요사항을 변경하려면 시·도지사의 변경지정을 받아야 한다.
③ 공동집배송센터의 지정을 받은 날부터 정당한 사유 없이 2년 이내에 시공을 하지 아니하는 경우에는 공동집배송센터의 지정이 취소될 수 있다.
④ 거짓으로 공동집배송센터의 지정을 받은 경우는 공동집배송센터의 지정을 취소할 수 있는 사유에 해당한다.
❺ 시·도지사는 집배송시설의 집단적 설치를 촉진하고 집배송시설의 효율적 배치를 위하여 공동집배송센터 개발촉진지구의 지정을 산업통상자원부장관에게 요청할 수 있다.

[출제유형] 2021년 제25회

유통산업발전법령상 공동집배송센터에 관한 설명으로 옳은 것은?

① 상업지역 내에서 부지면적이 1만제곱미터이고, 집배송시설면적이 5천제곱미터인 지역 및 시설물은 공동집배송센터로 지정할 수 있다.
❷ 공동집배송센터의 지정을 받은 날부터 정당한 사유 없이 3년 이내에 시공을 하지 아니하는 경우 산업통상자원부장관은 그 지정을 취소할 수 있다.
③ 공동집배송센터를 신탁개발하는 경우 신탁계약을 체결한 신탁업자는 공동집배송센터사업자의 지위를 승계하지 않는다.
④ 관계 중앙행정기관의 장은 집배송시설의 효율적 배치를 위하여 공동집배송센터 개발촉진지구의 지정을 산업통상자원부장관에게 요청할 수 있다.
⑤ 공동집배송센터 개발촉진지구의 집배송시설에 대하여는 시·도지사가 공동집배송센터로 지정할 수 있다.

[출제유형] 2024년 제28회

유통산업발전법령상 공동집배송센터의 지정취소사유에 해당하는 것을 모두 고른 것은?

ㄱ. 공동집배송센터의 지정을 받은 날부터 정당한 사유 없이 3년 이내에 시공을 하지 아니하는 경우
ㄴ. 공동집배송센터사업자가 파산한 경우
ㄷ. 공동집배송센터의 시공 후 공사가 6월 이상 중단된 경우
ㄹ. 공동집배송센터의 지정을 받은 날부터 5년 이내에 준공되지 아니한 경우

① ㄱ, ㄴ
② ㄷ, ㄹ
③ ㄱ, ㄴ, ㄷ
④ ㄴ, ㄷ, ㄹ
❺ ㄱ, ㄴ, ㄷ, ㄹ

고시사항	산업통상자원부장관은 시·도지사로부터 지정요청을 받은 지역이 규정에 의한 지정요건에 적합하다고 인정하여 촉진지구로 지정한 경우에는 다음의 사항을 고시하여야 한다. 1. 촉진지구의 명칭·위치 및 면적 2. 촉진지구의 개발주체 및 개발방식 3. 센터의 배치계획 및 주요시설의 설치계획 등

촉진지구에 대한 지원 등

- 촉진지구에 대한 지원 : 산업통상자원부장관 또는 시·도지사는 촉진지구의 개발을 활성화하기 위하여 촉진지구에 설치되거나 촉진지구로 이전하는 집배송시설에 대하여 자금이나 그 밖에 필요한 사항을 지원할 수 있다.
- 공동집배송센터의 직권 지정 : 산업통상자원부장관은 촉진지구의 집배송시설에 대하여는 시·도지사의 추천이 없더라도 공동집배송센터로 지정할 수 있다.

핵심테마 29 상거래질서의 확립

PART 5 물류관련법규 / Chapter 04 유통산업발전법

1 유통분쟁조정위원회의 설치 및 구성

구 분	내 용
위원회의 설치	유통에 관한 다음의 분쟁을 조정하기 위하여 특별시·광역시·특별자치시·도·특별자치도(이하 "시·도"라 함) 및 시(행정시를 포함)·군·구에 각각 유통분쟁조정위원회를 둘 수 있다. • 등록된 대규모점포등과 인근 지역의 도매업자·소매업자 사이의 영업활동에 관한 분쟁. 다만, 「독점규제 및 공정거래에 관한 법률」을 적용받는 사항은 제외한다. • 등록된 대규모점포등과 중소제조업체 사이의 영업활동에 관한 사항. 다만, 「독점규제 및 공정거래에 관한 법률」을 적용받는 사항은 제외한다. • 등록된 대규모점포등과 인근 지역의 주민 사이의 생활환경에 관한 분쟁 • 대규모점포등개설자의 업무 수행과 관련한 분쟁

위원회의 구성	위원회는 위원장 1명을 포함하여 11명 이상 15명 이하의 위원으로 구성한다.
	• 위원장 : 위원회의 위원장은 위원 중에서 호선(互選)한다.
	• 위원 : 위원회의 위원은 다음 각 호의 사람이 된다.
	  1. 다음 어느 하나에 해당하는 사람으로서 해당 지방자치단체의 장이 위촉하는 사람
	    가. 판사·검사 또는 변호사의 자격이 있는 사람
	    나. 대한상공회의소의 임원 또는 직원
	    다. 소비자단체의 대표
	    라. 유통산업 분야에 관한 학식과 경험이 풍부한 사람
	    마. 해당 지방자치단체에 거주하는 소비자
	  2. 해당 지방자치단체의 도매업·소매업에 관한 업무를 담당하는 공무원으로서 그 지방자치단체의 장이 지명하는 사람
	• 위원의 임기 : 공무원이 아닌 위원의 임기는 2년으로 한다.

2 유통분쟁조정위원회의 분쟁조정절차

구 분	내 용

분쟁조정의 신청	대규모점포등과 관련된 분쟁의 조정을 원하는 자는 특별자치시·시·군·구의 위원회에 분쟁의 조정을 신청할 수 있다.
	• 분쟁조정 신청서의 제출 : 대규모점포등과 관련된 분쟁의 조정을 신청하려는 자는 다음의 사항을 기재한 신청서를 특별자치시·시·군·구의 유통분쟁조정위원회에 제출하여야 한다.
	  1. 신청인의 성명(법인인 경우에는 그 명칭과 대표자의 성명)·주소 및 연락처
	  2. 상대방의 성명(법인인 경우에는 그 명칭과 대표자의 성명)·주소 및 연락처
	  3. 분쟁의 발단 및 경위
	  4. 상대방의 영업활동으로 인한 피해 또는 생활환경에 대한 피해
	  5. 조정을 요청하는 사항
	  6. 그 밖에 조정이 필요한 사항

[출제유형] 2024년 제28회

유통산업발전법령상 대규모점포등과 관련한 유통분쟁조정위원회(이하 '위원회'라 함)의 분쟁 조정에 관한 설명으로 옳지 않은 것은?

① 대규모점포등과 관련한 분쟁의 조정 신청을 받은 특별자치시·시·군·구의 위원회는 부득이한 사정이 없으면 신청을 받은 날부터 60일 이내에 이를 심사하여 조정안을 작성하여야 한다.

② 시(특별자치시는 제외)·군·구의 위원회의 조정안에 불복하는 자는 조정안을 제시받은 날부터 15일 이내에 시·도의 위원회에 조정을 신청할 수 있다.

③ 위원회는 동일한 시기에 동일한 사안에 대하여 다수의 분쟁조정이 신청된 경우에는 그 다수의 분쟁조정신청을 통합하여 조정할 수 있다.

❹ 위원회는 유통분쟁조정신청을 받은 경우 신청일부터 10일 이내에 신청인 외의 관련 당사자에게 분쟁의 조정신청에 관한 사실과 그 내용을 통보하여야 한다.

⑤ 위원회는 분쟁의 성질상 위원회에서 조정함이 적합하지 아니하다고 인정하거나 부정한 목적으로 신청되었다고 인정하는 경우에는 조정을 거부할 수 있다.

[출제유형] 2020년 제24회

유통산업발전법령상 유통분쟁조정위원회(이하 "위원회"라 함)에 관한 설명으로 옳지 않은 것은?

① 위원회는 위원장 1명을 포함하여 11명 이상 15명 이하의 위원으로 구성한다.
❷ 유통분쟁조정신청을 받은 위원회는 신청일부터 7일 이내에 신청인 외의 관련 당사자에게 분쟁의 조정신청에 관한 사실과 그 내용을 통보하여야 한다.
③ 분쟁의 조정신청을 받은 위원회는 원칙적으로 조정신청을 받은 날부터 60일 이내에 이를 심사하여 조정안을 작성하여야 한다.
④ 당사자가 조정안을 수락하고 조정서에 기명날인하거나 서명하였을 때에는 당사자 간에 조정서와 동일한 내용의 합의가 성립된 것으로 본다.
⑤ 위원회는 동일한 시기에 동일한 사안에 대하여 다수의 분쟁조정이 신청된 경우에는 그 다수의 분쟁조정신청을 통합하여 조정할 수 있다.

유통분쟁조정비용의 분담

유통분쟁의 조정을 위한 연구용역이 필요한 경우로서 당사자가 그 용역의 뢰에 합의한 경우 그에 필요한 비용은 당사자가 같은 비율로 부담한다. 다만, 당사자 간 비용분담에 대하여 다른 약정이 있는 경우에는 그 약정에 따른다.

구분	내용
분쟁조정의 신청	• 사실의 통보 : 유통분쟁조정위원회는 유통분쟁조정신청을 받은 경우 신청일부터 3일 이내에 신청인 외의 관련 당사자에게 분쟁의 조정신청에 관한 사실과 그 내용을 통보하여야 한다. • 다수 분쟁조정신청의 통합조정 : 유통분쟁조정위원회는 동일한 시기에 동일한 사안에 대하여 다수의 분쟁조정이 신청된 경우에는 그 다수의 분쟁조정신청을 통합하여 조정할 수 있다.
조정의 심사와 조정안 작성 등	분쟁의 조정신청을 받은 위원회는 신청을 받은 날부터 60일 이내에 이를 심사하여 조정안을 작성하여야 한다. 다만, 부득이한 사정이 있는 경우에는 위원회의 의결로 그 기간을 연장할 수 있다.
조정안 불복 시 재조정의 신청	시(특별자치시는 제외함)·군·구의 위원회의 조정안에 불복하는 자는 조정안을 제시받은 날부터 15일 이내에 시·도의 위원회에 조정을 신청할 수 있다.
재조정의 심사와 조정안 작성 등	재조정신청을 받은 시·도의 위원회는 그 신청 내용을 시·군·구의 위원회 및 신청인 외의 당사자에게 통지하고, 재조정신청을 받은 날부터 30일 이내에 이를 심사하여 조정안을 작성하여야 한다. 다만, 부득이한 사정이 있는 경우에는 위원회의 의결로 그 기간을 연장할 수 있다.
심사기한 연장 시 당사자 통보	위원회는 위 정한 기간을 연장하는 경우에는 기간을 연장하게 된 사유 등을 당사자에게 통보하여야 한다.

3 분쟁조정의 효력, 거부 및 중지

구 분		내 용
분쟁조정의 효력	조정안 제시	위원회는 조정안을 작성하였을 때에는 지체 없이 조정안을 각 당사자에게 제시하여야 한다.
	수락 여부 통보	조정안을 제시받은 당사자는 그 제시를 받은 날부터 15일 이내에 그 수락 여부를 위원회에 통보하여야 한다.
	조정서의 작성	당사자가 조정안을 수락하였을 때에는 위원회는 즉시 조정서를 작성하여야 하며, 위원장 및 각 당사자는 조정서에 기명날인하거나 서명하여야 한다.
	합의의 성립	당사자가 조정안을 수락하고 조정서에 기명날인하거나 서명하였을 때에는 당사자 간에 조정서와 동일한 내용의 합의가 성립된 것으로 본다.
분쟁조정의 거부 및 중지	조정의 거부	위원회는 분쟁의 성질상 위원회에서 조정함이 적합하지 아니하다고 인정하거나 부정한 목적으로 신청되었다고 인정하는 경우에는 조정을 거부할 수 있다. 이 경우 조정거부의 사유 등을 당사자에게 통보하여야 한다.
	조정의 정지	위원회는 신청된 조정사건에 대한 처리절차의 진행 중에 한쪽 당사자가 소(訴)를 제기한 때에는 그 조정의 처리를 중지하고 그 사실을 당사자에게 통보하여야 한다.

비영리법인에 대한 권고

① 지방자치단체의 장은 「민법」이나 그 밖의 법률에 따라 설립된 비영리법인이 판매사업을 할 때 그 법인의 목적사업의 범위를 벗어남으로써 인근 지역의 도매업자 또는 소매업자의 이익을 현저히 해치고 있다고 인정하는 경우에는 해당 법인에 대하여 목적사업의 범위를 벗어난 판매사업을 중단하도록 권고할 수 있다.
② 지방자치단체의 장은 제1항에 해당하는 비영리법인에 대하여 판매사업에 관한 현황 등의 자료를 제공하여 줄 것을 요청할 수 있다.

30 보칙 및 벌칙

1 보칙

구 분	내 용
청 문	산업통상자원부장관, 중소벤처기업부장관 또는 특별자치시장·시장·군수·구청장은 다음의 어느 하나에 해당하는 처분을 하려면 청문을 하여야 한다. • 대규모점포등 개설등록의 취소 • 지정유통연수기관의 취소 • 유통관리사 자격의 취소 • 공동집배송센터 지정의 취소
통 보	• 시·도지사 또는 시장·군수·구청장은 산업통상자원부령으로 정하는 바에 따라 다음의 사항을 산업통상자원부장관에게 통보하여야 한다. 1. 지역별 시행계획 및 추진 실적 2. 대규모점포등 개설등록·취소 및 대규모점포등개설자의 업무를 수행하는 자의 신고현황 3. 분쟁의 조정 실적 4. 비영리법인에 대한 권고 실적 • 산업통상자원부장관, 중소벤처기업부장관 또는 지방자치단체의 장은 이 법에 따른 자금 등의 지원을 위하여 특히 필요하다고 인정하는 경우에는 다음에 해당하는 자에 대하여 사업실적 등 산업통상자원부령으로 정하는 사항을 보고하게 할 수 있다. 1. 중소유통공동도매물류센터운영자 또는 공동집배송센터사업시행자 2. 유통사업자단체 3. 유통연수기관
대규모점포등의 관리현황 점검·감독 등	• 산업통상자원부장관 또는 특별자치시장·시장·군수·구청장은 대규모점포등관리자의 업무집행 및 비용의 징수·관리 등에 관하여 확인이 필요하다고 인정될 때에는 대규모점포등관리자에 대하여 그 업무에 관한 사항을 보고하게 하거나 자료를 제출하게 할 수 있으며, 관계 공무원에게 사업장 등을 출입하여 관계 서류 등을 검사하게 할 수 있다. • 검사를 하려는 공무원은 검사 3일 전까지 그 일시·목적 및 내용을 검사대상자에게 통지하여야 한다. 다만, 긴급히 검사하여야 하거나 사전에 알리면 증거인멸 등으로 검사목적을 달성할 수 없다고 인정하는 경우에는 그러하지 아니하다. • 출입·검사를 하는 공무원은 그 권한을 표시하는 증표를 지니고 이를 관계인에게 보여 주어야 한다. • 산업통상자원부장관은 특별자치시장·시장·군수·구청장으로 하여금 대규모점포등관리자의 현황, 업무의 집행 및 비용의 징수·관리 등에 관한 사항을 보고하게 할 수 있다.
권한 또는 업무의 위임·위탁	• 이 법에 따른 산업통상자원부장관의 권한은 대통령령으로 정하는 바에 따라 그 일부를 국가기술표준원장에게 위임할 수 있다. • 이 법에 따른 산업통상자원부장관 또는 중소벤처기업부장관의 권한은 대통령령으로 정하는 바에 따라 그 일부를 시·도지사에게 위임할 수 있다. • 이 법에 따른 산업통상자원부장관의 권한은 대통령령으로 정하는 바에 따라 그 일부를 중소벤처기업부장관에게 위탁할 수 있다. • 산업통상자원부장관은 유통관리사 자격시험의 실시에 관한 업무를 대통령령으로 정하는 바에 따라 대한상공회의소에 위탁할 수 있다. • 산업통상자원부장관은 유통산업의 실태조사에 관한 업무를 「통계법」 제15조에 따른 통계작성지정기관에 위탁할 수 있다.

[출제유형] 2013년 제17회

유통산업발전법령상 청문을 필요로 하는 처분에 해당하지 않는 것은?

① 대규모점포 개설등록의 취소
❷ 전통상업보존구역 지정의 취소
③ 지정유통연수기관의 취소
④ 유통관리사 자격의 취소
⑤ 공동집배송센터 지정의 취소

[출제유형] 2011년 제15회

유통산업발전법령상 시·도지사 또는 시장·군수·구청장이 산업통상자원부장관에게 통보하여야 하는 사항이 아닌 것은?

① 지역별 유통산업발전시행계획 및 추진 실적
② 대규모점포등 개설등록·취소
③ 대규모점포등개설자의 업무를 수행하는 자의 신고현황
④ 유통분쟁의 조정 실적
❺ 영리법인에 대한 권고 실적

[출제유형] 2012년 제16회

유통산업발전법령상 과태료 부과의 대상에 해당하는 자는?

① 변작된 유통표준전자문서를 사용하려다 미수에 그친 자
② 개설등록을 하지 아니하고 대규모점포를 개설한 자
❸ 대규모점포에 대한 의무휴업 명령을 위반한 자
④ 유통표준전자문서를 의무기간 동안 보관하지 아니한 자
⑤ 법령에 위반하여 컴퓨터등 정보처리조직의 파일에 기록된 유통정보를 공개한 자

[출제유형] 2022년 제26회

유통산업발전법상 형벌 부과 대상에 해당하지 않는 것은?

① 유통표준전자문서를 위작하는 죄의 미수범
② 대규모점포를 개설하려는 자로서 부정한 방법으로 대규모점포의 개설등록을 한 자
❸ 대규모점포등관리자로서 부정한 방법으로 회계감사를 받은 자
④ 유통정보화서비스를 제공하는 자로서 「유통산업발전법 시행령」으로 정하는 유통표준전자문서 보관기간을 준수하지 아니한 자
⑤ 대규모점포등관리자로서 신고를 하지 아니하고 대규모점포등개설자의 업무를 수행한 자

2 벌 칙

구 분	내 용	
벌칙규정	유통표준전자문서를 위작 또는 변작하거나 위작 또는 변작된 전자문서를 사용하거나 유통시킨 자(미수범은 처벌).	10년 이하의 징역 또는 1억원 이하의 벌금
	① 개설등록을 하지 아니하고 대규모점포등을 개설하거나 거짓이나 그 밖의 부정한 방법으로 대규모점포등의 개설등록을 한 자 ② 대규모점포등관리자 신고를 하지 아니하고 대규모점포등개설자의 업무를 수행하거나 거짓이나 그 밖의 부정한 방법으로 대규모점포등개설자의 업무수행신고를 한 자	1년 이하의 징역 또는 3천만원 이하의 벌금
	유통표준전자문서를 의무기간으로 정한 3년 동안 보관하지 아니한 자	1년 이하의 징역 또는 1천만원 이하의 벌금
	법령에 위반하여 유통표준전자문서 또는 컴퓨터 등 정보처리조직의 파일에 기록된 유통정보를 공개한 자	1천만원 이하의 벌금
과태료	① 명령을 위반하여 대규모점포등에 대한 영업제한시간에 영업을 한 자 ② 대규모점포등의 의무휴업 명령을 위반한 자	1억원 이하의 과태료
	① 회계감사를 받지 아니하거나 부정한 방법으로 받은 자 ② 회계감사를 방해하는 등에 해당하는 행위를 한 자	1천만원 이하의 과태료
	• 대규모점포등의 변경등록을 하지 아니하거나 거짓이나 그 밖의 부정한 방법으로 변경등록을 한 자 • 법으로 정한 대규모점포등개설자 업무를 수행하지 아니한 자 • 대규모점포등의 관리비 등의 내역을 공개하지 아니하거나 거짓으로 공개한 자 • 법령을 위반하여 입찰방식이 아닌 다른 방식으로 계약을 체결한 자 • 계약서를 공개하지 아니하거나 거짓으로 공개한 자 • 장부 및 증빙서류를 작성 또는 보관(5년)하지 아니하거나 거짓으로 작성한 자 • 매장면적의 2분의 1 이상의 점포를 직영하는 대규모점포등관리자가 고유재산과 분리하지 않고 회계처리를 한 자 • 장부나 증빙서류 등의 정보에 대한 열람, 복사의 요구에 응하지 아니하거나 거짓으로 응한 자 • 회계감사의 결과를 공개하지 아니하거나 거짓으로 공개한 자 • 관리규정에 대한 열람이나 복사의 요구에 응하지 아니하거나 거짓으로 응한 자 • 법령을 위반하여 임시시장을 개설한 자 • 법령을 위반하여 공동집배송센터의 지정받은 사항 중 중요사항에 대한 변경지정을 받지 아니한 자 • 산업통상자원부장관의 시정명령을 이행하지 아니한 공동집배송센터사업자 • 사업실적 등 산업통상자원부령으로 정하는 사항에 대한 보고를 거짓으로 한 자	500만원 이하의 과태료

※ 위의 규정에 따른 과태료는 대통령령으로 정하는 바에 따라 산업통상자원부장관, 중소벤처기업부장관 또는 지방자치단체의 장이 부과·징수한다.

> **양벌규정**
> 법인의 대표자나 법인 또는 개인의 대리인, 사용인, 그 밖의 종업원이 그 법인 또는 개인의 업무에 관하여 벌칙규정에 따른 위반행위를 하면 그 행위자를 벌하는 외에 그 법인 또는 개인에게도 해당 조문의 벌금형을 과(科)한다. 다만, 법인 또는 개인이 그 위반행위를 방지하기 위하여 해당 업무에 관하여 상당한 주의와 감독을 게을리하지 아니한 경우에는 그러하지 아니하다.

핵심테마 31 총칙

PART 5 물류관련법규 / Chapter 05 항만운송사업법

1 용어의 정의

구 분	내 용
항만운송	타인의 수요에 응하여 하는 행위로서 다음 ㉠~㉴ 중의 어느 하나에 해당하는 것을 말한다. ㉠ 선박을 이용하여 운송된 화물을 화물주(貨物主) 또는 선박운항업자의 위탁을 받아 항만에서 선박으로부터 인수하거나 화물주에게 인도하는 행위 ㉡ 선박을 이용하여 운송될 화물을 화물주 또는 선박운항업자의 위탁을 받아 항만에서 화물주로부터 인수하거나 선박에 인도하는 행위 ㉢ ㉠ 또는 ㉡의 행위에 선행하거나 후속하여 ㉣부터 ㉚까지의 행위를 하나로 연결하여 하는 행위 ㉣ 항만에서 화물을 선박에 싣거나 선박으로부터 내리는 일 ㉤ 항만에서 선박 또는 부선(艀船)을 이용하여 화물을 운송하는 행위, 해양수산부령으로 정하는 항만과 항만 외의 장소와의 사이(이하 "지정구간"이라 함)에서 부선 또는 범선을 이용하여 화물을 운송하는 행위와 항만 또는 지정구간에서 부선 또는 뗏목을 예인선(曳引船)으로 끌고 항해하는 행위. 다만, 다음의 어느 하나에 해당하는 운송은 제외한다. 　가. 「해운법」에 따른 해상화물운송사업자가 하는 운송 　나. 「해운법」에 따른 해상여객운송사업자가 여객선을 이용하여 하는 여객운송에 수반되는 화물 운송 　다. 해양수산부령으로 정하는 운송 ㉥ 항만에서 선박 또는 부선을 이용하여 운송된 화물을 창고 또는 하역장[수면(水面) 목재저장소는 제외함]에 들여놓는 행위 ㉦ 항만에서 선박 또는 부선을 이용하여 운송될 화물을 하역장에서 내가는 행위 ㉧ 항만에서 ㉥ 또는 ㉦에 따른 화물을 하역장에서 싣거나 내리거나 보관하는 행위 ㉨ 항만에서 ㉥ 또는 ㉦에 따른 화물을 부선에 싣거나 부선으로부터 내리는 행위 ㉩ 항만이나 지정구간에서 목재를 뗏목으로 편성하여 운송하는 행위 ㉪ 항만에서 뗏목으로 편성하여 운송된 목재를 수면 목재저장소에 들여놓는 행위나, 선박 또는 부선을 이용하여 운송된 목재를 수면 목재저장소에 들여놓는 행위 ㉫ 항만에서 뗏목으로 편성하여 운송될 목재를 수면 목재저장소로부터 내가는 행위나, 선박 또는 부선을 이용하여 운송될 목재를 수면 목재저장소로부터 내가는 행위 ㉬ 항만에서 ㉪ 또는 ㉫에 따른 목재를 수면(水面) 목재저장소에서 싣거나 내리거나 보관하는 행위 ㉭ 선적화물(船積貨物)을 싣거나 내릴 때 그 화물의 개수를 계산하거나 그 화물의 인도·인수를 증명하는 일[이하 "검수(檢數)"라 함] ㉮ 선적화물 및 선박(부선을 포함)에 관련된 증명·조사·감정을 하는 일[이하 "감정(鑑定)"이라 함] ㉯ 선적화물을 싣거나 내릴 때 그 화물의 용적 또는 중량을 계산하거나 증명하는 일[이하 "검량(檢量)"이라 함]
항 만	다음의 어느 하나에 해당하는 것을 말한다. • 「항만법」에 따른 항만 중 해양수산부령으로 지정하는 항만(항만시설을 포함) • 「항만법」에 따른 항만 외의 항만으로서 해양수산부령으로 수역(水域)을 정하여 지정하는 항만(항만시설을 포함) • 「항만법」에 따라 해양수산부장관이 지정·고시한 항만시설

[출제유형] 2022년 제26회
항만운송사업법상 항만운송에 해당하지 않는 것은?
❶ 타인의 수요에 응하여 하는 행위로서 「해운법」에 따른 해상화물운송사업자가 하는 운송
② 타인의 수요에 응하여 하는 행위로서 항만에서 뗏목으로 편성하여 운송된 목재를 수면 목재저장소에 들여놓는 행위
③ 타인의 수요에 응하여 하는 행위로서 항만에서 화물을 선박에 싣거나 선박으로부터 내리는 일
④ 타인의 수요에 응하여 하는 행위로서 항만에서 선박 또는 부선을 이용하여 운송될 화물을 하역장에서 내가는 행위
⑤ 타인의 수요에 응하여 하는 행위로서 항만이나 지정구간에서 목재를 뗏목으로 편성하여 운송하는 행위

[출제유형] 2020년 제24회
항만운송사업법령상 타인의 수요에 응하여 하는 행위로서 항만운송에 해당하는 것은?
① 선박에서 발생하는 분뇨 및 폐기물의 운송
② 탱커선에 의한 운송
③ 선박에서 사용하는 물품을 공급하기 위한 운송
❹ 선적화물을 싣거나 내릴 때 그 화물의 용적 또는 중량을 계산하거나 증명하는 일
⑤ 「해운법」에 따른 해상여객운송사업자가 여객선을 이용하여 하는 여객운송에 수반되는 화물운송

[출제유형] 2023년 제27회

항만운송사업법령상 항만용역업의 내용에 해당하지 않는 것은?

① 통선(通船)으로 본선(本船)과 육지 사이에서 사람이나 문서 등을 운송하는 행위를 하는 사업
② 본선을 경비(警備)하는 행위나 본선의 이안(離岸) 및 접안(接岸)을 보조하기 위하여 줄잡이 역무(役務)를 제공하는 행위를 하는 사업
③ 선박의 청소[유창(油艙) 청소는 제외한다], 오물 제거, 소독, 폐기물의 수집·운반, 화물 고정, 칠 등을 하는 행위를 하는 사업
❹ 선박에 음료, 식품, 소모품, 밧줄, 수리용 예비부분품 및 부속품, 집기, 그 밖에 이와 유사한 선용품을 공급하는 행위를 하는 사업
⑤ 선박에서 사용하는 맑은 물을 공급하는 행위를 하는 사업

[출제유형] 2022년 제26회

항만운송사업법령상 항만운송사업에 관한 설명으로 옳은 것은?

❶ 항만운송사업의 종류는 항만하역사업, 검수사업, 감정사업, 검량사업으로 구분된다.
② 항만운송사업의 등록신청인이 법인인 경우 그 법인의 정관은 등록신청 시 제출하여야 하는 서류에 포함되지 않는다.
③ 검수사등의 자격이 취소된 날부터 3년이 지난 사람은 검수사등의 자격을 취득할 수 없다.
④ 항만운송사업을 하려는 자는 항만별로 관리청에 등록하여야 한다.
⑤ 항만운송사업자가 사업정지명령을 위반하여 그 정지기간에 사업을 계속한 경우는 항만운송사업의 정지사유에 해당한다.

항만운송사업	영리를 목적으로 하는지 여부에 관계없이 항만운송을 하는 사업을 말한다.
	• 항만에서 선박에 물품이나 역무(役務)를 제공하는 항만용역업·선용품공급업·선박연료공급업·선박수리업 및 컨테이너수리업을 말하며, 업종별 사업의 내용은 대통령령(영 제2조)으로 정한다.

항만운송관련사업의 업종별 사업

구 분	정 의
항만용역업	다음의 행위를 하는 사업을 말함 • 통선(通船)으로 본선(本船)과 육지 사이에서 사람이나 문서 등을 운송하는 행위 • 본선을 경비(警備)하는 행위나 본선의 이안(離岸) 및 접안(接岸)을 보조하기 위하여 줄잡이 역무(役務)를 제공하는 행위 • 선박의 청소[유창(油艙) 청소는 제외], 오물 제거, 소독, 폐기물의 수집·운반, 화물 고정, 칠 등을 하는 행위 • 선박에서 사용하는 맑은 물을 공급하는 행위
선용품공급업	선박(건조 중인 선박 및 해양구조물 등을 포함한다)에 음료, 식품, 소모품, 밧줄, 수리용 예비부분품 및 부속품, 집기, 그 밖에 이와 유사한 선용품을 공급하는 사업
선박연료공급업	선박용 연료를 공급하는 사업
선박수리업	선체, 기관 등 선박시설 및 설비를 수리, 교체 또는 도색하는 사업
컨테이너수리업	컨테이너를 수리하는 사업

• 선용품공급업 중 선박은 건조 중인 선박 또는 해상구조물 등을 포함한다.

검수사, 감정사, 검량사	"검수사"란 직업으로서 검수에 종사하는 자를, "감정사"란 직업으로서 감정에 종사하는 자를, "검량사"란 직업으로서 검량에 종사하는 자를 말한다.
부두운영회사	항만하역사업 및 그 부대사업을 수행하기 위하여 「항만법」에 따른 항만시설운영자 또는 「항만공사법」에 따른 항만공사(이하 "항만시설운영자등"이라 함)와 부두운영계약을 체결하고, 「항만법」에 따른 항만시설 및 그 항만시설의 운영에 필요한 장비·부대시설 등을 일괄적으로 임차하여 사용하는 자를 말한다. 다만, 다음의 어느 하나에 해당하는 자는 제외한다. • 「항만공사법」에 따른 항만공사와 임대차계약을 체결하고, 해양수산부장관이 컨테이너 부두로 정하여 고시한 항만시설을 임차하여 사용하는 자 • 그 밖에 특정 화물에 대하여 전용 사용되는 등 해양수산부장관이 부두운영회사가 운영하기에 적합하지 아니하다고 인정하여 고시한 항만시설을 임차하여 사용하는 자
관리청	항만운송사업·항만운송관련사업 및 항만종합서비스업의 등록, 신고 및 관리 등에 관한 행정업무를 수행하는 다음 각 호의 구분에 따른 행정관청을 말한다. • 「항만법」에 따른 국가관리무역항 및 국가관리연안항 : 해양수산부장관 • 「항만법」에 따른 지방관리무역항 및 지방관리연안항 : 특별시장·광역시장·도지사 또는 특별자치도지사(이하 "시·도지사"라 함)

사업의 종류
항만운송사업의 종류는 다음과 같다.
1. 항만하역사업(항만운송 중 ㉠부터 ㉪까지의 행위를 하는 사업)
2. 검수사업(항만운송 중 ⑥의 행위를 하는 사업)
3. 감정사업(항만운송 중 ㉜의 행위를 하는 사업)
4. 검량사업(항만운송 중 ㉝의 행위를 하는 사업)

PART 5 물류관련법규 / Chapter 05 항만운송사업법

핵심테마 32 항만운송(관련)사업

1 항만운송사업의 등록

구 분	내 용
사업 등록의 구분	• 종류별 : 항만운송사업을 하려는 자는 사업 종류별로 관리청에 등록해야 한다. • 항만별 : 항만하역사업과 검수사업은 항만별로 등록한다. • 항만하역사업의 등록구분 : 항만하역사업의 등록은 이용자별·취급화물별 또는 「항만법」의 항만시설별로 등록하는 한정하역사업과 그 외의 일반하역사업으로 구분하여 행한다.
등록의 신청	• 등록신청 방법 : 항만운송사업의 등록을 신청하려는 자는 해양수산부령으로 정하는 바에 따라 사업계획을 첨부한 등록신청서를 관리청에 제출하여야 한다. • 등록요건 검토 및 등록증 발급 : 관리청은 등록신청을 받으면 사업계획과 등록기준을 검토한 후 등록요건을 모두 갖추었다고 인정하는 경우에는 해양수산부령으로 정하는 바에 따라 등록증을 발급하여야 한다.
등록 기준	등록에 필요한 시설·자본금·노동력 등에 관한 기준은 대통령령(영 제4조 별표 1·2)으로 정한다. 다만, 관리청은 한정하역사업에 대하여는 이용자·취급화물 또는 항만시설의 특성을 고려하여 그 등록 기준을 완화할 수 있다.

2 검수사등의 자격 및 결격사유

구 분	내 용
검수사등의 자격 및 등록	• 검수사·감정사 또는 검량사(이하 "검수사등"이라 함)가 되려는 자는 해양수산부장관이 실시하는 자격시험에 합격한 후 해양수산부령(규칙 제10조)으로 정하는 바에 따라 해양수산부장관에게 등록하여야 한다. • 검수사등 자격시험의 시행일을 기준으로 결격사유에 해당하는 사람은 검수사등 자격시험에 응시할 수 없다.
부정행위자에 대한 제재	• 해양수산부장관은 검수사등의 자격시험에서 부정행위를 한 응시자에 대하여 그 시험을 정지 또는 무효로 하고, 그 시험을 정지하거나 무효로 한 날부터 3년간 같은 종류의 자격시험 응시자격을 정지한다. • 해양수산부장관은 부정행위에 따른 처분을 하려는 경우에는 미리 그 처분 내용과 사유를 부정행위를 한 응시자에게 통지하여 소명할 기회를 주어야 한다.
결격사유	다음의 어느 하나에 해당하는 사람은 검수사등의 자격을 취득할 수 없다. • 미성년자 • 피성년후견인 또는 피한정후견인 • 이 법 또는 「관세법」에 따른 죄를 범하여 금고 이상의 형의 선고를 받고 그 집행이 끝나거나(집행이 끝난 것으로 보는 경우를 포함) 집행이 면제된 날부터 3년이 지나지 아니한 사람 • 이 법 또는 「관세법」에 따른 죄를 범하여 금고 이상의 형의 집행유예를 선고받고 그 유예기간 중에 있는 사람 • 검수사등의 자격이 취소된 날부터 2년이 지나지 아니한 사람

[출제유형] 2019년 제23회
항만운송사업법상 항만운송사업의 등록에 관한 설명으로 옳지 않은 것은?
① 항만운송사업을 하려는 자는 항만하역사업, 감정사업, 검수사업, 검량사업의 종류별로 등록하여야 한다.
❷ 항만하역사업과 감정사업은 항만별로 등록한다.
③ 항만하역사업의 등록은 이용자별·취급화물별 또는 「항만법」 제2조 제5호의 항만시설별로 등록하는 한정하역사업과 그 외의 일반하역사업으로 구분하여 행한다.
④ 항만운송사업의 등록을 신청하려는 자는 해양수산부령으로 정하는 바에 따라 사업계획을 첨부한 등록신청서를 제출하여야 한다.
⑤ 관리청은 감정사업의 등록신청을 받으면 사업계획과 감정사업의 등록기준을 검토한 후 등록요건을 모두 갖추었다고 인정하는 경우에는 해양수산부령으로 정하는 바에 따라 등록증을 발급하여야 한다.

⊕ PLUS
등록의 말소
해양수산부장관은 검수사등이 업무를 폐지한 경우 또는 사망한 경우에 해당하면 그 등록을 말소하여야 한다.

자격의 취소 등
① 해양수산부장관은 다음의 어느 하나에 해당하는 경우에는 검수사등의 자격을 취소하여야 한다.
  1. 거짓이나 그 밖의 부정한 방법으로 검수사등의 자격을 취득한 경우
  2. 다른 사람에게 자기의 성명을 사용하여 검수사등의 업무를 하게 하거나 검수사등의 자격증을 다른 사람에게 양도 또는 대여한 경우
② 해양수산부장관은 ①에 따라 검수사등의 자격을 취소한 때에는 해양수산부령으로 정하는 바에 따라 이를 공고하여야 한다.

[출제유형] 2019년 제23회

항만운송사업법령상 항만운송사업의 운임 및 요금에 관한 설명으로 옳지 않은 것은?

① 검량사업의 등록을 한 자는 해양수산부령으로 정하는 바에 따라 요금을 정하여 관리청에 미리 신고하여야 한다.
② 항만하역사업의 등록을 한 자는 해양수산부령으로 정하는 항만시설에서 하역하는 화물에 대하여 해양수산부령으로 정하는 바에 따라 그 운임과 요금을 정하여 신고하여야 한다.
③ 항만하역사업의 등록을 한 자는 해양수산부령으로 정하는 항만시설에서 해양수산부령으로 정하는 품목에 해당하는 화물에 대하여 신고한 운임과 요금을 변경할 때에는 변경신고를 하여야 한다.
④ 관리청으로부터 적법하게 권한을 위임받은 시·도지사는 해양수산부령으로 정하는 품목에 해당하는 화물에 대하여 항만하역사업을 등록한 자로부터 운임 및 요금의 설정 신고를 받은 경우 신고를 받은 날부터 30일 이내에 신고수리 여부를 신고인에게 통지하여야 한다.
❺ 관리청이 운임 및 요금의 신고인에게 신고수리 여부 통지기간 내에 신고수리 여부를 통지하지 아니하면 그 기간이 끝난 날에 신고를 수리한 것으로 본다.

3 항만운송사업의 운임 및 요금

구 분	내 용
항만하역 운임 및 요금	• 항만하역운임 및 요금의 인가·변경인가 : 항만하역사업의 등록을 한 자는 해양수산부령으로 정하는 바에 따라 운임과 요금을 정하여 관리청의 인가를 받아야 한다. 이를 변경할 때에도 또한 같다. • 항만하역운임 및 요금의 신고·변경신고 : 위 규정에도 불구하고 해양수산부령(규칙 제15조의2)으로 정하는 항만시설에서 하역하는 화물 또는 해양수산부령으로 정하는 품목에 해당하는 화물에 대하여는 해양수산부령으로 정하는 바에 따라 그 운임과 요금을 정하여 관리청에 신고하여야 한다. 이를 변경할 때에도 또한 같다. ※ 관리청은 위 규정에 따른 신고를 받은 경우 신고를 받은 날부터 30일 이내에 신고수리 여부를 신고인에게 통지하여야 한다.
검수사업등 요금	검수사업·감정사업 또는 검량사업(이하 "검수사업등"이라 함)의 등록을 한 자는 해양수산부령으로 정하는 바에 따라 요금을 정하여 관리청에 미리 신고하여야 한다. 이를 변경할 때에도 또한 같다. ※ 관리청은 위 규정에 따른 신고를 받은 경우 신고를 받은 날부터 14일 이내에 신고수리 여부를 신고인에게 통지하여야 한다.
신고수리 기한의 연장 등	관리청이 정한 기간 내에 신고수리 여부 또는 민원 처리 관련 법령에 따른 처리기간의 연장을 신고인에게 통지하지 아니하면 그 기간(민원 처리 관련 법령에 따라 처리기간이 연장 또는 재연장된 경우에는 해당 처리기간을 말함)이 끝난 날의 다음 날에 신고를 수리한 것으로 본다.
협의체의 구성 및 운영	관리청은 항만하역 운임 및 요금 인가에 필요한 경우 표준운임 산출 및 표준요금의 산정을 위하여 선박운항업자, 부두운영회사 등 이해관계자들이 참여하는 협의체를 구성·운영할 수 있다.
운임 및 요금에 대한 조치명령	관리청은 신고된 운임 및 요금에 대하여 항만운송사업의 건전한 발전과 공공복리의 증진을 위하여 필요하다고 인정할 때에는 이 운임 및 요금의 변경 또는 조정에 필요한 조치를 명할 수 있다.

항만운송사업자 권리·의무의 승계
① 다음의 어느 하나에 해당하는 자는 항만운송사업의 등록을 한 자(항만운송사업자)의 등록에 따른 권리·의무를 승계한다.
  1. 항만운송사업자가 사망한 경우 그 상속인
  2. 항만운송사업자가 그 사업을 양도한 경우 그 양수인
  3. 법인인 항만운송사업자가 합병한 경우 합병 후 존속하는 법인이나 합병으로 설립되는 법인
② 다음의 어느 하나에 해당하는 절차에 따라 항만운송사업의 시설·장비 전부를 인수한 자는 종전의 항만운송사업자의 권리·의무를 승계한다.
  1. 「민사집행법」에 따른 경매
  2. 「채무자 회생 및 파산에 관한 법률」에 따른 환가(換價)
  3. 「국세징수법」, 「관세법」 또는 「지방세징수법」에 따른 압류재산의 매각
  4. 그 밖에 제1호부터 제3호까지의 규정에 준하는 절차

항만운송사업의 정지 및 등록의 취소

관리청은 항만운송사업자가 다음 각 호의 어느 하나에 해당하면 그 등록을 취소하거나 6개월 이내의 기간을 정하여 그 항만운송사업의 정지를 명할 수 있다. 다만, 제5호 또는 제6호에 해당하는 경우에는 그 등록을 취소하여야 한다.
1. 정당한 사유 없이 운임 및 요금을 인가·신고된 운임 및 요금과 다르게 받은 경우
2. 제6조에 따른 등록 기준에 미달하게 된 경우
3. 항만운송사업자 또는 그 대표자가 「관세법」 제269조부터 제271조까지에 규정된 죄[밀수출입죄, 관세포탈죄, 가격조작죄(미수범 포함)] 중 어느 하나의 죄를 범하여 공소가 제기되거나 통고처분을 받은 경우
4. 사업 수행 실적이 1년 이상 없는 경우
5. 부정한 방법으로 사업을 등록한 경우
6. 사업정지명령을 위반하여 그 정지기간에 사업을 계속한 경우

[출제유형] 2014년 제18회

항만운송사업법령상 항만운송관련사업자의 등록취소 또는 사업정지 사유 중 반드시 등록을 취소하여야 하는 것으로 옳은 것을 모두 고른 것은?

㉠ 등록 또는 신고의 기준에 미달하게 된 경우
㉡ 부정한 방법으로 사업의 등록 또는 신고를 한 경우
㉢ 사업 수행 실적이 1년 이상 없는 경우
㉣ 사업정지명령을 위반하여 그 정지기간에 사업을 계속한 경우

① ㉠, ㉡　② ㉠, ㉢
③ ㉡, ㉢　**④ ㉡, ㉣**
⑤ ㉢, ㉣

4 항만운송관련사업의 등록

구 분	내 용
사업의 등록·신고	항만운송관련사업을 하려는 자는 항만별·업종별로 해양수산부령으로 정하는 바에 따라 관리청에 등록하여야 한다. 다만, 선용품공급업을 하려는 자는 해양수산부령으로 정하는 바에 따라 해양수산부장관에게 신고하여야 한다.
등록 및 신고 방법 등	• 항만운송관련사업의 등록을 하려는 자는 해양수산부령으로 정하는 바에 따라 등록신청서에 사용하려는 장비의 목록이 포함된 사업계획서 등을 첨부하여 관리청에 제출하여야 한다. • 항만운송관련사업 중 선박연료공급업을 등록한 자는 사용하려는 장비를 추가하거나 그 밖에 사업계획 중 해양수산부령으로 정하는 사항을 변경하려는 경우 해양수산부령으로 정하는 바에 따라 관리청에 사업계획 변경신고를 하여야 한다.
신고수리의 여부	• 신고수리 여부의 통지 : 관리청은 선용품공급업의 신고를 받은 경우 신고를 받은 날부터 6일 이내에, 선박연료공급업의 변경신고를 받은 경우 신고를 받은 날부터 5일 이내에 신고수리 여부를 신고인에게 통지하여야 한다. • 신고수리 기한의 연장 등 : 관리청이 정한 기간 내에 신고수리 여부 또는 민원 처리 관련 법령에 따른 처리기간의 연장을 신고인에게 통지하지 아니하면 그 기간(민원 처리 관련 법령에 따라 처리기간이 연장 또는 재연장된 경우에는 해당 처리기간을 말함)이 끝난 날의 다음 날에 신고를 수리한 것으로 본다.
영업구역	선박수리업과 선용품공급업의 영업구역은 항만시설로 하고, 「해운법」에 따라 내항 화물운송사업 등록을 한 선박연료공급선(운항구간의 제한을 받지 아니하는 선박에 한정)은 영업구역의 제한을 받지 아니한다.

[출제유형] 2021년 제25회

항만운송사업법상 등록 또는 신고에 관한 설명으로 옳지 않은 것은?

① 항만운송관련사업 중 선용품공급업은 신고대상이다.
② 항만하역사업과 검수사업의 등록은 항만별로 한다.
③ 한정하역사업에 대하여 관리청은 이용자·취급화물 또는 항만시설의 특성을 고려하여 그 등록기준을 완화할 수 있다.
④ 선박연료공급업을 등록한 자가 사용장비를 추가하려는 경우에는 사업계획 변경신고를 하지 않아도 된다.
⑤ 등록한 항만운송사업자가 그 사업을 양도한 경우 양수인은 등록에 따른 권리·의무를 승계한다.

항만운송관련사업자 등록의 취소 등

관리청은 항만운송관련사업자가 다음 각 호의 어느 하나에 해당하면 그 등록을 취소하거나 6개월 이내의 기간을 정하여 그 사업의 전부 또는 일부의 정지를 명할 수 있다. 다만, **제3호 또는 제5호**에 해당하는 경우에는 그 등록을 취소하여야 한다.
1. 이 법 제26조(사업의 정지 및 등록의 취소) 제1항 제3호에 해당하게 된 경우
1의2. 선박연료공급업자가 사업계획 변경신고를 하지 아니하고 장비를 추가하거나 그 밖에 사업계획 중 해양수산부령으로 정하는 사항을 변경한 경우
2. 항만운송관련사업의 등록 또는 신고의 기준에 미달하게 된 경우
3. 부정한 방법으로 사업의 등록 또는 신고를 한 경우
4. 사업 수행 실적이 1년 이상 없는 경우
5. 사업정지명령을 위반하여 그 정지기간에 사업을 계속한 경우

핵심테마 33 보칙

[출제유형]　2019년 제23회

항만운송사업법령상 항만시설운영자 등이 부두운영계약을 해지할 수 있는 사유로 옳지 않은 것은?

① 「항만 재개발 및 주변지역 발전에 관한 법률」에 따른 항만재개발사업의 시행 등 공공의 목적을 위하여 항만시설등을 부두운영회사에 계속 임대하기 어려운 경우
② 항만시설 등이 멸실되어 부두운영계약을 계속 유지할 수 없는 경우
❸ 부두운영회사가 항만시설 등의 임대료를 2개월 이상 연체한 경우
④ 부두운영회사가 항만시설 등의 분할 운영 금지 등 금지행위를 하여 부두운영계약을 계속 유지할 수 없는 경우
⑤ 부두운영회사가 항만시설 등의 효율적인 사용 및 운영 등을 위하여 항만시설운영자 등과 해양수산부장관이 협의한 사항을 정당한 사유 없이 이행하지 아니하여 부두운영계약을 계속 유지할 수 없는 경우

[출제유형]　2024년 제28회

항만운송사업법령상 항만운송종사자 등에 대한 교육훈련기관에 관한 설명으로 옳지 않은 것은?

① 교육훈련기관은 매 사업연도의 세입·세출결산서를 다음 해 3월 31일까지 해양수산부장관에게 제출하여야 한다.
② 교육훈련기관은 법인으로 한다.
③ 교육훈련기관은 다음 해의 사업계획 및 예산안을 매년 11월 30일까지 해양수산부장관에게 제출하여야 한다.
❹ 교육훈련기관의 운영에 필요한 경비는 대통령령으로 정하는 바에 따라 국가가 부담한다.
⑤ 교육훈련기관을 설립하려는 자는 해양수산부장관의 설립인가를 받아야 한다.

1 부두운영계약의 체결 및 해지사유

구 분	내 용
체 결	항만시설운영자등은 항만 운영의 효율성 및 항만운송사업의 생산성 향상을 위하여 필요한 경우에는 해양수산부령으로 정하는 다음의 기준에 적합한 자를 선정하여 부두운영계약을 체결할 수 있다.
해지사유	• 「항만 재개발 및 주변지역 발전에 관한 법률」에 따른 항만재개발사업의 시행 등 공공의 목적을 위하여 항만시설등을 부두운영회사에 계속 임대하기 어려운 경우 • 부두운영회사가 항만시설등의 임대료를 3개월 이상 연체한 경우 • 항만시설등이 멸실되거나 그 밖에 해양수산부령(규칙 제29조의5)으로 정하는 사유로 부두 운영계약을 계속 유지할 수 없는 경우 • 부두운영회사가 부두운영계약 기간 동안 자기의 귀책사유로 부두운영계약의 체결 등에 따른 투자 계획을 이행하지 못한 경우 • 부두운영회사가 항만시설등의 분할 운영 금지 등 금지행위를 한 경우 • 정당한 사유 없이 부두운영회사가 항만시설등의 효율적인 사용 및 운영 등을 위하여 항만시설운영자등과 해양수산부장관이 협의한 사항을 이행하지 아니한 경우

2 항만운송종사자 등에 대한 교육훈련

교육훈련의 대상	항만운송사업 또는 항만운송관련사업에 종사하는 사람 중 해양수산부령으로 정하는 안전사고가 발생할 우려가 높은 작업(항만하역작업, 줄잡이 항만용역업, 화물 고정 항만용역업을 말함)에 종사하는 사람은 해양수산부장관이 실시하는 교육훈련을 받아야 한다. 1. 신규자 교육훈련 : 작업에 채용된 날부터 6개월 이내에 실시하는 교육훈련 2. 재직자 교육훈련 : 교육훈련을 받은 연도의 다음 연도 및 그 후 매 2년마다 실시하는 교육훈련
교육훈련 미수료자에 대한 제재	해양수산부장관은 교육훈련을 받지 아니한 사람에 대하여 항만운송사업 또는 항만운송관련사업 중 해양수산부령으로 정하는 작업에 종사하는 것을 제한하여야 한다.
교육훈련기관의 설립	• 항만운송사업자 또는 항만운송관련사업자에게 고용되거나 역무를 제공하는 자에 대하여 항만운송·항만안전 등에 관한 교육훈련을 하기 위하여 교육훈련기관을 설립할 수 있다. • 교육훈련기관은 법인으로 한다. • 교육훈련기관은 해양수산부장관의 설립인가를 받아 그 주된 사무소의 소재지에서 설립등기를 함으로써 성립한다. • 교육훈련기관의 운영에 필요한 경비는 대통령령으로 정하는 바에 따라 항만운송사업자, 항만운송관련사업자 및 해당 교육훈련을 받는 자가 부담한다. 교육훈련기관의 운영 1. 교육훈련기관은 다음 해의 사업계획 및 예산안을 매년 11월 30일까지 해양수산부장관에게 제출하여야 한다. 2. 교육훈련기관은 매 사업연도의 세입·세출결산서를 다음 해 3월 31일까지 해양수산부장관에게 제출하여야 한다.

3 항만운송 분쟁협의회 등

구 분	내 용
분쟁협의회	• 항만운송사업자 단체, 항만운송근로자 단체 및 그 밖에 대통령령으로 정하는 자는 항만운송과 관련된 분쟁의 해소 등에 필요한 사항을 협의하기 위하여 항만별로 항만운송 분쟁협의회를 구성·운영할 수 있다. • 항만운송사업자 단체와 항만운송근로자 단체는 항만운송과 관련된 분쟁이 발생한 경우 항만운송 분쟁협의회를 통하여 분쟁이 원만하게 해결되고, 분쟁기간 동안 항만운송이 원활하게 이루어질 수 있도록 노력하여야 한다.
분쟁협의회의 운영	• 분쟁협의회의 위원장은 분쟁협의회를 대표하고, 그 업무를 총괄한다. • 분쟁협의회의 회의는 분쟁협의회의 위원장이 필요하다고 인정하거나 재적위원 과반수의 요청이 있는 경우에 소집한다. • 분쟁협의회의 회의는 재적위원 3분의 2 이상의 출석으로 개의하고, 출석위원 3분의 2 이상의 찬성으로 의결한다.
협의사항	• 항만운송과 관련된 노사 간 분쟁의 해소에 관한 사항 • 그 밖에 분쟁협의회의 위원장이 항만운송과 관련된 분쟁의 예방 등에 필요하다고 인정하여 회의에 부치는 사항

4 벌칙 및 과태료

구 분	내 용	
벌 칙	• 사업의 종류별 등록을 하지 아니하고 항만운송사업을 한 자 • 자격증 대여 금지를 위반하여 다른 사람에게 자기의 성명을 사용하여 검수사등의 업무를 하게 하거나 검수사등의 자격증을 양도·대여한 사람, 다른 사람의 검수사등의 자격증을 양수·대여받은 사람 또는 다른 사람의 검수사등의 자격증의 양도·양수 또는 대여를 알선한 사람 • 항만별·업종별 사업 등록 또는 선용품공급업 신고를 하지 아니하고 항만운송관련사업을 한 자	1년 이하의 징역 또는 1천만원 이하의 벌금
	• 사업의 등록 또는 신고한 사항을 위반하여 항만운송사업 또는 항만운송관련사업을 한 자 • 사업의 등록에 따른 변경신고를 하지 아니하고 장비를 추가하거나 그 밖에 사업계획 중 해양수산부령으로 정하는 사항을 변경하여 선박연료공급업을 한 자 • 미등록 항만에서의 일시적 영업행위 신고를 하지 아니하고 일시적 영업행위를 한 자	500만원 이하의 벌금
	• 검수사등의 자격 및 등록을 하지 아니하고 검수·감정 또는 검량 업무에 종사한 자 • 거짓이나 그 밖의 부정한 방법으로 검수사등의 자격시험에 합격한 사람 • 운임 및 요금 규정을 위반하여 인가나 변경인가를 받지 아니한 자 또는 신고나 변경신고를 하지 아니하거나 거짓으로 신고를 한 자 • 사업의 정지 및 등록의 취소에 따른 사업정지처분을 위반한 자	300만원 이하의 벌금
과태료	• 보고 또는 자료제출을 하지 아니하거나 거짓으로 한 자 • 관계 공무원의 출입, 검사 또는 질문을 거부·방해하거나 기피한 자	200만원 이하의 과태료

[출제유형] 2024년 제28회

항만운송사업법령상 항만운송 분쟁협의회에 관한 설명이다. ( )에 들어갈 내용을 바르게 나열한 것은?

• 항만운송사업자 단체, 항만운송근로자 단체 및 그 밖에 대통령령으로 정하는 자는 항만운송과 관련된 분쟁의 해소 등에 필요한 사항을 협의하기 위하여 (ㄱ)로 항만운송 분쟁협의회를 구성·운영할 수 있다.
• 항만운송 분쟁협의회의 회의는 재적위원 (ㄴ)의 출석으로 개의하고, 출석위원 (ㄷ)의 찬성으로 의결한다.

① ㄱ : 업종별 ㄴ : 과반수
  ㄷ : 과반수
② ㄱ : 업종별 ㄴ : 과반수
  ㄷ : 3분의 2 이상
③ ㄱ : 업종별 ㄴ : 3분의 2 이상
  ㄷ : 3분의 2 이상
④ ㄱ : 항만별 ㄴ : 과반수
  ㄷ : 3분의 2 이상
❺ ㄱ : 항만별 ㄴ : 3분의 2 이상
  ㄷ : 3분의 2 이상

[출제유형] 2024년 제28회

항만운송사업법상 과태료 부과 대상은?

❶ 항만운송사업자로서 관리청의 자료 제출 요구에 거짓으로 자료를 제출한 자
② 선박연료공급업을 등록한 자로서 사업계획 변경신고를 하지 아니하고 장비를 추가한 자
③ 해양수산부장관에게 신고하지 아니하고 선용품공급업을 한 자
④ 항만운송사업자로서 대통령령으로 정하는 부득이한 사유로 등록을 하지 아니한 항만에서 미리 신고를 하지 아니하고 일시적 영업행위를 한 자
⑤ 관리청으로부터 사업정지처분을 받았음에도 해당 기간 동안 사업을 영위한 항만운송사업자

핵심테마 34 철도사업의 관리

PART 5 물류관련법규 / Chapter 06 철도사업법

[출제유형] 2023년 제27회

철도사업법령상 철도사업의 면허에 관한 설명으로 옳지 않은 것은?

① 철도사업을 경영하려는 자는 지정·고시된 사업용철도노선을 정하여 국토교통부장관의 면허를 받아야 한다.
② 국토교통부장관은 면허를 하는 경우 철도의 공공성과 안전을 강화하고 이용자 편의를 증진시키기 위하여 필요한 부담을 붙일 수 있다.
❸ 법인이 아닌 자도 철도사업의 면허를 받을 수 있다.
④ 철도사업의 면허를 받기 위한 사업계획서에는 사용할 철도차량의 대수·형식 및 확보계획이 포함되어야 한다.
⑤ 신청자가 해당 사업을 수행할 수 있는 재정적 능력이 있어야 한다는 것은 면허기준에 포함된다.

⊕ PLUS

운송 시작의 의무

철도사업자는 국토교통부장관이 지정하는 날 또는 기간에 운송을 시작하여야 한다. 다만, 천재지변이나 그 밖의 불가피한 사유로 철도사업자가 국토교통부장관이 지정하는 날 또는 기간에 운송을 시작할 수 없는 경우에는 국토교통부장관의 승인을 받아 날짜를 연기하거나 기간을 연장할 수 있다.

1 철도사업의 면허 등

구 분	내 용
면허와 부담(負擔)	철도사업을 경영하려는 자는 지정·고시된 사업용철도노선을 정하여 국토교통부장관의 면허를 받아야 한다. 이 경우 국토교통부장관은 철도의 공공성과 안전을 강화하고 이용자 편의를 증진시키기 위하여 국토교통부령으로 정하는 바에 따라 필요한 부담을 붙일 수 있다.
철도면허 신청절차	면허를 받으려는 자는 국토교통부령(규칙 제3조)으로 정하는 바에 따라 사업계획서를 첨부한 면허신청서를 국토교통부장관에게 제출하여야 한다. **사업계획서에 포함되어야 할 사항** 1. 운행구간의 기점·종점·정차역 2. 여객운송·화물운송 등 철도서비스의 종류 3. 사용할 철도차량의 대수·형식 및 확보계획 4. 운행횟수, 운행시간계획 및 선로용량 사용계획 5. 당해 철도사업을 위해 필요한 자금의 내역과 조달방법(공익서비스비용 및 철도시설 사용료의 수준을 포함) 6. 철도역·철도차량정비시설 등 운영시설 개요 7. 철도운수종사자의 자격사항 및 확보방안 8. 여객·화물의 취급예정수량 및 그 산출의 기초와 예상 사업수지
철도사업법인	철도사업의 면허를 받을 수 있는 자는 법인으로 한다.
면허의 기준	철도사업의 면허기준은 다음과 같다. • 해당 사업의 시작으로 철도교통의 안전에 지장을 줄 염려가 없을 것 • 해당 사업의 운행계획이 그 운행 구간의 철도 수송 수요와 수송력 공급 및 이용자의 편의에 적합할 것 • 신청자가 해당 사업을 수행할 수 있는 재정적 능력이 있을 것 • 해당 사업에 사용할 철도차량의 대수(臺數), 사용연한 및 규격이 국토교통부령으로 정하는 기준에 맞을 것

철도사업 면허의 결격사유

다음의 어느 하나에 해당하는 법인은 철도사업의 면허를 받을 수 없다.
1. 법인의 임원 중 다음의 어느 하나에 해당하는 사람이 있는 법인
   가. 피성년후견인 또는 피한정후견인
   나. 파산선고를 받고 복권되지 아니한 사람
   다. 이 법 또는 대통령령으로 정하는 철도 관계 법령을 위반하여 금고 이상의 실형을 선고받고 그 집행이 끝나거나(끝난 것으로 보는 경우를 포함) 면제된 날부터 2년이 지나지 아니한 사람
   라. 이 법 또는 대통령령으로 정하는 철도 관계 법령을 위반하여 금고 이상의 형의 집행유예를 선고받고 그 유예 기간 중에 있는 사람

   > 다와 라에서 대통령령으로 정하는 철도 관계 법령이란 「철도산업발전 기본법」, 「철도안전법」, 「도시철도법」, 「국가철도공단법」, 「한국철도공사법」을 말한다.

2. 이 법에 따라 철도사업의 면허가 취소된 후 그 취소일부터 2년이 지나지 아니한 법인. 다만, 피성년후견인 또는 피한정후견인, 파산선고를 받고 복권되지 아니한 사람에 해당하여 철도사업의 면허가 취소된 경우는 제외한다.

2 여객 운임·요금의 신고 등

구 분	내 용
운임·요금의 신고·변경신고	철도사업자는 여객에 대한 운임(여객운송에 대한 직접적인 대가를 말하며, 여객운송과 관련된 설비·용역에 대한 대가는 제외함)·요금(이하 "여객 운임·요금"이라 함)을 국토교통부장관에게 신고하여야 한다. 이를 변경하려는 경우에도 같다.
운임·요금의 설정 및 변경 시 고려사항	• 철도사업자는 여객 운임·요금을 정하거나 변경하는 경우에는 원가(原價)와 버스 등 다른 교통수단의 여객 운임·요금과의 형평성 등을 고려하여야 한다. 이 경우 여객에 대한 운임은 사업용철도노선의 분류, 철도차량의 유형 등을 고려하여 국토교통부장관이 지정·고시한 상한을 초과하여서는 아니 된다. • 국토교통부장관은 여객 운임의 상한을 지정하려면 미리 기획재정부장관과 협의하여야 한다.
신고·변경신고된 운임·요금의 사전 게시	철도사업자는 신고 또는 변경신고를 한 여객 운임·요금을 그 시행 1주일 이전에 인터넷 홈페이지, 관계 역·영업소 및 사업소 등 일반인이 잘 볼 수 있는 곳에 게시하여야 한다.

3 여객 운임·요금의 감면

구 분	내 용
운임·요금의 감면	철도사업자는 재해복구를 위한 긴급지원, 여객 유치를 위한 기념행사, 그 밖에 철도사업의 경영상 필요하다고 인정되는 경우에는 일정한 기간과 대상을 정하여 신고한 여객 운임·요금을 감면할 수 있다.
감면 사항의 게시	철도사업자는 여객 운임·요금을 감면하는 경우에는 그 시행 3일 이전에 감면 사항을 인터넷 홈페이지, 관계 역·영업소 및 사업소 등 일반인이 잘 볼 수 있는 곳에 게시하여야 한다. 다만, 긴급한 경우에는 미리 게시하지 아니할 수 있다.

4 부가 운임의 징수

구 분	내 용
무임승차	철도사업자는 열차를 이용하는 여객이 정당한 운임·요금을 지급하지 아니하고 열차를 이용한 경우에는 승차 구간에 해당하는 운임 외에 그의 30배의 범위에서 부가 운임을 징수할 수 있다.
운송장 허위기재	철도사업자는 송하인(送荷人)이 운송장에 적은 화물의 품명·중량·용적 또는 개수에 따라 계산한 운임이 정당한 사유 없이 정상 운임보다 적은 경우에는 송하인에게 그 부족 운임 외에 그 부족 운임의 5배의 범위에서 부가 운임을 징수할 수 있다.
신고기관	철도사업자는 위 두 규정에 따른 부가 운임을 징수하려는 경우에는 사전에 부가 운임의 징수 대상 행위, 열차의 종류 및 운행 구간 등에 따른 부가 운임 산정기준을 정하고 철도사업약관에 포함하여 국토교통부장관에게 신고하여야 한다.
성실납부의무	부가 운임의 징수 대상자는 이를 성실하게 납부하여야 한다.

> **승차권 등 부정판매의 금지**
> 철도사업자 또는 철도사업자로부터 승차권 판매위탁을 받은 자가 아닌 자는 철도사업자가 발행한 승차권 또는 할인권·교환권 등 승차권에 준하는 증서를 상습 또는 영업으로 자신이 구입한 가격을 초과한 금액으로 다른 사람에게 판매하거나 이를 알선하여서는 아니 된다.

[출제유형] 2023년 제27회

철도사업법상 여객 운임에 관한 설명으로 옳지 않은 것은?

① 철도사업자는 재해복구를 위한 긴급지원이 필요하다고 인정되는 경우에는 일정한 기간과 대상을 정하여 여객 운임·요금을 감면할 수 있다.
② 철도사업자는 여객 운임·요금을 감면하는 경우에는 그 시행 3일 이전에 감면사항을 인터넷 홈페이지 등 일반인이 잘 볼 수 있는 곳에 게시하여야 하며, 긴급한 경우에는 미리 게시하지 아니할 수 있다.
❸ 철도사업자는 열차를 이용하는 여객이 정당한 운임·요금을 지급하지 아니하고 열차를 이용한 경우에는 승차 구간에 해당하는 운임 외에 그의 50배의 범위에서 부가 운임을 징수할 수 있다.
④ 철도사업자는 송하인(送荷人)이 운송장에 적은 화물의 품명·중량·용적 또는 개수에 따라 계산한 운임이 정당한 사유 없이 정상 운임보다 적은 경우에는 송하인에게 그 부족 운임 외에 그 부족 운임의 5배의 범위에서 부가 운임을 징수할 수 있다.
⑤ 철도사업자는 부가 운임을 징수하려는 경우에는 사전에 부가 운임의 징수 대상 행위, 열차의 종류 및 운행 구간 등에 따른 부가 운임 산정기준을 정하고 철도사업약관에 포함하여 국토교통부장관에게 신고하여야 한다.

[출제유형] 2022년 제26회

철도사업법령상 철도사업자에 관한 설명으로 옳지 않은 것은?

① 철도사업을 경영하려는 자는 지정·고시된 사업용철도노선을 정하여 국토교통부장관의 면허를 받아야 한다.
② 천재지변으로 철도사업자가 국토교통부장관이 지정하는 날에 운송을 시작할 수 없는 경우에는 국토교통부장관의 승인을 받아 날짜를 연기할 수 있다.
③ 철도사업의 면허를 받을 수 있는 자는 법인으로 한다.
❹ 철도사업자는 여객에 대한 운임을 변경하려는 경우 국토교통부장관의 허가를 받아야 한다.
⑤ 철도사업자는 사업계획 중 여객열차의 운행구간을 변경하려는 경우 국토교통부장관의 인가를 받아야 한다.

[출제유형] 2021년 제25회

철도사업법령상 철도사업약관 및 사업계획에 관한 설명으로 옳은 것은?

① 철도사업자는 철도사업약관을 정하여 국토교통부장관의 허가를 받아야 한다.
② 국토교통부장관은 철도사업약관의 변경신고를 받은 날부터 10일 이내에 신고수리 여부를 신고인에게 통지하여야 한다.
❸ 철도사업자는 여객열차의 운행구간을 변경하려는 경우 국토교통부장관의 인가를 받아야 한다.
④ 철도사업자는 사업용철도노선별로 여객열차의 정차역의 10분의 2를 변경하는 경우 국토교통부장관에게 신고하여야 한다.
⑤ 철도사업자가 사업계획 중 인가사항을 변경하려는 경우에는 사업계획을 변경하려는 날 1개월 전까지 사업계획 변경인가신청서를 제출하여야 한다.

5 철도사업약관

구 분	내 용
약관의 설정·변경 신고	철도사업자는 철도사업약관을 정하여 국토교통부장관에게 신고하여야 한다. 이를 변경하려는 경우에도 같다.
	위 규정에 따라 철도사업자가 철도사업약관을 신고 또는 변경신고를 하고자 하는 때에는 철도사업약관 신고·변경신고서에 다음의 서류를 첨부하여 국토교통부장관에게 제출하여야 한다. 1. 철도사업약관 2. 철도사업약관 신·구대비표 및 변경사유서(변경신고의 경우에 한함)
약관의 기재사항	철도사업약관의 기재 사항 등에 필요한 사항은 국토교통부령(규칙 제7조)으로 다음과 같이 정한다.
	철도사업약관에는 다음의 사항을 기재하여야 한다. 1. 철도사업약관의 적용범위 2. 여객운임·요금의 수수 또는 환급에 관한 사항 3. 부가운임에 관한 사항 4. 운송책임 및 배상에 관한 사항 5. 면책에 관한 사항 6. 여객의 금지행위에 관한 사항 7. 화물의 인도·인수·보관 및 취급에 관한 사항 8. 그 밖에 이용자의 보호 등을 위하여 필요한 사항
약관의 비치·열람	철도사업자는 철도사업약관을 신고하거나 변경신고를 한 때에는 그 철도사업약관을 인터넷 홈페이지, 관계 역·영업소 및 사업소 등의 이용자가 보기 쉬운 장소에 비치하고, 이용자가 이를 열람할 수 있도록 하여야 한다.

6 사업계획의 변경

구 분	내 용
사업계획의 변경 신고 등	철도사업자는 사업계획을 변경하려는 경우에는 국토교통부장관에게 신고하여야 한다(원칙). 다만, 대통령령(영 제5조)으로 정하는 중요 사항을 변경하려는 경우에는 국토교통부장관의 인가를 받아야 한다(예외).
	위 규정 단서에서 대통령령으로 정하는 중요 사항을 변경하려는 경우란 다음의 어느 하나에 해당하는 경우를 말한다. 1. 철도이용수요가 적어 수지균형의 확보가 극히 곤란한 벽지 노선으로서 「철도산업발전기본법」에 따라 공익서비스비용의 보상에 관한 계약이 체결된 노선의 철도운송서비스(철도여객운송서비스 또는 철도화물운송서비스를 말함)의 종류를 변경하거나 다른 종류의 철도운송서비스를 추가하는 경우 2. 운행구간의 변경(여객열차의 경우에 한함) 3. 사업용철도노선별로 여객열차 정차역을 신설·폐지하거나 10분의 2 이상 변경하는 경우 4. 사업용철도노선별로 10분의 1 이상의 운행횟수의 변경(여객열차의 경우에 한함). 다만 공휴일·방학기간 등 수송수요와 열차운행계획상의 수송력과 현저한 차이가 있는 경우로서 3개월 이내의 기간동안 운행횟수를 변경하는 경우를 제외한다.
사업계획 변경의 제한	국토교통부장관은 철도사업자가 다음의 어느 하나에 해당하는 경우에는 사업계획의 변경을 제한할 수 있다. • 국토교통부장관이 지정한 날 또는 기간에 운송을 시작하지 아니한 경우 • 노선 운행중지, 운행제한, 감차(減車) 등을 수반하는 사업계획 변경명령을 받은 후 1년이 지나지 아니한 경우 • 개선명령을 받고 이행하지 아니한 경우 • 철도사고(「철도안전법」에 따른 철도사고를 말함)의 규모 또는 발생 빈도가 대통령령(영 제6조)으로 정하는 기준 이상인 경우
	대통령령으로 정하는 기준 이상인 경우란 사업계획의 변경을 신청한 날이 포함된 연도의 직전 연도의 열차운행거리 100만km 당 철도사고(철도사업자 또는 그 소속종사자의 고의 또는 과실에 의한 철도사고)로 인한 사망자수 또는 철도사고의 발생횟수가 최근(직전연도를 제외) 5년간 평균보다 10분의 2 이상 증가한 경우를 말한다.

7 공동운수협정

구 분	내 용
공동운수협정의 체결 인가 등	• 철도사업자는 다른 철도사업자와 공동경영에 관한 계약이나 그 밖의 운수에 관한 협정(이하 "공동운수협정"이라 함)을 체결하거나 변경하려는 경우에는 국토교통부령으로 정하는 바에 따라 국토교통부장관의 인가를 받아야 한다(원칙). 다만, 국토교통부령(규칙 제9조 제3항)으로 정하는 경미한 사항을 변경하려는 경우에는 국토교통부령으로 정하는 바에 따라 국토교통부장관에게 신고하여야 한다(예외). 위 규정 단서에서 국토교통부령으로 정하는 경미한 사항이란 다음의 어느 하나에 해당되는 사항을 말한다. 1. 철도사업자가 여객 운임·요금의 변경신고를 한 경우 이를 반영하기 위한 사항 2. 철도사업자가 사업계획변경을 신고하거나 사업계획변경의 인가를 받은 때에는 이를 반영하기 위한 사항 3. 공동운수협정에 따른 운행구간별 열차 운행횟수 10분의 1 이내(5분의 1 이내 ×)에서의 변경 4. 그 밖에 법에 의하여 신고 또는 인가·허가 등을 받은 사항을 반영하기 위한 사항 • 철도사업자는 공동운수협정을 체결하거나 인가받은 사항을 변경하고자 하는 때에는 다른 철도사업자와 공동으로 공동운수협정(변경)인가신청서에 공동운수협정 체결(변경)사유서, 공동운수협정서 사본, 신·구 공동운수협정을 대비한 서류 또는 도면(공동운수협정을 변경하는 경우에 한함)을 첨부하여 국토교통부장관에게 제출하여야 한다(규칙 제9조 제1항).
타 기관과의 사전 협의	국토교통부장관은 공동운수협정을 인가하려면 미리 공정거래위원회와 협의하여야 한다.

공동운수협정 인가 시 검토사항(규칙 제9조 제2항)
국토교통부장관은 공동운수협정에 대한 인가신청 또는 변경인가신청을 받은 경우에는 다음의 사항을 검토한 후 인가 또는 변경인가여부를 결정하여야 한다.
• 공동운수협정의 체결 또는 변경으로 인하여 철도서비스의 질적 저하가 발생하는지의 여부
• 공동운수협정의 체결 또는 변경으로 인하여 철도수송수요와 수송력 공급 및 이용자의 편의에 지장을 초래하는 지의 여부
• 공동운수협정의 체결 또는 변경내용에 선로·역시설·물류시설·차량정비기지 및 차량유치시설 등 운송시설의 공동사용에 관한 내용이 있는 경우에는 당해 운송시설의 공동사용으로 인하여 철도사업의 원활한 운영과 여객의 이용편의에 지장을 초래하는 지의 여부
• 공동운수협정의 체결 또는 변경이 수송력공급의 증가를 목적으로 하는 경우에는 주말·연휴 등 일시적으로 유발되는 수송수요에 효율적으로 대응할 수 있는 지의 여부
• 공동운수협정의 체결 또는 변경에 따른 운임·요금이 적정한 지의 여부
• 공동운수협정을 체결 또는 변경하는 철도사업자간 수입·비용의 배분이 적정한 지의 여부
• 공동운수협정의 체결 또는 변경으로 인하여 철도안전에 지장을 초래하는 지의 여부

8 사업의 휴업·폐업 등

구 분	내 용
사업의 휴업·폐업	• 철도사업자가 그 사업의 전부 또는 일부를 휴업 또는 폐업하려는 경우에는 국토교통부령으로 정하는 바에 따라 국토교통부장관의 허가를 받아야 한다(원칙). • 다만, 선로 또는 교량의 파괴, 철도시설의 개량, 그 밖의 정당한 사유로 휴업하는 경우에는 국토교통부령으로 정하는 바에 따라 국토교통부장관에게 신고하여야 한다(예외).
휴업기간의 제한	휴업기간은 6개월을 넘을 수 없다. 다만, 위 규정의 단서에 따른 휴업의 경우에는 예외로 한다.

[출제유형] 2019년 제23회

철도사업법령상 국토교통부장관의 인가를 받아야 하는 경우가 아닌 것은?

❶ 전용철도의 등록을 한 법인이 합병하려는 경우
② 철도사업자가 사업계획 중 여객열차의 운행구간을 변경하려는 경우
③ 철도사업자가 공동운수협정에 따른 운행구간별 열차 운행횟수의 5분의 1을 변경하려는 경우
④ 철도사업자가 그 철도사업을 양도·양수하려는 경우
⑤ 국가가 소유·관리하는 철도시설에 건물을 설치하기 위해 국토교통부장관으로부터 점용허가를 받은 자가 그 점용허가로 인하여 발생한 권리와 의무를 이전하려는 경우

[출제유형] 2014년 제18회

철도사업법령상 철도사업의 휴업 또는 폐업에 관한 설명으로 옳지 않은 것은?

① 철도사업자가 그 사업의 전부를 폐업하려는 경우에는 국토교통부장관의 허가를 받아야 한다.
② 철도사업자가 선로 또는 교량의 파괴, 철도시설의 개량, 그 밖의 정당한 사유로 휴업하는 경우에는 국토교통부장관에게 신고하여야 한다.
❸ 철도사업자의 휴업기간은 선로 또는 교량의 파괴, 철도시설의 개량, 그 밖의 정당한 사유로 휴업하는 경우를 제외하고는 3개월을 넘을 수 없다.
④ 철도사업자는 그 사업의 일부를 휴업하려는 경우에는 휴업하는 사업의 내용과 그 기간 등을 인터넷 홈페이지, 관계 역·영업소 및 사업소 등 일반인이 잘 볼 수 있는 곳에 게시하여야 한다.
⑤ 철도사업자가 휴업에 대하여 허가를 받거나 신고한 휴업기간 중이라도 휴업 사유가 소멸된 경우에는 국토교통부장관에게 신고하고 사업을 재개할 수 있다.

[출제유형] 2022년 제26회

철도사업법령상 철도사업자에 관한 설명으로 옳지 않은 것은?

① 철도사업을 경영하려는 자는 지정·고시된 사업용철도노선을 정하여 국토교통부장관의 면허를 받아야 한다.
② 천재지변으로 철도사업자가 국토교통부장관이 지정하는 날에 운송을 시작할 수 없는 경우에는 국토교통부장관의 승인을 받아 날짜를 연기할 수 있다.
③ 철도사업의 면허를 받을 수 있는 자는 법인으로 한다.
❹ 철도사업자는 여객에 대한 운임을 변경하려는 경우 국토교통부장관의 허가를 받아야 한다.
⑤ 철도사업자는 사업계획 중 여객열차의 운행구간을 변경하려는 경우 국토교통부장관의 인가를 받아야 한다.

구분	내용
재개신고	허가를 받거나 신고한 휴업기간 중이라도 휴업 사유가 소멸된 경우에는 국토교통부장관에게 신고하고 사업을 재개(再開)할 수 있다.
휴업·폐업 사실의 게시	철도사업자는 철도사업의 전부 또는 일부를 휴업 또는 폐업하려는 경우에는 대통령령(영 제7조)으로 정하는 바에 따라 휴업 또는 폐업하는 사업의 내용과 그 기간 등을 인터넷 홈페이지, 관계 역·영업소 및 사업소 등 일반인이 잘 볼 수 있는 곳에 게시하여야 한다. 위 규정에 따라 철도사업자는 철도사업의 휴업 또는 폐업의 허가를 받은 때에는 그 허가를 받은 날부터 7일 이내에 철도사업자의 인터넷 홈페이지, 관계 역·영업소 및 사업소 등 일반인이 잘 볼 수 있는 곳에 게시하여야 한다. 다만, 휴업을 신고하는 경우에는 해당 사유가 발생한 때에 즉시 게시하여야 한다.

9 사업의 양도·양수 등

구분	내용
사업의 양도·양수	• 양도·양수인가 : 철도사업자는 그 철도사업을 양도·양수하려는 경우에는 국토교통부장관의 인가를 받아야 한다. • 합병인가 : 철도사업자는 다른 철도사업자 또는 철도사업 외의 사업을 경영하는 자와 합병하려는 경우에는 국토교통부장관의 인가를 받아야 한다.
인가의 효력	양도·양수 및 합병 인가를 받은 경우 철도사업을 양수한 자는 철도사업을 양도한 자의 철도사업자로서의 지위를 승계하며, 합병으로 설립되거나 존속하는 법인은 합병으로 소멸되는 법인의 철도사업자로서의 지위를 승계한다.

면허·신고·인·허가 등 사항의 정리

면허를 받아야 하는 경우	
관계 법령에 따라 철도사업을 경영하려는 경우	
신고하여야 하는 경우	인·허가를 받아야 하는 경우
1. 여객 운임·요금의 설정 및 변경 2. 철도사업약관 설정 및 변경 3. 철도사업계획의 변경(원칙) 4. 철도 공동운수협정의 경미한 사항의 변경(예외) 5. 철도사업의 휴업(예외)	1. 철도사업계획의 중요 사항의 변경(예외) 2. 철도 공동운수협정의 체결·변경(원칙) 3. 철도사업의 양도·양수 및 합병 cf. 전용철도운영의 양도·양수 등의 경우 신고사항 4. 철도사업의 휴업·폐업 허가(원칙)

10 과징금 처분

구분	내용
과징금 부과 요건 및 금액	국토교통부장관은 철도사업자에게 사업정지처분을 하여야 하는 경우로서 그 사업정지처분이 그 철도사업자가 제공하는 철도서비스의 이용자에게 심한 불편을 주거나 그 밖에 공익을 해칠 우려가 있을 때에는 그 사업정지처분을 갈음하여 1억원 이하의 과징금을 부과·징수할 수 있다.
과징금의 부과기준 등	• 과징금의 부과기준 : 사업정지처분에 갈음하여 과징금을 부과하는 위반행위의 종류와 정도에 따른 과징금의 금액은 별표 1과 같다. • 과징금 부과의 서면 통지 : 국토교통부장관은 과징금을 부과하고자 하는 때에는 그 위반행위의 종별과 해당 과징금의 금액 등을 명시하여 이를 납부할 것을 서면으로 통지하여야 한다. • 과징금 납부 기한 : 과징금 부과 통지를 받은 자는 20일 이내에 과징금을 국토교통부장관이 지정한 수납기관에 납부해야 한다.

과징금의 부과기준 등	• 과징금 수납 통보 : 과징금의 납부를 받은 수납기관은 납부자에게 영수증을 교부하여야 하며, 과징금을 수납한 때에는 지체 없이 그 사실을 국토교통부장관에게 통보하여야 한다.

철도사업 면허의 취소

국토교통부장관은 철도사업자가 다음 각 호의 어느 하나에 해당하는 경우에는 면허를 취소하거나, 6개월 이내의 기간을 정하여 사업의 전부 또는 일부의 정지를 명하거나, 노선 운행중지·운행제한·감차 등을 수반하는 사업계획의 변경을 명할 수 있다. 다만, 제4호 및 제7호의 경우에는 면허를 취소하여야 한다.

1. 면허받은 사항을 정당한 사유 없이 시행하지 아니한 경우
2. 사업 경영의 불확실 또는 자산상태의 현저한 불량이나 그 밖의 사유로 사업을 계속하는 것이 적합하지 아니할 경우
3. 고의 또는 중대한 과실에 의한 철도사고로 대통령령으로 정하는 다수의 사상자(死傷者)가 발생한 경우

> 제3호에서 대통령령으로 정하는 다수의 사상자(死傷者)가 발생한 경우란 1회 철도사고로 사망자 5명 이상이 발생하게 된 경우를 말한다(영 제8조).

4. 거짓이나 그 밖의 부정한 방법으로 법 제5조에 따른 철도사업의 면허를 받은 경우
5. 법 제5조 ① 후단에 따라 면허에 붙인 부담을 위반한 경우
6. 법 제6조에 따른 철도사업의 면허기준에 미달하게 된 경우. 다만, 3개월 이내에 그 기준을 충족시킨 경우에는 예외로 한다.
7. 철도사업자의 임원 중 제7조 ① 각 목의 어느 하나의 결격사유에 해당하게 된 사람이 있는 경우. 다만, 3개월 이내에 그 임원을 바꾸어 임명한 경우에는 예외로 한다.
8. 국토교통부장관이 지정한 날 또는 기간에 운송을 시작하지 아니한 경우
9. 법 제15조에 따른 휴업 또는 폐업의 허가를 받지 아니하거나 신고를 하지 아니하고 영업을 하지 아니한 경우
10. 법 제20조 ①에 따른 준수사항을 1년 이내에 3회 이상 위반한 경우

> 법 제20조(철도사업자의 준수사항) 제1항 : 철도사업자는 「철도안전법」 제21조에 따른 요건을 갖추지 아니한 사람을 운전업무에 종사하게 하여서는 아니 된다.

11. 법 제21조에 따른 개선명령을 위반한 경우
12. 법 제23조에 따른 명의 대여 금지를 위반한 경우

[출제유형] 2022년 제26회

철도사업법상 철도사업의 관리에 관한 설명으로 옳지 않은 것은?

① 철도사업자는 그 철도사업을 양도·양수하려는 경우에는 국토교통부장관의 인가를 받아야 한다.
❷ 철도시설의 개량을 사유로 하는 경우 휴업기간은 6개월을 넘을 수 없다.
③ 철도사업자가 선로 또는 교량의 파괴로 휴업하는 경우에는 국토교통부장관에게 신고하여야 한다.
④ 국토교통부장관은 철도사업자가 거짓이나 그 밖의 부정한 방법으로 철도사업의 면허를 받은 경우에는 면허를 취소하여야 한다.
⑤ 국토교통부장관은 과징금으로 징수한 금액의 운용계획을 수립하여 시행하여야 한다.

🔍 PLUS
청문
국토교통부장관은 철도사업의 면허를 취소하려면 청문을 하여야 한다.

[출제유형] 2024년 제28회

철도사업법령상 민자철도의 운영평가 방법 등에 관한 설명으로 옳지 않은 것은?

❶ 국토교통부장관이 민자철도사업자에게 필요한 조치를 명한 경우 해당 민자철도사업자는 15일 이내에 조치계획을 마련하여 국토교통부장관에게 제출해야 한다.
② 국토교통부장관은 운영평가를 실시하려면 매년 3월 31일까지 소관 민자철도에 대한 평가일정, 평가방법 등을 포함한 운영평가계획을 수립한 후 평가를 실시하기 2주 전까지 민자철도사업자에게 통보해야 한다.
③ 국토교통부장관은 운영평가 결과에 따라 민자철도에 관한 유지·관리 및 체계 개선 등 필요한 조치를 민자철도사업자에게 명할 수 있다.
④ 국토교통부장관은 운영평가를 위하여 필요한 경우에는 관계 공무원, 철도 관련 전문가 등으로 민자철도 운영 평가단을 구성·운영할 수 있다.
⑤ 국토교통부장관이 정하여 고시하는 민자철도 운영평가 기준에는 민자철도 운영의 효율성이 포함되어야 한다.

11 민자철도 운영의 감독·관리 등

구 분	내 용
민자철도 운영 기준 고시	국토교통부장관은 고속철도, 광역철도 및 일반철도로서 민간투자사업으로 건설된 철도의 관리운영권을 민자철도사업자가 해당 민자철도를 안전하고 효율적으로 유지·관리할 수 있도록 민자철도의 유지·관리 및 운영에 관한 기준을 정하여 고시하여야 한다.
민자철도 유지·관리 및 기준 준수 명령	• 민자철도사업자는 민자철도의 안전하고 효율적인 유지·관리와 이용자 편의를 도모하기 위하여 고시된 기준을 준수하여야 하며, 매년 소관 민자철도에 대하여 운영평가를 실시하여야 한다. • 국토교통부장관은 운영평가 결과에 따라 민자철도에 관한 유지·관리 및 체계 개선 등 필요한 조치를 민자철도사업자에게 명할 수 있고, 그 명령을 이행하고 그 결과를 국토교통부장관에게 보고하여야 한다.
운영평가의 실시	국토교통부장관은 소관 민자철도(전년도 1월 1일 이후 개통된 민자철도는 제외)의 전년도 1월 1일부터 12월 31일까지의 운영에 대하여 철도의 안전, 이용자의 편의성, 민자철도 운영의 효율성을 포함하여 국토교통부장관이 정하여 고시한 운영평가 기준에 따라 운영평가를 실시해야 한다.
운영계획 수립 및 통보	국토교통부장관은 운영평가를 실시하려면 매년 3월 31일까지 소관 민자철도에 대한 평가일정, 평가방법 등을 포함한 운영평가계획을 수립한 후 평가를 실시하기 2주 전까지 민자철도사업자에게 통보해야 한다.
민자철도 운영 평가단	국토교통부장관은 운영평가를 위하여 필요한 경우에는 관계 공무원, 철도 관련 전문가 등으로 민자철도 운영 평가단을 구성·운영할 수 있다.
조치 계획의 제출	국토교통부장관이 민자철도사업자에게 필요한 조치를 명한 경우 해당 민자철도사업자는 30일 이내에 조치계획을 마련하여 국토교통부장관에게 제출해야 한다.

PART 5 물류관련법규 / Chapter 06 철도사업법

핵심테마 35 철도서비스 향상 및 전용철도

1 우수 철도서비스 인증

구 분		내 용
인증의 목적과 범위		국토교통부장관은 공정거래위원회와 협의하여 철도사업자 간 경쟁을 제한하지 아니하는 범위에서 철도서비스의 질적 향상을 촉진하기 위하여 우수 철도서비스에 대한 인증을 할 수 있다.
인증받은 사실의 홍보		인증을 받은 철도사업자는 그 인증의 내용을 나타내는 표지(이하 우수서비스마크)를 철도차량, 역 시설 또는 철도 용품 등에 붙이거나 인증 사실을 홍보할 수 있다.
도용의 금지		인증을 받은 자가 아니면 우수서비스마크 또는 이와 유사한 표지를 철도차량, 역 시설 또는 철도 용품 등에 붙이거나 인증 사실을 홍보해서는 아니 된다.
우수철도서비스 인증절차 등	우수철도 서비스 인증	국토교통부장관은 품질평가결과가 우수한 철도서비스에 대하여 직권으로 또는 철도사업자의 신청에 의하여 우수철도서비스에 대한 인증을 할 수 있다.
	신청서류의 제출	우수철도서비스인증을 받고자 하는 철도사업자는 우수철도서비스인증신청서에 당해 철도서비스가 우수철도서비스임을 입증 또는 설명할 수 있는 자료를 첨부하여 국토교통부장관에게 제출하여야 한다.
	소요 비용의 부담	철도사업자의 신청에 의하여 우수철도서비스인증을 하는 경우에는 그에 소요되는 비용은 당해 철도사업자가 부담한다.
	우수서비스마크	우수철도서비스의 종류 및 내용에 따라 그 모양, 표시방법 등을 달리 정할 수 있으며, 우수서비스마크의 모양 등에 관하여 필요한 세부적인 사항은 국토교통부장관이 따로 정한다.
	보완의 요구 등	국토교통부장관은 우수철도서비스인증을 받은 철도사업자에 대한 사후관리 결과 당해 철도서비스의 제공 및 관리실태가 미흡하거나 당해 철도서비스가 우수철도서비스인증기준에 미달되는 경우 이의 시정·보완의 요구 등 필요한 조치를 할 수 있다.

철도서비스의 품질평가
- 국토교통부장관은 공공복리의 증진과 철도서비스 이용자의 권익보호를 위하여 철도사업자가 제공하는 철도서비스에 대하여 적정한 철도서비스 기준을 정하고, 그에 따라 철도사업자가 제공하는 철도서비스의 품질을 평가하여야 한다.
- 위의 규정에 따라 국토교통부장관은 철도사업자에 대하여 2년마다 철도서비스의 품질평가를 실시하여야 한다. 다만, 국토교통부장관이 필요하다고 인정하는 경우에는 수시로 품질평가를 실시할 수 있다.

회계의 구분
- 철도사업자는 철도사업 외의 사업을 경영하는 경우에는 철도사업에 관한 회계와 철도사업 외의 사업에 관한 회계를 구분하여 경리하여야 한다.
- 철도사업자는 철도운영의 효율화와 회계처리의 투명성을 제고하기 위하여 국토교통부령으로 정하는 바에 따라 철도사업의 종류별·노선별로 회계를 구분하여 경리하여야 한다.

[출제유형] 2020년 제24회

철도사업법령상 철도서비스 향상 등에 관한 설명으로 옳지 않은 것은?

① 국토교통부장관은 공정거래위원회와 협의하여 철도사업자 간 경쟁을 제한하지 아니하는 범위에서 우수 철도서비스에 대한 인증을 할 수 있다.
❷ 철도사업자의 신청에 의하여 우수철도서비스인증을 하는 경우에 그에 소요되는 비용은 예산의 범위 안에서 국토교통부가 부담한다.
③ 철도서비스 평가업무 등을 위탁받은 자는 철도서비스의 평가 등을 할 때 철도사업자에게 관련 자료 또는 의견 제출 등을 요구할 수 있다.
④ 철도사업자는 철도사업 외의 사업을 경영하는 경우에는 철도사업에 관한 회계와 철도사업 외의 사업에 관한 회계를 구분하여 경리하여야 한다.
⑤ 철도사업자는 관련 법령에 따라 산출된 영업수익 및 비용의 결과를 회계법인의 확인을 거쳐 회계연도 종료 후 4개월 이내에 국토교통부장관에게 제출하여야 한다.

PLUS
품질평가 결과의 공표 및 활용
- 국토교통부장관은 법 제26조에 따른 철도서비스의 품질을 평가한 경우에는 그 평가 결과를 대통령령(영 제11조)으로 정하는 바에 따라 신문 등 대중매체를 통하여 공표하여야 한다.
- 국토교통부장관은 철도서비스의 품질평가 결과에 따라 제21조에 따른 사업 개선명령 등 필요한 조치를 할 수 있다.

[출제유형] 2024년 제28회

철도사업법령상 전용철도를 운영하는 자가 등록사항을 변경하려는 경우 국토교통부장관에게 등록을 하지 않아도 되는 경미한 변경에 해당하지 않는 것은?

① 운행시간을 연장한 경우
② 운행횟수를 단축한 경우
③ 10분의 1의 범위 안에서 철도차량 대수를 변경한 경우
④ 주사무소·철도차량기지를 제외한 운송관련 부대시설을 변경한 경우
❺ 9월의 범위 안에서 전용철도 건설기간을 조정한 경우

2 전용철도의 등록

구 분	내 용
전용철도의 등록·변경등록	• 전용철도를 운영하려는 자는 국토교통부령으로 정하는 바에 따라 전용철도의 건설·운전·보안 및 운송에 관한 사항이 포함된 운영계획서를 첨부하여 국토교통부장관에게 등록을 하여야 한다. • 등록사항을 변경하려는 경우에도 같다. 다만 대통령령(영 제12조 제1항)으로 정하는 경미한 변경의 경우에는 예외로 한다. 위 규정 단서에서 대통령령으로 정하는 경미한 변경의 경우란 다음의 어느 하나에 해당하는 경우를 말한다. 1. 운행시간을 연장 또는 단축한 경우 2. 배차간격 또는 운행횟수를 단축 또는 연장한 경우 3. 10분의 1의 범위 안에서 철도차량 대수를 변경한 경우 4. 주사무소·철도차량기지를 제외한 운송관련 부대시설을 변경한 경우 5. 임원을 변경한 경우(법인에 한함) 6. 6월의 범위 안에서 전용철도 건설기간을 조정한 경우
전용철도 등록의 기준 및 절차 등	전용철도의 등록 기준과 등록절차 등에 관하여 필요한 사항은 국토교통부령(규칙 제23조)으로 정한다.
등록의 제한 및 부담	국토교통부장관은 등록 기준을 적용할 때에 환경오염, 주변 여건 등 지역적 특성을 고려할 필요가 있거나 그 밖에 공익상 필요하다고 인정하는 경우에는 등록을 제한하거나 부담을 붙일 수 있다.

전용철도 등록의 결격사유
다음의 어느 하나에 해당하는 자는 전용철도를 등록할 수 없다. 법인인 경우 그 임원 중에 다음의 어느 하나에 해당하는 자가 있는 경우에도 같다.
1. 다음의 어느 하나에 해당하는 사람
   • 피성년후견인 또는 피한정후견인
   • 파산선고를 받고 복권되지 아니한 사람
   • 이 법 또는 대통령령으로 정하는 철도 관계 법령을 위반하여 금고 이상의 실형을 선고받고 그 집행이 끝나거나(끝난 것으로 보는 경우를 포함) 면제된 날부터 2년이 지나지 아니한 사람
   • 이 법 또는 대통령령으로 정하는 철도 관계 법령을 위반하여 금고 이상의 형의 집행유예를 선고받고 그 유예 기간 중에 있는 사람
2. 이 법에 따라 전용철도의 등록이 취소된 후 그 취소일부터 1년이 지나지 아니한 자

3 전용철도 운영의 양도·양수 등

구 분	내 용
전용철도 운영의 양도·양수 등	• 전용철도의 운영을 양도·양수하려는 자는 국토교통부령(규칙 제24조)으로 정하는 바에 따라 국토교통부장관에게 신고하여야 한다. • 전용철도의 등록을 한 법인이 합병하려는 경우에는 국토교통부령으로 정하는 바에 따라 국토교통부장관에게 신고하여야 한다.
신고의 효력	전용철도 운영의 양도·양수 및 합병 신고가 수리된 경우 전용철도의 운영을 양수한 자는 전용철도의 운영을 양도한 자의 전용철도운영자로서의 지위를 승계하며, 합병으로 설립되거나 존속하는 법인은 합병으로 소멸되는 법인의 전용철도운영자로서의 지위를 승계한다.

전용철도 운영의 휴업·폐업
전용철도운영자가 그 운영의 전부 또는 일부를 휴업 또는 폐업한 경우에는 1개월 이내에 국토교통부장관에게 신고하여야 한다.

🔎 PLUS

전용철도 운영의 상속
전용철도운영자가 사망한 경우 상속인이 그 전용철도의 운영을 계속하려는 경우에는 피상속인이 사망한 날부터 3개월 이내에 국토교통부장관에게 신고하여야 한다.

전용철도 운영의 개선명령
국토교통부장관은 전용철도 운영의 건전한 발전을 위하여 필요하다고 인정하는 경우에는 전용철도운영자에게 사업장의 이전 및 시설 또는 운영의 개선에 관한 사항을 명할 수 있다.

PART 5 물류관련법규 / Chapter 06 철도사업법

핵심테마 36 국유철도시설의 활용·지원 등

1 점용허가 및 점용료

구 분	내 용
점용허가 등	• 점용허가 : 국토교통부장관은 국가가 소유·관리하는 철도시설에 건물이나 그 밖의 시설물을 설치하려는 자에게 「국유재산법」에도 불구하고 대통령령(영 제13조)으로 정하는 바에 따라 시설물의 종류 및 기간 등을 정하여 점용허가를 할 수 있다. • 점용허가의 적격 및 제한 : 점용허가는 철도사업자와 철도사업자가 출자·보조 또는 출연한 사업을 경영하는 자에게만 하며, 시설물의 종류와 경영하려는 사업이 철도사업에 지장을 주지 아니하여야 한다.
점용료의 부과	국토교통부장관은 대통령령(영 제14조)으로 정하는 바에 따라 점용허가를 받은 자에게 점용료를 부과한다. 위 규정에 따라 점용허가를 할 철도시설의 가액은 「국유재산법 시행령」을 준용하여 산출하되, 당해 철도시설의 가액은 산출 후 3년 이내에 한하여 적용하며, 점용료는 매년 1월말까지 당해 연도 해당분을 선납하여야 한다. 다만, 국토교통부장관은 부득이한 사유로 선납이 곤란하다고 인정하는 경우에는 그 납부기한을 따로 정할 수 있다. 국토교통부장관은 점용허가를 받은 자가 점용료를 내지 아니하면 국세 체납처분의 예에 따라 징수한다.
점용료의 감면	위 규정에도 불구하고 점용허가를 받은 자가 다음에 해당하는 경우에는 대통령령(영 제14조 제3항)으로 정하는 바에 따라 점용료를 감면할 수 있다. 1. 국가에 무상으로 양도하거나 제공하기 위한 시설물을 설치하기 위하여 점용허가를 받은 경우 2. 위의 시설물을 설치하기 위한 경우로서 공사기간 중에 점용허가를 받거나 임시 시설물을 설치하기 위하여 점용허가를 받은 경우 3. 「공공주택 특별법」에 따른 공공주택을 건설하기 위하여 점용허가를 받은 경우 4. 재해, 그 밖의 특별한 사정으로 본래의 철도 점용 목적을 달성할 수 없는 경우 5. 국민경제에 중대한 영향을 미치는 공익사업으로서 대통령령으로 정하는 사업을 위하여 점용허가를 받은 경우

2 원상회복의무

구 분	내 용
원상회복 의무 및 면제	• 점용허가를 받은 자는 점용허가기간이 만료되거나 점용허가가 취소된 경우에는 점용허가된 철도 재산을 원상(原狀)으로 회복하여야 한다. • 다만, 국토교통부장관은 원상으로 회복할 수 없거나 원상회복이 부적당하다고 인정하는 경우에는 원상회복의무를 면제할 수 있다.
원상회복의무 위반 시 조치	국토교통부장관은 점용허가를 받은 자가 위 규정 본문에 따른 원상회복을 하지 아니하는 경우에는 「행정대집행법」에 따라 시설물을 철거하거나 그 밖에 필요한 조치를 할 수 있다.
무상 국가귀속 조건	국토교통부장관은 원상회복의무를 면제하는 경우에는 해당 철도 재산에 설치된 시설물 등의 무상 국가귀속을 조건으로 할 수 있다.

PLUS

점용허가의 취소

국토교통부장관은 철도시설물의 점용허가를 받은 자가 다음의 어느 하나에 해당하면 그 점용허가를 취소할 수 있다.
1. 점용허가 목적과 다른 목적으로 철도시설을 점용한 경우
2. 시설물의 종류와 경영하는 사업이 철도사업에 지장을 주게 된 경우
3. 점용허가를 받은 날부터 1년 이내에 해당 점용허가의 목적이 된 공사에 착수하지 아니한 경우. 다만, 정당한 사유가 있는 경우에는 1년의 범위에서 공사의 착수기간을 연장할 수 있다.
4. 점용료를 납부하지 아니하는 경우
5. 점용허가를 받은 자가 스스로 점용허가의 취소를 신청하는 경우

[출제유형] 2024년 제28회

철도사업법상 국토교통부장관이 철도시설물의 점용허가를 취소할 수 있는 경우가 아닌 것은?

① 점용허가를 받은 자가 점용허가 목적과 다른 목적으로 철도시설을 점용한 경우
② 시설물의 종류와 경영하는 사업이 철도사업에 지장을 주게 된 경우
❸ 점용허가를 받은 자가 점용허가를 받은 날부터 6개월 이내에 해당 점용허가의 목적이 된 공사에 착수하지 아니한 경우
④ 점용허가를 받은 자가 점용료를 납부하지 아니하는 경우
⑤ 점용허가를 받은 자가 스스로 점용허가의 취소를 신청하는 경우

37 농수산물의 생산조정 및 출하조절

PART 5 물류관련법규 / Chapter 07 농수산물 유통 및 가격안정에 관한 법률

PLUS
다른 법률의 적용 배제
이 법에 따른 농수산물도매시장, 농수산물공판장, 민영농수산물도매시장 및 농수산물종합유통센터에 대하여는 「유통산업발전법」의 규정을 적용하지 아니한다.

[출제유형] 2015년 제19회
농수산물 유통 및 가격안정에 관한 법령상 농수산물의 생산조정 및 출하조절에 관한 설명으로 옳지 않은 것은?
❶ 주산지의 지정은 시·도 단위로 한다.
② 시·도지사는 지정된 주산지가 지정요건에 적합하지 아니하게 되었을 때에는 그 지정을 변경하거나 해제할 수 있다.
③ 농림축산식품부장관 또는 해양수산부장관은 예시가격(豫示價格)을 결정할 때에는 미리 기획재정부장관과 협의하여야 한다.
④ 농림축산식품부장관은 몰수농산물 등의 처분업무를 농업협동조합중앙회 또는 한국농수산식품유통공사 중에서 지정하여 대행하게 할 수 있다.
⑤ 농림축산식품부장관 또는 해양수산부장관은 유통명령이 이행될 수 있도록 유통명령의 내용에 관한 홍보, 유통명령 위반자에 대한 제재 등 필요한 조치를 하여야 한다.

1 주산지의 지정 및 해제 등

구 분	내 용
주산지의 지정	시·도지사는 농수산물의 경쟁력 제고 또는 수급(需給)을 조절하기 위하여 생산 및 출하를 촉진 또는 조절할 필요가 있다고 인정할 때에는 주요 농수산물의 생산지역이나 생산수면(이하 "주산지"라 함)을 지정하고 그 주산지에서 주요 농수산물을 생산하는 자에 대하여 생산자금의 융자 및 기술지도 등 필요한 지원을 할 수 있다. 위 규정에서 주산지(주요 농수산물의 생산지역이나 생산수면)의 지정은 읍·면·동 또는 시·군·구 단위로 하며, 시·도지사는 주산지를 지정하였을 때에는 이를 고시하고 농림축산식품부장관 또는 해양수산부장관에게 통지하여야 한다.
주산지의 지정 요건	주산지는 다음의 요건을 갖춘 지역 또는 수면(水面) 중에서 구역을 정하여 지정한다. • 주요 농수산물의 재배면적 또는 양식면적이 농림축산식품부장관 또는 해양수산부장관이 고시하는 면적 이상일 것 • 주요 농수산물의 출하량이 농림축산식품부장관 또는 해양수산부장관이 고시하는 수량 이상일 것
주산지 지정의 변경·해제	시·도지사는 지정된 주산지가 지정요건에 적합하지 아니하게 되었을 때에는 그 지정을 변경하거나 해제할 수 있다.

2 가격 예시

구 분	내 용
예시가격 (豫示價格)	• 농림축산식품부장관 또는 해양수산부장관은 농림축산식품부령 또는 해양수산부령으로 정하는 주요 농수산물의 수급조절과 가격안정을 위하여 필요하다고 인정할 때에는 해당 농산물의 파종기 또는 수산물의 종자입식 시기 이전에 생산자를 보호하기 위한 하한가격(이하 "예시가격"이라 함)을 예시할 수 있다. • 농림축산식품부장관 또는 해양수산부장관은 예시가격(豫示價格)을 결정할 때에는 미리 기획재정부장관과 협의하여야 한다.
예시가격의 결정 시 고려사항	농림축산식품부장관 또는 해양수산부장관은 법 제8조 제1항에 따라 예시가격을 결정할 때에는 해당 농산물의 농림업관측, 주요 곡물의 국제곡물관측 또는 「수산물 유통의 관리 및 지원에 관한 법률」에 따른 수산업관측 결과, 예상 경영비, 지역별 예상 생산량 및 예상 수급상황 등을 고려하여야 한다.
예시가격 지지를 위한 시책의 추진	농림축산식품부장관 또는 해양수산부장관은 가격을 예시한 경우에는 예시가격을 지지(支持)하기 위하여 다음의 사항 등을 연계하여 적절한 시책을 추진하여야 한다. • 농림업관측·국제곡물관측 또는 수산업관측의 지속적 실시 • 계약생산 또는 계약출하의 장려 • 수매 및 처분 • 유통협약 및 유통조절명령 • 비축사업

몰수농산물등의 이관
① 농림축산식품부장관은 국내 농산물 시장의 수급안정 및 거래질서 확립을 위하여 「관세법」 및 「검찰청법」에 따라 몰수되거나 국고에 귀속된 농산물(이하 "몰수농산물등"이라 함)을 이관받을 수 있다.
② 농림축산식품부장관은 ①에 따라 이관받은 몰수농산물등을 매각·공매·기부 또는 소각하거나 그 밖의 방법으로 처분할 수 있다.
③ ②에 따른 몰수농산물등의 처분으로 발생하는 비용 또는 매각·공매 대금은 법 제54조에 따른 농산물가격안정기금으로 지출 또는 납입하여야 한다.
④ 농림축산식품부장관은 ②에 따른 몰수농산물등의 처분업무를 법 제9조 제3항의 농업협동조합중앙회 또는 한국농수산식품유통공사 중에서 지정하여 대행하게 할 수 있다.
⑤ 몰수농산물등의 처분절차 등에 관하여 필요한 사항은 농림축산식품부령으로 정한다.

유통조절명령
농림축산식품부장관 또는 해양수산부장관은 부패하거나 변질되기 쉬운 농수산물로서 농림축산식품부령 또는 해양수산부령으로 정하는 농수산물에 대하여 현저한 수급 불안정을 해소하기 위하여 특히 필요하다고 인정되고 농림축산식품부령 또는 해양수산부령으로 정하는 생산자등 또는 생산자단체가 요청할 때에는 공정거래위원회와 협의를 거쳐 일정 기간동안 일정 지역의 해당 농수산물의 생산자등에게 생산조정 또는 출하조절을 하도록 하는 유통조절명령(이하 "유통명령"이라 함)을 할 수 있다.

3 비축사업 등

구 분	내 용
비축사업 및 출하조절사업	농림축산식품부장관은 농산물(쌀과 보리는 제외)의 수급조절과 가격안정을 위하여 필요하다고 인정할 때에는 농산물가격안정기금으로 농산물을 비축하거나 농산물의 출하를 약정하는 생산자에게 그 대금의 일부를 미리 지급하여 출하를 조절할 수 있다.
비축용 농산물의 수매 등	비축용 농산물은 생산자 및 생산자단체로부터 수매하여야 한다(원칙). 다만, 가격안정을 위하여 특히 필요하다고 인정할 때에는 도매시장 또는 공판장에서 수매하거나 수입할 수 있다(예외).
선물거래 (先物去來)	농림축산식품부장관은 비축용 농산물을 수입하는 경우 국제가격의 급격한 변동에 대비하여야 할 필요가 있다고 인정할 때에는 선물거래를 할 수 있다.
비축사업의 위탁	농림축산식품부장관은 비축사업을 농림협중앙회 또는 한국농수산식품유통공사에 위탁할 수 있다. 위 규정에 따라 농림축산식품부장관은 다음에 해당하는 농산물의 비축사업 또는 출하조절사업을 ❶ 농업협동조합중앙회·❷ 농협경제지주회사·❸ 산림조합중앙회 또는 ❹ 한국농수산식품유통공사에 위탁하여 실시한다(영 제12조 제1항). 1. 비축용 농산물의 수매·수입·포장·수송·보관 및 판매 2. 비축용 농산물을 확보하기 위한 재배·양식·선매 계약의 체결 3. 농산물의 출하약정 및 선급금(先給金)의 지급 4. 위의 규정에 따른 사업의 정산

과잉생산 시의 생산자 보호 등 사업의 손실처리
농림축산식품부장관은 수매와 비축사업의 시행에 따라 생기는 감모(減耗), 가격 하락, 판매·수출·기증과 그 밖의 처분으로 인한 원가 손실 및 수송·포장·방제(防除) 등 사업실시에 필요한 관리비를 대통령령(영 제14조)으로 정하는 바에 따라 그 사업의 비용으로 처리한다.

[출제유형] 2018년 제22회

농수산물 유통 및 가격안정에 관한 법령상 농수산물의 생산조정 및 출하조절에 관한 설명으로 옳지 않은 것은?

① 농림축산식품부장관은 쌀과 보리를 제외한 농산물의 수급조절과 가격안정을 위하여 필요하다고 인정할 때에는 농산물가격안정기금으로 농산물을 비축할 수 있다.
② 수입이익금을 정하여진 기한까지 내지 아니하면 국세 체납처분의 예에 따라 징수할 수 있다.
❸ 기획재정부장관은 주요 농수산물의 수급조절과 가격안정을 위하여 필요하다고 인정할 때에는 해당 농산물의 파종기 이전에 예시가격을 결정할 수 있고, 이 경우 미리 농림축산식품부장관과 협의하여야 한다.
④ 농림축산식품부장관은 국내 농산물 시장의 수급안정 및 거래질서 확립을 위하여 「관세법」에 따라 몰수되거나 국고에 귀속된 농산물을 이관받을 수 있다.
⑤ 비축사업 등의 실시과정에서 발생한 농산물의 감모(減耗)에 대해서는 농림축산식품부장관이 정하는 한도에서 비용으로 처리한다.

[출제유형] 2017년 제21회

농수산물 유통 및 가격안정에 관한 법령상 농림축산식품부장관이 농산물의 비축사업 또는 출하조절사업을 위탁할 수 있는 자를 모두 고른 것은?

㉠ 농업협동조합중앙회
㉡ 산림조합중앙회
㉢ 축산업협동조합중앙회
㉣ 영농조합법인
㉤ 한국농수산식품유통공사

① ㉠, ㉡, ㉢
❷ ㉠, ㉡, ㉤
③ ㉠, ㉣, ㉤
④ ㉡, ㉢, ㉣
⑤ ㉢, ㉣, ㉤

핵심테마

38 농수산물도매시장

PART 5 물류관련법규 / Chapter 07 농수산물 유통 및 가격안정에 관한 법률

> **PLUS**
>
> **도매시장의 폐쇄**
> 시(市)가 지방도매시장을 폐쇄하려면 그 3개월 전에 도지사의 허가를 받아야 한다. 다만, 특별시·광역시·특별자치시 및 특별자치도가 도매시장을 폐쇄하는 경우에는 그 3개월 전에 이를 공고하여야 한다.

1 도매시장의 개설 등

구 분	내 용
도매시장의 개설	도매시장은 대통령령으로 정하는 바에 따라 부류(部類)별로 또는 둘 이상의 부류를 종합하여 개설한다. • 중앙도매시장의 경우 : 특별시·광역시·특별자치시 또는 특별자치도가 개설 • 지방도매시장의 경우 : 특별시·광역시·특별자치시·특별자치도 또는 시가 개설 다만, 시(市)가 지방도매시장을 개설하려면 도지사의 허가를 받아야 한다.
도매시장의 개설 절차 등	• 특별시·광역시·특별자치시 또는 특별자치도가 도매시장을 개설하려면 미리 업무규정과 운영관리계획서를 작성해야 한다. 이 경우 중앙도매시장의 업무규정은 농림축산식품부장관 또는 해양수산부장관의 승인을 받아야 한다. • 시가 지방도매시장의 개설허가를 받으려면 농림축산식품부령 또는 해양수산부령으로 정하는 바에 따라 지방도매시장 개설허가 신청서에 업무규정과 운영관리계획서를 첨부하여 도지사에게 제출하여야 한다.
업무규정의 변경	• 중앙도매시장의 개설자가 업무규정을 변경하는 때에는 농림축산식품부장관 또는 해양수산부장관의 승인을 받아야 한다. • 지방도매시장의 개설자(시가 개설자인 경우만 해당)가 업무규정을 변경하는 때에는 도지사의 승인을 받아야 한다.

[출제유형] 2021년 제25회

농수산물 유통 및 가격안정에 관한 법령상 농수산물도매시장의 개설·폐쇄에 관한 설명으로 옳지 않은 것은?

❶ 시가 지방도매시장을 개설하려면 도지사에게 신고하여야 한다.
② 특별시·광역시·특별자치시 및 특별자치도가 도매시장을 폐쇄하는 경우 그 3개월 전에 이를 공고하여야 한다.
③ 특별시·광역시·특별자치시 또는 특별자치도가 도매시장을 개설하려면 미리 업무규정과 운영관리계획서를 작성하여야 한다.
④ 도매시장은 양곡부류·청과부류·축산부류·수산부류·화훼부류 및 약용작물 부류별로 개설하거나 둘 이상의 부류를 종합하여 개설한다.
⑤ 도매시장의 명칭에는 그 도매시장을 개설한 지방자치단체의 명칭이 포함되어야 한다.

2 도매시장의 허가기준 등

구 분	내 용
도매시장의 허가기준	도지사는 허가신청의 내용이 다음의 요건을 갖춘 경우에는 이를 허가한다. 1. 도매시장을 개설하려는 장소가 농수산물 거래의 중심지로서 적절한 위치에 있을 것 2. 도매시장이 보유하여야 하는 시설의 기준에 적합한 시설을 갖추고 있을 것 3. 운영관리계획서의 내용이 충실하고 그 실현이 확실하다고 인정되는 것일 것
조건부 개설허가	도지사는 위 규정의 제2호에 따라 요구되는 시설이 갖추어지지 아니한 경우에는 일정한 기간 내에 해당 시설을 갖출 것을 조건으로 개설허가를 할 수 있다.
도매시장의 직접개설	특별시·광역시·특별자치시 또는 특별자치도가 도매시장을 개설하려면 요건을 모두 갖추어 개설하여야 한다.

> **도매시장 개설자의 의무**
> 도매시장 개설자는 거래 관계자의 편익과 소비자 보호를 위하여 다음 각 호의 사항을 이행하여야 하며, 이를 효과적으로 이행하기 위하여 이에 대한 투자계획 및 거래제도 개선방안 등을 포함한 대책을 수립·시행하여야 한다.
> 1. 도매시장 시설의 정비·개선과 합리적인 관리
> 2. 경쟁 촉진과 공정한 거래질서의 확립 및 환경 개선
> 3. 상품성 향상을 위한 규격화, 포장 개선 및 선도(鮮度)유지의 촉진

3 도매시장의 관리 및 운영 등

구 분	내 용
도매시장의 관리	• 도매시장 개설자는 소속 공무원으로 구성된 도매시장 관리사무소(이하 "관리사무소"라 함)를 두거나 「지방공기업법」에 따른 지방공사(이하 "관리공사"라 함), 공공출자법인 또는 한국농수산식품유통공사 중에서 시장관리자를 지정할 수 있다. • 도매시장 개설자는 관리사무소 또는 시장관리자로 하여금 시설물관리, 거래질서 유지, 유통 종사자에 대한 지도·감독 등에 관한 업무 범위를 정하여 해당 도매시장 또는 그 개설구역에 있는 도매시장의 관리업무를 수행하게 할 수 있다.
도매시장의 운영	도매시장 개설자는 도매시장에 그 시설규모·거래액 등을 고려하여 적정 수의 도매시장법인·시장도매인 또는 중도매인을 두어 이를 운영하게 한다. 다만, 중앙도매시장의 개설자는 농림축산식품부령 또는 해양수산부령으로 정하는 부류에 대하여는 도매시장법인을 두어야 한다.

도매시장법인
- 도매시장법인은 도매시장 개설자가 부류별로 지정하되, 중앙도매시장에 두는 도매시장법인의 경우에는 농림축산식품부장관 또는 해양수산부장관과 협의하여 지정한다. 이 경우 5년 이상 10년 이하의 범위에서 지정 유효기간을 설정할 수 있다.
- 도매시장법인이 다른 도매시장법인을 인수하거나 합병하는 경우에는 해당 도매시장 개설자의 승인을 받아야 한다. 도매시장개설자는 다음의 어느 하나에 해당하는 경우를 제외하고는 도매시장법인의 인수 또는 합병을 승인하여야 한다.
  1. 인수 또는 합병의 당사자인 도매시장법인이 법으로 정한 요건을 갖추지 못한 경우
  2. 그 밖에 이 법 또는 다른 법령에 따른 제한에 위반되는 경우

4 중도매업의 허가 등

구 분	내 용

중도매업의 허가	• 중도매인의 업무를 하려는 자는 부류별로 해당 도매시장 개설자의 허가를 받아야 한다.
	• 도매시장 개설자는 다음의 어느 하나에 해당하는 경우를 제외하고는 허가 및 갱신 허가를 하여야 한다.
	  1. 중도매업 허가의 결격사유 중 어느 하나에 해당하는 경우
	  2. 그 밖에 이 법 또는 다른 법령에 따른 제한에 위반되는 경우

중도매업 허가의 결격사유	다음의 어느 하나에 해당하는 자는 중도매업의 허가를 받을 수 없다. 1. 파산선고를 받고 복권되지 아니한 사람이나 피성년후견인 2. 이 법을 위반하여 금고 이상의 실형을 선고받고 그 형의 집행이 끝나거나(집행이 끝난 것으로 보는 경우를 포함) 면제되지 아니한 사람 3. 중도매업의 허가가 취소(제1호에 해당하여 취소된 경우는 제외)된 날부터 2년이 지나지 아니한 자 4. 도매시장법인의 주주 및 임직원으로서 해당 도매시장법인의 업무와 경합되는 중도매업을 하려는 자 5. 임원 중에 제1호부터 제4호까지의 어느 하나에 해당하는 사람이 있는 법인 6. 최저거래금액 및 거래대금의 지급보증을 위한 보증금 등 도매시장 개설자가 업무규정으로 정한 허가조건을 갖추지 못한 자
유효기간의 설정	도매시장 개설자는 중도매업의 허가를 하는 경우 5년 이상 10년 이하의 범위에서 허가 유효기간을 설정할 수 있다. 다만, 법인이 아닌 중도매인은 3년 이상 10년 이하의 범위에서 허가 유효기간을 설정할 수 있다.
갱신허가	허가 유효기간이 만료된 후 계속하여 중도매업을 하려는 자는 농림축산식품부령 또는 해양수산부령(규칙 제19조)으로 정하는 바에 따라 갱신허가를 받아야 한다.

[출제유형] 2023년 제27회

농수산물 유통 및 가격안정에 관한 법령상 도매시장법인에 관한 설명이다. ( )에 들어갈 내용은?

○ 도매시장 개설자는 도매시장에 그 시설규모·거래액 등을 고려하여 적정 수의 도매시장법인·시장도매인 또는 중도매인을 두어 이를 운영하게 하여야 한다. 다만, 중앙도매시장의 개설자는 (ㄱ)와 수산부류에 대하여는 도매시장법인을 두어야 한다.
○ 도매시장법인은 도매시장 개설자가 부류별로 지정하되, 중앙도매시장에 두는 도매시장법인의 경우에는 농림축산식품부장관 또는 해양수산부장관과 협의하여 지정한다. 이 경우 (ㄴ) 이상 10년 이하의 범위에서 지정 유효기간을 설정할 수 있다.

① ㄱ : 청과부류 ㄴ : 3년
② ㄱ : 양곡부류 ㄴ : 3년
❸ ㄱ : 청과부류 ㄴ : 5년
④ ㄱ : 양곡부류 ㄴ : 5년
⑤ ㄱ : 축산부류 ㄴ : 5년

[출제유형] 2024년 제28회

농수산물 유통 및 가격안정에 관한 법령상 중도매업의 허가에 관한 설명으로 옳지 않은 것은?

① 도매시장법인의 주주 및 임직원으로서 해당 도매시장법인의 업무와 경합되는 중도매업을 하려는 자는 중도매업의 허가를 받을 수 없다.
② 최저거래금액 및 거래대금의 지급보증을 위한 보증금 등 도매시장 개설자가 업무규정으로 정한 허가조건을 갖추지 못한 자는 중도매업의 허가를 받을 수 없다.
③ 법인인 중도매인은 임원이 파산선고를 받고 복권되지 아니한 때에는 그 임원을 지체 없이 해임하여야 한다.
❹ 도매시장 개설자는 법인인 중도매인에게 중도매업의 허가를 하는 경우 3년 이상 10년 이하의 범위에서 허가 유효기간을 설정할 수 있다.
⑤ 도매시장의 개설자는 갱신허가를 한 경우에는 유효기간이 만료되는 허가증을 회수한 후 새로운 허가증을 발급하여야 한다.

[출제유형] 2020년 제24회

농수산물 유통 및 가격안정에 관한 법령상 경매사에 관한 설명으로 옳지 않은 것은?

① 도매시장법인은 2명 이상의 경매사를 두어야 한다.
② 경매사는 경매사 자격시험에 합격한 자 중에서 임명한다.
③ 도매시장법인은 경매사가 해당 도매시장의 산지유통인이 된 경우 그 경매사를 면직하여야 한다.
④ 도매시장법인이 경매사를 임면하면 도매시장 개설자에게 신고하여야 한다.
❺ 도매시장 개설자는 경매사의 임면 내용을 전국을 보급지역으로 하는 일간신문 또는 지정·고시된 인터넷 홈페이지에 게시하여야 한다.

⊕ PLUS

경매사의 업무
- 도매시장법인이 상장한 농수산물에 대한 경매 우선 순위의 결정
- 도매시장법인이 상장한 농수산물에 대한 가격평가
- 도매시장법인이 상장한 농수산물에 대한 경락자의 결정

cf. 경매사는 「형법」 제129조부터 제132조까지의 규정을 적용할 때에는 공무원으로 본다.

⊕ PLUS

도매시장법인 등의 공시
도매시장법인 또는 시장도매인이 공시하여야 할 내용은 다음과 같다.
- 거래일자별·품목별 반입량 및 가격정보
- 주주 및 임원의 현황과 그 변동사항
- 겸영사업을 하는 경우 그 사업내용
- 직전 회계연도의 재무제표

5 경매사의 임면 등

구 분	내 용
경매사의 확보	도매시장법인은 도매시장에서의 공정하고 신속한 거래를 위하여 농림축산식품부령 또는 해양수산부령으로 정하는 바에 따라 일정 수 이상의 경매사를 두어야 한다. 도매시장법인이 확보하여야 하는 경매사의 수는 2명 이상으로 하되, 도매시장법인별 연간 거래물량 등을 고려하여 업무규정으로 그 수를 정한다.
경매사 임명 및 결격사유	경매사는 경매사 자격시험에 합격한 사람으로서 다음 각 호의 어느 하나에 해당하지 아니한 사람 중에서 임명하여야 한다. 1. 피성년후견인 또는 피한정후견인 2. 이 법 또는 「형법」 제129조부터 제132조까지(수뢰·사전수뢰, 제3자뇌물제공, 수뢰후부정처사·사후수뢰, 알선수뢰)의 죄 중 어느 하나에 해당하는 죄를 범하여 금고 이상의 실형을 선고받고 그 형의 집행이 끝나거나(집행이 끝난 것으로 보는 경우를 포함) 집행이 면제된 후 2년이 지나지 아니한 사람 3. 이 법 또는 「형법」 제129조부터 제132조까지의 죄 중 어느 하나에 해당하는 죄를 범하여 금고 이상의 형의 집행유예를 선고받거나 선고유예를 받고 그 유예기간 중에 있는 사람 4. 해당 도매시장의 시장도매인, 중도매인, 산지유통인 또는 그 임직원 5. 법 제82조 제4항에 따라 면직된 후 2년이 지나지 아니한 사람 6. 법 제82조 제4항에 따른 업무정지기간 중에 있는 사람
경매사의 면직	도매시장법인은 경매사가 위 결격사유 규정 제1호부터 제4호까지의 어느 하나에 해당하는 경우에는 그 경매사를 면직하여야 한다.
경매사 임면사실의 신고 및 게시	도매시장법인이 경매사를 임면(任免)하였을 때에는 농림축산식품부령 또는 해양수산부령으로 정하는 바에 따라 그 내용을 도매시장 개설자에게 신고하여야 하며, 도매시장 개설자는 농림축산식품부장관 또는 해양수산부장관이 지정하여 고시한 인터넷 홈페이지에 그 내용을 게시하여야 한다. 도매시장법인이 경매사를 임면(任免)한 경우에는 임면한 날부터 30일 이내에 도매시장 개설자에게 신고하여야 한다.

6 산지유통인의 등록 등

구 분	내 용
산지유통인의 등록	농수산물을 수집하여 도매시장에 출하하려는 자는 농림축산식품부령 또는 해양수산부령으로 정하는 바에 따라 부류별로 도매시장 개설자에게 등록하여야 한다. 다만, 다음 각 호의 어느 하나에 해당하는 경우에는 그러하지 아니하다. 1. 생산자단체가 구성원의 생산물을 출하하는 경우 2. 도매시장법인이 매수한 농수산물을 상장하는 경우 3. 중도매인이 비상장 농수산물을 매매하는 경우 4. 시장도매인이 법 제37조에 따라 매매하는 경우 5. 그 밖에 농림축산식품부령 또는 해양수산부령으로 정하는 경우
산지유통인 업무의 금지	도매시장법인, 중도매인 및 이들의 주주 또는 임직원은 해당 도매시장에서 산지유통인의 업무를 하여서는 아니 된다.
등록의 결격사유	도매시장 개설자는 이 법 또는 다른 법령에 따른 제한에 위반되는 경우를 제외하고는 등록을 하여주어야 한다.
금지되는 업무	산지유통인은 등록된 도매시장에서 농수산물의 출하업무 외의 판매·매수 또는 중개업무를 하여서는 아니 된다.
공정거래촉진을 위한 지원	국가나 지방자치단체는 산지유통인의 공정한 거래를 촉진하기 위하여 필요한 지원을 할 수 있다.

7 시장도매인의 지정 등

구 분	내 용
시장도매인의 지정	시장도매인은 도매시장 개설자가 부류별로 지정한다. 이 경우 5년 이상 10년 이하의 범위에서 지정 유효기간을 설정할 수 있다.
시장도매인의 지정요건	시장도매인이 될 수 있는 자는 다음 각 호의 요건을 갖춘 법인이어야 한다. 1. 임원 중 이 법을 위반하여 금고 이상의 실형을 선고받고 그 형의 집행이 끝나거나 (집행이 끝난 것으로 보는 경우를 포함) 집행이 면제된 후 2년이 지나지 아니한 사람이 없을 것 2. 임원 중 해당 도매시장에서 시장도매인의 업무와 경합되는 도매업 또는 중도매업을 하는 사람이 없을 것 3. 임원 중 파산선고를 받고 복권되지 아니한 사람이나 피성년후견인 또는 피한정후견인이 없을 것 4. 임원 중 시장도매인의 지정취소처분의 원인이 되는 사항에 관련된 사람이 없을 것 5. 거래규모, 순자산액 비율 및 거래보증금 등 도매시장 개설자가 업무규정으로 정하는 일정 요건을 갖출 것
임원의 해임	시장도매인은 해당 임원이 위 지정요건 규정 중 제1호부터 제4호까지의 어느 하나에 해당하는 요건을 갖추지 아니하게 되었을 때에는 그 임원을 지체 없이 해임하여야 한다.
시장도매인의 인수·합병	시장도매인의 인수·합병에 대하여는 도매시장법인의 인수·합병(법 제23조의2) 규정을 준용한다. 이 경우 "도매시장법인"은 "시장도매인"으로 본다.

[출제유형] 2019년 제23회

농수산물 유통 및 가격안정에 관한 법령상 농수산물도매시장에 대한 설명으로 옳지 않은 것은?

① 시(市)가 지방도매시장을 개설하려면 도지사의 허가를 받아야 한다.
② 중앙도매시장의 개설자는 청과부류와 수산부류에 대하여는 도매시장법인을 두어야 한다.
③ 도매시장 개설자는 법인이 아닌 자를 시장도매인으로 지정할 수 없다.
❹ 중앙도매시장에 두는 도매시장법인은 농림축산식품부장관 또는 해양수산부장관이 도매시장 개설자와 협의하여 지정한다.
⑤ 시장도매인은 해당 도매시장의 도매시장법인·중도매인에게 농수산물을 판매하지 못한다.

8 농수산물공판장

구 분	내 용
공판장 개설	• 농림수협등, 생산자단체 또는 공익법인이 공판장을 개설하려면 시·도지사의 승인을 받아야 한다. • 농림수협등, 생산자단체 또는 공익법인이 공판장의 개설승인을 받으려면 농림축산식품부령 또는 해양수산부령으로 정하는 바에 따라 공판장 개설승인 신청서에 업무규정과 운영관리계획서 등 승인에 필요한 서류를 첨부하여 시·도지사에게 제출하여야 한다. • 시·도지사는 신청이 다음의 어느 하나에 해당하는 경우를 제외하고는 승인을 하여야 한다. 1. 공판장을 개설하려는 장소가 교통체증을 유발할 수 있는 위치에 있는 경우 2. 공판장의 시설이 제67조 제2항에 따른 기준에 적합하지 아니한 경우 3. 운영관리계획서의 내용이 실현 가능하지 아니한 경우 4. 그 밖에 이 법 또는 다른 법령에 따른 제한에 위반되는 경우 공판장 개설자가 업무규정을 변경한 경우에는 이를 특별시장·광역시장·특별자치시장·도지사 또는 특별자치도지사(이하 "시·도지사"라 함)에게 보고하여야 한다.
거래관계자	• 공판장에는 중도매인, 매매참가인, 산지유통인 및 경매사를 둘 수 있다. • 공판장의 중도매인은 공판장의 개설자가 지정한다. • 농수산물을 수집하여 공판장에 출하하려는 자는 공판장의 개설자에게 산지유통인으로 등록하여야 한다. • 공판장의 경매사는 공판장의 개설자가 임면한다.

[출제유형] 2024년 제28회

농수산물 유통 및 가격안정에 관한 법령상 농수산물공판장(이하 '공판장'이라 함)에 관한 설명으로 옳지 않은 것은?

① 농림수협 등, 생산자단체 또는 공익법인이 공판장의 개설승인을 받으려면 공판장 개설승인 신청서에 업무규정과 운영관리계획서 등 승인에 필요한 서류를 첨부하여 시·도지사에게 제출하여야 한다.
② 공판장 개설자가 업무규정을 변경한 경우에는 이를 시·도지사에게 보고하여야 한다.
❸ 생산자단체가 구성원의 농수산물을 공판장에 출하하는 경우 공판장의 개설자에게 산지유통인으로 등록하여야 한다.
④ 공판장의 경매사는 공판장의 개설자가 임면한다.
⑤ 공판장의 중도매인은 공판장의 개설자가 지정한다.

핵심테마 39 민영농수산물도매시장 등

[출제유형] 2023년 제27회

농수산물 유통 및 가격안정에 관한 법률상 민영도매시장에 관한 설명으로 옳은 것은?

① 민간인등이 광역시 지역에 민영도매시장을 개설하려면 농림축산식품부장관의 허가를 받아야 한다.
❷ 민영도매시장 개설허가 신청에 대하여 시·도지사가 허가처리 지연 사유를 통보하는 경우에는 허가 처리기간을 10일 범위에서 한 번만 연장할 수 있다.
③ 시·도지사가 민영도매시장 개설 허가 처리기간에 허가 여부를 통보하지 아니하면 허가 처리기간의 마지막 날에 허가를 한 것으로 본다.
④ 민영도매시장의 개설자는 시장도매인을 두어 민영도매시장을 운영하게 할 수 없다.
⑤ 민영도매시장의 중도매인은 해당 민영도매시장을 관할하는 시·도지사가 지정한다.

1 민영도매시장의 개설 및 운영

구 분	내 용
민영도매시장의 개설허가	민간인등이 특별시·광역시·특별자치시·특별자치도 또는 시 지역에 민영도매시장을 개설하려면 시·도지사의 허가를 받아야 한다.
개설허가의 결격사유	시·도지사는 다음의 어느 하나에 해당하는 경우를 제외하고는 허가하여야 한다. 1. 민영도매시장을 개설하려는 장소가 교통체증을 유발할 수 있는 위치에 있는 경우 2. 민영도매시장의 시설이 법 제67조 제2항에 따른 기준에 적합하지 아니한 경우 3. 운영관리계획서의 내용이 실현 가능하지 아니한 경우 4. 그 밖에 이 법 또는 다른 법령에 따른 제한에 위반되는 경우
개설허가 처리기한 등	• 개설허가 처리기한 : 시·도지사는 민영도매시장 개설허가의 신청을 받은 경우 신청서를 받은 날부터 30일 이내에 허가 여부 또는 허가처리 지연 사유를 신청인에게 통보하여야 한다. 이 경우 허가 처리기간에 허가 여부 또는 허가처리 지연 사유를 통보하지 아니하면 허가 처리기간의 마지막 날의 다음 날에 허가를 한 것으로 본다. • 개설허가 처리기한의 연장 : 시·도지사는 허가처리 지연 사유를 통보하는 경우에는 허가 처리기간을 10일 범위에서 한 번만 연장할 수 있다.
민영도매시장의 운영 등	• 민영도매시장의 개설자는 중도매인, 매매참가인, 산지유통인 및 경매사를 두어 직접 운영하거나 시장도매인을 두어 이를 운영하게 할 수 있다. • 민영도매시장의 중도매인은 민영도매시장의 개설자가 지정한다. • 농수산물을 수집하여 민영도매시장에 출하하려는 자는 민영도매시장의 개설자에게 산지유통인으로 등록하여야 한다. • 민영도매시장의 경매사는 민영도매시장의 개설자가 임면한다. • 민영도매시장의 시장도매인은 민영도매시장의 개설자가 지정한다.

2 농수산물집하장 및 농수산물산지유통센터의 설치·운영 등

구 분	내 용
농수산물집하장	• 생산자단체 또는 공익법인은 농수산물을 대량 소비지에 직접 출하할 수 있는 유통체제를 확립하기 위하여 필요한 경우에는 농수산물집하장을 설치·운영할 수 있다. • 국가와 지방자치단체는 농수산물집하장의 효과적인 운영과 생산자의 출하편의를 도모할 수 있도록 그 입지 선정과 도로망의 개설에 협조하여야 한다. • 생산자단체 또는 공익법인은 운영하고 있는 농수산물집하장 중 공판장의 시설기준을 갖춘 집하장을 시·도지사의 승인을 받아 공판장으로 운영할 수 있다.
농수산물산지유통센터	• 국가나 지방자치단체는 농수산물의 선별·포장·규격출하·가공·판매 등을 촉진하기 위하여 농수산물산지유통센터를 설치하여 운영하거나 이를 설치하려는 자에게 부지 확보 또는 시설물 설치 등에 필요한 지원을 할 수 있다. • 국가나 지방자치단체는 농수산물산지유통센터의 운영을 생산자단체 또는 전문유통업체에 위탁할 수 있다.

핵심테마 40 농수산물 유통기구의 정비 등

PART 5 물류관련법규 / Chapter 07 농수산물 유통 및 가격안정에 관한 법률

1 정비 기본방침 및 지역별 정비계획

구 분	내 용
정비 기본방침	농림축산식품부장관 또는 해양수산부장관은 농수산물의 원활한 수급과 유통질서를 확립하기 위하여 필요한 경우에는 다음 각 호의 사항을 포함한 농수산물 유통기구 정비기본방침을 수립하여 고시할 수 있다. 1. 시설기준에 미달하거나 거래물량에 비하여 시설이 부족하다고 인정되는 도매시장·공판장 및 민영도매시장의 시설 정비에 관한 사항 2. 도매시장·공판장 및 민영도매시장 시설의 바꿈 및 이전에 관한 사항 3. 중도매인 및 경매사의 가격조작 방지에 관한 사항 4. 생산자와 소비자 보호를 위한 유통기구의 봉사(奉仕) 경쟁체제의 확립과 유통경로의 단축에 관한 사항 5. 운영 실적이 부진하거나 휴업 중인 도매시장의 정비 및 도매시장법인이나 시장도매인의 교체에 관한 사항 6. 소매상의 시설 개선에 관한 사항
지역별 정비계획	• 시·도지사는 기본방침이 고시되었을 때에는 그 기본방침에 따라 지역별 정비계획을 수립하고 농림축산식품부장관 또는 해양수산부장관의 승인을 받아 그 계획을 시행하여야 한다. • 농림축산식품부장관 또는 해양수산부장관은 지역별 정비계획의 내용이 기본방침에 부합되지 아니하거나 사정의 변경 등으로 실효성이 없다고 인정하는 경우에는 그 일부를 수정 또는 보완하여 승인할 수 있다.

종합유통센터
- 국가나 지방자치단체는 종합유통센터를 설치하여 생산자단체 또는 전문유통업체에 그 운영을 위탁할 수 있으며, 종합유통센터를 설치하려는 자에게 부지 확보 또는 시설물 설치 등에 필요한 지원을 할 수 있다.
- 종합유통센터의 설치, 시설 및 운영에 관하여 필요한 사항은 농림축산식품부령(규칙 제46조 제3항 [별표3]) 또는 해양수산부령으로 정한다.

구 분	시설기준	
부 지	20,000m² 이상	
건 물	10,000m² 이상	
시설	필수시설	편의시설
	① 농수산물 처리를 위한 집하·배송시설 ② 포장·가공시설 ③ 저온저장고 ④ 사무실·전산실 ⑤ 농산물품질관리실 ⑥ 거래처주재원실 및 출하주대기실 ⑦ 오수·폐수시설 ⑧ 주차시설	① 직판장 ② 수출지원실 ③ 휴게실 ④ 식 당 ⑤ 금융회사 등의 점포 ⑥ 그 밖에 이용자의 편의를 위하여 필요한 시설

비고 1. 편의시설은 지역 여건에 따라 보유하지 않을 수 있다.
비고 2. 부지 및 건물 면적은 취급 물량과 소비 여건을 고려하여 기준면적에서 50퍼센트까지 낮추어 적용할 수 있다.

[출제유형] 2013년 제17회

농수산물 유통 및 가격안정에 관한 법령상 유통기구정비기본방침에 포함되어야 하는 사항이 아닌 것은?

① 도매시장·공판장 및 민영도매시장 시설의 바꿈 및 이전에 관한 사항
② 중도매인 및 경매사의 가격조작 방지에 관한 사항
③ 생산자와 소비자 보호를 위한 유통기구의 봉사 경쟁체제의 확립과 유통경로의 단축에 관한 사항
④ 운영 실적이 부진하거나 휴업 중인 도매시장의 정비 및 도매시장법인이나 시장도매인의 교체에 관한 사항
❺ 도매상의 시설 개선에 관한 사항

[출제유형] 2019년 제23회

농수산물 유통 및 가격안정에 관한 법령상 농수산물종합유통센터의 시설기준 중 필수시설에 해당하는 것은?

① 식 당
② 휴게실
❸ 주차시설
④ 직판장
⑤ 수출지원실

작은 기회로부터 종종 위대한 업적이 시작된다.

– 데모스테네스 –

2025 시대에듀 물류관리사 단기완성 핵심요약집

개정4판1쇄 발행	2025년 04월 10일 (인쇄 2025년 03월 07일)
초 판 발 행	2021년 06월 04일 (인쇄 2021년 05월 07일)
발 행 인	박영일
책 임 편 집	이해욱
편 저	시대물류관리연구소
편 집 진 행	김준일 · 남민우 · 우지영
표지디자인	김도연
편집디자인	김기화 · 하한우
발 행 처	(주)시대고시기획
출 판 등 록	제10-1521호
주 소	서울시 마포구 큰우물로 75 [도화동 538 성지 B/D] 9F
전 화	1600-3600
팩 스	02-701-8823
홈 페 이 지	www.sdedu.co.kr
I S B N	979-11-383-9068-2 (13320)
정 가	23,000

※ 이 책은 저작권법의 보호를 받는 저작물이므로 동영상 제작 및 무단전재와 배포를 금합니다.
※ 잘못된 책은 구입하신 서점에서 바꾸어 드립니다.

물류관리사
합격을 꿈꾸는 수험생에게

물류관리사 자격시험의 합격을 위해 정성을 다해 만든 물류관리사 도서들을
꿈을 향해 도전하는 수험생 여러분들께 드립니다.

P.S. 단계별 교재를 선택하기 위한 팁!

한권으로 끝내기

이론 파악으로
기본다지기

핵심이론부터 실전문제까지
차근차근 학습하며
기초를 잡고 싶은 수험생

시험에 출제되는 핵심이론부터
키워드별 기출유형문제와 최근에
시행된 기출문제까지 한권에 담았
습니다.

동영상 강의 교재

▶

5개년 첨삭식 기출문제해설

기출문제 정복으로
실력다지기

최신 기출문제와 상세한 첨삭식
해설을 통해 학습내용을 확인하고
실전감각을 키우고 싶은 수험생

최근 5개년 기출문제를 상세한
첨삭식 해설과 함께 한권에 담았
습니다.

▶

단기완성 핵심요약집

초단기
합격 PROJECT

시험에 출제된 필수 핵심이론을
테마별로 체계적으로 정리하여
단기간에 합격하고 싶은 수험생

실제 시험에 출제된 중요이론을
압축하여 테마별로 수록하였습
니다.

물류관리사 합격!
시대에듀와 함께라면 문제없습니다.

나는 이렇게 합격했다

자격명: 위험물산업기사
구분: 합격수기
작성자: 배*상

나는 할 수 있다
69년생 50중반 직장인입니다. 요즘 자격증을 2개 정도는 가지고 입사하는 젊은 친구들에게 일을 시키고 지시하는 역할이지만 정작 제자신에게 부족한 점이 많다는 것을 느꼈기 때문에 자격증을 따야겠다고 결심했습니다. 처음 시작할 때는 과연 되겠냐? 하는 의문과 걱정이 한가득이었지만 **시대에듀** 인강을 우연히 접하게 되었고 잘 차려진 밥상과 같은 커리큘럼은 뒤늦게 시작한 늦깎이 수험생이었던 저를 **합격의 길**로 인도해주었습니다. 직장생활을 하면서 취득했기에 더욱 기뻤습니다.
감사합니다!

합격은 시대에듀 ♥

당신의 합격 스토리를 들려주세요.
추첨을 통해 선물을 드립니다.

QR코드 스캔하고 ▷▷▷
이벤트 참여해 푸짐한 경품받자!

베스트 리뷰	상/하반기 추천 리뷰	인터뷰 참여
갤럭시탭/ 버즈 2	상품권/ 스벅커피	백화점 상품권

합격의 공식
시대에듀